Veröffentlichungen der Kommission für Zeitgeschichte

VERÖFFENTLICHUNGEN
DER KOMMISSION FÜR ZEITGESCHICHTE

In Verbindung mit Wilhelm Damberg · Hans Günter Hockerts
Rudolf Morsey

Herausgegeben von Ulrich von Hehl

Reihe B: Forschungen · Band 115

JOSEPH KARDINAL HÖFFNER
(1906-1987)

BAND I
Lebensweg und Wirken
als christlicher Sozialwissenschaftler
bis 1962

FERDINAND SCHÖNINGH
PADERBORN · MÜNCHEN · WIEN · ZÜRICH

NORBERT TRIPPEN

Joseph Kardinal Höffner (1906-1987)

I
Lebensweg und Wirken als christlicher Sozialwissenschaftler bis 1962

2009

FERDINAND SCHÖNINGH
PADERBORN · MÜNCHEN · WIEN · ZÜRICH

Dieser Band wurde seitens der Kommission für Zeitgeschichte
redaktionell betreut von Ulrich von Hehl.

Bibliografische Information der Deutschen Nationalbibliothek

Die Deutsche Nationalbibliothek verzeichnet diese Publikation in der Deutschen Nationalbibliografie; detaillierte bibliografische Daten sind im Internet über http: //dnb.d-nb.de abrufbar.

Umschlaggestaltung: Evelyn Ziegler, München

(Verlag Ferdinand Schöningh GmbH & Co. KG, Jühenplatz 1, D-33098 Paderborn)

Internet: www.schoeningh.de

Printed in Germany. Herstellung: Ferdinand Schöningh, Paderborn

ISBN 978-3-506-76700-4

INHALTSVERZEICHNIS

Vorwort 7

Verzeichnis der Siglen und Abkürzungen 9

Einführung 11

I. Kindheit und Jugend im Westerwald und in Trier 1906-1926 15

II. Die Studienjahre in Trier und Rom 1926-1934 24

III. Erste Jahre der Seelsorge in Saarbrücken 1934-1937 38

IV. Weitere Studien und Promotionen in Freiburg 1937-1939 50

V. Seelsorge an der Mosel und Habilitation in Freiburg 1939-1945 69

VI. Professor am Priesterseminar in Trier 1945-1951 92

VII. Berufung an die Universität Münster und Gründung des Instituts für Christliche Sozialwissenschaften 1951 109

VIII. Universitätsprofessor in Münster 1951-1962 136

1. Vorlesungen 136
2. Seminarübungen 142
3. Exkursionen 145
4. Doktorandenkolloquium und Promotionen 148
5. Das »Institut für Christliche Sozialwissenschaften« (ICS) 153
6. Das Verhältnis Höffners zu seinen Schülern und Mitarbeitern 158
7. Höffners Beteiligung an der universitären Selbstverwaltung und außeruniversitäre Lehrveranstaltungen 161

IX. Mitarbeit im Umfeld von Kirche und Katholizismus 1945-1962 165

1. Bund Katholischer Unternehmer (BKU) 165
2. Diözesane Sozialinstitute und Sozialreferat des Zentralkomitees der Deutschen Katholiken 185

3. Katholische Sozialwissenschaftliche Zentralstelle in Mönchengladbach 201
4. Im Dienste der Bischöfe 217
a) Diözesansynode des Bistums Münster 1958 217
b) Das Projekt »Schwerpunktprogramm Arbeiterseelsorge« 1958-1961 222

X. Einsatz im Bereich von Wissenschaft und Universitäten 234

1. Görres-Gesellschaft 234
2. Arbeitsgemeinschaft für Forschung des Landes Nordrhein-Westfalen 236
3. Gründung der Ruhr-Universität Bochum 242
4. Kontakte zu internationalen wissenschaftlichen Institutionen und auswärtigen Universitäten 248

XI. Mitgestaltung der Sozialpolitik und der Sozialgesetzgebung in der Bundesrepublik Deutschland 1953-1962 257

1. Mitarbeit im Beirat des Bundesministeriums für Arbeit und an der Rentenreform 1957 257
2. Mitarbeit im Beirat des Bundesministeriums für Familienfragen 277
3. Mitarbeit in Beiräten des Bundeswohnungsbauministeriums 285
4. »Gleitende Arbeitswoche« – Höffners Einsatz für den Schutz des Sonntags 290

XII. Joseph Höffners Beitrag zur christlichen Sozialwissenschaft und Sozialpolitik 1934-1962 304

1. Höffners Forschungsarbeiten 305
2. Richtungweisende Äußerungen und Stellungnahmen zu Sozialethik und Sozialpolitik 1949-1962 316
3. Christliche Gesellschaftslehre 1962 326

Quellen- und Literaturverzeichnis 329

Summary 337

Personen-, Orts- und Sachregister 339

Verzeichnis der Bildquellen 352

VORWORT

Bei den Zeitgenossen, die sich 20 Jahre nach seinem Tode noch an Joseph Kardinal Höffner erinnern, überwiegen die Eindrücke von seiner Amtszeit als Bischof von Münster (1962-1969) und Erzbischof von Köln und Kardinal (1969-1987) sowie als Vorsitzender der Deutschen Bischofskonferenz der Jahre 1976-1987. Kardinal Höffner ist in ihrer Erinnerung der persönlich bescheidene Bischof, der jedoch in seinen Anliegen klar und deutlich vor die Öffentlichkeit treten konnte und dadurch innerkirchliche und gesellschaftliche Entwicklungen seiner Zeit nachhaltig mitgestaltete.

Nur relativ wenigen »Eingeweihten« ist dagegen bewusst, welche Bedeutung der Sozialwissenschaftler Joseph Höffner schon vor seiner Bischofsweihe für den Aufbau des Sozialkatholizismus in Deutschland nach 1945 und für die Sozialgesetzgebung der Bundesrepublik nach 1949 hatte.

Vom Nebeneinander von Landwirtschaft und Bergbau in seiner Westerwälder Heimat früh beeindruckt, hat Höffner schon während seiner römischen Studienjahre (1926-1934) seinen Interessenschwerpunkt in sozialwissenschaftlichen Themen gefunden. Nach Kaplansjahren in der Industriearbeiterpfarrei St. Johann in Saarbrücken (1934-1937) ließ er sich für seinen erneuten Studienurlaub in Freiburg (1937-1939) nicht auf den ihm nahegelegten Schwerpunkt Moral- bzw. Pastoraltheologie ein, sondern absolvierte parallel zu der von ihm erwarteten erneuten – in Deutschland anerkannten – theologischen Promotion ein volkswirtschaftliches Studium bei den Freiburger »Ordo-Liberalen« Walter Eucken und Constantin von Dietze, das er 1939 mit dem »Diplom-Volkswirt« abschloss. 1940 wurde er bei Walter Eucken zum Dr. rer. pol. promoviert.

Höffners 1942 auf der kleinen Seelsorgestelle Kail an der Mosel abgeschlossene moraltheologische Habilitationsschrift über die spanische Kolonialethik im 16. Jahrhundert war zwar sozialethisch-theologisch angelegt, aber ebenso ein nicht zu übersehender Beitrag zur Geschichte des Völkerrechts und seinen Wurzeln, der auch bei Staats- und Völkerrechtslehrern des In- und Auslandes Anerkennung fand.

In Trier hat man zu spät durchschaut, dass Joseph Höffner für den ihm 1945 übertragenen Lehrstuhl für Pastoraltheologie am Priesterseminar (erst bei der Erhebung des Seminarkollegiums zur Theologischen Fakultät Trier wurde Höffner »Professor für Pastoraltheologie *und Christliche Gesellschaftlehre*«) überqualifiziert war. Erzbischof Bornewasser musste ihn nach hinhaltendem Widerstand 1951 schließlich für den Lehrstuhl für Christliche Sozialwissenschaften in Münster freigeben. In Münster wurde Höffner nicht nur zum geschätzten Lehrer der Studenten und umworbenen Doktorvater (mehr für Volkswirte und Philologen als für Theologen!). Unternehmer wie Gewerkschaftler, Bischöfe und Sozialverbände bezogen ihn in ihre Planungen ein. Joseph Höffner wurde in den Jahren

1951-1962 zu einer zentralen Gestalt des Katholizismus und der Sozialgeschichte in Deutschland.

Bei dem nun folgenden Versuch, diesen Weg und diese Wirkung Joseph Höffners vor 1962 nachzuzeichnen, wurde mir von vielen Seiten geholfen, wofür ich an dieser Stelle danken möchte. Im Historischen Archiv des Erzbistums Köln und in der Diözesan- und Dombibliothek Köln wurden mir die günstigsten Arbeitsbedingungen eingeräumt. Nicht nur die Direktoren (Dr. Ulrich Helbach für das Archiv, Prof. Dr. Heinz Finger für die Bibliothek), sondern auch die Mitarbeiterinnen und Mitarbeiter waren jederzeit hilfsbereit. Sie haben mir dadurch die Arbeit sehr erleichtert. Ähnliche Anerkennung verdient die Unterstützung, die ich im Bistumsarchiv Trier fand. Sein Leiter, Dr. Martin Persch, wies mich auf besonders entscheidende Aktenstücke hin und half mit manchem Rat. In der Kommission für Zeitgeschichte in Bonn erhielt ich Rat und Unterstützung durch die Kollegen Prof. Dr. Anton Rauscher und Prof. Dr. Hans Günter Hockerts, nicht zuletzt auch durch den Direktor Dr. Karl-Joseph Hummel und seine Mitarbeiter.

Als Historiker war ich auf »kritische Begleitung« durch Kollegen aus dem Bereich der Christlichen Sozialwissenschaften angewiesen. Neben dem bereits erwähnten Prof. Rauscher hielten sich von meinen Bonner Kollegen Prof. Dr. Lothar Roos, aber auch Frau Prof. Dr. Ursula Nothelle-Wildfeuer in Freiburg zu Rat und Unterstützung bereit. Gelegentlich gelang es mir, »Zeitzeugen« der 1950er Jahre zu befragen. Von ihnen sei stellvertretend Dr. Paul Becher, Bonn, genannt, der ab 1959 Sozialreferent des ZdK war. Dr. Becher wies mich auf entscheidende Quellen im Archiv des ZdK hin und konnte ergänzende Informationen beisteuern, für die ich ihm dankbar bin. Von zahlreichen Ratgebern in ganz Deutschland erhielt ich einzelne Hinweise, für die ich mich an entsprechenden Stellen bedankt habe.

Dr. Josef van Elten im Historischen Archiv des Erzbistums Köln unterzog sich der Mühe des Korrekturlesens, Susanne Schmitz erarbeitete das Register, Wolfgang Schmitz hat viel Mühe auf die Foto-Beigaben verwandt und die dafür erforderlichen Druckvorlagen erstellt. Ihnen allen schulde ich Dank.

Schließlich danke ich der Kommission für Zeitgeschichte, dass sie auch diesen (innerhalb weniger Jahre) dritten umfangreichen Band in ihre Reihe aufgenommen hat. Dem Vorsitzenden, Prof. Dr. Ulrich von Hehl, Leipzig, danke ich für seine angenehme Betreuung des Bandes.

Köln, den 1. März 2008 *Norbert Trippen*

VERZEICHNIS DER SIGLEN UND ABKÜRZUNGEN

AIfZM	Archiv des Instituts für Zeitgeschichte München
ANrh	Annalen des Historischen Vereins für den Niederrhein
ao.	außerordentlich
AZdK	Archiv des Zentralkomitees der Deutschen Katholiken
BAK	Bundesarchiv Koblenz
BAT	Bischöfliches Archiv Trier
BBKL	Biographisch-Bibliographisches Kirchenlexikon
Bearb.	Bearbeiter/Bearbeitet
BGBl.	Bundesgesetzblatt
BKU	Bund Katholischer Unternehmer
c./can.	Canon (des Codex Iuris Canonici = CIC)
CAJ	Christliche Arbeiterjugend
CSsR	Congregationis Sanctissimi Redemptoris (Redemptorist)
DBE	Deutsche Biographische Enzyklopädie
Ders.	Derselbe
DGB	Deutscher Gewerkschaftsbund
DP	Deutsche Partei
dgl.	desgleichen, dergleichen
Ebd.	Ebendort
e. V.	Eingetragener Verein
Ew.	Euer, Eure (Exzellenz, Eminenz)
fol.	Blatt, auch Band
FVP	Freie Volkspartei
GG	Grundgesetz
GRV	Gesetzliche Rentenversicherung
HAEK	Historisches Archiv des Erzbistums Köln
hekt.	hektographiert
H./H. H.	Herr, Hochwürdig(st)er Herr
HJb	Historisches Jahrbuch
HOAG	Hüttenwerke Oberhausen AG
Hochw.	Hochwürden, Hochwürdiger, Hochwürdigster
Hrsg., hrsg.	Herausgeber, herausgegeben
Hs., hs.	Handschrift, handschriftlich
ICS	Institut für Christliche Sozialwissenschaften
IG	Industriegewerkschaft
JTB	Jahres- und Tagungsberichte der Görres-Gesellschaft
KA	Kirchlicher Anzeiger für die Erzdiözese Köln
KAB	Katholische Arbeiterbewegung
KDSE	Katholische Deutsche Studenteneinigung

KKV	Katholischer Kaufmännischer Verein
KSZ	Katholische Sozialwissenschaftliche Zentralstelle
LCDD	Lexikon der Christlichen Demokratie in Deutschland
LThK	Lexikon für Theologie und Kirche
MdB	Mitglied des Bundestages
MdL	Mitglied des Landtages
Msgr.	Monsignore
NDB	Neue Deutsche Biographie
NH	Nachlass Höffner
NRW	Nordrhein-Westfalen
NS	Nationalsozialismus, nationalsozialistisch
O.Cist.	Ordinis Cisterciensis (Zisterzienser)
OFMCap.	Ordinis Fratrum Minorum Capucinorum (Kapuziner)
OP/O. Pr.	Ordinis praedicatorum (Dominikaner)
P.	Pater
Pfr.	Pfarrer
QA	Quadragesimo anno
RM	Reichsmark (vor 1948)
RWWA	Rheinisch-Westfälisches Wirtschaftsarchiv
sel.	selig, nachgesetzt: für Verstorbene
Se./Sr.	Seine, Seiner (Exzellenz, Eminenz)
SJ	Societatis Jesu (Jesuit)
SM	Siemens-Martin (Stahlwerke)
sog.	sogenannt(er)
TThZ	Trierer Theologische Zeitschrift
UNIAPAC	Union International des Associations Patronales Chrétiennes
UNRRA	United Nations Relief and Rehabilitation Administration
ZdK	Zentralkomitee der Deutschen Katholiken

EINFÜHRUNG

Joseph Höffners Lebenszeit reicht von seiner Kindheit und Jugend im Kaiserreich bis in die letzten Jahre des geteilten Deutschland. Während der Jahre der Weimarer Republik war er Gymnasiast in Trier; den Aufstieg des Nationalsozialismus verfolgte er aus der Ferne seiner Studienjahre in Rom. Als er 1934 Kaplan in Saarbrücken wurde, stand das Saargebiet noch unter Völkerbundsmandat; Höffner erlebte jedoch 1935 die »Heimkehr« des Saarlandes in das Deutsche Reich unter Hitler. Zu Höffners Universitätserfahrungen in Freiburg 1937-1939 gehörten die Übergriffe des NS-Regimes auf die Universitäten und die Schließung der Universität Freiburg bei Ausbruch des II. Weltkrieges.

Gleich zu Beginn seiner Seelsorgetätigkeit in Kail ab 1939 musste Höffner erleben, dass sein Pfarrer in Pommern an der Mosel in »Schutzhaft« genommen wurde. Am Ende der Jahre in Kail riskierte Höffner die Vermittlung eines jüdischen Kindes aus Berlin unter falschem Namen an eine Bauernfamilie des Ortes. Im zweiten Jahr seiner Tätigkeit als Pfarrer in Trier 1944 wurde Höffner Zeuge der Zerstörung und Evakuierung der Stadt am Ende des Krieges.

Als junger Professor für Pastoraltheologie in Trier bekam er an der Jahreswende 1946/47 die Gelegenheit, auf die Gestaltung der Verfassung des gerade entstandenen Landes Rheinland-Pfalz Einfluss zu nehmen – ein Vorgeschmack auf den Einfluss, den er auf die Gestaltung von Gesellschaft und Sozialpolitik nach 1949 nehmen sollte.

Das alles darzustellen wäre nicht möglich gewesen ohne Zugang zu einem reichen Quellenmaterial. Der wichtigste Quellenbestand ist Höffners Nachlass im Historischen Archiv des Erzbistums Köln. Höffner hat von seinen Studienjahren in Rom ab 1926 bis zu seinem Tod 1987 alle ihm wichtig erscheinenden Funde, Aufzeichnungen, Ausarbeitungen und Korrespondenzen gesammelt und aufbewahrt. Er hat sie von Anfang an in eine eigene Ordnung gebracht, die ihm den Rückgriff bei erneuten Anforderungen ermöglichte. Spätere Literaturexzerpte und Zeitschriftenartikel hat er thematisch eingeordnet, so dass er – etwa für die Einleitungsreferate zur Bischofskonferenz nach 1976 – immer Material auf aktuellem Stand zur Verfügung hatte.

Als 1987 das Erzbischöfliche Haus in Köln einer Grundsanierung und funktionsgerechten Umgestaltung bedurfte, musste der sehr umfangreiche Nachlass des verstorbenen Erzbischofs innerhalb weniger Tage »schrankweise« in das Archiv übernommen werden. In der gebotenen Eile wurden Mappen, Aktenordner und Kassetten mit einem Stichwort versehen (soweit Höffner das nicht bereits selbst getan hatte) und erhielten eine Nummer. Inzwischen gibt es für jede »Nummer« eine Karteikarte. Die Karteikarten sind chronologisch und nach Sachthemen geordnet, so dass der in dieser Weise nur vorläufig geordnete Nachlass leicht benutzbar – wenn auch zur Zeit noch gesperrt – ist.

Das Historische Archiv des Erzbistums Köln ist – zum Teil schon erfolgreich – darum bemüht, weitere Dokumente und Aktenstücke für diesen Nachlass zu sammeln, z. B. wenige, aber wertvolle Dokumente, die sich noch im Besitz der Angehörigen des Kardinals befinden. Kurz nach Höffners Tod erbat (und erhielt) der damalige Ständige Vertreter des Diözesanadministrators eine Kopiensammlung der Akte Höffner aus dem Collegium Germanicum et Hungaricum in Rom, die über die römischen Jahre Höffners hinausgeht. Sie enthält z. B. ausführliche Briefe Höffners an den Rektor des Kollegs mit seinen Beobachtungen und Erfahrungen als Kaplan in Saarbrücken.

Die Personalakte Joseph Höffner im Bischöflichen Archiv in Trier enthält neben den üblichen Zeugnissen und Dokumenten zwei Jahreszeugnisse des Saarbrücker Pfarrers über Kaplan Höffner und die überraschend dichte und regelmäßige Korrespondenz zwischen Höffner und dem ihn fördernden Trierer Generalvikar Heinrich von Meurers während der Studienjahre 1937-1939. Es wird daraus jedoch nicht erkennbar, wie es zu diesem Wohlwollen des Generalvikars gegenüber dem recht eigenwilligen jungen Schützling gekommen ist. Um so plastischer werden aus dieser Korrespondenz der Studienverlauf Höffners und die Zustände an der Freiburger Universität während der nationalsozialistischen Zeit greifbar.

Am breitesten erforscht sind bisher Höffners Jahre als Professor für Christliche Sozialwissenschaften in Münster 1951-1962. Seine Schüler und seine Nachfolger auf dem Lehrstuhl und in der Leitung des Instituts für Christliche Sozialwissenschaften haben von der ersten Festschrift 1966 bis zu jüngsten Publikationen 2006 zahlreiche Einzelaspekte seiner Tätigkeit und seiner Entwicklung als Sozialwissenschaftler beleuchtet, worauf der Verfasser bei seiner Darstellung zurückgreifen konnte.

Die Jahre in Münster waren zugleich die Zeit von Höffners Engagement für Sozialkatholizismus und Sozialgesetzgebung der jungen Bundesrepublik. Wenn auch Höffner von Anfang an die Schreibmaschine benutzte und Durchschläge aller abgegebenen Stellungnahmen und Gutachten aufbewahrte, so bieten doch die Archive der betroffenen Organisationen und Institutionen wesentliche Ergänzungen des Quellenmaterials. Das gilt vor allem für den »Bund Katholischer Unternehmer«, dessen Archivalien zum größten Teil als Depositum im Rheinisch-Westfälischen Wirtschaftsarchiv in Köln zugänglich sind. Höffners Tätigkeit für das »Sozialreferat des Zentralkomitees der Deutschen Katholiken« ist – außer in Höffners Nachlass – im Archiv des Zentralkomitees in Bonn-Bad Godesberg umfassend dokumentiert.

Beinahe am umfangreichsten ist im Nachlass Höffners das Material zu seiner Mitarbeit in den Beiräten der Bundesministerien für Arbeit, Familie und Wohnungsbau vertreten. Da der Verfasser nicht versuchen wollte, eine eigene »Geschichte der Sozialpolitik in Deutschland nach 1945« in Konkurrenz zu dem großen Unternehmen des Arbeitsministeriums und des Bundesarchivs in Koblenz zu schreiben, vielmehr nur den Anteil Höffners daran umreißen wollte, wurde auf eine Auswertung der Ministerialakten im Bundesarchiv Koblenz verzichtet.

Höffners bedeutsamster Beitrag zur Sozialpolitik der 1950er Jahre war die zusammen mit Hans Aichinger, Hans Muthesius und Ludwig Neundörfer 1955 innerhalb weniger Wochen erstellte »Rothenfelser Denkschrift« zu einer umfassenden Sozialreform.[1] Es wäre deshalb gerade für diese Denkschrift wünschenswert gewesen, die Erarbeitungsstadien sowie die Anteile der vier Beteiligten erforschen zu können. Doch weder der Nachlass Höffner noch die Nachlässe von Aichinger und Muthesius (ein Nachlass Ludwig Neundörfer ist nicht bekannt) enthalten die gesuchten Materialien. War die Verbergung (oder Vernichtung) verabredet oder gar angeordnet? Bei Kenntnis der wesentlichen Themen, Anliegen und Thesen Höffners lässt sich jedoch sein Anteil an der »Rothenfelser Denkschrift« leicht ermitteln.

Aus der großen Fülle von Vorträgen, Stellungnahmen und Gutachten Höffners aus den Jahren 1949-1962 haben Karl Gabriel und Hermann-Josef Große Kracht 2006 eine nach ihrer Einschätzung charakteristische Auswahl von 12 Texten veröffentlicht. Der Verfasser hat diese Auswahl übernommen für den Versuch, »Joseph Höffners Beitrag zur christlichen Sozialwissenschaft und Sozialpolitik 1934-1962« zu beschreiben. Er ist sich dabei bewusst, dass Sozialwissenschaftler der Meinung sein können, bei dieser Auswahl seien Äußerungen Höffners übergangen worden, die bedeutsamer waren als diese zwölf.

Es bleibt ohnehin ein erstaunliches Phänomen, dass Höffner seine größte Wirkung weder durch seine Forschungsleistungen bis 1942 noch durch seine die soziale Wirklichkeit in Deutschland maßgeblich beeinflussenden Äußerungen der Jahre 1949-1962 erzielte, sondern durch seine »Christliche Gesellschaftslehre« von 1962, die nur als Studienhilfe für seine Studenten und Arbeitshilfe für Multiplikatoren in der Bildungsarbeit gedacht war, die jedoch in die wichtigsten Weltsprachen übersetzt und oft aufgelegt das Ideengut der Katholischen Soziallehre weltweit verbreitete.

---

[1] Vgl. dazu unten S. 260-267.

I. KAPITEL

KINDHEIT UND JUGEND IM WESTERWALD UND IN TRIER 1906-1926

Im Alter von 20 Jahren, als Joseph Höffner sich um die Aufnahme in das römische Collegium Germanicum et Hungaricum bewarb, schaute er erstmals auf seine Herkunft und seine Jugend zurück. In einem Lebenslauf für das Kolleg schrieb er im Herbst 1926: »Meine Heimat ist der Westerwald. In Horhausen, einem katholischen Pfarrdorf nicht weit von Neuwied, wurde ich am 24. Dezember 1906 als der erste Sohn des Landwirtes Paul Höffner und seiner Ehefrau Helene geb. Schug geboren. Ich ging schon einige Jahre in die Horhauser Volksschule, da dachte noch niemand daran, dass ich den Beruf meines Vaters nicht ergreifen werde. Als ältestes Kind und einziger Sohn sollte ich meinem Vater in der Landwirtschaft helfen.«[1]

Ausführlicher, als es in einem solchen »Lebenslauf« möglich ist, hat Höffner sechs Jahrzehnte später in einem Sammelwerk »Mein Elternhaus« neben anderen im Deutschland der achtziger Jahre bekannten Persönlichkeiten seine frühesten Kindheitserinnerungen niedergeschrieben,[2] die in manchen Punkten durch mündliche Aussagen seiner Schwester Maria Höffner aus Anlass seines 80. Geburtstages 1986[3] und eines aus Horhausen informierten Autors bei Gelegenheit von Höffners 10. Todestag 1997 ergänzt werden können.[4]

Während die Mehrzahl der Horhauser Männer bei kaum ausreichendem Lohn auf einer der beiden Eisenerzgruben im Umfeld des Ortes arbeitete und durch nebenberufliche Landwirtschaft den Lebensunterhalt der Familie sichern musste, gehörte Paul Höffner zu den insgesamt nur vier Landwirten des Ortes, die mit ihrer Familie ausschließlich von der Landwirtschaft leben konnten. Wie Höffner 1984 berichtete, sind seine väterlichen Vorfahren seit 1500 in Walldürn nachweisbar. »In der zweiten Hälfte des 18. Jahrhunderts ließ sich der 1744 in Walldürn geborene Handwerksgeselle Simon Höffner auf der Wanderschaft in Horhausen nieder.«[5] Zum »Kirchspiel« Horhausen gehörten acht Dörfer, »in denen es weder Geschäfte noch Wirtshäuser gab«. Diese fanden sich in Horhausen rund um die 1904 vollendete Pfarrkirche St. Maria Magdalena,[6] in der Joseph Höffner zwei Tage nach seiner Geburt getauft wurde.

---

1 »Lebenslauf« o. D. (1926): Kopie aus der Personalakte Joseph Höffner im Archiv des Collegium Germanicum: HAEK – NH 2523.

2 J. Höffner, Mein erstes Gebet, S. 67-75.

3 G. Zellekens, Gespräch mit der Schwester des Kardinals, S. 13-18.

4 R. Blumenthal, Aus Kindheit und Jugend, S. 35-39 – Die sicher detaillierteste Darstellung der ersten Lebensjahre Höffners bietet: A. N. Desczyk, Höffner, S. 7-12; vgl. auch U. Helbach, J. Oepen, W. Schmitz (Redaktion), Katalog, S. 33-43..

5 Vgl. A. N. Desczyk, Höffner, S. 9.

6 Das Kirchspiel Horhausen, S. 170-195.

Zu den Familienverhältnissen der Höffners berichtete der Kardinal 1984: »Meine Mutter entstammte der Familie Schug, die seit Jahrhunderten in der zum Erzbistum Köln gehörenden, an Horhausen grenzenden Pfarrei Oberlahr ansässig ist. Zu unserem Familienhaushalt gehörten noch eine [Groß-]Tante und ein [Groß-]Onkel. Aus der glücklichen Ehe meiner Eltern gingen weitere sechs Kinder hervor, bis dann am 16. März 1916, ich war neun Jahre alt, meine Mutter an einer Lungenentzündung starb. Meine Tante führte trotz ihres Alters den Haushalt weiter und sorgte rührend für uns. Einige Jahre später ging mein Vater eine zweite, ebenfalls glückliche Ehe ein. Sie wurde mit zwei Kindern gesegnet, so dass ich also der Älteste von neun Geschwistern bin. Davon leben [1984] noch fünf Schwestern und zwei Brüder.«[7]

Der alte Kardinal rühmte dann bei der Rückschau auf seine Kindheit in ländlicher Umgebung die Vorzüge von Naturverbundenheit, die Bescheidenheit des Lebens bei hinreichender Versorgung. Er stellte fest, »dass ich mich zwar nicht an Reichtum erinnern kann, dass es aber wohl niemanden in unserem Dorf gab, der Not leiden musste. Hunger und Elend vergällten den Kindern die Jugend nicht. Aber«, so stellte er etwas weiter fest, »das musste durch viel Fleiß und harte Arbeit gesichert werden – und manches, was in reicheren Gebieten selbstverständlich ist, blieb uns und vielen in unserem Dorf unerreichbar.«

Höffner schilderte seine kindliche Zuneigung zu den Tieren des Hofes und der Arbeit seines Vaters. »In den Nachbarhäusern lebten weitere dreißig Kinder. Wir spielten viel miteinander, vor allem in Wiesen und Feldern, an den Quellen und Bächen ... Heute übliche Spielzeuge, die insbesondere dem anorganischen Bereich entnommen sind, kannte ich nicht. Ich besaß lediglich ein Taschenmesser, dass ich zum Beispiel im Frühjahr zum Schneiden von Flöten aus den Zweigen der Weiden benutzte.«

Mit dem Eintritt in die Schule begann für Joseph Höffner nicht nur das, was man »Ernst des Lebens« nennt, sondern auch die Ausbildung seiner Fähigkeiten für ein langes Leben. Höffner schilderte diese Zeit 1984 leicht verklärt: »Doch waren wir Kinder mit den Lehrern und die Lehrer wohl auch mit uns Kindern zufrieden. Nicht nur in den Pausen ging es oft heiter zu. Ein richtiges fröhliches Treiben aber fing an, wenn mittags alle hinausströmten. Die Kinder aus den Nachbardörfern taten sich zu Gruppen zusammen und zogen singend ins Dorf ein.«

Höffners gute Meinung über seine Horhauser Schulzeit und seine dortigen Lehrer bezieht sich vor allem auf seine Lehrerin Margarethe Metzrodt, die Schwester des späteren Trierer Weihbischofs Heinrich Metzrodt.[8] Mit ihr hatte Höffner

---

[7] »Die Kinder der Familie Paul Höffner, Horhausen«: Aufstellung von Pfarrer J. R. Rullof, Horhausen, vom 27. 7. 1962 (BAT – 88/402, 1; vgl. auch A. N. Desczyk, Höffner, S. 9): Maria, geb. 4. 8. 1908; Katharina, geb. 13. 2. 1910; Helena, geb. 29. 10. 1912; Elisabeth, geb. 14. 8. 1914; Franziska, geb. 6. 2. 1916. Kinder aus der zweiten Ehe Paul Höffners: Wilhelm, geb. 26. 8. 1922; Robert, geb. 5. 2. 1924.

[8] Heinrich Metzrodt (1893 – 1951), 1941-1951 Weihbischof in Trier: M. Persch: Metzrodt war während der NS-Zeit in der Diözese Trier »die Seele des Widerstands gegen die Einführung der Gemeinschaftsschule.« (zitiert nach A. N. Desczyk, Höffner, S. 10).

bis zu ihrem Tode 1979 brieflichen Kontakt. Aus den in Trier erhaltenen Briefen an sie zitiert Desczyk[9] 1963: »Auch danke ich Ihnen noch einmal für all das Edle und Gute, das Sie vor mehr als 50 Jahren damals in Horhausen in meine Seele gesenkt haben. Der Herr möge es Ihnen vergelten.« 1967 schrieb Höffner: »Ich denke mit Freude an meine Schulzeit zurück und danke Ihnen herzlich für alles, was Sie mir seit 1913 als Erzieherin und Lehrerin mitgegeben haben.« In seinem Kondolenzbrief an die Schwester Berta Metzrodt schrieb er am 18. September 1979: »Ich erinnere mich noch gut an den Tag meiner Einschulung und an die glücklichen Jahre, da ich als Horhauser Junge Ihrer lieben Schwester in unserer Dorfschule zu Füßen sitzen durfte. Ich verdanke ihr viel, nicht zuletzt, dass sie mich auf meinem Lebensweg – als Gymnasiast, als Germaniker in Rom, als junger Priester, als Professor und Bischof – mit ihrem Gebet und mit ihrem guten Rat begleitet hat.«

Nicht ganz so harmonisch erlebten Höffners Klassenkameraden die gemeinsame Schulzeit.[10] Höffner sei ein »helles Köpfchen« und »schlaues Kerlchen« gewesen. »Ich weiß noch genau, er saß rechts vom Katheder in der letzten Bank auf der Ecke. Da saßen die Besten«, sagt Heinrich Praßel. »Er ist wie Höffner 1917 zur Erstkommunion gegangen ... In der Schule ›war der Knüppel Trumpf‹ – Prügel gab es für jede Kleinigkeit, für mangelnde Kenntnisse ebenso wie für Unordnung oder Unpünktlichkeit. ›Manchmal standen zehn vor der Bank‹, weiß Praßel noch. Dass Klassenkamerad Höffner einmal unter den Übeltätern war, hält der Rentner für ausgeschlossen.«

Mit der Schulzeit waren auch erste Schritte in die Arbeitswelt verbunden. 1984 erinnerte sich Höffner: »Wir mussten, so wollten es die Eltern, gleich nach dem Essen die Schularbeiten machen. Vater und Mutter sind stolz, wenn ihre Kinder in der Schule gut mitkommen. Manchmal aber schütteln sie den Kopf über ›all das Zeug, das ihre Kinder lernen sollen‹. Ein Ausnahmefall dürfte jedoch jener Gemeindevertreter gewesen sein, der, wie berichtet wurde, die Anschaffung einer neuen Karte von Europa mit der Begründung ablehnte: ›*Ös Könna [unsere Kinder] kummen ja doch zu Lebdag net dohin.*‹ Am Nachmittag mussten die Mädchen der Mutter helfen, die Jungen nahm der Vater mit ins Feld.«

Höffner schilderte dann auch die Teilnahme an den jährlichen Festen in Kirche und Gemeinde sowie – eher verhalten und diskret – die religiöse Atmosphäre seines Elternhauses, die ihn nachhaltig geprägt hat. In einem Fernsehinterview, das der Kardinal 1981 aus Anlass seines 75. Geburtstages gab, soll er geäußert haben, »dass die Kinder zunächst einmal die Gebete der Eltern übernähmen.«[11] Seine Schwester Maria Höffner sagte fünf Jahre später: »Wir haben auch morgens und abends [also nicht nur bei Tisch] immer gemeinsam gebetet, am Abend kniend.

[9] Personalakte Höffner: BAT – 88/402, 1; die nachfolgenden Zitate finden sich bei A. N. DESCZYK, Höffner, S. 16 Anm. 76.

[10] R. BLUMENTHAL, Aus Kindheit und Jugend, S 37.

[11] G. ZELLEKENS, Gespräch mit der Schwester des Kardinals, S. 14.

Das weiß ich nicht nur aus der eigenen Erinnerung, sondern auch aus den Erzählungen des Vaters.«

Eine einschneidende Erfahrung und Glaubensprüfung stellte für Joseph Höffner das Jahr 1916 – sein 10. Lebensjahr – dar, als kurz nacheinander seine Mutter, eine Schwester seiner Mutter und ein Schwager verstarben. »So waren wir in unserer Familie 20 Halbwaisen. Was das bedeutete, lässt sich kaum in Worte fassen ... Was trotz allem in unserer Familie unverändert blieb, war das Vertrauen auf Gott und die unerschütterliche Zuversicht, dass Er weiß, was zu unserem Besten ist. Wir waren geborgen in seiner Liebe und damit auch in der Liebe unseres Vaters, in der Gemeinschaft der Geschwister und der Familie.«

Mit fast 80 Jahren stellte der Kardinal fest: »Was der Tod meiner Mutter für meinen Lebensweg bedeutet hat, kann ich nicht, noch nicht, sagen. Als Kinder übernahmen wir zunächst die Gebete, die in der Familie gebetet, und die Lieder, die in der Kirche gesungen werden. Das erste von mir selbst geformte Gebet – daran erinnere ich mich noch – habe ich an dem Abend gesprochen, an dem meine Mutter starb. Ich war draußen vor dem Fenster ihres Sterbezimmers. Meine Mutter und ich verstanden uns gut, und dann hörte ich sie jammern. Sie litt fürchterliche Schmerzen. Da habe ich gebetet: ›Gott, sie muss so viel leiden. Nimm sie zu dir.‹ Wenn ich dieses erste persönlich formulierte Gebet von heute her durchdenke, sprachen daraus Vertrauen zu Gott und die Gewissheit, dass meine Mutter und ich auch durch den Tod nicht wirklich getrennt wurden. Schrecklicher als der Tod meiner zweiunddreißigjährigen Mutter wäre es für mich gewesen, wenn Vater und Mutter sich hätten scheiden lassen.«[12]

Den Tod der Mutter kann man als die erste Wende im Leben des jungen Joseph Höffner bezeichnen. In seinem Lebenslauf für das Collegium Germanicum schrieb er 1926:[13] »Als ich zehn Jahre alt war, machte der damalige Pastor von Horhausen, der hochverehrte Herr Pfarrer Kost,[14] meinem Vater den Vorschlag, mich studieren zu lassen. Nur schweren Herzens willigte mein Vater ein. So führte mich denn Herr Pfarrer Kost, dem ich zu großem Dank verpflichtet bin, in die Anfangsgründe der lateinischen Sprache ein.« Höffner fügte hinzu: »Von Jugend an war es mein Wunsch, Priester zu werden. Meine liebe Mutter war es, die auf dem Sterbebette den Herrn Pfarrer Kost bat, diesen ihren letzten Wunsch ihr doch erfüllen zu helfen.« Dieser letzte Wunsch seiner Frau dürfte Paul Höffner auch bewegt haben, den bis dahin einzigen Sohn und Hoferben für eine ganz andere Laufbahn freizugeben.

Über den Privatunterricht im Horhauser Pfarrhaus schrieb Höffner 1984: »Mit einigen anderen Jungen ging ich abends ins Pfarrhaus. Oft mussten wir warten, bis der Pfarrer, von Krankenbesuchen müde, nach Hause kam ... An den Latein-

---

12 J. Höffner, Mein erstes Gebet, S. 74 f.

13 Vgl. oben Anm. 1

14 Peter Kost (1875–1941), Pfarrer in Horhausen von [illegible] bis [illegible]. Der Weltklerus der Diözese Trier seit 1800, S. 191.

und Mathematikunterricht im Pfarrhaus zu Horhausen denke ich mit großer Freude zurück. Pfarrer Kost war ein vorzüglicher Lehrer.« Das Ergebnis dieser Bemühungen fasste Höffner 1926 so zusammen: »Ostern 1919, ich war damals 12 Jahre alt, wurde ich in die Quarta am Gymnasium zu Montabaur aufgenommen. Ich wohnte im Montabaurer Konvikt.«

Von 1919 bis 1922 blieb Höffner, die größte Zeit des Jahres vom Elternhaus getrennt, in Montabaur, wo er am 18. April 1921 durch den Limburger Bischof Augustinus Kilian das Sakrament der Firmung empfing.[15] Über seine Schuljahre in Montabaur äußerte sich Höffner 1982, als der Vorsitzende des Ehemaligen-Vereins der Schule um ein Grußwort für die Zeitschrift des Vereins bat. Höffner schrieb:

»Ich blicke auf meine Montabaurer Jahre dankbar und froh zurück. Das Gymnasium hat mir gründliche Kenntnisse im Deutschen, Lateinischen, Griechischen und Französischen sowie in der Mathematik vermittelt, und ich danke meinen Lehrern, die längst in der Ewigkeit sind, herzlich. Vor allem aber habe ich mich am Gymnasium geborgen gefühlt, weil die Schule nicht anonym, sondern überschaubar und persönlich war. Ich kannte alle Schüler und Lehrer, nicht nur mit Namen, sondern auch ihrer Eigenart nach.

Auch bin ich in Montabaur zum ersten Mal Menschen anderer Sprache und Kultur begegnet. Ich wohnte im bischöflichen Konvikt, das damals zur Hälfte mit amerikanischen Soldaten belegt war. Wir haben mit ihnen Fußball gespielt und viel Freude erlebt, uns manchmal auch mit ihnen gestritten. Mein Interesse an fremden Völkern und Kulturen begann damals langsam zu wachsen.«[16]

Warum Höffner für die Jahre 1922 bis 1926 an das Friedrich-Wilhelm-Gymnasium und das Bischöfliche Konvikt in Trier wechselte, verrät wiederum sein Lebenslauf von 1926: »Meinem Vater und mir wäre es nun erwünscht gewesen, wenn ich meine Gymnasialjahre in einem Konvikt meiner Heimatdiözese Trier hätte verbringen können. Montabaur gehört nämlich zur Diözese Limburg.« Wahrscheinlich war auch Pfarrer Kost darauf bedacht, seinen Priesteramtskandidaten der eigenen Diözese zuzuführen. Doch dürfte zunächst das junge Alter Höffners 1919 und die größere Nähe Montabaurs zu Horhausen für Montabaur gesprochen haben.

Zu dem Schulwechsel schrieb der Kardinal 1984: »Vom Jahre 1922 an besuchte ich bis zur Reifeprüfung [1926] das Friedrich-Wilhelm-Gymnasium in Trier. An demselben Gymnasium hat Karl Marx 1835 sein Abitur gemacht. Viele Jahre später, am 17. September 1878, schrieb er an Friedrich Engels, er erinnere sich

---

15 Abschrift des Firmzeugnisses vom 20. 7. 1962: BAT – 88/402, 1 (Vgl. A. N. Desczyk, Höffner, S. 12); Kopie eines Firmzeugnisses vom 26. 3. 1926 in den Akten des Germanikums: HAEK – NH 2523.

16 Höffner an den Verein der ehemaligen Schüler des Mons-Tabor-Gymnasiums Montabaur 6. 11. 1982: HAEK – CR 2.18 (Zug. 427, 5a). Dort auch die Anfrage des Vorsitzenden an Höffner vom 27. 10. 1982.

noch gut an die katholischen ›Bauernlümmel‹, die ›weiland bei uns auf dem Trierischen Gymnasium‹ zusammen mit ihm studiert und sich durch ›Beschränktheit und Bejahrtheit‹ ausgezeichnet hätten. – Immerhin« – so fügte der Kardinal kritisch hinzu – »waren die ›Bauernlümmel‹ Söhne des arbeitenden Volkes.«

In Zeiten eines flächendeckenden Netzes weiterführender Schulen und zubringender Schulbusse in unserem Land reiben wir uns die Augen angesichts einer solchen Schullaufbahn. Doch noch am Anfang des 20. Jahrhunderts waren für zahlreiche begabtere Jungen vom Lande der Lateinunterricht beim Ortspfarrer und der verspätete Quereinstieg in ein – damals selbstverständlich und ausschließlich – humanistisches Gymnasium der Zugang zu einem weiterführenden Berufsweg, der nicht immer zum Priestertum führte. Das war auch nicht allein in Deutschland so. Um ein Beispiel anzuführen, sei der italienische Landpächtersohn Angelo Giuseppe Roncalli aus Sotto il Monte bei Bergamo genannt, der als Papst Johannes XXIII. 1962 Höffner zum Bischof von Münster ernannte und das II. Vatikanische Konzil einberief.[17]

Solche auf Sonderwegen in die Gymnasien eingeschleusten »Jungen vom Lande« hatten nur dann eine dauerhafte Chance beruflichen Aufstiegs, wenn sie ein überdurchschnittliches Bildungsinteresse und einen – bei Höffner zeitlebens nahezu unglaublichen – besonderen Fleiß einbrachten. In den Akten des Trierer Konviktes sind den Namen Höffner enthaltende Klassen- und Zensurenlisten der Jahre 1922 bis 1926 erhalten.[18] Seine Schulzeugnisse hat er gesammelt. Sie sind zum Teil durchschnittlich, teils mit besseren Noten besetzt.[19] Der 2005 im Alter von fast 95 Jahren verstorbene Bonner Kirchenhistoriker Eduard Hegel, der in Trier und Münster Höffners Professoren-Kollege war,[20] erfuhr von Weggefährten Höffners aus der Schulzeit, bei der Heimfahrt aus dem Konvikt in die Schulferien habe Joseph Höffner im Zug mit seinen Kameraden von Trier bis Ehrang Allotria getrieben, sich dann aber mit seinen Büchern beschäftigt.

Auch die Schulferien hatten für einen Bauernsohn eine andere Gestalt als für Gymnasiasten aus städtischem Umfeld. Auf die Frage, ob ihr Bruder in den Schulferien »etwa bei der Feldarbeit« mithelfen musste, antwortete Maria Höffner 1981: »Ja, er hat viel und gerne geholfen. Er hat eigentlich alles gemacht. Er hat Garben gebunden und auch Disteln ausgelesen, wie wir alle. In der freien Zeit, besonders also in den Winterferien, wo draußen wenig zu tun war, gab er den Nachbarskindern Nachhilfeunterricht. Oft saß er in der Stube am großen Esstisch und las. Er hat überhaupt viel gelesen. Unsere Unterhaltung störte ihn nicht. Aber sein Fleiß und seine Wissbegierde hielten ihn nicht davon ab, den Geschwistern oder den Nachbarskindern einen Streich zu spielen.«[21]

---

17 G. Alberigo, Johannes XXIII., S. 15-18.

18 BAT – Abt. 61, Nr. 2/329.

19 Ein Umschlag mit den gesammelten Schulzeugnissen findet sich in HAEK – NH 1403.

20 Zu Eduard Hegel 1911 – 2005): N. Trippen, Eduard Hegel †, in: AHVN 209, 2006, S. [illegible].

21 G. Zellekens, Gespräch mit der Schwester des Kardinals, S. 15 f.

Maria Höffner fügte hinzu: »Ich sollte vielleicht auch erzählen, dass mit dem Beginn der Schulzeit der Besuch der hl. Messe an jedem Morgen selbstverständlich war. An jedem ersten Ferientag durften wir dann so lange schlafen, wie wir wollten. Aber weil wir an den anderen Ferientagen schon in aller Frühe so viel Rabatz machten, meinte die Tante, dann könnten wir doch auch in den Ferien täglich zur heiligen Messe gehen.«

Über die Trierer Gymnasialjahre ergeben die amtlichen Quellen wenig. Anlässlich von Höffners 80. Geburtstag berichtete1986 der damalige Leiter des Gymnasiums, Höffner sei »ein glänzender Schüler, der beste der Klasse« gewesen. »›Schwarzen Kasten‹, so nannten die Schüler die Schule von damals nicht wegen der Mauern, die einst aus römischen Quadern römischer Termen gefügt ...; schwarz auch war sie im Innern, ..., wenn Sie zählen die Zahl der Priester aus diesem Gymnasium: an die zweitausend waren's in fast nur zweihundert Jahren: Bischöfe, Priester und Pröpste, Dechanten, Gelehrte und Mönche«.[22] Hermann-Joseph Krapp nannte als Beispiele den unter dem Pseudonym Justinus Febronius indizierten Trierer Weihbischof Nikolaus von Hontheim († 1790), den im Kulturkampf von Preußen gefangengesetzten Trierer Bischof Matthias Eberhard († 1876), den Zentrumsprälaten Ludwig Kaas († 1952), Bischof Nikolaus Bares von Berlin († 1935), den Höffner 1926 als Regens des Trierer Priesterseminars erlebte, ferner den Philosophen Peter Wust († 1940) und den gleichfalls aus Horhausen stammenden Priester, Publizisten und Politiker Georg Friedrich Dasbach († 1907). Höffners in jungen Jahren skeptischer Beobachter und späterer Kollege Oswald von Nell-Breuning SJ hatte 1908 an der gleichen Schule sein Abitur bestanden.[23]

Aus der Schulchronik ermittelte Krapp, dass Höffner neben den Fächern des klassischen Gymnasiums (Latein und Griechisch) sich für Geschichte besonders interessierte. »Joseph Höffner war Freund der Geschichte der Heimat; fleißig sammelte er, schrieb auf und trug es zusammen, was von Horhauser Brauchtum er konnt' in Erfahrung bringen.« Zu Höffners ersten späteren Publikationen sollten Aufsätze zur Geschichte Horhausens gehören.[24] Auch seine sozialwissenschaftlichen Forschungen sollten im ersten Jahrzehnt ausnahmslos historische Ansätze und Themenstellungen haben. Für die Schulzeit berichtete Krapp 1986:

---

[22] H. J. KRAPP, Das Gymnasium in Trier, S. 19 f.

[23] Oswald von Nell-Breuning (1890 – 1991), 1911 Eintritt in den Jesuitenorden, seit 1928 Professor für Moraltheologie und Sozialwissenschaft an der Hochschule St. Georgen in Frankfurt, 1956 Honorarprofessor an der Universität Frankfurt: W. KERBER, in: LThK 7, ³1998, Sp. 732 f.; A. RAUSCHER, Oswald von Nell-Breuning (1890 – 1991), in: Zeitgeschichte in Lebensbildern 7, 1994, S. 277-292 und 307 f. (Werkeverzeichnis und Literaturübersicht); L. ROOS, in: LEXIKON SOZIALE MARKTWIRTSCHAFT, S. 52-55; M. PERSCH, in: H. MONZ (Hrsg.), Trierer Biogr. Lexikon, S. 335.

[24] J. HÖFFNER, Das letzte Horhauser Sendgericht (1937); DERS., Die Eremitage von Niedersteinebach. Ein Beitrag zur Pfarrgeschichte von Horhausen, in: PASTOR BONUS 48, 1937, Heft 1, S. 206-210; DERS., Das Horhauser Burgbüchlein, in: PASTOR BONUS 50, 1939/40, Heft 1, S. 172-178; DERS., Westerwälder Dorfgericht, in: PAULINUS 73, 1947, Nr. 1/2 vom 19. 1. 1947: A. N. DESCZYK, Höffner, S. 7 Anm. 28; vgl. W. WEYAND, Schriftenverzeichnis 1933-1983, S. 1-4.

»Damals auch wirkte er mit am Wörterbuch des Rheinlands ...« Die Fahrt zum Abschluss der Schulzeit habe Höffners Klasse nach Köln geführt. Ostern 1926 erhielt Höffner das Zeugnis der Reife. 15 von 39 Abiturienten seines Jahrgangs wurden Priester oder Ordensleute.[25]

Mit dem Abitur ging für Joseph Höffner ein prägender Lebensabschnitt zu Ende. Er selbst schrieb 1984: »Da ich meine Ferien in Horhausen verbrachte, war ich zwanzig schöne Jahre meines Lebens dem Heimatdorf verbunden und empfing von hier wesentliche Prägung.« Er nannte dann einzelne Personen und Gegebenheiten, die in Horhausen zu seiner Prägung beigetragen hatten: die Horhauser Pfarrer, die Dorfgemeinschaft, die Natur des Westerwaldes. »Sicher gibt es reichere und üppigere Gebiete in Deutschland. Aber die stille Schönheit der Wälder und Täler des Westerwaldes suchte und sucht heute ihresgleichen. ›Gott ist gleichsam durch unsere schöne Heimat gegangen und hat dabei seine Spuren hinterlassen, die Quellen, die Tiere‹, so sagte einmal der gütige Pfarrer Peter Kost. Er war es auch, der mir riet, nicht nur von der ›Natur‹ oder ›Landschaft‹ zu sprechen, so zutreffend diese Begriffe auch seien. Umfassender sei es, ›Schöpfung‹ zu sagen.« Es war wohl weniger Ausdruck künstlerischer Begabungen als der Liebe zu seiner Heimat, dass Joseph Höffner 18jährig 1924 einige Bilder von Häusern und Landschaften seiner Heimat malte.[26]

Höffner hat von den Kölner Erzbischöfen der jüngeren Zeit das intensivste Verhältnis zu seinem Garten gepflegt. Er saß dort seltener zur Entspannung – die in seinem Tagesprogramm nicht vorgesehen war. Doch er wanderte dort mit dem Stundenbuch auf und ab, siedelte Wildenten an und konnte mitten in einer Sitzung aufspringen, wenn er durch das Fenster beobachtete, dass Elstern die Küken der Wildenten rauben wollten. Zu seinem Hausstand gehörte stets ein Hund, über lange Jahre die im Erzbistum viel besprochenen »Orly« und »Hannibal«.

Mit besonderer Dankbarkeit berichtete Höffner über das »heile Elternhaus«, dem er entstammte. »Für die große Familie, die daraus hervorgegangen ist, hat sich bis heute [1984] nichts geändert. Wir passen zusammen, wir gehören zusammen, wenn wir auch manchmal spüren, dass wir so etwas sind wie eine Insel in chaotischer Zeit ... Ich habe zweiundzwanzig Neffen und Nichten und zahlreiche Großneffen und Großnichten. Hochzeiten und Taufen feiern wir in meinem Haus in Köln.«

In dieser Familie Höffner wurde man von frühester Kindheit an dazu erzogen, sich nach Kräften an der Erarbeitung des Lebensnotwendigen zu beteiligen. Dass einer für den anderen einzustehen hatte, war eine früh eingeübte Selbstverständ-

[25] Abiturientenliste für 1926: J. SCHWALL (Hrsg.), 400 Jahre Friedrich-Wilhelm-Gymnasium Trier. Festschrift, Trier 1961, S. 340 – Höffners Abituraufsatz »Der Mensch bedarf des Menschen sehr zu seinem hohen Ziel«, Prädikat: gut, Fotokopie: HAEK – NH 2083. Eine Abschrift seines Abiturzeugnisses vom 12. 3. 1926 findet sich EBD. 1403.

[26] Die im DIN-A 6 bzw. DIN-A 5 Format gemalten Stücke finden sich im Besitz der Familie Hesseler/Horhausen; fotographischer Abdruck: U. HELBACH/J. OEPEN/W. SCHMITZ (Redaktion), Katalog S. 55 f.

lichkeit. Als Maria Höffner 1986 nach einer »Sonderstellung« ihres Bruders in der Familie befragt wurde, gab sie zur Antwort: »Wenn Sie meinen, eine Sonderstellung hätte etwas mit dem Studium zu tun oder jetzt mit seinen Ämtern, dann muss ich nein sagen. Eine Sonderstellung hatte er trotzdem, doch die kam nur dadurch zustande, dass er plötzlich für so viele von uns zu sorgen hatte. Als unser Vater [1940] starb, war mein Bruder Joseph dreiunddreißig Jahre alt. Drei der Geschwister waren völlig unversorgt. Er hat sich sehr um sie wie um uns alle gekümmert. Wichtig war ihm, dass alle eine gute Ausbildung bekamen, wenn das auch Opfer an Zeit und Geld bedeutete.«[27]

Der Beleg für diese Feststellung seiner Schwester Maria findet sich in der Korrespondenz mit seinen Geschwistern während der Jahre 1937-1940, die zum Teil rührende Einblicke in die Bemühungen des ältesten Bruders gewährt, seinen Geschwistern zu raten und zu helfen.[28] Als konkrete Beispiele seien herausgegriffen: die Verwendung beim Trierer Generalvikar von Meurers für eine Anstellung seiner Schwester Elisabeth als Seelsorgehelferin im Bistum Trier[29] und die Korrespondenz wegen der Schullaufbahn und eines Internatsplatzes für einen Neffen.

Was Joseph Höffner aus seiner Kindheit und Jugend in Horhausen für seinen weiteren Lebensweg mitgenommen hat, ist eine Grundbereitschaft zu kontinuierlicher und harter Arbeit. Neben Schule und Mitarbeit in Hof und Feld blieb für Muße und für Muse keine Zeit. Bei Durchsicht seines Nachlasses und speziell seiner ab 1945 lückenlos erhaltenen Terminkalender staunt man über das Arbeitspensum, das Höffner sich Zeit seines Lebens zugemutet hat. Man versteht, dass er für Musik und Theater, für Literatur und Kunst oder auch nur für entspannte Freizeit nie einen Sinn entwickeln konnte. Wenn freie Zeit blieb, diente sie der Lektüre von Zeitschriften und Literatur, die er für seine vielfältigen Einsätze in Lehre und Forschung, für seine Vortragstätigkeit und für die Gutachten und Vorschläge brauchte, welche er nach 1949 in die Gestaltung der Sozialgesetzgebung einbrachte. Dazu gibt sein Nachlass vielfältige Einblicke.

Seine frühen Beobachtungen und eigenen Erfahrungen zu Lebensstil und Arbeitsrhythmus von Bauern und Grubenarbeitern seiner Westerwälder Heimat spiegeln sich in den Titeln und Gliederungen seiner Vorlesungs- und Seminarreihen in Trier und Münster zwischen 1945 und 1962 wider.[30]

---

27 G. ZELLEKENS, Gespräch mit der Schwester des Kardinals, S. 17 f.

28 HAEK – NH 3142 Schriftverkehr mit Verwandten (meist Geschwistern) 1937-1940.

29 Höffner an von Meurers, 12. 11. 1937: »Im Sommer sprach ich gelegentlich einmal mit Ihnen von meiner Schwester [Elisabeth], die hier [in Freiburg] am Seminar für Seelsorgehilfe studiert ... Ostern 1938 beendigt meine Schwester das Studium am hiesigen Seminar. Wäre es vielleicht möglich, dass sie in unserer Diözese irgendwo eine entsprechende Stelle finden könnte?«: HAEK – NH 2565 (Durchschrift) bzw. BAT – 88/402, 1 (Original). Zu dem Neffen: HAEK – NH 3142.

30 Z. B. SS 1952: »Arbeiterschicksal als seelisches Problem«, Seminarübung: »Die Soziologie des Dorfes«; SS 1959: Oberseminar »Das Bauerntum in der industriellen Gesellschaft« – A. N. DESCZYK, Höffner, S. 271-277: Verzeichnis der Lehrveranstaltungen Höffners – Vorlesungsmanuskripte und Unterlagen für die Seminarreihen finden sich in HAEK – NH.

II. KAPITEL

DIE STUDIENJAHRE IN TRIER UND ROM 1926-1934

Als Joseph Höffner 1926 sein Abitur bestand, waren der Familie zwar aus der zweiten Ehe des Vaters zwei weitere Söhne geboren worden. Doch scheint die Hoffnung auf den ältesten Sohn als Hoferben noch nicht ganz erloschen gewesen zu sein. Maria Höffner äußerte 1986: »Lange Zeit, auch noch auf der Schule in Trier, stand eigentlich fest, dass mein Bruder Joseph wie unser Vater Bauer werden sollte und wollte. Doch muss es wohl so gewesen sein, dass unser Pfarrer in Horhausen ohne viele Worte beispielhaft auf ihn gewirkt hat.«[1]

Die Abgleichung der heimlichen Wünsche von Vater und Sohn geschah nach Westerwälder Art ohne viele Worte. Maria Höffner schilderte den Entscheidungsprozess so: »Ich erinnere mich jedoch noch gut daran, dass er [Joseph] nach dem Abitur nach Hause kam und zu unserem Vater sagte: ›Du musst mir jetzt wohl einen schwarzen Anzug machen lassen; ich brauche ihn bald‹ – und der Vater hat darauf nur geantwortet: ›Ja, dann müssen wir wohl den Schneider bestellen.‹«

Die Aufnahme in das Trierer Priesterseminar zum Sommersemester 1926 dürfte keine Schwierigkeiten bereitet haben, da man über den Kandidaten aus dem Konvikt nur gute Auskünfte erhielt. Die persönlichen Kenntnisse der in Trier Verantwortlichen über Höffner waren auch Grundlage für die Entscheidung, ihn im Herbst 1926 für das weitere Studium an das Collegium Germanicum et Hungaricum bzw. an die Gregoriana nach Rom abzuordnen.

Auf diese Entscheidung hat jedoch wohl auch der damalige Horhauser Pfarrer Dr. Josef Michels Einfluss genommen, der selbst in Rom studiert und den Doktor-Titel erworben hatte.[2] Im Frühjahr 1926 hatte Pfarrer Michels eine Reise nach Rom gemacht und mit dem Rektor des Germanikums über eine mögliche Aufnahme von Joseph Höffner in das Kolleg gesprochen. In Höffners Personalakte im Germanikum findet sich ein kurzes Zeugnis Pfarrer Michels' vom 3. April 1926 über sein Pfarrkind Höffner: »Joseph Höffner aus Horhausen, bisher Schüler des Bischöflichen Konviktes in Trier, ist mir als ein religiös-sittlicher Jüngling bekannt.«[3] Michels hinterließ auch ein am 26. März 1926 vom Montabaurer Pfarrer Jäger ausgestelltes Firmzeugnis. Am 10. August 1926 schrieb Michels an den Rektor des Germanikums: »Hochwürden erinnern sich, dass ich im Frühjahr mit Ihnen verhandelt habe über die Aufnahme eines Jünglings meiner Pfarrei in das

---

1 G. Zellekens, Gespräch mit der Schwester des Kardinals, S. 17.

2 Dr. Josef Michels (1876 – 1944), 1904 Dr. theol. an der Gregoriana in Rom, 1923-1929 Pfarrer in Horhausen, 1929-1937 Pfarrer in Eller/Mosel: Der Weltklerus der Diözese Trier seit 1800, S. 232 f. (vgl. A. N. Desczyk, Höffner, S. 16).

3 Kopie aus der Personalakte Höffner des Germanikums: HAEK – NH 2523.

Collegium. Die vorbereitenden Schritte haben sich etwas verzögert. Der Kandidat hat von Ostern bis jetzt – also ein Semester – das Bischöfliche Priesterseminar in Trier besucht. Reverendissimus ep[isco]pus und der Regens sind mit dem Eintritt ins Collegium einverstanden.«[4]

Der Grund für dieses Schreiben des Horhauser Pfarrers nach Rom waren weniger diese Formalien als die wirtschaftliche Seite. Michels schrieb: »Ew. Hochwürden haben mir damals folgende Bedingungen gestellt: [Der] Kandidat zahlt in den drei philosophischen Jahren jedes Jahr das gleiche, das er im Priesterseminar zu zahlen hätte, das sind *pro anno* 550 RM. Dafür sollte er die vier theologischen Jahre völlig frei sein. Kleidung und Bücher sind für die sieben Jahre frei; wegen der Bücher glaube ich, mich dessen erinnern zu können.« Pfarrer Michels schloss seinen Brief: »Ich würde mich sehr freuen und wäre Ew. Hochwürden sehr dankbar, wenn mein Pfarrkind unter diesen Bedingungen Aufnahme fände. Das Kolleg wird meines Erachtens einen Alumnus gewinnen, der in jeder Beziehung der großen Vergangenheit des Germanikums würdig wäre. Das Examen hat der Germaniker Dr. Weber in Trier[5] abgenommen.«

An dieser Stelle ist die Frage nach der Finanzierung von Schulzeit und Studium Joseph Höffners erlaubt. Der Vater einer kinderreichen Familie konnte die über Jahre sich erstreckenden finanziellen Leistungen nicht erbringen. Sowohl Konvikt und Priesterseminar in Trier wie das Germanikum in Rom besaßen Weinberge bzw. Landgüter, die zu dieser Zeit noch ertragreich waren und zur Deckung des Haushalts beitrugen. Doch außer den von Pfarrer Michels aufgezählten festen Kosten des römischen Aufenthalts bedurfte ein Student in Rom eines Betrages an Bargeld für anfallende Auslagen.

Es scheint, dass das Germanikum in den zwanziger und dreißiger Jahren des 20. Jahrhunderts »Patenschaften« wohlhabender US(Deutsch)-Amerikaner für finanziell schwach gestellte Alumnen vermittelte. In Höffners Nachlass befinden sich Korrespondenzen mit drei Wohltätern in den USA zwischen 1927 und 1934.[6] Bei Mrs. Fitzgerald in Chicago bedankt sich Höffner am 18. Juni 1927 für die ihm zuteil gewordene »second sholarship«. In den folgenden Jahren berichtet Höffner vom Fortgang seiner Studien und schließlich von den anstehenden Weihen. Der letzte Brief Höffners an Mrs. Fitzgerald datiert vom Dezember 1934 aus Saarbrücken. Eine ähnliche Korrespondenz mit Dankesbekundungen entwickelte sich mit einer Miss Mary Ege (deren Wohnort in den USA nicht genannt wird) und mit einem aus Luxemburg stammenden Peter Mueller in Minneapolis, dessen Tod 1934 seine Tochter Margarethe Höffner mitteilt. Im Februar 1940 schrieb der damalige Rektor des Kollegs, P. Ivo Zeiger SJ, an Höffner: »Der Sohn Ihres amerikanischen Wohltäters während Ihrer Kollegszeit (Mr. Nicholas Mueller, ..., Des

4 Michels an Rektor des Germanikums, 10. 8. 1926 (Kopie aus den Akten des Germanikums): HAEK – NH 2523. »Reverendissimus eppus« = Der Bischof von Trier.

5 Nicht ermittelt. Vgl. auch Der Weltklerus der Diözese Trier seit 1800.

6 HAEK – NH 3140: Schriftverkehr mit Germanikern, KAA-Briefe, Schreiben aus USA.

Moines, Iowa, USA) hat sich nach Ihnen erkundigt und lässt Ihnen beste Wünsche übermitteln. Ein gelegentlicher Brief von Ihnen würde ihn sehr freuen.«[7]

Ob Höffner während der Kriegszeit dieser Anregung folgen konnte, ist eher zweifelhaft. Doch liegt die Kopie eines Briefes von Höffner an Familie Mueller vom 8. Juni 1946 vor: »Es sind viele und böse Jahre her, dass ich Ihnen das letzte Mal geschrieben habe. Da nunmehr wieder Briefe nach dem Ausland befördert werden, will ich Ihnen nochmals Nachricht von mir geben.« Es folgt eine Schilderung der letzten Kriegsjahre und seiner kirchlichen Laufbahn. »Das Bild Ihres verstorbenen Vaters besitze ich noch. Ich gedenke seiner bei der hl. Messe. Die Heimat Ihres Vaters, Luxemburg, ist ganz in der Nähe von Trier: es sind nur 10 km bis zur Grenze.«[8] In den Jahren 1946 und 1947 wechselte Höffner mit Mr. Mueller noch einige Briefe.

Für den jungen Studenten aus dem Westerwald, der bis dahin nur Montabaur und Trier intensiver erlebt hatte, war die »Ewige Stadt« Rom eine neue und verzaubernde Welt, eine bis dahin nicht vorstellbare Horizonterweiterung. Es ist eher Zufall, dass Höffners erste römische Eindrücke sich in einem Brief an seine Horhauser Lehrerin Margarethe Metzrodt vom 13. November 1926 erhalten haben:

»Vierzehn Tage bin ich nun schon in Rom; da fühlt man sich allmählich heimisch und kann also schreiben, wie es einem gefällt. Jeder Tag bringt einem neue Überraschungen; wenn die sieben Jahre [ohne Heimaturlaub!] so rasch vorbei gehen wie diese vierzehn Tage, habe ich keine Furcht vor Heimweh.

Mehr als ganz Rom gefällt mir der gute Geist im Germanikum. Ich bin ja schon seit meinem zwölften Jahre von daheim fort, doch nirgends habe ich eine so große brüderliche Liebe gefunden wie hier. Wir sind nur hundert Germaniker, und doch sind fast alle Nationen Europas vertreten; mit einigen kann man sich nur auf Lateinisch unterhalten, weil sie noch kein Deutsch verstehen. Doch deshalb ist die Liebe nicht kleiner.

An der Universität, die von mehreren tausend jungen Theologen besucht wird, sind 29 verschiedene Sprachen vertreten. Da sieht man so recht, dass die katholische Kirche die eine allumfassende ist.

Wir hatten schon Besuch aus Deutschland; gestern war der Kölner Kardinal-Erzbischof [Schulte][9] im Germanikum; er aß mit uns zu Mittag, und bevor er abfuhr, gab er jedem die Hand und sprach mit jedem ein paar Worte. So bringt jeder Tag hier etwas Neues. Heute, am Fest des hl. Stanislaus,[10] ist großer Festtag.

---

[7] Ivo Zeiger SJ an Höffner, 20. 2. 1940 (hs. Original): HAEK – NH 3140.

[8] Höffner an Familie Mueller, 8. 6. 1946 (Durchschrift): Ebd.

[9] Karl Joseph Kardinal Schulte (1871 – 1941), 1910-1920 Bischof von Paderborn, 1920-1941 Erzbischof von Köln, 1921 Kardinal: U. von Hehl, in: E. Gatz, Bischofslexikon 1785/1803 bis 1945, S. 680-682.

[10] Gemeint ist nicht der hl. Stanislaus von Krakau († 1079), Fest am 8. Mai, sondern der hl. Stanislaw Kostka (1550 – 1568), ab 1567 Jesuiten-Novize, Patron der studierenden Jugend und der Novizen. Fest am 13. November: J. Wrba, in: LThK 6, [3]1997, Sp. 405 f.

Täglich besuchen wir Neuen die Kirchen Roms, damit wir einmal alle kennen lernen. An den vielen Gnadenstätten gedenke ich auch Ihrer im Gebet. Beten auch Sie bitte für mich, daß ich ein guter Priester werde. Ich muss Ihnen noch vielmals danken für die vielen Geschenke vor meiner Reise und Ihre große Freundlichkeit. Mit der Zeit erwarte ich Sie mit Ihrem Herrn Bruder hier in Rom. Ich freue mich schon sehr darauf. Da können Sie auch einmal sehen, wie die Germaniker in ihren roten Kleidern aussehen ...«[11]

Wie Fotographien belegen, haben drei Geschwister Metzrodt Höffner tatsächlich in Rom besucht. Auch spätere von den Metzrodts organisierte Pilgerreisen sind bekannt.[12]

Mit dem Studium in Rom begann Höffner seine lebenslange Praxis, ihm wichtig erscheinende Vorträge mitzuschreiben und kleinere oder größere Veröffentlichungen zu sammeln. Im Nachlass Höffner kann man aus diesem Material erheben, wo während der römischen Studienjahre die Interessensschwerpunkte Höffners lagen. Neben normalen Vorlesungsthemen, die seine besondere Aufmerksamkeit fanden, fallen schon in diesen frühen Jahren als für ihn wichtig auf: der gesamte sozialwissenschaftliche Bereich, Wirtschaftsfragen, Politik. Unter den politischen Mitschriften und Materialien fallen zeitgenössische Themen auf: Nationalsozialismus samt Rassenideologie, Sozialismus und Bolschewismus. Der Studienort Rom schlägt sich in der Beachtung päpstlicher Verlautbarungen und Enzykliken nieder.

Es lohnt sich, diesen summarischen Hinweis konkret zu unterlegen. Unter normalen theologischen Vorlesungsstoffen interessierten Höffner offenbar einerseits pastorale Themen, z. B. 1927 eine Ferienakademie zur Schulfrage (P. Schröteler SJ);[13] Alfred (Kardinal) Baudrillart, La vie catholique dans la France contemporaine;[14] Georg Schreiber, Auslandsdeutschtum und Katholizismus (1927);[15] Constantin Noppel SJ, Jugendführung (1932);[16] Katholische Aktion;[17] Caritasverband.[18]

---

[11] Höffner an Margarethe Metzroth 13. 11. 1926 (Original): BAT – 88/402, 1. Der Brief beginnt mit der Anrede »Sehr geehrtes Fräulein!« und endet mit »Ihr dankbarer Schüler Joseph Höffner«; Druck des gesamten Briefes: N. TRIPPEN, Joseph Höffners erste römische Eindrücke, S. 336-338; vgl. auch A. N. DESCZYK, Höffner, S. 15 f.

[12] Foto Höffners mit zwei Schwestern Metzroth und ihrem Bruder Heinrich, dem späteren Trierer Weihbischof, auf dem Campo Santo Teutonico in Rom: W. MOGGE – G. ZELLEKENS (Hrsg.), Begegnung und Erfahrung, zwischen S. 24 und S. 25. – Auf regelmäßige Rom-Pilgerfahrten der Geschwister Metzroth wies Archivdirektor Dr. Martin Persch, Trier, hin.

[13] Mitschrift »Die Schulfrage. P. Schröteler SJ. 17.-26. 9. 1927«: HAEK – NH 2311.

[14] HAEK – NH 1505, Nr. 22 – Alfred Kardinal Baudrillart (1859 – 1942), 1907 Direktor des Institut catholique in Paris, 1918 Mitglied der Académie française, 1921 Bischof, 1935 Kardinal: C. MÜLLER, in: LThK 2, ³1994, Sp. 86.

[15] HAEK – NH 1505, Nr. 24.

[16] EBD. Nr. 32 – Constantin Noppel SJ (1889 – 1945), 1913-1932 in der Jugendgefährdetenhilfe und als Landes-Caritasdirektor in München tätig; 1932-1935 Rektor des Collegium Germanicum: E. GARHAMMER, in: LThK 7, ³1998, Sp. 903 – Höffner hielt zu P. Noppel noch länger persönlichen, ab 1935 freundschaftlichen Kontakt (s. weiter unten).

[17] HAEK – NH 1507, Nr. 55.

[18] EBD. Nr. 56.

Andererseits lassen die Sammlungen Höffners bereits den sein späteres Werk durchziehenden Interessenschwerpunkt »Historische Fundierung« erkennen. Als Beispiele seien genannt: »Geschichte der römischen Päpste vom 1. bis 9. Jahrhundert«[19] bzw. »Geschichte der Reformationszeit« (P. Robert Leiber SJ, 1930);[20] »Historia ecclesiastica«;[21] Martin Grabmann, Geschichte der Katholischen Theologie.[22] Für den amusisch-nüchternen Joseph Höffner fallen seine Vorlesungsmitschrift »Kunstgeschichte«[23] und die Ausarbeitungen »Kunst und Kultur der Renaissance«[24] sowie »San Saba«[25] auf.

Höffners ganze Aufmerksamkeit galt von Anfang an dem sozialwissenschaftlichen Bereich und dessen damaligem römischen Vertreter P. Arthur Vermeersch SJ:[26] »De principiis scientiae socialis« (Vorlesungsmitschrift);[27] »Academia sociologiae« (1928/29 P. Vermeersch): I. De divisione societatis in varios ordines – II. De proprietate – III. De anarchia sociali (1930/31);[28] »Academia moralis« (1932/34, Vermeersch-Diktate);[29] »Rechtslehre, Staatslehre, Gemeinwohl, Gemeinschaft usw.«[30]

Neben P. Vermeersch fanden P. Oswald von Nell-Breuning und manche andere Autoren mit sozialwissenschaftlichen Themen Höffners Interesse: »Volkswirtschaftliche Fragen« (Nell-Breuning, 1930);[31] »Zinsfrage«;[32] Wachendorf, Siedlung (1931);[33] »Weltlage« und »Bodenreform« (Nell-Breuning, 1931);[34] »Börsenfragen«;[35] »Agrarpolitik«.[36]

Unter den zeitpolitischen Mitschriften und Texten fallen auf: Werner Sombart, Proletarische Sozialisten;[37] »Klöster brennen!«;[38] »Der Bolschewismus

19 Vorlesungsmitschrift: HAEK – NH 1121.

20 Vorlesungsmitschrift: Ebd.

21 Vorlesungsmitschrift: HAEK – NH 1120.

22 Martin Grabmann, Geschichte der Theologie seit dem Ausgang der Väterzeit, Freiburg 1933 (Auszüge und Notizen): HAEK – NH 1505, Nr. 46.

23 Vorlesungsmitschrift: HAEK – NH 1120.

24 HAEK – NH 1505, Nr. 17.

25 Ebd. Nr. 20.

26 Arthur Vermeersch SJ (1858 – 1936), Belgier, 1893-1918 Professor für Moraltheologie und Kirchenrecht in Löwen, 1918-1934 Professor für Moraltheologie an der Gregoriana in Rom, seit 1904 Mitarbeiter bei der Kodifizierung des Kirchenrechts: V. Walz, in: LThK 10, ³2001, Sp. 695.

27 HAEK – NH 2312.

28 HAEK – NH 2313.

29 HAEK – NH 1505, Nr. 47.

30 HAEK – NH 1506, Nr. 50.

31 HAEK – NH 1505, Nr. 2.

32 Ebd. Nr. 5.

33 Ebd. Nr. 7.

34 Ebd. Nr. 14 und 15.

35 Ebd. Nr. 28.

36 Ebd. Nr. 29.

37 HAEK – NH 1505, Nr. 10 – Es handelt sich um einen Teil von Sombarts Standardwerk »Sozialismus und sozialistische Bewegung im 19. Jahrhundert« (1896, ¹⁰1924): B. vom Brocke, in: LThK 9, ³2000, Sp. 716 f.

38 Ebd. Nr. 20.

droht«;[39] »Nationalsozialismus und Kirche« (1934);[40] »Sterilisation«;[41] »Alfred Rosenberg«;[42] Oswald Menghin, Geist und Blut;[43] Ernst Bergmann, Die deutsche Nationalkirche;[44] Michael Kardinal von Faulhaber, Das staatsbürgerliche Gewissen;[45] Österreichische Bischöfe, Staatsbürgerliche Pflichten (1933).[46]

In Höffners römische Studienjahre fällt auch die Veröffentlichung der Enzyklika Pius'XI. »Quadragesimo anno« im Jahre 1931 und anderer Lehrschreiben dieses Papstes, die sich in Höffners Sammlung finden und seine Anteilnahme am Geschehen bekunden.[47]

Was dieser nüchterne Aktenbefund dokumentiert, wird 1986 bei einem Kursgenossen Höffners während der römischen Jahre, Dr. Rudolf Schwertschlager, ein wenig verlebendigt: »Die römischen Studienjahre von 1927 bis 1934 mit Joseph Höffner und hundert weiteren Studiengefährten im deutsch-ungarischen Kolleg und an der Päpstlichen Universität Gregoriana waren eine noch zumeist friedliche und sorgenfreie Zeit. Schon bald zogen am politischen Horizont allerdings dunkle Wolken auf, ohne dass wir uns vorstellen konnten, zu welch verheerendem Unwetter es kommen sollte. Hier bereits war der kühle, wirklichkeitsoffene Verstand Höffners zu erkennen, dessen vernichtendes Urteil über die hereinbrechende Sturmflut von Anfang an feststand.«[48]

Weniger deutlich als die wissenschaftlich-geistige Prägung Höffners durch die Gregoriana ist die geistliche Formung durch das Germanikum zu fassen. Angesichts der Unruhe in den deutschen Priesterseminaren während der Jahrzehnte nach dem II. Vatikanischen Konzil konnte der Kardinal mit Anzeichen innerer Bewegung von der geistlichen Atmosphäre des Germanikums während seiner Studienzeit sprechen. Als Rektor P. Rochus Rimmel SJ am 30. Januar 1930 dem Bischof von Trier die Erteilung von Tonsur und niederen Weihen an Höffner[49] ankündigte, konnte er berichten:

---

[39] Ebd. Nr. 27.

[40] HAEK – NH 1506, Nr. 48.

[41] HAEK – NH 1507, Nr. 57.

[42] Ebd. Nr. 58 – Es handelt sich um: A. Rosenberg, Der Mythus des 20. Jahrhunderts. Eine Wertung der seelisch-geistigen Gestaltenkämpfe unserer Zeit, München 1930.

[43] HAEK – NH 1507, Nr. 59.

[44] Ebd. Nr. 60 – Ernst Bergmann (1881 – 1945) war Philosophieprofessor in Leipzig und Publizist. Er war Mitglied des Führerrats der Deutschen Glaubensbewegung. Seit 1933 war er Mitglied der NSDAP und veröffentlichte 1933 das Werk »Die deutsche Nationalkirche« (Breslau 1933). Vgl. R. Baumgärtner, Weltanschauungskampf im Dritten Reich, Mainz 1977, S. 266.

[45] HAEK – NH 1507, Nr. 61a.

[46] HAEK – NH 1505, Nr. 45.

[47] Ebd. Nr. 16: »Quadragesimo anno, lateinischer Text«; Nr. 11: »Quadragesimo anno, Erläuterung von Nell-Breuning«; Nr. 39: »Enzyklika ›Caritate Christi compulsi‹, lateinisch-deutsch« u. a. m.

[48] R. Schwertschlager, »Anziehen« gerne, S. 19. – Mit Schwertschlager unterhielt Höffner noch längere Jahre eine Korrespondenz: HAEK – NH 3140. Während der 1970er Jahre war Schwertschlager bei der Bonner Nuntiatur tätig.

[49] Weiheurkunden: Tonsur am 20. 3. 1930, Ostiariat und Lektorat am 8. 4. 1930, Exorcist und Akolythat 20. 5. 1930: HAEK – NH 2565. Spender jeweils der Kardinalvikar des Papstes, Kardinal Basilius Pompilj.

»Über den Weihekandidaten kann ich Eurer Bischöflichen Gnaden die besten Mitteilungen unterbreiten. Herr Höffner ist ein sehr edler, ernster und verlässlicher Charakter, gewissenhaft in den geistlichen Übungen und in Einhaltung der Disziplin. Er ist sehr gut begabt, seine bisherige Durchschnittsnote in den Studien war *cum laude probatus.* Dieses Prädikat erhielt auch das Philosophiedoktorat. Wir hoffen zuversichtlich, dass der Weihekandidat mit Gottes Gnade ein recht tüchtiger Priester werde.«[50]

Der Erwerb des philosophischen Doktortitels war damals in den Studien- und Examensgang der Gregoriana eingebaut und erfolgte bei Höffner unter dem 5. Juli 1929.[51] Baccalaureus des Kirchenrechts wurde er am 10. Juli 1931.[52] Am 30. Oktober 1932 wurde Höffner durch den Kardinalvikar von Rom, inzwischen Francesco Marchetti Selvagiani, zum Priester geweiht.[53]

Einige Einzelheiten über die Priesterweihe und Primiz erfahren wir aus zufällig erhaltenen Briefen. Seiner Wohltäterin in den USA, Miss Mary Ege, schrieb Höffner im Herbst 1932: »Ich hoffe, dass mein guter Vater über Allerheiligen nach Rom kommt; doch angesichts der ungünstigen Verhältnisse in Deutschland und unserer großen Familie wird es schwierig werden.«[54] Über die Reise Paul Höffners, zusammen mit Joseph Höffners Paten »Onkel Joseph« und einem weiteren Verwandten »Peter« erfahren wir näheres durch einen begeisterten Brief, den Paul Höffner am 3. November 1932 an seine Töchter nach Horhausen schrieb:

»Nach zweitägiger Reise« habe der Sohn seine Gäste am Bahnhof empfangen und in ein Quartier gebracht. Am Vortag der Weihe »hat uns Joseph abgeholt und sind [wir] ins Germanikum [gegangen]. Dort hat er mich dem Regens und anderen Herren vorgestellt ... Am Sonntag, den 30., morgens um 7 Uhr war die Weihe. Es war rührend, als er auf dem Boden lag, während die Litanei von allen Heiligen gesungen wurde. Tränen habe ich geweint ..., aber es waren auch Freudentränen, denn solches Glück ist nicht jedem vergönnt. Die Weihe dauerte bis 10 ½ Uhr.

---

50 Rektor P. Rochus Rimmel SJ an Bischof Bornewasser von Trier, 30. 1. 1930: BAT – 88/402, 1 (Bitte um die *Litterae dimissioriae*); vgl. A. N. Desczyk, Höffner, S. 16 Anm. 77.

51 Personalbogen Höffner: BAT – 88/402, 1; Abschrift der Promotionsurkunde, die den 5. 7. 1931 als Datum der Prüfung nennt und am 20. 10. 1931 vom Rektor der Gregoriana ausgefertigt wurde: HAEK – NH 1403. Der Titel der nichtveröffentlichten These lautet – laut Personalbogen – in Trier: »De problemate erroris«. Fotografischer Nachdruck der Promotionsurkunde: U. Helbach/J. Oepen/W. Schmitz (Redaktion), Katalog, S. 53.

52 Ebd.

53 Weiheurkunde: HAEK – NH 2565. Nach einer Gedenkkarte zum 40. Jahrestag der Weihe 1972 (HAEK – NH 2494) wurden mit Joseph Höffner 17 weitere Germaniker geweiht, darunter zwei spätere Bischöfe, der Aachener Priester Hermann-Josef Brosch und für das Bistum Augsburg Rudolf Schwertschlager. Ein etwas jüngerer Trierer Germaniker schenkte zur Primiz ein Bildchen mit der handschriftlichen Aufschrift: »Zur ersten hl. Messe in Dankbarkeit und Liebe von Ihrem Landsmann und Bruder in Christo Adolf Knauber«: Privatbesitz Familie Hesseler/Horhausen.

54 HAEK – NH 3140: »I hope, that my father comes to Rome All Saints day; but by the bad condition of Germany and by our great familiy it will be difficult. By the grace of our Lord Jesus Christus I shall be ordained priest on the feast of his kingdom 30th october. My first holy mass I celebrate on the feast of All Saints in the church of the German College in Rome.« (hs. Entwurf Höffners).

Nach der Weihe erteilte er mir den Primizsegen. Dann haben wir mit ihm Kaffee getrunken, sind wir bei ihm auf sein Zimmer [gegangen].«

Nach einer Stadtführung am 31. Oktober »nachmittags musste er sich vorbereiten auf das erste Messopfer. Den 1. [November] um 6 Uhr im Germanikum feierte er seine Primiz. Da waren wir bei ihm als Gast. Es war ein großes Mittagessen. Da war[en] der Bischof von Prag und viele Priester. Weil Joseph Präfekt ist, waren ich und Joseph am ersten Tisch vor dem Bischof und der anderen hohen Geistlichkeit. Ich hatte mir den Verkehr schlimmer vorgestellt. Je höher, je besser: ich wurde allen vorgestellt und [alle] sprachen ein Lob bei mir aus.

Des Abends war eine Art weltlicher Feier. Da waren wir auch am ersten Platz. Es war sehr schön. Am Mittwoch [2. November] hielt er eine Messe in den Katakomben für seine Mutter, also die erste und die zweite für Mutter. Da hat er uns vieles gezeigt. Am Donnerstag waren wir in St. Paul ... Auf dem Altare, wo Paulus begraben ist, las er eine Messe für mich und hat uns vieles gezeigt. Am Freitag liest er die Messe für seine Geschwister, und so geht es weiter.

Wir waren beim Papst zur Audienz. Da hat er eine kleine Ansprache gehalten und den päpstlichen Segen erteilt, und dann ging er zu jedem und reichte die Hand zum Kuss.« Über Beziehungen sei man auch noch in das Innere des Vatikans gelangt. »Eine Pracht, es ist nicht zu erklären, was da alles zu sehen ist. Wir werden auch noch auf die Kuppel des Petersdoms gehen, aber da muss man hoch hinaus steigen, und noch die Engelsburg besuchen.«[55]

Nach der Priesterweihe und Primiz in Rom musste Joseph Höffner noch ein weiteres Jahr zu Studien und Examen in Rom bleiben, ehe er im Sommer 1933 nach sieben Jahren erstmals wieder in die Heimat reisen konnte, begleitet von seinem Freund Schwertschlager.[56] Über diese Wochen sind wir durch Briefe unterrichtet, die Höffner dem Rektor des Germanikums nach Rom schrieb und die seine Eindrücke von den Veränderungen der Heimat durch den Nationalsozialismus vermitteln. Am 10. August 1933 schrieb er an P. Constantin Noppel SJ: »Erst die vorige Woche habe ich – als letzter meines Jahres – meine feierliche Nachprimiz hier gehalten.[57] Nach den Besuchen und Gegenbesuchen der folgenden Tage will ich jetzt – in meinem ersten freien Stündchen – Ihnen kurz einiges schreiben.

Der Empfang in der Heimat und in der Heimatdiözese war freundlicher und von Herzen kommender, als ich erwartet hatte. Auch von den Confratres wurde ich überall mit der größten Herzlichkeit aufgenommen. Auf der Reise von Trier

---

[55] Kopie im Privatbesitz der Familie Hesseler/Horhausen. Der zweiseitige, handschriftliche Brief ist unterschrieben »Vater. Grüße Onkel Joseph. Gruß Peter«. Die Zitate sind in Orthographie und Interpunktion heutiger Schreibweise angepasst. Druck des gesamten Briefes: N. TRIPPEN, Joseph Höffners erste römische Eindrücke, S. 338 f.

[56] R. SCHWERTSCHLAGER, »Anziehen« gerne, S. 19 f. – Schwertschlager, der sein römisches Studium erst 1927 begann, spricht (für sich) vom ersten Heimaturlaub »nach sechs Jahren«.

[57] Foto des zur Primiz geschmückten Elternhauses in Horhausen: U. HELBACH/J. OEPEN/W. SCHMITZ (Redaktion), Katalog, S. 49.

nach Horhausen habe ich mehrere bekannte Pfarrer besucht. Eines war mir überraschend: alle sprachen gegen das Zentrum; nur mit Widerwillen hätten sie in den letzten Jahren als Priester für das Zentrum geworben; außer Marx und Brüning habe kaum ein Zentrumsführer eine weiße Weste gehabt usw.

In unserer Diözese hat das Ansehen der Pfarrer durch den Umsturz kaum gelitten. Die Beschlagnahme der Jugendheime am 1. Juli verlief harmlos, vielerorts geradezu humorvoll! Übrigens ist auch kein Trierer Geistlicher verhaftet worden. – In den noch echt katholischen Gegenden – wie hier in Horhausen und auf dem ganzen Westerwald – wird es der Hitlerbewegung nur mit Hilfe der Pfarrer gelingen, festen Fuß zu fassen, das wissen beide Teile. Man erkennt das Gute der Bewegung an und wartet vorläufig ab; besonders in der Frage der Jugendverbände – Katholische Aktion ist man noch unsicher; man wartet auf eine Neuordnung durch die Bischöfe.«[58]

Mit großer Begeisterung berichtete Höffner noch von der Eröffnungsfeier der Hl.-Rock-Wallfahrt in Trier, an der er teilgenommen hatte. Wie eine Ergänzung zu diesem Bericht von seinen Eindrücken in der Heimat wirkt Höffners Mitteilung von 1984 über ein Gespräch mit dem damaligen Horhauser Pfarrer Nikolaus Philippi,[59] der ihm sagte: »Damit du von Anfang an Bescheid weißt, wie es bei uns zugeht, so merke dir: Hitler ist eine Kreuzung zwischen Nietzsche und Karl May, womit ich jedoch den beiden nicht zu nahe treten möchte.«[60]

Ob Höffner tatsächlich – wie Desczyk vermutet[61] – eine Ferienvertretung für den früheren Horhauser Pfarrer Michels in Eller an der Mosel angenommen hat, erscheint eher zweifelhaft. In seinem Brief an P. Noppel vom 10. August 1933 berichtet er: »Hier in Horhausen bin ich als halber Kaplan angestellt; der Herr Pfarrer und Kaplan machen abwechselnd Ferien, solange ich hier bin. Beichten habe ich schon viele gehört, auch heute wieder den ganzen Tag, da morgen Bettag ist. Gestern hielt ich das erste Begräbnis.«

Offensichtlich hatte Höffner mit dem Rektor des Germanikums verabredet, dass er und sein Freund Schwertschlager den Heimataufenthalt nutzen sollten, in der Caritas-Zentrale in Freiburg sich über die Arbeit der deutschen Caritas kundig zu machen. Am Ende seines Briefes vom 10. August schrieb er an P. Noppel: »Am 20. August werde ich, wie auch Herr Schwertschlager, die Arbeit in Freiburg beginnen, von der wir uns viel versprechen.«

Bereits am 10. September 1933 erstattete Höffner den nächsten Bericht an den Rektor des Germanikums: Man sei äußerst freundlich und zuvorkommend in der Caritas-Zentrale aufgenommen worden. »Es gab und gibt des Lehrreichen und Interessanten so viel, daß man den ganzen Tag kaum einmal ein

58 Höffner an Constantin Noppel SJ, 10. 8. 1933: HAEK – NH 2523 (Kopie aus dem Germanikum).

59 Nikolaus Philippi (1884 – 1944), 1929-1944 Pfarrer in Horhausen: DER WELTKLERUS DER DIÖZESE TRIER SEIT 1800, S. 261; vgl. A. N. DESCZYK, Höffner, S. 17 Anm. 81.

60 J. HÖFFNER, Mein erstes Gebet, S. 71.

61 A. N. DESCZYK, Höffner, S. 16 f.

freies halbes Stündchen für sich allein hat. ... Nicht selten staunte ich, mit welcher Offenheit man zu uns über Dinge sprach, die man heutzutage nicht vor jedem sagen darf.

Bei den einzelnen Fachreferaten hatten wir folgende Methode: Zunächst suchten wir durch Benutzung der vorhandenen allgemeinen Literatur einen Überblick über das betreffende Gebiet zu erhalten; dann unterhielten wir uns einige Stunden mit dem Leiter des Referates, stellten Fragen, machten Einwürfe usw. ... Eine Feststellung konnte ich hier im Hause machen, die mich sehr gefreut hat: Die Laien sind fast alle prächtige, echt katholische Menschen, Männer und Frauen katholischer Aktion, auch wenn sie an niedriger Stelle stehen.

Sie können sich denken, daß ein Großteil der Caritasarbeit in ihrer zukünftigen Gestaltung und Auswirkung von den Ausführungsbestimmungen zum Konkordat maßgebend bestimmt werden wird. In diesen Fragenkreis einen Einblick tun zu dürfen und darüber mit so vielen leitenden Männern und Frauen sprechen zu können, halte ich für den größten Gewinn, den mir Freiburg gegeben hat: Überorganisation (?), Katholische Aktion, Jugenderziehung, Verbände, konfessionelle Schule usw.«[62]

Höffner berichtete weiter, man erwarte »überall mit größter Sehnsucht die Beschlüsse der Fuldaer Bischofskonferenz«. »Wir hatten Gelegenheit, mit vielen Geistlichen in der Stadt und mit anderen, die sich auf der Durchreise hier aufhielten, zu sprechen. Die Unsicherheit und Meinungsverschiedenheit ist ziemlich groß – besonders betreffend der Jugendverbände. In St. Martin, wo wir die letzte Woche ein wenig aushalfen, sagte mir ein Kaplan, es seien nur 20% der katholischen Jungen in den katholischen Verbänden, und auch diese Zahl bröckle noch ständig ab. Es ist auch ein offenes Geheimnis, dass es mit den katholischen Zeitungen schlimm steht. Im Werthmannhaus liegen etwa 20 auf. Seit dem 27. August ist bei allen auf höheren Befehl der Untertitel ›*Katholische* Zeitung‹ und dgl. weggefallen. Wie Sie wissen, ist die ›Caritas‹ schärfstens verwarnt worden, weil sie den Artikel über die christliche Liebe von Friedrich Muckermann abgedruckt hatte.«

Schließlich berichtete Höffner noch von seinem Besuch bei Bischof und Regens in Trier vor der Reise nach Freiburg. Das Germanikum stehe im Bistum Trier in hohem Ansehen. »Dass man etwas gegen die Germaniker habe, konnte ich nie empfinden«.

Es mögen tatsächlich die ersten seelsorglichen Erfahrungen des Sommers 1933 (und die Erlebnisse in Freiburg) gewesen sein, wie Desczyk vermutet,[63] die Höffner im November 1933 in seinem ersten Beitrag zum Trierer »Pastor bonus« niederlegte: »Mit Blick auf das nationalsozialistische Deutschland stellt er als Beispiel für die Teilnahme der Laien am hierarchischen Apostolat der Kirche die

---

62 Höffner an Noppel, 10. 9. 1933: HAEK – NH 2523 (Kopie aus dem Germanikum).

63 A. N. Desczyk, Höffner, S. 17 f.

›Katholische Aktion‹ in Italien vor. Heiligung der Mitglieder und Apostolat seien die Ziele, Glaubenswissen und Gewissensbildung die Mittel dazu, besonders für die Kinder und Jugendlichen.« Andererseits betont Höffner: »Also kein Sakristeichristentum! Man lässt sich nicht einschüchtern über das Schlagwort: Die ›Politik‹ hat mit der Religion nichts zu tun!« Höffner unterschied zwischen einer »Fachpolitik«, in die sich die Kirche nicht einmische, und einer Politik, die sittliche Grundsätze und religiöse Belange berühre. »Natürlich ist für diese Politik die Kirche zuständig.«[64]

Das letzte Studienjahr 1933-1934 diente vor allem zur Fertigstellung einer theologischen Dissertation, mit der Höffner am 18. Juli 1934 zum Dr. theol. promoviert wurde.[65] Sie trug den Titel »Soziale Gerechtigkeit und soziale Liebe. Versuch einer Bestimmung ihres Wesens«.[66] Mit dieser Erstlingsarbeit hat Joseph Höffner ein Grundanliegen aufgegriffen, das sein weiteres Leben begleiten und in seinem bischöflichen Wahlspruch »Iustitia et caritas« 1962 seinen sichtbaren Ausdruck finden sollte.

Über Zielsetzung und Methode seiner Arbeit schrieb Höffner in der Einleitung: »Gerechtigkeit und Liebe sind die Grundpfeiler katholischer Gesellschaftsethik: Gerechtigkeit, die im Nächsten die unverletzliche, nur zu Gott als letztem Ziel hingeordnete Persönlichkeit sieht; Liebe, die als geheimnisvolles Band alle letztlich in Gott vereint. Jede Gerechtigkeit und jede Liebe ist also ›sozial‹.«[67]

Gleich in dieser ersten Arbeit ging Höffner nach einer Begriffsbestimmung von Gerechtigkeit und Liebe sein Thema historisch an: »Nun besteht aber eine in Jahrhunderten aufgebaute scholastische Lehre über Gerechtigkeit und Liebe. Damit ergibt sich für uns die Notwendigkeit, bei unseren Untersuchungen von dieser Lehre der scholastischen Überlieferung auszugehen ... Dementsprechend ergibt sich für unsere Untersuchung folgende Gliederung: Zunächst werden wir ... dem Vorkommen der Ausdrücke ›soziale Gerechtigkeit‹ und ›soziale Liebe‹ im Schrifttum nachgehen und die bisherigen Versuche einer Begriffsbestimmung vorlegen. Im zweiten Teile stellen wir in einem das Wesentliche umfassenden Aufriss die scholastische Lehre über Gerechtigkeit und Liebe ... dar. Der dritte Teil bringt unseren Lösungsversuch.«[68]

Schon vom Umfang her nimmt der zweite Teil einen großen Raum ein (40 % des Gesamtumfangs der Arbeit). Er beginnt mit Albert dem Großen und Thomas von Aquin, um dann ausführlicher die Spätscholastik in Spanien, Italien und in Mitteleuropa zu Wort kommen zu lassen. Wilhelm Weber stellte schon 1966 –

---

64 J. HÖFFNER, Die Katholische Aktion in Italien, in: PASTOR BONUS 44, 1933, S. 369-374.

65 Promotionsdatum: Personalbogen Höffner in BAT – 88/402, 1.

66 Zusatz des Titelblatts: Dissertatio ad Lauream in Facultate Theologica Pontificiae Universitatis Gergorianae Romae, Saarbrücken 1935. Höffner setzte zu seinem Namen »Dr. phil.«, also den 1929 in Rom erworbenen Dr.-Titel.

67 J. HÖFFNER, Soziale Gerechtigkeit, S. 7.

68 Ebd. S. 8.

wahrscheinlich auf Grund mündlicher Mitteilungen Höffners – fest: »Joseph Höffners Interesse wurde schon frühzeitig, während seiner römischen Studienjahre von 1926 bis 1934, auf die spanischen Theologen des ›*Siglo de oro*‹, des 16. und beginnenden 17. Jahrhunderts, gelenkt. In Seminarübungen bei dem damals bekannten Moraltheologen der Gregoriana, Arthur Vermeersch, fiel ihm die Aufgabe zu, einige moraltheologische Summen jener Theologen, die meist unter dem Titel ›*De justitia et jure*‹ erschienen waren, für den Lehrer wissenschaftlich zu durchforschen und auszuwerten. Dabei entstand der Grundstock einer umfangreichen Materialsammlung, ohne die ein ernsthaftes historisches Forschen und Arbeiten nicht möglich ist.«[69]

Was Wilhelm Weber – und nach ihm Andrej Nicolai Desczyk – schreiben, findet seine Bestätigung im Nachlass Höffner: Eine Kassette enthält kleinere und größere handschriftliche Faszikel mit Exzerpten und Auswertungen zu Texten der Scholastiker und den genannten Summen der spanischen Spätscholastiker, die wir im Inhaltsverzeichnis von Höffners römischer Dissertation wie später in seiner Freiburger theologischen Habilitationsschrift »Christentum und Menschenwürde« über die spanische Kolonialethik in Lateinamerika wiederfinden.[70]

Diesen historischen Befund nutzte Höffner in seiner Dissertation von 1934 als Grundlage einer systematischen Auswertung, die über das 19. Jahrhundert hinaus bis zur Enyzklika »*Quadragesimo anno*« Pius'XI. 1931 reicht. Selbst Höffners Erfahrungen in der deutschen Heimat 1933 flossen ein: »Auch im nationalsozialistischen Deutschland spricht man von einer neuen sozialen Gerechtigkeit. Alfred Rosenberg schreibt z. B., alle, die zum Hakenkreuz emporschauten, dächten an die soziale Gerechtigkeit.«[71] In der Fußnote verwies Höffner auf Rosenbergs »Mythus des 20. Jahrhunderts« und auf Ernst Bergmanns »Die deutsche Nationalkirche«, Schriften, mit denen sich Höffner nach Ausweis seiner römischen Studienpapiere beschäftigt hatte.[72]

Nach der Promotion musste Höffner nach Deutschland zurückkehren und innerhalb weniger Wochen seine Kaplansstelle in Saarbrücken antreten. Am 2. November 1934 schrieb ihm der Rektor des Germanikums: »In der Anlage schicke ich Ihnen zugleich Ihr Dr.-Diplom mit recht herzlichem Glückwunsch. Wie steht es mit der Veröffentlichung der These? Wenn es einigermaßen geht, möchte ich doch den Gedanken des Akademie-Jahrbuches verwirklichen und im Anschluss daran auch Gelegenheit geben, die Dissertationen auf möglichst

[69] W. WEBER, Der Beitrag Joseph Höffners zur Erschließung der spanischen Scholastik, S. 12; vgl. A. N. DESCZYK, Höffner, S. 18. – Da beide Autoren für die Nachricht, dass die Seminarübungen bei Arthur Vermeersch den Ausgangspunkt für Höffners Interesse an der spanischen Scholastik bildeten, keinen Beleg nennen, ist von mündlichen Erzählungen Höffners vor seinen Schülern in Münster auszugehen.

[70] HAEK – NH 1515.

[71] J. HÖFFNER, Soziale Gerechtigkeit, S. 9 f.; vgl. A. N. DESCZYK, Höffner, S. 17 Anm. 80.

[72] Vgl. oben S. 29 mit Anm. 42 u. 44.

einfache Art drucken zu lassen.«[73] Höffner erwiderte am 22. November 1934: »An meine Dissertation habe ich, – seitdem ich von Rom abgereist bin, – zwar noch einige Male gedacht, aber ich muss gestehen, dass ich sie während dieser Zeit nicht mehr in der Hand gehabt habe. Wenn ich nur die Korrekturen vornehmen würde, die meine römischen Zensoren gewünscht hatten, könnte ich in wenigen Stunden damit fertig sein. Nun habe ich auf meiner Heimreise die Dissertation noch P. von Nell-Breuning vorgelegt; um seine Wünsche alle zu befriedigen, brauchte ich wohl etwas mehr Zeit. Ich werde die nächsten Wochen versuchen, mir hin und wieder ein Stündlein dafür zu erobern.«[74] Höffner ging dann auf P. Noppels Vorschlag ein, die Dissertation in einem Jahrbuch des Germanikums zu publizieren: »Mit Ihrem Vorschlag, die Dissertation in Rom drucken zu lassen, bin ich durchaus einverstanden. In Deutschland habe ich mich um den Druck überhaupt noch nicht bemüht.« Höffner merkte dann allerdings an: »Eine Zeitschrift ist kaum der passende Ort; denn wer liest solche langen wissenschaftlichen Abhandlungen in einer Zeitschrift? Der Abdruck wäre wohl auch für die Zeitschrift kaum vorteilhaft. – Ich würde also gerne mitmachen, wenn vom Germanikum aus der Druck sich ermöglichen ließe.«

Aus dem Projekt P. Noppels scheint nichts geworden zu sein. Wohl auf Grund persönlicher Beziehungen, die Höffner in Saarbrücken knüpfen konnte, gelang es ihm, die Dissertation durch die »Saarbrücker Druckerei und Verlag A.-G.« zu veröffentlichen. Am 3. Oktober 1935 schrieb er an P. Noppel: »Endlich habe ich den ›richtigen Punkt‹ hinter die römischen Studien gemacht und meine Dissertation drucken lassen. Geändert habe ich nur ein paar Sätze; mir fehlte die Zeit. Ich schicke Ihnen drei Exemplare zu, eines für Sie und je eines für die Bibliothek und das soziale Seminar.«[75]

Höffner erhielt Glückwünsche und anerkennende Würdigungen seiner ersten großen Arbeit. Als Beispiele seien genannt sein Spiritual am Germanikum, der greise P. Otto Pfülf SJ,[76] aber auch sein ihm inzwischen freundschaftlich verbundener Rektor, P. Constantin Noppel SJ.[77] P. Pfülf schrieb: »Später, als ich gedacht und gewünscht habe, kam ich dazu, Ihre fleißige Doktorarbeit zu studieren, aber jetzt, da ich damit zu Ende bin, will ich Ihnen nochmals danken für die Freude, die Sie mir damit gemacht haben, und Ihnen auch Glück wünschen, dass die *laurea doctoralis* nunmehr errungen und der Schauplatz der großen Öffentlichkeit

---

[73] Noppel an Höffner, 2. 11. 1934 (Kopie der Durchschrift in den Akten des Germanikums): HAEK – NH 2523.

[74] Höffner an Noppel, 22. 11. 1934 (Kopie des Originals): Ebd.

[75] Höffner an Noppel, 3. 10. 1935: Ebd.

[76] Otto Pfülf SJ an Höffner, 22. 1. 1936: HAEK – NH 1402.

[77] Constantin Noppel SJ an Höffner, 9. 10. 1935 (Kopie einer Durchschrift aus der Personalakte Höffner im Germanikum): HAEK – NH 2523. – Mit der Anrede »Mein lieber Joseph!« bedankte sich Noppel für das angekündigte, aber noch nicht eingetroffene Exemplar, »das jetzt einen neuartigen Wert [hat], insofern ich es mit in die Heimat nehme, um dort soziale Gerechtigkeit nach Deinem Rezept zu verbreiten«.

betreten ist.« In längeren Ausführungen ließ P. Pfülf erkennen, dass er die Arbeit ganz gelesen und sich mit ihren Ergebnissen auseinandergesetzt hatte.

Kritischer wurde Höffners Dissertation von seinem Trierer Landsmann, P. Oswald von Nell-Breuning SJ, beurteilt, wie noch ausführlicher darzustellen sein wird.

III. KAPITEL

ERSTE JAHRE DER SEELSORGE IN SAARBRÜCKEN 1934-1937

Das römische Studienjahr wurde Ende Juni beschlossen. Die Unterzeichnung der Promotionsurkunde am 18. Juli 1934 setzt deshalb nicht voraus, dass Höffner zu diesem Zeitpunkt noch in Rom war. Bereits unter dem 26. Juli 1934 wurde ihm vom Generalvikariat in Trier mitgeteilt, dass er zum Kaplan an der Großpfarrei St. Johann in der Innenstadt von Saarbrücken ernannt sei.[1] In den Jahren nach 1969 erzählte Kardinal Höffner seinen Kölner Neupriestern gelegentlich: Als er auf der Durchreise von Rom nach Saarbrücken 1934 in Trier seine Ernennung und das Jurisdiktionsdokument entgegengenommen habe, habe der Prälat des Trierer Generalvikariates gesagt: »Es wird ein gutes Zeichen sein, wenn Sie sich nicht so bald wieder hier blicken lassen und wir von Ihnen wenig hören.«

Über seine ersten Eindrücke an seinem Einsatzort berichtete Höffner am 28. August an den Rektor des Germanikums:

»Schon seit dem 8. August bin ich hier; da ist es an der Zeit, Ihnen von meiner ersten Stelle beste Grüße zu senden. Mit großer Freude habe ich das Seelsorgswirken begonnen. An Gelegenheit fehlt es mir ja nicht: 9500 Katholiken zählt die Pfarre; freilich sind wir neben dem Pfarrer drei Kapläne. Von den Vereinen habe ich zunächst den Arbeiterverein (350 Mitglieder) und den Agnesverein (70 Mitglieder: erwerbstätige Mädchen bis 22 Jahre). Im Agnesverein herrscht ein überraschend reges religiöses Interesse: Wöchentlich eine Versammlung. Im Arbeiterverein hält es schwerer; ich bin daran, eine Gruppe der jüngeren Arbeiter (20-25 Jahre) zusammen zu bringen und etwa wöchentlich religiöse Ausspracheabende zu halten. – Man spürt sehr, wie hindernd sich die Vielheit der Verbände auswirkt: Unter den Mädchen werben z. B. die Mar[ianische] Jungfrauenkongr[egation], der Agnesverein, die Pfadfinderinnen, Christi Reich, Schönstattbewegung. Alles in unserer Pfarrei! Und mit persönlicher Spitze gegeneinander! Da sieht man, wie nötig die Katholische Aktion wäre. Leider hat das Wort einen schlechteren Klang und eine viel geringere Werbekraft als etwa *Az[ione] Cat[tolica]* in Italien. Es ist zuviel darüber geredet worden.«[2]

Als Höffner diese Sätze niederschrieb, war er gerade drei Wochen in Saarbrücken. Sein kurzer Bericht bezeugt einerseits seinen begeisterten Eifer, andererseits aber auch seine Prägung durch den ländlichen Westerwald und durch die inten-

---

1 Höffner erhielt unter dem 26. 7. 1934 lediglich ein Benachrichtigungsformular mit dem lateinischen Text, durch den der Pfarrer von St. Johann in Saarbrücken über die erfolgte Ernennung des Neupriesters Joseph Höffner zum Kaplan informiert wurde: HAEK – NH 2565.

2 Hs. Briefkarte Höffners an Noppel, 28. 8. 1934 (Kopie aus den Akten des Germanikums): HAEK – NH 2323.

siven Jahre in Rom. Das traditionsreiche deutsche katholische Verbändewesen war ihm suspekt und wurde von seinen negativen Begleiterscheinungen her beurteilt. In Horhausen war es ebenso unbekannt wie in Italien, wo unter Pius XI. die »Katholische Aktion« als ein Weg betrachtet und gefördert wurde, Laien unter geistlicher Leitung zu sammeln und am hierarchischen Apostolat der Kirche zu beteiligen.[3]

Was Joseph Höffner in diesem ersten Gruß nach Rom nur angedeutet hatte, sollte er in ausführlicheren Briefen an P. Noppel am 29. Oktober und 22. November 1934 eingehender darlegen. Am 29. Oktober 1934 schrieb er:

»In den drei Monaten, die ich nun schon hier bin, – Ferien hatte ich nur die vier ersten Tage des August, – habe ich mich nun recht gut eingelebt; ich konnte mir kein schöneres Arbeitsfeld wünschen. Die Saarbrücker sind ja nun ein seltsames Völkchen: sehr offen, unruhig, leicht begeistert, – aber auch vielfach ohne genügend Energie. Ein Fall von Trotz ist mir weder in der Schule noch sonst einmal begegnet. Wenn ich die Leute mit meinem Westerwald vergleiche, finde ich, dass sie mehr den Italienern gleichen als den Westerwäldern.

An Arbeit fehlt es mir nicht. Es gibt wohl keine Kirche in der ganzen Diözese, wo so viel Beicht gehört wird wie bei uns: jeden Morgen während der hl. Messen, donnerstags von 5-7 Uhr [nachmittags] und samstags von 4 Uhr ab; und stets haben wir vier zu tun.

Wir Kapläne haben uns die Pfarrei in drei Reviere geteilt, wo ein jeder die Haus- und Krankenbesuche usw. erledigt. Mir gehört das Gebiet vom Hauptbahnhof, der Hafen und die beiden Hauptstraßen mit ihren gefürchteten Nebengässchen. Ein Elend in den Hinterhäusern! Wenn ich im 5. Stock ankam, wusste ich die intimsten Verhältnisse aller Familien. Denn zunächst wird einem über die Nachbarn aufgetischt, auch wenn man nichts hören will. Das moralische Gefühl ist furchtbar abgestumpft: Da sagte eine Mutter im Beisein der Schwiegertochter und deren fünfjährigen Kindes: ›Das ist meine Schwiegertochter, geheiratet ist sie noch nicht, und das Kind stammt von einem anderen; sie ging nämlich die letzten Jahre auf die Straße, bis mein Sohn sie mitgebracht.«[4]

Wie im Bistum Trier damals üblich, lebten Pfarrer und Kapläne in einer Hausgemeinschaft, die Höffner – auch aus der Rückschau seiner späten Kölner Jahre – als sehr hilfreich empfunden hat. In seinem Brief an P. Noppel berichtete er:

»Das Verhältnis zu Pastor und Mitkaplänen könnte nicht schöner sein. Man ist in allem vollständig, – fast zuviel, – selbständig. Etwas fehlt: die einheitliche Organisation der Vereine; die bestehenden Gruppen arbeiten meist ausgezeichnet; aber zwischen den einzelnen Vereinen, die ja alle einer Reichszentrale unterstehen, fehlt es nicht an persönlichen Reibereien. Es fehlt die ›katholische Aktion‹ (als ›ordo‹).«

---

[3] Zur »Katholischen Aktion«: P. BECHER, in: LThK 5, [3]1996, Sp. 1347 f.

[4] Höffner an Noppel, 29. 10. 1934 (Kopie aus den Akten des Germanikums): HAEK – NH 2523.

In der Tat waren auch die deutschen Bischöfe seit einigen Jahren mit einzelnen Verbänden und ihren den bischöflichen Forderungen wenig zugänglichen »Reichszentralen« nicht glücklich.[5] Doch die aus italienischem Erfahrungshorizont erklärbare Voreingenommenheit des jungen Höffner gegen die deutschen Verbände ist mehr als deutlich.

P. Noppel war da in seiner Antwort an Höffner vom 2. November 1934 etwas vorsichtiger: »Der Schluss [Ihres Briefes bezüglich der Verbände] ist leider nichts Neues und wird so lange bleiben, als nicht von oben her [das bedeutete: von den Bischöfen] einmal die Einigkeit geschaffen ist. Aber da dies seine Gefahren hat, wie jede Operation am Lebendigen, müssen wir wohl noch einige Zeit darauf warten. Es wird mich freuen, gelegentlich wieder von Ihrem Schaffen zu hören. Fast tut es mir leid, dass Sie vorher nicht ein bisschen Landseelsorge schmecken durften, oder geschah das in der Heimat?«[6]

Mit Höffners nachfolgend wiedergegebenem Brief an P. Noppel vom 22. November reißt die regelmäßige Korrespondenz zwischen beiden vorerst ab. Das ist insofern bedauerlich, weil sie einen farbenreichen Einblick in die Großstadtseelsorge Saarbrückens während der dreißiger Jahre des 20. Jahrhunderts und zugleich in die besondere Situation des Saarlandes vor der Volksabstimmung über die Rückkehr des Saarlandes in das – nationalsozialistische – Deutsche Reich am 13. Januar 1935[7] bietet. Höffner schrieb am 22. November 1934:

»Wie ich Ihnen schon schrieb, gefällt es mir hier ausgezeichnet. Nur eines fehlt noch: die Zeit! Fast jeden Sonntag zwei Predigten; Konvertitenunterricht, Brautunterricht jede Woche! Mit großer Freude arbeite ich in den Vereinen. Im Agnesverein (erwerbstätige Mädchen von 18-22 Jahren) spreche ich an fünf Abenden im Monat: ein Abend: Monatsfeier; ein Abend: die Liturgie des Monats; zwei Abende: Lesung der Paulusbriefe; ein Abend: literarischer Leseabend. Ich freue mich wirklich, dass eine ganze Reihe von Mädchen an diesen Dienstagabenden um ½ 8 Uhr sofort aus dem Geschäft zu diesen Gruppenabenden kommen [!] und erst um 10 Uhr zum Essen heimgehen (50 Mitglieder).

---

5 Als es nach 1945 in der Fuldaer Bischofskonferenz um die Frage ging, ob der »Volksverein für das katholische Deutschland« wiedererstehen sollte, schrieb Erzbischof Konrad Gröber von Freiburg am 15. Juni 1947 an Bischof Dietz von Fulda: »Von keinem deutschen Bischof, der im Jahre 1933 schon im Amt war, wird auch vergessen sein, dass die großen Zentralen sich Rechte anmaßten, die die Rechte der Ordinarien der Diözesen verletzten. Die Zentralen bauten sich auch in einem Umfang aus, dass zahlreiche Hilfskräfte notwendig wurden und Zentralhäuser entstanden sind, die außergewöhnlich viel Geld verschlangen ...«: G. Klein, Der Volksverein, S. 388.

6 Noppel an Höffner, 2. 11. 1934 (Kopie aus den Akten des Germanikums): HAEK – NH 2523.

7 Zur Volksabstimmung vom 13. 1. 1935 und der Rückgliederung des Saarlandes an das Deutsche Reich: W. Loth, in: Staatslexikon, Bd. 4, 71988, Sp. 975 f. – »Bischof Bornewasser (1922-1951) [hatte] sich nachdrücklich für die volle Wiedereingliederung des Saargebietes in das Deutsche Reich ausgesprochen.«: M. Persch, in: E. Gatz (Hrsg.), Die Bistümer der deutschsprachigen Länder von der Säkularisation bis zur Gegenwart, Freiburg u. a. 2005, S. 720. – Franz Rudolf Bornewasser (1866 – 1951), 1921-1922 Weihbischof von Köln mit Sitz in Aachen, 1922-1951 Bischof von Trier, 1944 Titular-Erzbischof: A. Thomas, in: E. Gatz (Hrsg.), Bischofslexikon 1785/1803-1945, S. 65-67. – M. Persch, in: E. Gatz (Hrsg.), Bischofslexikon 1945-2001, S. 545-547 (Literaturhinweise).

Im Arbeiterverein findet einmal monatlich eine Versammlung statt; ich bin daran, im Arbeiterverein einen Bibelzirkel zu gründen. – Dann traten etwa ein Dutzend Akademiker, Lehrer, Beamte und dgl., an mich heran mit der Bitte, alle 14 Tage mit ihnen dogmatische Fragen zu besprechen. Nächste Woche werde ich auch damit beginnen.

Daneben habe ich noch die Borromäusbibliothek, die auch nicht wenig Arbeit macht. Zum Glück hat man hier überall ausgezeichnete Mitarbeiter. Eine Versammlung z. B. oder eine Festfeier bespreche ich nur mit den Leitern und Leiterinnen, lege das Programm fest, und dann brauche ich mich nicht weiter darum [zu] kümmern. – Für unsere Borromäusbibliothek, wohl die reichhaltigste Saarbrückens, arbeite ich an einem Katalog, der im Druck erscheinen soll. Etwa 10 Mädchen des Agnesvereins, die für solche Arbeiten durch ihren Beruf geschult sind, arbeiten mit.

Natürlich ist und bleibt daneben die eigentliche, ordentliche Seelsorge die Hauptsache ... ›*In vinea domini*‹ sehnt man sich oft danach, dass doch die Vaterunser [im Germanikum] ›*pro fratribus operantibus*‹ ... Tag für Tag mit inniger Andacht und als Zeichen unserer brüderlichen Zusammengehörigkeit zum Himmel emporsteigen ...«[8]

Im letzten Abschnitt ging Höffner auf die politische Situation des Saarlandes Ende 1934, wenige Wochen vor der Volksabstimmung, ein:

»Über die Politik schweigt man am besten, wie es die Saarländer auch selbst tun, wenn sie nicht ganz ›unter sich‹ sind. Vor einigen Tagen war Dr. Algermissen[9] hier; er wohnte bei uns im Pfarrhaus. Seine Absicht, auch hier in Saarbrücken die sogenannte Antigottlosenausstellung zu eröffnen, dürfte wohl schwerlich durchführbar sein, da die Reg[gierungs]komm[ission] allen politischen Zündstoff fernhalten will und wohl auch heraus hat, dass die deutsche Reg[ierung] diese Ausstellung nicht ungern sehen würde. – Im Gespräch meinte Dr. Algermissen, die Abstimmung für die Rückgliederung [des Saarlandes an Deutschland] sei eine *obligatio moralis,* während andere der Auffassung sind, vom moralischen Standpunkt aus betrachtet liege hier ein *casus typicus probabilismi* vor.«

So farbenreich diese Eigendarstellung Höffners über seine ersten Kaplansjahre in Saarbrücken sind, so ist es doch auch ein glücklicher Umstand, dass sie durch zwei Jahreszeugnisse des Pfarrers von St. Johann für das Generalvikariat in Trier ergänzt und bestätigt wird. Höffner war nicht ohne Absicht statt in eine Landgemeinde – wie P. Noppel gewünscht hatte – in die Großstadtgemeinde St. Johann in Saarbrücken eingewiesen worden. Pfarrer dieser Gemeinde war seit 1929 Dr.

---

[8] Höffner an Noppel, 22. 11. 1934 (Kopie des Originals in den Akten des Germanikums): HAEK – NH 2523.

[9] Konrad Algermissen (1889 – 1964), leitete ab 1926 die apologetische Abteilung des »Volksvereins für das katholische Deutschland«, Hauptwerk: »Konfessionskunde«, seit 1933 Professor für Dogmatik, Moraltheologie und Ökumenik am Priesterseminar in Hildesheim, Auseinandersetzungen mit Alfred Rosenberg: J. Bergsma, in: LThK 1, ³1993, Sp. 393 f.

Philipp Kremer,[10] der vorher von 1923 bis 1926 Landessekretär des Volksvereins für das katholische Deutschland in Frankfurt a. M., von 1926 bis 1929 dasselbe in Trier und zugleich Diözesansekretär der katholischen Arbeitervereine gewesen war. 1936 wurde er zudem Dechant des Dekanates Saarbrücken. Ob Höffner seine kritische Einstellung gegenüber dem katholischen Vereinswesen in Deutschland, seine Bevorzugung des Modells »Katholische Aktion« auch mit seinem Pfarrer besprochen hat? Nach seinen Briefen an P. Noppel ist auch denkbar, dass er durch positive Erfahrungen mit der Vereinsarbeit an St. Johann seinen Standpunkt zunehmend modifizierte.

Leider war für die zweijährlichen Berichte des Pfarrers über seine Kapläne nach Trier ein detaillierter Fragebogen vorgegeben,[11] der im allgemeinen nur Stichworte oder Halbsätze als Antwort zuließ und deshalb nur schwer ein Bild der Persönlichkeit des Kaplans ermöglichte. Dennoch lassen die beiden Zeugnisse Pfarrer Kremers über seinen Kaplan Joseph Höffner erkennen, dass der Pfarrer ihn schätzte. Am 14. Februar 1935, also nach einem halben Jahr der Tätigkeit Höffners an St. Johann, bescheinigte ihm der Pfarrer Pünktlichkeit, priesterlichen Lebensstil und würdige Gestaltung des Gottesdienstes. Zu Höffners Predigten bemerkte er: »Inhalt gut, Form noch etwas eckig.« Zu Katechese in Schule und Kirche hieß es: »Die Katechese ist noch stark theoretisch; es fehlt die zu Herzen gehende Darlegung. Das Bestreben nach Besserung ist da.« Höffner sei im Beichtstuhl und in der Krankenseelsorge »sehr eifrig«. Zur Tätigkeit in den Vereinen bemerkte Pfarrer Kremer: »Lebt sich gut ein.« Zu Höffners Umgangsformen, zum Verhalten gegenüber Pfarrer, Mitkaplänen, sonstigen Hausbewohnern und Pfarrangehörigen wusste der Pfarrer nur Gutes zu berichten. Am Schluss findet sich unter »Sonstige Bemerkungen«: »Sehr bemüht, sich gut einzuleben.«[12]

Zwei Jahre später, am 28. Februar 1937, füllte der Pfarrer einen neuen, differenzierteren Fragebogen aus.[13] Was er schrieb, war so etwas wie ein »Schlussbericht« über Joseph Höffner, denn seine Abordnung zu weiteren Studien einige Wochen später war bereits verfügt. Kremer lobte das geistliche Leben seines Kaplans; die sehr indiskreten Fragen nach dessen einzelnen geistlichen Vollzügen beantwortete Kremer – mit einer Klammer zusammenfassend – zurückhaltend, aber durchaus positiv. Höffner habe im November 1935 Exerzitien in Maria Laach gemacht und »steht ganz zur Kirche«. Höffner begegne seinem Pfarrer »zuvorkommend« und

---

[10] Dr. Philipp Anton Kremer (1889 – 1960), 1912 Priesterweihe in Trier, 1923-1926 Landessekretär des »Volksvereins« in Frankfurt a.M., 1926-1929 dsgl. und Diözesansekretär der katholischen Arbeitervereine in Trier, 1929-1946 Pfarrer an St. Johann in Saarbrücken, seit 1936 zudem Dechant, 1952 Domkapitular in Trier: DER WELTKLERUS DER DIÖZESE TRIER SEIT 1800, S. 194; HANDBUCH DES BISTUMS TRIER [22]1991, S. 597 f.; vgl. A. N. DESCZYK, Höffner, S. 21.

[11] »Zeugnis für Hilfsgeistliche nach can. 476, § 7«.

[12] Zeugnis Kremers über Höffner vom 14. 2. 1935: BAT – 88/402, 1; vgl. A. N. DESCZYK, Höffner, S. 21 f.

[13] Zeugnis Kremers über Höffner vom 28. 2. 1937: BAT – 88/402, 1; vgl. A. N. DESCZYK, Höffner, S. 22 f.

nehme »gern« Belehrungen und Ermahnungen an. Im Zusammenleben im Pfarrhaus sei er »bescheiden und anspruchslos«.

Kremer lobte dann Höffners Ehrfurcht beim Gottesdienst. Predigten und Katechesen seien »gut und regelmäßig« vorbereitet. Zur Predigt heißt es: »Inhalt sehr gut, Form ansprechend«. Zur Katechese bemerkte Kremer außerdem: »Gibt sich viel Mühe; auch bei Katechesen für Erwachsene hatte er guten Erfolg.« In der Krankenseelsorge sei Höffner »sehr gewissenhaft; kam auch im evangelischen Krankenhaus gut zurecht«. In »Hausseelsorge und kirchlichen Vereinen« agiere er »klug und erfolgreich«. Unter »Wissenschaftliche Weiterbildung« bescheinigte Pfarrer Kremer Höffner eifriges Studium. Auf die Frage nach einem Spezialgebiet antwortete Kremer: »Soziologie«.

Aus diesem zweiten Zeugnis im Februar 1937 erfahren wir auch, wie bescheiden, ja, geradezu ärmlich die Besoldung eines Kaplans in den dreißiger Jahren des 20. Jahrhunderts war. Auf die Frage nach dem Einkommen Höffners antwortete Pfarrer Kremer: »Freies Kostgeld, 55 M + Stipendien.«

Unter »Wünsche und Vorschläge des Pfarrers« sagte Kremer zum Schluss: »Herr Höffner studiert weiter. Sein Verständnis für die praktische Seelsorge ist so groß, dass es schade wäre, wenn er der Seelsorge ganz entzogen bliebe.«

Dass die Kapläne dieser Zeit einen wesentlichen Teil ihrer Zeit und Arbeitskraft dem Religionsunterricht in der Schule zu widmen hatten, war so selbstverständlich, dass darüber weder in Höffners Briefen nach Rom 1934 noch in Pfarrer Kremers Zeugnissen von 1935 und 1937 ein Wort verloren wurde. Ein Hinweis findet sich in Höffners Papieren: »Der Reichskommissar für die Rückgliederung des Saarlandes« teilte ihm am 18. November 1935 mit, dass er »auf jederzeitigen Widerruf zur Vertretung des erkrankten Studienrats Turmes[14] der Oberrealschule Saarbrücken überwiesen« werde. Die gleichzeitig angekündigte Jahresvergütung von 3732 RM (abzüglich der Kürzungen auf Grund der Brüningschen Notverordnungen) müssen Höffner vorübergehend in einen unverhofften Wohlstand versetzt haben.[15]

Dass er in dieser Tätigkeit als Religionslehrer alsbald auffiel, verrät eine Gedächtnisnotiz, die mit »Herbst 1936« gezeichnet ist. Er erhielt von der Unterrichtsverwaltung des Reichskommissars die Anfrage: »Sie haben im Klassenbuch Ihrer Schule als Unterrichtsstoff angegeben: ›Der wahre Sinn der christlichen Nächstenliebe gegenüber den heutigen Verdrehungen.‹ Sollten mit diesen Verdrehungen etwa die geradezu übermenschlichen Bemühungen des nationalsozialistischen Staates um das Wohl der Volksgenossen gemeint sein?« Unter diesem Text steht: »Obiges = ungefährer Text! Über die Angelegenheit weiß genauen Bescheid:

---

[14] Franz Xaver Turmes (*1878), seit 1918 Religionslehrer/Studienrat in Saarbrücken: DER WELTKLERUS DER DIÖZESE TRIER SEIT 1800, S. 352; HANDBUCH DES BISTUMS TRIER [20]1952, S. 1041.

[15] Der Reichskommissar für die Rückgliederung des Saarlandes an Höffner, 18. 11. 1935: HAEK – NH 2565.

Prälat Dr. Philipp Kremer, Kleinblittersdorf/Saar«, der Pfarrer an St. Johann zu Höffners Zeit.[16]

Höffner hatte gerade sein erstes Kaplansjahr in Saarbrücken vollendet, als Bischof Bornewasser am 19. Oktober 1935 Heinrich von Meurers zu seinem Generalvikar ernannte, den A. N. Desczyk zutreffend den »Schlüssel zu Höffners weiterem und wissenschaftlichem Lebensweg« nennt.[17] Nach Studien in Innsbruck war von Meurers dort 1921 promoviert worden und erwarb an der Gregoriana in Rom 1923 den *Magister theologiae.* »Ursprünglich für die Kanonistik bestimmt, wurde, da der Lehrstuhl durch Ludwig Kaas besetzt war, am 1. September 1923 ... zum Professor für Dogmatik am Trierer Priesterseminar ernannt ...«[18]

Man kann nicht davon ausgehen, dass von Meurers den jungen Joseph Höffner in dessen Trierer Sommersemester 1926 näher kennen gelernt hat. Eher gilt die Feststellung Martin Perschs: »Die Studienförderung begabter Geistlicher war ihm ein großes Anliegen.«[19] Die zwölf Jahre seiner Professorentätigkeit am Trierer Priesterseminar hatten ihm hinlänglich deutlich gemacht, dass das Bistum selbst für einen qualifizierten Lehrkörper durch Nachwuchsförderung sorgen musste. Wenige Monate nach seiner Bestellung zum Generalvikar wandte sich von Meurers von sich aus an den Saarbrücker Kaplan Höffner. Leider besitzen wir nur Höffners Antwort vom 21. Mai 1936: »Ihren Vorschlag, im Herbstsemester mit dem Studium der Staatswissenschaften zu beginnen, habe ich reiflich erwogen; ich hätte großes Interesse an diesem Studium und würde das Anerbieten dankbar annehmen.«[20]

Es entsprach Höffners Erziehung durch römische Jesuiten, in einer so brisanten Frage der Weichenstellung für sein Leben kompetenten Rat einzuholen. Das Ergebnis konnte Höffner dem Generalvikar am 21. Mai 1936 mit einem längeren Zitat aus einem Brief P. von Nell-Breunings mitteilen. Dieser hatte Höffner geschrieben: »Die Nachricht, die Sie mir zukommen ließen, hat mich lebhaft erfreut. Gerade aus dem Grunde, der Sie bedenklich macht, habe ich mich doppelt gefreut. Mir scheint, es ist heute eine große Versuchung, die Mühewaltung auf Grenzgebiete [Staatswissenschaften] als Zeitverlust zu werten; um so freudiger habe ich es

16 Die Notiz befindet sich im Privatbesitz Familie Hesseler/Horhausen.

17 A. N. Desczyk, Höffner, S. 23 f.

18 Heinrich von Meurers (1888 – 1953), 1909-1914 Theologiestudium in Innsbruck, 1914-1918 Militärdienst, 1920 Priesterweihe in Trier, 1921 theologische Promotion in Innsbruck, 1923 *Magister theologiae* an der Gregoriana in Rom, 1923 Professor für Dogmatik in Trier, 1935 Domkapitular und Generalvikar (bis zu Bischof Bornewassers Tod 1951), 1947 erster Präsident des von ihm angeregten Liturgischen Instituts Trier, 1952 Domdechant: M. Persch, in: E. Gatz (Hrsg.), Bischofslexikon 1945-2001, S. 554 f.; Ders., in: BBKL 5, 1997, Sp. 1405-1407 (Literaturangaben). Zitat: Ebd., Sp. 1405; Ders., in: H. Monz (Hrsg.), Trierer Biogr. Lexikon, S. 295 f.

19 Ebd. Sp. 1406.

20 Höffner an von Meurers, 21. 5. 1936 (Original): BAT [illegible]

begrüßt, dass Ihr Hochwürdigster Generalvikar die Sorge für das Grenzgebiet für wichtig genug hielt, um Ihr Interesse dafür zu wecken.«

Nell-Breuning hatte dann von Freiburg als Studienort eher abgeraten. Höffner solle »eine Großstadtuniversität (Berlin, München, Köln, Frankfurt)« beziehen. Auch der damals in Freiburg tätige, Höffner freundschaftlich verbundene P. Noppel hatte Köln oder Berlin für geeigneter gehalten. Höffner selbst brachte noch einen für ihn wichtigen Aspekt ins Spiel: »Für mich ist die finanzielle Seite noch eine große Frage. Gespart habe ich mir nichts, auch auf meine Eltern kann ich nicht rechnen. Vielleicht könnte ich in einem Kloster oder Institut unterkommen; am ehesten wohl in München, da ich den Sekretär des Kardinals [Faulhaber], Dr. Weißthanner, von Rom her gut kenne. Ich wäre Ihnen, hochwürdigster Herr Generalvikar, sehr dankbar, wenn Sie mir, sowohl was die Wahl der Universität als auch, was die wirtschaftliche Frage betrifft, einen Rat geben könnten.«

Schon zwei Tage später antwortete der Generalvikar: »Wenn Sie glauben, dass Sie in München in einem Institut unterkommen, hätte ich gegen ein Studium in München gar nichts einzuwenden.« Höffner möge in München Erkundigungen einziehen. »Auf jeden Fall muss Vorbedingung sein, dass Sie zunächst einen deutschen [theologischen] Doktortitel erwerben, da der römische Doktortitel ja nach den strengen reichsrechtlichen Vorschriften eigentlich in Deutschland gar nicht geführt werden kann ... Eventuell könnten Sie in München gleichzeitig [mit dem staatswissenschaftlichen Studium] Ihren theologischen Dr. nostrifizieren lassen.«[21]

Ein unerwartetes Hindernis für die sich anbahnende wissenschaftliche Laufbahn Höffners kam durch einen Brief P. Oswald von Nell-Breunings an Generalvikar von Meurers zustande.[22] In diesen Wochen hatte der Generalvikar P. von Nell-Breuning zum Tode eines Bruders kondoliert. Als Nell-Breuning sich am 26. Juni 1936 dafür bedankte, nutzte er die Gelegenheit zu längeren Ausführungen über die Qualifikation Joseph Höffners für ein weiteres Studium: »Vor einiger Zeit erfuhr ich durch Herrn Dr. Höffner, dass Sie diese Studien zu fördern sich angelegen sein lassen; ich habe ihn, als er sich an mich wandte, sehr ermuntert, sich zur Verfügung zu stellen. Leider bin ich, wenn ich mich äußern darf, von der Qualifikation Dr. Höffners nicht ganz überzeugt; meine Zweifel wurden bestärkt, als mein Mitbruder Gundlach[23] auch [richtig: aus] seiner Kenntnis der Dinge und der Personen auf Herrn *Josef Paulus* im Germanikum hinwies, der nach seiner

---

21 von Meurers an Höffner, 23. 5. 1936 (Original): HAEK – NH 2565; Durchschrift: BAT – 88/402, 1.

22 Eine erste Darstellung des Vorgangs samt Quellenbelegen bietet: A. N. Desczyk, Höffner, S. 25 f. und S. 264 f.

23 Gustav Gundlach SJ (1892 – 1963), 1929-1938 Professor für Sozialphilosophie und -ethik in St. Georgen (Frankfurt), seit 1934 desgl. an der Gregoriana in Rom, an der Abfassung der Enzyklika *Quadragesimo anno* beteiligt. Die Enzyklika gegen den Rassismus, mit deren Entwurf Gundlach beauftragt wurde, kam 1938/39 nicht mehr zur Veröffentlichung: A. Rauscher, in: LThK

Meinung ungleich mehr für diese Aufgabe qualifiziert erscheine. Es ist zu lange her, seit ich zuletzt im Germanikum einen Kurs gab, um noch hinreichend deutliche Erinnerung zu haben; soweit ich eine solche besitze, wäre ich geneigt, P. Gundlachs Urteil zu bestätigen. Dr. Höffner hat von seinen römischen Professoren eine sehr gute Zensur seiner Promotionsschrift erhalten; ich glaube dies dahin auslegen zu dürfen, dass diese Theologen die Arbeit theologisch korrekt fanden, woran ja kein Zweifel bestehen kann, dass ihnen aber die Problematik, die aufzurollen gewesen wäre, nicht geläufig ist. Meine mehrfachen Bemühungen, Herrn Dr. Höffner vor diese Fragen zu stellen und zu einer Auseinandersetzung mit ihnen zu bringen, scheiterten m. E. daran, dass ihm das Auge dafür abgeht, sie zu sehen; er war immer willig und lernbeflissen, hätte sich daher das Gebotene m. E. sicher zu Nutze gemacht, wenn er gekonnt hätte.«[24]

Obwohl P. von Nell-Breuning selbst empfunden hatte, dass er sich »ungefragt ... einmische in das, was nicht meines Amtes ist«, gab von Meurers auf Nell-Breunings Brief eine Antwort: »Ihre Beurteilung des Herrn Dr. Höffner ist mir sehr interessant und wertvoll. Ich werde mit Prof. Dr. Wehr vom Priesterseminar,[25] der Dr. Höffner auch persönlich kennt, noch einmal über die Anlagen und die Befähigung des Herrn Dr. Höffner Rücksprache halten. Vielleicht können wir ihn dann auf ein anderes Fach schieben, wo eine Erkenntnis neuerer Problematik nicht so in Frage kommt. Herrn Josef Paulus werde ich gegebenenfalls auch im Auge behalten. Sollten Sie unter unseren dortigen Alumnen [gemeint ist: in St. Georgen] für das Studium geeignete Kräfte finden, so wäre ich für einen Hinweis stets dankbar.«[26]

Es scheint, dass Professor Wehr eine günstigere Meinung über Höffners Veranlagungen hatte. Josef Paulus brachte es nach einer römischen Promotion zu verschiedenen ehrenhaften Positionen im Bistum Trier. Ab 1954 war er Sozialreferent beim Zentralkomitee der deutschen Katholiken und arbeitete mit Professor Höffner zusammen. 1964 wurde er für zwei Jahre Generalvikar in Trier. 1966 erhielt er das angesehene Amt des Dompropstes in Trier. Doch eine wissenschaftliche Bedeutung erlangte er – trotz seiner Förderer P. Gundlach und P. von Nell-Breuning – nicht.[27]

4, ³1995, Sp. 1102 f.; DERS., Gustav Gundlach (1892-1963), in: ZEITGESCHICHTE IN LEBENSBILDERN 2, 1975, S. 159-176.

[24] Nell-Breuning an von Meurers, 26. 6. 1936 (Original): BAT – 88/402, 1.

[25] Matthias Wehr (1892 – 1967), 1912-1921 Studium in Rom und Innsbruck, durch Wehrdienst unterbrochen, 1921 Priesterweihe in Rom, 1924-1928 Subdirektor am Bischöflichen Konvikt in Trier (als Höffner dort bis 1926 wohnte!), ab 1934 Professor für Moraltheologie, Pastoral und Kirchenrecht am Priesterseminar in Trier, 1935-1949 zusätzlich Offizial, ab 1949 auch Regens des Priesterseminars, 1950 erster Rektor der (Päpstlichen) Theologischen Fakultät Trier, 1951-1966 Koadjutor bzw. Bischof von Trier: M. PERSCH, in: E. GATZ (Hrsg.), Bischofslexikon 1945-2001, S. 547 f.; DERS., in: H. MONZ (Hrsg.), Trierer Biogr. Lexikon, S. 495 f.

[26] von Meurers an Nell-Breuning, 3. 7. 1936 (Durchschrift): BAT – 88/402, 1.

[27] Zu Josef Paulus (1908 – 1985): M. PERSCH, in: E. GATZ (Hrsg.), Bischofslexikon 1945-2001, S. [illegible] f., DERS., in: H. MONZ (Hrsg.), Trierer Biogr. Lexikon, S. 335.

Vielleicht war aber Nell-Breunings Brief an Generalvikar von Meurers vom 26. Juni 1936 der Grund, weshalb von Meurers Höffner gegenüber hinfort nie mehr ausdrücklich von einem Studium der Staatswissenschaften sprach. Während dieser sich konsequent an diese erste Zielvorgabe des Generalvikars hielt, drängte der Generalvikar Höffner künftig, bald möglichst einen in Deutschland anerkannten Doktor-Titel zu erwerben und dann so schnell wie möglich sich für das Fach Moraltheologie zu habilitieren.

Der Klärungsprozess, ob überhaupt und mit welcher Zielvorgabe Höffner zum Studium freigestellt würde, zog sich noch einige Zeit hin, so dass der zunächst avisierte Termin Herbst 1936 nicht zustande kam. Der über die Aktion der Patres Gundlach und von Nell-Breuning in Trier nicht informierte Höffner korrespondierte an der Jahreswende 1936/37 mit beiden in der Meinung, dass sie seinem Studium der Staatswissenschaften positiv gegenüber ständen und es nur noch um den geeignetsten Studienort gehe. Nell-Breuning stützte Höffners Illusion und schrieb ihm am 31. Dezember 1936: »Für Ihre Zwecke ist sicher das Studium in Berlin sehr geeignet, gleichwertig oder allenfalls überlegen wäre höchstens München. Berlin aber bietet den Vorteil, dass man Sie einführen kann in gewisse Kreise z. B. wissenschaftlicher Hilfsarbeiter des Statistischen Reichsamtes, wo Sie viel lernen können, was der reine Vorlesungsbetrieb nicht bietet. Auch sonst gibt Berlin immer noch manche Möglichkeiten, die keine andere Stadt besitzt. Also gehen Sie mutig hin.«[28] Fast etwas hinterhältig wirkt die Schlussbemerkung: »Wegen aller Einzelheiten verständigen Sie sich am besten mit dem Ihnen ja bekannten P. G[ustav] Gundlach. Ich selbst bin der Wissenschaft zu sehr entfremdet, um noch sachgemäß raten zu können. ...«

Höffner hat sich daraufhin offenbar umgehend an P. Gundlach gewandt, der ihm unter dem 17. Januar 1937 schrieb: »Die Empfehlung Berlins, die Ihnen Kollege von Nell-Breuning gab, gilt wohl für frühere Zeiten. Sie gilt aber unmöglich für die jetzige Situation. Für unsereinen kommt es meines Erachtens bei einem derartigen Studium in erster Linie auf ein gründliches Kennenlernen der systematischen Zusammenhänge an« – ein versteckter Tadel an Höffners historischem Ansatz – »... Nun gibt es aber heute in Berlin keinen Systematiker oder eigentlichen Theoretiker der Wirtschaftslehre.« Auch München sei schwach besetzt. »Wie die Dinge in Freiburg Br[eisgau] liegen, weiß ich nicht. Sie haben dort einen tüchtigen Privatdozenten, Dr. Bernhard Pfister;[29] wenn Sie sich an ihn halten, könnten Sie in drei Jahren bestimmt eine solche Durchbildung bekommen. Das Doktorieren und der offizielle Vorlesungsbetrieb könnten dann nebenher gehen.«[30] Gundlach kam zu dem Schluss, »dass sachlich bei uns in Deutsch-

---

[28] Nell-Breuning an Höffner, 31. 12. 1936 (Abschrift eines Auszuges durch Höffner): BAT – 88/402, 1.

[29] Bernhard Pfister (1900 – 1987), 1930 Privatdozent für Volkswirtschaftslehre in Freiburg, dort 1937 apl. Professor, ab 1945 Professor in Hamburg, ab 1949 in München: KÜRSCHNER 1980, S. 2912; EBD. 1992, S. 4266.

[30] Gundlach an Höffner, 17. 1. 1937 (Abschrift eines Auszugs durch Höffner): BAT – 88/402, 1.

land zur Zeit nicht viel zu holen ist. Wenn es Ihnen auf die Sache ankommt, gehen Sie nach Wien oder Löwen ...« Hängte Gundlach die Sache so hoch auf, um Höffner selbst von seinen Plänen abzubringen?

Höffner hatte jedoch auch mit Generalvikar von Meurers wieder Kontakt aufgenommen. Am 22. Januar 1937 schrieb er ihm: »Nach der Besprechung mit Ihnen vom 28. Dezember 1936 habe ich mich des näheren über die geeignetste Universität für das staatswissenschaftliche Studium erkundigt. Hochw. Herr Dechant Dr. Kremer hat, wie er mir mitteilte, vorgestern mit Ihnen über diese Angelegenheit gesprochen. Die Briefe der hochw. HH. PP. Gundlach und von Nell-Breuning lege ich Ihnen in Abschrift bei.

Nun erhielt ich heute ein Schreiben von P. Noppel SJ aus Freiburg. Hochw. H. P. Noppel teilt mir mit, die staatswissenschaftliche Fakultät in Freiburg sei heute die beste in Deutschland ... Auch die Unkosten für die Unterkunft ließen sich wohl niedrig halten; Direktor Joerger vom Caritasverband habe nämlich von der Möglichkeit gesprochen, dass ich – für eine nebenamtliche Arbeit an der Zentrale des Caritasverbandes – freie Wohnung und Verpflegung erhalten könne ...«[31] Aus München habe Dr. Weißthanner mitgeteilt, es gebe vier Unterkunftsmöglichkeiten, doch müsste – ohne Nebentätigkeit – »monatlich ein Betrag von 40-75 RM« bezahlt werden. »Mir scheint, dass auf Grund dieser Gutachten die Universität Freiburg wohl den Vorzug verdient; der Ordinarius, Prof. v. Eucken,[32] – so schrieb P. Noppel, – lege ausdrücklich einen gewissen Wert darauf, klerikale Hörer zu haben.«

Höffner bat von Meurers um eine Mitteilung, ob er sich für Freiburg oder München entscheiden solle. Der Generalvikar musste Höffner am 9. Februar 1937 gestehen: »Die letzte Entscheidung über das Studium der Kapläne wird in der nächsten Woche getroffen werden. Ich kann deshalb auch heute noch keine endgültige Nachricht geben. Ich möchte Ihnen aber raten, sich jedenfalls zur Vorsicht in Freiburg anzumelden; gegebenenfalls wird eine Abmeldung ja dann noch möglich sein.«[33]

Desczyk vermutet zu Recht: »Nach dem durch Nell-Breunings Intervention verursachten Hin und Her der letzten Monate um Höffners Eignung hing dessen wissenschaftliche ›Karriere‹ zu dieser Zeit vielleicht am seidenen Faden; die entscheidende Weichenstellung fand hinter den Kulissen statt.«[34]

Erst am 23. Februar 1937 erhielt Höffner die befreiende Nachricht aus Trier: »Sie werden hierdurch zum Studium der christlichen Gesellschaftslehre freigestellt.«[35] Es fällt auf, dass von »Staatswissenschaften« nicht mehr die Rede ist. Wie

---

[31] Höffner an von Meurers, 22. 1. 1937 (Original): Ebd.

[32] Walter Eucken (1891 – 1950), »einer der profiliertesten deutschsprachigen Nationalökonomen« des 20. Jahrhunderts, ab 1925 Professor in Tübingen, ab 1927 in Freiburg: J. H. Müller, in: Staatslexikon 2, [7]1986, Sp. 413 f.; L. Gerken, in: Lexikon Soziale Marktwirtschaft, S. 32-36.

[33] von Meurers an Höffner, 9. 2. 1937: HAEK – NH 2565.

[34] A. N. Desczyk, Höffner, S. 28.

[35] von Meurers an Höffner, 23. 2. 1937 (Durchschrift): BAT – 88/402, 1.

ein noch in anderem Zusammenhang zu erwähnender Brief von Meurers an Höffner in Freiburg vom 17. April 1937 erkennen lässt, hatten von Meurers und Prof. Wehr für seine Freistellung den Ausschlag gegeben und nach einer in Deutschland anerkannten theologischen Promotion für Höffner die Habilitation in »Moraltheologie mit besonderer Berücksichtigung der christlichen Gesellschaftslehre« vorgesehen.[36]

[36] von Meurers an Höffner, 17. 4. 1937: HAEK – NH 2565; vgl. unten S. 52.

IV. KAPITEL

WEITERE STUDIEN UND PROMOTIONEN IN FREIBURG 1937-1939

Innerhalb weniger Wochen nach dem Freistellungsbescheid des Trierer Generalvikars zog Joseph Höffner von Saarbrücken nach Freiburg um. Da er im Pfarrhaus von St. Johann nur ein Zimmer bewohnt hatte, dürfte das Umzugsgut gering gewesen sein. Er fand Aufnahme im »Collegium Sapientiae«, einem »Graduiertenkolleg« für Theologen.[1]

Für die folgenden beiden Jahre liegt eine kontinuierliche Korrespondenz zwischen Höffner und Generalvikar von Meurers vor, die für das Verhältnis eines so hohen Dienstvorgesetzten zu einem zum Studium freigestellten Kaplan einzigartig ist und uns über Inhalte und Verlauf von Höffners Studien exakte Informationen gibt.[2] Schon am 30. März 1937 riet von Meurers in einem ersten Brief Höffner noch einmal zu Kontakten zur Caritas-Zentrale wegen eines kostengünstigen Aufenthaltsortes. »Sollte das nicht möglich sein, bleiben Sie ruhig im Collegium Sapientiae wohnen.« Höffner solle seine Kosten anmelden. Er erhalte zunächst 300 RM. Was er darüber hinaus brauche, werde der Generalvikar, notfalls in Raten, zahlen. »Ich hoffe, dass Sie nunmehr Ihre Studien aufnehmen können und dass alles weitere planmäßig verlaufen wird.«[3]

Am 11. April 1937 berichtete Höffner dem Generalvikar über seine ersten Schritte in Freiburg: »Ich hatte sofort nach meiner Ankunft mit dem Dekan der theologischen Fakultät, Herrn Prälaten Allgeier,[4] gesprochen und ihm gegenüber den Wunsch geäußert, mich in der Theologie zu habilitieren.« In weiteren Gesprächen mit dem Dekan war es um die Frage gegangen, ob eine Habilitation auf der Basis der römischen Promotion möglich sei. Allgeier hatte herausgefunden: Der römische Doktor-Titel dürfe zwar in Deutschland geführt werden, »für die Habilitation jedoch sei das von einer reichsdeutschen Fakultät verliehene Doktorat erforderlich. Das Unterrichtsministerium habe diese Entscheidung am 13. Juli 1935 getroffen (Aktenzeichen WIA 1290/35 M) und auch den Bischöflichen

---

1 Zum Freiburger *Collegium Sapientiae* und seinen Anfängen: W. MÜLLER, Fünfhundert Jahre theologische Promotion an der Universität Freiburg i. Br. (= Beiträge zur Freiburger Wissenschaftsgeschichte, 19. Heft), Freiburg 1957, S. 49.

2 Diese Korrespondenz ist an zwei Orten erhalten: Einmal in der Personalakte Joseph Höffner im Bistumsarchiv Trier: BAT – 88/402, 1, zum anderen im Nachlass Höffner: HAEK – NH 2565. Mit wenigen Ausnahmen übereinstimmend finden sich an beiden Orten die Originale bzw. Durchschriften des Briefwechsels – je nach Absender und Empfänger. Eine erste Auswertung dieser Korrespondenz bietet A. N. DESCZYK, Höffner, S. 28-45.

3 von Meurers an Höffner, 30. 3. 1937 (Original): HAEK – NH 2565.

4 Franz Arthur Allgeier (1882 – 1952), 1919-1951 Professor für alttestamentliche Literatur in Freiburg, 1929-1941 Generalsekretär der Görres-Gesellschaft, 1941 Konsultor der Päpstlichen Bibelkommission: A. DEISSLER, in: LThK 1, [2]1957, Sp. 352.

Ordinariaten damals durch den Kardinal von Breslau mitteilen lassen.[5] ... Er (Prälat Allgeier) habe sich damals gewundert, dass die Bischöfe diese Entscheidung ohne jede Gegenäußerung hingenommen hätten. Prälat Allgeier schlug mir vor, zunächst das theologische Doktorat an der hiesigen Universität zu machen; man werde mir entgegenkommen; ich könne ein Thema wählen, das ich für die spätere Habilitation ausbauen solle.«[6] Nur zur Vorsicht solle Höffner in zwei oder drei Pflichtsemestern die Mindestzahl von 4 Vorlesungen belegen. »Auch H. P. Noppel und die HH. Professoren Müncker und Bopp[7] gaben mir diesen Rat. Wegen eines Themas hatte ich mich mit dem Professor der Pastoraltheologie, Dr. Linus Bopp, in Verbindung gesetzt: ›Die dogmatischen Grundlagen des Laienapostolates‹ ...«

Während Höffner bis dahin sich ganz an die Weisungen des Generalvikars gehalten hatte, überraschte er diesen nun mit der Mitteilung: »Immatrikuliert habe ich mich in der Staatswissenschaftlichen Fakultät, meinem eigentlichen Studienbereich. Es kommen für mich in diesem Semester 19 Vorlesungen in Betracht ... Volkswirtschaftslehre bei Professor v. Eucken[8] und Privatdozent Pfister,[9] Wirtschaftsgeschichte und Agrarpolitik bei v. Dietze,[10] Betriebswirtschaftslehre bei Dr. Hasenack,[11] Privatrecht (die 3 ersten Teile des Bürgerlichen Gesetzbuches sind vorgeschrieben) bei den Professoren Großmann-Doerth[12] und H. Müller.«[13]

Höffner sah ein, dass er »bei diesem Studienplan in diesem Semester« nicht auch noch das Institut für Caritaswissenschaft besuchen konnte. »Ich wäre Ihnen dankbar«, so schrieb er dem Generalvikar in Trier, »wenn Sie mir Ihr Urteil über diesen Studienplan mitteilen würden; mit dem endgültigen Belegen werde ich bis dahin warten.«

---

5 Adolf Kardinal Bertram (1859 – 1945), 1914-1945 Fürstbischof bzw. Erzbischof von Breslau, war seit 1920 Vorsitzender der Fuldaer Bischofskonferenzen: B. STASIEWSKI, in: E. GATZ (Hrsg.), Bischofslexikon 1785/1803-1945, S. 43-47.

6 Höffner an von Meurers, 11. 4. 1937 (Durchschrift): HAEK – NH 2565.

7 Theodor Müncker (1887 – 1960), 1911 Priester (Köln), 1929-1935 Professor für Moraltheologie in Passau bzw. Breslau; ab 1935 in Freiburg. Führender Moraltheologe seiner Zeit: K. HILPERT, in: LThK 7, ³1998, Sp. 527. – Linus Bopp (1887 – 1971), 1924-1953 Professor für Pastoraltheologie in Freiburg, ab 1947 auch Leiter des Instituts für Caritaswissenschaft: U. HEMEL, in: LThK 2, ³1994, Sp. 591.

8 Vorlesungsmitschrift: HAEK – NH 1521.

9 Mitschrift: »Pfister, Übungen, SS 1937«: HAEK – NH 1521.

10 Constantin von Dietze (1891 – 1973), Professor für Volkswirtschaftslehre ab 1925 in Rostock, Jena, Berlin und von 1937-1961 in Freiburg: N. GOLDSCHMIDT, in: LEXIKON SOZIALE MARKTWIRTSCHAFT, S. 27 f. – Vorlesungsmitschrift Höffners: »Prof. Dr. v. Dietze, Geschichte der Wirtschaft, SS 1937«: HAEK – NH 1517.

11 Wilhelm Hasenack (1901 – 1984), Professor für Betriebswirtschaftslehre in Freiburg 1937-1938: KÜRSCHNER 1980, S. 1367; EBD. 1987, S. 5316.

12 Hans Großmann-Doerth (1894 – 1944), Professor für Handels-, Arbeits- und bürgerliches Recht in Freiburg seit 1933: KÜRSCHNER 1940/41, Sp. 577; EBD. 1950, S. 2411. – Vorlesungsmitschrift Höffners: »Vertrag und Unrecht, BGB, SS 1937«: HAEK – NH 1519.

13 Horst Müller (1896 – 1975), 1937-1964 Professor für Bürgerliches Recht, Zivilprozessrecht, Römisches Recht, Internationales Privatrecht in Freiburg. – Vorlesungsmitschrift Höffners: »Vertrag und Unrecht, SS 1937«: HAEK – NH 1519.

Es wäre nun Sache des Generalvikars gewesen, eindeutig zu entscheiden, ob Höffner sich auf die Verbreiterung seiner theologischen Basis nach deutschen Bestimmungen beschränken oder das völlig neue Grundstudium der Staatswissenschaften aufnehmen sollte. Doch von Meurers blieb bei seiner Zweideutigkeit, die Höffner jede Freiheit ließ, aber wahrscheinlich nicht der Absprache der in Trier Verantwortlichen entsprach. Am 17. April 1937 schrieb er an Höffner: »Mit Ihren Vorschlägen bin ich im Grunde sehr einverstanden.« Das bedeutete: Studium der Staatswissenschaften; theologische Promotion nebenher. – »Auch ich halte es für das Richtige und habe auch mit Prof. Dr. Wehr noch einmal gesprochen, dass Sie jetzt in Freiburg den deutschen theologischen Dr. erwerben und dass Sie dann sich an der theologischen Fakultät in Freiburg als Privatdozent habilitieren. Auf diese Weise kommen wir am besten weiter und erreichen am besten die Ziele.«[14]

Das war der Trierer Plan. Doch nach der einleitenden Billigung von Höffners Plänen konnte dieser sich aussuchen, was er nun wirklich tat. Es war nur eine leise Ermahnung in die Trierer Richtung, wenn von Meurers fortfuhr: »Dabei wird es darum das beste sein, wenn Sie zunächst alles andere beiseite lassen und nur auf den theologischen Doktor und die Habilitierung hinzielen. Ich meine, wir müssten erst dieses eine Ziel ins Auge fassen, das andere kann zurücktreten. Wenn Sie nebenbei die eine oder andere Vorlesung belegen, die Sie für [die] christliche Gesellschaftslehre [für] geeignet halten, tun Sie das; suchen Sie aber zunächst den theologischen Doktor und die Habilitation zu erreichen. Als Fach können Sie sich wählen Moraltheologie mit besonderer Berücksichtigung der christlichen Gesellschaftslehre. Alles andere können wir dann später noch erreichen.«

von Meurers wirkliche Absichten mit Höffner waren sehr eindeutig, doch fehlte ihm offensichtlich der Mut, Höffner das Studium der Staatswissenschaften klar zu untersagen, auf das er ihn im Mai 1936 selbst angesprochen hatte.

In Höffners erste Wochen in Freiburg im Frühjahr 1937 erhalten wir Einblick durch einen Brief, den er seinem Freund und römischen Studienkollegen Rudolf Schwertschlager am 15. Mai 1937 schrieb: »Ich habe mich inzwischen hier zurechtgefunden. Meine Lage ist ungefähr dieselbe wie im letzten römischen Jahr. Ich habe von morgens bis abends mit meinen Büchern zu tun. Belegt habe ich 30 Vorlesungen, die ich auch alle regelmäßig besuche. So bekomme ich keine Langeweile. Kürzlich schrieb mir unser Generalvikar, es komme darauf an, dass ich mich in der theologischen Fakultät habilitiere, und zwar in der Moral unter besonderer Berücksichtigung der Gesellschaftslehre. Belegt habe ich Staatswissenschaften.«[15]

Dieser Brief an den Studienfreund ist ein Beleg dafür, wie genau Höffner seinen Generalvikar verstanden hatte, aber seinen eigenen Neigungen folgte.

---

14 von Meurers an Höffner, 17. 4. 1937 (Original): HAEK – NH 2565.

15 Höffner an Schwertschlager, 15. 5. 1937 ([illegible]): HAEK – NH [illegible]

In einem weiteren Abschnitt seines Briefes schilderte (und beklagte) Höffner den Umstand, dass der römische Doktor-Titel in Deutschland nicht anerkannt werde und er – wie auch der Germaniker Bernhard Stein[16] – erneut sich einem Promotionsverfahren stellen müsse. »Für das theologische Doktorat habe ich nun als Dissertation das Thema vorgesehen: ›Das Bauerntum in der katholischen Gesellschaftslehre‹.« Im Hinblick auf das Habilitationsfach hatte Höffner also innerhalb weniger Wochen für seine theologische Promotion einen Schwenk von der Pastoral- zur Moraltheologie und von Linus Bopp zu Theodor Müncker vollzogen.

Seinem Freund Schwertschlager gegenüber deutete Höffner auch seine bedrückende finanzielle Lage an: »Wie ist es nun mit Deinen Ferien? Ich denke, dass wir uns in Horhausen treffen. Für die Ferien an einem anderen Ort reicht bei mir übrigens auch das Geld nicht. Ich bekomme ja kein Gehalt mehr. Die Diözese bezahlt mir lediglich das Pensionsgeld und die Universitätsgebühren. Für Taschengeld, Kleider, Bücher usw. bin ich auf die Messstipendien angewiesen.« Höffner schilderte dann auch seine Sorge, für seine Schwester Elisabeth nach Abschluss ihrer Ausbildung zur Seelsorgehelferin im Frühjahr 1938 eine Stelle zu finden. »In unserer Diözese wird das nicht möglich sein, da bei uns als Seelsorgehelferinnen (aus der Zeit des Weihbischofs Mönch) fast ausschließlich Josephsschwestern tätig sind.« Höffner bat Schwertschlager, in diesem Anliegen die Augen offen zu halten.[17]

Zwei Wochen später entschloss sich Höffner auch zu einer Antwort auf den Brief seines Generalvikars vom 17. April 1937.[18] Dieser Brief ist ein Meisterstück in der Kunst, die Erfüllung der Wünsche von Meurers bei tatsächlicher Verwirklichung der eigenen Vorhaben zu beschreiben: »Auf Grund Ihres Schreibens vom 17. April habe ich an erster Stelle mein Augenmerk auf die Erlangung des theologischen Doktorgrades gerichtet. Ich arbeite zur Zeit an der Dissertation (Der ständische Gedanke in der katholischen Soziallehre), ein Thema, das ich später auch für die Habilitation ausbauen kann.«

Den Freiburger Professoren komme die erneute Promotion in Theologie »seltsam« vor, da auch sie den »Doktortitel auf Grund der Päpstlichen Studienkonstitution nunmehr im Namen des Papstes« erteilten.

Wenn man die Schilderungen seines Tagesablaufs im Brief an seinen Freund Schwertschlager daneben legt, stellte Höffner gegenüber von Meurers die Dinge auf den Kopf, wenn er schrieb: »Um einen Einblick in den Geist der hiesigen Staatswissenschaft zu bekommen, habe ich die mich interessierenden Vorlesungen

---

16 Bernhard Stein (1904 – 1993), 1944 Weihbischof in Trier, 1967-1980 Bischof von Trier: M. PERSCH, in: E. GATZ (Hrsg.), Bischofslexikon 1945-2001, S. 548 f.; DERS., in: H. MONZ (Hrsg.), Trierer Biogr. Lexikon, S. 446 f.

17 Wie bereits erwähnt, hat Höffner sich bei von Meurers für eine Einstellung seiner Schwester Elisabeth im Bistum Trier verwandt: Vgl. oben S. 23 mit Anm. 29.

18 Höffner an von Meurers, 29. 5. 1937 (Durchschrift): HAEK – NH 2565.

belegt (wöchentlich 19), wozu noch wöchentlich 7 Vorlesungen am Institut für Caritaswissenschaft kommen.«

Um nach dieser »Schreckensmeldung« den Generalvikar wieder zu beschwichtigen, fuhr Höffner fort: »Während der Ferien hoffe ich, meine Dissertation zum Abschluss bringen zu können ... Da mir die Universitätsbibliothek alle gewünschten Bücher auch nach auswärts zuschickt, werde ich ja auch daheim arbeiten können; ich habe deshalb dem Pfarrvikar Pees[19] in Jünkerath, einem Verwandten von mir, für einen Monat die Ferienvertretung zugesagt.«

Höffner äußerte noch einmal die Hoffnung, für das nächste Semester über den Caritasverband eine freie Koststelle zu bekommen, und bat von Meurers für die Restauslagen des laufenden Semesters um eine Überweisung, um Messstipendien und um gleichzeitige Verrechnung seiner Pflichtbeiträge zur Ruhegehaltskasse des Bistums. Zum Schluss gab Höffner einen Einblick in seine politischen Beobachtungen in Freiburg im Frühsommer 1937: »Die ernsten Sorgen, die heute alle deutschen Katholiken drücken, tragen auch wir – trotz des Studiums – mit. Oft schmerzt es einen, dass man nicht wie bisher selbst aktiv ›dabei‹ sein kann. – Die Freiburger Fronleichnamsprozession war allen eine frohe Genugtuung in all den traurigen Ereignissen; die Beteiligung war größer als im vorigen Jahre. Nach der Rückkehr ins Münster bestieg der Erzbischof[20] die Kanzel und hielt eine zündende Ansprache: Er sei stolz darauf, dass seine Freiburger Männer so zahlreich sich beteiligt hätten, obwohl gestern die Mitteilung verbreitet worden wäre, jeder, der mitgehe, müsse für sich und seine Familie die Konsequenzen ziehen; auch sei gesagt worden, diese Prozession sei die letzte, man werde die Katholiken in die Katakomben jagen; ich habe Menschen selten so ergriffen gesehen wie bei diesen Worten. – Andererseits muss man auch manches sehen, was einem weh tut: Heute morgen, – nach der Rede Göbbels' – war am schwarzen Brett der Universität ein Anschlag: ›Ihr Schwarzen! Fort von den Deutschen Hochschulen!‹ – Er wurde sofort entfernt.«

Generalvikar von Meurers beantwortete den Brief aus Freiburg innerhalb von drei Tagen.[21] Er bestand auf seiner Schwerpunktsetzung für Höffners Studien, ohne jedoch durchzugreifen: »Es freut mich sehr, dass Sie nun zielbewusst auf das theologische Doktorat hinsteuern ... Wenn Sie den theologischen Doktor erworben haben, so zielen Sie bitte auf den Dr. habil. hin, dann haben Sie zunächst ein doch wichtiges und bedeutsames Ziel erreicht.«

Doch was sollte der Generalvikar dem etwas eigenwillig seinen Weg bestimmenden Kaplan vorhalten, der schon für den Herbst des ersten Jahres – prak-

---

[19] Peter Pees (1898 – 2000), 1932-1938 Pfarrverwalter in Jünkerath: DER WELTKLERUS DER DIÖZESE TRIER SEIT 1800, S. 258; HANDBUCH DES BISTUMS TRIER [21]1960, S. 251; R. SCHMIDT-KARKOWSKI, Pfarrgemeinde Horhausen verliert große Priesterpersönlichkeit, in: DAS KIRCHSPIEL HORHAUSEN, S. 341-343.

[20] Es handelt sich um Konrad Gröber (1872 – 1948), 1931-1932 Bischof von Meißen, 1932-1948 Erzbischof von Freiburg: E. GATZ, in: DERS. (Hrsg.), Bischofslexikon [illegible]

[21] von Meurers an Höffner, 2. 6. 1937 (Original): HAEK – NH 2565.

tisch sechs Monate nach der Freistellung zum Studium – die Fertigstellung der Dissertation ankündigte und sich dazu noch – nicht zuletzt aus finanziellen Gründen – zu einer Seelsorgsaushilfe im Bistum Trier bereiterklärte? So fügte von Meurers nur den behutsamen Hinweis an: »Bei der Auswahl der Vorlesungen würde ich mich zunächst beschränken, damit Sie möglichst solide und gut den theologischen und den Dr. habil. erreichen.« Hatte von Meurers Sorge, dass Höffner um der Staatswissenschaften willen unsorgfältig arbeitete? Mit der Themenstellung der Dissertation war er einverstanden. »Es geht ja in die christliche Gesellschaftslehre hinein, deren Pflege ich für die Zukunft sehr wünsche.« Während der Ferienvertretung »werden Sie sicher auch mal hier bei mir vorbeikommen.«

Es ist davon auszugehen, dass Höffner dieser Bitte nachgekommen ist. In einem persönlichen Gespräch war es einfacher, die unterschiedlichen Zielvorstellungen für Höffners Studien abzuklären und eine für beide Seiten akzeptable Planung zu erreichen. von Meurers und Prof. Wehr scheinen die Freistellung Höffners durchgesetzt zu haben mit der Maßgabe, dass dieser rasch eine in Deutschland anerkannte theologische Promotion und anschließend die Habilitation für ein am Trierer Priesterseminar zu besetzendes Lehrgebiet erreiche. Wenn Höffner auf Grund seines – lebenslang – ungewöhnlichen Fleißes diese Forderungen sehr schnell erfüllte, konnte der Generalvikar ihm nicht gut verbieten, auch Staatswissenschaften zu studieren, was er ihm selbst ursprünglich vorgeschlagen hatte.

Die Pause von fünf Monaten in der Korrespondenz zwischen beiden wird durch Höffners Brief an von Meurers vom 5. November 1937 verständlich: »Die Ferien waren für mich sehr abwechslungsreich. Ich war fünf Wochen Vertreter des Pfarrers von Jünkerath, dann in Weibern, ferner zwei Monate als Vertreter P. Noppels in St. Urban/Freiburg, 10 Tage habe ich auch den Pfarrer der höchsten Pfarrei Deutschlands, Hofsgrund auf dem Schauinsland, vertreten.« Das alles hatte Höffner wirtschaftlich entlastet und ihm zugleich Muße zur Arbeit an seiner Dissertation gegeben: »Natürlich habe ich daneben an meiner Dissertation weitergearbeitet und sonst noch ein wenig ›geschriftstellert‹ ... Meine Dissertation ›Die Kirche und die gesellschaftliche Stellung des deutschen Bauerntums in den Zeiten der Herrschaftsstände‹ habe ich fertiggestellt. Ich habe lediglich noch einige Tage Arbeit an der Schreibmaschine. Mit dem neuen Dekan der theologischen Fakultät, Prof. Müncker, bei dem ich arbeite, habe ich abgemacht, dass ich die Dissertation in den nächsten Wochen offiziell einreichen werde. Das mündliche Rigorosum mache ich in zwei Abteilungen: den ersten Teil im Februar [1938], den anderen im Sommer nächsten Jahres.«[22] Höffner bat um die förmliche Promotionserlaubnis seines Bischofs, ferner um die notwendigen Gelder für das laufende Semester und die Promo-

[22] Höffner an von Meurers, 5. 11. 1937 (Durchschrift): Ebd.

tionsgebühren sowie um Verlängerung der Beichtjurisdiktion. Damit war der »Leistungsnachweis« für seine Trierer Auftraggeber erbracht, die »Pflicht«, der er für von Meurers kaum überraschend die »Kür« anschloss: »An Vorlesungen habe ich diesmal belegt: Seminar über *Quadragesimo anno* bei Prof. Müncker, ferner einige Vorlesungen des Instituts für Caritaswissenschaft; sodann in der staatswissenschaftlichen Fakultät, in der ich immatrikuliert bin: Verfassungsrecht, Theoretische Nationalökonomie, Volkswirtschaftspolitik und Volkswirtschaftliche Statistik.«[23]

von Meurers antwortete umgehend am 8. November 1937.[24] In die Zufriedenheit mit Höffners unbezweifelbarem Fleiß und über seinen Erfolg mischte sich bei von Meurers nun eine neue und verständliche Sorge: Höffner könne sich in seinem Eifer übernehmen und sich gesundheitlich schädigen: »Ihr Bericht über Ihre Tätigkeit und den Stand Ihrer Arbeiten hat mich sehr erfreut. Ich ersehe daraus, dass Sie ordentlich vorangearbeitet haben und dass Sie das erste Ziel eines deutschen theologischen Doktors nun auch bald erreichen werden. Das nächste Ziel muss dann sein, dass Sie auch den Dr. theol. habil. in Freiburg erwerben. Die beiden mir übersandten Drucksachen[25] habe ich durchgesehen, und ich möchte fast der Ansicht sein, dass Sie vielleicht zuviel Arbeiten übernommen haben, und dass Sie auf die Dauer dieses Arbeitstempo nicht aushalten werden. Es wäre deshalb sicher das beste, wenn Sie sich ganz zielbewusst auf das letzte Ziel, den Dr. habil., einstellten, natürlich mit besonderer Berücksichtigung der christlichen Gesellschaftslehre.« Am Schluss des Briefes schrieb von Meurers: »Ich hoffe, dass Ihre Studien gut weitergehen und dass Sie gesundheitlich der großen, anstrengenden Arbeit weiterhin gewachsen bleiben ...«

Höffner hatte seinen Generalvikar sehr wohl verstanden und erwiderte am 12. November 1937: »Ihrem Wunsche, als Ziel meiner Studien den Dr. habil. zu sehen, folge ich. Bei meinen Studien kam mir in den letzten Monaten der Gedanke, folgendes Thema für die Habilitationsschrift zu wählen: ›Das Christentum und die Werte des natürlichen Lebens, geschichtlich und theoretisch, unter besonderer Berücksichtigung der gemeinschaftsbildenden Werte‹.« Um von Meurers Sorgen um seine Gesundheit zu zerstreuen, schrieb er zum Schluss: »Gesundheitlich geht es mir noch sehr gut. Das Studium selbst ist mir eine Freude.«[26]

---

[23] Vorhandene Vorlesungsmitschriften Höffners: Marschall von Bieberstein, Verfassung, WS 1937/38: HAEK – NH 1520; Eucken, Theoretische Nationalökonomie, WS 1937/38: HAEK – NH 1521; Pfister, Statistik, WS 1937/38. HAEK – NH 1517. – Aus dem Bereich der Caritaswissenschaft im SS 1937 und im WS 1937/38 zahlreiche Vorlesungsmitschriften zu den Themen: »Einzelaufgaben der kirchlichen Caritas«, »Armut und Armenpflege«, »Pfarrcaritas«, »Gefährdetenfürsorge«, »Kinder- und Jugendfürsorge«, »Fürsorgerecht«, »Caritas und Staat«: HAEK – NH 1521.

[24] von Meurers an Höffner, 8. 11. 1937 (Original): HAEK – NH 2565.

[25] J. HÖFFNER, Das letzte Horhauser Sendgericht. Ein Beitrag zur Frage ›Christentum und Bauerntum‹, in: PASTOR BONUS 47, 1937, Heft 4, S. 125-133; KINDERSEELSORGE 4, 1937: Vom Glaubensleben der Kinder, EBD. S. 29-31; Jungmänner und Mädchen als Katecheten, EBD. S. 35-36; Die Kinder und die Pfarrbücherei, EBD. S. 36-38; Kind und Liturgie, EBD. S. 39-42.

[26] Höffner an von Meurers, 12. 11. 1937 (Durchschrift): HAEK – NH 2565.

Höffners Weihnachtsbrief an den Generalvikar vom 22. Dezember 1937 war einerseits »Erfolgsmeldung«, andererseits ein erneutes Beispiel seiner Zähigkeit in der Verfolgung selbst gesteckter Ziele: »Wie ich Ihnen vor zwei Monaten mitteilte, habe ich meine Dissertation für das theologische Doktorat eingereicht. Prof. Müncker, der das Referat geschrieben hat, und Prof. Veit, der das Korreferat übernommen hat,[27] sprachen sich mir gegenüber sehr anerkennend über die Arbeit aus. Somit werde ich am 10. Februar den ersten Teil des mündlichen Rigorosums machen, den zweiten Teil zu Beginn des nächsten Semesters. Freilich sind die recht umfangreichen 10 Fächer des Rigorosums Arbeit genug für die nächsten Monate.«

Höffner stellte dem Generalvikar die Frage, ob ihm diese zweite theologische Promotion nicht als »Pfarrexamen« anerkannt werden könne. Dann kam in Westerwälder Geradlinigkeit und Dickköpfigkeit zugleich das Geständnis: »Nebenbei habe ich noch 20 Vorlesungen in der staatswissenschaftlichen Fakultät belegt, die für mich äußerst interessant sind. Theologische Vorlesungen habe ich – abgesehen von den Seminarien – nicht belegt ...; übrigens sind die Professoren [der theologischen Fakultät] mit dieser Regelung einverstanden.«[28]

Wie Höffner im August 1938 dem Generalvikariat in Trier anlässlich seines Antrages auf die kirchliche Druckerlaubnis mitteilte, hatte er im März 1938 von Meurers die Gutachten von Müncker und Veit in Abschrift zukommen lassen.[29] Der Erstgutachter Theodor Müncker kam am 19. Dezember 1937 zu dem Urteil: »Die Arbeit ... hat m. E. die Stellung der Kirche zum mittelalterlichen Bauerntum in der herrschaftsständischen Ordnung klar, erschöpfend und unter Berücksichtigung aller wesentlichen Gesichtspunkte herausgemeißelt. Es kam darauf an, das vorhandene, unter anderen Gesichtspunkten gesammelte Material neu zu sichten und zu ordnen. Das ist dem Verfasser vorzüglich gelungen. Er gibt einen wirklich überzeugenden Durchblick durch das Problem und seine allseits befriedigende Lösung. Darüber hinaus gewinnt man einen Einblick in die allgemein gültigen Grundnormen der sozialen Mission der Kirche überhaupt ... Die sprachliche Form ist gut, von außergewöhnlicher Prägnanz.«

Der Kirchenhistoriker Ludwig Andreas Veit schrieb im Zweitgutachten: »Ich trete dem Gutachten des Herrn Kollegen Müncker vollinhaltlich bei. Die Dissertation ist wie gesagt eine zwar umfänglich bescheidene, aber sachlich bedeutsame Leistung. Den verfassungs- und wirtschaftsgeschichtlichen ersten Teil habe ich eingehend geprüft. Der Verfasser hat eine kluge Auswahl aus der geradezu unübersehbaren Literatur zur deutschen Verfassungs- und Wirtschaftsgeschichte des

---

27 Abschriften der Gutachten von Müncker, 19. 12. 1937, und Veit, 10. 1. 1938: BAT – 88/402, 1. – Ludwig Andreas Veit (1879 – 1939), 1934-1939 Professor für Kirchengeschichte in Freiburg: L. LENHART, in: LThK 10, ²1965, Sp. 653.

28 Höffner an von Meurers, 22. 12. 1937 (Durchschrift). HAEK – NH 2565.

29 Höffner an Generalvikariat Trier, 9. 8. 1938 (Durchschrift): EBD.

Mittelalters getroffen, die Meinungen abgehorcht und auf ihre Gründe untersucht, um zuletzt ein eigenes Urteil anzuschließen ... Die Arbeit ist ausgezeichnet. Die Ruhe des Urteils und die Sachlichkeit der Methode, wie der Verfasser sie innehat, lässt von seiner Feder noch weitere gediegene Beiträge zur Gesellschaftsordnung des Mittelalters erwarten.«

Müncker schrieb als Dekan der Fakultät Höffner am 18. Januar 1938: »Ich habe die Ehre, Ihnen mitzuteilen, dass Ihre Dissertation in der heutigen Fakultätssitzung angenommen wurde. Ich bitte um Angabe der Fächer, auf die Sie sich für die in der ersten Februarhälfte (um den 9. – 11.) stattfindende 1. Station [des Rigorosums] vorbereitet haben.«

Am 12. Februar 1938 schon konnte Höffner Generalvikar von Meurers die Erfolgsmeldung für den 1. Teil des Rigorosums erstatten: »Zu Beginn dieses Monats habe ich den ersten Teil des mündlichen Rigorosums für das theologische Doktorat gemacht: in Fundamentaltheologie, Dogmatik, Moraltheologie, Kirchenrecht, Kirchengeschichte und im Neuen Testament. Die Prüfungen dauerten je Fach ½ Stunde, zusammen drei Stunden. Anfang April erledige ich den Rest: Altes Testament, Patrologie, Archäologie, Liturgik und Pastoral.« Höffner fragte noch einmal wegen Erlass des Pfarrexamens an: »Ließe sich diese Angelegenheit noch während dieses Jahres erledigen?«[30]

Den Generalvikar in Trier mussten Höffners verlässliche, äußerst exakt eingehaltenen Terminplanungen beeindrucken. Schon am 7. April 1938 konnte Höffner vermelden: »Zu Beginn des Semesters habe ich die restlichen *Examina rigorosa* gemacht und damit auch das deutsche theologische Doktorat erworben (Prädikat: ›*Summa cum laude*‹).[31]

Ich werde nun sehen, die Dissertation möglichst bald drucken zu lassen. Wenn ich eine günstige Möglichkeit gefunden habe, werde ich Ihnen Mitteilung machen und Ihr freundliches Angebot in Anspruch nehmen, mir die Druckkosten in Form eines Darlehens vorzustrecken.«

Nach der Bitte um die finanziellen Mittel für das laufende Semester und Grüßen von drei anderen Trierer Priestern in Freiburg folgte im Schlusssatz die Ankündigung des förmlichen Ungehorsams gegenüber den mehrfachen Anweisungen des Generalvikars: »Ich selbst kann mich jetzt ungestört den Staatswissenschaften widmen, da ja das theologische ›Intermezzo‹ nunmehr hinter mir liegt.«[32]

War der Dr. habil. in Moraltheologie vergessen und die Formulierung des Themas im Brief an von Meurers vom 12. November 1937 eine Beruhigungsmaßnahme für den auf der Habilitation insistierenden Generalvikar gewesen? Immerhin hatte Höffner durch seine in exakt einem Jahr mit höchstem Prädikat bewertete Promotion (neben dem staatswissenschaftlichen Studium) nachgewie-

30 Höffner an von Meurers, 12. 2. 1938 (Durchschrift): Ebd.
31 Promotionsurkunde vom 6. 4. 1938: HAEK [illegible]
32 Höffner an von Meurers, 7. 4. 1939 (Durchschrift): Ebd.

sen, dass er sich nicht verzettelte und die Mahnungen des ihm wohlgesonnenen Generalvikars ernstnahm.

Als von Meurers Höffner schon am 8. April gratulierte und die Darlehenszusage für die Druckkosten schriftlich bestätigte, signalisierte er erstmals ausdrücklich seine Kapitulation vor den eigenwilligen Entscheidungen Joseph Höffners: »Neben dem Studium der Staatswissenschaften fassen Sie auch gleich schon den Dr. habil. in der Theologie ins Auge, damit Sie auch den rechtzeitig erwerben können.«[33]

Das war für Höffner endlich die amtliche Betätigung der Ziele und ihrer Reihenfolge, wie er sie sich gedacht und von Anfang an verfolgt hatte. Über den Verlauf des Sommersemesters 1938 berichtet A. N. Desczyk aus einem Brief Höffners an von Meurers vom 3. Juni 1938:[34] »Im Sommersemester 1938 ist Höffner wieder sehr beschäftigt. Er hat eine Reihe von Vorlesungen belegt, worüber er von Meurers informiert: Verwaltungsrecht, Handelsrecht, Konjunkturpolitik, Geld und Kredit, Kameralistisches Rechnungswesen und Außenwirtschaft;[35] ferner drei Seminare: Moraltheologie, Rechtsphilosophie und Volkswirtschaftliche Fragen. Auch in den Staatswissenschaften strebt er jetzt die Promotion an.« Höffner schilderte in seinem Brief an von Meurers die Möglichkeiten für eine Verkürzung des staatswissenschaftlichen Studiums und seine dahin zielenden Schritte, »so dass ich nach dem nächsten Semester zum Dipl.-Volksw.-Examen zugelassen werden könnte ... Für den Dr. rer. pol. arbeite ich bei Prof. Eucken an dem Thema: Die großen Monopole des 15. und 16. Jahrhunderts und die damalige Wirtschaftsethik.«

Auch konnte Höffner am 3. Juni 1938 über den Stand der Drucklegung seiner theologischen Dissertation berichten. Er war nicht auf ein Angebot des Herder-Verlages eingegangen, sondern hatte sich an die Görres-Gesellschaft empfehlen lassen, deren Sektion für Rechts- und Staatswissenschaften sie Anfang 1939 als Heft 78 ihrer Reihe veröffentlichen sollte.[36] Der Nachweis der Annahme zum Druck führte im Juni 1938 zur Aushändigung der Promotionsurkunde.[37]

Ein Brief von Meurers an Höffner vom 21. Juni 1938 machte deutlich, dass der Generalvikar sich nun ganz in Höffners Pläne hineingedacht hatte und sie billigte:

---

33 von Meurers an Höffner, 8. 4. 1938 (Original). Ebd.

34 Vom Brief Höffners an von Meurers vom 3. 6. 1938 existiert nur das Original in BAT – 88/402, 1. Deshalb wird hier die Darstellung von A. N. Desczyk, Höffner, S. 35 f. zitiert.

35 Vorhandene Vorlesungsmitschriften: Marschall von Bieberstein, Verwaltung, SS 1938; Großmann-Doerth, Handel und Gewerbe, SS 1938: HAEK – NH 1519; Eucken, Konjunktur und Konjunkturpolitik, SS 1938; Lampe, Geld und Kredit, SS. 1938: HAEK – NH 1521; Pfister, Außenwirtschaft, SS 1938: HAEK – NH 1501.

36 J. Höffner, Bauer und Kirche im deutschen Mittelalter (= Görres-Gesellschaft, Veröffentlichungen der Sektion für Rechts- und Staatswissenschaften, Heft 78), Paderborn 1939.

37 Datiert auf den 6. 4. 1938; Exemplar in BAT – 88/402, 1. – von Meurers schrieb Höffner am 30. 6. 1938: »Von der Universität erhielten wir gestern eine Ausfertigung Ihres Doktordiploms zugeschickt. Es freut mich sehr, dass Sie nun auch offiziell Ihr Doktordiplom erhalten haben« (Original): HAEK – NH 2565.

»Es freut mich, dass Sie nun gleich so energisch an das Studium der Staatswissenschaften gegangen sind ... Hoffentlich gelingt es Ihnen, dass Ihnen 4 Semester gestrichen werden, damit Sie möglichst bald das Examen zum Diplom-Volkswirt machen können ...« Damit das eigentliche Ziel des Bistums Trier für Höffners Studien nicht ganz vergessen würde, fügte von Meurers allerdings an: »Für uns ist es aber besonders wichtig, dass Sie den Dr. theol. habil. erwerben, das ist praktisch das Bedeutendste, obwohl ich mich auch über den Dr. rer. pol. freue und Ihren Studien in dieser Richtung zustimme.«[38] Auch für den Druck dieser Dissertation bot der Generalvikar »eine kleine Beihilfe« an, außerdem »für die langen Ferien« im Sommer wieder eine Vertretungsstelle in der Seelsorge, »auf der Sie ganz ruhig arbeiten können.«

Die Freude über diesen vollständigen Wandel in der amtlichen Haltung des Generalvikars gegenüber seinem staatswissenschaftlichen Studium veranlasste Höffner schon am nächsten Tag zu einer Antwort: »Mit dem Dr. theol. habil. verhält es sich so: Ich kann ihn frühestens drei Jahre nach dem Doktorat, also am 6. April 1941, machen. Mündliche Prüfungen sind nicht vorgeschrieben; es ist auch nicht erforderlich, dass ich während der drei Jahre an der hiesigen Universität studiere: Verlangt wird nur die Habilitationsschrift. Ich dachte schon daran, einen Antrag um Abkürzung der dreijährigen Frist zu stellen. Da der Antrag an das Ministerium gehen müsste, riet man mir davon ab. – Wenn ich auf das Studium der Staatswissenschaften verzichten würde, – worin ich mich ganz nach Ihrem Wunsche richte, – brauchte ich nicht hier in Freiburg zu bleiben, da ich die Habilitationsschrift auch auf einer Stelle, die nicht allzu viel Arbeit erfordern würde, schreiben könnte. Als Priester kommt es mir selber manchmal seltsam vor, dass ich, statt in der Seelsorge zu wirken, nun schon im 20. Semester ›Student‹ bin.«[39] Höffner dankte dann noch für das Angebot der »Ferienstelle«: »Auf einer Stelle könnte ich mir vielleicht noch etwas für das nächste Semester sparen.«

Schon am 1. August 1938 konnte Höffner in Trier die kirchliche Druckerlaubnis für seine theologische Dissertation beantragen, die inzwischen den Titel trug »Bauer und Kirche im deutschen Mittelalter«.

von Meurers wusste inzwischen, dass es ein gutes Zeichen des Fleißes war, wenn Höffner sich in den Sommerwochen nicht meldete. Pünktlich zum Semesterbeginn schrieb er wieder aus Freiburg: »Nach drei schönen Monaten in Gillenfeld habe ich nun die Arbeit in Freiburg wieder begonnen. Ich hoffe, dass gegen Ende des Semesters das Examen zum ›Diplom-Volkswirt‹ steigen kann.« Es folgten die Bitten um Jurisdiktionsverlängerung und die üblichen – bescheiden bemessenen – Geldmittel für das Semester und erneut die Bitte um Erlass des Pfarrexamens. »Meine Dissertation ›Bauer und Kirche im deutschen Mittelalter‹ wird wohl in den nächsten Wochen zur Auslieferung kommen. Ich hoffe,

---

38 von Meurers an Höffner, 21. 6. 1938 (Original): Ebd.

39 Höffner an von Meurers, 22. 6. 1938 (Durchschrift): Ebd.

dass mein Zuschuss zum Druck den Betrag von 300 Mark nicht übersteigen wird.«[40]

Die Auslieferung verzögerte sich jedoch bis in den Anfang des Jahres 1939. von Meurers bedankte sich für die Zusendung am 8. Februar 1939: »Die Beurteilung des Werkes ist ja außerordentlich günstig;[41] ich spreche Ihnen dazu meine besten Glückwünsche aus. Ich habe gestern Abend das Werk auch schon einmal wenigstens durchgeblättert und mich durch Einblick in das Literaturverzeichnis und die Anmerkung[en] davon überzeugt, eine wie reiche Arbeit in dem Werke enthalten ist. Es freut mich wirklich sehr, dass es Ihnen möglich war, das Werk drucken zu lassen. Gerne bewillige ich Ihnen einen Druckzuschuss [also nicht das zunächst zugesagte Darlehen] von RM 300,-- ... Auch die beiden neuesten Hefte der Zeitschrift ›Kinderseelsorge‹ habe ich mit großem Interesse gelesen[42] ... Hoffentlich gelingt Ihnen auch das Examen zum Diplom-Volkswirt Ende dieses Monats ebenso gut wie der theologische Doktor. Dann haben Sie wieder eine neue Etappe der Arbeit hinter sich.«[43]

Schon am 25. Februar 1939 konnte Joseph Höffner Vollzug melden: »Gestern endete nun auch meine Examen zum Diplom-Volkswirt. Prädikat: *›cum laude‹* (Übrigens als einziger; die anderen Prüflinge erhielten die Prädikate *›bene probatus‹*, *›probatus‹*, – einer fiel durch). Der Examensstoff war recht umfangreich, wie Sie aus beiliegender Aufstellung ersehen können.«[44]

Höffners Tempo-Vorgaben waren einerseits staunenswert, andererseits nach den bisherigen Erfahrungen für von Meurers nicht mehr überraschend. Innerhalb von knapp zwei Jahren hatte er neben dem deutschen theologischen Doktorgrad ein staatswissenschaftliches Studium mit dem Abschluss des Diplom-Volkswirts

---

40 Höffner an von Meurers, 26. 10. 1938 (Durchschrift): EBD.

41 In Höffners Personalakte in Trier findet sich ein Blatt »Gutachten über das Buch von Dr. theol., Dr. phil. Joseph Höffner: Bauer und Kirche im deutschen Mittelalter« mit Äußerungen von Prof. Veit (Auszug aus dem Fakultätsgutachten), 10. 1. 1938, Prof. Vincke, 13. 1. 1938, Referent V. des Herder-Verlages, 29. 4. 1938 und Prof. Laforet (Würzburg, Leiter der Rechts- und staatswissensch. Sektion der Görres-Gesellschaft), mehrere Äußerungen bis in den September 1938: BAT – 88/402, 1.

42 Titel Höffnerscher Beiträge: Das Geheimnis vom Gekreuzigten und Auferstandenen in unserer heutigen Kinderseelsorge: KINDERSEELSORGE 5, 1938, S. 3-4; Euer Haus sei eine Kirche. Der heilige Chrysostomos über das Apostolat der Eltern, EBD. S. 40-41; Kinderpredigt am Fest des heiligen Aloysius, EBD. S. 45-46; Lehrpläne für die Kinderseelsorgestunde, EBD. S. 68-72.

43 von Meurers an Höffner, 8. 2. 1939 (Original): HAEK – NH 2565.

44 Höffner an von Meurers, 25. 2. 1939 (Durchschrift): EBD.; Original der Diplomurkunde: HAEK – NH 1403 – A. N. DESCZYK hat den Examensstoff anhand der in BAT – 88/402, 1 vorhandenen Anlage aufgelistet (Höffner, S. 42 f., Anm. 208): I. KLAUSURARBEITEN: 1. Klausurarbeit am 16. 2. 1939 über: Geschichte der Volkswirtschaftlehre, Theorie der Nationalökonomie, Geld-, Kredit- und Börsenwesen. 2. Klausurarbeit am 17. 2. 1939 über: Wirtschaftsgeschichte, Landwirtschaftspolitik, Gewerbepolitik, Verkehrspolitik, Sozialverwaltung. 3. Klausurarbeit am 18. 2. 1939 über: Verfassungsrecht, Recht der Sozialversicherungen. II. SIEBEN MÜNDLICHE PRÜFUNGEN von je 30 Minuten am 24. 2. 1939: 1. wie oben unter 1; 2. wie oben unter 2; 3. Finanzwirtschaft, 4. Statistik; 5. Betriebswirtschaftslehre; 6. Bürgerliches Gesetzbuch, Handelsrecht, Wechsel- und Scheckrecht, Gesellschaftsrecht, Ständerecht; 7. wie oben unter 3.

geschafft. Sein nächstes Ziel kündigte er von Meurers in dem Brief vom 25. Februar 1939 gleich an: »Ich gedenke, den Doktor der Staatswissenschaften noch in diesem Jahr zum Abschluss zu bringen, etwa im November. Das hängt natürlich davon ab, ob ich die Dissertation früh genug fertigstellen kann ...« Für den März hatte er bereits wieder zwei Wochen Seelsorgsvertretung übernommen. »Ende März hoffe ich, Sie in Trier sprechen zu können.« Einige Anliegen deutete er bereits am 25. Februar an: »P. Wiesen von der ›Freien Vereinigung für Seelsorgehilfe‹ machte mir den Vorschlag, bei ihm mitzuarbeiten.[45] Da ich im kommenden Semester nur wenige Vorlesungen zu hören brauche,[46] wäre es mir schon möglich, die Vormittagsstunden für die Bearbeitung von Fragen der ›Seelsorgewissenschaft‹ bei P. Wiesen zu verwenden. Abgesehen davon, daß ich mich hierbei weiter ausbilden könnte, wäre es mir dann auch möglich, wenigstens einen Teil der Kosten des Studiums selbst aufzubringen. Ich wäre Ihnen dankbar, wenn Sie mir Ihre Entscheidung in dieser Frage mitteilen würden.«

Der Antwort des Generalvikars vom 27. Februar 1939 ist seine Mitfreude und sein fast liebevoll zu nennendes Interesse am Wohlergehen seines Schützlings in Freiburg anzumerken: »Es freut mich außerordentlich, dass Sie nun auch das Examen zum Diplom-Volkswirt mit so gutem Erfolg bestanden haben. Ich spreche Ihnen dazu meine herzlichsten Glückwünsche aus. Ich habe wirklich große Freude daran, wie Sie so prompt und schnell Ihre gesamten Studien erledigen. Wenn Sie auch den Doktor der Staatswissenschaften in diesem Jahre zum Abschluss bringen könnten, wäre das sicher ein großer Erfolg.

Es wird mich sehr freuen, Sie Ende März hier begrüßen zu können. Gegen eine Mitarbeit bei der Freien Vereinigung für Seelsorgehilfe habe ich nichts einzuwenden; im Gegenteil, es freut mich, wenn Sie auf diese Weise in die praktischen Probleme der Seelsorgewissenschaft eingeführt werden.

Ich muss nur immer wieder die Mahnung aussprechen, die ich schon öfter geschrieben habe: Schaffen Sie nicht zu viel, damit Ihre Gesundheit keinen Schaden leidet ...«[47]

Wahrscheinlich noch vor dem geplanten Besuch Höffners bei von Meurers schrieb dieser am 25. März 1939: »Ich habe die Freude, Ihnen in der Anlage das Zeugnis über die Befähigung zur Bekleidung einer Pfarrstelle zu übersenden. Die

---

[45] Im Nachlass Höffners findet sich die Durchschrift einer »Bescheinigung« der »Arbeitsstelle für Seelsorgewissenschaft« Freiburg (P. Wiesen) für das Trierer Generalvikariat: »Wir bescheinigen gerne, dass Herr Dr. theol. Joseph Höffner vom 1. September 1937 bis 1. September 1939 an unserer Arbeitsstelle für Seelsorgewissenschaft, in der Schriftleitung unserer Zeitschriften ›Die Kinderseelsorge‹ und ›Die Seelsorge‹ führend mitgearbeitet hat. Wir haben seine verständige, von frischem Idealismus und wissenschaftlichem Klarblick geleitete Mitarbeit geschätzt.«

[46] Vorlesungsmitschriften WS 1938/39 und SS 1939: Eucken, Volkswirtschaftliches Seminar, WS 1938/39; Eucken, Geld und Kredit, SS 1939: HAEK – NH 1521; Pfister, Finanzwirtschaft, WS 1938/39; Pfister, Sozialpolitik, WS 1938/39: HAEK – NH 1501; Großmann-Doerth, Arbeiter, WS 1938/39; Großmann-Doerth, Unternehmer, WS 1938/39; Großmann-Doerth, Wertpapiere, WS 1938/39: HAEK – NH 1520.

[47] Von Meurers an Höffner, 27. 2. 1939 (Original): HAEK – NH 2565.

Synodal-Examinatoren haben zugestimmt, dass Sie vom Pfarrexamen befreit werden, und der Hochwürdigste Herr [Bischof] hat die Befreiung vom Examen ausgesprochen ... Sie haben die Sorge also jetzt weniger und können umso ungehinderter arbeiten.«[48]

Höffners nächster Brief aus Freiburg vom 19. Juni 1939 lässt bereits die Hektik der Monate vor Ausbruch des II. Weltkrieges erahnen: Wegen der »Studentischen Erntehilfe« werde das Semester schon Anfang Juli beendet. »Die Quellen und die Literatur für meine Dissertation ... habe ich so weit durchgearbeitet, dass ich in den nächsten Tagen mit der Ausarbeitung beginnen kann. Ich hoffe, die Arbeit im Laufe des Sommers fertigstellen zu können. Dann geht es an die Vorbereitung des ›Mündlichen‹, das ich etwa im November machen möchte.«

Für die als Intervall zwischen Diplom und Doktor der Staatwissenschaften noch vorgesehenen Semester hoffe er auf Erlass. »Es wird ja auch Zeit, dass man als Geistlicher an den Universitäten fertig wird. In München werden Geistliche in keiner Fakultät mehr zur Immatrikulation zugelassen. Wie ich hörte, sind auch anderwärts ähnliche Bestrebungen. Hier in Freiburg war eine halbe Stunde vor der feierlichen Immatrikulation eine erregte Sitzung, in der der Studentenführer verlangte, dass schon jetzt (im vorigen April) die Theologen nicht mehr immatrikuliert würden. – Hoffentlich hält es sich noch bis zum Winter. – Ende der Woche fahre ich nach Berlin, wo ich in der Pfarrei Schlachtensee für einen Monat die Vertretung übernehme. Ich habe so die Gelegenheit, einige Urkundensammlungen, die mir hier nicht zugänglich sind, an Ort und Stelle einzusehen.«[49] Als Frucht seiner Arbeit bei P. Wiesen legte Höffner dem Generalvikar die neuesten Hefte der »Kinderseelsorge« bei.

Im Sommer 1939 spitzten sich die allgemein- und universitätspolitischen Dinge rasch zu. Höffner war – wie angekündigt – in diesem Sommer nicht auf eine Aushilfestelle im Bistum Trier gegangen, sondern – abgesehen von den Wochen in Berlin – in Freiburg geblieben, um einerseits die Arbeiten an seiner staatswissenschaftlichen Dissertation abzuschließen und sich andererseits bei der »Freien Vereinigung für Seelsorgehilfe« Geld zu verdienen. Am 30. September – einen Monat nach Kriegsbeginn – schrieb er dem Trierer Generalvikar aus Horhausen:

»Das Manuskript meiner Dissertation für den Doktor der Staatswissenschaften ›Der Kampf um die Monopole im 15. und 16. Jahrhundert‹ habe ich abgeschlossen. Ich brauche noch 8-14 Tage, um die Arbeit in Maschinenschrift fertig zum Einreichen zu machen. Nun ist die Universität Freiburg zur Zeit geschlossen. Ich hörte jedoch, dass die ausstehenden Examina noch abgeschlossen werden können. Prof. Eucken, bei dem ich arbeite, soll – wie ich höre – als

[48] von Meurers an Höffner, 25. 3. 1939 (Original) mit der Anlage »Zeugnis über die Befähigung zur Bekleidung einer Pfarrstelle«, unterzeichnet von Bischof Bornewasser am 24. 3. 1939: Ebd.

[49] Höffner an von Meurers, 19. 6. 1939 (Durchschrift): Ebd. – Die Pfarrei Berlin-Schlachtensee wurde für viele Jahre der Einsatzort von Höffners Schwester Elisabeth als Seelsorgehelferin.

Berater an das Wirtschaftsministerium [in Berlin] berufen worden sein. Ich hoffe in den nächsten Tagen seine Anschrift zu erfahren; dann werde ich auch Nachricht erhalten, ob das Examen – wie geplant – Ende November stattfinden kann.

Während des Sommers habe ich bei der ›Feien Vereinigung für Seelsorgehilfe‹ geschriftstellert und so meine Freiburger Pension bezahlt. Nun sind fünf Zeitschriften der ›Freien Vereinigung‹ am Erscheinen verhindert, so dass dort kaum noch Arbeit ist. Ich bin zur Zeit bei meinen Angehörigen in Horhausen, wo ich die Dissertation noch gern fertigstellen möchte. Sie hatten daran gedacht, mir Ende November eine kleine Pfarrstelle zu geben. Da ich nun jetzt schon in 8-14 Tagen frei bin, wäre ich Ihnen sehr dankbar, wenn ich möglichst bald eine Stelle antreten könnte. Gelegenheit zur Vorbereitung des mündlichen Examens würde ich nebenbei wohl noch finden.«[50]

von Meurers war mit Höffners Wunsch nach einer Rückkehr in die Seelsorge sehr einverstanden. Innerhalb einer Woche erhielt Höffner die Ernennung »zum Expositus der neu errichteten Expositur Kail-Brieden« innerhalb der Pfarrei Pommern an der Mosel.[51] In seinem Begleitbrief schrieb der Generalvikar: »Stellen Sie zunächst Ihre Dissertation fertig; das wird wohl das beste sein ... Sie werden dort [in Kail] sicher entsprechende Zeit zur Arbeit finden und alles dort erledigen können.«

In seiner Antwort am 12. Oktober 1939 schrieb Höffner: »Es wird mir eine Freude sein, dort [in Kail-Brieden] wirken zu können. ... Meine Dissertation habe ich inzwischen an Prof. Eucken nach Berlin abgeschickt. Sie ist an Umfang doppelt so groß geworden wie die Arbeit über ›Bauer und Kirche im deutschen Mittelalter‹. Prof. Eucken schrieb mir, er hoffe, dass ich das Examen noch vor Weihnachten – und zwar in Berlin – machen könne. In Berlin sind nämlich mehrere meiner Professoren als Berater im Wirtschaftsministerium.«[52] Nach dem Erlass von zwei Semestern und den Praktika vor dem Diplom-Examen hoffe er nun auch auf den weiteren Erlass eines Semesters.[53] Ein letztes Mal musste Höffner den Generalvikar um eine Überweisung der Promotionsgebühren bitten.

In seinem Weihnachtsbrief an von Meurers am 21. Dezember 1939 konnte Höffner dem Generalvikar berichten: »Professor Eucken schrieb mir, ihm gefalle die Arbeit gut. Er werde sie in eine wirtschaftswissenschaftliche Schriftenreihe, die bei Fischer [in] Jena erscheint, aufnehmen lassen. Auch die Formalitäten für

---

50 Höffner an von Meurers aus Horhausen, 30. 9. 1939 (Durchschrift): HAEK – NH 2565; dort auch die bereits erwähnte Abschrift eines Zeugnisses von P. Wiesen über Höffners Tätigkeit für die Seelsorgehilfe: Vgl. oben S. 62 Anm. 45.

51 Original, unterschrieben von Meurers, und Begleitbrief des Generalvikars an Höffner: HAEK – NH 2565.

52 Höffner an von Meurers aus Horhausen, 12. 10. 1939 (Durchschrift): Ebd.

53 Antrag Höffners an die Rechts- und Staatswissenschaftliche Fakultät der Universität Freiburg um Zulassung zur Promotion, 30. 11. 1939 mit zugehöriger Korrespondenz: HAEK – NH 1403.

die Zulassung zum Rigorosum sind abgeschlossen ..., so dass die mündliche Prüfung jederzeit stattfinden könnte. Die Schwierigkeit besteht darin, dass es dem Dekan bis jetzt noch nicht gelungen ist, eine Prüfungskommission zusammen zu stellen. Nach Schließung der Universität Freiburg wurde ein Teil der Professoren eingezogen, andere – darunter auch Eucken – wurden als Berater ans Wirtschaftsministerium berufen.« Der Dekan hoffe, »im Januar [1940] die Prüfungskommission zusammen zu bringen«.[54]

Wenn von Meurers noch am gleichen 21. Dezember 1939 antwortete, ist davon auszugehen, dass Höffner seinen Brief persönlich abgegeben hatte. Der Generalvikar äußerte seine Freude über die Annahme und den Druck der Arbeit. »Es ist wirklich eine sehr schöne und feine Leistung, dass Sie alles so schnell abgeschlossen haben.« Inzwischen dachte von Meurers aber auch wieder an das Trierer Priesterseminar und seine Lehrbedürfnisse: »Wenn das zweite Doktorat erledigt ist, fassen Sie eine Habilitationsschrift ins Auge, d. h. irgendeine Schrift, die zur Habilitation geeignet ist. Vielleicht können wir einmal mündlich [darüber] sprechen.«[55]

Über den Verlauf des Promotionsverfahrens gibt Höffners Promotionsakte im Archiv der Rechst- und Staatswissenschaftlichen Fakultät der Universität Freiburg Auskunft.[56] Vor allem findet sich dort das handschriftliche Erstgutachten Walter Euckens vom 22. Januar 1940. Darin heißt es:

»Die Arbeit des Dr. H[öffner], der schon durch anerkannte andere wissenschaftliche Untersuchungen sich einen Namen gemacht hat, ist eine wissenschaftlich neuartige Leistung. Die Ergebnisse sind vielfach durchaus neu, viele festsitzende Fehlurteile der wissenschaftlichen Literatur werden berichtigt, und es entsteht ein geschlossenes Bild der Kämpfe um die Monopole in jener Zeit. – Allerdings: Die Arbeit ist in *einer* Hinsicht ganz cinscitig. – Es wird *nur* die Scholastik behandelt, *nicht* der Humanismus; und die Reformatoren werden ... nur gestreift. Wer die geistige Auseinandersetzung mit dem Monopolproblem im 15. und 16. Jahrhundert vollständig und damit richtig wiedergeben will, *darf* den Humanismus *und* die sog. protestantische Scholastik nicht ignorieren. Dabei würden sicher wichtige Ergebnisse zu Tage gefördert werden. – Bei der Höffnerschen Arbeit aber wird es nötig sein, den Titel zu ändern – oder diese Erweiterung in der Behandlung vorzunehmen. Ich beantrage, die Arbeit als Dissertation anzunehmen und bringe die Note ›summa bis magna cum laude‹ in Vorschlag.«

---

[54] Höffner an von Meurers aus Kail, 21. 12. 1939 (Durchschrift): Ebd.

[55] von Meurers an Höffner, 21. 12. 1939 (Original): Ebd. – Bei der vielseitigen Qualifikation von Höffner war es von Meurers inzwischen anscheinend gleichgültig, mit welcher Arbeit und für welches theologische Fachgebiet Höffner sich habilitieren würde. Am Trierer Priesterseminar würde er für unterschiedliche Fachgebiete einsetzbar sein.

[56] Herrn Prof. Dr. Alfred Schüller, Marburg, danke ich für die Einsichtnahme in die ihm vorliegende Kopie.

Als »Mitberichterstatter war Theodor Maunz[57] vorgesehen, der aber vor dem Rigorosum am 26. Januar 1940 die Arbeit nicht einmal abzeichnen konnte. Unter das Zweitvotum des kurzfristig herangezogenen Adolf Lampe[58] vom 26. Januar schrieb er am 27. Januar lediglich »Einverstanden«. Lampe hatte in seinen insgesamt zehn Zeilen angemerkt, dass er in der Kürze der Zeit lediglich »von einigen ausgewählten Stellen der Arbeit (habe) Kenntnis nehmen können«. »Allerdings habe ich den Eindruck gewonnen, dass die Abhandlung von Herrn Dr. Höffner auf ungewöhnlich hohem Niveau steht. Sie ist in jeder Hinsicht von hohem wissenschaftlichem Ernst getragen.«

Am 5. Februar 1940 konnte Höffner vom *›magna cum laude‹* bestandenen Rigorosum nach Trier berichten. »Die Dissertation über das Monopolproblem wird ... in Jena erscheinen.[59] Ob sich der Druck in absehbarer Zeit ermöglichen lässt, ist freilich bei den heutigen Verhältnissen noch ungewiss. Es fehlt an Papier und Arbeitskräften.«[60] Am 14. Februar 1940 trug Höffner nach: »Meine Promotion erfolgte am 26. Januar 1940. Prädikat *›Magna cum laude‹*.« Das Doktordiplom bleibe bis nach dem Druck der Arbeit bei der Fakultät in Freiburg. »Die Mitteilung über das Ergebnis der Promotion von Seiten der Fakultät liegt bei.«[61]

Gut ein Jahr später, am 8. Mai 1941, konnte Höffner nach Trier berichten: »Zur Zeit erhalte ich laufend die Korrekturbogen. Die Hälfte der Arbeit ist schon gesetzt, so dass man in etwa 6-8 Wochen mit dem Erscheinen rechnen kann.«[62] Am 13. August 1941 bedankte sich von Meurers bei Höffner für die beiden ihm übersandten Exemplare: »Ich freue mich ganz außerordentlich, dass diese Arbeit jetzt in der schweren Zeit im Druck erscheinen konnte und dass sie als zweites Heft in die Freiburger staatswissenschaftlichen Schriften aufgenommen wurde. Das ist doch immerhin ein sehr großer Erfolg. Hoffentlich findet die Arbeit auch eine gute Beurteilung.«[63]

Diese Hoffnung des Generalvikars sollte sich sehr rasch erfüllen. Am 30. Oktober 1942 – also gerade ein Jahr nach Erscheinen – konnte Höffner berichten: »Von meiner vorjährigen Arbeit ›Wirtschaftsethik und Monopole‹ lagen bis August 15 Besprechungen beim Verlag vor. Ich füge Ihnen eine Liste dieser

57 Theodor Maunz (1901 – 1993), 1937-1945 Professor für Staatsrecht in Freiburg, 1952-1969 desgl. in München, 1957-1964 Bayerischer Staatsminister für Unterricht und Kultus: DBE 6, 1997, S. 668.

58 Adolf Lampe (1897 – 1948), 1926 ao. Professor für Staatswissenschaften in Freiburg, Kontakt zum Widerstandskreis um C. F. Goerdeler, nach dem 20. Juli 1944 mehrfach inhaftiert, 1945 persönlicher Ordinarius in Freiburg: DBE 6, 1997, S. 209.

59 Sie trug den ursprünglich vorgesehenen Titel. Man hatte also seitens der Fakultät nicht auf der Einschränkung des Titels bzw. der Erweiterung der Dissertation um Humanismus und »protestantische Scholastik« bestanden, dafür aber von der Bewertung mit *summa cum laude* abgesehen.

60 Höffner an von Meurers, 5. 2. 1940 (Durchschrift): HAEK – NH 2565.

61 Höffner an von Meurers, 14. 2. 1940 (Durchschrift): EBD.; Original der Promotionsurkunde vom 26. 2. 1941: HAEK – NH 1403.

62 Höffner an von Meurers, 8. 5. 1941 (Durchschrift): EBD. – Der Titel sollte lauten: J. HÖFFNER, Wirtschaftsethik und Monopole im fünfzehnten und sechzehnten Jahrhundert (= Freiburger Staatswissenschaftliche Schriften, Heft 2), Jena 1941.

63 von Meurers an Höffner, 13. 8. 1941 (Original): HAEK – NH 2565.

Besprechungen bei.[64] Alle Besprechungen sind auffallend wohlwollend, einige dazu sehr umfangreich, z. B. in den Jahrbüchern für Nationalökonomie und Statistik 18 Seiten. Das Thema interessiert insofern, als heutzutage unter den Nationalökonomen die Frage ›Weltanschauung und Wirtschaft‹ sehr aktuell ist. So erschien z. B. im vorigen Jahre ein Werk des Münsterer Nationalökonomen A. Müller-Armack[65] ›Genealogie und Wirtschaftsstile‹, und vor einigen Monaten die Schrift des Münchener Professors O. v. Zwiedeneck-Südenhorst ›Weltanschauung und Wirtschaft‹. Er meint in diesem Buch, die bisherigen ›recht zahlreichen Darstellungen der Wirtschaftsethik der Scholastik‹ erführen durch mich ›eine gründliche Korrektur‹, und zwar ›auf Grund sorgfältigen Eindringens in die Quellen‹.« Die Aufforderung Euckens an Höffner, für die Jahrbücher der Nationalökonomie und Statistik »recht bald einen Aufsatz über die ›Wirtschaftsethik der mittelalterlichen Zünfte‹ zu veröffentlichen«, komme aus zeitlichen Gründen vorerst nicht in Betracht.

Unter den Beurteilungen, die Höffner für seine staatswissenschaftliche Dissertation erhielt, hatte eine besonderes Gewicht und eine – für Höffner ohne das entsprechende Hintergrundwissen nicht zu ermessende – Bedeutung: Nach dem II. Weltkrieg, als Höffner bereits Professor in Trier war, scheint er sich mit P. von Nell-Breuning getroffen und diesem ein Exemplar seiner Dissertation über die Monopole geschenkt zu haben. Am 7. Juli 1946 schrieb ihm Nell-Breuning aus Köln:

»Auf der Heimreise habe ich mit Genuss Ihre Arbeit über die Monopole gelesen. Bisher kannte ich nur Ihre Erstlingsschrift über die *iust[itia] soc[ialis]*, in der Sie für meinen Geschmack zu treu sich an Geistesart und Arbeitsweise Ihrer römischen Lehrer hielten und noch nicht in dem wünschenswerten Maße zu eigener Stellungnahme vorstießen. Die Arbeit über die Monopole ist der Themastellung nach zwar auch noch lehrgeschichtlich, lässt aber doch deutlich erkennen, dass der Verfasser nicht bloß *methodo philologica* ermittelt und auseinanderfaltet, was die Alten gedacht haben, sondern auch selbst zu den Dingen (nicht bloß zu den Lehrmeinungen) etwas zu sagen hat. Es würde mich sehr interessieren, nunmehr auch Ihre große Arbeit über Recht und Ethik der Kolonialpolitik kennen zu lernen, deren Thema zwar wieder lehrgeschichtlich ist, die aber nach dem, was ich von P. Noppel sel. hörte, doch wohl weit über bloße Darstellung der Lehrmeinungen Vitorias und anderer hinausgeht; ich hoffe, dass es zur Drucklegung dieser Arbeit kommt.«[66]

---

64 Höffner an von Meurers, 30. 10. 1942 (Durchschrift): Ebd. – Außer der erwähnten Liste mit 15 Rezensionen findet sich in BAT – 88/402, 1 eine weitere Zusammenstellung mit 22 Rezensionen.

65 Alfred Müller-Armack (1901 – 1978), 1939-1950 Professor für Nationalökonomie und Kultursoziologie, insbesondere Religionssoziolgie in Münster, ab 1950 als Nachfolger seines Lehrers Leopold von Wiese in Köln, 1952-1958 Leiter der Grundsatzabteilung im Bundeswirtschaftsministerium, 1958-1963 Staatssekretär im Bundeswirtschaftsministerium. Nach dem II. Weltkrieg vielfältige Begegnungen und Zusammenarbeit mit Prof. Joseph Höffner: L. Roos, in: Lexikon Soziale Marktwirtschaft, S. 50-52; H. F. Wünsche, in: LCDD, S. 334 f.

66 Nell-Breuning an Höffner, 7. 7. 1946 (Original): HAEK – NH 1402.

Bei allem Kompliment für den jungen Kollegen blieb bei Nell-Breuning ein Unbehagen über den historischen Ansatz Höffners, zu dem Nell-Breuning selbst Zeit seines Lebens keinen Zugang fand. Gerade deshalb ist seine Schlussbemerkung gegenüber Höffner beachtenswert: »Vertrautheit mit der Lehrgeschichte ist von sehr hohem Wert und kann viele Irrwege ersparen. Wir brauchen aber eine schöpferische Weiterführung des Lehrgehaltes selbst. Ich hoffe, dass Sie dazu noch viel beitragen werden; gerade in diesem Weinberge sind ja der Arbeiter so wenige!«

Das Eis zwischen Nell-Breuning und Höffner scheint auch deshalb zu diesem Zeitpunkt geschmolzen zu sein, weil Höffner – von 1943 bis 1945 Pfarrer an Heilig Kreuz in Trier – sich seelsorglich um die Familie von Nell-Breuning gekümmert zu haben scheint. Am 7. Juli 1946 beschloss Oswald von Nell-Breuning seinen Brief an Höffner: »Ich danke Ihnen nochmals für alle Liebe, die Sie meinem Bruder und seiner Familie entgegengebracht haben und entgegenbringen ...«

V. KAPITEL

SEELSORGE AN DER MOSEL UND HABILITATION IN FREIBURG 1939-1945

Joseph Höffner ging neue Aufgaben unverzüglich und ohne Umzugskomplikationen an. Die Ernennung zum Expositus in Kail-Brieden, Pfarrei Pommern an der Mosel, vom 5. Oktober 1939 wurde ihm in Horhausen zugestellt. Auf dem Begleitbrief hatte Generalvikar von Meurers handschriftlich vermerkt: »Ihren Dienstantritt und genaue Anschrift werden Sie uns mitteilen.«[1] Am 12. Oktober antwortete Höffner aus Horhausen: »Mit dem Herrn Pfarrer von Pommern habe ich abgemacht, dass ich am Christkönigsfeste [damals am letzten Sonntag im Oktober: 29. 10.] meinen Dienst antrete. Wohnen werde ich in Kail. Zur Zeit ist freilich das dortige Haus noch nicht leer. Doch hofft Pfarrer Schaefer, im Laufe der nächsten Woche die Räumung zu erreichen.«[2]

Das war für Höffner insofern von besonderer Bedeutung, weil mit dem Einzug in Kail eine Veränderung seiner Lebensverhältnisse verbunden war. Am 11. Mai 1939 hatte seine Schwester Helene in Horhausen den Landwirt Lorenz Hesseler geheiratet,[3] und sein Vater Paul Höffner hatte aus diesem Anlass seinem Schwiegersohn den Hof übergeben. Der Bezug des Hauses in Kail gab Joseph Höffner die Möglichkeit, seine älteste Schwester Maria als Haushälterin und den Vater zu sich zu holen. Doch schon im April 1940 wurde diese Hausgemeinschaft durch den Tod des Vaters erschüttert. Höffner berichtete seinem in Koblenz inhaftierten Pfarrer Adam Schaefer am 6. Mai 1940: »Als Vater vor einiger Zeit – in voller Rüstigkeit – von uns Abschied nahm, um daheim zu helfen, dachten wir nicht, dass er nicht mehr zu uns zurückkehren werde. Daheim hat er bei der Feldbestel-

---

1 Begleitschreiben zur Ernennungsurkunde: Meurers an Höffner, 5. 10. 1939 (Original): HAEK – NH 2565 – Erste Darstellungen der Tätigkeit Höffners in Kail und seiner Habilitationsvorbereitungen: A. N. Desczyk, Höffner, S. 46-58; M. Hermanns, Sozialethik, S. 231 ff.

2 Höffner an Meurers, 12. 10. 1939 (Durchschlag): HAEK – NH 2565. In BAT – 70/2470, Bl. 16 f. findet sich ein von Höffner gezeichneter Grundriss des Pfarrhauses in Kail, in dem im Erdgeschoss das Arbeitszimmer des Pfarrers als »vom Hilfsförster noch belegt« bezeichnet wird. Höffner sandte diese Zeichnung am 11. 2. 1940 an das Generalvikariat in Trier. Demnach war zu diesem Zeitpunkt die vollständige Räumung des Pfarrhauses noch nicht abgeschlossen (Freundlicher Hinweis von Dr. Joachim Oepen, Köln, nach einem Schreiben von Dr. Martin Persch, Bistumsarchiv Trier); fotographischer Nachdruck des Grundrisses: U. Helbach/J. Oepen/W. Schmitz (Redaktion), Katalog, S. 48. – Adam Schaefer (1877 – 1941), 1902 Priesterweihe in Trier, seit 1936 Pfarrer in Pommern/Mosel, 28. 12. 1939 – 21. 8. 1940 im Gestapo-Gefängnis in Koblenz inhaftiert, danach Aufenthaltsverbot für die Rheinprovinz, + 19. 12. 1941: U. von Hehl/C. Kösters (Bearb.), Priester unter Hitlers Terror, Bd. 2, S. 1493; L. Hellriegel, in: H. Moll (Hrsg.), Zeugen für Christus, Bd. 1, S. 571-574.

3 Zusammenstellung des Horhauser Pfarrers Rullof vom 27. 7. 1962 »Die Kinder der Familie Paul Höffner, Horhausen«: BAT – 88/402, 1.

lung wie in seinen besten Jahren geholfen. Während des Hafersäens erlitt er einen Gehirnschlag. – Ich hatte gehofft, dass Vater noch lange bei uns bleiben werde. Er war ja nie krank gewesen und noch nicht alt ...«[4]

Höffners Schwester Maria blieb bei ihm – von 1939 bis zu seinem Tode 1987. Während man im Generalvikariat Trier die Hausgemeinschaft des Vaters mit dem geistlichen Sohn und dessen Schwester für unbedenklich gehalten hatte, sandte man dem Expositus am 7. September 1940 ein Formular mit den kanonischen Bedingungen, unter denen ein Priester eine Frau als Haushälterin in seinen Hausstand aufnehmen durfte.[5]

Hatte Generalvikar von Meurers am 5. Oktober 1939 im Hinblick auf die Habilitationsvorbereitung Höffner noch geschrieben: »Sie werden dort [in Kail-Brieden] sicher entsprechende Zeit zur Arbeit finden und alles dort erledigen können«, so hatte Höffner doch bald einschneidende Querschläge zu verkraften. »Wegen Vergehens gegen das Heimtückegesetz« wurde Pfarrer Schaefer von Pommern am 28. Dezember 1939 verhaftet und im Gestapo-Gefängnis in Koblenz inhaftiert, das hieß nach damaliger Sprachregelung: »in Schutzhaft gehalten.« Als Schaefer am 21. August 1940 freikam, erhielt er ein Aufenthaltsverbot für die Rheinprovinz.[6]

Die Konsequenz für Höffner war eine Urkunde Generalvikar von Meurers' vom 19. Januar 1940: »Wir ernennen Sie hierdurch zum *Vicarius substitutus* gemäß Can. 474 CIC des Pfarrers Adam Schaefer von Pommern für die Dauer von dessen Abwesenheit und übertragen Ihnen alle Vollmachten für die seelsorgliche Verwaltung der Pfarrei mit dem Titel Pfarrverwalter ... Da Sie hiermit mit der vollen Leitung der Pfarrei beauftragt sind, sind Sie gemäß § 2 des [Preußischen] Gesetzes über die Verwaltung des Kirchenvermögens vom 24. Juli 1924 auch Vorsitzender des Kirchenvorstandes. Für die Mithilfe in der Seelsorge wollen Sie Herrn Pfarrer i. R. Bengert,[7] Moselkern, heranziehen.«[8]

Über Höffners seelsogerliches Wirken in Kail und als Pfarrverwalter in Pommern ergeben die amtlichen Akten des Trierer Generalvikariates nichts. Um so aussagekräftiger sind einige Briefe, die Höffner an von Meurers in Trier und an seinen Pfarrer im Koblenzer Gefängnis schrieb. »Auf traurige Weise«, so schrieb er am 5. Februar 1940 an von Meurers, »hat sich mein Wirkungskreis seit der Verhaftung des Herrn Pfarrers von Pommern etwas erweitert. Herr Pfarrer Bengert und ich geben uns alle Mühe, dass Pommern seelsorglich keinen Schaden leidet. Der Sonntagsgottesdienst ist wie bisher. Auch die Kinderseelsorgestunden und der Erstkommunionunterricht werden in der bisherigen Anzahl [von Stun-

---

[4] Höffner an Pfarrer Schaefer, 6. 5. 1940 (Durchschlag): HAEK – NH 1402.

[5] Vicarius Generalis Treverensis an Höffner, 7. 9. 1940: HAEK – NH 2565.

[6] U. von Hehl/C. Kösters (Bearb.), Priester unter Hitlers Terror, Bd. 2, S. 1493.

[7] Michael Bengert (1870 – 1957), seit 1920 Pfarrer in Moselkern, seit 1936 Emeritus ebd.: Der Weltklerus der Diözese Trier seit 1800, S. 40; Handbuch des Bistums Trier [illegible]

[8] Urkunde vom 19. 1. 1940 (Original): HAEK – NH 2565.

den] gehalten. Werktags ist wöchentlich dreimal heilige Messe. Zeit für das Studium bleibt mir auch so noch.«[9]

Aus dem Gefängnis schrieb Pfarrer Schaefer am 1. Februar 1940: »Es tut mir aufrichtig leid für Dich, dass Du jetzt zur Winterszeit die Beschwerden der Verwaltung auf Dich nehmen musst ... Ich wüsste wirklich nicht, was es geben sollte, wenn Du nicht in Kail wärest und so Pommern mit betreuen kannst [könntest]. Unser Herrgott, gegen dessen Absichten nichts geschieht in unserem Leben, hat also auch hier in etwa vorgesorgt. Herr Pastor Bengert in Moselkern wird doch bei seinen 70 Jahren in der Hauptsache Dich in Pommern unterstützen können bis zu meiner Rückkehr. Wie Du alles einteilst, das kann ich Dir ja mit dem guten, allzeit hilfsbereiten Herrn Bengert überlassen. Den Unterricht wirst Du wohl in der Kirche halten müssen, da alle Räume im Pfarrhaus ja belegt sind von Militär. Hoffentlich versteht sich der Stefan [der Küster ?] jetzt besser auf die Heizung, so dass es den Leuten und Kindern nicht zu kalt wird.«[10]

Höffner antwortete am 14. Februar und berichtete Pfarrer Schaefer im gleichen Sinne über die Pfarrei Pommern wie wenige Tage zuvor dem Generalvikar in Trier. »Herr Pastor Bengert hat Dir wohl schon die Taufen, Sterbefälle und die ›Goldene Hochzeit‹ mitgeteilt.«[11] Am Schluss seines Briefes bemerkte Höffner: »Ende des vorigen Monats habe ich mein Examen [Rigorosum zum Dr. rer. pol.] gemacht.« Wie schon bisher vermochte es Höffner, unterschiedlichen Anforderungen parallel gerecht zu werden.

Im Hinblick auf den von Hitler geplanten Westfeldzug ab Mai 1940 hatte man in den Moseldörfern Militär einquartiert, wovon – wie Pfarrer Schaefers Brief erkennen läßt – auch die Pfarrhäuser nicht verschont blieben. Höffner erhielt den Brief eines Klagenfurter Ordinariatsgeistlichen vom 16. Januar 1940: »Wie ich höre, sind in Ihrem Dorf sehr viele Kärntner Soldaten einquartiert und darunter auch ein Alumnus des Priesterseminars und gewiss manche meiner früheren Schüler. Wollen Euer Hochwürden die Güte haben, den lieben Landsleuten die herzlichsten Grüße von dem ... Herrn Kapitelsvikar, Exzellenz Dr. Rohracher,[12] und von mir ... auszurichten. Wir wünschen von Herzen, dass Gott sie in ihren Schwierigkeiten und Gefahren schütze und sie gesund in die Heimat zurückkehren lasse. Für Nachrichten sind wir Ihnen sehr dankbar.«[13]

Höffner antwortete am 1. Februar: »Leider haben uns die Kärntner Soldaten im vorigen Monat verlassen. Wir haben jetzt Truppen aus Pommern hier. Über das Verhalten der drei Kompanien aus Kärnten, die hier lagen, kann ich Ihnen nur

---

9 Höffner an von Meurers, 5. 2. 1940 (Durchschlag): Ebd.

10 Schaefer an Höffner, 1. 2. 1940 (hs. auf Gefängnis-Briefbogen): HAEK – NH 1402.

11 Höffner an Schaefer, 14. 2. 1940 (Durchschlag): Ebd.

12 Andreas Rohracher (1889 – 1976), seit 1933 Weihbischof, 1939-1945 Kapitularvikar der Diözese Gurk-Klagenfurt, 1943-1969 Erzbischof von Salzburg: H. Spatzenegger, in: E. Gatz (Hrsg.), Bischofslexikon 1785/1803-1945, S. 625-628.

13 Josef Kadras, Klagenfurt, fb.[= fürstbischöfliches] Ordinariat, an Expositus Höffner, Kail, 16. 1. 1940 (Original): HAEK – NH 1402 (unter Mochor).

Gutes berichten. Die Bevölkerung kam gut mit ihnen aus. Etwa 20 % der Soldaten nahmen regelmäßig am Gottesdienst teil, weitere 30 % hin und wieder. Ihnen bekannt wird wohl Herr Mochor (Priesterseminar) gewesen sein, der kurz vor der Subdiakonatsweihe stand, als er einberufen wurde. Er meinte, dass etwa die Hälfte der Soldaten noch innerlich katholisch gewesen sei. Die andere Hälfte verhielt sich religiös meistens neutral, einige machten auch abfällige Bemerkungen.«[14]

Nach diesen Aussagen über die Kärntner Soldaten äußerte sich Höffner – offensichtlich nicht ohne Stolz – über seine Gläubigen in Kail: »Kail ist geschlossen und echt katholisch. In den meisten Häusern war das religiöse Einwirken auf die Soldaten vorbildlich. Soviel ich weiß, hat nicht ein einziges Mädchen sich unkorrekt verhalten. Die Soldaten sagten mir öfters selbst, sie seien davon überzeugt, dass – wenn ein Manöverball angesetzt würde – kein einziges Mädchen kommen werde ...«

Als Pfarrer Schaefer Höffner am 30. April 1940 zum Tode des Vaters kondolierte, schrieb er: »Schließen möchte ich nun nicht, ohne Dir herzlich zu danken für all Deine Mühe, die die Verwaltung der Pfarre mit sich bringt ... Ich darf Dich darum herzlich bitten, den hochwürdigsten Herrn Bischof in meinem Namen mit Herrn Bengert herzlich willkommen heißen zu wollen.«[15]

Ohne diesen Brief Pfarrer Schaefers schon zu kennen, schrieb Höffner ihm am 6. Mai 1940 ins Koblenzer Gefängnis: »Am Tage, bevor unser Bischof in Deine Pfarrei kommt, um den Kindern das heilige Sakrament der Firmung zu spenden, will ich Dir – als Pfarrverwalter – das eine oder andere mitteilen. Deine Grüße an die Erstkommunikanten und ihre Eltern habe ich ausgerichtet.« Höffner zählte die Kommunionkinder aus Kail und Brieden namentlich auf. »In die Vorbereitung auf die heilige Firmung haben Pfarrer Bengert und ich uns geteilt. Du weißt, dass Pastor Bengert nach wie vor seine ganze Kraft darein setzt, Deine Pfarrei zu versorgen. Hoffentlich hält sich auch fernerhin seine Gesundheit.«[16]

»Und dann hoffen wir alle ja auch, dass Du bald zu uns zurückkehrst.« Diese Erwartung Höffners sollte sich – wie bereits erwähnt – nicht erfüllen. Pfarrer Schaefer scheint wenige Monate vor seinem Tod auf die Pfarrei Pommern verzichtet zu haben. Am 22. September 1941 ernannte Generalvikar von Meurers Höffner zum Pfarrverweser der vakanten Pfarrei Pommern.[17]

Wie intensiv sich Höffner um die Dörfer Kail und Brieden seelsorglich gekümmert haben muss, verraten von ihm gezeichnete Dorfpläne, in denen jedes Haus mit dem Namen des bzw. der Besitzer eingetragen ist. Man darf davon ausgehen, dass er diese Häuser besucht hatte und die Familien kannte.[18]

---

[14] Höffner an Kadras, 1. 2. 1940 (Durchschrift auf der Rückseite des Anschreibens): Ebd.

[15] Schaefer an Höffner, 30. 4. 1940 (hs. auf Gefängnis-Briefbogen): Ebd.

[16] Höffner an Schaefer, 6. 5. 1940 (Durchschlag): Ebd.

[17] Urkunde vom 22. 9. 1941 (Original): HAEK – NH 2565.

[18] Handgezeichnete Ortspläne von Brieden und Kail: HAEK – NH 4132. Der Lageplan des Ortes Kail 1941 ist fotografisch nachgedruckt in U. Helbach, J. Oepen, W. Schmitz (Redaktion): Katalog, S. 102.

In allen Wirrnissen und Anforderungen verlor Höffner jedoch sein Ziel nicht aus den Augen, neben der Seelsorge in Kail und Brieden (und Pommern) eine Habilitationsschrift zu erstellen. Meurers hatte ihm am 21. Dezember 1939 im Anschluss an einen Glückwunsch zur Annahme der staatswissenschaftlichen Dissertation geschrieben:[19] »Wenn das zweite Doktorat erledigt ist, fassen Sie eine Habilitationsschrift ins Auge, d. h. irgend eine Schrift, die zur Habilitierung geeignet ist. Vielleicht können wir darüber einmal mündlich sprechen.«[20]

Als Höffner am 5. Februar 1940 Meurers Mitteilung über das mit *magna cum laude* bestandene Rigorosum machte, dämpfte er die durch alle bisher so schnell erzielten Erfolge genährten Erwartungen des Generalvikars bezüglich der Habilitation: »Ich gedenke nun, mit der Ausarbeitung einer Habilitationsschrift zu beginnen (!). Wie ich in Freiburg hörte, sind freilich im vorigen Jahre Habilitationen von Geistlichen vom Unterrichtsministerium abgelehnt worden, da § 26, I, Z. 3 des Deutschen Beamtengesetzes bei einem Geistlichen nicht zutreffe.« Höffner kündigte dem Generalvikar seinen Besuch für den 12. Februar 1940 an.[21]

Zu diesen politisch bedingten Schwierigkeiten einer Habilitation kam für Höffner die viel drängendere Frage nach einem geeigneten Thema. Er hatte sich deshalb in den ersten Februartagen mit der Bitte um Rat an seinen Freiburger Lehrer Theodor Müncker gewandt. Leider sind in der Korrespondenz mit Theodor Müncker, hier wie noch häufiger, die Anschreiben Höffners nicht erhalten. Es ist davon auszugehen, dass Höffner nach den damaligen Höflichkeitsregeln Briefe an den Lehrer in Freiburg handschriftlich abfasste, so dass keine Durchschriften auffindbar sind. Müncker antwortete am 18. Februar 1940. Nach einem Glückwunsch zur staatwissenschaftlichen Promotion Höffners schrieb Müncker:

»Nun haben Sie ein glänzendes Fundament für weitere theologische Ausrichtung. Ich sprach mit Ihnen ja schon darüber, dass Ihre spätmittelalterlichen volkswirtschaftl[ichen] Studien Ihnen sicher Anregung zu einem entsprechenden gesellschafts- oder wirtschaftsethischen Thema geben würden, und bin gerne bereit, Ihnen zum Dr. theol. habil. behilflich zu sein. Als dem Fachmanne auf Ihrem Gebiete überlasse ich Ihnen gerne, Umfang und Art des Themas zu bestimmen, wenn ich selbstverständlich gerne meinen Rat gebe, soweit ich dazu in der Lage bin. Gesellschaftslehre und Wirtschaftsethik der Spätscholastik scheint mir sicher ein geeignetes Thema. Es kommt natürlich dabei sehr [darauf] an, dass die Spätscholastik quellenmäßig und erschöpfend dargestellt wird. Der Umfang müsste rein äußerlich gesehen dabei größer (etwa doppelt) sein wie bei Ihrer theol[ogischen] Promotionsarbeit. Trotzdem habe ich Sorge, dass das Thema zu weit gestellt sein könnte, wenn Gesellschafts- *und* Wirtschaftsethik behandelt würden. Genügt nicht eins allein, etwa die Wirtschaftsethik oder die Gesellschafts-

---

19 Vgl. oben S. 65.
20 von Meurers an Höffner, 21. 12. 1939 (Original): HAEK-NH2565.
21 Höffner an von Meurers, 5. 2. 1940 (Durchschlag): Ebd.

lehre? Oder hängen beide innerlich so zusammen, dass sie in diesem inneren Zusammenhang behandelt werden müssten?«[22]

Es scheint, dass die Suche nach dem Habilitationsthema sich noch ein ganzes Jahr hingezogen hat. Im ersten Halbjahr 1940 war Höffner mit Erstkommunion- und Firmvorbereitung in der Seelsorge hinreichend beschäftigt. Am 8. Juni 1940 bedankte sich Theodor Müncker für einen Brief Höffners, in dem dieser Überlegungen angestellt zu haben scheint, sich in der Habilitationsschrift mit der Wirtschaftsethik des spanischen Jesuiten Luis de Molina[23] zu befassen. Müncker äußerte dazu: »Ich begrüße die Konzentration Ihrer geplanten Arbeit auf *eine* für Wirtschaftslehre und -ethik bedeutsame Persönlichkeit der Spätscholastik. Nach Ihrer Monopolarbeit verspricht die Ausbeute bei Molina ja besonders groß zu werden. Es ist ja immer richtig, wenn man eine Persönlichkeit nimmt und alle ihre einschlägigen Ideen unter Berücksichtigung der Vorläufer, Zeitgenossen und der Abhängigkeitsverhältnisse in jeder Hinsicht behandelt. Man erreicht größere Geschlossenheit und Einheitlichkeit. Oder man nimmt, wie bei Ihrer Monopolarbeit, eine einzige Idee und führt diese durch eine bestimmte Zeit in voller Berücksichtigung aller Autoren, die darüber handeln. Eine solche tragende Idee für die spätscholastische Wirtschaftsethik zu finden (vielleicht Gerechtigkeit im Wirtschaftsleben) dürfte schwierig sein, weil zu viel an einen Begriff gehängt werden müsste. So freue ich mich, dass Sie beim Abstecken des Gebietes von selbst auf eine Persönlichkeit gestoßen sind, die typisch für die Wirtschafsethik einer Epoche ist. Eine solche Monographie lässt in vielem tiefer gehen. Das Ganze kann reicher durchgearbeitet werden. Sonst ist die Gefahr einer Aneinanderreihung von Autoren zu groß. Ich wünsche der Arbeit gutes Fortschreiten ohne zu große äußere Störung.«[24]

Am Ende des Jahres schrieb Höffner an Generalvikar von Meurers: »Zur Zeit schreibe ich an der Habilitationsschrift. Sie macht nur langsame Fortschritte, da die Verwaltung Pommerns trotz der großen Hilfe durch H. Pfr. Bengert doch manche Stunde fordert. Manchmal komme ich acht Tage lang nicht dazu, ein Buch zur Hand zu nehmen. Pfarrer Schaefer ist nun schon ein ganzes Jahr von Pommern fort.«[25] Höffner berichtete dann von einer Tätigkeit, mit der er – wie schon A. N. Desczyk mit Recht vermutet hat[26] – Dank für eine ähnliche Förderung in der eigenen Jugend abstatten wollte: »Nebenbei gebe ich drei Jungen ›Stunde‹. Ich habe eben die Sexta vollendet und hoffe, die drei ›Studenten‹ zu Ostern auf die Quarta zu bringen. Nach Rücksprache mit Herrn Direktor

[22] Müncker an Höffner, 18. 2. 1940 (Original): HAEK – NH 1402.

[23] Luis de Molina SJ (1535 – 1600), Philosoph und Moraltheologe, beschäftigte sich auch mit völkerrechtlichen Themen. »Seine Hauptbedeutung liegt jedoch in der Begründung des nach ihm benannten Gnadensystems (Molinismus), welches den Gnadenstreit veranlasste«: K. OBENAUER, in: LThK 7, [3]1998, Sp. 379 f.

[24] Müncker an Höffner, 18. 2. 1940 (Original): HAEK – NH 1402.

[25] Höffner an von Meurers, 22. 12. 1940 (Durchschrift): HAEK – NH [illegible].

[26] A. N. DESCZYK, Höffner, S. 48.

Dr. J. Hansen [vom Friedrich-Wilhelm-Gymnasium in Trier] bereite ich die Jungen für das humanistische Gymnasium vor. Ostern wird sich wohl in Trier ein geeignetes Quartier finden lassen.«

Als Meurers sich am 3. Januar 1941 bedankte, ließ er – bei aller Freude z. B. über die Betreuung der Schüler – doch eine gewisse Sorge um den Fortgang der Habilitationsbemühungen Höffners durchblicken: »Es wäre mir doch sehr lieb, wenn Sie Ihre Habilitationsschrift auch fertigstellen könnten. Ich kann mir denken, dass die Verwaltung von Pommern sie sehr stark abzieht, und doch wäre es mir lieb, wenn Sie bald abschließen könnten. Ich könnte nach Pommern vielleicht einmal einen Pater schicken für ein halbes Jahr oder auch einen Vertreter senden, wenn Sie noch eine Zeit lang beurlaubt werden wollen. Vielleicht wäre letzteres sogar vorzuziehen. Bei Ihrer jetzigen Überlastung würden Sie sonst doch nicht dazu kommen, die Habilitierung einmal abzuschließen ...«[27]

von Meurers sah Höffners geringe Fortschritte wohl zu einseitig als Folge von Arbeitsbelastung in der Seelsorge. Doch Höffner kam alsbald wieder rascher voran, als er im Frühjahr 1941 ein klar abgegrenztes, ihn herausforderndes Thema gefunden hatte: »Spanische Kolonialethik im 15. und 16. Jahrhundert«. Theodor Müncker schrieb ihm dazu am 18. April 1941: »Noch größere Freude habe ich bei der Mitteilung empfunden, dass auch die Habilitationsschrift sich kristallisiert. Das vorgeschlagene Thema scheint mir sehr interessant und fruchtbar und bedeutet einen wertvollen Beitrag zur scholastischen Kolonial- und damit Sozialethik, der ja noch eine zusammenfassende und doch quellenmäßige Übersicht fehlt.«[28]

Inzwischen wurde Generalvikar von Meurers in Trier unwillig. Am 6. Mai 1941 schrieb er nach Kail: »Es wäre mir lieb, wenn ich über den Stand Ihrer wissenschaftlichen Arbeiten wieder einmal etwas hören könnte. Wie weit sind Sie mit dem Dr. habil.? Haben Sie genügend Zeit zum Arbeiten ...?« Wiederum bot von Meurers eine Aushilfe für Pommern an, »wenn Sie sich dem Studium ganz widmen wollen«.[29]

Höffner antwortete bereits am 8. Mai 1941 und nannte das gefundene Thema für die Habilitationsschrift: »Sie wird naturgemäß einen größeren Umfang erreichen als eine Dissertation; dem entsprechen auch größere Vorarbeiten. Ein gutes Stück Arbeit bleibt noch zu tun. Einen bald größeren, bald kleineren Teil meiner Zeit beansprucht auch die Seelsorge. In Pommern hat mich zwar H. Pfr. Bengert, der sich gesundheitlich verhältnismäßig wohl fühlt, fast ganz entlastet. So bleibt mir doch reichlich Zeit zum Studium. Die Literatur erhalte ich in der Hauptsache aus Bonn und Berlin, einen Teil auch aus dem Trierer Priesterseminar und aus Freiburg. Da die Berliner Staatsbibliothek, die übrigens sehr entgegenkommend ist, einige sehr seltene Drucke aus dem 15. und 16. Jahrhundert nicht der Post

27 von Meurers an Höffner, 3. 1. 1941 (Original): HAEK – NH 2565.
28 Münckcr an Höffner, 18. 4. 1941: HAEK – NH 1402.
29 von Meurers an Höffner, 6. 5. 1941 (Original): HAEK – NH 2565.

anvertrauen will, habe ich mich um eine Vertretung in Berlin bemüht. Ich kann für 4 Wochen die Vertretung des Pfarrers von Berlin-Schlachtensee übernehmen, wo ich auch vor zwei Jahren gewesen bin; so entstehen mir keine Unkosten. Der Pfarrer von Berlin-Hohenschönhausen hat sich bereit erklärt, während dieser Zeit (wahrscheinlich 14. 7. – 8. 8.) mich hier in Kail zu vertreten ... Vielleicht ließe es sich dann ermöglichen, dass ich über den 8. August hinaus noch eine Zeit lang in Berlin bleiben könnte, um die Arbeit abzuschließen. In Berlin habe ich am besten die alten Drucke zur Hand, die in Bonn und Freiburg zum großen Teil fehlen.«[30]

Ein Brief Höffners an von Meurers aus Berlin-Schlachtensee vom 5. August 1941 dokumentiert Höffners Arbeitsenergie wie seine priesterliche Einstellung. Er übersandte dem Generalvikar zwei Exemplare seiner inzwischen erschienenen volkswirtschaftlichen Dissertation »Wirtschaftsethik und Monopole«. Dazu schrieb er: »Wie ich aus einigen Zuschriften ersehe, scheint die Kritik der Volkswirte nicht ungünstig zu werden.«[31] Den Generalvikar in Trier interessierten natürlich mehr Höffners Fortschritte im Habilitationsprojekt. Höffner schrieb dazu: »Die Vorarbeiten für meine andere Arbeit: ›Spanische Kolonialethik im 16. Jahrhundert‹ konnte ich hier in Berlin um ein gutes Stück vorwärts bringen. An der Staatsbibliothek ist man äußerst zuvorkommend. Ich werde am 9. August wieder in Kail sein. Natürlich ist man dort, da es stets lange dauert, bis man die nötigen Bücher zur Stelle hat, etwas gehemmt. Aber daran lässt sich wohl nichts ändern ... Ich traf hier öfters H. Prof. Guardini, der Ihnen freundliche Grüße übermitteln lässt. Die Seelsorge hier in Schlachtensee, die mich nicht sehr viel in Anspruch nimmt, ist doch auch wieder, da sie ganz anders geartet ist als in Kail, sehr lehrreich und anregend.«

Was Generalvikar von Meurers trotz aller guten Erfahrungen mit dem Arbeitseifer und vor allem mit Arbeitsgeschwindigkeit Höffners veranlasste, Druck auf den Expositus in Kail auszuüben, ist nicht erkennbar. Am 8. August 1941 schrieb er Höffner: »Sehr würde mich freuen, wenn Sie die Vorarbeiten für Ihre neue Arbeit über die spanische Kolonialethik im 16. Jahrhundert so weit fördern könnten, dass die Arbeit im kommenden Winter zum Abschluss kommt. Wenn Pommern zum 1. Oktober neu besetzt wird, werden Sie ja doch wohl mehr Zeit für wissenschaftliche Arbeiten finden. Falls es aber notwendig wäre, könnten wir Sie im Winter ja einmal für vier oder acht Wochen beurlauben. Man würde sicher einen Geistlichen finden, der für die Zeit nach Kail geht und Sie dort vertritt. Das werden Sie aber selbst am besten entscheiden können.«[32]

---

30 Höffner an von Meurers, 8. 5. 1941: Ebd.

31 Höffner an von Meurers, 5. 8. 1941 (Briefkopf »Katholisches Pfarramt Berlin-Schlachtensee«): BAT – 88/402, 1.

32 von Meurers an Höffner, 13. 8. 1941 (Original): HAEK – NH 2565.

Erstmals hatte Höffner nicht selbst einen Termin bestimmt, sondern ihn von seinem Generalvikar vorgegeben bekommen. Er fühlte sich um so mehr daran gebunden. Am 5. Oktober 1941 schrieb er von Meurers:

»Wieder komme ich zu Ihnen mit einer Bitte: Zur Zeit stehe ich in der Ausarbeitung meiner Habilitationsschrift: ›Spanische Kolonialethik im Goldenen Zeitalter‹. Ich habe die Vorarbeiten so weit abgeschlossen, dass ich hoffe, während des Winters die Arbeit fertig stellen zu können. Sie wird den doppelten oder dreifachen Umfang meiner letzten Schrift über die Monopole erreichen. Nun läuft zum 4. Examenstermin meine Cura ab. Dürfte ich noch einmal um eine einjährige Verlängerung bitten? Wenn ich nämlich jetzt das Curaexamen vorbereiten müsste, würde die Arbeit an der Habilitationsschrift unterbrochen, wodurch man leicht die Zusammenhänge verliert ... Da Pommern bald wieder besetzt wird, werde ich ja den Winter hindurch ungestört arbeiten können. Möglicherweise wird man mir einige frühe Drucke, die ich noch benötige, nicht nach hier senden. Es wäre aber dann nur ein Aufenthalt von wenigen Tagen an Ort und Stelle [= Berlin] erforderlich. Im wesentlichen habe ich jetzt sämtliches Material beisammen, so dass ich seit einiger Zeit mit der Ausarbeitung beginnen konnte.«[33]

Am 21. Dezember 1941 benutzte Höffner seinen Weihnachtsgruß an den Generalvikar, um den neuesten Stand seiner Arbeit an der Habilitationsschrift mitzuteilen: »Das Manuskript meiner Habilitationsschrift: ›Spanische Kolonialethik im Goldenen Zeitalter‹ habe ich nun etwa zur Hälfte fertiggestellt. So hoffe ich, die Arbeit bis zum Frühjahr abschließen zu können. Es waren außerordentlich umfangreiche Vorarbeiten erforderlich. So musste ich mich z. B. ins Spanische einlesen. Obwohl die Seelsorge manchmal einen eine ganze Woche lang nicht zum Studium kommen lässt, konnte ich mir doch die Zeit zur Vorbereitung und Ausarbeitung der Schrift verschaffen. Natürlich wird durch eine häufige Unterbrechung das Tempo der Fertigstellung gehemmt. Das meiste ist aber jetzt geschafft.

Die Seelsorge ist mir eine große Freude. Christliches Denken und Leben ist doch unendlich tief in den Herzen dieser Bauernbevölkerung verankert. Und was für eine Macht und was für ein Trost im christlichen Glauben liegt, erkennt man erst, wenn die Nachricht, dass ein Sohn oder Vater im Felde gefallen ist, in die Familie kommt. Kail hat erst drei Gefallene, Pommern neun.«[34]

Mit einer Verzögerung von nur wenigen Monaten gegenüber der Terminvorgabe von Meurers', gerade ein Jahr nach Festlegung des Themas, konnte Höffner seinem Generalvikar am 5. Juni 1942 die Fertigstellung seiner Habilitationsschrift mitteilen: »Meine Habilitationsschrift ... ist inzwischen fertig geworden. Sie hat einen Umfang von 440 Schreibmaschinenseiten. Herr Universitätsprofessor Dr. Müncker, bei dem ich die Arbeit einreichen werde, teilte mir mit, ich

[33] Höffner an von Meurers, 5. 10. 1941 (Durchschlag): Ebd.
[34] Höffner an von Meurers, 21. 12. 1941 (Original): BAT – 88/402, 1.

möchte ihm die Arbeit am 15. Juni persönlich nach Freiburg bringen. Unter den Papieren, die mit eingereicht werden müssen, ist auch die ›Genehmigung der vorgesetzten kirchlichen Behörde‹ vorgesehen.«[35]

Da Höffner unter den erschwerten Arbeitsbedingungen in Kail noch etwas am »letzten Schliff« seiner Arbeit tun musste, trug er Meurers seine Pläne für den Sommer 1942 vor: »Für die Arbeit müsste ich noch einige alte Drucke einsehen, die freilich wegen der jetzigen Verhältnisse nicht von der Preußischen Staatsbibliothek verschickt werden. Nun hätte ich vom 8. – 29. Juli die Gelegenheit, den Pfarrer von Berlin-Schlachtensee wie auch in den vorigen Jahren zu vertreten und nebenbei in der Staatsbibliothek zu arbeiten. Dürfte ich wohl um die Genehmigung für diesen Urlaub bitten? Mich würde hier in Kail Herr Pfr. Georg Klemt aus Berlin-Oberschönhausen ... vertreten.«

Am 30. Oktober 1942 konnte Höffner von Meurers erste Urteile über sein neuestes Werk mitteilen: »Vor einiger Zeit schrieb man mir aus Freiburg, es sei wohl zu empfehlen, dass das Bischöfliche Generalvikariat eine Anfrage an die Theologische Fakultät der Universität Freiburg/Br. stelle, ob sie – ohne damit in das Habilitationsverfahren eingreifen zu wollen – ein Gutachten über den wissenschaftlichen Wert meiner Habilitationsschrift (Spanische Kolonialethik im Goldenen Zeitalter) übersenden könne. Wie ich Ihnen seinerzeit mitteilte, habe ich die Habilitationsschrift und das Habilitationsgesuch im Juni eingereicht. Inzwischen schrieb mir Herr Prof. Müncker, er habe die Arbeit gelesen und halte sie für ›ausgezeichnet‹. In ähnlichem Sinne äußerten sich auch die Herren Professoren Clemens Bauer und Walter Eucken. Letzterer betonte besonders die zeitnahe Problemstellung meiner Schrift, die ›aufregend‹ sei und ihn ›aufs äußerste fessele‹. Somit glaube ich, dass nunmehr ein wissenschaftliches Gutachten möglich ist, wenn auch das Habilitationsverfahren selbst noch in der Schwebe ist.«[36] Gleichzeitig konnte Höffner – wie bereits weiter oben dargestellt wurde – eine Liste mit 15 ausnahmslos positiven Rezensionen seiner volkswirtschaftlichen Dissertation »Wirtschaftsethik und Monopole« vorlegen.[37]

Nach solchen Erfolgsmeldungen konnte der Generalvikar in Trier mit dem Expositus in Kail nur zufrieden sein. Am 3. November 1942 schrieb er: »Sehr froh bin ich, dass die bisherige Beurteilung der Arbeit so überaus günstig ausgefallen und dass auch Ihre Arbeit über die Wirtschaftsethik so günstig besprochen worden ist. Das ist für einen katholischen Theologen unserer Zeit ein außerordentlich guter Erfolg«.[38]

---

35 Höffner an von Meurers, 5. 6. 1942 (Durchschlag): Ebd. – Das hs. Original der Habilitationsschrift findet sich in HAEK – NH 1516 mit zahlreichen Fußnoten und Korrekturen zwischen 1944 und 1947 (im vorläufigen Verzeichnis des Höffner-Nachlasses fälschlich unter »Kolonialethik (Vorlesungen, gehört in Rom und Freiburg)« geführt).

36 Höffner an von Meurers, 30. 10. 1942 (Durchschlag): HAEK – NH 2565 – von Meurers kam der Bitte Höffners um ein Schreiben nach Freiburg umgehend nach: von Meurers an Dekanat der Theologischen Fakultät Freiburg, 9. 11. 1942 (Durchschlag): BAT – 88/402, 1.

37 Vgl. oben S. 67 mit Anm. 61.

38 von Meurers an Höffner, 3. 11. 1942 (Original): HAEK – NH 2565.

Höffner wusste, dass Meurers auf dem Laufenden gehalten werden wollte. Deshalb fügte er dem Weihnachtsgruß am 22. Dezember 1942 die Nachricht an: »Meine freie Zeit gehört dem Studium. Ich suche die ›Spanische Kolonialethik‹ weiter auszuarbeiten. Herr Prof. Bauer, der mich kürzlich hier besuchte, sagte mir, es lägen bisher folgende Gutachten über meine Habilitationsschrift vor: von ihm, von den Herren Professoren Eucken, von Dietze, Müncker; das Korreferat von Herrn Dekan Dr. Mohler[39] stehe noch aus; der Herr Dekan sei mit einer dringenden Drucklegungsarbeit beschäftigt, so dass erst im Januar oder Februar mit dem Abschluss des Gutachtens zu rechnen sei. Nach Einsicht in die Gutachten will ich versuchen, die Arbeit druckfertig zu machen, wenn auch vorläufig mit der Drucklegung kaum zu rechnen ist.«[40]

Für Generalvikar von Meurers war das ein Signal, sich über die weitere Verwendung des für eine Hochschullehrerlaufbahn ausgebildeten jungen Priesters unter den gegebenen Zeitumständen Gedanken zu machen. Wann das Habilitationsverfahren bei kriegs- und politisch bedingten Verzögerungen abgeschlossen würde, konnte man nicht vorhersagen. Außerdem bedeutete die Promotion zum Dr. habil. unter den damaligen politischen Verhältnissen noch nicht die Erteilung der *venia legendi*, die sich der nationalsozialistische Staat vorbehalten wollte. Also auch nach Abschluss des Habilitationsverfahrens war Höffner nicht am Trierer Priesterseminar einsetzbar. Doch wollte Meurers Höffner von der bescheidenen Stelle in Kail entpflichten und näher nach Trier ziehen. Am 12. März 1943 schrieb er Höffner: »Wie Sie wissen, ist zur Zeit die Pfarrei Trier, Heiligkreuz, unbesetzt. Ich glaube, dass das zur Zeit eine richtige Stelle für Sie wäre. Überlegen Sie deshalb die Sache einmal und kommen Sie vielleicht noch im Laufe dieser Woche zu mir zu einer Besprechung.«[41]

Wenn die Ernennung Höffners zum Pfarrer an Heiligkreuz in Trier sich noch bis zum 16. April 1943 hinzog, kann das mit einem Umstand zusammenhängen, den Höffner dem Generalvikar zunächst offenbaren musste: der Unterbringung des jüdischen Kindes Alice Esther (Sara) Meyerowitz aus Berlin in Kail, die er vermittelt hatte, und seine Betreuung dieses Kindes.[42] Anlässlich der Eintragung Joseph Höffners und seiner Schwester Helene Hesseler, die auf seine Vermittlung hin eine Jüdin mit ihrem kranken Mann von November 1943 bis August 1944 im Horhauser Elternhaus aufgenommen hatte, in das Verzeichnis der »Gerechten der Völker« der Gedenkstätte Yad Vashem in Jerusalem im Oktober 2003 sind die

[39] Ludwig Arnold Mohler (1883 – 1943), seit 1939 Professor für Kirchengeschichte in Freiburg: DBE 7, 1998, S. 180.

[40] Höffner an von Meurers, 22. 12. 1942 (Durchschrift): HAEK – NH 2565.

[41] von Meurers an Höffner, 12.3. 1943 (Original): Ebd.

[42] Erste Hinweise auf diesen Tatbestand in der Literatur: J. Höffner, Neuer Aufbruch des Glaubens, S. 106; Vom jungen Dorfpastor Josef Höffner erzählt Wilhelm Mogge, in: Presseamt des Erzbistums Köln (Hrsg.), Unerschrockener Mahner und Bekenner, S. 47-49; L. Roos, Höffner, S. 187 f.; M. Persch, Spurensuche – Spurensicherung, S. 317; H. Mussinghoff, Höffner – Ein Lebensretter, S. 162-165.

wenigen verstreuten Nachrichten über diese Vorgänge gesammelt und einer breiteren Öffentlichkeit zugänglich gemacht worden.[43] A. N. Desczyk hat die Einzelheiten bezüglich des Kindes nach dem Wissensstand von 2004 zusammengefasst: »Im März 1943 lässt er [Höffner] die siebenjährige Jüdin [Alice] Esther (Sara) Meyerowitz zu einer ›Kinderlandverschickung‹ aus Berlin nach Kail kommen, kurz vor deren ›Abtransport‹ aus Berlin.« Unklar bleibt, welche Verbindungen Höffner zu der Familie Meyerowitz hatte, vielleicht über die katholische Pfarrei Schlachtensee« – bzw. über seine Schwester Elisabeth, die dort als Seelsorgehelferin tätig war.[44]

Die Darstellung Desczyks konnte noch nicht berücksichtigen, was die inzwischen 72jährige Lisa Lehner, die 1947 mit ihren Eltern in die USA auswanderte und dort ihren Lebensweg machte, bei einem Besuch in Köln und in Kail im Oktober 2007 selbst berichtete: Sie wurde von Höffner nicht in sein Pfarrhaus aufgenommen. Das wäre 1943 für einen jungen Geistlichen nicht aus politischen, sondern aus kirchlich-moralischen Gründen anstößig gewesen. Höffner brachte sie bei der Familie des Kailer Landwirts Wilhelm Heucher mit dem unverdächtigen Namen Christa Koch unter. Frau Lehner berichtete 2007, Pfarrer Höffner sei ihre väterliche Vertrauensperson gewesen. Sie sei im Pfarrhaus ein- und ausgegangen. Höffner habe ihr bürgerliche und kirchliche Verhaltensregeln gegeben, um unter den Kindern des Dorfes nicht aufzufallen. Sie habe sehr darunter gelitten, als Höffner kurze Zeit nach ihrer Ankunft nach Trier versetzt wurde und sie nach den eigenen Eltern nun auch die gerade erworbene Vertrauensperson wieder verlor.

Desczyk berichtet weiter: »Während die Eltern innerhalb Berlins auf der Flucht sind, kann [Alice] Esther in Kail die Schule besuchen.« Um nicht aufzufallen, wird das Kind 1944 zur Erstkommunion geführt und vorher im Kloster Kür (Pfarrei Niederfell) getauft.[45] »Höffner kümmert sich von Trier aus weiterhin regelmäßig um Christa.«

Frau Lehner berichtete 2007, selbst Familie Heucher habe nicht um ihre wirkliche Identität gewusst. »Opa Heucher«, zu dem sie ähnlich wie vorher zu Höffner ein Vertrauensverhältnis entwickelte, habe sie einmal unter vier Augen gefragt: »Was ist dein richtiger Name?«Nach einigem Zögern habe sie ihren Namen genannt, sei dann aber in Verunsicherung hinausgelaufen.

Höffner scheint sich von Trier aus weiter um Christa Koch gekümmert zu haben, wenn sich Frau Lehner 2007 auch nicht daran erinnern konnte, ihn noch einmal in Kail gesehen zu haben. Als 1945 feststand, dass die Eltern in Berlin

---

[43] Presseamt des Erzbistums Köln (Hrsg.), Um den Preis des eigenen Lebens ... (= Drei-Kronen-Reihe, Heft 21), Köln 2004.

[44] A. N. Desczyk, Höffner, S. 56.

[45] Vgl. U. Helbach/J. Oepen/W. Schmitz (Redaktion), Katalog, S. 103: »Die Taufe ist im Taufbuch der zuständigen Kirchengemeinde St. Lambertus Niederfell eingetragen. Dabei gab der Pfarrer, der die Eintragung vornahm, die Eltern mit fingierten Namen an.«

überlebt hatten und die Mutter das Kind zurückholen wollte, wandte sich Höffner am 17. Oktober 1945 »An die Militärregierung Trier«, um »für das Kind und eine Begleitperson« einen »Interzonenpass« zu beantragen. In dem Antrag schrieb er: »Während des Krieges hatte ich in meiner damaligen Seelsorgestelle Kail b. Cochem a. d. Mosel das jüdische Kind Esther Sara Meyerowitz untergebracht. Das Kind ist in Kail in der katholischen Familie Wilhelm Heucher bis jetzt untergebracht und verborgen gehalten worden unter dem Decknamen Christa Koch. Das Kind konnte unter diesem Decknamen sogar unbehelligt mit den anderen Kindern die Kailer Volksschule besuchen. – Nun soll das Kind zu seinen Eltern nach Berlin zurückgebracht werden.«[46]

Weshalb dieser Antrag im Original erhalten ist, ergibt sich aus einer handschriftlichen Fußnote Höffners: »Mündliche Besprechung: Interzonenpass z. Zt. noch nicht möglich! Die UNRRA um Vermittlung bitten! Nachricht an Herrn Gerhard Pohl, Berlin ...« Frau Lehner wusste, dass dieser Herr Pohl schon bei ihrer Vermittlung nach Kail eine Rolle gespielt hatte und zum Berliner kirchlichen Umfeld gehörte.

Ihre Mutter habe sie dann im Herbst 1945 in Kail abgeholt. Eine abenteuerliche Reise habe sie nach Berlin zurückgeführt, wo die Familie – inzwischen durch eine gegen Ende des Krieges geborene jüngere Schwester erweitert – sich zu einem neuen Leben zusammenfinden musste. Beim Abschied in Kail habe man sie mit damals ungeheuer wichtigen »Naturalgeschenken« bedacht, die unterwegs bei der jeweiligen Weiterbeförderung als Bestechungsgaben von Bedeutung gewesen seien. In Kail habe man in einem Hause Geld abgeholt, das dort in den zurückliegenden Jahren für sie hinterlegt gewesen sei. Die Quelle kannte auch Frau Lehner nicht. War es den Eltern gelungen, aus dem Untergrund gelegentlich kleinere Beträge dorthin zu schaffen, oder hatte Pfarrer Höffner bisweilen aus Trier etwas überwiesen, damit Familie Heucher bei Bar-Auslagen darauf zurückgreifen konnte?

Heinrich Mussinghoff weiß zu berichten: »Von dort [Berlin] ist sie mit ihrer Mutter nach Amerika ausgewandert. Zunächst gab es Briefe und Päckchen an Familie Heucher und Hildegard Reuter [eine Schulkameradin]. Der letzte schriftliche Gruß stammt von 1968, wo sie als ›Krista-, jetzt Lisa‹ – auch im Namen ihres Mannes Steve und ihres Sohnes David grüßt und im folgenden Jahr zu Besuch zu kommen hofft. Seither ist die Verbindung abgerissen.«[47] Diese Aussage Bischof Mussinghoffs ist inzwischen überholt: Bei der Vorbereitung der Feiern zum 100. Geburtstag Joseph Höffners gelang es dem Historischen Archiv des Erzbistums Köln, Frau Lisa Lehner in den USA ausfindig zu machen und ihren

---

[46] Höffner an Militärregierung Trier, 17. 10. 1945 (Original): Privatbesitz Hesseler/Horhausen, neuerdings: HAEK – NH (noch ohne Signatur).

[47] H. MUSSINGHOFF, Höffner – Ein Lebensretter, S. 164; Faksimile-Druck der letzten Karte: EBD. S. 165.

Besuch in Köln und Kail auf Einladung des Kölner Erzbischofs im Oktober 2007 vorzubereiten.

Man darf Mussinghoff in seinem Urteil aus der Rückschau zustimmen: »Die tapfere Tat Kardinal Höffners konnte ihn sein Leben kosten.« Es wäre der Gestapo ein Vergnügen gewesen, diesen von seinen Vorgesetzten geförderten, für höhere Aufgaben bestimmten jungen Geistlichen wegen seiner Tat in ein Konzentrationslager einzuweisen.

Hat Höffner die noch ganz frische Tat seinem Generalvikar bei dem Gespräch nach dem 12. März 1943 gestanden? Das würde erklären, weshalb die Ernennung zum Pfarrer von Heiligkreuz hinausgeschoben wurde: Höffner musste zunächst die weitere Versorgung des jüdischen Kindes in Kail regeln. Wie immer Generalvikar von Meurers Höffners Verhalten beurteilt hat: Als Pfarrer von Heiligkreuz in Trier wagte Höffner ein halbes Jahr später ein zweites Mal, eine Jüdin zu verstecken. Seine Schwester Helene Hesseler hat auf seine Vermittlung hin im Horhauser Elternhaus eine jüdische Ärztin mit Ihrem Mann aus Berlin aufgenommen. Das geschah offensichtlich wiederum nach Rückfrage seiner Schwester Elisabeth in Berlin-Schlachtensee. Die Einzelheiten ergeben sich aus einem Brief von Dr. Edith Nowak an Höffner vom 24. Juni 1946[48] und aus einer eidesstattlichen Erklärung von Helene Hesseler vor einem Notar in Neuwied am 20. September 2002.[49]

Frau Nowak hatte 1946 Höffners Anschrift in Trier erfahren und benutzte sie »mit Freuden, um Ihnen endlich einmal für Ihre große Hilfe in unseren schweren Jahren zu danken. Damals, 1943, als wir Berlin auf legale Weise nicht verlassen konnten und die Ärzte doch für meinen schwer kranken Mann unbedingt den Ortswechsel forderten: damals, als wir nicht wussten wohin, – denn niemand hätte uns ja aufgenommen, – haben Sie uns bei Ihrer Familie im Westerwald untergebracht, wo wir dann monatelang ohne polizeiliche Anmeldung bleiben durften.

Die Schwierigkeiten, die Ihre Familie damals schon mit dem Naziregime des Kreises hatte, hat [haben] sie nicht gehindert, dieses Risiko auf sich zu nehmen; denn es wäre ja nicht ohne böse Folgen für Sie und die Ihren verblieben, wenn man erfahren hätte, dass Sie eine Jüdin im Hause verbargen. Glauben Sie mir, dass ich dieses mutige und menschliche Verhalten, das sich mit einer so wohltuend schlichten Gastfreundschaft verband, und das uns in jenen Jahren

48 Maschinenschr. Abschrift: Dr. Edith Nowak, Berlin, an Prof. Dr. Joseph Höffner, Trier, 24. 6. 1946; hs. Fußnote Höffners: »Frau Dr. Nowak schrieb mir obigen Brief. Ich schicke Euch [den Schwestern in Horhausen] eine Abschrift zu. Frau Dr. Nowak hat z. Zt. eine leitende Stelle beim Volksbildungsamt-Berlin inne«: Privatbesitz Hesseler/Horhausen. – Im Nachlass Höffner findet sich lediglich ein hs. Brief von Frau Nowak an Höffner vom 19. 6. 1948 und die Durchschrift der Antwort Höffners vom 24. 6. 1948. Es geht darin um die Frage, ob Frau Nowak nach der Währungsreform in Berlin bleiben soll oder nicht: HAEK – NH 1402.

49 Kopie: Urkundenrolle 133/2002 J des Notars Jürgen Schmidt, Neuwied: Eidesstattliche Erklärung von Frau Helene Hesseler geb. Höffner 20. September 2002: Privatbesitz Hesseler Horhausen.

der Lieblosigkeit und Verfolgung doppelt wohl getan hat, niemals vergessen werde.«

Frau Hesseler gab 2002 vor dem Notar in Neuwied zu Protokoll, »dass Frau Dr. Edith Nowak in der Zeit von etwa Ende November 1943 bis etwa Mitte August 1944 in meiner Familie gewohnt hat ... Mein Bruder Joseph Höffner, der durch meine Schwester Elisabeth Verbindung nach Berlin hatte, hatte mich gebeten, das Ehepaar Nowak bei uns in Horhausen aufzunehmen ... Das Ehepaar Nowak war sehr verängstigt; Herr Nowak war zudem schwer krank. Das Ehepaar kam aus Berlin-Grunewald, wo sie in einem leerstehenden Eisenbahnwagen Unterschlupf gefunden hatten ... Ich habe dem Ehepaar ein Zimmer in unserem Hause eingerichtet, das sie aus Angst in der ersten Zeit nicht verlassen haben.

Zunächst war nur ein Aufenthalt von 14 Tagen geplant. Da sich aber keine andere Wohnmöglichkeit ergab, blieb das Ehepaar Nowak weiter bei uns wohnen bis August 1944. Ich riet seinerzeit dem Ehepaar, sich nicht im Zimmer zu verstecken, sondern sich ganz normal zu bewegen und auch in den Ort zu gehen.

Niemand im Dorf wusste, dass Frau Nowak Jüdin war. Auch mein Ehemann, der damals Soldat war, wusste nichts davon. Ich erzählte den Bewohnern des Ortes, dass wir vorübergehend Bekannte aus Berlin bei uns aufgenommen hätten. Von meiner eigenen Familie wussten – außer meinem Bruder Joseph – nur unsere Schwestern Elisabeth und Franziska, dass Frau Dr. Nowak Jüdin war ...« Die Mutter von Frau Nowak sei in das Konzentrationslager Theresienstadt verbracht worden. Mysteriös wie die Anreise sei die Abreise der Nowaks im August 1944 gewesen, wohl vermittelt durch die Zentrumspolitikerin und spätere Kultusministerin Christine Teusch.

Es klingt wie ein »Nachbeben«, wenn Höffner 1981 im Rückblick auf das Weihnachtsfest 1945 schrieb: »Ich war glücklich, dass das jüdische Mädchen Esther Sara, das ich seit 1943 in meiner Seelsorgestelle verborgen hatte, bald wieder unversehrt zu ihren Eltern, die in Berliner Verstecken überlebt hatten, zurückkehren konnte. Ich war froh, dass eine andere Berliner jüdische Familie, die monatelang in meinem Westerwälder Vaterhaus Zuflucht gefunden hatte, ebenfalls noch am Leben war. Das waren nur einige von vielen anderen persönlichen Gründen für mich, am 24. 12. 1945 dankbar zu sein.«[50]

Höffners Ernennung zum Pfarrer von Heiligkreuz in Trier erfolgte am 16. April 1943.[51] Am 17. April schrieb Höffner an Meurers: »Ich freue mich sehr auf das neue Wirkungsfeld und danke Ihnen herzlich für das Vertrauen, das Sie mir entgegenbringen.« Zum Stand des Habilitationsverfahrens in Freiburg konnte Höffner berichten: »Vom Dekan der Theologischen Fakultät Freiburg/Br. erhielt ich

50 J. Höffner, Neuer Aufbruch des Glaubens, S. 106.
51 Ernennungsurkunde Bischof Bornewassers (Original): HAEK – NH 2565.

gestern die Mitteilung, dass nunmehr sämtliche Gutachten über meine Habilitationsschrift vorlägen und dass die Arbeit schon bei der Fakultät zirkuliert habe. ›Etwa am 15. April‹, so schreibt Dekan Dr. Mohler weiter, ›nehme ich Rücksprache mit dem Dozentenbundesführer. Ich hoffe, dass im Laufe des Mai der erste Akt Ihrer Habilitation steigen kann‹ ...

Ich habe die letzten Monate noch eifrig einige in der Habilitationsschrift angeschnittene Fragen weiterverfolgt. Demnächst hoffe ich, in Freiburg mit den einzelnen Rezensenten auch persönlich etwaige Wünsche zu besprechen. Wenn ich auch in Trier kaum noch Zeit zum Studium finden werde, glaube ich doch, nebenher die Dissertation [richtig: Habilitationsschrift] druckreif und druckfertig machen zu können.«[52]

Am 7. Mai schrieb Theodor Müncker aus Freiburg: »Mein lieber Herr Doktor und Stadtpfarrer!« Nach den gleichen Informationen, die Höffner bereits im April von Dekan Mohler über den Stand des Habilitationsverfahrens erhalten hatte, folgte die Feststellung: »Im Rahmen des Habilitationsverfahrens findet vor Fakultät und Rektor ein Colloqium mit dem Habilitanden statt, das, so hoffen wir, im Laufe dieses Semesters steigen kann. Dazu werden Sie ja noch einmal amtlich vor der Fakultät erscheinen müssen.«[53]

Wie Höffner Generalvikar von Meurers am 16. Mai 1943 mitteilen konnte, hatte er aus Freiburg erfahren, dass die wissenschaftliche Begutachtung der Arbeit auch formell abgeschlossen war und dass auch die amtliche Zuerkennung des Dr. habil. nicht auf Schwierigkeiten (seitens des Dozentenführers Steinke) stoßen werde. Der Dekan habe ihm mitgeteilt, dass seine Habilitation noch in diesem oder im nächsten Semester abgeschlossen werden könne, »ein Ergebnis, womit ich nicht gerechnet hatte ... Nun wird das Studium vorerst stark zurücktreten müssen. Am kommenden Sonntag, 23. Mai, ist meine Einführung in Heiligkreuz. Ich freue mich auf die neue Arbeit.«[54]

Aus den Akten ist kaum zu ermitteln, weshalb es dann doch noch bis zum 21. Juni 1944 dauerte, das Habilitationsverfahren abzuschließen. Am 8. Januar 1944 schrieb Müncker aus Freiburg an Höffner: »Wissen Sie bereits, dass der Ihnen so wohlgesinnte [Dekan] Mohler am Weihnachtsmorgen ... von uns gegangen ist? ... Mohler wollte Ihre Sache im Januar bei Steinke aufgreifen. Nun muss es der Dekanatsnachfolger tun, der noch nicht heraus ist.«[55] Neuer Dekan wurde der Neutestamentler Alfred Wikenhauser, der die Habilitationsurkunde Höffners

52 Höffner an von Meurers, 17. 4. 1943 (Durchschlag): Ebd.

53 Müncker an Höffner, 7. 5. 1943: HAEK – NH 1402.

54 Höffner an von Meurers, 16. 5. 1943 (Original): BAT – 88/402, 1; vgl. A. N. Desczyk, Höffner, S. 58.

55 Müncker an Höffner, 8. 1. 1944: HAEK – NH 1402 (Der Brief ist irrtümlich auf den 8. 1. *1943* datiert, aber an den »Lieben Herrn Doktor und Stadtpfarrer« adressiert, was Höffner Anfang 1943 noch nicht war!).

vom 21. Juni 1944 neben dem Rektor, dem Mathematiker Wilhelm Süss, unterzeichnete.[56]

Über den Habilitationsvortrag am 28. Juni 1944 ermittelte Rudolf Henning aus einem Protokollvermerk der Freiburger Fakultät: Außer den Theologieprofessoren Müncker und Johannes Vincke beteiligten sich an der Diskussion auch die Professoren Constantin von Dietze, Walter Eucken, Theodor Maunz und Erik Wolf. Das Thema lautete: »Die christliche Naturrechtslehre der spanischen Spätscholastik in ihren Beziehungen zu den Anfängen der Völkerrechtswissenschaft.«[57] Der Kirchen- und Kunsthistoriker Joseph Sauer vermerkte über den Vortrag Höffners:

»28. Juni. Nachmittags Habilitationsvortrag Höffners über die span[ischen] Theologen, die Begründer des Völkerrechts (Vitoria O.Pr.); Vortrag war formell wie inhaltlich ausgezeichnet. Anwesend waren noch außer Dozentenführer Steinke die Professoren von Dietze, Eucken, Wolf, Boehmer und Maurer, die sehr guten Eindruck hatten. Als Steinke hernach meinte, diese höchst aktuellen Dinge sollten von deutscher Seite, namentlich gegen ihre propagandistische Ausschlachtung gegen Deutschland, mehr bearbeitet werden, antwortete Dietze: ›Dazu gehören Fachgelehrte, die wir hatten, die hat man bei uns unmöglich gemacht‹.«[58]

Dem Gratulationsbrief von Meurers vom 19. Juli 1944 ist der Stolz des Generalvikars über den Erfolg seines »Schützlings« seit sieben Jahren anzumerken: »Von ganzem Herzen spreche ich Ihnen zur damit endgültigen Vollendung Ihrer Studien meine aufrichtigsten und herzlichsten Glückwünsche aus. Es freut mich, dass Sie in so kurzer Zeit und mit so gutem Erfolge nunmehr auch den Doctor theol. habil. erlangt haben.«[59] Wenn der Generalvikar Höffner für dessen weitere wissenschaftlichen Arbeiten beste Erfolge wünschte, ahnte er noch nicht, wie bald diese sich zum Nachteil des Bistums Trier einstellen sollten. Meurers hoffte »insbesondere, dass die Drucklegung Ihrer Arbeit über die spanische Kolonialethik sich ermöglichen lässt«. In Freiburg wurde auch für die Habilitationsschrift die Drucklegung innerhalb eines Jahres verlangt. Höffner musste mehrfach mit Verweis auf die Zeitumstände um die Verlängerung dieser Frist bitten, ehe er den Druck 1947 vorlegen konnte.

Für sein Wirken als Pfarrer an Heiligkreuz in Trier blieben Höffner kaum mehr als anderthalb Jahre – unter zunehmenden kriegsbedingten Störungen. Wie intensiv er trotz dieser Behinderungen in seiner neuen Gemeinde gearbeitet hat, verraten eine Fülle von handgeschriebenen Zetteln mit Namen und Adressen von

---

56 Ausfertigungen der Habilitationsurkunde in HAEK – NH 1403 und BAT – 88/402, 1. – Alfred Wikenhauser (1883 – 1960), 1929-1950 Professor für Neues Testament in Freiburg: L. OBERLINNER, in: LThK 10, ³2001, Sp. 1166.

57 R. HENNING, In memoriam Joseph Kardinal Höffner, S.12; vgl. A. N. DESCZYK, Höffner, S. 59.

58 J. VINCKE, Joseph Sauer 1872-1949, in: DERS. (Hrsg.), Freiburger Professoren des 19. und 20. Jahrhunderts, Freiburg 1957, S. 109-140, hier: S. 140.

59 Der Brief von Meurers' an Höffner vom 19. 7. 1944 ist in Höffners Nachlass nicht vorhanden. Kopie: BAT – 88/402, 1. – Vgl. A. N. DESCZYK, Höffner, S. 59

Gemeindeangehörigen, die entweder in einer der noch bestehenden Gruppen tätig waren (Messdiener, Paramentenverein, »Fördererinnen des Müttervereins«, »Vorbetkinder«, »Bastelgruppe«) oder bei denen er Hausbesuche gemacht hat. Ein Alphabetisches Register seiner Hausbesuche hielt die Daten – zwischen Frühsommer 1943 und letzten Novembertagen 1944 – fest; hinter den Namen und Adressen sind Zeichen und stenographische Notizen eingetragen.[60] Die einzige persönliche Nachricht über diese Zeit, die uns im Rückblick Höffners auf das Weihnachtsfest 1945 erhalten ist, lautet:

»Schon lange vor Kriegsende hatte ich einem Kreis von Laien angehört, dessen Mitglieder sich darüber Gedanken machten, wie es nach dem Zusammenbruch des Nationalsozialismus weitergehen könnte. Natürlich fanden wir keine Patentrezepte für eine Situation, deren Ausmaße uns nur ungenügend vor Augen stehen konnten. Aber wir hatten die unerschütterliche Überzeugung, dass von dem Tag X an die Grundgesetze der katholischen Soziallehre als Bausteine zum Fundament des Neubaus Deutschlands beitragen würden. Unser Vertrauen auf deren Zuverlässigkeit bewahrte uns vor Ratlosigkeit und Resignation.«[61]

Dass Höffner über seine Pfarrei hinaus sofort für Bistumsaufgaben herangezogen wurde, zeigt seine Mitgliedschaft in einem diözesanen »Katechetischen Arbeitskreis«. Unter der Überschrift »Planung eines neuen Katechismus« heißt es: »Der deutsche Episkopat hat den Katecheten-Verein, München, mit den Vorarbeiten zur Herstellung eines neuen Katechismus beauftragt. Zur Förderung seiner Arbeit will der Katecheten-Verein Fragebriefe an katechetische Arbeitskreise in den einzelnen Diözesen herausgeben mit der Bitte um Stellungnahme. Nach Rücksprache mit dem Herrn Generalvikar und mit seiner Zustimmung hat Herr Weihbischof Metzrodt zur Behandlung der Fragebriefe einen katechetischen Arbeitskreis berufen ...«[62], unter dessen sieben Mitgliedern Höffner an sechster Stelle genannt ist. Der Kreis hatte am 28. April 1944 erstmals im Generalvikariat getagt, um die ersten »Fragebriefe« aus München zu diskutieren. Doch schon eine für den 26. September 1944 anberaumte zweite Sitzung musste »kriegsbedingt« abgesagt werden. Weihbischof Metzrodt bat um schriftliche Anregungen für den Katecheten-Verein in München.

Als solche ist eine Stellungnahme Höffners zu einer Schrift von Gustav Götzel (»Auf dem Wege zu einem neuen Katechismus«) zu betrachten,[63] die 1944 in Freiburg erschienen war. Höffners Stellungnahme zeigten seine in Freiburg bei P. Wiesen entwickelte Kompetenz in katechetischen Fragen. Am Schluss machte er einen bedenkenswerten, aber noch lange nicht verwirklichten Vorschlag:

[60] Diese Materialien über Heiligkreuz finden sich in HAEK – NH 4132.

[61] J. Höffner, Neuer Aufbruch des Glaubens, S. 107.

[62] HAEK – NH 3154.

[63] G. Götzel, Auf dem Wege zu einem neuen Katechismus. Eine katechetische Gemeinschaftsarbeit, Freiburg 1944. – Höffners Stellungnahme vom 12. 10. 1944: HAEK – NH 3154.

»In den von P. Wiesen herausgegebenen ›Beiträgen zum Ausbau der Kinderseelsorgestunde‹ (1939) schrieb ich (S. 15 f.): ›Nur *ein* Buch sollte es sein: Bibel, Katechismus, Liturgik, Kirchengeschichte und Heiligenleben in einem geschlossenen Aufbau ..., dem Kirchenjahr angepasst ... Das Alte Testament und das Leben Jesu, die Hauptteile der heutigen biblischen Geschichte – würden auch in diesem Religionsbuch ihren zusammenhängenden Platz erhalten. In die übrigen Teile könnten jedoch viel lebendiger die Apostelbriefe, Geheime Offenbarung (Lehre von den letzten Dingen) verarbeitet werden.«

Höffners über Trier und Deutschland hinausreichender Horizont zeigt sich in der Schlussempfehlung, »die Katechismen und Religionsbüchlein der übrigen katholischen Länder, etwa Italiens, Frankreichs, Belgiens, Hollands und Englands, durchzuarbeiten. Sollten sich nicht auch dort manche Winke finden?«

In dieser Zeit nahmen die Kriegszerstörungen in Trier apokalyptische Formen an. Desczyk, der sich dabei auf Höffner selbst stützt, schreibt: »Trier gerät ins Visier der Alliierten; auch Heiligkreuz gerät unter Granatbeschuss und wird ›durch drei furchtbare Bombenteppiche am 19., 21. und 23. Dezember fast völlig zerstört‹. Höffner hilft, viele Tote aus den Trümmern zu bergen. Die meisten Gläubigen werden evakuiert. Als Hirte seiner Gemeinde bleibt er so lange wie möglich in seiner Pfarrei.«[64]

Bischof Bornewasser hatte, wie er am 16. Januar 1945 Erzbischof Frings in Köln mitteilte, mit seinem Generalvikariat Trier am 19. bzw. 20. Dezember 1944 verlassen müssen »mitsamt der Bevölkerung«. »Das Generalvikariat befindet sich in Ebernach bei Cochem, Mosel. Ich selbst habe mit meiner Schwester und meinem Diener Zuflucht gefunden in dem kleinen Dorf Saffig [bei Andernach] ...«[65]

In seiner »Chronik des Bistums Trier« schrieb Generalvikar von Meurers unter dem 10. Januar 1945 über eine Sitzung des Geistlichen Rates am 4. Januar: »Dann gab ich Kenntnis von einem Brief des Pfarrers Nikolaus Jonas, Trier, Liebfrauen,[66] der über die *Verhältnisse in Trier* Näheres berichtet ... Pfarrer Jonas ist im Hochbunker und versieht von dort aus die Seelsorge der Stadt, soweit das möglich ist. Außerdem sind noch anwesend Pfarrer Koster in Pallien,[67] Kaplan Schnur von Christkönig[68] und Pfarrer Dr. Höffner, Hl. Kreuz ... So sind die Außenviertel der Stadt und auch die Innenstadt sehr gut versorgt. Die übrigen fünf Herren sind,

---

64 A. N. Desczyk, Höffner, S. 59.

65 Bornewasser an Frings 16. 1. 1945 (hs. Original): HAEK – CR 25.18, 3. Druck: N. Trippen, Westdeutsche Bischofsstädte 1944/45, S. 195 ff.

66 Nikolaus Jonas (*1902), 1925 Priesterweihe in Trier, 1940-1951 Pfarrer an Liebfrauen und St. Laurentius in Trier: Handbuch des Bistums Trier [21]1960, S. 224. Weitere Anstellungen im Bistum Trier: Ebd. [22]1991, S. 486.

67 Es ist nicht zu ermitteln, wer von den Trägern dieses Namens im Trierer Klerus gemeint ist.

68 In den Handbüchern des Bistums Trier nicht zu ermitteln.

wie es scheint, im Euchariushaus zusammen: Dr. Thomas,[69] Johannes Wagner,[70] Dr. Kempf,[71] Albert Heintz[72] und Pater Alfons Wehmeyer. Ich nehme an, dass diese Herren sich besonders des Domes und des Domringes annehmen und für unsere Gebäude sorgen ...«[73]

Doch schon am 8. Januar 1945 musste Höffner dem Generalvikar mitteilen: »Da nunmehr auch die letzten meiner Pfarrkinder Heiligkreuz verlassen haben, will auch ich heute von meinem Felsenbunker Abschied nehmen und nach Horhausen übersiedeln. Ich wäre Ihnen dankbar, wenn Sie mir nach Horhausen eine Bescheinigung schicken könnten, dass ich mich dort in der Seelsorge betätige.«[74]

Der Generalvikar antwortete am 30. Januar 1945: »Ich bin sehr froh, dass Sie so lange in Trier ausgehalten haben, wie Sie in Hl. Kreuz Arbeit fanden. Mit Ihnen bedaure ich sehr, dass der alte Teil der Pfarrkirche völlig zerstört wurde. Es war ein Bau, den wir sonst unbedingt erhalten hätten und der auch bei einer Neuplanung der Pfarrkirche in Hl. Kreuz unbedingt hätte stehen bleiben und mit einbezogen hätte werden müssen. Sehr bedaure ich auch den Verlust des Pfarrheimes. Von Trier erhalten wir Bericht von Herrn Pfarrer Jonas und den Herren, die noch am Dom sind. Pfarrer Jonas übt die Seelsorge weiter vom Hochbunker aus, und unsere Herren am Dom schützen das kirchliche Eigentum ...

Anliegend schicke ich Ihnen eine Bescheinigung für die Seelsorge in Horhausen. Ich nehme an, dass der dortige Pfarrverwalter einverstanden ist, wenn Sie ihm helfen.«[75]

Wie Höffner die letzten Kriegsmonate erlebt hat, schilderte er seinem Lehrer Müncker in Freiburg in einem Brief am 16. Oktober 1945: »Bis Mitte Januar war ich noch in den Trümmern des fast menschenleeren Trier geblieben, dann bin ich nach meiner Heimat Horhausen gegangen, wo am Palmsonntag die Front uns

---

69 Alois Thomas (1896-1993), 1920 Priesterweihe in Trier, 1931 Dr. theol. in Freiburg, 1931-1933 Studium der Archäologie in Rom, 1936 Diözesanarchivar und Kanzler des Bistums Trier (bis 1987), ab 1952 zusätzlich Leiter der Bauabteilung, 1952 Habilitation, 1957 a. o. Professor an der Fakultät Trier: M. PERSCH, in: BBKL 11, 1996, Sp. 1419-1421; DERS., Prälat Prof. Dr. Alois Thomas zum Gedenken, in: ARCHIV FÜR MITTELRH. KIRCHENGESCHICHTE 45, 1993, S. 559-564; H. SCHWARZ, Alois Thomas +, in: DER ARCHIVAR 47, 1994, Sp. 387-390.

70 Johannes Wagner (1908 – 1999), 1932 Priesterweihe in Trier, 1947 bzw. 1954-1975 Leiter des Liturgischen Instituts in Trier: A. HEINZ, in: LThK 10, [3]2001, Sp. 920.

71 Theodor Kempf (*1913), Priesterweihe 1939 in Rom, ab 1943 Religionslehrer und Lazarettpfarrer in Trier, 1948-1984 Leiter der Abteilung für Archäologie und Bauforschung im Generalvikariat Trier, 1952-1984 Direktor des Bischöflichen Museums in Trier: HANDBUCH DES BISTUMS TRIER [21]1960, S. 227; EBD. [22]1991, S. 488 f.

72 Albert Heintz (1908 – 1981), Priesterweihe 1931 in Trier, seit 1941 Bischöflicher Geheimsekretär, seit 1946 Vizeoffizial, 1948 Dr. theol., 1949-1975 Offizial, 1957 Domkapitular in Trier: HANDBUCH DES BISTUMS TRIER [21]1960, S. 218 f.; EBD. [22]1991, S. 584.

73 Heinrich von Meurers, Chronik des Bistums Trier, Bd. 5, S. 6 (maschinenschr. Manuskript): BAT – 105/2657.

74 Höffner an von Meurers, 8. 1. 1945 (hs. Original): BAT – 88/402, 2.

75 von Meurers an Höffner, 30. 1. 1945 (Original): HAEK – NH 2565; Durchschlag: BAT – 88/402, 2; Beauftragungsschreiben für Horhausen 3. 10. 1945: HAEK – NH 2565.

einholte. Drei Wochen lang waren durch den Remagener Brückenkopf heftige Kämpfe auf dem Westerwald; in Horhausen liegen z. B. 55 deutsche Soldaten begraben ... In Trier ist nur das Wohnviertel der Altstadt mit dem Dom und den anderen Kirchen und kirchlichen Anstalten schwer getroffen worden. Fast sämtliche Kasernen und das einzige größere Werk Triers, das ›Walzwerk‹, sind fast völlig unversehrt. Meine frühere Pfarrei Heiligkreuz ist zum größten Teil zerstört.«[76]

Über den Neuanfang Höffners in Trier nach Kriegsende berichtet Desczyk zusammenfassend: »Als Trier im Frühjahr 1945 von den Amerikanern besetzt wird, kehrt Höffner nach Heiligkreuz zurück, nach und nach kehren auch die Gläubigen in ihre zerstörten und oft ausgeraubten Wohnungen zurück. Es ist die ›Stunde der Caritas‹, man hilft sich mit dem Lebensnotwendigen an Nahrungsmitteln, Wolldecken, Küchengeschirr, Brennholz. Damals hat Höffner ›erlebt, dass die christliche Liebe wesentlich persönliche Züge trägt‹. Im Rückblick erinnert er sich, wie man sich erst ›allmählich des ganzen Ausmaßes der Greuel und des Schreckens bewusst‹ wurde, obwohl er selber schon in den vergangenen Jahren Schreckliches gehört hatte. Willi Graf, einer seiner ehemaligen Messdiener aus St. Johann in Saarbrücken, damals 16 Jahre, inzwischen Student in München und Mitglied der Widerstandsgruppe ›Weiße Rose‹, wurde im Oktober 1943 als Fünfundzwanzigjähriger verhaftet und hingerichtet. ›Einige von meinen guten Bekannten sind im KZ umgekommen.‹ Am 29. April 1945 sagt Höffner in einer Predigt: ›Wir haben voll Entsetzen erlebt, wie eine Bewegung, die in zynischer Weise die brutale Gewalt anbetete und die Ehrfurcht vor Gott als undeutsche Schwäche hinstellte, unsagbares Elend über Europa, über unser Volk und unsere Stadt Trier gebracht hat. Wir werden uns fragen müssen, ob wir nicht auch selber Schuld tragen, weil wir zu unentschieden, zu zaghaft, zu schwach gewesen sind.‹ Das Kriegsende lässt ihn aufatmen: ›Der 8. Mai, den ich als Befreiung und als Zusammenbruch *zugleich* erlebt habe, mahnt die ganze Menschheit zu Frieden und Versöhnung‹.«[77]

Für Bischof Bornewasser und seinen Generalvikar von Meurers war der Einsatz Höffners als Pfarrer an Heiligkreuz in Trier 1943 eine Übergangslösung gewesen, da der nationalsozialistische Staat aus politischen Gründen die Verleihung des Dr. habil. von der Erteilung der *Venia legendi* durch Reichsgesetz vom 13. Dezember 1934 getrennt hatte, so dass Höffner auch am Priesterseminar in Trier nicht zum Professor ernannt werden konnte. Manfred Hermanns ermittelte: »Nach der Wiederherstellung der Universität nach dem Kriege hat die Theologische Fakultät in Freiburg als eine ihrer ersten Maßnahmen mit Zustimmung von Rektor und Senat Höffner die *Venia legendi* erteilt.«[78]

[76] Höffner an Müncker, 16. 10. 1945 (Durchschlag): HAEK – NH 1403.

[77] A. N. Desczyk, Höffner, S. 59 f.; Desczyk stützt sich auf Äußerungen Höffners der Nachkriegszeit, die er in den Fußnoten benennt.

[78] M. Hermanns, Sozialethik, S. 232 Anm. 909.

Die von Hermanns zitierte Mitteilung Allgeiers an Höffner datiert vom 23. September 1945: »In erster Linie gratuliere ich Ihnen und Herrn Knauber[79] zur ehrenvollen Ernennung zu Professoren ...« Er könne leider Höffner nur schriftlich benachrichtigen, wolle aber die »Gelegenheit, auf die ich längst warte«, ergreifen, »Ihnen mitzuteilen, dass Ihnen nunmehr die *venia legendi* in aller Form erteilt ist. Es war eine der ersten Maßnahmen, welche die Fakultät nach der Wiederherstellung der Universität mit allgemeiner Zustimmung von Rektor und Senat vollziehen konnte.«[80] Am 17. September 1945 wurden Universität und Fakultät »feierlich eröffnet ... Sie wissen wohl auch, dass Herr von Dietze mit Ritter und Lampe seit Anfang Juni aus dem Berliner Gefängnis wohlbehalten zurück sind.«

Auf diese verspätete Mitteilung von Dekan Allgeier an Höffner vom 23. September 1945 geht vielleicht zurück, dass Höffners Ernennung zum Professor für Pastoraltheologie am Trierer Priesterseminar zum 1. September 1945 noch sehr vorsichtig formuliert ist. Bischof Bornewasser schrieb ihm, er habe Regens Dr. Matthias Wehr »in Anbetracht der umfangreichen Arbeit, die das Amt des Regens mit sich bringt ..., von der Professur für Pastoraltheologie entbunden ... Hierdurch beauftrage ich Sie *mit der Wahrnehmung der Professur für Pastoraltheologie* [Hervorhebung durch den Verfasser] an meinem Priesterseminar ...«[81] In Wirklichkeit dachten Bischof und Generalvikar daran, den von ihnen so lange und so nachhaltig geförderten Joseph Höffner endgültig als Professor am Priesterseminar gewonnen zu haben.

Höffner war sorgfältige Lektüre von Schriftstücken gewöhnt. Am 13. September 1945 schrieb er deshalb an Bischof Bornewasser: »Nachdem ich *mit der Wahrnehmung* einer Professur am Bischöflichen Priesterseminar beauftragt bin, verzichte ich hierdurch auf die Pfarrei Trier-Heiligkreuz und bitte Ew. Exzellenz, meinen Verzicht mit Wirkung vom 30. September 1945 anzunehmen.«[82] Seinem Lehrer Müncker in Freiburg schrieb Höffner am 16. Oktober 1945: »Der Bischof meinte, mein Plan, Professur und Pfarrei miteinander zu verbinden, lasse sich nicht durchführen. Es ist wohl auch besser so.«[83] Der erbetene Bescheid wurde von Generalvikar von Meurers am 24. September mitgeteilt.[84]

Als Höffner am 7. Oktober 1945 Dekan Allgeier antwortete, gab er Einblicke in seine neuen Lebenssituation: »Einen besonderen Dank schulde ich Ihnen für die ehrenvolle Erteilung der *venia legendi*. Dr. Knauber und ich haben am 1. September mit unseren Vorlesungen begonnen. Dr. Knauber: Homiletik und

---

79 Adolf Knauber (1907 -1978), Studium (zeitweise zusammen mit Höffner) in Rom, dort 1933 Priesterweihe, 1938-1940 Freistellung zu weiteren Studien in Freiburg und München, 1945-1961 Professor für Pädagogik, Katechetik und Homiletik in Trier, 1961-1975 Professor für Katechetik und Liturgiewissenschaft in Freiburg: HANDBUCH DES BISTUMS TRIER [21]1960, S. 229; EBD. [22]1991, S. 594.

80 Allgeier an Höffner, 23. 9. 1945 (Original): HAEK – NH 1403.

81 Bornewasser an Höffner, 1. 9. 1945 (Original der Beauftragungsurkunde): HAEK – NH 2565.

82 Höffner an Bornewasser, 13. 9. 1945 (Original): BAT – 88/402, 2.

83 Höffner an Müncker, 16. 10. 1945 (Durchschlag): HAEK – NH 1403.

84 Entpflichtungsurkunde, 24. 9. 1945: HAEK – 2565.

Katechetik; ich selbst: Ethik und Pastoral (= Sakramentenlehre). Zur Zeit habe ich 9 Vorlesungen wöchentlich. Hörer haben wir zusammen 68. Am 1. September waren es erst 32. Ganz allmählich wächst die Zahl. Das Seminar hat sich wieder in den Trümmern der alten Gebäude (Weberbach) niedergelassen; es sieht noch wüst aus ...

Dr. Knauber und ich wohnen bei Herrn Generalvikar von Meurers in seiner Domkurie: Windstraße 4. Das Haus war nur wenig beschädigt. Meine Pfarrei Heiligkreuz habe ich am 1. Oktober verlassen.«[85]

[85] Höffner an Allgeier, 7. 10. 1945 (Durchschrift): HAEK – NH 1403. In dem Brief an Müncker vom 16. 10. 1945 fügte er als ergänzende Mitteilung hinzu: »Meine Schwester führt uns beiden den Haushalt.«

VI. KAPITEL

PROFESSOR AM PRIESTERSEMINAR IN TRIER 1945-1951

Joseph Höffner hat keinen Augenblick gezögert, die Berufung durch Bischof Bornewasser zum Professor für Pastoraltheologie am Trierer Priesterseminar am 1. September 1945 anzunehmen. Nach elf Jahren der Seelsorge und weiterer Studien war das für ihn der Einstieg in die akademische Laufbahn, auf die er bestens vorbereitet war.

Doch die bald einsetzenden Versuche auswärtiger Universitäten, ihn aus Trier abzuwerben und ihm einen größeren, ihm angemessenen Wirkungsrahmen zu eröffnen, machten ihm auch die Grenzen seiner Möglichkeiten auf dem Trierer Lehrstuhl bewusst, die er bereits vor Amtsantritt 1945 empfunden hatte. Er gibt darüber selbst Auskunft in einem Brief an Bischof Bornewasser, den er aus dem Abstand von vier Jahren am 14. März 1949 schrieb: »Etwa sechs Wochen vor meiner Ernennung zum Professor – es war im Juli 1945 – ließ mich der hochw. Herr Regens Wehr rufen und teilte mir mit, er sei zum Regens ernannt worden; ich solle für ihn die Pastoraltheologie übernehmen ... Ich wies darauf hin, dass ich für diese Professur, die zu 70 % ein kirchenrechtlicher Lehrstuhl ist, keine wissenschaftliche Qualifikation, wie man sie für einen Hochschulprofessor erwarten müsse, besitze. Wenige Wochen nach Seminarbeginn bat mich Herr Prof. Dr. Josef Lenz,[1] für ihn die Ethik zu übernehmen, da er zu sehr belastet sei. Auch für die Ethik besitze ich nicht die für einen Professor erforderliche Qualifikation. Kurze Zeit danach sagte mir Herr Prof. Dr. Josef Lenz, er sei noch immer überlastet; ich möge auch noch die Philosophiegeschichte übernehmen.

In meinem eigentlichen Fach, der christlichen Gesellschaftslehre, konnte ich bisher nur mit großer Mühe einige fakultative Vorlesungen halten. Als ich zu Beginn des Sommersemesters 1948 im Kollegium den Antrag stellte, wenigstens *eine* obligatorische Vorlesung über die christliche Gesellschaftslehre halten zu dürfen, wurde mir entgegnet: ›Entweder halten Sie überhaupt keine Vorlesungen über die christliche Gesellschaftslehre oder nur fakultative.‹ Daraufhin habe ich im Sommersemester ein zweistündiges Kolleg über die Grundzüge der christlichen Gesellschaftslehre gelesen. Als ich diese fakultativen Vorlesungen im Wintersemester 1948/49 fortsetzen wollte, legten mir sowohl Herr Prof. Dr. Josef

[1] Josef Lenz (1892 – 1974), 1916 Dr. phil. in Innsbruck, 1921 Dr. phil. in Bonn, 1918 Priesterweihe in Brixen (für Trier), 1919 Repetent für Philosophie am Priesterseminar in Trier, [illegible] Professor der Philosophie ebd.: HANDBUCH DES BISTUMS TRIER [21]1960, S. 237; EBD. [22]1991, S. 602.

Lenz wie auch Herr Subregens Backes[2] nahe, diese Vorlesungen doch nicht fortzusetzen, da die Herren [Studenten] schon sowieso zu sehr mit Vorlesungen überlastet seien. Aus meinen Erfahrungen in den acht Semestern, die ich nun in Trier bin, musste ich den Schluss ziehen, dass man auf die christliche Gesellschaftslehre keinen Wert legt.«[3]

Als Höffner 1949 diesen Brief an seinen Bischof schrieb, wollte er nicht nur auf die missliche Lage seines Faches Christliche Gesellschaftslehre hinweisen. Es war die Zeit, in der die Erhebung des Trierer Seminarkollegiums zur staatlich anerkannten theologischen Fakultät anstand. Zweifellos wollte Höffner den Bischof zwischen den Zeilen auch darauf hinweisen, dass es an einer staatlich anerkannten Fakultät nicht mehr möglich sein werde, wie in rein kirchlichen Lehrkörpern üblich, fehlende fachliche Qualifikation durch den Vertrauensvorschuss des Bischofs zu ersetzen.

Höffners Qualifikation für die Pastoral-Professur in Trier sah Generalvikar von Meurers allerdings ganz anders. Am 24. Mai 1946 schrieb er dem Dekan der theologischen Fakultät in Münster, dem Trierer Priester Johann Peter Steffes: »Dr. Höffner hat nach Neueröffnung unseres Priesterseminars im September 1945 die Professur für Pastoraltheologie übernommen und ist von mir für diese Professur ganz besonders ausgebildet worden. Er war zunächst Großstadtkaplan in Saarbrücken, hat dann in Freiburg seine Studien ergänzt und erweitert, war dann Expositus einer Landexpositur und schließlich noch Stadtpfarrer in Trier. Er hat somit wissenschaftlich wie praktisch eine außerordentlich umfassende und tiefgehende Ausbildung erfahren.«[4]

So loyal Höffner in den 1946 einsetzenden Verhandlungen über eine auswärtige Berufung gegenüber seinem Bischof war: Das Desinteresse an der Christlichen Gesellschaftslehre in Trier, die Verweisung auf ihm fernliegende Lehrgebiete, hat ihn innerlich bereit gemacht, bald an eine Universität zu wechseln. Auf Nell-Breunings Nachricht, dass man sich in Mainz für Höffner interessiere, antwortete dieser am 16. Juli 1947: »Hier in Trier habe ich kaum Gelegenheit, mich mit Sozialethik zu beschäftigen. In unserem Studienplan sind Vorlesungen darüber nicht vorgesehen. Ich halte zur Zeit lediglich ein ›Sozialethisches Seminar‹, an dem 41 Theologen teilnehmen. In Münster, in der Nähe der Ruhr, sind die sozialen Probleme natürlich viel aufgewühlter als hier im stillen Trierer Land. Hier in

---

2 Ignaz Backes (1899 – 1979), 1923 Priesterweihe in Trier, 1928 Dr. theol. in München, 1933 Dozent für Dogmatik und Dogmengeschichte in Bonn, 1935 Professor in Trier: HANDBUCH DES BISTUMS TRIER [21]1960, S. 193; F. COURTH, in: LThK 1, [3]1993, Sp. 1345 f.

3 Höffner an Bornewasser, 14. 3. 1949 (Durchschlag): HAEK – NH 1403.

4 von Meurers an Dekan der Katholisch-Theologischen Fakultät in Münster, 24. 5. 1946 (unterschr. Durchschlag): BAT – 88/402, 2. – Johann Peter Steffes (1883 -1955), 1908 Priesterweihe in Trier, 1915 Dr. theol. in Würzburg, 1919 Dr. phil. in Münster, 1927 Ordinarius für allgemeine Religionsgeschichte und vergl. Religionswissenschaft in Münster, 1929-1935 daneben wissenschaftlicher Leiter des Deutschen Instituts für wissenschaftliche Pädagogik: HANDBUCH DES BISTUMS TRIER [21]1960, S. 318; E. HEGEL, Fakultät Münster, S. 90-93.

Trier liegt meine Hauptbeschäftigung zur Zeit auf anderem Gebiet: Pastoral, Ethik, Philosophiegeschichte und dgl. – Darf ich Sie um Ihre Meinung und um Ihren Rat bitten? Was halten Sie für das Richtige? Bleiben oder Gehen?«[5]

Mit fast den gleichen Worten hatte Höffner tags zuvor sich an seinen Freiburger Lehrer Bernhard Pfister gewandt, dem er am 3. Mai 1948 schrieb: »Meine eigentliche Professur ist die Pastoraltheologie, ein ›Compositum‹ verschiedener Sachgebiete: 70% Kirchenrecht, besonders Eherecht, ferner die Sakramentenpastoral, die Seelsorgewissenschaft und dgl. ...«[6]

Dennoch hat Höffner sich – vielleicht nicht mit Begeisterung, aber mit der ihm lebenslang eigenen Sorgfalt – in die ihm fremden Vorlesungsstoffe eingearbeitet. Das verraten Materialsammlungen und Vorlesungsmanuskripte in seinem Nachlass. Die erste Pastoralvorlesung von September bis Dezember 1945 gliederte sich in: 1. *De sacramentis in genere*; 2. Die Sakramentalien; 3. Das Bußsakrament; 4. Die hl. Ölung; 5. Die Taufe.[7] Ab Januar 1946 fuhr er fort: 1. Die hl. Firmung; 2. Die Grundgesetze der Pfarrseelsorge; 3. *De censuris*. Von Mai bis August 1946 folgten: 1. Die Eucharistie; 2. Der Pfarrer.[8]

Für 1946 liegt ein Vorlesungsmanuskript »Geschichte der Philosophie im christlichen Abendland« vor.[9] Ein Vorlesungsmanuskript »Ethik« fand laut Randnotiz erstmals 1947 Verwendung.[10] 1948 lautete eine Vorlesung »Eucharistie – Pastoraltheologisch«.[11] Daneben standen Höffners fakultative Vorlesungen über »Christentum und Menschenrechte« sowie »Grundzüge der Sozialmetaphysik und Sozialethik«.[12]

Die heute kaum noch vorstellbaren äußeren Bedingungen des Vorlesungsbetriebes ab Herbst 1945 hat N. A. Dresczyk, Höffner selbst zitierend, dargestellt: »Die Professoren dozieren zunächst unter spartanischen Bedingungen, woran sich Höffner Jahrzehnte später noch gut erinnert: ›Die Vorlesungen fanden in der Ecke eines Ganges im sonst zerstörten Priesterseminar statt. Die Studenten trugen meist zerschlissene Uniformen. Wir froren und hungerten miteinander, und nichts von dem war vorhanden, was heute für das Funktionieren einer Hochschule selbstverständlich ist. Aber all das war nebensächlich gegenüber der Dankbarkeit, einer studentischen Jugend dienen zu dürfen, die Hunger nach Wahrheit und Wissen hatte.‹«[13]

---

5 Höffner an Nell-Breuning, 16. 7. 1947 (Durchschlag): HAEK – NH 1402 – Es ging in Mainz um die Nachfolge des Moraltheologen Peter Tischleder (1861 – 1947): P. Walter, in: LThK 10, ³2001, Sp. 53.

6 Höffner an Pfister, 15. 7. 1947 (Durchschlag): HAEK – NH 1402; Höffner an Pfister, 3. 5. 1948 (Durchschlag): Ebd. 1403.

7 HAEK – NH 1502.

8 Ebd. 1106.

9 Ebd. 1003.

10 Ebd. 1105

11 Ebd. 1107.

12 Ebd. 1004.

13 A. N. Desczyk, Höffner, S. 68; vgl. J. Höffner, Neuer Aufbruch des Glaubens, in: [illegible] (Hrsg.), Weihnachten 1945, S. 104-108, hier: S. 108.

Desczyk hat zu Höffners Vorlesungsthemen die Trierer Vorlesungsverzeichnisse konsultiert. Der Befund zu den pastoralen Themen deckt sich mit dem des Nachlasses Höffners. In seinem eigentlichen Fachgebiet Christliche Gesellschaftslehre scheint er jedoch mehr angeboten zu haben, als er in seiner Korrespondenz mit Bischof Bornewasser sowie den Kollegen Pfister und Nell-Breuning andeutete.[14] Desczyk nennt als Themen: »Grundzüge der Sozialethik, die Enzyklika *Quadragesimo anno*, ideologische Strömungen des 19. und 20. Jahrhunderts, das katholische Arbeiterverbandswesen, Wirtschaftsethik, Bodenreform und Siedlung, Menschenwürde und Wirtschaftsordnung bzw. Betriebsverfassung, berufsständische Gesellschaftsordnung, Verteilung des Volkseinkommens und soziale Gerechtigkeit, christliches Arbeitsethos, Mitbestimmungsrecht.«[15] Das ist im Prinzip der Themenkatalog, der ihn bis zu seiner Bischofsweihe 1962 begleiten sollte.

Desczyk weist dann auf eine für Höffner lebenslang festzustellende Arbeitsweise hin: Er »schöpft einerseits aus seinen bisherigen Arbeiten, andererseits verwertet er in den Vorlesungen Material für Vorträge und umgekehrt.« Als Beispiel nennt Desczyk einen Vortrag auf einer Bergbautagung in Essen zum Thema »Menschenwürde und Wirtschaftsordnung«, »im WS 1949/50 hält er unter dieser Überschrift eine Vorlesung.«

Auch einmal geknüpfte persönliche Beziehungen wusste Höffner sehr bald für seine Arbeit fruchtbar zu machen: An den in Essen bekannten Generaldirektor der Deutschen Kohlenbergbau-Leitung Heinrich Kost schrieb er am 6. Februar 1950: »Einige Studenten unserer Trierer Theologischen Hochschule baten mich, ihnen für die Osterferien einen Arbeitseinsatz im Kohlenrevier zu vermitteln ... Ich habe den Studenten gesagt, dass sie selbstverständlich unter Tage arbeiten müssen und in den Heimen bei den anderen Kameraden wohnen müssen, womit alle einverstanden waren.« Unter Entschuldigungen, Kost damit zu belästigen, bat Höffner um Weitervermittlung an verschiedene Bergwerke.[16] Eine Einsatzliste für 10 Theologen und Abschlussberichte von einzelnen lassen erkennen, wie hart und kontrastreich zum Trierer Priesterseminar die Erfahrungen der Stu-

---

14 A. N. Desczyk, Höffner, S. 271-273: Lehrveranstaltungen 1. Trier (1945-1952/1962). Für das WS 1945/46 und für das SS 1946 hat Desczyk keine Angaben zu Höffner in den Vorlesungsverzeichnissen gefunden.

15 A. N. Desczyk, Höffner, S. 68.

16 Höffner an Kost, 6. 2. 1950 (Durchschlag): HAEK – NH 1398.- Heinrich Kost (1890 – 1978), 1921 Bergassessor, 1932 Generaldirektor der Gewerkschaft Rheinpreußen, als Gegner des NS-Regimes 1934 erstmals verhaftet, 1944 im Zusammenhang mit den Ereignissen des 20. Juli erneut festgenommen und 1945 zum Tod verurteilt. Das Urteil wurde jedoch nicht vollstreckt. 1951-1961 Aufsichtsratvorsitzender der Rheinpreußen AG, 1947 von den Alliierten zum Generaldirektor der Deutschen Kohlenbergbau-Leitung bestimmt. In den 50er Jahren Präsident des Deutschen Studentenwerks und Mitgestalter des »Honnefer Modells«.»Zu Beginn der 50er Jahre rief er den Gesprächskreis zur gemeinsamen Sozialarbeit der Konfessionen im Bergbau ins Leben« (E. Kroker): E. Kroker, in: NDB 12, 1980, S. 620; DBE 6, 1997, S. 53.

denten waren.[17] Da diese Berichte auch Einblicke in die einzelnen Betriebe gewährten, wie sie Bergwerksdirektoren sonst nicht ohne weiteres zuteil werden, hat Höffner in Einzelfällen solche Berichte unter gewissen Kautelen den betroffenen Bergwerksdirektoren zur Kenntnis gegeben. Darüber hinaus brachte Höffner Auszüge aus den Erfahrungsberichten der Theologen unter der Überschrift »Trierer Seminaristen in den Kohlenzechen« durch die »Trierer Theologische Zeitschrift« einer größeren Leserschaft zur Kenntnis.[18]

Könnte daraus der Eindruck entstehen, Höffner hätte auf Grund von Zufallsbekanntschaften solche Einsätze seiner Studenten »delegiert«, so lassen die Akten erkennen, dass die Bitte an Generaldirektor Kost von sorgfältigen Vorüberlegungen und Erkundigungen begleitet war. Von Rechtsanwalt Höcker, einem Mitarbeiter der Deutschen Kohlenbergbau-Leitung, hatte Höffner einen Bericht über Erfahrungen von 12 Studenten der katholischen Theologie über ihren Ferieneinsatz im Bergbau erhalten, den der Essener Stadtjugendpfarrer Zorn unter dem 6. Dezember 1949 erstellt hatte.[19] Am 15. März 1950 schrieb Höffner dem damaligen Stadtjugendseelsorger in Duisburg und Diözesankaplan der CAJ im Bistum Münster, Julius Angerhausen, über die Vorbereitung des Einsatzes der 10 Trierer Theologen:

»Zur Vorbereitung werde ich in einigen Abendrunden den Theologen eine Einführung zu geben suchen, dabei auch die Erfahrungen verwerten, die Herr Rechtsanwalt Höcker mir zusandte. Wird es ihnen möglich sein, die Theologen auf den einen oder anderen Geistlichen zu verweisen, der Zeit und Liebe hat, sich ihnen zu widmen? Leider ist ein Arbeitseinsatz von knapp vier Wochen zu kurz. Immerhin hoffe ich, dass die Theologen Erfahrungen gewinnen, die ihnen in der späteren Seelsorge von Nutzen sein werden.«[20]

Ein Hefter mit dem Titel »Religionsunterricht in den bergmännischen Berufsschulen«[21] verrät, dass Höffner mit Rechtsanwalt Höcker über diesen Komplex ab Frühjahr 1950 korrespondiert hat und auf die erfreuliche Entwicklung in diesem Bereich Einfluss genommen hat. Also: Nicht nur Höffner nutzte seine Kontakte zu Heinrich Kost, die Kohlenbergbau-Leitung nutzte ebenso ihre Kontakte zu dem offenbar für kompetent gehaltenen Professor Höffner in Trier.

---

17 Z. B. »Ferieneinsatz« (nach vorgegebener Gliederung: A. Äußerer Hergang; B. Die Begegnung mit dem Bergmann: 1. Der Kumpel gegenüber Arbeit und Beruf; 2. Sein sittliches und religiöses Leben; 3. Seine Einstellung gegen den Priester), 4 Schreibmaschinenseiten, hs. Randvermerk: Theo Domann: Ebd.

18 J. Höffner, Trierer Seminaristen in den Kohlenzechen, in: TThZ 59, 1950, S. 307-310.

19 Schnellhefter »Arbeitseinsatz Theologen«: Ebd.

20 Höffner an Angerhausen, 15. 3. 1950: Ebd. – Julius Angerhausen (1911 – 1990), 1935 Priesterweihe in Münster, seit 1936 Kaplan in Duisburger Arbeiterpfarreien, 1945 Stadtjugendseelsorger in Duisburg, ab 1948 Aufbau der CAJ im Bistum Münster, 1953 »Nationalkaplan« der CAJ in Essen, 1958 Leiter des Seelsorgeamtes im Bistum Essen, 1959 Weihbischof: E. Gatz, in: Ders. (Hrsg.), Bischofslexikon 1945-2001, S. 200 f.

Im Jahre 1947 fiel Höffner die Schriftleitung des »Pastor bonus« zu, einer theologisch-pastoralen Zeitschrift, die traditionell von den Trierer Seminarprofessoren herausgegeben wurde und ab 1947 ihren Namen in »Trierer Theologische Zeitschrift« änderte. Desczyk weist darauf hin, dass Höffner »zu pastoraltheologischen und sozialethischen Themen für so gut wie jede Nummer der ›Trierer Theologischen Zeitschrift‹, aber auch für andere theologische Periodika und den ›Rheinischen Merkur‹« schrieb.[22] Höffners Schriftenverzeichnis gibt einen umfassenden Überblick über diesen publizistischen Fleiß und die dabei gegebene Themenbreite, die von kanonistischen Fragen aus dem Umfeld seiner Vorlesungen bis zu »Problemen und neuen Wegen der Dorfseelsorge in Frankreich« reichte, aber auch »Eigentumsrecht und Wirtschaftsordnung« umfasste.

Die »Trierer Theologische Zeitschrift« wurde dabei auch zum Forum der Auseinandersetzung zwischen Höffner und z. B. Oswald von Nell-Breuning über pastorale Fragen. Beispielhaft sei die Kontroverse über Höffners Beitrag »Um das ›Pfarrprinzip‹«[23] im Jahre 1947 angeführt. Nell-Breuning hatte umgehend eine kritische Erwiderung »Pfarrgemeinde, Pfarrfamilie, Pfarrprinzip«[24] geschrieben. Höffner erwiderte aus einigem Abstand 1948 mit einem Beitrag »Nochmals das Pfarrprinzip«, in dem er zahlreiche Gespräche mit Lesern aus dem Seelsorgeklerus und deren Zuschriften auswertete: »Was P. O. v. Nell-Breuning über die rein rechtliche Seite der Frage ausführt, wird fast allgemein als wertvolle und durchaus notwendige Klärung begrüßt. Die Bedenken, die [von den Schreibern] geltend gemacht werden, gehen von seelsorglichen Erwägungen aus.« Höffner versuchte dann – die Zuschriften zitierend –, »das Wesentliche – als Fortsetzung der Aussprache, nicht als rechthaberische und endgültige Doktrin – zusammenzufassen.«[25] Höffner verstand sich zwar in erster Linie als Sozialwissenschaftler, doch fühlte er sich als langjähriger praktischer Seelsorger in pastoralen Fragen Nell-Breuning überlegen.

Als die westdeutschen Bischöfe den 1946 wiederbegründeten »Rheinischen Merkur« zur führenden katholischen Wochenzeitung bestimmen wollten, waren sie bald mit der inhaltlichen Tendenz mancher Beiträge nicht einverstanden und beriefen den Trierer Professor Höffner 1949 zum theologischen Berater der Redaktion.[26] Als wenige Monate später 1950 der erste Chefredakteur Franz Albert Kramer verstarb, schrieb Höffner an seinen regelmäßigen Gesprächspartner in der Redaktion, den jungen Publizisten Otto B. Roegele: »Meine Aufgabe habe ich von Anfang an darin gesehen, in theologischen Fragen einen Rat zu geben. Im übrigen ist die Gestaltung der Zeitung Laienwerk und Laienverantwortung. Ei-

---

22 A. N. DESCZYK, Höffner, S. 68 f. – Alle Beiträge Höffners sind zu verifizieren in: W. WEYAND, Schriftenverzeichnis 1933-1983, S. 3-17.

23 TTHZ 56, 1947, S. 60-62.

24 O. VON NELL-BREUNING, Pfarrgemeinde, Pfarrfamilie, Pfarrprinzip, in: TTHZ 56, 1947, S. 257-262.

25 J. HÖFFNER, Nochmals das Pfarrprinzip, in: TTHZ 57, 1948, S. 236-239.

26 Faszikel »Rheinischer Merkur 1949-1951«: HAEK – NH 1404.

nige scheinen anders zu denken. Sie suchen mir z. B. die Verantwortung für den Roman, den der Rheinische Merkur bringt, oder für die wirtschaftspolitische Einstellung zu übertragen. Dem gegenüber bin ich der Meinung, dass Ihnen die Entscheidung in allen Fragen zusteht, in denen ein Katholik – unbeschadet der Glaubens- und Sittenlehre – sich seine Meinung bilden kann.«[27]

Wie Höffner tatsächlich von den Bischöfen in die Pflicht genommen wurde, zeigt ein Brief des Konferenzvorsitzenden Kardinal Frings vom 28. Dezember 1949 an Höffner. In einer Dezember-Ausgabe hatte der »Rheinische Merkur« einen Text des luxemburgischen Kirchenhistorikers Joseph Lortz mit dem Titel »Schöpferischer Friede der Konfessionen« gebracht, der zunächst im Bayerischen Rundfunk vorgetragen worden war. Frings schrieb nun an Höffner: »In der Annahme, dass Sie Ihre Tätigkeit beim ›Rheinischen Merkur‹ bereits angetreten haben, und angesichts der Riesenreklame, die man in der letzten Nummer mit meinem Namen gemacht hat, erlaube ich mir, Kritik zu üben an dem Artikel ›Schöpferischer Friede‹. Wenn man diesen Artikel vergleicht mit der Art, in der Papst Pius XII. in seiner diesjährigen Weihnachtsansprache über die Rückkehr der getrennten Brüder gesprochen hat, so ist ein wesentlicher Unterschied zu erkennen. Schon der Ausdruck ›*schöpferischer* Friede‹ deutet darauf hin, dass etwas Neues *geschaffen* werden müsse, während der Papst deutlich von einer Rückkehr zur wahren Kirche Christi spricht. Ich würde es bedauern, wenn die Zeitung sich hier in einen gewissen Gegensatz zur Auffassung des Hl. Vaters stellen würde.«[28]

Aus den Jahren 1949-1951 liegt eine Korrespondenz zwischen Roegele und Höffner vor, die von hohem gegenseitigem Respekt und entsprechender Verständigung über kritische Beiträge sowie von dem Bestreben getragen ist, Konflikte und Missverständnisse zu vermeiden. Der Verfasser konnte Professor Roegele in dessen letztem Lebensjahr über die Zusammenarbeit mit Joseph Höffner in Sachen »Rheinischer Merkur« befragen. Roegele bestätigte den Eindruck des erhaltenen Briefwechsels von der noblen und kooperativen Haltung Höffners gegenüber dem »Rheinischen Merkur«. Höffner habe sich bei Roegele stets telefonisch angemeldet, wenn er auf dem Wege nach Horhausen oder bei sonstigen Reisen in Koblenz habe umsteigen müssen. Man habe dann in einem Café oder in der Redaktion anstehende Fragen im Gespräch geklärt.

An dem Kontakt zur Kohlenbergbau-Leitung und an seiner Beratung des »Rheinischen Merkur« wird beispielhaft deutlich, dass Joseph Höffner sehr bald nach 1945 über das Bistum Trier hinaus Ansehen genoss, das nicht zuletzt auf seine von Bischof Bornewasser ungern geduldeten Gastvorlesungen in Münster zurückging. Bereits am 15. März 1949 bedankte sich Generaldirektor Kost von

---

27 Otto B. Roegele stellte dem Verfasser eine Kopie dieses hs. Briefes Höffners vom 16. 2. 1950 zur Verfügung. – Zu Otto B. Roegele: K.-J. Hummel, Otto B. Roegele (1920 – 2005), in: Zeitgeschichte in Lebensbildern 12, 2007, S. 201-213 u. 242 (Literaturhinweise).

28 Frings an Höffner, 28. 12. 1949 (hs.). HAEK – NH 1181.

der Kohlenbergbau-Leitung in Essen bei Bornewasser dafür, »dass Sie Herrn Prof. Höffner Gelegenheit geben wollen, als Mitglied in einem Beratenden Ausschuss tätig zu sein, den wir mit der Aufgabe betrauen wollen [zu erheben], welche Stellung der Mensch in Großbetrieben nach christlicher Auffassung hat. Ich bin überzeugt, dass Herr Prof. Höffner hierzu vieles zu sagen hat und die Arbeiten des Ausschusses sehr stark beeinflussen wird.«[29]

Es waren die Monate der letzten Arbeiten am Grundgesetz für die Bundesrepublik Deutschland. Die Bischöfe waren darüber im Zweifel, ob sie bzw. die katholischen Abgeordneten in den Landesparlamenten dem Text zustimmen dürften, weil es auf Grund der Mehrheitsverhältnisse im Parlamentarischen Rat nicht gelungen war, z. B. das Elternrecht bzw. die eindeutige Festlegung der Fortgeltung des Reichskonkordats in den Text zu bringen. Man erwog ein gemeinsames Hirtenwort der deutschen Bischöfe, in dem die Vorbehalte der Bischöfe deutlich gemacht werden sollten.[30] Dazu hatte Prälat Böhler einen Entwurf verfasst, den Bischof Bornewasser Professor Höffner zur Stellungnahme zugeleitet hatte. Diese Stellungnahme Höffners »Zum Bericht des Hochw. H. Prälaten Domkapitular Böhler zum ›Bonner Grundgesetz‹« vom 15. Mai 1949 ist erhalten.[31] Höffner schrieb:

»1. Wägt man das Erreichte und das Nichterreichte gegeneinander ab, so wird man den katholischen Abgeordneten in den Parlamenten der Länder gestatten können, für die Annahme des Grundgesetzes zu stimmen – unter den folgenden drei Vorbehalten:
   a) Protest gegen die Ablehnung des Rechtes der Eltern, die religiös-weltanschauliche Gestaltung des Schulwesens zu bestimmen,
   b) Protest gegen die Aufnahme der Bremer Klausel,[32]
   c) Protest gegen die Vorbehaltsklausel in Art. 123,2.[33]
2. Jenen katholischen Abgeordneten, die sich im Gewissen verpflichtet fühlen, gegen das Grundgesetz zu stimmen, wird man keinen Vorwurf machen können.

---

29 Kosts Anfrage bei Bornewasser 18. 2. 1949 sowie das zitierte Schreiben Kosts an Bornewasser vom 15. 3. 1949 (Originale): BAT – 88/402, 2.

30 Vgl. dazu N. Trippen, Frings I, S. 363-387.

31 Prof. Dr. Rudolf Morsey, Speyer, stellte dem Verfasser eine Kopie des Originals auf Briefbogen Höffners zur Verfügung. Dass diese Stellungnahme für Bischof Bornewasser bestimmt war, ergeben Randbemerkungen zum Text Höffners von der Hand Bornewassers. Leider ließ sich weder in den Böhler-Akten im HAEK noch im BAT das Original ermitteln. Die Kopie wird demnächst in HAEK – NH 1401 (Bornewasser) zu finden sein.

32 GG Art. 141: »Artikel 7, Absatz 3, Satz 1 findet keine Anwendung in einem Lande, in dem am 1. Januar 1949 eine andere landesrechtliche Regelung bestand.« Damit war die Bestimmung von GG Art. 7, Absatz 3: »Der Religionsunterricht ist in den öffentlichen Schulen mit Ausnahme der bekenntnisfreien Schulen ordentliches Lehrfach« in verklausulierter Form für das Land Bremen außer Kraft gesetzt.

33 In diesem Artikel ging es um die Fortgeltung völkerrechtlicher Verträge, »für die nach diesem Grundgesetze die Landesgesetzgebung zuständig ist«. Ziel war die Nichtfestlegung darauf, dass das Konkordat zwischen dem Heiligen Stuhl und dem Deutschen Reich aus dem Jahre 1933 fortgelten sollte.

3. ...
4. Die Bischöfe Deutschlands werden öffentlich – in Form eines gemeinsamen Hirtenbriefes – die oben genannten drei Proteste erheben müssen. In diesem Hirtenbrief könnte darauf hingewiesen werden, dass die sozialistischen Parteien nicht nur gegen das Elternrecht, gegen das Konkordat und gegen die Aufhebung der Bremer Klausel gestimmt haben, sondern auch gegen die Nennung Gottes in der Präambel und gegen die Erklärung, dass die Grundrechte ›gottgegeben‹ seien, sowie gegen die Einführung des Religionsunterrichtes in den Berufsschulen.
   Es wäre zu überlegen, ob man in diesem Hirtenbrief an die Linksparteien nicht folgende drei Fragen stellen sollte:
   a) Erkennt ihr die Elternrechte an?
   b) Lehnt ihr vorbehaltlos die Abtreibung ab?
   c) Lehnt ihr vorbehaltlos jede Ehescheidung ab?
   Dabei könnte bemerkt werden, dass – wenn die Linksparteien durch ihre Parteiführung nicht ein klares Ja auf diese drei Fragen abgeben – kein Katholik ihnen die Stimme geben kann. Die Auseinandersetzungen um das Bonner Grundgesetz haben gezeigt, dass die Linksparteien – heute wie früher – in fanatischer Weise unchristlich sind. Man sollte die Folgerungen daraus ziehen.
5. Der von Prälat Böhler vorgelegte Entwurf einer ›Erklärung der Bischöfe‹ ist meines Erachtens zu abstrakt und formal-juristisch. Unser Volk wird ihn nicht verstehen. Man muss bei solcher Gelegenheit – wie Luther einmal sagte – ›den Leuten aufs Maul schauen‹.«

Als die westdeutschen Bischöfe im Sommer 1949 den für notwendig gehaltenen gemeinsamen Hirtenbrief (»Wahlaufruf«) zur ersten Bundestagswahl planten, schrieb Bischof Keller von Münster am 17. Juni 1949 vertraulich an Höffner: »Meines Erachtens müssen darin unter allen Umständen auch die sozialen Forderungen der Kirche angemeldet werden.« Keller teilte Höffner den eigenen Entwurf eines entsprechenden Abschnitts mit. »Ich würde Ihnen dankbar sein für eine Äußerung, ob Sie diese Formulierung für tragbar halten. Noch lieber wäre es mir, wenn Sie selbst einen Entwurf ausarbeiteten, der alle jene Forderungen enthält, die nach Ihrer Auffassung von allen christlichen Vertretern bejaht werden müssen.«[34]

Höffner kam der Bitte des Bischofs umgehend nach. Am 22. Juni 1949 schrieb er an Bischof Keller und formulierte einen Abschnitt für den »Wahlaufruf«, der sich weitgehend auf Ergänzungen des Entwurfs von Bischof Keller beschränkte:

» ... Was die Päpste unermüdlich und mit steigendem Nachdruck gefordert haben, muss endlich in die Wirklichkeit umgesetzt werden: Entproletarisierung

[34] Keller an Höffner, 17. 6. 1949 (Original): HAEK – NH 1401. – Michael Keller (1896 – 1961), 1921 Priesterweihe für Osnabrück, 1931 Pfarrer in Hamburg, 1933 Subregens, 1935 Spiritual, 1939 Regens am Priesterseminar in Osnabrück, 1947-1961 Bischof von Münster. [illegible] (Hrsg.), Bischofslexikon 1945-2001, S. 408-411; Ders., Abschied vom Milieu?, S. 73-222.

der Massen, Neuordnung des Eigentums zugunsten der Heimatvertriebenen und der Nurlohnarbeiter, Schaffung menschenwürdiger Wohnstätten, Zahlung eines ausreichenden Reallohnes und angemessener Kinderzulagen, bewusste und allseitige Förderung eines gesunden Aufstiegs der Lohnarbeiterschaft, ihre Mitbeteiligung an der Verantwortung, Anerkennung ihrer Gleichberechtigung und ihrer Menschenwürde. Die Kirche steht mit ihrer ganzen Autorität auf der Seite des sozialen Fortschritts und hält die gegenwärtige Wirtschaftsordnung für äußerst reformbedürftig.«[35]

Man kann diese wenigen Zeilen als die sozialpolitische Zielvorstellung des Sozialwissenschaftlers Joseph Höffner über sein ganzes Leben hin bezeichnen. Es ist sehr aufschlussreich, welchen Einfluss dieser von Höffner verfasste Text auf den endgültigen Wortlaut des Wahlhirtenbriefs hatte, der am 31. Juli 1949 in allen katholischen Kirchen Westdeutschlands verlesen wurde.[36] Schon im ersten Teil heißt es: »Mit allem Ernst muss nach einer Lösung der sozialen Frage gesucht werden; auf breitester Grundlage sind Maßnahmen zur Überwindung der Not der Flüchtlinge, der Ausgebombten, der Kriegsbeschädigten, der Heimkehrer zu treffen, wobei der Behebung der Wohnungsnot die erste Aufmerksamkeit zu schenken ist.«

Kann man hier nur sehr entfernte Anklänge an Kellers bzw. Höffners Vorlage finden, so ist im Abschnitt VI über die soziale Frage eine weitgehend wörtliche Übernahme des Textes Keller/Höffner festzustellen: »Es ist höchste Zeit geworden, dass mit der Verwirklichung der christlichen Soziallehre ernst gemacht wird. Wie lange schon haben dies die Päpste unermüdlich und mit steigendem Nachdruck gefordert. Es geht um die Entproletarisierung der Massen, um die gerechte Ordnung in den Eigentumsverhältnissen, um die durchgreifende Lösung des Flüchtlingsproblems, um die Schaffung menschenwürdiger Wohnstätten, um einen gerechten Lohn, um bewusste und allseitige Förderung eines gesunden Aufstiegs der Lohnarbeiterschaft, um ihr Mitbeteiligung an der Verantwortung, um Anerkennung ihrer Gleichwertigkeit und Ihrer Menschenwürde.«

In seinem Brief an Bischof Keller hatte Höffner am 22. Juni 1949 auch über den Stand der Vorbereitungen für den Katholikentag in Bochum vom 31. August bis 4. September 1949 berichtet, an dem Höffner mit zahlreichen Vertretern des im März 1949 gegründeten »Bundes katholischer Unternehmer« gestaltend Einfluss nahm.[37] Statt des zunächst angesprochenen Oswald von Nell-Breuning hatte Höffner auf Bitten von Kardinal Frings die Aufgabe des Geistlichen Beirats dieser

[35] Höffner an Keller, 22. 6. 1949 (Durchschlag): Ebd.

[36] Hirtenwort der deutschen Bischöfe zur bevorstehenden Wahl zum Bundestag, in: KA 89, 1949, Nr. 311, S. 293-299 bzw. Amtsblatt für die Diözese Münster 83, 1949, Nr. 199, S. 89-92.

[37] Dokumentation: »Gerechtigkeit schafft Frieden«. 73. Deutsche Katholikentag Bochum 1949. Berichtband, hrsg. v. Generalsekretariat des Zentralkomitees der Deutschen Katholikentage, Paderborn 1949 – Die Entschließungen dieses Katholikentages blieben nicht unumstritten: Vgl. »Gerechtigkeit schafft Frieden«. Der soziale Katholizismus am Scheideweg: Der Bochumer Katholikentag

Vereinigung übernommen und bei der Gründungsversammlung in Königswinter am 27. März 1949 das Hauptreferat »Der katholische Unternehmer in der kommenden Wirtschaftsordnung« gehalten. Höffners Funktion im »Bund katholischer Unternehmer« soll noch ausführlicher behandelt werden.[38]

Dass Höffner dabei nicht in seinem Selbstbewusstsein »abhob«, sondern sich in Trier ganz und unauffällig seinen Aufgaben widmete, kann man beispielhaft belegen: Am 15. November 1946 ließ er sich von Bischof Bornewasser zum Prosynodalrichter am Trierer Offizialat bestellen.[39] Eine Akte in Höffners Nachlass lässt erkennen, in welchem Maß er dafür Kraft und Zeit einsetzte.[40] Ein »Stundenplan der Lehrerausbildung ab 25. 1. 1946«[41] weist ihm und seinem Kollegen Knauber wöchentlich je zwei Vorlesungsstunden in einem Kurs zu, in dem Volksschul- und sonstige Lehrer nach der Unterbrechung der NS-Zeit für die Erteilung von Religionsunterricht ausgebildet bzw. nachqualifiziert werden sollten, offensichtlich mit dem Ziel der Erteilung der *missio canonica.* Höffner war sich auch nicht zu schade, zwischen Mai und Dezember 1947 an 21 Abenden in der neugegründeten Volkshochschule Trier über »Grundzüge der Ethik« bzw. »Das Eherecht der katholischen Kirche« zu dozieren. Erhaltene Teilnehmerlisten lassen erkennen, dass er zahlreiche Zuhörer fand.[42]

Andererseits begann man in Trier aber auch zu schätzen, dass Höffner nicht nur Pastoraltheologe war, sondern sich durch sein staatswissenschaftliches Studium in Freiburg qualifiziert hatte für nicht zu erwartende Aufgaben der Nachkriegszeit. Nachdem im Sommer und Herbst 1946 die Bildung des Landes Rheinland-Pfalz aus der südlichen Rheinprovinz Preußens und der bayrischen Pfalz durch eine Verordnung der französischen Militärregierung feststand, drängte die Besatzungsmacht auf eine bald zu erstellende Verfassung für das Land.[43] Die »Gemischte Kommission« aus Vertretern der beiden Teile des neuen Landes verständigte sich bereits am 3. September 1946 in Koblenz auf die Bildung eines »Unterausschusses für Verfassungsfragen« unter Vorsitz des Rechtsanwalts Dr. Adolf Süsterhenn,[44] der die seit Kriegsende verflossenen anderthalb Jahre benutzt

1949. Rückblick – Erbe – Auftrag. Historische Fachtagung 1999 und Beiträge zum Jubiläum, Essen 1999.

38 S. unten S. 165-169.

39 Sign. Durchschrift der Ernennungsurkunde vom 15. 11. 1946: BAT – 88/402, 2.

40 Akte Höffners zu seiner Tätigkeit als Prosynodalrichter: HAEK – NH 2564. Sie enthält zwei Ehenichtigkeitsverfahren, die zwischen 1947 und 1951 erstinstanzlich in Trier und zweitinstanzlich in Köln verhandelt wurden. Hinzuzuziehen sind die Terminkalender Höffners der Jahre 1947-1951: HAEK – NH 1043-1047.

41 HAEK – NH 3154.

42 Arbeitspläne, Teilnehmerlisten und Korrespondenz: HAEK – NH 3139.

43 Die nachfolgende Darstellung stützt sich auf P. Brommer, Kirche und Verfassung.

44 Adolf Süsterhenn (1905 – 1974), 1928 juristische Promotion in Köln, 1932-1945 Rechtsanwalt in Köln, 1945 Mitbegründer der CDU, 1946/47 an der Verfassung für Rheinland-Pfalz beteiligt, 1946-1951 Justiz- und Kultusminister des Landes Rheinland-Pfalz, 1948-1949 im Parlamentarischen Rat Mitgestalter des Grundgesetzes, 1951-1961 Präsident des Oberverwaltungsgerichts und des Verfassungsgerichtshofes von Rheinland-Pfalz: F. J. Heyen, in: LCDD, S. 382 f.; W. Baumgart, in:

hatte, zu Fragen und Erwartungen bezüglich künftiger Verfassungen Material zu sammeln und zu ordnen. Nachdem der »Rheinische Merkur« zu erscheinen begonnen hatte, nutzte ihn Süsterhenn zu Beiträgen über Verfassungsfragen. Auf Grund dieser Vorarbeiten konnte Süsterhenn bereits in der 2. Sitzung des Unterausschusses für Verfassungsfragen am 4. Oktober 1946 den Vorentwurf einer Verfassung vorlegen.

Peter Brommer hat dargestellt, wie Süsterhenn sich nicht nur auf seine eigenen Erarbeitungen und die Beiträge anderer Unterausschussmitglieder stützte. Brommers Darstellung wird belegt durch einen Eintrag von Generalvikar von Meurers in seiner »Chronik des Bistums Trier«: »Am Montag, dem 16. September nachmittags, hatte ich in Unkel eine Besprechung mit Rechtsanwalt Dr. Süsterhenn, der mit der Bearbeitung der neuen Verfassung für das Land Rheinland-Pfalz beauftragt ist. Wir vereinbarten einen Termin am 1. Oktober [1946] in Koblenz, an der [richtig: bei dem] unsere Vorschläge für die religiös-kirchlichen Teile der Verfassung vorgelegt werden sollen. Ich schrieb auch dem Bischof von Speyer, dass er auch einen Vertreter nach Koblenz senden möge, während Dr. Süsterhenn Mainz unmittelbar benachrichtigt ... Am Freitag, dem 20. ... vormittags, hielten wir beim Herrn Erzbischof[45] ... eine Besprechung über die Verfassungsfragen. Ich trug das Ergebnis meiner Verhandlungen mit Dr. Süsterhenn vor, und wir vereinbarten dann, dass Dr. Höffner und Dr. Knauber die entsprechenden Fragen der Verfassung bearbeiteten.«[46]

Brommer vermutet wohl zu Recht: »Von diesen beiden [Höffner und Knauber] dürfte der anonyme, mit ›Trier‹ gezeichnete umfangreiche und wichtige Entwurf zu den Abschnitten I – IV stammen.« Brommer veröffentlichte ihn als Anlage 1 seines Beitrages im Wortlaut,[47] allerdings ohne die Randverweise auf andere Verfassungen und ohne die Fußnoten. Er hatte selbst ein Exemplar aus dem Nachlass Süsterhenns vor Augen. Er erwähnt zwar, dass er die Randverweise wegließ, nicht jedoch die Auslassung der Fußnoten. Gerade diese lassen jedoch die Handschrift Joseph Höffners erkennen. Denn gleich in der ersten Fußnote zu den Grundrechten wird Bezug genommen auf die spanischen Spätscholastiker des 16. Jahrhunderts (Domingo Bañez, Gregor von Valencia, Franz von Vitoria).[48]

Aus Trier gingen zwei weitere Vorschläge bei Süsterhenn ein: Ein nach dem Trierer Pädagogen Viktor Joseph Dewora (1773-1837) »Trier Dewora« benannter Entwurf für den Abschnitt III (Erziehung und Schule), den Martin Persch (Trier)

STAATSLEXIKON 5, [7]1989, Sp. 402 f.; DERS., Adolf Süsterhenn (1905-1974), in: ZEITGESCHICHTE IN LEBENSBILDERN 6, 1984, S. 189-199.

[45] Pius XII. hatte Bornewasser 1944 aus Anlass seines goldenen Priesterjubiläums zum Titularerzbischof ernannt: A. THOMAS, in: E. GATZ (Hrsg.), Bischofslexikon 1785/1803-1945, S. 67.

[46] BAT – 105/2658, S. 81 (Chronik des Bistums Trier, Band 6, 1946)

[47] J. BROMMER, Kirche und Verfassung, S. 457-463.

[48] Maschinenschriftliches Exemplar (8 Seiten): »Trier. Grundrechte und Grundpflichten«: BAT – 59/82b.

dem Pädagogen Knauber zuschreibt,[49] und ein auf Abschnitt IV (Kirche und Staat) beschränkter Beitrag, der vom Verfasser selbst mit »Dr. Meid« am Rand gezeichnet ist.[50] Weiterhin erhielt Süsterhenn schriftliche Ausarbeitungen aus Speyer.

Brommer versucht, in Synopsen über Teilabschnitte den Einfluss dieser Vorschläge aus den beteiligten Bistümern auf den Verfassungsentwurf Süsterhenns deutlich zu machen. Bereits in Klaas' Dokumentation zur Entstehung der rheinland-pfälzischen Verfassung 1978 finden sich Synopsen des Vorentwurfs bzw. des Entwurfs II von Süsterhenn und dem Verfassungstext vom 18. Mai 1947,[51] so dass man nunmehr akribisch untersuchen könnte, welche Vorschläge und Formulierungen Höffners bzw. Knaubers den endgültigen Verfassungstext erreichten.

Brommer hat die weitere Arbeit dieses Kreises von Kirchenvertretern und Süsterhenn, der im Dezember 1946 Justizminister des Landes Rheinland-Pfalz wurde,[52] beschrieben. Am 10. Oktober 1946 fand eine weitere Sitzung in Koblenz unter Zuziehung weiterer Fachleute statt.[53] »Offenkundig konnten die zahlreichen Fragen aber nicht völlig ausdiskutiert werden, da gleich am nächsten Tag sowohl Zettelmeyer wie auch Caspers gewichtige Bedenken vortrugen und Ergänzungen machten. Zettelmeyer wies in seinem Schreiben darauf hin, dass auf der Rückfahrt nach Trier Prof. Höffner, Dr. Krause-Wichmann und er übereinstimmend zu dem Ergebnis gekommen seien, der Verfassungsentwurf gehe viel zu sehr ins Detail. Wichtig sei zunächst doch nur, eine Grundordnung und Zielrichtung vornehmlich in der Frage des Zusammenwirkens von Arbeitnehmern und -gebern festzulegen. Insofern war es ganz folgerichtig, dass in dem am 11. Oktober um 15 Uhr in Trier von Prof. Höffner, Dr. Krause-Wichmann und Zettelmeyer erarbeiteten Gegenentwurf weite Passagen des von Süsterhenn präsentierten Entwurfs ersatzlos gestrichen wurden, da sie einer späteren Gesetzgebung vorbehalten seien ...«[54]

Im Hinblick auf die später zahlreichen Beteiligungen Höffners an der Vorbereitung staatlicher Gesetzgebungsverfahren ist es beachtlich, dass er 1946/47 bereits im Alter von kaum 40 Jahren erstmals – und dann gleich bei der Erarbeitung einer Landesverfassung – beteiligt wurde. Allerdings wurde Höffners Mitarbeit

---

[49] Gespräch des Verfassers mit Dr. Persch am 4. 10. 2006.

[50] 3 Schreibmaschinenseiten: BAT – 59/82b; dazu ergänzendes Schreiben von Dr. Persch (Trier) vom 2. 10. 2006.

[51] H. KLAAS (Hrsg.), Die Entstehung der Verfassung S. 355-509.

[52] Glückwunschschreiben Höffners an Süsterhenn, 10. 12. 1946 (Durchschlag), Danksagung Süsterhenns an Höffner, 15. 12. 1946 (Original): HAEK – NH 1402.

[53] P. BROMMER, Kirche und Verfassung, S. 448-451. Bei den im nachfolgenden Zitat genannten Persönlichkeiten handelt es sich um den Präsidenten der Industrie- und Handelskammer Trier, Peter Zettelmeyer, den Direktor des Raiffeisen-Verbandes, Rechtsanwalt Hermann Caspers, den Geschäftsführer der IHK-Trier, Dr. Krause-Wichmann. Die Besprechungstermine und Zeitangaben hat Brommer in Höffners Terminkalender im Nachlass Höffners in Köln verifizieren lassen: HAEK – NH 1042.

[54] Anhang 8: Bemerkungen von Peter Zettelmeyer an Dr. Süsterhenn vom 11. Oktober ...; Anhang 9: Bemerkungen von Rechtsanwalt Hermann Caspers [illegible] Dr. Süsterhenn vom 11. Oktober 1946. P. BROMMER, Kirche und Verfassung, S. 492-497.

in diesem Falle noch von kirchlicher Seite – durch Generalvikar von Meurers – ins Spiel gebracht.

Meurers wird gleich bei dieser ersten Zuziehung seines langjährigen Schützlings Höffner gespürt haben, welches Maß an Kompetenz und welchen sicheren Instinkt für das politisch Mögliche und Zweckmäßige der junge Professor einzubringen in der Lage war. In seiner Bistumschronik vermerkt Meurers unter dem 28. April 1947: »Am Freitag, dem 25. [April], weilte Herr Weihbischof Metzrodt in Koblenz zu einer Besprechung der Verfassung, insbesondere der Schulartikel. Die Vertreter aller Bistümer des Landes Rheinland-Pfalz waren anwesend. Es wurde beschlossen, zur Abstimmung über die Verfassung am 18. Mai einen Hirtenbrief aller Bischöfe des Landes zu erlassen, in dem die Gläubigen auf die Bedeutung der Abstimmung hingewiesen werden. Ein Entwurf wurde ausgearbeitet ... Der Inhalt der Verfassung ist allerdings dem Volke bei uns noch nicht mitgeteilt worden, er wird erst am Freitag den Zeitungen beigelegt. Die ganze Sache ist sehr überstürzt, die Franzosen haben aber auf unbedingte Erledigung gedrängt ... Das Verfassungswerk als ganzes ist jedenfalls zu begrüßen.«[55]

Winfried Baumgart kommt sogar zu dem Urteil: »Wie keine der damals entstandenen westdeutschen Landesverfassungen war die Verfassung von Rheinland-Pfalz von christlich-naturrechtlichen Prinzipien geprägt«, was Baumgart in erster Linie Süsterhenn zuschreibt. Doch war Joseph Höffner daran nicht unbeteiligt![56] Zu einer ähnlichen Bewertung der Mitarbeit Höffners an der rheinland-pfälzischen Verfassung kam Ministerpräsident a. D. Bernhard Vogel anlässlich der Feiern zum 100. Geburtstag von Joseph Höffner:

»Sie können heute alle 16 Landesverfassungen [der Bundesrepublik] durchgehen, keine andere ist so stark aus den Prinzipien der Katholischen Soziallehre heraus geprägt wie die rheinland-pfälzische, besonders in der Betonung des Subsidiaritätsprinzips, aber auch darin, dass diese Verfassung auf seinen Einfluss hin nicht nur Grundwerte und Freiheitswerte der Bürger, sondern auch Grundpflichten der Bürger enthält. ›Jeder Staatsbürger hat nach Maßgabe der Gesetze die Pflicht zur Übernahme von Ehrenämtern‹ (Art. 21, Abs. 1 u. 2.) ... Original Höffner!«[57]

Wie eine Aktennotiz im Bistumsarchiv Speyer über eine Konferenz der rheinland-pfälzischen Bistümer mit der Landesregierung vom 13. August 1947 erkennen lässt, blieb Höffner auch über das Inkrafttreten der Landesverfassung hinaus in Kontaktkreisen der Diözesen mit dem Land Rheinland-Pfalz tätig.[58]

---

[55] BAT – 105/2661, S. 28 f.

[56] W. Baumgart, Süsterhenn, in: Staatslexikon 5, ^{7}1989, Sp. 402.

[57] Presseamt des Erzbistums Köln (Hrsg.), 100. Geburtstag von Joseph Kardinal Höffner, S. 72.

[58] Freundl. Mitteilung von Dr. Ulrich Helbach, Köln. Fundort der Aktennotiz: Diözesanarchiv Speyer BO NA XXVIII (28.10), fol. 60-63. Höffner ist unter den Teilnehmern der Konferenz aufgeführt.

So konnte es nicht ausbleiben, dass er auf solchen Wegen den rheinland-pfälzischen Politikern bekannt wurde. Der Mangel an qualifiziertem politischen Nachwuchs nach zwölf Jahren NS-Herrschaft brachte führende CDU-Kreise des Landes 1949 auf den Gedanken, Höffner zum Abgeordneten im 1. Deutschen Bundestag wählen zu lassen. Generalvikar von Meurers notierte in der zweiten Junihälfte 1949 in seiner Bistumschronik: »Am gleichen Tage vormittags hatte ich eine Besprechung mit dem Oberbürgermeister Kemper über die Kandidatur des Prof. Dr. Höffner in [richtig: für] den Bundestag. Die CDU wünscht dringend, dass Höffner Abgeordneter im Bundestag wird. Ich erklärte Herrn Kemper, das käme nicht in Frage, die Bischofskonferenz in Hardehausen habe erneut beschlossen, dass Geistliche nicht als Kandidaten [gemeint ist: Abgeordnete] in den Bundestag gehen sollen. Zudem würde Prof. Dr. Höffner seiner Professur völlig entfremdet.«[59]

Am 7. Juli 1949 wandte sich der Industrielle Heinrich Pickel, Vorsitzender der Vereinigten Arbeitgeber-Verbände in Rheinland-Pfalz, an Bischof Bornewasser: »Der katholische Arbeitgeberbund[60] sowie die Industrievertreter des Landes Rheinland-Pfalz haben mich gebeten, Eure Exzellenz zu bitten, Herrn Prof. Dr. Höffner für die Kandidatur zum Bundesrat [richtig: Bundestag] ergebenst freizustellen. Herr Prof. Höffner soll nicht als Geistlicher, sondern als angesehener ›neutraler‹ Sozialpolitiker, der die Hochachtung sämtlicher Wirtschaftler hat, aufgestellt werden. Die Wirtschaft legt großen Wert darauf, Herrn Prof. Höffner als den gegebenen Vermittler auf der Liste zu sehen. Dadurch könnte der Arbeitsfriede viel besser und sicherer gewahrt bleiben, als wenn reine Gewerkschaftler und Industrielle sich direkt gegenüberstehen. Hierdurch würde der Ausgleich geschaffen.«[61]

Meurers antwortete im Auftrag des Bischofs am 12. Juli: »Nach reiflicher Überlegung kann der Hochwürdigste Herr Professor Dr. Höffner für eine Kandidatur nicht freigeben. Es ist von großer Bedeutung, Herrn Professor Dr. Höffner seinem Fache und der Arbeit in seinem Fach zu erhalten. Wissenschaftliche Veröffentlichungen über die christliche Sozialethik, und dazu Vorträge, sind heute von der allergrößten Bedeutung. Wenn Herr Professor Dr. Höffner Abgeordneter wird, würde er dieser Tätigkeit in ganz weitem Maße entzogen, was zum großen Schaden der katholischen Sache wäre. Zudem haben die westdeutschen Bischöfe sich bei der Besprechung der Frage dahin geeinigt, dass zunächst Geistliche in den Bundestag nicht eintreten sollten. Der Hl. Stuhl drängt auf getreue Einhaltung des Reichskonkordates, in dem den Geistlichen eine unmittelbare politische Tätigkeit untersagt wird.«[62]

---

[59] BAT – 105/2661, S. 72.

[60] Gemeint ist wohl die regionale Gruppe des erst kürzlich gegründeten »Bundes Katholischer Unternehmer«.

[61] Pickel an Bornewasser, 7. 7. 1949 (Original): BAT – 88/402, 2.

[62] von Meurers an Pickel, 12. 7. 1949 (unterschriebene Durchschrift): Ebd. – Die Zurückhaltung der deutschen Bischöfe dürfte durch die jüngsten Erfahrungen des Konferenzvorsitzenden Kardinal Frings zu begründen sein. Der Kölner Kardinal war auf Drängen Adenauers im November 1948

Ganz abgesehen von den Angeboten dieser Jahre an Höffner, einen Lehrstuhl in Bonn, Mainz oder Münster zu übernehmen, wurde immer deutlicher, dass Höffner als christlicher Sozialwissenschaftler und Nationalökonom in einer Person ein singulärer Glücksfall für die anstehende Neugestaltung von Staat und Gesellschaft war, dass man ihn mit pastoraltheologischen Vorlesungen im Priesterseminar und Eheprozessen am Offizialat auf Dauer nicht in Trier halten konnte.

Doch gerade dieses rasch steigende Ansehen Höffners in Politik, Wirtschaft und Gesellschaft bewog Bischof Bornewasser und seinen Generalvikar, Höffner nicht eher freizugeben, als das Trierer Seminarkollegium als Theologische Fakultät mit Promotions- und Habilitationsrecht die Anerkennung des Landes Rheinland-Pfalz erhalten hätte.[63] Voraussetzung dafür war eine fachliche Qualifikation der Trierer Professoren, die deren Gleichwertigkeit mit den Kollegen an staatlichen theologischen Fakultäten bedeutete. Professor Höffner war da dem Staat gegenüber ein unverzichtbares Musterbeispiel.

Die Bemühungen Bischof Bornewassers nach 1945, dem Professorenkollegium seines Priesterseminars den Status einer Theologischen Fakultät mit Promotions- und Habilitationsrecht zu verschaffen, hatten eine doppelte Wurzel: »Als man nach Bildung des Landes Rheinland-Pfalz im Jahre 1946 die Errichtung einer Landesuniversität plante, die auch eine theologische Fakultät besitzen sollte, wurde Trier als Sitz dieser Universität in Erwägung gezogen. Die Entscheidung fiel jedoch zugunsten von Mainz. Unabhängig von diesen Bestrebungen richtete Erzbischof Dr. Franz Rudolph Bornewasser auf Grund einer Denkschrift des Professorenkollegiums des Trierer Priesterseminars am 20. September 1948 die Bitte an den Heiligen Stuhl, die Studieneinrichtungen des Priesterseminars zu einer selbständigen akademischen Anstalt auszubauen. Nach genauer Prüfung der Voraussetzungen erteilte die *Sacra Congregatio de Seminariis et Studiorum Universitatibus* am 19. Dezember 1949 dem Bischof von Trier die Vollmacht, die Errichtung der Theologischen Fakultät am Bischöflichen Priesterseminar zu Trier ... einzuleiten und der neuen Einrichtung ein verfassungsmäßiges Statut zu geben.[64] Die förmliche Errichtung wurde durch Urkunde der Studienkongregation vom 5. Juni 1950 vollzogen. Der neu

---

der CDU beigetreten und musste wenige Monate später nach öffentlichem Wirbel und einer Anweisung Pius'XII. wieder austreten: N. Trippen, Frings I, S. 349-353.

[63] Zur nachfolgend darzustellenden Errichtung und staatlichen Anerkennung der Theologischen Fakultät Trier: E. Hegel, Die Theologische Fakultät Trier. Ihre Vorgeschichte, ihre Verfassung, ihre Organe, in: Vorlesungsverzeichnis der Theologischen Fakultät Trier für das Sommersemester 1951, S. 14-15; Ders., Errichtung und feierliche Eröffnung der Theologischen Fakultät Trier, in: TThZ 60, 1951, S. 140-145; J. Steinruck, Zur Geschichte der Theologischen Fakultät Trier 1950-2000, in: Christlicher Glaube und säkulares Denken ..., S. 377-432.

[64] Aus seiner Beschäftigung mit dem »Zentrumsprälaten« Ludwig Kaas (1881-1952) berichtete Prof. Dr. Rudolf Morsey (Speyer) dem Verfasser, dass Kaas die Erhebung des Trierer Seminarkollegiums (dem er selbst von 1918 bis 1924 als Professor für Kirchenrecht angehört hatte) zur Theologischen Fakultät in Rom betrieben habe (Gespräch des Verfassers mit Morsey am 6. 10. 2006).

errichteten Fakultät wurde hierin das Recht verbrieft, die akademischen Grade in der Theologie zu verleihen.«[65]

Doch bis hierhin war die Verleihung des Fakultätsstatus an das Trierer Seminarkollegium ein rein innerkirchlicher Vorgang ohne Rückwirkung auf die staatliche Öffentlichkeit. Deshalb kam es parallel zu Verhandlungen mit der Landesregierung, vertreten durch Justiz- und Kultusminister Süsterhenn. Das Ergebnis hat Hegel festgehalten: »Die staatliche Anerkennung der Theologischen Fakultät und der von ihr verliehenen akademischen Grade erfolgte unter Berufung auf Art. 42 der Landesverfassung und Art. 12 des Preußischen Konkordates durch Urkunde der Landesregierung von Rheinland-Pfalz vom 20. August 1950.«

Hegel berichtet dann von der feierlichen Inauguration der neuen Fakultät am 30. September 1950 in Gegenwart hoher Gäste aus dem staatlichen und kirchlichen Bereich. Die akademische Rede beim Festakt hielt Joseph Höffner über das Thema »Die Stunde der christlichen Sozialethik«. Die Professoren erhielten auf den 30. September 1950 datierte Ernennungsurkunden zu ordentlichen Professoren, wobei Höffners Lehrstuhl neu umschrieben war: »Pastoraltheologie und Christliche Gesellschaftslehre«.[66] Höffner sollte ihn nur ein Jahr innehaben. Zum 1. August 1951 wurde er – nach hinhaltendem Widerstand Bischof Bornewassers, schließlich jedoch mit dessen Zustimmung – zum Professor für Christliche Sozialwissenschaft an der Universität Münster ernannt.

---

[65] E. HEGEL, Errichtung, S. 140 f.; dort auch die Quellenbelege.

[66] J. STEINRUCK, Zur Geschichte, S. 379. Im HANDBUCH DES BISTUMS TRIER [21]1960 bzw. [22]1991 wird bei den einzelnen Namen die (erneute) Ernennung zum Professor an der Theologischen Fakultät Trier zum 30. 9. 1950 eigens erwähnt.

VII. KAPITEL

BERUFUNG AN DIE UNIVERSITÄT MÜNSTER UND GRÜNDUNG DES INSTITUTS FÜR CHRISTLICHE SOZIALWISSENSCHAFTEN 1951

Kein anderes Detail der Biographie Joseph Höffners ist bereits so sorgfältig erforscht und dargestellt worden wie das Ringen um seine Berufung an die Universität Münster in den Jahren 1947 bis 1951. Musste Eduard Hegel sich in seiner Geschichte der Münsterischen Fakultät mit Rücksicht auf den damaligen Bischof Joseph Höffner noch auf die Quellen des Universitätsarchivs beschränken,[1] so standen Manfred Hermanns 2002 zusätzlich die Personalakte Höffners im Hauptstaatsarchiv Düsseldorf und sein Nachlass im Historischen Archiv des Erzbistums Köln zur Verfügung.[2] Andrej Nicolai Desczyk konnte darüber hinaus die sehr ergiebige Personalakte Höffners im Bistumsarchiv Trier benutzen.[3]

Joseph Höffner hatte seine Lehrtätigkeit am Trierer Priesterseminar kaum aufgenommen, als Bischof Bornewasser und Generalvikar von Meurers durch die Bemühungen auswärtiger Universitäten um ihn bewusst wurde, dass der von ihnen über lange Jahre geförderte junge Professor für die ihm übertragene Professur für Pastoraltheologie in Trier überqualifiziert war. In den Jahren des Wiederaufbaus von Staat und Gesellschaft in Deutschland nach der Katastrophe von 1945 war Höffner in seiner Doppelqualifikation für christliche Sozialwissenschaft und Volkswirtschaft ein singulärer und damit umworbener Wissenschaftler, der am Trierer Priesterseminar auf einem »Abstellgleis« zu stehen schien. Häufiger und nicht zu Unrecht haben Bornewasser und von Meurers mit einiger Verbitterung darauf hingewiesen, dass das Bistum Trier seit Jahrzehnten planmäßig die Ausbildung eines akademischen Nachwuchses für das Trierer Priesterseminar betrieben habe. Es sei nicht ganz einzusehen, wenn größere westdeutsche Diözesen, die es an solcher Weitsicht fehlen ließen, nun auf die vom Bistum Trier geförderten Nachwuchskräfte zurückgriffen.

Wenn Bischof Bornewasser 1951 unter Anerkennung der herausragenden Fähigkeiten Höffners diesen schließlich für größere Aufgaben freistellte, so hatte das vor allem zwei Gründe: Einmal hatte er selbst durch die Erlaubnis von Gastvorlesungen Höffners in Münster während des Wintersemesters 1948/49 die Tür einen ersten (gefährlichen) Spalt weit geöffnet und Höffner Gelegenheit gegeben, in einem ihm angemessenen Wirkungskreis die Blicke auf sich zu lenken. Zum anderen konnte der Trierer Bischof dem von staatlichen Stellen und seinen bi-

[1] E. Hegel, Fakultät Münster I, S. 565 f. und ebd. II, S. 31-34.
[2] M. Hermanns, Berufung Höffners, S. 49-84; ders., Sozialethik, S. 237-255.
[3] A. N. Desczyk, Höffner, S. 70-77.

schöflichen Amtsbrüdern Frings und Keller, schließlich sogar von Papst Pius XII. ausgehenden Druck nicht dauerhaft widerstehen. Auf welchen Wegen es zur Einflussnahme des Papstes auf eine Professoren-Berufung nach Münster kam, soll hier erstmals dargestellt werden.

Der Termin der Freigabe Höffners durch den Bischof von Trier war aber auch durch ein »Trierer Datum« beeinflusst: Am 30. September 1950 war die päpstlich errichtete und vom Land Rheinland-Pfalz in ihren Rechten anerkannte Theologische Fakultät in Trier inauguriert worden. Der inzwischen weit über Trier hinaus angesehene Professor Höffner hatte dabei als Nachweis gedient, dass die Professoren dieser neuen theologischen Fakultät ihren Kollegen an staatlichen Fakultäten in nichts nachstanden. Ein Jahr später war die erste Berufung eines Mitgliedes dieser Fakultät auf einen traditionsreichen Lehrstuhl in Münster eine Auszeichnung – nicht nur für den Berufenen, auch für die Fakultät, aus der er kam.

Die erste Chance, einen auswärtigen Lehrstuhl zu erhalten, wurde Höffner bereits im Frühjahr 1946 geboten. Am 11. April schrieb sein Lehrer Theodor Müncker aus Freiburg: »Sie persönlich stehen im Zentrum von Erörterungen für die Nachfolge Schwers[4] in Bonn. Ich habe schon kurz nach Weihnachten Sie intensiv dorthin empfohlen, und Eucken, dem ich von den Aussichten sprach, ist gerne bereit, auch seinerseits Sie der Bonner Fakultät zu empfehlen.« Dekan Neuß[5] habe ihm kürzlich geschrieben, Schwers Lehrstuhl müsse »in näherer Zeit definitiv besetzt« werden. »Neuß würde es begrüßen, wenn Sie an ihn heranträten ... Dann brauche er nicht vorzugreifen und sich nicht ohne weiteres an Sie zu wenden ...«[6]

Wie weit Höffner bei aller Loyalität gegenüber dem Trierer Bischof bereits bereit war, an eine staatliche Fakultät zu wechseln, mag man daraus ersehen, dass er am 12. Mai 1946 Münckers Rat befolgte und an Dekan Neuß in Bonn schrieb. Er übersandte Lebenslauf, Studienzeugnisse und »Wissenschaftliche Arbeiten«, deren Greifbarkeit in Bonn man 1946 nicht voraussetzen durfte. Höffner bedankte sich »für das mich sehr ehrende Interesse« des Bonner Dekans. »So sehr ich es begrüßen würde, wenn der Plan sich verwirklichen ließe, vermute ich doch, dass mein Bischof kaum die Genehmigung geben wird.«[7]

Fast gleichzeitig hatte sich die Katholisch-Theologische Fakultät in Münster bei der Suche nach einem Nachfolger für den nach Mainz heimgekehrten Moraltheologen Peter Tischleder erstmals mit Höffner befasst. Der aus dem Bistum

---

4 Wilhelm Schwer (1876 – 1949), 1904-1920 Generalsekretär des Katholischen Gesellenvereins (Kolping), 1921-1946 erster Inhaber des Lehrstuhls für christliche Gesellschaftslehre an der Universität Bonn: A.-P. ALTHOFER, in: LThK 9, ³2000, Sp. 348 f.

5 Wilhelm Neuß (1880 – 1965), 1920-1949 Professor für mittelalterliche und neuere Kirchengeschichte in Bonn, 1934 an den »Studien zum Mythus des 20. Jahrhunderts« beteiligt: E. HEGEL, in: LThK 7, ³1998, Sp. 786 f.

6 Müncker an Höffner, 11. 4. 1946: HAEK – NH [illegible]

7 Höffner an Dekan Neuß, 12. 5. 1946 (Durchschlag): EBD.

Trier stammende damalige Dekan Johann Peter Steffes hatte bei Generalvikar von Meurers wegen Höffner angefragt. Meurers antwortete jedoch am 24. Mai 1946, er halte Höffner »sowohl nach seiner wissenschaftlichen sowie nach seiner menschlich-priesterlichen Seite für durchaus geeignet, ein Ordinariat für Moraltheologie zu übernehmen.« Doch: »In unserem Seminar brauchen wir nun dringend auch weiterhin Professor Dr. Höffner ... Eine Berufung Ihrerseits würde deshalb daran scheitern, dass der Herr Erzbischof Dr. Höffner auf keinen Fall beurlauben kann.«[8]

Nachdem Höffner Anfang Oktober 1946 durch den Oberpräsidenten der Rheinprovinz den Ruf auf »den durch die Emeritierung des Herrn Professor Schwer erledigten Lehrstuhl für christliche Gesellschaftslehre (Extraordinariat)« in Bonn erhalten hatte,[9] war er zu Bischof Bornewasser gegangen. »Er erklärte, er könne mir im Interesse seines Priesterseminars nicht die Genehmigung geben, die Bonner Professur anzunehmen ... Ich habe deshalb heute dem Oberpräsidenten die Mitteilung gemacht, er möge von meiner Berufung absehen.« Der neue Dekan, der Professor für alte Kirchengeschichte Theodor Klauser,[10] nahm diese Entscheidung am 16. November 1946 mit Bedauern zur Kenntnis und wünschte Höffner »für Ihre weitere Trierer Tätigkeit Gottes reichsten Segen«.[11] Höffners Freiburger Lehrer Constantin von Dietze schrieb am 16. Dezember 1946: »Sie werden mich recht verstehen, wenn ich sage: Ich bedaure, dass Sie den Ruf nach Bonn und die dortigen Wirkungsmöglichkeiten abgelehnt haben. Aber ich bin gewiss, dass Sie dafür gute Gründe haben ...«.[12]

Im Sommer 1947 gelangten die nächsten beiden Anfragen an Höffner. Wie bereits erwähnt, hatte Nell-Breuning ihn informiert, dass man sich in Mainz nach dem plötzlichen Tode von Peter Tischleder für ihn als Moraltheologen interessiere.[13] Schon am 3. Juni 1947 schrieb ihm der Dekan der Fakultät in Münster, Professor Steffes, um ihn zu bitten, »mir umgehend mitzuteilen, ob Sie« – wie Steffes gehört hatte – »tatsächlich entschlossen sind, im Falle eines Rufes, hierher

[8] von Meurers an Dekan Steffes, 24. 5. 1946 (Durchschlag): BAT – 88/402, 2.

[9] Dieses Schreiben gab Höffner in einem Brief an Dekan Neuß in Bonn am 7. 10. 1946 wörtlich wieder (Durchschlag): HAEK – NH 1403. – Dieses Schreiben enthält auch die nachfolgende Schilderung seiner Vorsprache bei Bischof Bornewasser und seine Ablehnung an den Oberpräsidenten.

[10] Theodor Klauser (1894 – 1984), 1931 Habilitation bei F. J. Dölger in Bonn, 1945-1964 Professor für alte Kirchengeschichte in Bonn, 1948-1950 Rektor der Universität Bonn: E. DASSMANN, in: LTHK 6, [3]1997, Sp. 118.

[11] Dekan Klauser an Höffner, 16. 11. 1946: HAEK – NH 1403.

[12] Dietze an Höffner, 16. 12. 1946: HAEK – NH 1401 – Einen ähnlichen Brief hatte Höffner von Prof. Clemens Bauer aus Freiburg erhalten. Am 30. 1. 1947 antwortete er ihm: »Was Sie von Bonn schreiben, muss ich in meinem Herzen bejahen. Aber es ließ sich nicht anders machen.« Höffner beklagte sich dann darüber, dass er in Trier »Pastoraltheologie, Ethik und – sogar Philosophiegeschichte« dozieren müsse (Herrn Prof. Dr. Hugo Ott, Freiburg, danke ich für die Überlassung einer Kopie des Briefes Höffners an Bauer vom 30. 1. 1947).

[13] Vgl. oben S. 93.

zu kommen«.[14] Doch Höffner musste nach Gesprächen »mit den zuständigen Stellen« am 14. Juni mitteilen, dass er »nicht die Genehmigung erhalten werde, Trier mit Münster zu vertauschen«.[15]

In der Korrespondenz dieser Monate mit Kollegen ließ Höffner durchblicken, wie sehr er innerlich zwischen der Loyalität gegenüber dem Bischof und der Neigung zur Annahme eines auswärtigen Lehrstuhls hin- und hergerissen war. Am 8. August 1947 schrieb er dem Dekan in Münster, der sich zu einem Besuch in Trier angemeldet hatte: »Wie ich Ihnen mitteilte, würde ich persönlich gern nach Münster kommen, weil ich dort – und in der Nähe des Ruhrgebietes – Gelegenheit hätte, mich vorwiegend den sozialethischen Studien zu widmen, was naturgemäß im sozial viel ruhigeren Trierer Land nicht in dieser Weise der Fall ist. Nun möchte ich jedoch nicht gegen den Willen des Bischofs von hier weggehen. Ich gehöre nun einmal zum Trierer Klerus und bin auch seinerzeit von der Diözese ausdrücklich in der Absicht, mich später im Seminar zu verwenden, zum Studium beurlaubt worden. Vielleicht wird es Ihnen bei Ihrem Besuch möglich sein, die Frage zu klären.«[16]

Für die beabsichtigte Berufung Höffners nach Münster gab es einen besonderen Grund: Dieser Lehrstuhl in Münster war bis 1947 in der Rechts- und Staatswissenschaftlichen Fakultät der Universität angesiedelt gewesen.[17] Bereits am 20. Januar 1947 hatten diese und die Katholisch-Theologische Fakultät über diesen in Deutschland einzigartigen Lehrstuhl eine Vereinbarung getroffen:

»Die Rechts- und Staatswissenschaftliche Fakultät überlässt den durch den Tod des Prälaten Professor Dr. Heinrich Weber[18] freigewordenen volkswirtschaftlichen Lehrstuhl der Katholisch-Theologischen Fakultät, in deren Rahmen er seinerzeit errichtet wurde, unter folgenden Bedingungen:

1. Der Lehrstuhl soll zur Wahrung seines bisherigen Charakters ständig mit einem Sozialwissenschaftler besetzt werden, der auf Grund seiner allgemein nationalökonomischen Ausbildung befähigt ist, die Gebiete der Sozialpolitik und der Caritaswissenschaft im Besonderen zu vertreten.
2. Die Rechts- und Staatswissenschaftliche Fakultät soll bei der Besetzung des Lehrstuhls gutachtlich über die wirtschaftswissenschaftliche Qualifikation des zu Berufenden gehört werden.
3. Die Rechts- und Staatswissenschaftliche Fakultät erwirkt für den Lehrstuhlinhaber einen ständigen Lehrauftrag für das gesamte Gebiet der Sozialpolitik und sorgt für seine Mitwirkung an Prüfungen von Kandidaten, die dieses Fach wählen. Er soll demnach auch das Recht haben, im Rahmen seines Lehrauftra-

14 Dekan Steffes an Höffner, 3. 6. 1947: HAEK – NH 1403.

15 Höffner an Dekan Steffes, 14. 6. 1947 (Durchschlag): EBD.

16 Höffner an Dekan Steffes, 8. 8. 1947 (Durchschlag): EBD.

17 Die nachfolgende Darstellung folgt M. HERMANNS, Berufung Höffners, S. 55 f.

18 Heinrich Weber (1888 – 1946), 1922-1946 Professor für Gesellschaftslehre, Fürsorgewesen und wirtschaftliche Staatswissenschaft an der Universität Münster. M. HERMANNS, [illegible] Sp. 992; DERS., Sozialethik, S. 117-225.

ges Examensscheine auszustellen, Themen für Dissertationen aus seinem Gebiet zu geben und bei der entsprechenden mündlichen Doktorprüfung mitzuwirken.«[19]

Diese Vereinbarung zwischen den Fakultäten war vom Kultusministerium des Landes NRW am 25. März 1947 genehmigt worden.

Für einen so umschriebenen Lehrstuhl war Joseph Höffner auf Grund seiner doppelten Qualifikation als Sozialwissenschaftler und als Nationalökonom der geradezu ideale, aber auch beinahe der einzige Kandidat. Neben ihm hatte die theologische Fakultät in Münster noch den damals im Oratorium in Birmingham sich aufhaltenden Wiener Professor Johannes Messner[20] und den dreifach promovierten, aber nicht unproblematischen Adolf Geck[21] auf eine Dreierliste gesetzt. Da Messner nach Wien zurückkehren wollte und Geck Bischof Keller nicht genehm war, brachte Höffners Absage die Fakultät in eine arge Verlegenheit.

Sie hatte ihre Berufungsliste über den Senat der Universität dem Kultusminister in Düsseldorf vorgelegt, der am 22. September 1947 in aller Form bei Höffner anfragte, ob er bereit sei, den Lehrstuhl zu übernehmen.[22] Minister Konen wusste um Höffners Loyalitätspflichten gegenüber dem Trierer Bischof und fügte an: »Dabei darf ich der Hoffnung Ausdruck geben, dass in diesem Falle, wo es sich um die Besetzung des früher von den Professoren Hitze und Weber innegehabten Lehrstuhls, somit um die Fortsetzung einer für die Kirche wichtigen Tradition handelt, der hochwürdigste Herr Erzbischof [Bornewasser] es mir auf diese Weise ermöglicht, die ... wichtige Aufgabe für den geistigen Wiederaufbau in die besten Hände zu legen.« Doch Höffner musste nach Rücksprache mit Bornewasser am 4. Oktober 1947 erneut absagen, »wenngleich ich persönlich mich sehr auf die Wirkungsmöglichkeit in Münster – in der Nähe des Ruhrgebietes – freuen würde«.[23]

Parallel zu dieser Korrespondenz zwischen Minister Konen und Höffner hatte sich Ministerialrat Theegarten aus dem Kultusministerium an Generalvikar von Meurers gewandt.[24] Beide kannten sich persönlich, so dass von Meurers seine ablehnende Antwort mit einer *captatio benevolentiae* beginnen konnte: »Im Land Rheinland-Pfalz vermissen wir sehr in der Landesregierung eine Fachkraft für kirchliche Angelegenheiten [wie Sie].«[25] Wenn man die eigene Darstellung

---

[19] Text der Vereinbarung: Universitätsarchiv Münster, Kath.-Theol. Fakultät B 9 (zitiert nach M. HERMANNS, Berufung Höffners, S. 55 f. mit Anm. 18); beglaubigte Kopie: HAEK – NH 1524.

[20] Johannes Messner (1891 – 1984), 1914 Priester, 1935 Professor für Ethik und Sozialwissenschaft in Wien, 1938 Emigration nach England, ab 1949 wieder in Wien: A. KLOSE, in: LThK 7, ³1998, Sp. 177 f.

[21] Nach M. HERMANNS, Berufung Höffners, S. 58 Anm. 28, war Adolf Geck 1898 geboren, Dr. phil., Dr. jur. und Dr. ing. habil.

[22] Originalschreiben Minister Konens an Höffner, 22. 9. 1947: HAEK – NH 1403; Faksimile-Druck: M HERMANNS, Sozialethik, S. 239.

[23] Höffner an Kultusminister Konen, 4. 10. 1947 (Durchschlag): HAEK – NH 1403.

[24] Ministerialrat Theegarten an Generalvikar von Meurers, 24. 9. 1947 (Original): BAT – 88/402, 2.

[25] von Meurers an Theegarten, 3. 10. 1947 (Durchschlag): EBD.

Höffners über seine Schwierigkeiten, im Trierer Seminarkollegium Verständnis und eine Studienplanabsicherung für die Christliche Gesellschaftslehre zu finden, kennt, überrascht uns die Sicht der Dinge in von Meurers Antwort an Ministerialrat Theegarten: Er – Meurers – persönlich habe Höffner vorgebildet, »um gerade in unserem Priesterseminar eine wirklich ausgebildete Fachkraft für die Sozialwissenschaften zu haben. Wir legen gerade auf die soziale Ausbildung unserer Geistlichkeit großen Wert, und unsere jungen Leute sind auch sehr erfreut, dass sie in christlicher Soziallehre einen so gediegenen Unterricht erhalten ...« Nach Ablehnung der Freigabe Höffners für Münster und einem Hinweis darauf, dass man in Trier planmäßig für die Ausbildung von Nachwuchskräften für das eigene Priesterseminar sorge, schloss Meurers mit der Bemerkung: »Es wird nichts übrigbleiben, als dass die Bistümer Ihres Landes auch geeignete Kräfte entsprechend ausbilden.«[26]

Zwar nicht an die Bischofskonferenz – wie Hermanns angibt – wohl aber an einflussreiche und an dem Lehrstuhl in Münster interessierte Einzelbischöfe schrieb der neue Dekan der Fakultät, der Missionswissenschaftler Thomas Ohm,[27] im Februar 1948 erneut in Sachen Lehrstuhlbesetzung. Neben dem zunächst für Höffner zuständigen Bischof von Trier erhielten die Erzbischöfe von Köln und Paderborn sowie die Bischöfe von Münster und Osnabrück eine Darstellung über die Bedeutung des Hitze-Weberschen Lehrstuhls, der nun bald besetzt werden müsse, um – auch politischen – Flurschaden zu vermeiden. Den Trierer Bischof bat Ohm, seine Entscheidung über Höffner noch einmal zu bedenken.[28]

Doch auch dem Dekan Ohm gegenüber blieb Erzbischof Bornewasser bei seiner Entscheidung: »Wenn ich die Lehrstühle in Trier heute so gut besetzt habe, so liegt das daran, dass ich von sehr langer Hand dafür sorgte, dass begabte junge Theologen zunächst im Germanikum oder am Bibelinstitut in Rom und dann noch auf anderen Hochschulen ihre Spezialstudien machen konnten. Da ist es wohl verständlich, wenn ich nun diese Kräfte für meine eigenen jungen Theologen einsetze.«[29]

Gleichzeitig hatte Bischof Michael Keller von Münster seinen Weggefährten aus gemeinsamen Studienjahren in Innsbruck und Rom Heinrich von Meurers beschworen.[30] Doch dieser schrieb dem »lieben Michael« bereits am 6. Februar 1948: »Auch für die Zukunft kommt ein Verzicht [auf Professor Höffner] nicht in Frage, so dass die Sache damit ein für allemal erledigt sein dürfte.«

---

[26] Eine fasst wörtliche Wiedergabe der Argumentation von Meurers' findet man in einem Brief Höffners an seinen Freiburger Lehrer Bernhard Pfister vom 11. 10. 1947 (Durchschlag): HAEK – NH 1402.

[27] Thomas Ohm OSB (1892 – 1962), 1932 ao. Professor für Missionswissenschaften in Würzburg, 1946-1961 o. Professor in Münster: H. R. SCHLETTE, in: LThK 7, ³1998, Sp. 1009.

[28] Dekan Ohm an Bornewasser, 4. 2. 1948 (Original): BAT – 88/402, 2.

[29] Bornewasser an Ohm, 11. 2. 1948 (Durchschlag): EBD.

[30] Das ergibt sich aus dem nachfolgend zitierten Schreiben von Meurers an Keller vom 6. 2. 1948 (Durchschlag): BAT – 105/2626.

Während die Fakultät Münster sich im Sommer 1948 erneut – und wiederum vergeblich – um Professor Messner in Birmingham bzw. Wien bemühte, gab es weitere Korrespondenzen zwischen Keller und von Meurers. Am 15. Juni 1948 berichtete Meurers nach Münster: »Der Kardinal [Frings] hat dem Herrn Erzbischof [Bornewasser] auch einen Brief eines Herrn Bernhard Pfister aus Hamburg an Frau Minister Teusch vorgelegt, in dem es zum Schluss einfachhin heißt: ›Für Trier ist Ersatz zu finden, jetzt schon‹.« Vorher hatte Meurers bemerkt, »dass es für uns *zur Zeit*[31] absolut unmöglich ist, Professor Höffner freizugeben, da wir ja doch, falls wir uns grundsätzlich entscheiden würden, ihn abzugeben, unbedingt die Ersatzfrage lösen müssten.« War das ein Signal, dass die »Abwehrfront« in Trier zu bröckeln begann?

Michael Keller nutzte diesen kleinen Hoffnungsschimmer am 24. Juni zu einer sachlichen Argumentation: »Es handelt sich [in Münster] ja nicht nur um eine Professur und die Ausbildung der Theologen. Vielmehr geht es ja um Beeinflussung der gesamten Wirtschaftsentwicklung im christlichen Sinne, und das in einem Raume, in dem u. U. die Entscheidung für das westliche Europa fällt. Es tun sich hier tausend Möglichkeiten auf, die nicht aufgegriffen werden können, weil kein kompetenter Sachberater da ist ... Auch bei den leitenden Männern des Bergbaues und der Industrie ist zweifellos eine verhältnismäßig große Bereitschaft da. Man hat mich gebeten, einen Fachmann (Theologen) zu benennen, aber ich habe keinen. Herr Dr. Hermann-Josef Schmitt[32] hat m. E. nicht das Format. Auch für die Steuerung der gesamten kath. Arbeiterbewegung bedürfte es dringend eines sachkundigen Beraters ... Du schreibst, ich solle jemand ausbilden lassen. Das hatte ich vor und habe den Betreffenden zu Nell-Breuning geschickt, um sich beraten zu lassen. Die Antwort Nell-Breunings: Der einzige, der in Frage käme, wäre Professor Höffner; und der kann es leider nicht, weil sie bei ihm nicht doktorieren können. – Insofern meine ich, ist der Fall Höffner doch schon ganz besonders gelagert und nicht mit der Übernahme irgend einer beliebigen Dozentur zu vergleichen.«[33]

Bischof Kellers Eindruck, dass der Widerstand in Trier etwas nachließ, sollte sich bewahrheiten. Höffner erhielt unter dem 12. August 1948 eine Anfrage der neuen nordrhein-westfälischen Kultusministerin Teusch, »ob Sie wenigstens als Gast für das Wintersemester 1948/49 die Geschäfte des Lehrstuhls für

---

[31] Hervorhebung durch N. T.

[32] Zu Hermann-Joseph Schmitt s. J. Aretz, Hermann-Joseph Schmitt (1896-1964), in: Zeitgeschichte in Lebensbildern, Bd. 6, Mainz 1984, S. 115-126 und S. 272 (Literatur).

[33] Keller an von Meurers, 24. 6. 1948 (hs.): BAT – 105/2626. Am 24. 12. 1948 ergänzte Keller in einem Brief an von Meurers (ebd.): »Mit Herrn Professor Höffner habe ich schon mehrfach sehr interessante Besprechungen gehabt. Er scheint mir wirklich in seiner priesterlich-charakterlichen Haltung und als Wissenschaftler durchaus überdurchschnittliches Format zu haben. Ich verstehe, dass Ihr ihn nicht gern misst. Andererseits will ich aber auch kein Hehl daraus machen ..., dass sich in mir die Überzeugung verstärkt hat, dass H. hier unter Umständen eine ganz entscheidende Mission zu erfüllen hätte ...«

Christliche Sozialwissenschaft wahrnehmen können.«[34] Am 30. August gab Höffner der Ministerin eine Zusage. »Auch der Bischof von Trier, mit dem ich heute nochmals sprach, hat seine Einwilligung gegeben.«[35] Schon am 7. August hatte Höffner an Dekan Ohm geschrieben: »Kürzlich sagte mir unser Erzbischof, er habe sich entschlossen mich – gegebenenfalls, sofern man noch Wert darauf lege – zu Gastvorlesungen nach Münster zu beurlauben; in diesem Falle müsse ich die Vorlesungen in Trier zwar auch noch halten, könne sie aber zusammendrängen ... Das WS beginnen wir schon am 16. September. In den Monaten Dezember und Januar werden keine Vorlesungen sein.[36] Wir setzen jedoch das WS im Februar fort und schließen erst Ostern. Vielleicht ließe sich eine Regelung treffen, da die Vorlesungszeit in Trier und Münster nicht völlig zusammenfällt.«[37] Ohm antwortete am 12. Oktober: »Ich freue mich aufrichtig, dass wir so weit sind, und begrüße Sie schon jetzt von ganzem Herzen als Kollegen. Hoffentlich sind Sie bald mehr als Gast, nämlich ein ordentliches Mitglied der Fakultät.«[38]

Wie Ohm ihm geraten hatte, wandte sich Höffner wegen der technischen Fragen an den neuen Dekan Elfers.[39] Am 23. Oktober 1948 schrieb er, er habe tags zuvor im Kultusministerium in Düsseldorf die Einzelheiten abgesprochen. »Ich werde erst am 20. November nach Münster kommen, dann aber bis Februar bleiben.« Nach den thematischen Ankündigungen für vier Vorlesungsstunden und ein sozialethisches Seminar »Die Enzyklika *Quadragesimo anno*« fuhr Höffner fort: »Wie ich höre, sollen meine Vorlesungen auch den Hörern der Staatswissenschaftlichen Fakultät offen stehen.« Höffner bat um Klärung der Raumfragen.[40] Seinem Freiburger Lehrer Walter Eucken schrieb er wenige Tage später: »Ich hoffe, dass ich auf diese allerdings etwas umständliche Weise allmählich von Trier loskomme. Z. Zt. verdopple ich hier meine Vorlesungen, um für Münster frei zu werden.« Auf die Dauer sei das natürlich unmöglich.[41]

Bischof Keller hatte Höffner Anfang November 1948 um den Text eines Vortrages gebeten, den Höffner – wie bereits erwähnt[42] – in Essen auf Einladung der Kohlenbergbau-Leitung gehalten hatte. In seiner Antwort musste Höffner gestehen (was später noch häufiger vorkommen sollte): »Leider habe ich die Niederschrift meines Vortrages in Essen gelassen. Die Referate der Tagung sind im Druck ... Ich gewann in Essen den Eindruck, dass viele der Anwesenden ein aufrichtiges

34 Frau Teusch an Höffner, 12. 8. 1948 (Original): HAEK – NH 1403.

35 Höffner an Frau Teusch, 30. 8. 1948 (Durchschlag): Ebd.

36 Der Grund für diese Unterbrechung des Semesters dürfte gewesen sein, Vorlesungsräume und Studentenzimmer in den härtesten Wintermonaten nicht ausreichend beheizen zu können.

37 Höffner an Dekan Ohm, 7. 8. 1948 (Durchschlag): HAEK – NH 1402.

38 Dekan Ohm an Höffner, 12. 10. 1948 (hs. Original): Ebd.

39 Heinrich Bernhard Elfers (*1896), 1925 Priesterweihe in Paderborn, 1946-1962 Professor für Liturgiewissenschaft und Homiletik in Münster: E. Hegel, Fakultät Münster II, S. 19.

40 Höffner an Dekan Elfers, 23. 10. 1948 (Durchschlag): HAEK – NH 1403.

41 Höffner an Eucken, 28. 10. 1948 (Durchschlag): Ebd. 1401.

42 Vgl. oben S. 95.

Interesse an den wirtschaftsethischen Problemen hatten. Es wurde der Wunsch geäußert, die Aussprache in kleinerem Kreise fortzusetzen.«[43] Hier dürfte der Anfang des 1949 von Generaldirektor Kost begründeten ständigen Beraterkreises liegen.

In Trier muss man gespürt haben, dass man mit Höffners Freigabe für Gastvorlesungen in Münster den ersten Schritt in eine nicht beabsichtigte Richtung getan hatte. Am 12. Januar 1949 musste Höffner Dekan Elfers mitteilen: »In der vorigen Woche sprach ich nochmals mit dem Herrn Erzbischof von Trier wegen des Lehrstuhls in Münster. Der hochwürdigste Herr erklärte mir, er habe mich nur für das Wintersemester beurlaubt und bitte, im Sommersemester in Trier zu bleiben und keine Gastvorlesungen in Münster zu halten.«[44] Der von Hermanns geschilderte Versuch, den Apostolischen Visitator Muench und Kardinal Frings einzuschalten, blieb ohne Erfolg. Auch die Komplimente Generaldirektor Kosts für Höffner und seine Bitte, diesem wenigstens die Möglichkeit zur Mitgliedschaft in dem beratenden Ausschuss der Kohlenbergbau-Leitung zu gestatten, konnten nur den Eindruck in Trier verstärken, man sei mit der Erlaubnis an Höffner zu Gastvorlesungen in Münster bereits zu weit gegangen.[45]

Am 1. März 1949 wandte sich Bischof Keller noch einmal an Bornewasser. Wenn Höffner nicht nach Münster kommen dürfe, werde ein »unabsehbarer Schaden für die katholische Sache in Deutschland daraus entstehen«. Es gehe auch um ein soziales Institut in Dortmund, das »infolgedessen stärkstens unter sozialistischen Einfluss« gerate. Zudem werde in der juristischen Fakultät ein Lehrstuhl für Gesellschaftswissenschaft geplant. »Schon jetzt ist ein Sozialist dafür vorgesehen. Die Folge würde sein, dass hier im rheinisch-westfälischen Industriegebiet der Marxismus führend sein würde.« Keller setzte seine Liste von Argumenten noch länger fort.[46] Doch in Trier blieb es bei der Ablehnung der Freigabe Höffners.

Es war wohl der Eindruck Höffners, sich nun endgültig in die Entscheidung seines Bischofs ergeben zu müssen, der ihn am 14. März 1949 noch einmal bewegte, seine Sicht der Dinge dem Bischof zusammenfassend darzulegen.[47] Nach der bereits erwähnten Schilderung, wie ihm im Trierer Seminarkollegium die Verankerung der Christlichen Gesellschaftslehre im Vorlesungs- und Studienplan verwehrt wurde, wies Höffner auf das positive Gegenbeispiel in Münster hin: »In Münster ordnete der Hochwürdigste Herr Bischof sofort nach meinem Eintreffen an, dass die Theologen des 5. – 8. Semesters wöchentlich 4 Vorlesungen – und zwar vier Semester lang – über die christliche Gesellschaftslehre obligatorisch hören müssten. In Trier bin ich der einzige Professor, der nur solche Fächer do-

[43] Höffner an Keller, 10. 11. 1948 (Durchschlag): HAEK – NH 1401.
[44] Höffner an Elfers, 12. 1. 1949: HAEK – NH 1403.
[45] M. Hermanns, Berufung Höffners, S. 62.
[46] Keller an Bornewasser, 1. 3. 1949 (Original): BAT – 88/402, 2.
[47] Höffner an Bornewasser, 14. 3. 1949 (Durchschlag): HAEK – NH 1403; vgl. oben S. 92 f.

ziert, die mit meiner [besser: seiner] wissenschaftlichen Vorbildung nicht im Zusammenhang stehen ... Dazu kam noch folgendes: Ich stellte in Münster fest, dass die Bedeutung des Lehrstuhls für christliche Gesellschaftslehre nur zu etwa 25 % in der Theologischen Fakultät liegt, dass die Hauptaufgabe dagegen in der juristischen und nationalökonomischen Fakultät gegeben ist.«

Wie um seine Entscheidung nach allen Seiten zu verteidigen und abzusichern, schrieb Bischof Bornewasser am gleichen Tage an Kultusministerin Teusch in Düsseldorf einen ablehnenden Bescheid.[48] Doch sollten gerade in den nächsten Wochen von Münster aus erfolgreiche Schritte zur Freigabe Höffners von Trier auf ungewohnten Wegen geschehen. Am 20. April 1949 nutzte Georg Schreiber,[49] der Pius XII. als »Zentrumsprälat« aus dessen Zeit als Nuntius in Berlin persönlich kannte, einen Romaufenthalt, um aus dem Anima-Kolleg eine Eingabe an Pius XII. zu richten. Nach Darlegung der Schwierigkeiten um die Besetzung des Lehrstuhls in Münster schrieb Schreiber dem Papst: »Unter voller Zustimmung des Hochwürdigsten Herrn Bischofs von Münster und im Auftrage der dortigen theologischen Fakultät möchte Euer Heiligkeit der ehrfurchtsvoll Unterzeichnete die Bitte unterbreiten, durch einen gütigen Hinweis nach Trier zu erwirken, dass für Höffner ein weiterer Urlaub von zwei Semestern erfolgt.«[50]

Am 19. Mai 1949 schrieb Schreiber an Höffner: »Bin ein aufrichtiger Freund und Bewunderer Ihres literarischen Schaffens. Deshalb schicke ich Ihnen den angeschlossenen Brief zu, der aber streng vertraulich ist, nur für Sie selbst. Schicken Sie mir bitte diesen zurück ... Es war nicht leicht, das alles vorzubereiten, dass der Brief auch an der zuständigen Stelle respektiert wurde für weitere Maßnahmen ...«.[51] In einem verschlossenen Brief lag der Kopie der Eingabe an Pius XII. ein handschriftlicher Zettel Schreibers bei: »Habe Seiner Heiligkeit ein Schreiben überreicht ... Diese Form ist genau überlegt worden. Streng vertraulich.« Höffner bedankte sich sehr herzlich für diese Unterstützung.[52]

Dass sie nicht ohne Erfolg war, konnte Höffner selbst Schreiber am 13. Juli 1949 und einen Tag später dem Dekan in Münster unterbreiten. Nach Münster schrieb

---

48 Bornewasser an Kultusminister NRW, 14. 3. 1949 (Durchschlag): BAT – 88/402, 2.

49 Georg Schreiber (1882 – 1963), 1905 Priesterweihe, 1913 Habilitation in Münster, 1915-1917 ao. Prof. für Kirchenrecht in Regensburg, ab 1917 Professor für Kirchengeschichte in Münster, 1920-1933 Zentrumsabgeordneter im Deutschen Reichstag, 1936 zwangsemeritiert, 1945-1946 Rektor der Universität Münster, 1951 emeritiert: E. HEGEL, Fakultät Münster II, S. 82-87; H. J. MÜNK, in: LThK 9, ³2000, Sp. 249; R. MORSEY, Georg Schreiber (1882-1963), in: ZEITGESCHICHTE IN LEBENSBILDERN, Bd. 2, 1975, S. 177-185 und S. 223 (Quellen, Werke und Literatur); DERS., in: NDB 23, S. 529 f.

50 Schreiber an Pius XII., Rom, 20. 4. 1949 (Abschrift): HAEK – NH 1403.

51 Schreiber an Höffner, 19. 5. 1949 (Original): EBD.

52 Handschriftliche Notiz Schreibers o. D.: Ebd. Höffner dürfte sich die erwähnte Abschrift (vgl. Anm. 50) also selbst gefertigt haben, bevor er Schreiber dessen Kopie zurücksandte.

er: »Herr Prälat Professor Dr. Johannes Lenz aus Trier,[53] der kürzlich in Rom war, berichtete nach seiner Rückkehr, dass Seine Heiligkeit in einer Privataudienz erklärt habe, Professor Lenz möge dem Bischof von Trier sagen, Seine Heiligkeit wünsche, dass der Bischof von Trier mich für die beiden nächsten Semester für Gastvorlesungen an der Universität Münster freistelle. Wie mir der Herr Regens des Bischöflichen Priesterseminars eben mitteilt, legt man in Trier den Wunsch des Papstes so aus, dass ich insgesamt etwa 8 Vorlesungen je Semester in Münster halten solle. Damit wird natürlich der Fakultät nicht gedient sein, – der Sache auch nicht.«[54]

Diesen Eindruck bestätigte Dekan Elfers am 25. Juli: »Auf Ihren Brief vom 14. 7. lässt die Fakultät Sie nach eingehender Beratung in ihrer Sitzung vom 22. 7. ebenso herzlich wie dringend bitten, für die beiden nächsten Semester ... Ihre Arbeit als Gastprofessor in der Form aufzunehmen, dass Sie wiederum 2 ½ Monate ganz hier sind. Die Fakultät ist der Ansicht, dass der wichtigen Aufgabe ... mit einigen Gastvorlesungen nicht gedient ist.«[55]

Wie war man in Trier auf die verwegene Idee gekommen, den »Wunsch des Papstes« so eingeschränkt auszulegen? Die Antwort ergibt ein Brief, den Höffner dem Dekan in Münster am 30. Oktober 1949 schreiben konnte. Schon in Rom hatte Professor Lenz – ganz im Sinnes seines Bischofs – auf Wege gesonnen, wie man diese Weisung des Papstes zugleich erfüllen und unterlaufen könnte. Höffner berichtete Dekan Elfers, er habe Lenz, der in Sachen des Päpstlichen Werkes der Glaubensverbreitung die Audienz bei Pius XII. erhielt, nach dem genauen Wortlaut der päpstlichen Aussage gefragt: Er war kein anderer als der bereits berichtete. »Daraufhin, so berichtete Prälat Lenz mir weiter, sei er zu seinem früheren Trierer Kollegen, Herrn Prälaten Kaas, gegangen und habe sich mit ihm über die Auslegung des päpstlichen Wunsches besprochen. Er sei dabei bestrebt gewesen, eine Mindest-Auslegung zu finden. Er selbst und Prälat Kaas hätten in diesem Gespräch gemeint, dem Wunsche des Papstes sei wohl entsprochen, wenn ich in jedem Semester etwa 8 Vorlesungen in Münster hielte ...«[56]

Doch letztlich wollte man sich in Trier doch nicht auf solche Spitzfindigkeiten einlassen. Wenn Höffner am 1. Oktober 1949 der Kultusministerin in Düsseldorf seine Dienste anbot, hatte er das ohne Zweifel vorher mit Bischof Bornewasser besprochen.[57] In dem erwähnten Brief an Dekan Elfers vom 30. Oktober schrieb er: »Der Bischof sagte mir, wenn ich mein Vorlesungspensum in Trier erledige, gestatte er die Vorlesungen in Münster.« Höffner schlug einen ähnlichen Zeitrahmen

---

[53] Johannes Lenz (1888 – 1976), 1914 Priesterweihe in Rom für Trier, 1922-1947 Professor für Apologetik in Trier, bis 1946 Schriftleiter des »Pastor bonus«, 1947 Domkapitular: HANDBUCH DES BISTUMS TRIER [21]1960, S. 237; EBD. [22]1991, S. 601.

[54] Höffner an Dekan Elfers, 14. 7. 1949 (Durchschlag): HAEK – NH 1403; dort auch ein Durchschlag eines ähnlich lautenden Briefes an Schreiber vom 13. 7. 1949.

[55] Dekan Elfers an Höffner, 25 7. 1949 (Original): HAEK – NH 1403.

[56] Höffner an Dekan Elfers, 30. 10. 1949 (Durchschlag): EBD.

[57] Höffner an Kultusminister NRW, 1. 10. 1949 (Durchschlag): EBD.

wie im WS 1948/49 vor und schloss: »Wie sich die Angelegenheit meiner Professur weiterentwickelt kann ich nicht sagen. Ich hoffe jedoch, dass im Laufe des Wintersemesters eine endgültige Entscheidung fällt.« Doch es trifft zu, was schon Manfred Hermanns festgestellt hat: »Ab dem WS 1949/50 konnte Höffner wieder sechs Stunden Gastvorlesungen in Münster geben – bei bleibender Verpflichtung in Trier. Diese belastende Situation sollte noch vier Semester andauern.«[58]

Im Februar 1950 versuchte die Fakultät in Münster, vertreten durch ihren neuen Dekan Hermann Volk,[59] der Überwindung des Missstandes durch eine Eingabe an Bischof Keller näher zu kommen: »Der jetzige Zustand einer gastweisen Vertretung durch Herrn Professor Dr. Joseph Höffner, Trier, ist nicht mehr lange aufrecht zu erhalten. Die Besetzung des Lehrstuhls überhaupt und zwar durch Herrn Kollegen Höffner ist aber dringend erwünscht.« Die Darlegung der bekannten Gründe gipfelte in der Feststellung: »Herr Professor Höffner ist der einzige im deutschen Sprachraum, der den Erfordernissen dieser Professur gerecht zu werden vermag. Der Lehrerfolg und die breite Wirkung in die Hörerschaft wie das Ansehen bei den Professoren der anderen [= juristischen] Fakultät und weit über diese hinaus, ist gegeben, so dass mit Herrn Professor Höffner die Aufgabe voll erfüllt werden könnte ...«[60] Hermanns weist mit Recht darauf hin: »Im Vordergrund der Argumentation stand also nicht die Forschungstätigkeit zur Entwicklung der katholischen Soziallehre, sondern wie schon bei der Besetzung des Lehrstuhls mit Franz Hitze und vor allem mit Heinrich Weber die Wirksamkeit nach außen, der Einfluss auf die zukünftige Generation der Wirtschaftler und Soziologen, die Chance der weltanschaulichen Prägung des rheinisch-westfälischen Industriereviers.«[61]

Bischof Keller hat auf diese Eingabe seiner Fakultät hin noch im Februar eine Reise nach Trier unternommen, um dort Eis zu brechen. Am 2. März 1950 berichtete er an Höffner: »Mir scheint, dass man im Hinblick auf die römische Entscheidung [in Sachen Fakultät in Trier] den größten Wert darauf legt, dass Sie wenigstens im Augenblick der Anerkennung noch zur dortigen Fakultät gehören. Ich habe erklärt, dass wir selbstverständlich auch schon zufrieden sein würden, wenn Sie von Herbst an hier in Münster beginnen könnten. Die Hauptschwierigkeit scheint jetzt noch darin zu liegen, dort einen Pastoraltheologen für Sie zu finden ... Aber ich habe doch den Eindruck gehabt, als ob man im Ganzen der Frage doch wohlwollender gegenüber stände ...«[62]

---

58 M. Hermanns, Berufung Höffners, S. 64.

59 Hermann Volk (1903 – 1988), 1927 Priesterweihe in Mainz, 1943 Habilitation für Dogmatik in Münster, 1946-1962 Professor für Dogmatik in Münster, 1962-1982 Bischof von Mainz, 1973 Kardinal: P. Walter, in: LThK 10, ³2001, Sp. 850; F. Jürgensmeier, in: E. Gatz (Hrsg.), Bischofslexikon 1954-2001, S. 359-361; P. Walter, Hermann Kardinal Volk (1903-1988). in: Zeitgeschichte in Lebensbildern Bd.12, 2007, S. 101-113 u. 235-237 (Quellen, Schriften u. Literatur).

60 Dekan Volk an Keller, 17. 2. 1950 (Durchschlag): HAEK – NH 1403.

61 M. Hermanns, Berufung Höffners, S. 6[illegible]

62 Keller an Höffner, 2. 3. 1950 (Original): HAEK – NH 1401.

Noch im März 1950 korrespondierten auch die Generalvikare von Münster und Trier über Höffner. Generalvikar Pohlschneider hatte von Meurers die Eingabe des Dekans Volk zur Kenntnis gebracht. »Dass Sie selbst schon seit einiger Zeit die Absicht haben, Herrn Prof. Höffner, sobald es Ihnen möglich ist, freizugeben, habe ich bereits vor längerer Zeit zu meiner großen Freude gehört.«[63] Meurers warnte in seiner Antwort: »Ob es zum Herbst so weit sein wird, übersehen wir heute noch nicht.«[64]

Wie Dekan Volk Höffner am 8. April 1950 unterrichtete, hatte Bischof Keller bei seinem Besuch in Trier Anfang März vor allem mit der Information über das Ansehen des Lehrstuhls und seines vorgesehenen Inhabers bei den Juristen Erzbischof Bornewasser beeindruckt.[65] In seiner Antwort an Volk vom 15. April 1950 bestätigte Höffner diesen Eindruck: »Es ist schade, dass unser Bischof bei seinem hohen Alter sich nicht mehr selbst um die Angelegenheit kümmern kann. So fehlt die letzte Instanz. Immerhin sagten die zuständigen Leute mir heute folgendes: Ich möge mich noch bis zum Sommer gedulden. Der gegenwärtige Augenblick sei aus zwei Gründen ungünstig: einmal weil die Verhandlungen über das Promotionsrecht [der Trierer Fakultät] kurz vor dem Abschluss stünden; da sei mein Weggehen störend; – dann aber auch, weil vor dem Sommer kein Nachfolger für mich zu finden sei.«[66]

Noch vor der Sommerpause erschien es Dekan Volk angebracht, sich beim Trierer Generalvikar in Erinnerung zu bringen.[67] In der Antwort Meurers' vom 3. August 1950 wurde erstmals aus Trier eine Terminzusage gemacht: »Nach eingehender Besprechung mit dem H. H. Erzbischof und dem H. H. Regens des Priesterseminars teilen wir mit, dass eine Freigabe des H. H. Prof. Dr. Höffner für den Lehrstuhl in Münster unsererseits frühestens zum Herbst 1951 möglich ist.« Erst dann ergebe sich die Möglichkeit, für Höffner Ersatz zu finden. »Bis dahin käme noch die gastweise Vertretung [in Münster] in Frage, wie sie bisher gehandhabt wurde. Wir nehmen an, dass der Fakultät mit dieser Regelung gedient ist, da dann wenigstens ab Herbst 1951 eine für die Fakultät vollständig befriedigende Lösung erreicht wird.«[68]

In diesen Tagen hatte Höffner wieder ein Gespräch mit Erzbischof Bornewasser. Er hatte dabei versucht, seine Rolle in Münster und Trier schon 1950 umzutauschen: Ordinarius in Münster, Gastprofessor in Trier. Doch habe der Bischof das abgelehnt: »Es werde in Rom keinen guten Eindruck machen, wenn ich sofort nach der Übertragung des Promotionsrechtes [an die Trierer Fakultät] weggehe.« Höffner gab Dekan Volk zu bedenken, ob nicht schon 1950 eine

[63] Generalvikar Pohlschneider an von Meurers, 20. 3. 1950 (Original): BAT – 88/402, 2.
[64] von Meurers an Pohlschneider, 18. 4. 1950 (Durchschlag): Ebd.
[65] Dekan Volk an Höffner, 8. 4. 1950 (Original): HAEK – NH 1403.
[66] Höffner an Volk, 15. 4. 1950 (Durchschlag): Ebd.
[67] Volk an Ordinariat Trier (Original): BAT – 88/402, 2.
[68] von Meurers an Dekan Volk, 3. 8. 1950 (Durchschlag): Ebd.

Ernennung für Münster erfolgen könne. »Den Trierer Lehrstuhl erhielt ich durch kirchliche Ernennung; in Münster handelt es sich um eine staatliche Berufung. Wäre beides für die zwei nächsten Semester nicht vereinbar? Ich weise darauf hin, weil ich natürlich in Münster erst dann meine Tätigkeit ganz aufnehmen kann, wenn ich Ordinarius bin.«[69] Doch scheint sich weder die Fakultät in Münster noch das Ministerium in Düsseldorf auf eine solche Lösung eingelassen zu haben.

Zu Weihnachten schrieb Höffner an Bischof Keller: »Im kommenden Jahr werde ich, so Gott will, endgültig nach Münster kommen können. Mein Nachfolger wird im Sommer aus Rom nach Trier zurückkehren.[70] Vor einigen Tagen sagte mir der hochw. Herr Generalvikar, der hochw. Herr Erzbischof habe seine Zustimmung gegeben, weil die objektiven Gründe den Vorrang haben müssten.«[71]

Am 26. Januar 1951 wandte sich Höffner »An den Kultusminister des Landes Nordrhein-Westfalen« in Düsseldorf: »Sie fragten am 22. 9. 1947 bei mir an, ob ich bereit wäre, den Lehrstuhl für ›Christliche Sozialwissenschaften‹ an der Universität Münster zu übernehmen. Auf Wunsch des Herrn Erzbischofs von Trier konnte ich damals keine zusagende Antwort geben, habe jedoch seit dem Wintersemester 1948/49 die Geschäfte des Lehrstuhls als Gast wahrgenommen. Inzwischen hat der Herr Erzbischof von Trier seine Einwilligung gegeben, dass ich Münster mit Trier vertausche. Ich erkläre mich deshalb hiermit bereit, den Lehrstuhl zu übernehmen. Den Dekan der Kath.-Theol. Fakultät der Universität Münster habe ich verständigt.«[72]

Das eigentliche Anliegen des Briefes ging über diese Mitteilung hinaus: »Sofern die Berufung erfolgen sollte, würde ich es begrüßen, wenn in der Kath.-Theol. Fakultät ein ›Institut für christliche Sozialwissenschaften‹ errichtet werden könnte. Für die Einrichtung des geplanten Instituts hoffe ich von privater Seite Beihilfen zu erhalten.« Höffner bot schließlich für Mitte Februar Termine für Berufungsverhandlungen an.

Nach diesem Brief scheint es in den Berufungsverhandlungen denn auch wesentlich um dieses Institut gegangen zu sein. Die am 27. April 1951 unterzeichnete »Berufungsvereinbarung«[73] sieht als Datum des Amtsantritts den 1. Mai 1951 vor. Hatte Höffner, um vor Ort mit allen Rechten ausgestattet zu sein, noch einmal auf seine Vorstellungen vom Herbst 1950 zurückgegriffen (kirchlich ernann-

[69] Höffner an Volk, 12. 8. 1950 (Durchschlag): HAEK – NH 1403.

[70] Es handelt sich um Linus Hofmann (1911 – 1990), 1936 Priesterweihe in Trier, 1945 Dr. theol. in Bonn, 1948-1951 Studienurlaub in Rom, 1951-1967 Verwalter des Lehrstuhls für Pastoraltheologie in Trier, 1953-1967 Professor für Kirchenrecht in Trier, 1968 Domkapitular: Handbuch des Bistums Trier [22]1991, S. 586; Festschrift ... der Theologischen Fakultät Trier 1950-2000, S. 403.

[71] Höffner an Keller, 23. 12. 1950 (Durchschlag): HAEK – NH 1401.

[72] Höffner an Kultusminister NRW, 26. 1. 1951 (Durchschlag): Ebd. 1403.

[73] »Berufungsvereinbarung«, unterzeichnet von Dr. K[illegible] und Dr. Höffner, [illegible]: Ebd.

ter Professor in Trier, staatlich berufener in Münster)? Unter »6. Sächliche Wünsche« lesen wir: »Die Unterrichtsverwaltung wird sich dafür einsetzen, dass baldmöglichst die Einrichtung eines Instituts für Christliche Sozialwissenschaften in der katholisch-theologischen Fakultät Münster vorgenommen wird und in seinem Sachetat entsprechende Unterstützung findet.«

Höffners Ernennungsurkunde wurde bereits am 31. März 1951 von Ministerpräsident Arnold und Kultusministerin Teusch unterschrieben, allerdings ohne Angabe des Datums für das Wirksamwerden.[74] In dem Begleitschreiben der Kultusministerin vom 5. Juli 1951(!) wurde Höffners Ernennung mit dem Datum 1. August 1951 versehen.[75] Am 6. August teilte Dekan Volk »mit großer Freude« mit, dass die Urkunde im Rektorat liege. Sie müsse persönlich überreicht werden. Höffner möge sich zu einem geeigneten Termin im Rektorat melden.[76]

Höffner legte dieses Schreiben Volks am 25. August 1951 Generalvikar von Meurers vor und bat, ihn »für den Lehrstuhl für ›Christliche Sozialwissenschaften‹ in Münster zu beurlauben.« Wie sehr sich Höffner seinem Heimatbistum Trier angesichts aller Förderungen, die er erfahren hatte, dankbar verbunden und verpflichtet fühlte, zeigt ein weiterer Abschnitt des Briefes an den Generalvikar: »Wie ich Sr. Exzellenz, dem Hochwürdigsten Herrn Erzbischof, schon mündlich erklärt habe, bin ich gern bereit, den Trierer Seminaristen Sondervorlesungen über Fragen der Sozialwissenschaft zu halten. Für diese Vorlesungen eignen sich wohl am besten die Wochen vor Semesterbeginn, die unsere Seminaristen in Trier verbringen.«[77]

Welche Narben der über vierjährige Kampf um die Freistellung vom Bistum Trier bei Erzbischof Bornewasser hinterlassen hatte, lässt sein Brief an Höffner vom 3. September 1951 erkennen: »Den mehrfachen Bitten meiner bischöflichen Mitbrüder im Lande Nordrhein-Westfalen und der Theologischen Fakultät der Universität Münster nachgebend, beurlaube ich Sie hierdurch mit Wirkung vom 1. Oktober 1951 aus dem Dienste des Bistums Trier und entbinde Sie von Ihrer Professur an der Theologischen Fakultät Trier.

Sie wissen, dass dieser Entschluss mir sehr schwer gefallen ist, und dass ich nur auf Grund mehrfacher Bitten meiner bischöflichen Mitbrüder mich zu der Beurlaubung entschließen konnte. Ich erkenne aber, dass Sie in Münster eine überaus bedeutungsvolle und weitreichende Arbeit für die christliche Gesellschaftslehre entfalten können, und habe Sie in Würdigung der Bedeutung dieser Arbeit nunmehr beurlaubt.

Wenn Sie hierdurch auch aus dem aktiven Dienst des Bistums Trier und aus der Professur an der Theologischen Fakultät ausscheiden, so werden Sie doch auch

---

[74] Original mit gestanztem Landessiegel: Ebd.
[75] Frau Teusch an Höffner, 5. 7. 1951 (Original mit hs. von Frau Teusch eingesetztem Datum): Ebd.
[76] Volk an Höffner, 6. 8. 1951 (Original): Ebd.
[77] Höffner an von Meurers, 25. 8. 1951 (Durchschlag): HAEK – NH 2565.

weiter unserem Bistum durch Abhaltung von Kursen für die Alumnen unseres Priesterseminars und die Hörer der Fakultät verbunden bleiben.«[78]

Höffner hat über seine Gastvorlesungen in Trier genau Buch geführt und die Korrespondenz dazu aufbewahrt.[79] Mit Bornewassers Nachfolger, Höffners langjährigem Kollegen und Regens des Priesterseminars, Matthias Wehr, kam es Anfang 1955 zu einer schriftlichen »Vereinbarung« über Höffners Einsätze in Trier. Darin hieß es: »... 2. Für diesen Kursus werden ihm aus den Vorlesungen der Pastoral, Katechetik, Homiletik und Moral (Kasusstunde) vier Wochen mit je zehn Stunden zur Verfügung gestellt, die sich auf zwei Jahre verteilen; und zwar soll zu Anfang (Ende Oktober) und zu Ende (Anfang März) jedes Wintersemesters je ein Wochenkurs gehalten werden, so dass immer alle Hörer in der Zeit vom 9. – 12. Semester den ganzen Kursus hören können.«[80]

Außer Höffners persönlichen Unterlagen geben die Trierer Vorlesungsverzeichnisse bis 1962 Auskunft darüber, wie sorgfältig Höffner seinen Trierer Verpflichtungen nachkam. Nur einmal, am Ende des WS 1957/58, schrieb er dem Trierer Rektor Junker: »Diesmal komme ich mit einer für mich peinlichen Bitte zu Dir: Eben bin ich aus Bonn zurückgekehrt, wo man mich dringend bat, bis zum 20. März ein größeres Gutachten über die Alterssicherung der Selbständigen fertigzustellen. Im vorigen Bundestag wurde die Alterssicherung der Unselbständigen verabschiedet. Nunmehr soll die Alterssicherung der Selbständigen in Angriff genommen werden. Die Vorarbeiten drängen, und man wollte mir keinen über den 20. März hinausgehenden Termin bewilligen ...« Höffner bot an, die Vorlesungswoche ausnahmsweise vor Beginn des Sommersemesters 1958 zu halten.[81]

Die Errichtung des »Instituts für Christliche Sozialwissenschaften« und die erneuten Verhandlungen zwischen der theologischen und der juristischen Fakultät in Münster um Höffners Rechte in der letzteren reichen zwar zeitlich über seinen Eintritt in die theologische Fakultät im Herbst 1951 hinaus, gehören jedoch zum Gesamtvorgang seiner Berufung nach Münster. Manfred Hermanns, der Höffners staatliche Personalakte im Hauptstaatsarchiv Düsseldorf und die Akten der Fakultät und des Rektorats im münsterischen Universitätsarchiv einbeziehen konnte, gibt bisher die genaueste Übersicht.[82]

---

78 Bornewasser an Höffner, 3. 9. 1951 (Original): EBD.

79 HAEK – NH 2605.

80 Von Höffner und Bischof Wehr am 5. 2. bzw. 26. 1. 1955 unterzeichnetes gesiegeltes Exemplar der »Vereinbarung«: EBD. – Liste der Lehrangebote Höffners in Trier 1951-1962: A. N. DESCZYK, Höffner, S. 272 f.

81 Höffner an Rektor Junker, Trier, 11. 2. 1958 (Durchschlag): EBD. – In Höffners Nachlass findet sich unter HAEK – NH 2737 die Akte »Erstattung eines wissenschaftlichen Gutachtens über ›Die Handwerkerversorgung im Hinblick auf die berufsständische Eigenart des Handwerks 1958‹«. Auftrag des Bundesarbeitsministeriums, 10. 1. 1958; Zusage Höffners, 25. 1. 1958; Durchschlag des Gutachtens (61 Schreibmaschinenseiten), Begleitschreiben Höffners an Arbeitsministerium, 20. 3. 1955.

82 M. HERMANNS, Berufung Höffners, S. 68-84; DERS., Sozialethik, S. 242-255.

Wie bereits erwähnt, hatte Höffner in seiner Bereitschaftserklärung vom 26. Januar 1951 gegenüber der Kultusministerin, den Lehrstuhl in Münster zu übernehmen, den Wunsch angemeldet, dass »in der Katholisch-Theologischen Fakultät ein ›Institut für Christliche Sozialwissenschaften‹ errichtet werden könnte.« Höffner musste auf staatlicher Seite und auch von Seiten der finanziell nicht sehr reich ausgestatteten Universität Münster mit Zurückhaltung aus finanziellen Gründen rechnen. Deshalb setzte er auf die Einwerbung von Fremdmitteln und auf einflussreiche Unterstützung von außen.

So konnte er erreichen, dass der seit seiner Mitarbeit am Grundgesetz für die Bundesrepublik und an der Landesverfassung für Nordrhein-Westfalen hoch angesehene Prälat Wilhelm Böhler am 22. Februar 1951 an Frau Teusch schrieb: »Professor Höffner teilt mir mit, dass er nun gar nichts vorfindet, kein Institut, kein Seminar, kein Buch, keinen Seminarraum. Professor Höffner möchte gern an der Theologischen Fakultät ein Institut für Christliche Sozialwissenschaft errichten. Er hofft, für die ersten Anschaffungen die notwendigen Mittel besorgen zu können, so dass für die Errichtung seitens des Staates keine Gelder zur Verfügung gestellt werden brauchen. Soviel ich weiß, liegt sein Antrag im Kultusministerium vor. Darf ich Ihnen denselben bestens empfehlen?«[83] Höffner hatte als Zuschussgeber vor allem den »Bund katholischer Unternehmer« und die Kohlenbergbau-Leitung vor Augen.

Am 7. April 1951 wurde Höffner zu Berufungsverhandlungen nach Düsseldorf eingeladen, die mit der bereits erwähnten »Berufungsvereinbarung« vom 27. April 1951 abschlossen, in der Höffner die Unterstützung seines Anliegens in Münster zugesagt wurde. Daraufhin informierte Höffner am 14. Mai den Dekan der Fakultät in Münster, den Moraltheologen Herbert Doms. Höffner wusste längst, dass man bei kostspieligen Zielen, die über das anderen Kollegen Zugestandene hinausgingen, auch ein wenig Druck einsetzen musste. So schrieb er dem Dekan: »Herr Ministerialrat Dr. Konrad erklärte mir, dass von Seiten des Kultusministeriums alles geschehen werde, meinen Antrag bald zu verwirklichen. Es seien freilich noch Rücksprachen mit dem Finanzministerium erforderlich. – Ich bemerkte bei dieser Gelegenheit, dass die Theologische Fakultät in Trier mir das Angebot gemacht hat, in Trier für mich ein Sozialwissenschaftliches Institut zu errichten und mich völlig für sozialwissenschaftliche Studien freizustellen, wenn ich in Trier bleiben würde.«[84]

Außerdem hatte Höffner in der »Berufungsvereinbarung« das zweite Problem protokollieren lassen: seine Rechte in der Rechts- und Staatswissenschaftlichen

---

[83] Böhler an Frau Teusch, 22. 2. 1951: Hauptstaatsarchiv Düsseldorf, NW-172, Nr. 533 (zitiert nach M. HERMANNS).

[84] Höffner an Dekan Doms, 14. 5. 1951 (Durchschlag): HAEK – NH 1524. – Herbert Doms (1890 – 1977), 1924 Priester, 1930 Habilitation für Fundamentaltheologie in Breslau, 1948-1956 Professor für Moraltheologie in Münster: J. GRÜNDEL, in: LThK 3, ³1995, Sp. 330.- Die nachfolgende Darstellung folgt M. HERMANNS, Berufung Höffners, S. 71 f.

Fakultät. Den Dekan wies er darauf hin: »Es sei nunmehr Aufgabe der Rechts- und Staatswissenschaftlichen Fakultät, nach Abs. 3 des Vertrages [von 1947] ›einen ständigen Lehrauftrag für das gesamte Gebiet der Sozialpolitik‹ für mich in Düsseldorf zu erwirken. Eine Anfrage an die Rechts- und Staatswissenschaftliche Fakultät, ob sie mit meiner Berufung einverstanden sei, wäre nicht mehr erforderlich, da sie schon 1947 erfolgt ist.«

Am 1. Juni 1951 bat das Kultusministerium um eine Stellungnahme der theologischen Fakultät und um Mitteilung, »wie die Fakultät sich den Aufbau des Instituts für Christliche Sozialwissenschaft denkt«. Dekan Doms befürwortete am 21. Juni 1951 »aufs wärmste und dringendste die Errichtung eines Instituts für Christliche Sozialwissenschaft im Rahmen der Katholisch-Theologischen Fakultät«. Er hob hervor, das Institut bei seiner Begründung und im laufenden Etat großzügig auszustatten. »Die Fakultät beantragt dies und hebt besonders hervor, dass der Antrag sich auch auf die Schaffung entsprechender Räume im Anschluss an die Räumlichkeiten des Katholisch-Theologischen Seminars bezieht.« Hermanns stellt fest: »Mit diesem Schreiben wurde auch von Seiten der Fakultät der offizielle ›Antrag‹ auf Errichtung des Instituts gestellt. Der Kurator der Universität notierte auf der Rückseite dieses Schreibens: ›Der Universitätskurator bittet am 28. Juni 1951, die Errichtung des Instituts für kirchliche Sozialwissenschaften im Rahmen der Katholisch-Theologischen Fakultät zu genehmigen.‹«

In Kenntnis dieser positiven Stellungnahme der Fakultät konkretisierte Höffner am 30. Juni 1951 seine Institutspläne gegenüber dem Kultusministerium: »Ich habe die Absicht, die Arbeit des geplanten Instituts sowohl auf den Raum des rheinisch-westfälischen Industriegebietes wie auch auf die landwirtschaftlichen Gebiete Westfalens auszurichten. Für diese doppelte Aufgabe liegt Münster günstig.«[85]

»Höffner hielt je einen Assistenten für die Probleme des industriellen wie des agrarischen Bereichs für erforderlich. Er wies darauf hin, dass das Institut von vorne beginnen müsste, es fehlten Räume, Bücherregale und vor allem die Bücher. Der Grundstock der Bibliothek müsse folgende Abteilungen umfassen: Lexika, Sozialphilosophie, Soziologie, Sozialpsychologie, Sozialpädagogik, Sozialfürsorge und Caritaswissenschaft, Sozialpolitik, Arbeits- und Sozialrecht, Wirtschaftswissenschaft, Zeitschriften ...

Am 14. Juni 1951 reichte Höffner eine gewünschte Aufstellung über die erforderlichen Mittel für die Errichtung des Instituts nach: 1. Möbel und technische Geräte für die erste Einrichtung des Instituts in Höhe von 3.350 – DM, 2. Bücher als Grundstock der Bibliothek im Wert von 11.550,- DM. Als jährliche laufende Ausgaben veranschlagte er Gehälter für zwei Assistenten (7.200,-DM) und eine

85 Höffner an Kultusminister NRW, 30.6.1951 (Durchschlag): [illegible] – Der nun folgende Abschnitt ist M. HERMANNS, Berufung Höffners, S. 72 f. entnommen.

Bürokraft (2.400,- DM) und einen laufenden Etat für Bücher und Zeitschriften von 11.300,- DM.«[86]

Schon zu dem Zweck, für die inzwischen sich sammelnden »Förderer« des geplanten »Instituts« eine Adresse zu haben und ein Konto einrichten zu können, bedurfte es einer förmlichen »Errichtung« des Instituts durch das Land Nordrhein-Westfalen. Sie erfolgte am 3. August 1951.[87] Für Höffners Anliegen förderlich war ein Schreiben des Landwirtschaftsministers Heinrich Lübke an Frau Teusch vom 31. August 1951, das die Gründung des Instituts wärmstens unterstützte.[88]

Doch wichtiger als solche moralische und politische Unterstützung war die finanzielle, um die sich Höffner seit langem vorausschauend bemüht hatte. Bereits am 23. Dezember 1950 hatte er vor Generaldirektor Kost in Essen die durch Kriegsbrand vernichtete Bibliothek der Lehrstuhlvorgänger beklagt und angefügt: »Darf ich wohl die Anfrage wagen, ob von Seiten der Wirtschaft eine Unterstützung zur Wiedererrichtung des Instituts möglich wäre? Der Lehrstuhl selbst, so scheint mir, ist, gerade weil er die theologische mit der staatswissenschaftlichen Fakultät verbindet, von einer gewissen Bedeutung, – und damit auch das Institut, das ja erst eine konsequente wissenschaftliche Arbeit ermöglichen wird.«[89]

Am 18. Juli 1951 bereits schrieb Rechtsanwalt Höcker von der Kohlenbergbau-Leitung an Höffner: »Ich kann Ihnen zu meiner Freude mitteilen, dass das Direktorium in diesen Tagen nochmals in positivem Sinne über Ihre Unterstützungsbitte befunden hat. Ich nehme sogar an, dass Ihnen der Betrag ... in allernächster Zeit zugehen wird.« Höcker fügte an: »Soeben bittet mich unser Finanzdirektor um die Angabe der Adresse bzw. des Kontos ...«[90]

An den Vorsitzenden des BKU, Direktor Franz Greiß in Köln, schrieb Höffner am 22. August 1951: »Die Regierung in Düsseldorf wird mir erst im nächsten Etat-Jahr (ab 1. April 1952) Mittel für das neue Institut bewilligen können. Darf ich deshalb nochmals auf Ihr freundliches Anerbieten zurückkommen, bei den Herren des BKU ein gutes Wort für das Institut einzulegen? Ich finde in Münster nichts vor, kein Büchergestell und kein Buch. Herr Generaldirektor Kost versprach mir ebenfalls eine Beihilfe für die erste Ausstattung des Instituts ...«[91]

Die Bitte Höffners fand zunächst in Essen ein Echo. Am 24. August 1951 schrieb er an Höcker: »Eben erhalte ich von Münster die frohe Nachricht, dass Herr Generaldirektor Kost zur Einrichtung des ›Instituts für Christliche Sozial-

---

86 Höffner an Kultusministerium NRW, 14. 7. 1951 (Durchschlag): HAEK – NH 1524.

87 Abschrift: Kultusminister NRW an Dekan der Kath.-Theol. Fakultät Münster, 3. 8. 1951: Archiv BKU, Köln, Diversa.

88 M. Hermanns, Berufung Höffners, S. 74.

89 Höffner an Kost, 23. 12.1950 (Durchschlag): HAEK – NH 1524.

90 Höcker an Höffner, 18. 7. 1951: Ebd.

91 Höffner an Greiß, 22. 8. 1951, Original: Archiv BKU, Köln, Diversa; Durchschlag: HAEK – NH 1524.

wissenschaften‹ den hohen Betrag von 6.750 DM überwiesen hat ... Ich kann jetzt ohne Sorge mit dem Aufbau des Instituts beginnen.«[92]

Doch auch der BKU blieb nicht untätig. Direktor Greiß schrieb im Oktober 1951 im »Rundbrief 8/1951« an die Mitglieder: »Es ist für den BKU und seine Mitglieder eine Ehren- und Dankespflicht, Herrn Prof. Dr. Höffner ... beim Aufbau seines Instituts nach Kräften zu unterstützen.« Nach Schilderung der Ausgangslage in Münster fuhr Greiß fort: »Eine kleine Anzahl von Mitglieds-Firmen ist bereits mit größeren oder kleineren Spenden für die Institutseinrichtung und die notwenige Bibliothek mit gutem Beispiel vorangegangen. Wir richten hiermit an alle Mitglieder und deren Firmen die herzliche Bitte, diesem Beispiel zu folgen ... Es besteht die Absicht, aus unserer Mitte, aber auch unter Zuziehung eines weiteren Kreises, einen permanenten ›Förderer-Kreis des Instituts für Christliche Sozialwissenschaften‹ zu bilden.«[93] Höffner bedankte sich beim Geschäftsführer des BKU, Dr. Wilfrid Schreiber, für diese Unterstützung und bat ihn gleichzeitig: »Könnten Sie mir ein paar Titel für die Theoretische Nationalökonomie zusammenstellen?«[94] Folge des »Rundbriefes« waren Mitglieder für den Förderer-Kreis und Spendeneingänge auf dem Konto des Instituts.

Höffner dachte jedoch noch an weitere Geldquellen. Am 1. Dezember 1951 schrieb er an Prälat Böhler, der als Leiter der Katholischen Büros in Bonn und Düsseldorf über Beziehungen nach allen Seiten verfügte: »Zwei Assistenten haben heute ihre Stelle angetreten. Unsere nächste Aufgabe wird es sein, die Bibliothek des Instituts aufzubauen ... Für den Anfangsstart des Instituts benötige ich gewisse finanzielle Mittel. In Düsseldorf wird das Institut erst im kommenden Etatjahr bedacht werden können; vorerst konnte nur ein kleinerer Überbrückungsbetrag bewilligt werden. Ob es wohl möglich ist, aus Bundesmitteln einen Beitrag zu erhalten? Darf ich Sie bitten, mir gegebenenfalls die Stelle anzugeben, an die ich mich wenden könnte?«[95]

Um die Jahreswende 1951/52 wurde der BKU aktiv tätig. Im Protokoll der Sitzung des erweiterten Vorstandes am 4. Januar 1952 ist zu lesen: »Es kam ... zu einer Aussprache ... zwischen den Herren Prof. Dr. Höffner, Franz Greiß und Dr. Schreiber am Spätabend des Sitzungstages. Für den BKU vordringlich erscheint die Aufgabe, das ›Institut für Christliche Sozialwissenschaften‹ an der Universität Münster möglichst schnell aktionsfähig zu machen, so dass es als zentrale Koordinationsstelle für alle wissenschaftlichen Bestrebungen zur Ausgestaltung und Verbreitung der christlichen Soziallehre wirksam werden kann. Zu Montag, dem 21. Januar ... soll im Hause von Prof. Höffner in Münster eine erste Zusammen-

92 Höffner an Höcker, 24. 8. 1951 (Durchschlag): Ebd.

93 »Rundbrief 8/1951«, S. 1 f.: Archiv BKU, Köln, Rundbriefe.

94 Höffner an Schreiber, 19. 10. 1951 (Original): Archiv BKU, Köln, Diversa. – Wilfrid Schreiber (1904 – 1975), 1949-1959 Geschäftsführer des BKU, 1960-1972 Professor für Sozialpolitik in Köln: J. Wiemeyer, in: LThK 9, ³2000, Sp. 249 f.; H. Lampert, in: Lexikon für Soziale Marktwirtschaft, S. 68 f. (dort fälschlich Winfried Schreiber).

95 Höffner an Böhler, 1. 12. 1951 (Durchschlag): HAEK – NH 1524.

kunft der Förderer dieses Instituts einberufen werden. Das Ziel ist die Gründung eines Förderer-Vereins.«[96]

Bereits am 15. Januar 1952 schrieb Greiß an Frau Ministerin Teusch: »Das Institut bedarf, um mit einiger Nutzwirkung seine Arbeit beginnen zu können, einer Dotation von DM 100.000,-- . Es erscheint angemessen, dass das Land Nordrhein-Westfalen hiervon die Hälfte, also DM 50.000,-- beisteuert, während die andere Hälfte dann von privater Seite aufgebracht werden muss. Am Zustandekommen dieser Spenden-Summe aus privater Quelle zweifele ich nicht, sie hat aber sowohl aus psychologischen wie sachlichen Gründen zur Voraussetzung, dass der Staat in der angeregten Weise vorangeht ... Der Betrag von DM 50.000,-- bzw. 100.000,-- ist nach realistischen Maßstäben und in Ansehung der allgemeinen Finanznot auf das knappste berechnet und verträgt keine Kürzung, soll nicht der Zweck im Ganzen gefährdet werden.«[97] Der Kurator der Universität schlug auf Befragung aus Düsseldorf vor, den vom Staat geforderten Betrag in vier Jahresraten von je 12.500 DM zu gewähren, was das Kultusministerium bewilligte.[98]

Der BKU sollte in den kommenden Jahren der intensivste Förderer des Instituts in Münster bleiben. Im Protokoll der Sitzung des erweiterten Vorstandes vom 22. Mai 1952 heißt es: »Der Vorsitzende Franz Greiß bringt erneut das ›Institut für Christliche Sozialwissenschaften‹ (Prof. Höffner) in Erinnerung, dessen finanzielle Förderung der BKU sich zur Ehrenpflicht gemacht hat. Die Vorstandsmitglieder werden gebeten, sich weiterhin für das baldige Zustandekommen eines Förderer-Vereins zu bemühen. Herzlicher Beifall.«[99] Solche Hinweise wurden auch in den Rundbriefen des BKU an seine Mitglieder stets wiederholt. In Höffners Unterlagen finden sich Korrespondenzen über den Erfolg dieser Bemühungen in beachtlicher Höhe, wobei nicht immer klar ist, ob Spenden aus dem Umfeld des BKU oder auch der Kohlenbergbau-Leitung in Essen stammen.

Hermanns weist darauf hin, dass noch eine weitere Formalie nachzuholen war: »Der Kultusminister [Frau Teusch] ernannte am 21. Januar 1952 Professor Höffner zum Direktor dieses Instituts. Die Ernennung war also nicht gleichzeitig mit der Berufung zum ordentlichen Professor, sondern erst nach der Errichtung des Instituts auf ein Einschreiben des Kurators der Universität Münster vom 8. Dezember 1951 erfolgt.«[100]

Die ärmliche Anfangssituation des Instituts ist von Hermanns in aller Kürze dargestellt worden: »Das Institut für Christliche Sozialwissenschaften fand zu-

---

96 Niederschrift der Sitzung des erw. Vorstandes am 4. 1. 1952 (in Köln), S. 5: HAEK – NH 1399.

97 Greiß an Frau Teusch, 15. 1. 1952: Hauptstaatsarchiv Düsseldorf, Bestand NW-172, Nr. 533 (zitiert nach M. Hermanns, Berufung Höffners, S. 74).

98 Dazu: M. Hermanns, Berufung Höffners, S. 74 f. – Das Kultusministerium gab diese Lösung Franz Greiß durch Schreiben vom 10. 4. 1952 bekannt: Kultusministerium NRW, Dr. Busch, an Greiß, 10. 4. 1952 (Abschrift Greiß' für Höffner): HAEK – NH 1524.

99 Niederschrift der Sitzung des erw. Vorstandes zu Bad Neuenahr am 22. Mai 1952, S. 3: HAEK – NH 1399.- Dort auch die »Spenderkorrespondenz«.

100 M. Hermanns, Berufung Höffners, S. 75.

nächst Aufnahme im Sternwartgebäude in der Johannisstraße, wo auch die Katholisch-Theologische Fakultät ihre Seminarräume hatte. Die erste Unterbringung war äußerst bescheiden im Dozentenzimmer der Katholisch-Theologischen Fakultät. In dem 25 qm großen Raum spielte sich die Tätigkeit des Direktors, der Assistenten und der wissenschaftlichen Hilfskraft ab, und dort wurde mit dem Aufbau der Bibliothek begonnen, was sehr zügig erfolgte. Am 14. Januar 1952 berechnete Höffner den Raumbedarf des Instituts. Dabei ging er von der Zielvorstellung aus, die gesellschaftlichen und wirtschaftlichen Probleme der städtisch-industriellen und der bäuerlich-dörflichen Welt zu erforschen. Dazu sollten im Institut zwei Abteilungen mit möglichst je zwei Assistenten aufgebaut werden ... Insgesamt kam Höffner auf einen Raumbedarf von 325 qm, der sich jedoch erst Jahre später erfüllen sollte.«[101]

Parallel zu seinen Bemühungen um das neugegründete »Institut für Christliche Sozialwissenschaften« musste Höffner um seine Stellung in der Rechts- und Staatswissenschaftlichen Fakultät in Münster kämpfen, die für ihn und die Theologische Fakultät nach der schriftlichen Vereinbarung vom 20. Januar 1947 klar zu sein schien, die jedoch nun von der Juristischen Fakultät in Frage gestellt wurde. Hermanns hat den Verlauf der Auseinandersetzungen zwischen den beiden Fakultäten auf der Basis der staatlichen und universitären Akten dargestellt.[102]

Schon in seinem Weihnachtsbrief an Bischof Keller vom 23. Dezember 1951 stellte Höffner das Problem dar: »Die Rechts- und Staatswissenschaftliche Fakultät wendet sich vor allem dagegen, dass ich das Recht haben solle, Themen für Dissertationen zu geben, d. h. Doktoranden anzunehmen. Man will höchstens gestatten, dass ich als Korreferent hinzugezogen werden dürfe. Gegen die Gültigkeit des Vertrages [vom 20. Januar 1947] sucht man mit rein formalistischen Gründen vorzugehen. Der Vertrag ist von den beiden Dekanen der Rechts- und Staatswissenschaftlichen und der Katholisch-Theologischen Fakultät am 20. Januar 1947 unterzeichnet worden als ›Vereinbarung zwischen der Rechts- und Staatswissenschaftlichen Fakultät und der Katholisch-Theologischen Fakultät der Universität Münster‹. Man sagt nun, der Text des Vertrages sei nicht in das Protokollbuch der Rechts- und Staatswissenschaftlichen Fakultät eingetragen und habe deshalb als private Abmachung des damaligen Dekans der Rechts- und Staatswissenschaftlichen Fakultät zu gelten. Praktisch wirft man damit dem damaligen Dekan Prof. Dr. Johns Amtsmissbrauch vor. Dazu kommt, dass der Urtext des Vertrages damals beim Universitäts-Kurator hinterlegt worden ist und auch dem Kultusministerium mitgeteilt worden ist. Zudem sagte mir unser Dekan, H. Prof. Keßler, dass die Professoren Wegener und [Karl] Peters sich noch durchaus erinnerten, dass die Abmachung von der juristischen Fakultät besprochen und

101 Ebd., S. 75 f.

102 M. Hermanns, Berufung Höffners, S. 76-84; Ders., Sozialethik, S. 249-255.

genehmigt worden sei ... Mir scheint, dass die Einwände der Rechts- und Staatswissenschaftlichen Fakultät völlig unbegründet sind. Immerhin wird durch diese Verzögerungstaktik erreicht, dass meine Rechte vorerst nicht ausgeübt werden können; auch im Vorlesungsverzeichnis für das SS 1952 kann ich keine sozialpolitischen Vorlesungen ankündigen; mit dem Druck des Verzeichnisses ist schon begonnen worden.«[103]

Ministerpräsident Arnold gegenüber, dem Höffner am 29. Februar 1952 den Konflikt schilderte, gab er die Einschätzung, dass in der Juristischen Fakultät »heute ein anderer Wind weht als im Januar 1947«.[104]

Folgen wir der Darstellung Hermanns': Nach einer Aktennotiz vom 15. Februar 1952 ging die Theologische Fakultät von der Fortgeltung der Vereinbarung von 1947 aus. Die Juristische Fakultät wollte die Vorlesungsankündigungen Höffners zwar vornehmen, hatte jedoch Bedenken gegen das Promotionsrecht des Lehrstuhlinhabers. »Der Bischof von Münster, Ministerpräsident Arnold und die Kultusministerin Teusch wurden über die Differenzen sofort informiert, letztere hielt es jedoch für zweckdienlicher, wenn die Fakultäten sich ohne behördliche Intervention einigten.

Zur Klärung wurde u. a. der frühere Dekan der Rechts- und Staatswissenschaftlichen Fakultät, Professor Johns, angeschrieben, der inzwischen an die Universität Tübingen gewechselt war. Dieser schrieb am 19. März 1952 an den Dekan der Theologischen Fakultät: die ›in freundschaftlichem Geiste geführten Verhandlungen hatten die fragliche Vereinbarung zum Ergebnis. Beide Partner wünschten eine Fortsetzung der Tradition des Lehrstuhls, waren aber der Ansicht, dass er an den alten Platz gehöre ... Dass zum ständigen Lehrauftrag in der Rechts- und Staatswissenschaftlichen Fakultät auch das Recht gehört, die für die volkswirtschaftliche Diplomprüfung oder die Promotion zum Dr. rer. pol. notwendigen Scheine auszustellen, Dissertationen anzuregen und als Berichterstatter aufzutreten, erscheint mir auch heute noch als die richtige Auffassung und Regelung. Das Interesse meiner Fakultät an einem auf ihrem Gebiet fachkundigen Vertreter war ja durch die zweite Bedingung [Befragung bei der Berufung] gewahrt. Die Vereinbarung vom 20. 1. 47 war im Plenum der Fakultät Gegenstand ausgedehnter und allgemein gebilligter Verhandlungen.‹«[105]

Hermanns berichtet dann über den weiteren Gang der Auseinandersetzungen: »Der katholische Rechtsgelehrte Prof. Dr. Karl Peters, zuständig für Strafrecht ..., war offensichtlich Höffner wohlgesonnen. Er forderte von seinem Bruder, dem

---

[103] Höffner an Keller, 23. 12. 1951 (Durchschlag): HAEK – NH 1524.

[104] Höffner an Ministerpräsident Arnold, 29. 2. 1952 (Durchschlag): HAEK – NH 2615. – Arnold hatte sich 1952 einen kleinen Kreis von sozialpolitischen Beratern zusammengestellt, zu dem Höffner gehörte. Die Akte enthält einige Schriftstücke zur Arbeit dieses Kreises.

[105] M. Hermanns, Berufung Höffners, S. 77 f. – Das Schreiben Prof. Johns', Tübingen, an Dekan Keßler (Kath.-Theol. Fakultät Münster) vom 19. 3. 1952 findet sich in beglaubigter Abschrift in HAEK – NH 1524.

Kölner Rechtswissenschaftler Professor Dr. Hans Peters,[106] ein Gutachten zu der Vereinbarung ... an, um Rechtsunklarheiten zu beseitigen. Professor Hans Peters hielt in seinem Gutachten die Vereinbarung für rechtswirksam und einwandfrei. Er sah in der Ziffer 3, Satz 1 übernommenen Verpflichtung, einen ständigen Lehrauftrag für das Gesamtgebiet der Sozialpolitik zu erreichen und für die Mitwirkung bei Prüfungen zu sorgen, keine Bedenken ... Er kam zu dem Ergebnis, es läge im Sinne der Beckerschen Hochschulreform, ›die Fakultätsgrenzen im Hinblick auf die Zusammenarbeit der Wissenschaften zu verwischen, nicht noch zu verstärken‹.«[107]

Inzwischen hatte der nordrhein-westfälische Finanzminister Adolf Flecken, den Höffner über den BKU kannte, am 15. August 1952 Höffner vertraulich mitgeteilt, Ministerialdirektor Dr. Busch vom Kultusministerium habe ihm versichert, »dass er darauf Bedacht nehmen werde, die Sache in Ordnung zu halten«.[108] Professor Karl Peters übersandte am 13. Oktober das Rechtsgutachten seines Kölner Bruders an die Fakultät. Höffner selbst verhandelte mit den Wirtschaftswissenschaftlern Hoffmann und Jecht in der münsterischen Juristischen Fakultät, die auf Karl Peters' Antrag über die Sache beriet.[109] Über das Ergebnis berichtet wiederum Manfred Hermanns: »Das die Verhandlungen abschließende Schreiben vom 29. Oktober 1952 an Professor Höffner wurde auch von den Professoren Hans-Jürgen Seraphim und Albert Schnettler unterschrieben [zusammen mit Walther Hoffmann und Horst Jecht], damit von den wirtschaftswissenschaftlichen Mitgliedern der Rechts- und Staatswissenschaftlichen Fakultät.[110] Sie begrüßen darin auf das lebhafteste, dass die Berufung gerade an Professor Höffner ergangen ist. Sie wünschen ›eine möglichst enge Zusammenarbeit‹ und heben dabei in besonderer Weise hervor, dass Höffner bereit ist, ›die Disziplin der Sozialpolitik in möglichster Breite in Vorlesungen und Übungen‹ auch im Rahmen der Rechts- und Staatswissenschaftlichen Fakultät zu vertreten ... ›Wir begrüßen es weiterhin, wenn von Ihnen auf dem Gebiet der Sozialpolitik bzw. der Caritas-Wissenschaft die Anregung zur Anfertigung von wissenschaftlichen Dissertationen gegeben wird. Für die Promotion solcher Mitglieder Ihres sozialpolitischen Seminars, die auf Grund einer Dissertation mit sozialpolitischem Thema den Dr. rer. pol. erwerben möchten, würden hierfür im Hinblick auf das Bestehen des Diplom-Examens die gleichen Voraussetzungen gelten wie für die sonstigen Be-

[106] Hans Peters (1896 – 1966), Staats- und Verwaltungsrechtler in Köln, 1933 MdL (Preußen) für das Zentrum, 1945 Mitbegründer der CDU in Hamburg, 1952-1961 Ratsherr der Stadt Köln, 1940-1941 Präsident und 1949 Wiederbegründer der Görres-Gesellschaft: P. MIKAT, in: STAATSLEXIKON, Bd. 4, [7]1988, Sp. 365 f; U. KARPEN, Hans Peters (1896-1966), in: ZEITGESCHICHTE IN LEBENSBILDERN, Bd. 10, 2001, S. 143-160.

[107] M. HERMANNS, Berufung Höffners, S. 78.

[108] Minister Flecken an Höffner, 15. 8. 1952 (Original): HAEK – NH 1524.

[109] Diesbezügliche Korrespondenzstücke: EBD.

[110] Eine von den vier Wirtschaftswissenschaftlern unterzeichnete Ausfertigung dieses Schreibens vom 29. 10. 1952 findet sich in HAEK – NH 1524.

werber um den wirtschaftswissenschaftlichen Doktorgrad der rechts- und staatswissenschaftlichen Fakultät. Entsprechend der Promotionsordnung würde in diesen Fällen das Erstreferat von einem Mitgliede der rechts- und staatswissenschaftlichen Fakultät übernommen werden, während Sie selbst das zweite Gutachten erstatten würden. Es versteht sich aber von der Sache her – und darüber bestand insbesondere auch in der erwähnten Besprechung Einmütigkeit – dass in diesem Falle das eigentliche Schwergewicht der Beurteilung auf dem von Ihnen zu erstattenden Gutachten liegen würde ... Bei der mündlichen Doktorprüfung Ihrer Doktoranden würde die Prüfung im Fach Sozialpolitik in Ihrer Hand liegen.‹ Auch sonst sollte Höffner im Fach Sozialpolitik vom Dekan der Rechts- und Staatswissenschaftlichen Fakultät mit herangezogen werden.

Dieser Brief, der sich in der Personalakte Höffners in der Rechts- und Staatswissenschaftlichen Fakultät findet, also keinen privaten Charakter hatte, endet mit dem Anliegen: ›Wir würden es ... für richtig halten, wenn in beiden beteiligten Fakultäten auf eine weitere unfruchtbare und der Sache schädliche Erörterung verzichtet werden könnte, die sich aus Ihrer Tätigkeit zugleich in der Katholisch-Theologischen und in der Rechts- und Staatswissenschaftlichen Fakultät ergeben (sic!).‹«[111]

Diese Absicht einer Verständigung war sicher auf allen Seiten vorhanden, vor allem bei Joseph Höffner. Dennoch dachte er zu klar, um die Schwachpunkte dieses Schreibens nicht zu bemerken. Am 22. Dezember schrieb er Minister Flecken an dessen Privatanschrift in Neuss: »In diesem Schreiben wird nicht ausdrücklich auf die Vereinbarung [von 1947] Bezug genommen; auch wird ... bemerkt, dass das Erstreferat von einem Mitgliede der rechts- und staatswissenschaftlichen Fakultät übernommen werden solle. Ich will versuchen, auf dieser Grundlage wenigstens einmal die sozialpolitischen Vorlesungen in der rechts- und staatswissenschaftlichen Fakultät im nächsten Semester zu beginnen, wenn ich auch einsehe, dass mit dem beiliegenden Schreiben [der vier Professoren vom 29. Oktober 1952] die rechtlichen Grundlagen sehr dünn geworden sind.«[112]

Minister Flecken wandte sich daraufhin umgehend an den ihm befreundeten Notar und Professor Dr. Alexander Knur in Bonn mit der Bitte um Rat. Dieser riet dringend davon ab, das Kultusministerium einzuschalten, damit die Juristische Fakultät in Münster ihr Gesicht wahren könne. Knur kam zu der Einschätzung: »Es scheint mir sehr schwierig zu sein, Höffner zum vollberechtigten Mitglied der rechts- und staatswissenschaftlichen Fakultät in Münster zu machen. Er soll doch wohl Mitglied der theologischen Fakultät bleiben? Das schließt m. E. die Vollberechtigung in einer anderen Fakultät aus.« Das würde einen neuen Lehrstuhl in der juristischen Fakultät voraussetzen und zu ähnlichen Anträgen

111 M. Hermanns, Berufung Höffners, S. 79 f.

112 Höffner an Flecken, 22. 12. 1952 (Durchschlag): HAEK – NH 1524.

im Lande führen. »Ich könnte mir vorstellen, dass man das richtige trifft, wenn das Kultusministerium auf Antrag der Fakultät in Münster Herrn Höffner einen Lehrauftrag erteilt und zum Honorarprofessor ernennt. Alsdann würde Herr Höffner nur Mitglied der weiteren Fakultät und es würden die Schwierigkeiten, die bei dem jetzigen Zustand in bezug auf die Promotion bestehen, beseitigt werden.«[113]

Wie Höffner Minister Flecken am 14. Februar 1953 mitteilte, hatte er mit Professor Karl Peters noch einmal gesprochen und den Weg zu einer Entscheidung der Juristischen Fakultät geebnet, der zwar nicht zu einem Honorarprofessor, aber zu einem formellen Lehrauftrag mit Berufung auf die Vereinbarung von 1947 führte. Am 12. Februar 1953 schrieb der Dekan der Juristischen Fakultät, Professor Harry Westermann, in inhaltlich gleichen, in der persönlichen Note etwas unterschiedlichen Schreiben an den Dekan der Theologischen Fakultät und an Höffner. Hier sei der Brief an Höffner zitiert: »Ich freue mich außerordentlich, Ihnen mitteilen zu können, dass meine Fakultät gestern einstimmig beschlossen hat, den Lehrauftrag für Sie zu beantragen. Die Herren waren der Ansicht, dass für unsere Fakultät die Bezeichnung ›Christliche Sozialpolitik‹ die Art Ihrer Tätigkeit in unserer Fakultät deutlicher kennzeichnen würde als die Bezeichnung ›Christliche Sozialwissenschaften‹. Ich nehme an, dass Sie mit dieser kleinen Abänderung einverstanden sind. Ich hoffe, dass Sie ... auf der Grundlage, die durch das Schreiben unserer Herren Wirtschaftswissenschaftler vom 29. 10. 1952 an Sie gekennzeichnet ist, nun einen befriedigenden Ausgangspunkt für Ihre Tätigkeit im Rahmen des Lehrauftrages in unserer Fakultät finden werden. Wir freuen uns sehr, in Ihnen eine so hervorragende Ergänzung unserer Vorlesungen zu sehen ...«[114]

Der Antrag der Juristischen Fakultät an das Kultusministerium um Genehmigung des Lehrauftrages für Höffner vom 27. Februar 1953 enthielt dann die Höffner so wichtige Verankerung in der Vereinbarung von 1947: »Die Beantragung des Lehrauftrages ist in einer Vereinbarung zwischen der Katholisch-Theologischen und der Rechts- und Staatswissenschaftlichen Fakultät vom 20. 1. 1947 ... getroffen worden.«[115] Die Kultusministerin genehmigte diesen Lehrauftrag am 16. April 1953.

Man kann in dem Ringen Höffners um das »Institut für Christliche Sozialwissenschaften« und um seine Rechtsstellung in der Juristischen Fakultät sein sicheres Gespür für die Notwendigkeiten geordneter Arbeitsvoraussetzungen sehen. Wenn man in dem Kampf um die Erfüllung der Vereinbarung von 1947 eine un-

---

113 Knur an Flecken, 7. 1. 1953 (Abschrift), von Flecken an Höffner gesandt am 8. 1. 1953: HAEK – NH 1524.

114 Dekan Westermann an Höffner, 12. 2. 1953 (Original): EBD. – wie auch die voraufgehende und weitere Korrespondenz.

115 Rechts- und Staatswissenschaftliche Fakultät an die Frau Kultusminister, 27. 2. 1953 (beglaubigte Abschrift): EBD.

nötige Enge sehen möchte, muss man bedenken, dass Höffners künftige Breitenwirkung in die gesellschaftliche und politische Öffentlichkeit auf seiner Doppelqualifikation in Theologie und Nationalökonomie sowie in deren stellenmäßiger Verankerung innerhalb der Universität Münster beruhen sollte. Höffner sollte in Münster bis 1962 elf Promotionen in Rechts- und Staatswissenschaftlichen Fakultät, dagegen nur sechs in der Katholisch-Theologischen Fakultät betreuen.[116]

[116] Hs. Listen Höffners: »Promotionen zum Dr. rer. pol.«, »Promotionen zum Dr. theol.«: HAEK – NH 1348; außerdem war Höffner an 12 »Promotionen zum Dr. phil.« beteiligt: Liste EBD.

VIII. KAPITEL

UNIVERSITÄTSPROFESSOR IN MÜNSTER 1951-1962

Als Joseph Höffner im Wintersemester 1951/52 seine Professur in Münster antrat, hatte er das lange erstrebte Ziel seiner akademischen Laufbahn erreicht. Er wäre wohl nie auf den Gedanken gekommen, nach elf Jahren den Lehrstuhl an der Universität mit einem Bischofsstuhl vertauschen zu sollen. Mit dem ihm lebenslang eigenen Fleiß ging er seine Lehrtätigkeit an und hat, nachdem ihm mehr und mehr außeruniversitäre Aufgaben zufielen, den Vorlesungs- und Prüfungsverpflichtungen gegenüber den Studenten stets den Vorrang eingeräumt.

1. Vorlesungen

Da seine Vorlesungen nicht nur für katholische Theologen bestimmt waren, sondern zu mehr als zwei Dritteln auch von Volkswirtschaftlern der rechts-und staatswissenschaftlichen Fakultät sowie von Philologen besucht wurden, »besaß« Höffner nicht – wie andere Ordinarien – feste Vorlesungszeiten am Vormittag. Er kündigte ausschließlich einstündige (überwiegend) oder zweistündige Vorlesungen zu Mittags- oder Nachmittagsstunden an. Nur so war es Hörern, die ihr Hauptstudium in anderen Fakultäten zu absolvieren hatten, möglich, Höffners Vorlesungen zu belegen. Je nach Thema schwankten die Hörerzahlen zwischen (seltener) 70-80 und (häufiger) 150-200 Hörern.[1]

Bei den Inhalten seiner Vorlesungen muss man zwischen seiner systematischen Zielvorstellung und der konkreten Themenauswahl für bestimmte Semester unterscheiden, die von aktuellen sozialethischen oder sozialpolitischen Diskussionen und Höffners Beteiligung daran bestimmt sein konnte. Höffner hat selbst handschriftlich eine fortlaufende Liste seiner Vorlesungen und Seminarübungen geführt, die neben der Themenstellung ab WS 1957/58 auch die Zahl der Teilnehmer enthält.

Systematik und konkrete Aufteilung von Höffners Lehrprogramm liegen inzwischen auch in mehreren Veröffentlichungen vor. Seine Systematik hat Höffner 1960 selbst im 1. Band des von ihm herausgegebenen »Jahrbuchs des Instituts für Christliche Sozialwissenschaften« dargestellt:[2]

---

1 Handschriftliche, fortlaufend geführte Liste Höffners über seine Vorlesungs- und Seminarangebote in Münster vom WS 1948/49 bis zum (nicht mehr wahrgenommenen) WS 1962/63: HAEK – NH 3167; Durchschriften der »Ankündigung«(en) für die Univ[illegible]

2 J. Höffner, Versuch einer »Ortsbestimmung«, S. 11; M. Hermanns, Sozialethik, S. 266.

»*A. Allgemeine Sozialwissenschaft*

1. seinswissenschaftlicher Zweig
   Soziologie
   Sozialgeschichte
   Sozialbiologie (Bevölkerungswissenschaft)
   Sozialpsychologie
   Sozialmetaphysik
2. normativer Zweig
   Sozialethik
   Sozialpädagogik
   Politische Wissenschaft

B. Besondere Sozialwissenschaft

1. seinswissenschaftlicher Zweig
   a) Kultursachgebiete
   Soziologie u. Philosophie
   der Wirtschaft
   des Rechtes
   der Kunst
   der Religion usw.
   b) Sozialgebilde
   Soziologie u. Philosophie
   der Ehe und Familie
   des Staates
   der Gebietskörperschaften
   der Stände, Klassen usw.
2. normativer Zweig (Bereich des Vollziehens)
   a) Bereich des sittlichen Verhaltens
   Staatsethik
   Kulturethik
   Wirtschaftsethik
   Berufsethik usw.
   b) sozialpädagogischer Bereich
   Familienpädagogik
   Berufspädagogik usw.
   c) Bereich des politischen Gestaltens
   Gesellschaftspolitik (Strukturpolitik, Sozialpolitik)
   Wirtschaftspolitik
   Kulturpolitik usw.«

Manfred Hermanns hat 2006 aus eigenen Unterlagen und aus dem Archiv des Instituts einen »Viersemestrigen Vorlesungszyklus« zusammengestellt, der aber – wie bereits angedeutet – in der konkreten Abfolge von aktuellen Bezügen her Abänderungen erfahren konnte:

»1. Semester:

1. Grundlegung der Christlichen Gesellschaftslehre (Sozialphilosophie), 1stündig,
2. Wirtschaftsethik, 2stündig,
3. Der Staat in der christlichen Gedankenwelt, 1stündig.

2. Semester:

1. Wandlungen im Schicksal und Lebensgefühl der Arbeitnehmer, 1stündig,
2. Soziale Sicherheit in der industriellen Gesellschaft, 1stündig,
3. Soziologie der Ehe und Familie, 1stündig,
4. Religionssoziologie, 1stündig.

3. Semester:
   1. Sozialethik (Recht, Familie, Gesellschaft, Staat), 2stündig,
   2. Entwicklungen und Wandlungen des Kapitalismus (Liberalismus, Neoliberalismus), 1stündig,
   3. Die christlich-soziale Bewegung im 19. und 20. Jahrhundert und die päpstlichen Sozialenzykliken, 1stündig.

4. Semester:
   1. Arbeits- und Berufsethik, 1stündig,
   2. Entwicklungen und Wandlungen des Sozialismus (utopischer Sozialismus, Marxismus, Bolschewismus, Neo-Sozialismus), 2stündig,
   3. Der Mensch im Betrieb, 1stündig.«[3]

Der Wertung Manfred Hermanns ist zuzustimmen: »Damit konnte der Student, der alle diese Vorlesungen besuchte, einen gründlichen Überblick über das Gesamtspektrum der Christlichen Gesellschaftslehre erlangen ... Wer bei ihm [Höffner] studiert hatte, wusste, dass auf die sozialen Herausforderungen des 19. Jahrhunderts hin nicht allein der Sozialismus entstanden war, sondern dass sich auch das christlich-soziale Gewissen in vielfältiger Form geregt hatte und Initiativen zur Verbesserung der Lage der Arbeiter und anderer benachteiligter Gruppen geweckt hatte. Vor allem wurde den Studenten deutlich, dass christlich orientierte Sozialreform einen Weg zwischen den Einseitigkeiten des Liberalismus und des Sozialismus wählte. Maßgeblich dafür war ein Menschenbild, das die individuelle wie die soziale Seite wahrnahm.«[4]

Wie die damaligen Hörer die Vorlesungen Höffners erlebt haben, ist außer durch Manfred Hermanns auch noch durch andere frühere Studenten bezeugt. Bischof Reinhard Lettmann von Münster sagte aus Anlass des 100. Geburtstages Höffners: »Er hat uns Studenten beeindruckt durch die Klarheit seiner Gedanken und seines Vortrages.« Im gleichen Sinne schrieb Kardinal Stephen Kim aus Seoul dem Verfasser: »Seine Vorlesungen waren immer klar und logisch mit Überzeugung, und wissenschaftlich sehr reich und sinnvoll.«[5] Am ausführlichsten hat sich Höffners Schülerin Marita Estor mit seiner Lehrtätigkeit (einschließlich der Seminarübungen) befasst:

»Erstens: Bei Höffner lernten wir gesellschaftliche Zusammenhänge, Entwicklungen und Probleme verstehen, die eine Lösung notwendig machten. Dazu gehörten existentielle Fragen um Ehe und Familie, Arbeit und Beruf, Eigentumsverteilung, Wirtschaft und Gesellschaft, und die Aufgaben der Kirche in Bezug

---

3 M. Hermanns, Sozialethik, S. 267 f.

4 Ebd. S. 268.

5 R. Lettmann, Joseph Höffner als Bischof von Münster und als Konzilsteilnehmer ..., in: Presseamt des Erzbistums Köln (Hrsg.), 100. Geburtstag von Joseph Kardinal Höffner, S. 13-20, hier: S. 13; zu Stephen Kardinal Kim s. unten S. 152 mit Anm. 66. Sein Brief an den Autor 22. 10. 2006 ist in dessen Besitz.

auf diese Bereiche. Die Integration der Arbeiter in Gesellschaft und Kirche, die strukturellen Veränderungen in der Landwirtschaft und im Handwerk, die Neuordnung der Sozialen Sicherung, Verteilungsprobleme des Sozialprodukts, die neuen Macht-/Interessentengruppen – um nur einige wichtige Themen zu nennen, die von Höffner kenntnis- und faktenreich behandelt wurden ...

Zweitens: Höffner vertrat als Sozialethiker die in den päpstlichen Sozialenzykliken grundgelegten Prinzipien und hatte eine klare Wertordnung, von der aus er gesellschaftliche Entwicklungen beurteilte und Postulate formulierte. Aus einer naturrechtlichen Begründung leitete er eine allgemeine Verbindlichkeit ab ...

Höffner ging es dabei m. E. vorrangig um ein Verständnis gesellschaftlicher Probleme und deren Lösungen, wofür die Prinzipien und Grundsätze eher eine Leitbildfunktion hatten als unmittelbar Konkretionen lieferten. Gerade wir nicht philosophisch geschulten Studierenden, die aber christlich motiviert waren, haben uns mit dieser ›Prinzipienlehre‹ schwer getan. Dennoch sei nicht verkannt, dass dieses sehr eindeutige Menschen- und Gesellschaftsbild Höffners auch eine gewisse Faszination ausstrahlte, gerade in einer Zeit individueller und gesellschaftlicher Suche nach Orientierung und einer politischen Neuordnung nach 1945 ...

Drittens: Höffner ging es um die Erforschung der ›konkreten geschichtlichen Wirklichkeit‹, um die festgestellten Defizite zu beheben und eine ›soziale Ordnung‹ zu gestalten, ›in welcher der Mensch am besten den Willen Gottes erfüllen und ein christliches Leben führen kann‹«.[6]

Marita Estor nennt schließlich auch kritische Einwände gegen Höffners Lehrtätigkeit: »Wenn ich an Höffner als den Lehrer engagierter christlicher Sozialwissenschaften heute zurückdenke, dann muss ich auch auf einige Defizite hinweisen, die nicht Höffner allein, sondern den Christlichen Sozialwissenschaftlern ebenso wie dem wissenschaftlichen Denken der damaligen Zeit anzulasten sind. Diese Defizite beziehen sich allgemein gesagt auf eine unzulängliche Entfaltung der politischen Dimension der Christlichen Sozialwissenschaften. Im Besonderen gibt es keine Auseinandersetzung mit der NS-Vergangenheit; die Behandlung des Staates, d. h. der jungen Demokratie der BRD, bleibt merkwürdig abstrakt, und außerdem ist das Leitbild der sozialen Ordnung in starkem Maß durch eine auf Ausgleich bedachte Harmonie geprägt ...«[7]

Da Höffner seine Vorlesungen sorgfältig ausarbeitete und die Manuskripte aufbewahrte, haben wir die Möglichkeit, seinen Arbeitsstil genauer kennenzulernen. Manche Manuskripte reichen in die Trierer Zeit bzw. in die Zeit des Gastprofessors in Münster ab 1948 zurück, die meisten sind in Münster entstanden und tragen auf dem ersten Blatt Vermerke über das (die) Semester, in denen sie vorgetragen wurden. In DIN-A5-Ringbüchern beginnt der in gut lesbarer Handschrift geschriebene Text mit einer Gliederung, in der Seitenzahlen auf den Fund-

6 M. Estor, Höffner und das Institut, S. 88-90.

7 Ebd. S. 91 f.

ort des Abschnitts im folgenden Manuskript hinweisen. Die Manuskripte lassen erkennen, dass Höffner zu seinen Themen fortlaufend die neueste Literatur, Tages- und Wirtschaftszeitungen, aber auch die nach 1949 aufblühenden Presse- und Informationsdienste aus Politik, Unternehmerverbänden und Gewerkschaften auswertete. Zwischen den Blättern der ursprünglichen Manuskripte findet man Zeitungsausschnitte und Literaturtitel, auf den Rändern mancher Manuskriptseiten nachträgliche schriftliche Zusätze, auch in Höffners persönlicher Kurzschrift geschriebene Notizen. Man kann so das Wachsen eines Vorlesungsstoffes im Verlauf mehrerer Wiederholungen beobachten, fragt sich allerdings auch, ob Höffner sich selbst beim letzten Vortrag solcher Manuskripte noch in dem Gestrüpp der Beilagen und Ergänzungen zurechtfand.

Die den Manuskripten vorgeschalteten – gelegentlich mehrfach überarbeiteten – Gliederungen des Vorlesungsstoffs lassen seine pädagogisch durchdachte Systematik erkennen. Er stellte sich dabei auf Hörer verschiedener Fakultäten mit unterschiedlichen Voraussetzungen für seine Stoffe ein. Je nach dem, ob er volkswirtschaftliche, sozialwissenschaftliche, aktuelle sozialpolitische oder theologische Materien behandelte, war es nicht leicht, bei allen Hörern einen vergleichbaren Verständnishorizont anzusprechen.

Bei Durchsicht der Vorlesungsgliederungen fällt zudem auf, dass Höffner seine Stoffe – wann immer sinnvoll und möglich – aus einer historischen Perspektive anging. Dass er diesen historischen Zugang zu sozialwissenschaftlichen Themen ausgerechnet von der überwiegend ahistorisch-neuscholastisch-deduktiv ausgerichteten Gregoriana in Rom mitgebracht hatte, ist überraschend und etwa von Oswald von Nell-Breuning nie ganz gebilligt und gewürdigt worden.

Wie das in einem Vorlesungsaufbau konkret aussah, sei an zwei Beispielen illustriert. In den Sommersemestern 1950 und 1952 bot Höffner in Münster eine einstündige Vorlesung mit dem Titel an »Betriebsverfassung und Menschenwürde (Um das Mitbestimmungsrecht)

Inhalt:

Einleitung

I. Teil: Geschichtlicher Rückblick

1. Kap.: Typische Formen

§ 1: Die Familienwirtschaft

§ 2: Guts- und Klosterwirtschaften

§ 3: Die Jesuiten-Reduktionen

§ 4: Sklaven-Betriebe

2. Kap.: Sittliche Beurteilung

§ 1. Sachziel der Wirtschaft

§ 2: Stufenordnung der Werte

II. Teil: Der Betrieb im Zeitalter des Industrialismus

1. Kap.: Entstehungsgeschichte u. Eigenart des modernen Betriebes

§ 1. Entstehungsgeschichte

§ 2: Eigenart
2. Kap.: Das Ringen um die Menschenwürde im Betrieb in den letzten 150 Jahren
§ 1: Schutz der Kinder und Jugendlichen
§ 2: Schutz der Frauen
§ 3: Schutz der Männer
3. Kap.: Das Mitbestimmungsrecht der Arbeiter im Betrieb
§ 1: Stand der Diskussion
§ 2: Grundsätze«[8]

Aus den späteren Jahren sei ein – bereits vorher gewachsenes – Konzept vorgestellt, das Höffner zuletzt im Wintersemester 1959/60 als Vorlesung vor 188 Hörern hielt:

»Soziale Sicherheit in der industriellen Gesellschaft
Einleitung
I. Teil: Ursprung und Entwicklung der Idee und des Systems der sozialen Sicherheit in der industriellen Gesellschaft
1. Kap.: Zur Ideengeschichte der sozialen Sicherheit
§ 1: Utopische Systeme der sozialen Sicherheit
§ 2: Der sozialpolitische Härteausgleich als Weg zur sozialen Sicherheit
§ 3: Die Gesellschaftspolitik als Weg zur sozialen Sicherheit
2. Kap.: Die ersten Versuche zur Schaffung sozialer Sicherheit in der Epoche der stumpfen, duldenden Verproletarisierung
§ 1: Die Zustände
§ 2: Der Beginn der sozialpolitischen Gesetzgebung
3. Kap.: Der Aufbau des Systems der sozialen Sicherheit in der Epoche der klassenkämpferischen Solidarität
§ 1: Die Lage
§ 2: Die sozialpolitische Gesetzgebung
a) Bismarck
b) Wilhelm II.
4. Kap.: Die Sozialpolitik nach den beiden Weltkriegen.«[9]

Da Höffner in seinen Vorlesungen nicht nur das Lehrgebiet mehrerer Fakultäten, sondern mit seiner Sozialethik auch den Stoff des Moraltheologen in seiner theologischen Fakultät streifte, kam es in den frühen 50er Jahren zu einer Auseinandersetzung mit dem Moraltheologen Herbert Doms.[10] Sie fand ihren Niederschlag in einer förmlichen Abgrenzung über die Lehrgebiete von Christlicher Gesell-

[8] Vgl. Höffners hs. Verzeichnis der Lehrveranstaltungen für das SS 1950 und das SS 1952: HAEK – NH 3167; Vorlesungsmanuskript: HAEK NH – 1203. Auf dem ersten Blatt findet sich der Vermerk: »Do 12-13 SS 1950/SS 1952«.

[9] Vorlesungsmanuskript mit mehreren (im Laufe von Jahren gewachsenen) Gliederungen, von denen hier die letzte wiedergegeben ist: HAEK – NH 1170.

[10] Zu Herbert Doms s. oben S. 125 mit Anm. 84.

schaftslehre. Näherhin ging es um Doms' Vorlesung »Spezielle Moraltheologie III (sozialer Pflichtenkreis)«. Die beiden Lehrstuhlinhaber verpflichteten sich für die Dauer ihrer Lehrtätigkeit zur Einhaltung einer genau spezifizierten Aufteilung des Stoffes in ihren Vorlesungen.[11]

2. Seminarübungen

Für Höffner selbst, vor allem aber für seine Studenten und Schüler, waren die Seminarübungen am Institut für Christliche Sozialwissenschaften der wichtigere Teil seiner Lehrtätigkeit. Manfred Hermanns, selbst Schüler Höffners und mehrfach Teilnehmer seiner Seminare, berichtet:

»Der Vertiefung des Studiums dienten Pro- und Oberseminare. Diese hatten eine breite Palette grundsätzlicher wirtschaftsethischer, mehr aber noch aktueller gesellschafts- und wirtschaftspolitischer Themen wie Fragen der Rentenversicherung, der Verteilung des Sozialprodukts und der Vermögensbildung in Arbeitnehmerhand oder der ordnungspolitischen Neukonzeption der Boden- und Raumordnung. Vor allem die Oberseminare standen häufig in Verbindung mit der politikorientierten wissenschaftlichen Beratungstätigkeit von Höffner. Mehrere Seminare hatten arbeits- und berufssoziologischen Charakter wie das über das Handwerk oder das Bauerntum in der industriellen Gesellschaft. Damit deckte Höffner, insbesondere bevor Helmut Schelsky[12] an die Wilhelms-Universität berufen wurde, auch eine Lücke in der rechts- und staatswissenschaftlichen Fakultät ab. Andere Seminare hatten überwiegend religionssoziologischen und -politischen Charakter wie das über ›Industrielle Revolution und religiöse Krise‹ (SS 1958) oder ›Das Toleranzproblem in der pluralistischen Gesellschaft‹ (WS 1961/62). Die Referate der Teilnehmer beschränkten sich nicht auf das religiöse Zustandsbild der Bundesrepublik Deutschland, sondern bezogen auch empirische Forschungen aus Frankreich, den Vereinigten Staaten, mitunter sogar aus Asien und Afrika ein. Dabei fehlten nie einführende Referate zur Geistes- und Sozialgeschichte wie etwa beim Toleranzseminar über den Toleranzbegriff in der Aufklärungsphilosophie oder über die Toleranzbegründung bei Karl Jaspers und Jacques Maritain.

Die Oberseminare hatten Modellcharakter für wissenschaftlichen interdisziplinären Dialog, da an ihnen Assistenten, Doktoranden und Studenten aus verschiedenen Fakultäten teilnahmen. Höffner beschränkte sich meist auf die Mode-

---

[11] Text der von beiden am 10. 12. 1953 unterzeichneten Vereinbarung samt Liste der Themenaufteilung: HAEK – NH 3167.

[12] Helmut Schelsky (1912 – 1984), 1935 Promotion, 1932 Mitglied der SA, 1933 im NS-Studentenbund, 1948-1960 Professor für Soziologie in Hamburg, 1960-1970 u. 1973-1978 desgl. in Münster, 1970-1973 Gründungsrektor der Universität Bielefeld, 1970-1984 [illegible], in: NDB 22, 2005, S. 659-661; G. Pfafferott, in: LThK 9, ³2000, Sp. 127.

ration und hier und da auf Impulsgebung. Die Beratung der studentischen Referenten lag in der Hand seiner kompetenten Assistenten ... Es trafen selbständige, gefestigte Persönlichkeiten zusammen, die sachkundig ihre Überzeugungen in den wissenschaftlichen Diskurs einbrachten. Die jüngeren, die bereit waren, sich in die komplexen wirtschaftsethischen, sozialpolitischen und soziologischen Fragestellungen hineinzufinden, profitierten von diesem Dialog auf hohem akademischem Niveau.«[13]

Auch bei den Vor- und Oberseminaren zwischen 1951 und 1962 lohnt es sich, die vollständig erhaltenen Unterlagen durchzusehen und Vergleiche anzustellen. Für sämtliche Seminare liegen Teilnehmer-, Themen- und Literaturlisten sowie die Korrespondenz um den vom Thema her bestimmten Tagesausflug in Höffners Nachlass vor. Hinzu kommen gelegentlich Referate und sonstige Korrespondenz.

Die Teilnehmerzahl schwankte – von Ausnahmen abgesehen – zwischen 40 und 50. Dabei ist die Zusammensetzung der Teilnehmer aufschlussreich: An einem Vorseminar »Das Mitbestimmungsrecht« im WS 1952/53 nahmen 44 Studentinnen und Studenten teil. Höffner vermerkte selbst auf der Liste: »jur. 5, rer. pol. 14, phil. 14, theol. 11.«[14] Dieses Zahlenverhältnis findet sich in anderen Teilnehmerlisten bestätigt und dürfte auch für die Hörerschaft von Höffners Vorlesungen gelten.

In die Themen- und Terminlisten sind, zunächst handschriftlich, in der Endfassung in Maschinenschrift, die Referent(inn)en eingetragen. In den ersten Semestern seiner Lehrtätigkeit in Münster erstellte Höffner für jedes Referat eine Literaturaufstellung in Postkartengröße.[15] Später wurde für alle Teilnehmer eine – wohl von den Assistenten unter Anleitung Höffners erarbeitete – Gesamtliste der Literatur für die Seminarreihe erstellt. Darin waren Zuweisungen zu den einzelnen Referaten eingetragen. Die Einzelabsprache mit den Referenten musste und konnte Höffner zunehmend seinen Assistenten überlassen.

Bei der Themenwahl für die Seminarübungen ließ Höffner sich noch stärker als bei den Vorlesungen von seinen außeruniversitären sozialpolitischen Engagements leiten. Materialien, die er dabei sammelte, Gutachten, die er mit großer Sorgfalt erarbeitete, lieferten ihm gleichzeitig Thematik und Materialbasis für Seminarübungen an der Universität.

So hatte Höffner 1955 im Auftrag Bundeskanzler Adenauers zusammen mit den Professoren Aichinger, Muthesius und Neundörfer das »Rothenfelser Gutachten« über »Die Neuordnung der sozialen Leistungen« erstellt.[16] In seiner Veranstaltungsliste vermerkte Höffner für das SS 1956: »Oberseminar: Neu-

13 M. Hermanns, Sozialethik, S. 269 f.

14 Seminarunterlagen: HAEK NH 2566.

15 So z. B. für Höffners erstes Seminar »Soziologie der Familie« (WS 1951/52): HAEK – NH 1095.

16 H. Aichinger, J. Höffner, H. Muthesius u. L. Neundörfer, Die Neuordnung der sozialen Leistungen ..., Köln 1955; vgl. dazu unten S. 260-267.

ordnung der sozialen Leistungen«.[17] Ende 1955 hatte Bundespräsident Theodor Heuss als Mitherausgeber Höffner gebeten, für eine Neuauflage des Sammelwerks »Die großen Deutschen« »eine Studie über Adolf Kolping zu übernehmen« und bis 15. April 1956 abzuliefern.[18] Man spürt dem Brief Heuss' an Höffner an, wie sich der alte Liberale mit der Aufnahme Kolpings in die Reihe der »großen Deutschen« nicht ganz leicht tat: »Ich möchte nun hier in den Begriff der ›Größe‹ eine Menschen und Typen bildende Kraft eingeschlossen wissen; so will ich auch August Bebel in diesem Werk gewürdigt sehen. Kolping gibt ja biographisch, zeit- und geistesgeschichtlich allerhand her in seinem Spürgefühl für kommende Dinge auf einer menschlich und geistig anderen Ebene als etwa Ketteler ...; aber bei Kolping ist ja, wenn ich ihn richtig sehe, das Interessante die Mischung von organisatorischer Kraft, pädagogischer Genialität und unmittelbarer, aber unsentimentaler Liebeskraft ... Ich meine, das Sammelwerk will nicht Wissenschaft werden, aber setzt wissenschaftliche Sicherheit als Hintergrund einer lesbaren Darstellung für die sogenannten Gebildeten voraus.«

Höffner, dessen lebenslange Schwäche es war, keine sinnvolle Anfrage ablehnen zu können, sandte seinen Beitrag über Kolping fristgerecht an Heuss ab.[19] Am 20. April 1956 schrieb ihm der Bundespräsident: »Ich denke, dass meine Mitherausgeber [Hermann Heimpel und Benno Reifenberg] die gleiche Freude haben werden wie ich selber. Ich bin ja froh, dass Sie sich meiner Anregung angeschlossen haben, den Mann in seiner typenbildenden Bedeutung unter die ›großen Deutschen‹ einzureihen. Gerade das Volkspädagogische kommt in Ihrem Essay sehr gut heraus.«

Höffner wollte sich nicht nur für einen Essay in »Die großen Deutschen« die Mühe gemacht haben: Im WS 1956/57 kündigte er ein Vorseminar »Adolf Kolping und sein Werk« an.[20] Die Literaturliste dürfte aus der Erarbeitung des Essays erwachsen sein. Der damalige Generalpräses des Kolpingwerkes schrieb Höffner am 16. November 1956 hocherfreut: »Es dürfte wohl das erste Mal sein, dass dieses Thema in solcher Ausführlichkeit an einer Universität behandelt wird.«[21]

Ein drittes Beispiel für Höffners Stil, außeruniversitäre Aufträge in Seminarübungen umzusetzen, sei angeführt: Nach erfolgreichem Abschluss der Rentenreform für die Arbeiter und Angestellten 1957 und der mit absoluter CDU-Mehrheit gewonnenen Bundestagswahl 1957 wollte Bundeskanzler Adenauer 1958 zügig die Altersversorgung der Handwerker neu regeln. Am 10. Januar 1958

---

[17] HAEK – NH 3167.

[18] Theodor Heuss an Höffner, 5. 12. 1955 (Original): HAEK – NH 1017; dort auch die weitere Korrespondenz.

[19] J. Höffner, Adolf Kolping 1813 – 1865, in: Die grossen Deutschen, Bd. 3, Berlin 1956, S. 356-363.

[20] Vorseminar »Adolf Kolping und sein Werk«, WS 1956/57: HAEK – NH 1015. – Dort auch die nachfolgend erwähnten bzw. zitierten Unterlagen und Korrespondenzen.

[21] Generalpräses Bernhard Ridder an Höffner, 16. 11. 1956: Ebd.

schrieb Ministerialdirektor Jantz an Höffner: »Das Bundesministerium für Arbeit und Sozialordnung möchte gerade diese Frage der berufsständischen Eigenart der Handwerkerversorgung untersucht wissen, wozu die christliche Soziallehre sicherlich Entscheidendes zu sagen hätte. Ich darf mir daher die Frage erlauben, ob Sie bereit wären, ein solches Gutachten über die Gestaltung der Handwerkerversorgung für das Bundesministerium ... zu erstatten.«[22]

Wie stets hat Höffner zugesagt. Im Februar kam er in Verlegenheit, weil der Beirat des Bundesarbeitsministeriums auf einer Ablieferung des Gutachtens bis 20. März 1958 bestanden hatte. Höffner musste den Rektor der Trierer Fakultät – wie bereits erwähnt – bitten, ihm die Vorlesungswoche in Trier am Ende des Wintersemesters zu erlassen bzw. auf den Anfang des Sommersemesters zu verschieben.[23] Mit Begleitschreiben vom 20. März 1958 überreichte Höffner sein Gutachten im Umfang von 61 Schreibmaschinenseiten im Arbeitsministerium. Der Titel lautete: »Die Handwerkerversorgung im Hinblick auf die berufsständische Eigenart des Handwerks.«[24]

Die Umsetzung für seine Studenten an der Universität Münster folgte auf dem Fuße: Für das WS 1958/59 kündigte Höffner ein Oberseminar an »Das Handwerk in der industriellen Gesellschaft«. Das Literaturverzeichnis enthält ältere und neueste Literatur bis 1957.[25]

3. Exkursionen

Ein nicht unwesentlicher Bestandteil Höffnerscher Seminare war der Tagesausflug zu Industrieunternehmen oder anderen dem Seminarthema nahestehenden Einrichtungen. Es ging dabei nicht um eine kurzweilige Unterbrechung der trockenen Seminarsitzungen. Vielmehr sollte die in ihnen dargelegte Theorie durch möglichst realitätsnahe Anschauung verdeutlicht werden. Die Berg- oder Hüttenwerke oder sonstigen Ziele solcher Seminarausflüge kamen Höffner durch seine Kontakte zu BKU, Kohlenbergbau-Leitung oder in späteren Jahren auch durch das Deutsche Industrieinstitut in Köln zu. Für die zum Teil weiteren Fahrten wurde ein Universitätsbus in Anspruch genommen, der rechtzeitig zu bestellen war.

Zur Verdeutlichung seien auch für die Seminarausflüge einige Beispiele dargestellt. Im SS 1955 besuchte Höffner mit 36 Teilnehmern die »Duisburger Kupferhütte«. Generaldirektor Dr. Kuß wies er auf die Teilnehmerliste hin: »Wie Sie

[22] Ministerialdirektor Dr. Jantz an Höffner, 21. 1. 1958: HAEK – NH 2737; dort auch die weitere Korrespondenz in Sachen Handwerkerversorgung.

[23] Vgl. oben S. 124.

[24] Hs. Titel Höffners auf dem Schnellhefter mit einem Durchschlag des Gutachtens: HAEK – NH 2737.

[25] Unterlagen zum Oberseminar im SS 1958 »Das Handwerk in der industriellen Gesellschaft«: HAEK – NH 2772.

dieser Liste entnehmen können, gehören die Teilnehmer meines Seminars verschiedensten Fakultäten an; es sind auch einige Ausländer (aus China und Spanien) darunter.«[26]

Die Teilnehmer des Kolping-Seminars im WS 1956/57 wurden zu einem Studientag in den rheinischen Braunkohlentagebau gefahren. Wie Höffner dem Direktor der Rheinischen Braunkohlenbergbauschule als Veranstalter schrieb, sollten für das Programm die Stunden 10 bis 16 bzw. 17 Uhr eingeplant werden.[27] Höffner, der sich selbst nicht schonte, verlangte auch von seinen Studenten Leistungsbereitschaft.

Parallel zu dem Vorseminar über Adolf Kolping veranstaltete Höffner im WS 1956/57 ein Oberseminar über den dialektischen Materialismus.[28] Für dieses Seminar war eine Drei-Tage-Exkursion in den Tagen unmittelbar vor Weihnachten nach Berlin vorgesehen (Abfahrt von Münster: 20. Dezember, 8 Uhr; Rückfahrt von Berlin: 22. Dezember, ab 22 Uhr). Im Programm vorgesehen waren u. a. ein »Treffen mit Ostzonenstudenten«, »Besuch des Ostsektors u. ä. (in kleinen Gruppen)«, »Besuch eines ostzonalen Kinos u. ä.«, »Besuch eines Flüchtlingslagers«. Für den 22. Dezember war als letzter Programmpunkt geplant: »Abschließende Diskussion mit Studenten der Ostzone [an] der Freien Universität und der Humboldt-Universität.«

Die Exkursion war in ihrer Planung und Abwicklung durch Höffners Assistenten Dreier sorgfältig vorbereitet. Doch am 18. Dezember 1956 musste Höffner dem Berliner Studentenpfarrer Szydzik[29] schreiben: »Herr Dipl.-Volkswirt Dreier hat Ihnen schon mitgeteilt, dass die Studienfahrt, auf die wir uns alle sehr gefreut hatten, verschoben werden muss. Wir mussten nämlich in letzter Stunde feststellen, dass sich unter den Teilnehmern meines Seminars ein Student befindet, bei dem die Vermutung nahe liegt, dass er Verbindung zur Ostzone hat. Um jede Möglichkeit einer Gefährdung auszuschließen, habe ich mich entschlossen, die Fahrt so lange aufzuschieben, bis völlig ›reine Luft‹ herrscht ...«

Ersatzweise vermittelte das Deutsche Industrieinstitut in Köln für den 7. Februar 1957 eine Besichtigung der Ford-Werke in Köln. Wie Dr. Rainer Höffner am 24. Januar schrieb, sollte der Besuch bei Ford um 13.30 Uhr mit einem Mittagessen beginnen. »Danach erfolgt eine Besichtigung der technischen Einrichtungen (zum Teil vollautomatisiert [= Fließband]), darüber hinaus ist eine Einführung in die sozialen Einrichtungen durch den Arbeitnehmervertreter im Aufsichtsrat und

[26] Vorseminar »Die Soziallehre Pius'XII.«, SS 1955: HAEK – NH 1142. Dort auch ein Durchschlag von Höffners Brief an Kuß, 22. 6.1955.

[27] Direktor Dr. Schultz an Höffner, 12. 11. 1956 und Antwort Höffners an Schultz 15. 11. 1956: HAEK – NH 1015.

[28] Oberseminar »Der dialektische Materialismus«, WS 1956/57, Unterlagen und nachfolgend geschilderte Korrespondenz: HAEK – NH 1198.

[29] Stanislaus Edmund Szydzik (1915 – 2001), 1940 Priester des Bistums Berlin, später Geistlicher Beirat des Akademikerverbandes und Referent für Akademikerseelsorge in der Zentralstelle Bildung der Deutschen Bischofskonferenz. HANDBUCH DES ERZBISTUMS KÖLN. PERSONALER TEIL ^{27}1985, S. 201.

den Betriebsratsvorsitzenden vorgesehen.« Zum Abschluss sollte es – für Studenten 1957 ein Geschenk! – noch ein Abendessen geben.

Welche Spannbreite Höffnersche Seminarexkursionen hatten, sollte das bereits erwähnte Oberseminar im WS 1958/59 »Das Handwerk in der industriellen Gesellschaft« erweisen.[30] Das Programm für die Exkursion am 18. Dezember 1958 sah vor:
Besichtigung der Bäckerei und Konditorei Franz Epping in Burgsteinfurt;
Besuch der Korbmacherei Wilhelm Walterscheid in Burgsteinfurt;
Besichtigung der Kunsttischlerei und Büromöbelherstellung H. W. Wieding in Holtwick;
Besuch der Handweberei Erich Hildisch in Coesfeld;
In die Mittagspause war die Besichtigung von Schloss Raesfeld als »kulturelle Unterbrechung« eingeplant. Doch nachmittags ging es weiter:
Besuch der Müllerfachschule in Borken;
Besichtigung der Töpferei Erning & Söhne in Stadtlohn;
Nachdem man morgens um 8 Uhr in Münster aufgebrochen war, sollte die Rückfahrt von Stadtlohn aus gegen 18 Uhr beginnen.

Als weiteres Beispiel sei die Exkursion im SS 1960 angeführt. Höffner hatte für sein Oberseminar das Thema »Die Familie in der industriellen Gesellschaft« angesetzt.[31] Da eine »Besichtigung« von Familien für eine Exkursion nicht in Betracht kam, hatte Höffner sich von seiner damaligen Mitarbeit im Wissenschaftlichen Beirat beim Bundeswohnungsbauministerium inspirieren lassen. Mit 45 Teilnehmern brach er am 7. Juli 1960 zur Besichtigung von Wohnbausiedlungen im Raume Essen auf. Seine handschriftliche Notiz vermerkt als Ansprech- und Gesprächspartner am Ort den Städtischen Baudirektor Weber (Essen), den Essener Beigeordneten Prof. Dr. Hollatz, für den »Siedlungsverband Ruhrkohlenbezirk« den Beigeordneten Dr. Froriep sowie für die »Zeche Zollverein« den Bergwerksdirektor Bamberg.

Schließlich sei noch erwähnt, dass Höffner mit seinem Seminar im SS 1961 das Bergbaumuseum in Bochum und die dortige »Zeche Viktor« besuchte. Dem Direktor, Bergrat a. D. Curt Keyser, schrieb Höffner am 29. Mai 1961: »Sie werden allerdings erschrecken, wenn ich Ihnen mitteile, dass an der Studienfahrt etwa 80 Studierende verschiedener Fakultäten, darunter mehrere Ausländer, teilnehmen.« Es ist davon auszugehen, dass Höffner diese Exkursion für die Teilnehmer seines Vorseminars wie seines Oberseminars vorgesehen hatte.[32]

Manfred Hermanns weist noch auf den absoluten Höhepunkt Höffnerscher Exkursionen hin, der in seinen Akten keinen Niederschlag gefunden hat: »Ein

---

30 HAEK – NH 2772; vgl. oben S. 145 mit Anm. 25.

31 Oberseminar »Die Familie in der industriellen Gesellschaft«, SS 1960; Unterlagen und die nachfolgend zitierte hs. Notiz Höffners: HAEK – NH 1094.

32 Vorseminar »Führergestalten der christlichen Sozialbewegung im 19. und 20. Jahrhundert«, SS 1961; übliche Unterlagen und der zitierte Brief Höffners an Bergewerksdirektor Keyser vom 29. 5. 1961: HAEK – NH 1016.

besonderes Ereignis war die 1960 mit den Institutsangehörigen durchgeführte zehntägige Studienfahrt nach Italien, bei der auf Vermittlung des Bundes Katholischer Unternehmer Italiens die FIAT-Werke in Turin, die OLIVETTI-Schreibmaschinenwerke in Ivrea und die NECCHI-Nähmaschinenfabrik in Pavia besichtigt wurden. Diese Exkursion fand ihren Höhepunkt in Rom. Privataudienz beim Heiligen Vater und Empfänge beim italienischen Arbeitgeberverband und anderen Organisationen des kirchlichen und gesellschaftlichen Lebens verdeutlichten, welches Ansehen das Institut in der Zwischenzeit in der Öffentlichkeit erlangt hatte.«[33]

Es ist kaum zu überschätzen, was solcher Anschauungsunterricht zusätzlich zu den theoretischen Referaten der Seminarsitzungen an Lerngewinn für die Teilnehmer bedeutete. Da solche Exkursionen in der Vorbereitung und Durchführung viel Arbeit mit sich brachten, konnte Höffner sie nur anbieten, weil ihm – wie noch darzustellen sein wird – stets vorzügliche Assistenten zur Seite standen.

4. Doktorandenkolloquium und Promotionen

In Höffners Lehrangebot findet sich in jedem Semester ein zweistündiges »Doktorandenkolloquium« angekündigt. Aus seiner Vorlesungstätigkeit und vor allem aus den Seminarübungen wuchs ihm wie von selbst eine große Zahl von Doktoranden (und Doktorandinnen) zu, die er zum geringeren Teil (6) in Theologie, zum größeren Teil in Volkswirtschaft (11) und Philosophie (11) zur Promotion führen konnte. Dabei ist allerdings aus heutiger Sicht zu berücksichtigen, das bis 1952 die Promotion in Theologie Klerikern (und damit Männern) vorbehalten war[34] und Laien auch danach eher zögerlich die Möglichkeit zu einer theologischen Promotion aufgriffen. Die Möglichkeit Höffners, auch in der rechts- und staatswissenschaftlichen Fakultät und – unter vergleichbaren Bedingungen – in der philosophischen Fakultät Schüler zur Promotion zu führen, machte es Laien und zumal Frauen möglich, über Höffner die Promotion zum Dr. rer. pol. und zum Dr. phil. anzustreben.

---

[33] M. Hermanns, Sozialethik, S. 271.

[34] Promotionsordnung der Kath.-Theologischen Fakultät der Westf. Wilhelms-Universität zu Münster vom 17. 3. 1913: »... § 2: Wer den Lizentiaten- oder Doktorgrad erwerben will, muss bereits eine höhere Weihe empfangen haben. Aus besonderen Gründen kann dem Kandidaten gestattet werden, vor erhaltener Subdiakonatsweihe sich der Prüfung zu unterziehen.« E. Hegel merkt in einer Fußnote an: »§ 2 wurde durch Fakultätsbeschluss vom 22. 2. 1952 ersatzlos gestrichen. Der Kultusminister gab seine Genehmigung dazu am 23. 4. 1953.« In der Zwischenzeit dürfte es über Bischof Keller Verhandlungen mit der Nuntiatur und dann mit der Landesregierung gegeben haben: E. Hegel, Fakultät Münster II, S. 272; Ders., Fakultät Münster I, S. 588: »Nachdem die theologische Fakultät in München vorangegangen war und das kirchliche Einverständnis vorlag, beschloss die münsterische Fakultät am 22. Februar 1952, auch nicht-geistliche Kandidaten zu den akademischen Graden zuzulassen. Nur für Habilitationen blieb [illegible] der Nachweis der empfangenen Priesterweihe bestehen.«

Höffner führte bis 1962 handschriftlich eine Liste der von ihm betreuten Promotionen, in die er außer den Namen auch das Jahr bzw. später das Datum der Promotion eintrug, außerdem das Thema der Dissertation in Stichworten und das Prädikat:[35]

»Promotionen zum Dr. theol.

1. P. Joachim Fernandes [de Encinas] OFMCap., 1956, Spanische Traditionalisten[36]
2. Wilhelm Weber, 1957, Molina als Wirtschaftsethiker[37]
3. Helmut Patt, 1958, Anton Heinen als Sozialpädagoge[38]
4. Rudolf Henning, 1958, Maßstab des Rechts[39]
5. Wolfgang Klemp, 15. 7. 1960, Der alte Mensch[40]
6. Alfons Weyand, Trier, 16. 2. 1961, Marl-Hüls[41]

---

35 Drei Listen (Dr. theol., Dr. rer. pol., Dr. phil.): HAEK – NH 1348. Die Listen für die Dr. theol.- und Dr. rer. pol.-Promovenden sind chronologisch geführt worden. Die Liste der Dr. phil.-Promovenden ist nachträglich begonnen und daher bis 1958 alphabetisch geführt worden. Die nachfolgenden Promotionen sind chronologisch aufgeführt: HAEK – NH 1348. – Bei der nachfolgenden Wiedergabe sind die Angaben über die Prädikate der Promotionen aus Datenschutzgründen weggelassen. – W. KERKLOH – A. SAUERLAND – F. THALMANN – W. WEBER, Porträt einer Lehr- und Forschungsstätte, in: JAHRBUCH FÜR CHRISTLICHE SOZIALWISSENSCHAFTEN 18, 1977, S. 11-50 führen auf den S. 36 f. (W. KERKLOH) die »Dissertationen und Habilitationen im Institut. Theologische Promotionen, Wirtschafts- und Sozialwissenschaftliche Promotionen« bis 1976 auf. Anhand dieser Aufstellung lassen sich für die nachfolgenden Promotionen zum Dr. theol. und Dr. rer. pol. die stichwortartigen Angaben Höffners in der Fußnote vervollständigen. Die theologischen Promotionen finden sich auch bei E. HEGEL, Fakultät Münster II, S. 145-200, hier: S. 196-198, mit Biogramm des Promovierten sowie Titel und Datum der Promotion verzeichnet.

36 Dissertationstitel: Joachim Fernandes de Encinas, Spanisches Erbe und Revolution. Die Staats- und Gesellschaftslehre der spanischen Traditionalisten im 19. Jahrhundert. Veröffentlicht unter dem gleichen Titel: Schriften des Instituts für Christliche Sozialwissenschaften, Bd. 4, Münster 1957; vgl. E. HEGEL, Fakultät Münster II, S. 196.

37 Dissertationstitel: Wilhelm Weber, Ludwig Molina (1535-1600) als Wirtschaftsethiker. Veröffentlicht unter dem Titel: W. WEBER, Wirtschaftsethik am Vorabend des Liberalismus. Höhepunkt und Abschluss der scholastischen Wirtschaftsbetrachtung durch Ludwig Molina 1535-1600: Schriften des Instituts für Christliche Sozialwissenschaften, Bd. 7, Münster 1959; vgl. E. HEGEL, Fakultät Münster II, S. 196.

38 Dissertationstitel: Helmut Patt, Anton Heinen als Sozialpädagoge. Versuch einer geschichtlichen und systematischen Darlegung seiner sozialen Bildungsarbeit, Nachdruck des maschinenschr. Textes in der Universitätsbibliothek Münster; vgl. E. HEGEL, Fakultät Münster II, S. 196.

39 Dissertationstitel: Rudolf Henning, Der Maßstab des Rechts im Rechtsdenken der Gegenwart. Veröffentlicht unter dem gleichen Titel: Schriften des Instituts für Christliche Sozialwissenschaften, Bd. 10, Münster 1961; vgl. E. HEGEL, Fakultät Münster II, S. 197.

40 Dissertationstitel: Wolfgang Klemp, Der alte Mensch in Kirche und Gesellschaft. Titel des maschinenschr. Exemplars in der Universitätsbibliothek Münster: W. KLEMP, Der alte Mensch in Kirche und Gesellschaft. Der christliche Sinn des Alters. Weg zur Einordnung des alten Menschen in die christliche Gesellschaft; vgl. E. HEGEL, Fakultät Münster II, S. 198.

41 Dissertationstitel: Alfons Weyand, Formen religiöser Praxis in einem werdenden Industriezentrum. Veröffentlicht unter gleichem Titel: Schriften des Instituts für Christliche Sozialwissenschaften, Bd. 14, Münster 1963.

Promotionen zum Dr. rer. pol.

1. Leonhard Lowinski, 1950, Die christliche Soziallehre[42]
2. Wigand Siebel, 1955, Spiel und Sozialreform[43]
3. Karl-Wolfgang Wolf, 1956, Theorie der Sozialpolitik[44]
4. Wilhelm Dreier, 1958, Das Familienprinzip in der industriellen Gesellschaft[45]
5. Hans Deckers, 1959, Betrieblicher oder überbetrieblicher Tarifvertrag[46]
6. Paul Adenauer, 14. 7. 1959, Mittelständischer Investitionskredit[47]
7. Hildegard Wiegmann, 14. 7. 1959, Probleme der Eigentumsbildung[48]
8. Friedrich Kronenberg, 24. 2. 1960, Eigentumsbildung durch Subventionen[49]
9. Marie-Theres Starke, 16. 7. 1960, Krankenhausfinanzierung[50]
10. Werner Remmers, 16. 7. 1960, Lohnformen und soziale Zufriedenheit[51]
11. Wilhelm Weber, 20. 7. 1961, Geld- und Zinstheorien[52]

---

[42] L. LOWINSKI, Die katholische Sozialethik und das Problem der Wirtschaftsordnung: Vervielfältigtes maschinenschr. Exemplar in der Universitätsbibliothek Münster. – Da diese Promotion vor der Gründung des ICS liegt, enthält die Aufstellung von W. KERKLOH (vgl. oben Anm. 35) dieser Dissertation noch nicht.

[43] Wigand Siebel, Vermassung und Spiel 1955. Eine Veröffentlichung bzw. ein Exemplar in der Universitätsbibliothek in Münster konnte nicht ermittelt werden.

[44] Karl Wolfgang Wolf, Die Durchführung der Systembildung in der theoretischen Sozialpolitik. Ein Beitrag zu ihrer Morphologie. Vervielfältigtes maschinenschr. Exemplar in der Universitätsbibliothek Münster.

[45] Wilhelm Dreier, Das Familienprinzip. Ein Strukturelement der modernen Wirtschaftsgesellschaft. Familienlastenausgleich, die wirtschaftliche Großaufgabe des 20. Jahrhunderts. Veröffentlicht unter dem gleichen Titel: Schriften des Instituts für Christliche Sozialwissenschaften, Bd. 8, Münster 1960.

[46] Hans Deckers, Betrieblicher oder überbetrieblicher Tarifvertrag? Die unterschiedlichen räumlichen Geltungsbereiche der Tarifverträge und ihre wirtschafts- und gesellschaftspolitische Beurteilung, dargestellt im Vergleich Deutschland-USA. Veröffentlicht unter gleichem Titel: Schriften des Instituts für Christliche Sozialwissenschaften, Bd. 9, Münster 1960.

[47] Paul Adenauer, Probleme der mittelständischen Investitionsfinanzierung in der Bundesrepublik Deutschland. Veröffentlicht: Schriften des Instituts für Christliche Sozialwissenschaften, Bd. 11, Münster 1961.

[48] Hildegard Wiegmann, Probleme der Eigentumsbildung unter besonderer Berücksichtigung der Pläne zur Beteiligung der Arbeitnehmer am Vermögenszuwachs erwerbswirtschaftlicher Unternehmen: Veröffentlicht unter gleichem Titel: Münster 1959.

[49] Friedrich Kronenberg, Die Beeinflussung der Vermögensverteilung in der Bundesrepublik Deutschland durch finanzpolitische Maßnahmen, insbesondere durch Subventionen zur Vermögensbildung. Veröffentlicht unter gleichem Titel: Münster 1961

[50] Die Promotion von Marie-Theres Starke wird in der Liste von W. KERKLOH (vgl. oben Anm. 35 nicht aufgeführt. Veröffentlichung der Dissertation: Marie-Theres.. STARKE, Die Finanzierung der Krankenhausleistungen als sozial- und ordnungspolitisches Problem. Untersuchung über die Auswirkungen eines Überhangs zu kostendeckenden Pflegesätzen im Krankenhauswesen der Bundesrepublik Deutschland, in: Schriften des Instituts für Christliche Sozialwissenschaften, Bd. 12, Münster 1962.

[51] Werner Remmers, Die Auswirkungen der Lohnformen und Lohnermittlungsformen auf die persönliche und soziale Zufriedenheit der Arbeitnehmer unter besonderer Berücksichtigung des Akkordlohns mit arbeitswissenschaftlicher Vorgabeermittlung. Veröffentlicht: Münster 1961.

[52] Wilhelm Weber, Geld und Zins in der spanischen Spätscholastik. Veröffentlicht unter gleichem Titel: Schriften des Instituts für Christliche Sozialwissenschaften, Bd. 13, Münster 1962.

Promotionen zum Dr. phil.[53]

1. Barbara Albrecht, 19. 2. 1957, Einzelmensch und Gemeinschaft bei Nicolai Hartmann[54]
2. Otto Beckers, 14. 1. 1954, Gemeinsame Sozialarbeit konfess. Bergbau[55]
3. Ludwig Freibüter, 6. 12. 1956, Eingliederung Jugendlicher aus der Sowjetzone in die BRD[56]
4. Elisabeth Fricke, 18. 2. 1954, Soziale Bildungsarbeit im industriellen Raum[57]
5. Lucian Kudera, 20. 2. 1957, Gewerkschaftsstreit[58]
6. Günther Mees, 17. 2. 1956, Schorlemer-Alst[59]
7. Alexander Senftle OFMCap., 26. 7. 1957, Metanoia bei Franz von Assisi[60]
8. Joseph Chou (China), 29. 4. 1958[61]
9. Renate Jahn, [Datum fehlt], Probleme der Arbeiterbildung unter Berücksichtigung der religiösen Frage[62]
10. Heinrich Rosensträter, 22. 2. 1960, Lehrer und Schüler in der Berufsschule[63]
11. Elisabeth Gemmeke, 25. 2. 1961, Metaphysik des sittlich Guten bei Suarez[64]
12. Brundhild Roschanski (Magisterprüfung), 7. 12. 1961, Förderung der Spontaneität im Kindergarten.«

Die von Joseph Höffner angeregte Promotion von Marita Estor kam erst 1964 zum Abschluss und ist deshalb in Höffners handschriftlicher Liste nicht erwähnt.

---

[53] Die Promotionen zum Dr. phil. sind in der Liste von W. KERKLOH (vgl. oben Anm. 35) nicht aufgeführt. Die Titel der veröffentlichten bzw. vervielfältigten Dissertationen konnten im Katalog der Universitäts- und Landesbibliothek Münster ermittelt werden.

[54] Barbara ALBRECHT, Das Wertreich und die Beziehung zwischen Einzelmensch und Gemeinschaft bei Nicolai Hartmann, Fotodruck, München 1957.

[55] Otto BECKERS, Die Notwendigkeit und Bedeutung industriepädagogischer Bildungsarbeit für die Überwindung des sozialen Unfriedens im Betrieb, erläutert am Beispiel der gemeinsamen Sozialarbeit der Konfessionen im Bergbau, vervielfältigter Druck des Manuskripts, Münster 1953.

[56] Ludwig FREIBÜTER, Die Eingliederung jugendlicher Zuwanderer aus der sowjetischen Besatzungszone in die Bundesrepublik als sozialpädagogisches Problem unter besonderer Berücksichtigung der Situation der jugendlichen Zuwanderer im Zeitabschnitt vom Frühjahr 1952 bis zum Ende 1954, vervielfältigter Druck des Manuskripts, Münster 1956.

[57] Elisabeth FRICKE, Soziale Bildungsarbeit im christlichen Raum als Beitrag zur Volksbildungsarbeit im Nachkriegsdeutschland, vervielfältigter Druck des Manuskripts, Münster 1954.

[58] Lucian KUDERA, Der Gewerkschaftsstreit der deutschen Katholiken in der Publizistik (1900-1914), Münster 1957, Microfiche-Ausgabe.

[59] Günther MEES, Schorlemer-Alst und der Westfälische Bauernverein in der deutschen Innenpolitik, vornehmlich der Jahre 1880-1894, Münster 1956, Microfiche-Ausgabe.

[60] Alexander SENFTLE, Die Bedeutung der franziskanischen Poenitentiallehre für eine systematische Bildungstheorie, verfielfältigter Druck des Manuskripts, Münster 1957.

[61] Joseph CHOU, Die Ethik des Me Ti, vervielfältigter Druck des Manuskripts, Münster 1957.

[62] Renate JAHN, Was heißt Arbeiterbildung? Eine pädagogische Untersuchung der Fabrikarbeit unter besonderer Berücksichtigung der religiösen Frage (= Grundsatzfragen der Pädagogik 12), Freiburg u. a. 1960.

[63] Heinrich ROSENSTRÄTER, Lehrer und Schüler an der Berufsschule. Eine Darstellung des Lehrer-Schüler-Verhältnisses an der gewerblichen Berufsschule, Essen 1961.

[64] Elisabeth GEMMEKE, Die Metaphysik des sittlich Guten bei Franz Suarez, Freiburg u. a. 1965.

Kerkloh führt sie in der Liste der wirtschafts- und sozialwissenschaftlichen Promotionen am ICS auf.[65]

Eine Promotion, die nicht zum Abschluss kam, war die des koreanischen Priesters Stephen Kim Sou-hwan aus Taegu.[66] Schon am 15. Juli 1956 hatte ihn der Jesuit Theodor Geppert aus Seoul Höffner empfohlen: »Ich würde es gern sehen, wenn er gute Studien, vor allem auch für eine spätere Anwendung in seiner Heimat, machen könnte ... Er war Student an unserer Universität in Tokyo, wo ich ihn schon vor 15 Jahren kannte ... Es wäre sehr zu wünschen, wenn er hier in Korea auf dem Gebiet der sozialen Fragen wirklich tüchtig und praktisch arbeiten könnte.«[67]

Höffner verwandte sich noch 1956 bei Msgr. Gottfried Dossing, dem Generalsekretär des »Päpstlichen Werkes vom Hl. Petrus« in Aachen, um Stipendiengelder des Werkes für Kim zu erhalten.[68] Aus den späten 1950er Jahren liegt eine von Höffner bearbeitete Disposition für eine Dissertation von Kim in Höffners Nachlass vor, die nach einer undatierten Besprechungsnotiz von Höffner den Titel tragen sollte: »Das koreanische Familiensystem in familienethischer Sicht und sozialethischer Schau/Sicht«.[69] Das Promotionsverfahren kam nicht zum Abschluss, weil Stephen Kim nach Korea zurückgerufen wurde: 1966 wurde er Bischof von Masan. 1968, ein Jahr vor Höffners Erhebung zum Erzbischof von Köln, wurde Kim Erzbischof von Seoul. Das führte zu der Tatsache, dass Kim in der Reihenfolge der neuernannten Kardinäle am 28. April 1969 vor Höffner aufgerufen wurde.[70]

---

[65] Jahrbuch für Christliche Sozialwissenschaften 18, 1977, S. 37; Titel: Marita Estor, der sozialökonomische Rat der niederländischen Wirtschaft. Institution und Funktion eines repräsentativen Wirtschaftsrates als Problem der Organisation der Wirtschaftspolitik; veröffentlicht unter dem gleichen Titel: Berlin 1965. – Marita Estor war von 1960 bis 1964 Mitarbeiterin am ICS: W. Kerkloh, in: Jahrbuch für Christliche Sozialwissenschaften 18, 1977, S. 26.

[66] Stephen Kim Sou-hwan, * 1922 in Taegu/Korea, 1951 Priesterweihe, 1966 Bischof von Masan, 1968-1998 Erzbischof von Seoul, 1969 Kardinal: Annuario Pontificio 2006, S. 56*.

[67] P. Th. Geppert SJ, Seoul, an Höffner, 15. 7. 1956: HAEK – NH 1348. – Zu Theodor Geppert SJ (1904 – 2002): Studium in Berlin, Dublin, Wien und Basel, 1935-1937 und 1940-1954 am Kolleg der Jesuiten in Tokyo, 1948-1954 als Rektor, 1948-1961 Gründer der Jesuiten-Universität Sogang in Seoul, ab 1961 wieder an der Sophia-Universität und dem Jesuitenkolleg in Tokyo in leitenden Funktionen. An der Sogang-Universität in Seoul »hat man ihm ... sogar eine überlebensgroße Statue in der Pose des früheren nordkoreanischen Präsidenten Kim ... errichtet«: P. Prof. Fanz-Josef Mohr SJ, Tokyo, am 6. bzw. 15. 2. 2007 an den Verfasser. P. Mohr sei für die Zusammenstellung dieser Daten gedankt.

[68] Dossing an Höffner, 9. 10. 1956 und Höffner an Dossing, 15. 10. 1956: Ebd. – Zu Gottfried Dossing (1906 – 1997): 1934 Priester des Bistums Aachen, 1939-1959 Mitarbeiter bzw. Generalsekretär des PWG, 1959-1976 Geschäftsführer von Misereor: L. Bertsch, in: LThK 11, [3]2001, Sp. 62 f.

[69] 5 Schreibmaschinenseiten Disposition Kims mit hs. Korrekturen Höffners, Gesprächsnotiz Höffners hs. mit Kurzschriftpassagen in der Höffner eigenen Kurzschrift, ohne Datum: HAEK – NH 2589.

[70] Kardinal Kim in seinem Brief an den Autor vom 22. 10. 2006: »Ich war noch nicht ein Jahr (als) Erzbischof von Seoul gewesen und nur 47 Jahre alt, und bis dahin [illegible] noch kein[en] Kardinal in Korea [gegeben]. Darum habe ich nie erwartet oder geträumt, Kardinal zu werden. Um so mehr

Zu zahlreichen Promotionsverfahren liegen Besprechungsnotizen und sonstige Unterlagen in Höffners Papieren.[71] Korrespondenzen mit seinen Doktoranden konnten durchaus über die Zeit der Promotionsvorbereitungen hinausreichen. Ein Beispiel sei herausgegriffen: Es war für Höffner wohl von einiger Brisanz, als ab 1953 ein Sohn des amtierenden Bundeskanzlers, der Kölner Priester Paul Adenauer, in Joseph Höffner seinen Doktorvater suchte und fand.[72] Die unkomplizierte Korrespondenz zwischen beiden reicht bis 1961. Wie Paul Adenauer dem Verfasser zu berichten wusste, hat sein Vater ihn 1954 befragt, ob sich wohl Professor Höffner an einem Gutachten über die anstehende Sozialreform beteiligen lasse. Joseph Höffner hat dann mit Klaus Aichinger, Hans Muthesius und Ludwig Neundörfer das von Konrad Adenauer erbetene »Vierergutachten« 1955 erstellt, das als »Rothenfelser Denkschrift« in die Geschichte eingegangen ist und weiter unten noch besprochen werden soll.[73]

Als Paul Adenauer am 14. Juli 1959 seine Promotion zum Dr. rer. pol. abgeschlossen hatte, schrieb Höffner dem inzwischen aus zahlreichen Begegnungen bekannten Bundeskanzler: »Ihr Sohn hat mit großer Ernsthaftigkeit und unermüdlichem Fleiß den Studien oblegen. Besonders gefreut habe ich mich darüber, dass Ihr Sohn mit der größten Natürlichkeit und Selbstverständlichkeit mit seinen Mitstudenten verkehrte. Er war sowohl bei den Studenten wie auch bei meinen Kollegen geachtet und beliebt ...«[74] Der Kanzler antwortete innerhalb weniger Tage: »Die anerkennenden Worte, die Sie ... der Arbeit meines Sohnes widmen, sind mir eine aufrichtige Freude. Ich habe den Eindruck, als wenn er unter Ihrer schützenden Hand sehr viel gelernt habe ...«

5. Das »Institut für Christliche Sozialwissenschaften« (ICS)

Die Breitenwirkung Höffners – für seine Schüler, für Universität, Politik und Gesellschaft – wäre ohne die Basis seines »Instituts für Christliche Sozialwissenschaften«, dessen Gründungsphase in Verbindung mit Höffners Berufung nach

habe ich nie mich [richtig: mir] vorgestellt, mit meinem Professor im gleichen Konsistorium zum Kardinal erhoben zu werden ...«

71 HAEK – NH 1348 (Wissenschaftliche Arbeiten/Dissertationen A-L) und EBD. 1349 (Wissenschaftliche Arbeiten von Schülern – Dissertationen M-Z).

72 Paul Adenauer (1923 – 2007), 1951 Priester des Erzbistums Köln, 1951-1953 Kaplan, 1953-1958 zum Studium beurlaubt, 1959 Dozent am Katholisch-Sozialen Institut in Bad Honnef, 1962-1969 Direktor des Katholischen Zentralinstituts für Ehe und Familie in Köln, 1969-1976 Pfarrer und Dechant in Bergisch Gladbach, 1978-1993 Lehrbeauftragter am Erzbischöflichen Priesterseminar und am Diakoneninstitut in Köln: HANDBUCH DES ERZBISTUMS KÖLN. PERSONALER TEIL [28]1998, S. 26; Korrespondenz Paul Adenauer – Höffner 1953-1961: HAEK – NH 1348.

73 Vgl. unten S. 260-267.

74 Höffner an Bundeskanzler Adenauer, 19. 9. 1959 (Durchschlag): HAEK – NH 1348, dort auch die Antwort des Kanzlers an Höffner, 26. 9. 1959.

Münster bereits dargestellt wurde,[75] nicht möglich gewesen. Inzwischen wurde aus dem Institut heraus bereits mehrfach dessen Entwicklung und Geschichte in den folgenden Jahrzehnten dargestellt.[76] Hier sei die kürzeste und dabei präzise Darstellung von Franz Furger zitiert:

»Durch die Gründung des ICS, dessen Assistentenstellen er [Höffner] in den Bleibeverhandlungen zur Ablehnung der Rufe nach München 1955 und 1961 von ursprünglich einer auf drei aufstocken konnte, ergab sich erstmals seit Bestehen des Lehrstuhls die Möglichkeit, wissenschaftlichen Nachwuchs in größerer Zahl heranzubilden ... Vor seiner Ernennung zum Bischof konnte er allerdings keine Habilitation zum Abschluss bringen. Von seinen Schülern sind Franz Klüber (Regensburg),[77] Rudolf Henning (Freiburg),[78] Wilhelm Weber (Münster)[79] und Wilhelm Dreier (Würzburg)[80] Hochschullehrer für Christliche Sozialwissenschaften geworden. Weiterhin gehörten der Soziologe Wigand Siebel (Saarbrücken)[81] und der Nationalökonom Bruno Molitor (Würzburg)[82] zeitweilig zu seinen Mitarbeitern.«[83]

Manfred Hermanns[84] zieht den Kreis noch etwas weiter und nennt über diesen engeren Kreis hinausgehende Berufswege zeitweiliger Schüler und Mitarbeiter Höffners: Anton Rauscher SJ, seit 1963 Leiter der »Katholisch-Sozialwissenschaftlichen Zentralstelle« Mönchengladbach, ab 1971 Professor für Christliche Gesellschaftslehre in Augsburg; Heinrich Rosensträter, 1960-1986 Professor für Soziologie an der RWTH Aachen; Werner Böckenförde, 1981 persönlicher Refe-

---

75 Vgl. oben S. 125-130.

76 Z. B. W. KERKLOH U. A., Porträt einer Lehr- und Forschungsstätte; R. HENNING, Die Bedeutung des Münsteraner Instituts; F. FURGER, Die Geschichte des ersten Lehrstuhls; H. NIEHUES, Christliche Sozialwissenschaften in Münster; M. ESTOR, Joseph Höffner und das erste Institut; M. HERMANNS, Sozialethik.

77 Franz Klüber (* 1913), 1958 Professor für Christliche Sozialwissenschaften in Regensburg: KÜRSCHNER [15]1987, S. 2306; M. HERMANNS, Sozialethik, S. 269.

78 Rudolf Henning (1921 – 2005), ab 1964 Professor für Christliche Gesellschaftslehre in Freiburg: KÜRSCHNER [15]1987, S. 1734; U. NOTHELLE-WILDFEUER, Nachruf zum Tode von Prof. Dr. Rudolf Henning, in: UNIVERSITÄTSBLÄTTER DER ALBERT-LUDWIGS-UNIVERSITÄT FREIBURG I. BR., Heft 167, 2005; M. HERMANNS, Sozialethik, S. 269.

79 Wilhelm Weber (1925 – 1983), 1964 Nachfolger Höffners auf dem Lehrstuhl in Münster: A. RAUSCHER, in: LThK 10, [3]2001, Sp. 995; M. HERMANNS, Sozialethik, S. 309-388 (»Wilhelm Weber – Verteidiger der katholischen Soziallehre und der sozialen Marktwirtschaft«).

80 Wilhelm Dreier (1928 – 1993), 1968-1993 Professor für Christliche Gesellschaftslehre in Würzburg: KÜRSCHNER 1996. Geistes- und Sozialwissenschaften, S. 259 f.; M. HERMANNS, Sozialethik, S. 269, H. ZENZ, Wilhelm Dreier im Internet.

81 Wigand Siebel (*1929), 1965 ao. bzw. o. Professor für Soziologie in Saarbrücken: KÜRSCHNER [15]1987, S. 4375; EBD. 1996. Geistes- und Sozialwissenschaften, S. 1370 f.

82 Bruno Molitor, 1965 Professor für Nationalökonomie und Politikwissenschaft in Würzburg: KÜRSCHNER [15]1987, S. 3087 f.; EBD. 1996. Geistes- und Sozialwissenschaften, S. 259 f.

83 F. FURGER, Geschichte des ersten Lehrstuhls, S. 10 f.

84 Zu Höffners Instituts-Mitarbeitern zählte zeitweilig auch: Manfred Hermanns (*1936), Studium der Soziologie, Geographie, Geschichte, Philosophie und Theologie in Bonn, Münster und Wien, Promotion zum Dr. phil. 1964, seit 1972 Dozent, seit 1980 Professor für Soziologie an der Hochschule für Angewandte Wissenschaften in Hamburg, Fakultät Soziale Arbeit und Pflege; M. HERMANNS, Sozialethik, Impressum.

rent des Limburger Bischofs Wilhelm Kempf und ab 1976 Domkapitular, Honorarprofessor für Katholisches Kirchenrecht und Staatskirchenrecht an der Universität Frankfurt,[85] Friedrich Kronenberg, 1967-2000 Generalsekretär des Zentralkomitees der deutschen Katholiken; Alexander Senftle OFMCap., 1967-1974 Kapuzinerprovinzial, Professor für Moraltheologie und Sozialethik an der Hochschule des Ordens in Münster.

Franz Furger fährt in der knappen Darstellung des ICS fort: »Die Breitenwirkung des Instituts wurde dadurch gefördert, dass Höffner seit 1955 eine eigene Schriftenreihe ›Schriften des Instituts für Christliche Sozialwissenschaften‹ ... herausgab und 1960 das ›Jahrbuch des Instituts für Christliche Sozialwissenschaften‹ ... begründete. Die Forschungsarbeit des Instituts wurde durch den Aufbau einer umfangreichen Institutsbibliothek gefördert, die mit heute [1997] über 35.000 Bänden auf sozialwissenschaftlichem Gebiet als eine der am besten ausgestatteten der Universität Münster anzusehen ist.«[86]

Es wurde schon anlässlich der Gründung des Instituts dargestellt, wie Höffner seine persönlichen Beziehungen zum Bund Katholischer Unternehmer nutzte, um Stiftungsmittel für die Bibliothek seines neuen Instituts einzuwerben.[87] Auch bei der Deutschen Kohlenbergbau-Leitung in Essen fand er – ebenso wie bei einzelnen Unternehmern und Vorständen der Industrie – finanzielle Unterstützung für seine Institutsbibliothek. Dabei kamen für die Verhältnisse der 50er Jahre regelmäßig beachtliche Summen zusammen. Höffner kann als einer frühen Vorkämpfer der »Fremdmitteleinwerbung« für universitäre Zwecke gelten.

Zu den Angeboten des ICS gehörte die Möglichkeit, ein »Diplom in Christlichen Sozialwissenschaften« zu erwerben. Manfred Hermanns schreibt dazu: »Normalerweise wurden die Christlichen Sozialwissenschaften ergänzend zum jeweiligen Fachstudium, sei es dem theologischen, dem volkswirtschaftlichen oder dem philologischen Studium, studiert. Höffner hatte 1954 bei der Universität die Anerkennung einer Prüfungsordnung für eine Diplomprüfung des Instituts für Christliche Sozialwissenschaften erwirkt, mit der das viersemestrige Ergänzungsstudium absolviert werden konnte.[88] Diese Diplomprüfung wurde mit Schreiben des Kultusministeriums vom 14. Juni 1960 staatlich genehmigt und anerkannt. Außer dem Besuch der Vorlesungen sahen die Prüfungsbedingungen vor:

---

[85] Zu Werner Böckenförde (1928 – 2003): N. LÜDECKE/G. BIER (Hrsg.), Freiheit und Gerechtigkeit in der Kirche. Gedenkschrift für Werner Böckenförde (= Forschungen zur Kirchenrechtswissenschaft, Bd. 37), Würzburg 2006; M. HERMANNS, Sozialethik, S. 270, verwechselt Werner Böckenförde mit dessen Bruder, dem Staatsrechtler und Verfassungsrichter Ernst-Wolfgang Böckenförde.

[86] F. FURGER, Geschichte des ersten Lehrstuhls, S. 11.

[87] Vgl. oben S. 127 ff.

[88] Erste Skizze Höffners für einen Lehrplan »Christliche Sozialwissenschaften« vom 2. 11. 1951: HAEK – NH 3167; Prüfungsordnung für den Erwerb des Diploms der Christlichen Sozialwissenschaften am Institut für Christliche Sozialwissenschaften der Westfälischen Wilhelms-Universität vom 16. 4. 1960: E. HEGEL, Fakultät Münster II, S. 298 f.

»1. ...
2. Teilnahme an den Seminarübungen über Sozialwissenschaften wenigstens in vier Semestern und Erstattung von wenigstens drei Referaten,
3. mehrwöchige Tätigkeit in der Sozialpraxis nach Vereinbarung mit dem Direktor des Instituts,
4. eine wissenschaftliche Arbeit aus dem Gebiet der Christlichen Sozialwissenschaften, deren Thema mit dem Direktor des Instituts vereinbart wird,
5. zwei Klausurarbeiten aus den für die mündliche Prüfung vorgesehenen Fächern,
6. mündliche Prüfung in folgenden Fächern:
   a) Grundlegung der christlichen Soziallehre, Sozial- und Rechtsphilosophie, die päpstlichen Sozialenzykliken, die Geschichte der christlich-sozialen Bewegung,
   b) Gesellschafts- und Staatsethik: Familie, Berufsstände, Staat,
   c) Wirtschaftsethik: Eigentum, Arbeit und Beruf, Mensch im Betrieb, Wirtschaftsordnung, Kapitalismus und Sozialismus.

Die Prüfung ist unentgeltlich.«[89]

Hermanns stellt (ebenso wie Furger) fest: »In den folgenden Jahren haben bei Höffner und seinem Nachfolger Wilhelm Weber etwa 100 Studenten dieses Zusatzdiplom erworben, das sie für sozialkirchliche Aufgaben qualifizierte.« Zugangsvoraussetzung für sonstige Berufe war dieses Diplom nicht.

Wie bereits dargestellt, hatte Höffner schon 1950 in Trier ein soziales Praktikum für Priesteramtskandidaten im Bergbau vermittelt.[90] Bei den Praktika für das Diplom seines Instituts in Münster konnte Höffner also auf Erfahrungen zurückgreifen. Aus der Münsteraner Zeit liegt in seinem Nachlass ein »Bericht über die Ferienarbeit vom 2. März – 2. April 53 auf der Zeche ›Zollverein‹, Schachtanlage IV, 11 in Essen« von einem Volkswirtschaftsstudenten vor.[91] Das Inhaltsverzeichnis reicht von den Lebens- und Arbeitsbedingungen des Bergmanns über seine Verdienstmöglichkeiten, die sozialen Beziehungen im Betrieb, Arbeitszeitordnung bis zur Betriebsratswahl und den »Außerbetrieblichen Lebensverhältnissen der Neubergleute«. »Das Leben im Lager« hält die persönlichen Erfahrungen des Praktikanten fest.

Ein weiteres Zeugnis über diese Praktika ist der Bericht »Werkseinsatz der Theologiestudenten vom 3. 9. bis 11. 10. 1960 (Zusammenfassender Bericht)« im Umgang von 6 Schreibmaschinenseiten.[92] Bischof Keller hatte offenbar auf Anregung von Höffner ein solches Sozialpraktikum in der ersten Studienhälfte für seine Bistumstheologen angeordnet. In dem Bericht heißt es: »Auf Grund der neu

---

89 M. Hermanns, Sozialethik, S. 271 f.; der von Hermanns etwas umgestaltete Text der Prüfungsordnung wurde durch den Text bei Hegel ersetzt.

90 Vgl. oben S. 95 f.

91 HAEK – NH 1138.

92 Der Verfasser dieses – zusammenfassenden – Berichts war nicht zu ermitteln: HAEK – NH 2539.

festgelegten Praktika nahmen in diesem Jahre 32 Theologiestudenten des dritten, zweiten und zum Teil schon des ersten Semesters am Sozialpraktikum teil, dazu ein Theologe aus dem Bistum Münster, der sich nach dem Praktikum aber ins Bistum Essen umgemeldet hat, und ein Theologe aus dem Bistum Osnabrück.

Mit dieser Vorverlegung des Sozialpraktikums werden die Studenten bereits am Anfang des Studiums mit der industriellen Arbeitswelt, dem arbeitenden Menschen, der Frau und dem Mädchen im Betrieb, ihren Anschauungen und Fragen konfrontiert. Das kann sie vor vorgefassten Urteilen, voreiliger Harmonisierung zwischen Glaube und Alltagswirklichkeit heute und damit vor Enttäuschungen heilsam bewahren.

Die meisten von ihnen hatten noch nie in einem Betrieb gearbeitet, so dass ihnen der geschlossene und einheitlich geführte 5-wöchige Einsatz zum Erlebnis wurde. Andererseits wurde den jungen Herren in der oft schonungslosen Begegnung und den an sie gestellten Fragen doch einiges abgefordert, was sie aus Mangel an apologetischem Wissen und Eingewöhnung in das Milieu zu geben noch nicht imstande waren.«

Die aufgezählten Einsatzbetriebe zeugen von Höffners vielfältigen Beziehungen zur Industrie des Ruhrgebiets:

- Krupp, Schmiede und Eisengießerei
- Krupp, Widia-Fabrik
- Ruhrgas, Essen
- Seppelfricke, Gelsenkirchen
- Glaswerke-Ruhr, Altenessen
- Niederrheinische Hütte, Duisburg
- RWE Essen (als Aushilfsgelderheber)
- August-Thyssen-Hütte, Hamborn
- Gebrüder Ludewig (Autobusmontage), Altenessen
- Presswerke AG, Essen-Bergeborbeck
- Zechen:
- Zollverein, Essen
- Möllerschächte, Gladbeck
- Rossenray, Essen
- Prosper II und III, Bottrop

Zum Abschluss der Einsätze wurden gemeinsame »Auswertungstage« angesetzt, die sich zur Aufarbeitung der Eindrücke der Studenten als notwendig und erfolgreich erwiesen: »Es war erstaunlich, mit welcher Ausdauer und Konzentration die 3 ½ Tage hindurch in den Arbeitskreisen diskutiert wurde. Es konnte trotzdem nicht alles aufgearbeitet werden, zumal die Theologen nach 3 ½ Tagen Aussprache erschöpft waren.«

Die Praktikanten berichteten von Gesprächen mit ihren Arbeitskolleg(inn)en über Kirche und Religion, Kirche und Arbeiterschaft, Glaube, Priesterzölibat und die zur kirchlichen Norm gegensätzlichen Einstellungen der jungen Arbeiterschaft im Sexualverhalten. »Der Abschied nach 5 Wochen war zum Teil herzlich und ehrlich (›Vergiss uns nicht, wenn Du einmal fertig bist!‹).«

Selbstverständlich waren solche Intensiverfahrungen aus mehreren Wochen noch lehrreicher und prägender als die »Stippvisiten« in Industrieunternehmen bei Höffners Seminarexkursionen. Es spricht für das persönliche Interesse Bischof Kellers an der sozialen Kompetenz und einer realitätsbezogenen Ausbildung seines Priesternachwuchses, dass er bereits in den 50er Jahren seinen Priesteramtskandidaten einen solchen Werkseinsatz zumutete.

6. Das Verhältnis Höffners zu seinen Schülern und Mitarbeitern

Zeugen Lehrangebot und Arbeitsweise des Instituts für Christliche Sozialwissenschaften von der Arbeitkraft und konzeptionellen Stärke des Direktors, so war doch für sehr zahlreiche Studenten und Schüler Höffners seine menschliche und priesterliche Ausstrahlung das entscheidend Prägende. Es gibt nicht wenige Zeugnisse noch lebender »Höffner-Schüler« über ihren Lehrer. Hier sei stellvertretend für alle und zusammenfassend Marita Estor zitiert:

»Wir haben an der Universität viele Professoren gehabt. Aber Höffner hatte etwas Besonderes, das ihn von anderen Hochschullehrern unterschied. Er vermittelte die Christliche Sozialwissenschaft nicht nur als Lehrer, sondern er stand als Mensch, als priesterlicher Mensch ganz dahinter, und auch jeder und jede Einzelne von uns war für ihn Mensch, nicht nur ein Studierender. Darum hießen wir ›Höffner-Schüler‹ und sprachen von ihm als ›Vater Joseph‹. Höffner war nicht nur als Wissenschaftler qualifiziert und anerkannt. Er war auch ein Pädagoge, der seine Kenntnisse und Gedanken klar und konzentriert darlegte, abwägend und seine Standpunkte begründend. Immer wurde seine Fähigkeit gerühmt, auch komplexe Sachverhalte zu gliedern. Das war hilfreich, vor allem für Studienanfänger. Aber es war nicht das Entscheidende. Es ging ihm um ein menschenwürdiges Leben für jeden Einzelnen und eine menschengerechte Ordnung für das Zusammenleben. Das hat uns motiviert und geholfen, Einzelfragen im größeren Zusammenhang zu sehen und konkrete Schritte zu tun, ohne den Gesamtzusammenhang aus dem Auge zu verlieren.

Höffner führte uns zusammen und prägte die Atmosphäre im Institut. Interdisziplinarität war keine Forderung, sondern gelebte Realität im Institut, in den Seminaren, vor allem im Doktorandenkolloquium. Und obwohl das Institut innerhalb der Theologischen Fakultät angesiedelt war, gab es eine große Zahl von Frauen – auch ohne Quote! Vor allem aber lebte uns Höffner vor, dass Studium und später unser Beruf nicht neben dem Glauben stehen dürfen. Minister Werner Remmers sagte bei der Feier des 80. Geburtstages von Höffner: ›Damals haben wir gelernt, dass Beten und Denken zusammengehören und durchaus zusammen passen. Es gibt ja eine doppelte Gefahr, der wir heute ausgesetzt sind, dass diejenigen, die beten, nicht genug denken, und die, die denken, nicht genug beten.‹ Zu dieser echt ›katholischen‹ Institutsatmosphäre gehörten auch die Feiern. Auch wenn Höffner selbst sehr bescheiden und beherrscht war, wenig aß und kaum Alkohol trank, so bewirtete er uns mit den besten Weinen – aus dem Trierer Priesterseminar! – und vorzüglichen Speisen.«[93]

Höffner hat über seine Bischofsweihe hinaus zu seinen sehr unterschiedlich sich weiterentwickelnden und beruflich erfolgreichen Schülern Kontakt gehalten. Noch als Erzbischof von Köln lud er den Schülerkreis jährlich zu einem Treffen in sein Haus ein.[94] Nach einem einleitenden Vortrag des Meisters kam es zu anregenden, durchaus auch kontroversen Gesprächen. Für die von Frau Estor gerühmte vorzügliche Bewirtung sorgte Höffners Schwester Maria, die ihm seit Kail 1939 bis zu seinem Tode 1987 den Haushalt führte.

Wie der Mensch und Priester Joseph Höffner von seinen Studenten und Schülern erlebt wurde, kann – gerade über das Medium überspitzter Karikierung –, aber auch mit kritischen Tönen die Ansprache des hl. Nikolaus bei einer Nikolausfeier des Instituts am 6. Dezember 1957 illustrieren. Neben der hohen Achtung, ja, Verehrung des »Vater Joseph« werden darin doch auch die die jungen Leute überfordernden Eigenschaften des Professors kritisch-liebevoll dargestellt.[95]

Zu Höffners Sprechstunden heißt es da:

»Hinsichtlich der Regelmäßigkeit und Pünktlichkeit hast Du Dich zwar gebessert. Aber mir scheint, trotz langjähriger Praxis unterschätzest Du immer noch stark die Frequentierung Deiner Sprechstunden, was einen langen Schwanz unangenehmer Folgen nach sich zieht. Sollte der Grund dazu in Deiner großen Bescheidenheit liegen, so muss ich sie in diesem Fall als ›buckelig‹ bezeichnen und Dich dringend bitten, hier objektive Maßstäbe anzulegen. Es geht auch nicht an, dass die Sprechstunden durch Diktieren, Telefonieren, Unterschreiben u. ä. zweckentfremdet werden. Dafür sollten eigene Zeiten zur Verfügung stehen! Um Dir den Übergang zu der neuen Zeiteinteilung zu erleichtern, sende ich Dir zwei Stühle, die Dein heiliger Namenspatron eigens in seiner himmlischen Werkstatt für Dich angefertigt hat. Sie sind für Dein Vorzimmer bestimmt. Denn die zwei dort vorhandenen reichen ja schon lange für den Strom der Wartenden nicht mehr aus. Als Sonderkonstruktion befindet sich an jedem ein Haken mit einem Rosenkranz. So kann die Wartezeit produktiv genutzt und die innere Spannung abreagiert werden. Als Intention wären außer dem zu Erwartenden auch alle diejenigen

---

[93] M. Estor, Joseph Höffner und das Institut, S. 95 f.

[94] M. Estor, ebd. S. 96 f. (mit Angaben über den weiteren Berufsweg verschiedener Höffner-Schüler). »Kontakte zu ehemaligen Schülern 1974-1985«: HAEK NH 2493. Die Liste der Eingeladenen zu den Jahrestreffen umfasste 1974 61 Namen. Sie hat sich im Laufe der Jahre nur geringfügig verändert. Es ist davon auszugehen, dass nicht immer alle Eingeladenen kamen bzw. kommen konnten.

[95] »Mein lieber Sohn Josef! ... + St. Nikolaus, Bischof von Myra«, 6. 12. 1957: HAEK – NH 2551.

einzuschließen, die bei der jeweiligen Sprechstunde wieder unberücksichtigt bleiben müssen, damit sie ihrer unguten Gefühle leichter Herr werden und vielleicht auch ohne den Rat des Herrn Professors, sondern nur durch die Hilfe des Hl. Geistes in ihren Studien weiterkommen.«

Bezogen sich diese Mahnungen des hl. Nikolaus auf die Sprechstunden für die Studenten, so zeigt der nächste Abschnitt, wie seine Assistenten und Mitarbeiter den Professor zwar schätzten und verehrten, doch auch unter seinem Arbeitsstil zu leiden hatten:

»Wie oft habe ich auch schon beobachten müssen, dass selbst die engsten Mitarbeiter händeringend auf den bewussten Stühlen sitzen. Sollte es nicht möglich sein, für sie eine interne Sondersprechstunde anzusetzen? Den ›human relations‹ innerhalb des Instituts, die ja bereits nicht zu unterschätzende Fortschritte gemacht haben, könnte damit ein großer Dienst erwiesen werden.«

Nikolaus erkannte dann eine besondere Unternehmung Höffners mit seinem Seminar an:

»Ein nicht zu übersehender Beweis dafür [die erwärmte Atmosphäre des Instituts] ist auch die wunderschöne abwechslungs- und genussreiche Exkursion des Oberseminars nach Trier im Sommersemester 1957. Ganz entgegen Deinen früheren Prinzipien hattest Du 4 (v-i-e r) Tage für diese Fahrt vorgesehen und neben dem Besuch heiliger Stätten und den wissenschaftlichen Studien Zeit für den Genuss der Kunst und der wohlschmeckenden Landesprodukte eingeplant. Viele dankbare Wonneseufzer stiegen damals zum Himmel und füllen als lauter kleine goldene Sternchen die Habenseite Deiner Rubrik in meinem Buch.

Gewiss wirst Du wissen, dass die ›Höffnerianer‹ Dich unter sich ihren ›guten Vater Joseph‹ nennen. Ich finde das sehr gut und richtig. Denn nicht nur den Doktoranden bist Du ein geistlicher Vater. Du solltest nur viel mehr Energie darauf verwenden, den väterlichen Gefühlen und Fähigkeiten, die Dir unverkennbar zu eigen sind, den qualitativen Sprung von der *potens* in die *actio* zu ermöglichen.«

Zweifellos stand Höffner allzu oft in der ihm nicht bewussten Versuchung, seine Studenten und Schüler zu überfordern. Der hl. Nikolaus bemerkte dazu: »Immer wieder beobachtet der hl. Albertus Magnus vom Himmel aus zahlreiche wissenschaftliche ›Nichtschwimmer‹, die, dem Ertrinken nahe, aus dem Wust des Materials kläglich um Hilfe schreien. Wie aus seiner Notiz hier in meinem Buche hervorgeht, ist das auch gerade in diesem Wintersemester der Fall, wo junge und jüngste Semester Referate übernahmen, deren Schwierigkeit sie nicht übersehen konnten. Im Interesse der Wissenschaft und des Ansehens Deiner Seminare bittet Dich der hl. Albert, die Betreffenden wenigstens für die Zeit der Ausarbeitung der Referate einem wissenschaftlichen ›Schutzengel‹ an die Hand zu geben.«

Der heilige Mann rühmte dann auch Höffners Sorge um das geistliche Leben seiner Mitarbeiter: »Wie der hl. Ignatius hier vermerkt hat, ist ein gewisser Erfolg Deines väterlichen Verantwortungsbewusstseins auf einem anderen, nicht weniger wichtigen Gebiet bereits festzustellen: nämlich die enorme Hebung des moralischen Niveaus des Instituts durch die Freistellung der Mitarbeiter für Exerzitien.«

Höhepunkt der Ermahnungen des hl. Nikolaus an Joseph Höffner war zweifellos der Schlussabschnitt: »Wenn ich nun ein Fazit aus dieser langen Predigt ziehen soll, komme ich wie auch viele andere Teilnehmer unserer letzten Himmelskonferenz zu dem Schluss, dass der Urgrund aller dieser Fehlerscheinungen in Deinem Leben, dass also Dein Kardinalfehler Dein chronischer Zeitmangel ist. Wenn nicht der allweise Gott den 24-stündigen Tag zum Wohle der Menschen geschaffen hätte, wäre ich in Deinem Interesse versucht, bei Ihm den 25-Stundentag für die Zukunft zu beantragen. Aber ich höre immer soviel von der 40-Stunden- oder 5-Tage-Woche, die Du ja für die arbeitende Bevölkerung auch sehr befürwortest, dass ich nicht verstehen kann, warum Du für Dich persönlich nicht die Konsequenzen aus diesen Bestrebungen ziehst. In Deiner ›Arbeitsethik‹ findest Du so herrliche Worte über die Muße, dass es mir noch unverständlicher wird, wieso bei Dir immer alles auf einmal und zwischen Suppe und Bratkartoffeln passieren muss. Um diese Art von doppelter Moral hinsichtlich der Lösung des Zeitproblems für Dich und andere zu beseitigen und von Grund auf zu klären, schlage ich Dir vor, das nächste Oberseminar über die Muße zu halten. Neben der Theorie wäre hier die Praxis besonders gründlich abzuhandeln, vielleicht gar durch die Einführung eines einmaligen, mehrstündigen Praktikums unter Deiner Leitung.«

Von seiner Kindheit und Jugend in Horhausen und in Trier an hat Joseph Höffner nur Arbeit und Gebet, dazu aus Gesundheitsgründen ausreichenden Schlaf gekannt. Spuren der Muße lassen sich im Leben Höffners kaum ausmachen. Die große Ausnahme sind einige durchaus beachtliche Malversuche, die Häuser in Horhausen und eine Olivenbaumgruppe bei San Pastore in der Studienzeit festhalten.[96] Die mittäglichen Besichtigungen der römischen Kirchen während der Studienjahre betrachtete Höffner – nach eigenen Worten – eher als Pflichtpensum denn als Muße.[97] Das problematische Verhältnis Höffners zwischen Arbeit und entspannender Muße sollte er trotz der Ermahnungen des hl. Nikolaus im Jahre 1957 bis an sein Lebensende beibehalten.

7. Höffners Beteiligung an der universitären Selbstverwaltung und ausseruniversitäre Lehrveranstaltungen

Wenn man Höffners gewissenhafte Wahrnehmung seiner Lehr- und Prüfungsverpflichtungen an der Universität Münster, seine regelmäßigen Lehrverpflichtungen an der Theologischen Fakultät Trier und dazu sein noch ausführlich darzustel-

---

[96] U. Helbach, J. Oepen, W. Schmitz (Redaktion), Katalog, S. 35 f. u. S. 46.

[97] Vgl. oben S. 27.

lendes Engagement im gesellschaftlichen und politischen Bereich betrachtet, verwundert es nicht, dass er in der Übernahme von Aufgaben innerhalb der Selbstverwaltung der Universität Münster Zurückhaltung übte.

Im akademischen Jahr 1953/54 bekleidete er das Amt des Dekans der katholisch-theologischen Fakultät.[98] Im Mai 1952 ließ er sich in den Verwaltungsausschuss der »Gesellschaft zur Förderung der Westfälischen Wilhelms-Universität« kooptieren, was sich nach fünf Jahren 1957 wiederholte.[99] Da Höffner für sein Institut höchst erfolgreich »Fremdmittel« einwarb, hielt man es wohl für sinnvoll, dass er seine Erfahrungen auch im größeren Rahmen einbrachte. Als Professor für Christliche Sozialwissenschaften und als damaliger Dekan der katholisch-theologischen Fakultät konnte er es auch nicht ablehnen, 1954 Mitglied des Verwaltungsrates des »Studentenwerk Münster e. V.« zu werden.[100] Auf Anfrage des Rektorates war Höffner im Mai 1959 bereit, im Rahmen des *Studium generale* einen Vortrag über das Thema »Der dialektische Materialismus als Einheitsweltanschauung des Sowjetsystems« zu halten.[101] Schon im WS 1953/54 hatte er sich gewinnen lassen, im Rahmen von Ringvorlesungen zum Thema »Mensch und Technik« den Eröffnungsvortrag über »Dämonie und Ethos« zu halten.[102] Einladender Rektor der Universität war der Jurist Harry Westermann, der Anfang 1953 in den Auseinandersetzungen um Höffners Rechte innerhalb der rechts- und staatswissenschaftlichen Fakultät als Dekan daran beteiligt gewesen war, eine einvernehmliche Lösung herbeizuführen.[103] Höffner hatte also guten Grund, sich dem Rektor erkenntlich zu zeigen.

Dass Höffner frei von jedem akademischen Dünkel war, ist daran zu erkennen, dass er trotz aller sonstigen Belastungen über viele Jahre bereit war, zusätzlich außeruniversitäre Lehrverpflichtungen einzugehen. Von 1956 bis 1962 ließ er sich jährlich zweimal von den Oberpostdirektionen Düsseldorf und Hamburg zu »Fortbildungslehrgängen für Beamte und Beamtinnen des gehobenen Post- und Fernmeldedienstes« in Langenfeld/Rheinland und in Bargteheide verpflichten.[104] Themen der eintägigen Veranstaltungen waren: »Der dialektische Materialismus von Marx bis Lenin«, »Der Bolschewismus als Weltanschauung des Ostens (historischer und dialektischer Materialismus)« oder auch »Der technische Forschritt und der Mensch«. War es ein missionarischer Impetus aus dem Kontext der 1950er Jahre, der Höffner veranlasste, sich Postbeamten des gehobenen Dienstes zu stellen? Die ständig erneuten Anfragen der Oberpostdirektionen zeigen, dass Höffner auch bei dieser Zuhörerschaft ankam.

98 E. HEGEL, Fakultät Münster II, S. 214-281, hier: S. 218.
99 Korrespondenz dazu: HAEK – NH 2601.
100 Korrespondenz: HAEK – NH 3161.
101 Höffner an Assistenten des Rektors, 16. 3. 1959: HAEK – NH 2551.
102 Prospekt der »Ringvorlesungen«: HAEK – NH 3165.
103 Vgl. oben S. 130-135, besonders S. 134 f.
104 Korrespondenz dazu: HAEK – NH 2607.

Umfassender war das Lehrangebot für die »Verwaltungs- und Wirtschafts-Akademie Essen« in den Jahren 1956 bis 1962: ein Querschnitt durch die Themenliste Höffners in Münster.[105] Die Hörerschaft bildeten Verwaltungs- und Wirtschaftsleute, die nach einem sechssemestrigen berufsbegleitenden Studium ein (z. B. Kommunal-) Diplom erwerben konnten.[106] An dem Studienprogramm beteiligte sich Höffner jeweils mit drei Vorlesungseinheiten . Als Höffner nach seiner Ernennung zum Bischof von Münster seine Mitarbeit 1962 beenden musste, schrieb ihm der stellvertretende Studienleiter: »Ich danke Ihnen aufrichtig für die der Verwaltungs- und Wirtschafts-Akademie seit 1956 geleisteten Dienste und wünsche Ihnen in Ihrem neuen hohen Amte viel Erfolg und Gottes reichen Segen.«[107]

Es zeichnete Joseph Höffner aus, dass er auf hohem wissenschaftlichem Niveau sich ebenso sicher und anerkannt bewegte, wie er andererseits auch bei Menschen mit geringeren Ausbildungsvoraussetzungen und zumal als Seelsorger in Exerzitienkursen mühelos Zugang und Aufnahmebereitschaft fand. Das war die Voraussetzung für seinen Erfolg bei Einsätzen im gesellschaftlichen und politischen Bereich, die Höffner seit 1945 forderten und ihn zugleich förderten sowie seine Lehrtätigkeit an der Universität befruchteten.

Höffners Einsatz als akademischer Lehrer war schon in Trier, zumal aber in Münster durch sein »Institut für Christliche Sozialwissenschaften«, derart umfassend, dass man ein weiterreichendes Engagement über den universitären Rahmen hinaus kaum für möglich halten möchte. Doch Höffner hat schon von Trier aus sich zur Mitarbeit in sehr zahlreichen Gremien, Verbänden und Gesellschaften im kirchlichen wie im wirtschaftlich-sozialen Umfeld bereit erklärt, bis er in den 1950er Jahren schließlich den Wissenschaftlichen Beiräten von drei Bundesministerien in Bonn angehörte und auf die Sozialgesetzgebung dieser Jahre Einfluss nahm.

Seine Akten und die erhaltenen Terminkalender verraten, dass er sich dabei übernahm und in manchen Gremien die entschuldigenden Absagen die Teilnahme an Zusammenkünften überwogen. Höffner verstand es dabei wohl, seinen Leistungsrahmen ganz auszuschöpfen, indem er mit der Teilnahme an Sitzungen Vortragszusagen »am Wege« verband, Fahrpläne sorgfältig prüfte und sich gelegentlich von einladenden Stellen an Bahnstationen mit dem Auto abholen ließ.

Joseph Höffner fehlte es Zeit seines Lebens an Neigung und Befähigung, sich selbst öffentlich darzustellen. Was hat ihn daher bewogen, seine Mitarbeit an so vielen Stellen bis an die Grenzen seiner Kräfte einzubringen? Einerseits war er zutiefst davon überzeugt, die ihm anvertrauten Talente einbringen zu sollen, wenn sie gefordert waren. Zum anderen war ihm bewusst, dass christliche Gesellschafts-

---

[105] Korrespondenz dazu, »Meldebögen« für die einzelnen Semester, hs. Liste Höffners über seine Lehrangebote an der Verwaltungs- und Wirtschafts-Akademie Essen von WS 1955/56 bis SS 1962: HAEK – NH 2610.

[106] Günter Ehlert, Essen-Bergerhausen, an Höffner, 12. 1. 1957: »Ich bin Studierender im 6. Semester der Akademie und will im Frühjahr d. J: in die Prüfung für das Kommunal-Diplom steigen.« Der Kandidat übersandte eine schriftliche Ausarbeitung mit der Bitte um Beurteilung: Ebd.

[107] Stellv. Studienleiter Prof. Dr. Mülhaupt an Höffner, 31. 8. 1962: Ebd.

lehre nicht allein aus Büchern zu schöpfen ist, sondern des Kontaktes mit den gesellschaftlichen und politischen Realitäten bedurfte. Höffner wurde immer häufiger wegen seiner sozialwissenschaftlichen Kompetenz um Stellungnahmen gebeten. Doch die Begegnung mit Wirtschaftsführern, Unternehmern, Gewerkschaftsfunktionären, aber auch mit jungen Postbeamten des gehobenen Dienstes und mit Arbeitersekretären in der »Kommende« in Dortmund-Brackel erweiterten seine Kompetenz in den Themen, die er in Vorlesungen und Seminaren für die Studenten wie in Stellungnahmen und Gutachten für die Sozialgesetzgebung einzubringen hatte. Es war eine besondere Begabung Höffners, sorgfältig gesammelte und aufbewahrte Materialien ebenso rasch abrufen zu können wie einmal geknüpfte persönliche Beziehungen zu entscheidenden Personen aus der Industrie und Arbeitswelt wiederaufleben zu lassen, wenn es eine konkrete Aufgabenstellung erforderte.

Insofern stellt Höffners außeruniversitäres Engagement keine Minderung seiner Tätigkeit als Hochschullehrer dar. Allerdings wird man als Folge hinnehmen müssen, dass er nach seiner Habilitationsschrift 1943 kein Forschungsprojekt im streng wissenschaftlichen Sinne mehr angehen konnte. Auf Themen, die ihm lohnend und aktuell wichtig erschienen, setzte er Doktoranden und Schüler an seinem Institut an. Er selbst beeinflusste Forschung und Lehre in seiner Disziplin, vor allem jedoch die Sozialgesetzgebung in Deutschland und die Gestaltung der gesellschaftlichen Ordnung durch wissenschaftlich sorgfältig erarbeitete, darum immer wieder angebotene Vorträge auf allen Ebenen wie durch Gutachten und Stellungnahmen, die er auf Anfragen kirchlicher und staatlicher Stellen zur Verfügung stellte.

Von der Zugehörigkeit und Mitarbeit Höffners in allzu zahlreichen Gremien und Themenfeldern sollen im Folgenden nur die dargestellt werden, in denen er regelmäßig anwesend war und Wesentliches beigesteuert hat.

IX. KAPITEL

MITARBEIT IM UMFELD VON KIRCHE UND KATHOLIZISMUS 1945-1962

1. Bund Katholischer Unternehmer (BKU)

Durch Klaus-Dieter Schmidt sind wir über die Anfänge des Bundes Katholischer Unternehmer und seine Geschichte bis 1990 unterrichtet.[1] Hier soll es vor allem um Höffners Anteil an der Entwicklung dieses Verbandes gehen.

Durch den aus Essen stammenden Unternehmer Willy H. Husemann war es schon 1948 zu Kontakten katholischer Unternehmer des Rheinlandes und Westfalens zu in den Niederlanden bereits bestehenden katholischen Unternehmerverbänden gekommen. Wie in den Niederlanden Kardinal de Jong von Utrecht, so waren in Deutschland Kardinal Frings und Prälat Wilhelm Böhler an solchen Kreisen interessiert. Frings hatte seit 1946 monatlich zu einem Gesprächskreis von Unternehmern, Arbeitervertretern und Sozialwissenschaftlern in seinem Haus eingeladen, um über die anstehende Neugestaltung der sozialen Verhältnisse in Deutschland nachzudenken.[2]

Zur Vorgeschichte des BKU schreibt Schmidt zusammenfassend: »Nach mehreren Zusammenkünften im Vorfeld beschloss man ein erstes Deutsch-Niederländisches-Unternehmertreffen vom 23. bis 25. Juli 1948 in Burgsteinfurt. Ziel und Zweck der Tagung sollte sein, ›einen Gedankenaustausch über Fragen weltlicher, wirtschaftlicher und sozialer Art‹ zu beginnen, um so ›den Aufbau der wirtschaftlichen und sozialen Organisation in Holland und Deutschland‹ zu beschleunigen und ›die Aufgaben des katholischen Arbeitgebers in der heutigen Zeit‹ zu präzisieren ... Unter den insgesamt 24 Teilnehmern in Burgsteinfurt waren 14 deutsche, darunter auch der Frankfurter Sozialethiker Oswald von Nell-Breuning SJ und der Münsteraner Bischof Michael Keller ...«[3]

Schon in Burgsteinfurt verständigte man sich für den zu gründenden deutschen Verband auf den Namen »Bund Katholischer Unternehmer«. »In Burgsteinfurt wurde der Kölner Franz Greiß, Geschäftsführer der Glanzstoffwerke Köln und

---

[1] K.-D. Schmidt, Soziale Gerechtigkeit durch unternehmerische Initiative. Der Bund Katholischer Unternehmer 1949 – 1990, Paderborn u. a. 1994 (= K.-D.Schmidt, BKU). – Die nachfolgende Darstellung folgt dieser Arbeit.

[2] Vgl. N. Trippen, Frings I, S. 397-405.

[3] K.-D. Schmidt, BKU, S. 23 f. – Dort auch (Anm. 24) die Namen der deutschen Teilnehmer. Vgl. auch F. Greiß/M. Lohmann, Gründung des BKU; dort auf S. 5 auch die Namen der niederländischen Teilnehmer.

Präsident der Industrie- und Handelskammer Köln, beauftragt, die weiteren Schritte zur Gründung des Verbandes zu koordinieren.«

Greiß nahm sehr bald Kontakt zu Kardinal Frings auf, um mit diesem die kirchliche Stellung des Verbandes abzuklären. Während Greiß auch für einen »Präses« und eine diözesane Gliederung des BKU offen gewesen wäre, stand Frings auf dem Standpunkt, »dass er einem Verband katholischer Unternehmer keinen Präses zuordne, sondern man möge sich selbst um einen geeigneten Geistlichen Berater kümmern.« Frings soll gesagt haben: »Wenn ihr euch nicht selbst helfen könnt, wer soll es dann können? Ihr kriegt keinen Präses.«[4] Nachdem man zunächst P. von Nell-Breuning angesprochen hatte, ging man auf dessen Empfehlung hin auf den Trierer Professor Joseph Höffner zu, der das Amt des »Geistlichen Beraters« des BKU von dessen Gründung 1949 bis zu seiner Bischofsweihe 1962 übernahm und dem BKU auch in seiner bischöflichen Zeit verbunden blieb. Höffners Stellung im BKU schloss neben der noch darzustellenden geistlichen Funktion die sozialwissenschaftliche Beratung und Formung des jungen Verbandes ein. Gerade an Höffners Mitarbeit im BKU wird deutlich, wie beide von der wachsenden Zusammenarbeit profitierten.

Nach mehreren Vorbreitungstreffen in Köln fand die Gründung des BKU unter dem Protektorat von Kardinal Frings am 26./27. März 1949 im Adam-Stegerwald-Haus der Arbeitnehmerbewegung in Königswinter statt.[5] »Man wollte den BKU als katholischen Sozialverband nicht in einem ›Luxushotel‹ gründen.«[6] Nach einleitenden Vorträgen am Samstagnachmittag feierte Höffner für die 140 Mitglieder und Gäste des zu gründenden Verbandes am Sonntagmorgen bereits die hl. Messe mit Predigt. Bei dem anschließenden Gründungsakt in Anwesenheit von Kardinal Frings hielt Höffner den Festvortrag. Schon den Begrüßungsworten des Vorsitzenden Greiß ist anzumerken, dass man noch nicht so recht wusste, mit wem man es bei Höffner zu tun hatte. Man trauerte noch etwas Oswald von Nell-Breuning nach: »Der Vorsitzende sprach darauf das schmerzliche Bedauern der Bundes-Gründer darüber aus, dass Herr Prof. von Nell-Breuning, dem der BKU die wertvollste Hilfe und Beratung bei seiner konstituierenden Vorarbeit verdankt und von dem er auch weiterhin geneigte Förderung erhofft, wegen seiner in selbstloser Berufsarbeit allzu geschwächten Gesundheit an der Gründungsversammlung nicht teilnehmen konnte.«[7]

Wenn Höffner gegenüber zu diesem Zeitpunkt noch gewisse Unsicherheiten bestanden haben sollten, waren sie nach dem Festvortrag »Der katholische Un-

---

4 K.-D.Schmidt, BKU, S. 25 mit Anm. 38.

5 Dazu: Bericht über die Gründungsversammlung und Tagung des BKU am 26. u. 27. 3. 1949 im Adam-Stegerwald-Haus zu Königswinter (5 Seiten, gedruckt): HAEK – NH 1399; vgl. F. Greiß/M. Lohmann, Gründung des BKU, S. 7-11; K.-D.Schmidt, BKU, S. 26-31.

6 Ebd. S. 26.

7 Bericht, S. 2.

ternehmer in der kommenden Wirtschaftsordnung«[8] gänzlich überwunden. Klaus-Dieter Schmidt berichtet: »Ausgehend von aktuellen ›unternehmerfeindlichen Parolen‹, die sich ›ohne Zweifel sehr gut zur Verhetzung missbrauchen‹ ließen, allerdings auch ›einen Wahrheitskern‹ und ›ein echtes Anliegen‹ enthielten, umriss Höffner eine neue Gesellschafts- und Wirtschaftsordnung, die ›wenn nicht mit den Christen, dann ohne sie und gegen sie‹ entstehen werde. In dieser neuzugründenden Ordnung fielen dem Unternehmer vier grundlegende Aufgaben zu:

1. für die moderne Volkswirtschaft sei auch in Zukunft ›die schöpferische Kombinationsgabe, die beharrliche Energie und die ursprüngliche und eigenständige Tatkraft des Unternehmers‹ unverzichtbar. Mitentscheidend für den Erfolg sei das gute Miteinander von Arbeitern und Unternehmern. Nicht nur der Arbeiter, sondern auch der Unternehmer hat ›das Recht, als Mensch betrachtet und nicht zum Scheusal verzerrt zu werden. Auch der Unternehmer hat eine Ehre. Auch er ist Mensch, d. h. kein Engel, aber auch kein Teufel.‹
2. Jeder Unternehmer müsse in seinem Bereich nach besten Kräften dahin wirken, dass das Sachziel der Wirtschaft, eine optimale Güterversorgung aller Menschen, erreicht werde, die jedem Einzelnen ›die Entfaltung eines veredelten Kulturlebens‹ (QA 75) ermögliche. Dazu seien fachliche Vortrefflichkeit und eine ›aufrichtige soziale Gesinnung und die soziale Tat‹ unerlässlich.
3. Die Betriebe und Unternehmen seien so zu gestalten, dass sie ›nicht zur unpersönlichen, die Menschen erniedrigenden technischen und bürokratischen Apparatur erstarrten‹. Jeder Betrieb sei ein ›Sozialgebilde‹, also ›kein Selbstzweck‹, sondern stehe im Dienst der Persönlichkeitsentfaltung des Einzelnen. Nur so könne der Arbeiter ›seine Berufsarbeit mit einem inneren Ja‹ verrichten. Der BKU habe auf diesem Gebiet die gewichtige Aufgabe, nämlich ›neue Wege zu suchen und praktisch zu erproben und dabei auch das gewagte Experiment nicht zu scheuen‹. Dazu gehöre auch Mitverantwortung und Mitbestimmung der Arbeiter. ›Gewiss, die letzten wirtschaftlichen Entscheidungen müssen in der Hand des Unternehmers liegen.‹
4. Im überbetrieblichen Raum müssten Unternehmer und Arbeiter ›in Fragen der sozialen Gesetzgebung, der Wirtschaftsplanung und dgl. gleichberechtigt zusammenarbeiten‹. Diese Aufgabe dürften nicht der staatlichen Bürokratie allein überlassen werden, da sonst eine sich ›immer mehr aufblähende Planwirtschaft‹ entstehe.«

Im Schlusswort ging Höffner schließlich noch auf die besondere Verantwortung des *katholischen* Unternehmers ein, der bei allem Handeln immer auch das übernatürliche Heil des einzelnen Menschen zu beachten habe.[9]

---

[8] J. Höffner, Der katholische Unternehmer in der kommenden Wirtschaftsordnung, Schriftenreihe des BKU 1, Köln 1949 bzw. J. Höffner, Reden und Aufsätze, Bd. 1, 1966, S. 391-400; zuletzt: K. Gabriel/H. J. Grosse Kracht, Höffner, S. 107-116.

[9] K.-D. Schmidt, BKU, S. 28 f.

Bei der ersten Mitgliederversammlung am Nachmittag des 27. März 1949 wurden die Satzung des BKU beschlossen[10] und der erste Vorstand gewählt. »Auf Vorschlag des Vorsitzenden wurde Prof. Dr. J. Höffner, Trier, der allen Teilnehmern durch seinen Festvortrag am Vormittag bekannt und als Ehrengast in der Mitgliederversammlung anwesend war, einstimmig zum geistlichen Berater des BKU gewählt ... Der satzungsgemäß notwendigen Zustimmung des Herrn Protektors, Kardinals Dr. Frings, hatte sich der vorläufige Vorstand bereits vorsorglich versichert.«[11]

§ 14 der Satzung sah vor: »Der geistliche Berater hat das Recht, an allen Sitzungen der Bundesorgane beratend teilzunehmen.« Höffner wurde deshalb zu allen Sitzungen des erweiterten Vorstandes eingeladen und nahm an diesen nach Möglichkeit teil, wie er auch zu allen Mitgliederversammlungen der ersten Jahre erschien und sich in der Regel durch richtungweisende Vorträge beteiligte. Höffner beschränkte sich also keineswegs auf seine Rolle als Geistlicher Berater im engeren Sinne. Auf Grund seiner sozial- und wirtschaftswissenschaftlichen Kompetenz nahm er in Zusammenarbeit mit dem ersten Geschäftsführer, Dr. Wilfrid Schreiber, auch auf die inhaltliche Ausrichtung der Arbeit des BKU gestaltenden Einfluss. Auch der Vorsitzende Franz Greiß stimmte sich vor wichtigen Äußerungen mit Höffner ab.

Schon im Umfeld der Gründung war es zu kritischen Anfragen in der Presse gekommen, welche Aufgaben sich der BKU zuschreiben wolle. Schmidt berichtet: »Im Anschluss an den offiziellen Gründungsakt skizzierte F. Greiß Zweck, Ziele und Aufgabenfelder des Verbandes. Vielen Fragen und Missverständnissen entgegnend stellte Greiß ... deutlich heraus, ›was der BKU nicht ist: kein Arbeitgeberverband, kein öffentliches Organ, das sich zu den bestehenden Organen der gewerblichen Selbstverwaltung in Wettbewerb stellt, keine Tarifpartei, keine Wirtschaftsgruppe, die die wirtschaftlichen Interessen ihrer Mitglieder vertritt‹. Vielmehr sei der BKU ein ›Verein mit ausgesprochen ideeller Zielsetzung‹, der an der ›Schaffung einer gesunden, auf christlichen Grundsätzen beruhenden Gesellschafts- und Lebensordnung‹ mitwirken wolle. Der BKU sei aber auch ›kein caritativer Verband‹ mit der ›naiven Auffassung, der soziale Friede könne durch Wohltätigkeit gerettet werden‹, sondern angestrebt werde ›eine gerechte, in sich stabile Lebensordnung, die nicht nur in einer Gemeinschaft von Heiligen, sondern auch in der Gesellschaft der Menschen mit allen ihren Unzulänglichkeiten‹ funktioniere. Dies bedeute ›Gerechtigkeit natürlich auch für den Unternehmer‹, von dessen Funktion und Bedeutung für eine freie Gesellschaft die Mitglieder des BKU zutiefst überzeugt seien und sich verpflichtet hätten, als Unternehmer nach christlichen Grundsätzen zu handeln. Im weiteren ging F. Greiß noch auf die konfessionelle Bindung, die Zusammenarbeit mit den übrigen katholischen Insti-

10 Bund Katholischer Unternehmer Köln, Satzung (Beschluss auf der konstituierenden Haupt-Versammlung zu Königswinter am 27. März 1949): HAEK – NH 1399.

11 BERICHT, S. 4.

tutionen und Verbänden sowie den notwendigen Kontakt zu Unternehmern in Europa und weltweit ein.«[12]

Doch wo sollte sich der BKU mit solchen Zielen öffentlichkeitswirksam ins Spiel bringen? Die erste Gelegenheit bot sich wenige Monate nach seiner Gründung beim 73. Deutschen Katholikentag in Bochum vom 31. August bis 4. September 1949.[13] Bei der Festlegung dieses Tagungsortes anläßlich des Mainzer Katholikentags 1948 war »den verantwortlichen Männern klar, dass dieser Weg ins Ruhrgebiet, in die Stadt der Kohle und des Eisens, in die Stadt auch der furchtbarsten Verwüstungen des Bombenkrieges, den deutschen Katholizismus in das offene Feld der christlichen Verantwortung für den Aufbau einer neuen sozialen und gesellschaftlichen Ordnung in unserem Volke führen müsse. Der Katholikentag in Bochum sollte sich ausschließlich der vielschichtigen Problematik der ›Sozialen Frage‹ widmen; als Leitwort für die Arbeit wurde der Wahlspruch des Heiligen Vaters gewählt: Gerechtigkeit schafft Frieden«.[14]

Zahlreiche Mitglieder des BKU, die zum Teil auch dem sozialen Gesprächskreis, der sich monatlich bei Kardinal Frings traf, angehörten, beteiligten sich mit Referaten und Diskussionsbeiträgen an den Arbeitsgemeinschaften »II. Arbeiter und Unternehmer« und »III. Neuordnung des Eigentums« sowie »VIII. Berufsständisch-leistungsgemeinschaftliche Ordnung«.

In der Arbeitsgemeinschaft II referierte z. B. Dr. Franz G. Ingendaay über »Die arbeitsrechtliche Lage im Betrieb«,[15] Dr. Fritz Burgbacher über »Das Einkommen aus Arbeit«[16] sowie der BKU-Vorsitzende Franz Greiß zum Thema »Der Mensch im Betrieb«.[17] Die Themenstellungen der Arbeitsgemeinschaft III trugen insgesamt die Handschrift des Leiters Joseph Höffner, der im ersten Referat »Das Eigentum in christlicher Sicht«[18] behandelte. Weitere BKU-Referenten waren Dr. Julius Doms »Die Einordnung der Heimatvertriebenen in das Wirtschaftsleben Restdeutschlands als Weg zu neuem Eigentum«[19] und Wolfgang Müller »Mittelstand und Eigentum«.[20] Der stellvertretende BKU-Vorsitzende Dr. Peter H. Werhahn sprach innerhalb der Arbeitsgemeinschaft VIII über »Aufgaben und Gefahren einer berufsständischen Ordnung«.[21]

Zum Gegenstand einer langen und kontroversen Diskussion, an der sich schließlich auch Pius XII. beteiligen sollte, wurden nicht die gut vorbereiteten Referate,

---

12 K.-D.Schmidt, BKU, S. 27 f.; vgl. F. Greiß/M. Lohmann, Gründung des BKU, S. 8.

13 Berichtband: Gerechtigkeit schafft Frieden.

14 Ebd. S. 11. – Der Wahlspruch Papst Pius' XII. lautete »Opus Iustitiae Pax«.

15 Ebd. S. 179-182. – Im Archiv des BKU findet sich ein Schnellhefter mit der Aufschrift »Referate Arbeitsgemeinschaft II Arbeiter-Unternehmer. 75. Deutscher Katholikentag, Bochum«: BKU-Archiv-Diversa.

16 Gerechtigkeit schafft Frieden, S. 182-189.

17 Ebd. S. 193-199.

18 Ebd. S. 215-218.

19 Ebd. S. 221-225.

20 Ebd. S. 231-233.

21 Ebd. S. 388-396.

sondern die anschließenden Diskussionsbeiträge und vor allem die mit großer Mehrheit von den jeweils Anwesenden verabschiedeten »Entschließungen«.[22] Vom Verlauf der Diskussionen erfahren wir einiges aus Berichten, die Fritz Burgbacher, Joseph Höffner und Peter H. Werhahn vor der Mitgliederversammlung des BKU in Bad Neuenahr am 29./30. Oktober 1949 erstatteten.[23]

Burgbacher stützte sich auf ein nachträgliches Protokoll aus Unternehmerkreisen.[24] Danach kam es in der Arbeitsgemeinschaft »II. Arbeiter und Unternehmer« zu kontroversen Meinungsäußerungen zwischen Unternehmern und Arbeitnehmervertretern. Burgbacher berichtete in Bad Neuenahr: »Aus der Diskussion in der Arb.Gem.2 hält das Protokoll insbesondere folgende Tatsachen fest: ›Dass der Mensch im Mittelpunkt jeder Betrachtung zu stehen hat‹, war unbestritten. Das gleiche gilt für den Grundsatz, dass der Mensch im Wirtschaftsgeschehen nicht Objekt sein darf, sondern Subjekt sein muss. Ebenso unbestritten war die Auffassung, dass jegliche Materie zu dienen und nicht zu herrschen hat, auch nicht das Kapital. Die allseitige Auffassung, die von Arbeitnehmerseite fast noch stärker betont wurde als von Unternehmerseite ist die, dass das Mitbestimmungsrecht das sicherste Mittel gegen Marxismus und Sozialisierung und damit Kollektivismus ist.

Es wurde ausdrücklich herausgestellt, dass selbstverständlich der Grad der Mitbestimmung von dem Grad des Wissens und der zu tragenden Mitverantwortung bestimmt sei. Es wird mit Recht beanstandet, dass im eigentlichen Wortlaut der Resolution die Mitverantwortung nicht ausdrücklich aufgeführt ist, sondern nur in der Überschrift. Sie war aber unstreitige Voraussetzung.

Ebenso unstreitig und mehrfach im Referat Föcher[25] und vom Vorsitzenden Even betont ist, dass das Mitbestimmungsrecht nur behutsam und in Etappen nach jeweils gewonnener Erfahrung durchgeführt werden kann. In diesem Sinne muss auch der Beschluss, eine ständige Kommission aus Arbeitern und Unternehmern (›Mainzer Kommission‹) zu bilden, verstanden werden. Auch dieser Beschluss, der deutlich macht, dass die Frage der Mitbestimmung noch einer

---

[22] Zur Auseinandersetzung über die »Entschließungen« des Bochumer Katholikentages vgl. K.-J. Hummel, Mitbestimmung und hierarchische Führung. Der »Irrtum« des 73. Deutschen Katholikentags von Bochum 1949 und seine Folgen, in: W. Altgeld, M. Kißener, J. Scholtyseck (Hrsg.), Menschen, Ideen, Ereignisse in der Mitte Europas. Festschrift für Rudolf Lill ..., Konstanz 1999, S. 247-273; Bistum Essen, Berichte und Beiträge 37: Der 73. Deutsche Katholikentag in Bochum. Historische Fachtagung und Beiträge zum Jubiläum. Eine Dokumentation, Essen 1999.

[23] Bericht über die a. o. Mitgliederversammlung des BKU am 29. und 30. Oktober [1949] im Kurhaus zu Bad Neuenahr (gedruckt): HAEK – NH 1399.

[24] Laut »Geschäftsbericht über das Geschäftsjahr 1949« (Dr. Schreiber) trafen sich am 20. Oktober 1949 auf Einladung des BKU die Unternehmer-Teilnehmer der II. Arbeitsgemeinschaft des Bochumer Katholikentages. »Bei dieser Gelegenheit wurde auch eine nachträgliche Niederschrift über den Verlauf der Sitzungen dieser Arbeitsgemeinschaft angefertigt. Diese erwies sich als wertvoll, da der gedruckte amtliche Bericht des Zentralkomitees ... keine Angaben über den Inhalt und Verlauf der Diskussionen enthält.«: HAEK – NH 1399.

[25] M. Föcher, Von der Mitarbeit zur Mitverantwortung und Mitbestimmung im Betrieb, in: Gerechtigkeit schafft Frieden, S. 199-205.

sorgfältigen Erörterung im Einzelnen bedarf, ist ein integraler Bestandteil der Resolution.«[26]

Damit war auf den später heftig umstrittenen, in Bochum von der Arbeiterseite mit heißem Herzen und unzureichendem Problembewusstsein durchgesetzten Passus der »Entschließung« angespielt: »Der Mensch steht im Mittelpunkt jeglicher volkswirtschaftlicher und betriebswirtschaftlicher Betrachtung. Das Mitbestimmungsrecht in sozialen, personalen und wirtschaftlichen Fragen für alle Mitarbeitenden wird anerkannt. Das Mitbestimmungsrecht gehört zu dem natürlichen Recht in gottgewollter Ordnung und ist zu bejahen wie das Recht auf Eigentum.«[27]

Wesentlich unproblematischer waren Diskussionen und Entschließungen der Arbeitsgemeinschaften »III. Neuordnung des Eigentums« und »VIII. Berufsständisch-leistungsgemeinschaftliche Ordnung«, über die in Bad Neuenahr Joseph Höffner und Peter H. Werhahn als Beteiligte berichteten.[28]

Schon am 12. September 1949 – also kaum zehn Tage nach den Bochumer Ereignissen – schrieb Höffner an den BKU-Geschäftsführer Schreiber: »Es ist dringend nötig, dass wir uns im BKU über Bochum ent[richtig: unter-]halten. Sie werden ohne Zweifel manche Kritik, besonders bzgl. des ›Mitbestimmungsrechtes‹ gehört haben. Die Proklamation in der Bochumer Festhalle am Samstag, 3. September, war in der Formulierung nicht ganz glücklich (z. B. ›uneingeschränktes Mitbestimmungsrecht‹). Die Formulierung der III. Arbeitsgemeinschaft [unter Leitung Höffners] ist, wie Sie sehen, etwas maßvoller.«[29]

Wenige Tage später, am 18. September 1949, meldete sich Kardinal Frings anlässlich des Diözesanvertretertages des Katholischen Männerwerks zu Wort: »Ein gewisses Aufsehen hat die Bochumer Resolution über das *Mitbestimmungsrecht der Arbeitnehmer* gemacht. Es verrät in der Tat eine große soziale Aufgeschlossenheit der Unternehmer, dass sie dieser Formulierung zugestimmt haben. Das Problem ist allerdings so kompliziert und andererseits die *Resolution so lapidar und allgemein, dass sie, um Missverständnissen zu entgehen, eines Kommentares bedarf.* Ich habe schon in Bochum hingewiesen auf eine Schrift, die vor wenigen Wochen unter meinem Namen, redigiert von P. Welty, bei Bachem erschienen ist: ›Verantwortung und Mitverantwortung in der Wirtschaft‹[30], und vorgestern, als ich in einer Konferenz mit den Haupturhebern der Resolution zusammensaß,[31] hatte ich die Genugtuung, dass auch diese Herren erklärten, sie hätten in der Resolution nichts anderes sagen wollen, als was in dieser Schrift

26 Bericht Bad Neuenahr, 29. u. 30. 10. 1949, S. 2: Ebd.

27 Gerechtigkeit schafft Frieden, S. 213.

28 Bericht Bad Neuenahr, 29. u. 30. 10. 1949, S. 3-6.

29 Höffner an Schreiber, 12. 9. 1949 (Durchschlag): HAEK – NH 1400.

30 Es handelt sich um J. Frings (Hrsg.), Verantwortung und Mitverantwortung in der Wirtschaft. Was sagt die katholische Soziallehre über Mitwirkung und Mitbestimmung?, Köln 1949.

31 Es dürfte sich um den monatlichen Gesprächskreis im Erzbischöflichen Hause in Köln (vgl. oben Anm. 2) handeln.

niedergelegt ist, an der sie selbst maßgeblich mitgearbeitet haben. Wenn in der [Bochumer] Resolution das Mitbestimmungsrecht ein ›natürliches Recht in gottgewollter Ordnung‹ genannt wird, so ist damit gemeint eine *hohe natürliche Angemessenheit,* der man sich beim heutigen Stand der Entwicklung nicht mehr grundsätzlich widersetzen kann. Wenn von einem *Mitbestimmungsrecht auf sozialem, personalem und wirtschaftlichem Gebiet* die Rede ist, so soll damit *nicht gesagt* sein, dass das Recht auf diesen *drei Gebieten gleich ausgedehnt oder gar auf jedem Gebiet uneingeschränkt* sein solle. Das verbietet schon die wirtschaftliche Vernunft. In der Abwicklung der laufenden Geschäfte muss die Betriebsleitung unabhängig sein, wenn der Betrieb selbst arbeitsfähig und dadurch auch für die Arbeitnehmer ertragreich sein soll. Vor allem muss den Arbeitnehmern dann ein Mitspracherecht eingeräumt werden, wenn etwa ein Werk geschlossen werden soll und die Existenz von Hunderten oder Tausenden von Arbeitnehmern auf dem Spiel steht.

Die gesetzliche Einführung des Mitbestimmungsrechts kann nicht eine Sache von heute auf morgen, sondern muss der Schlusspunkt einer längeren Entwicklung sein, in der die Formen und Auswirkungen der Mitbestimmung auf den drei verschiedenen Gebieten – in den verschiedenen Arten von Betrieben wie Groß-, Mittel- und Kleinbetrieb, vom Eigentümer selbst geführte oder anonyme Betriebe – bei guter und bei schlechter Konjunktur ausgeprobt worden sind. Die Experimente sozialer Art in England mahnen zur Vorsicht. Die Richtung ist klar vorgezeichnet. Ansätze für das Mitbestimmungsrecht sind in großer Zahl gegeben, aber der Weg ist noch weit.

Das Gleiche gilt von der Durchführung der berufsständisch-leistungsgemeinschaftlichen Ordnung. Die vom Hl. Vater Pius XII. gegebenen Ansätze sind in großer Zahl gegeben. Aber wie Rom nicht an einem Tage erbaut wurde, so bedarf auch die Durchführung dieser wahrhaft revolutionierenden Idee ihrer Zeit.«[32]

Am 20. September 1949 wandte sich der Vorsitzende des BKU, Franz Greiß, an Höffner: »Die Entschließung in der Arbeitsgemeinschaft II bezüglich des Mitbestimmungsrechtes in sozialen, personellen und wirtschaftlichen Fragen macht mir in der vorliegenden Form doch erhebliche Kopfschmerzen. In dieser Form verspricht sie dem Arbeiter zu viel und bürdet dem Unternehmer eine Verantwortung auf, die er nicht übernehmen kann. Die Begründung, dass das Mitbestimmungsrecht zu dem natürlichen Recht in gottgewollter Ordnung gehört und zu bejahen ist wie das Recht auf Eigentum, scheint mir doch viel zu weit zu gehen. Wenn man das Recht auf Sondereigentum anerkennt und Maßnahmen, die zu einem solchen Sondereigentum führen, unterstützen will, so ist es doch etwas anderes, ob man einem anderen das Recht zuerkennt über die Verwendung

[32] Bund Katholischer Unternehmer, Kardinal Frings kommentiert die Bochumer Entschließungen (hekt. Text); RWWA – BKU – 29. – Der Text dürfte nicht von Kardinal Frings selbst stammen, sondern von einem der Unternehmervertreter seines Gesprächskreises (Dr. Burgbacher?).

des erworbenen Sondereigentums mitzubestimmen. Ich bin zu sehr Praktiker, um zu dieser Formulierung eine nationalökonomische oder theologische oder aus dem Naturrecht oder sonst wie hergeleitete Begründung oder Ablehnung zu geben ... Bezüglich der Verankerung des Mitbestimmungsrechtes im Naturrecht und der Gleichstellung mit dem Recht des Eigentums würde ich mich gern einmal mit Ihnen unterhalten.«[33]

Höffner antwortete am 25. September 1949: »Auch bei mir erweckte die Formulierung über das Mitbestimmungsrecht Bedenken, vor allem seine Gleichsetzung mit dem Eigentumsrecht, wie es die Entschließung der II. Arbeitsgemeinschaft ausspricht. Ich hörte erst nach Schluss der Vertretertagung von dieser Resolution. Es ist nötig, dass der BKU sich über diese Fragen bald ausspricht.«[34] Für das persönliche Gespräch mit Greiß machte er einen Terminvorschlag.

Inzwischen hatte Schreiber im Kontakt mit einigen dem BKU nahestehenden CDU-Bundestagsabgeordneten die Möglichkeit ermittelt, »eine größere Gruppe katholischer Abgeordneter zu einer Arbeitsgemeinschaft zusammenzufassen, die sich dem vertieften Studium der katholischen Soziallehre widmen und die Abgeordneten auf ihre gesetzgeberische Arbeit im entsprechenden Sinne vorbereiten und geistig aufrüsten soll. Zur ersten Zusammenkunft möchte Herr Naegel Sie [Höffner] als Vortragenden bitten. Ich glaubte zusagen zu dürfen, dass Sie diese – wie mir scheint – unvergleichlich wichtige Aufgabe sicherlich übernehmen würden.«[35]

Näheres über diese Initiative katholischer Unternehmer im Deutschen Bundestag gleich zu Beginn seiner ersten Tagungsperiode erfahren wir aus Schreibers »Geschäftsbericht über das Geschäftsjahr 1949«: »Drei Mitglieder des BKU gehören dem Bundestag ... als Abgeordnete an (Wilhelm Naegel, Dr. Ben Povel, Bernhard Raestrup). Um diese drei Herren bildete sich bald nach Zusammentritt des Bundestages ein Kreis von etwa 15 weiteren christlichen Bundestagsabgeordneten, die zur Unternehmerwelt gehören oder ihr nahe stehen. Dieser Kreis äußerte den Wunsch, von Seiten des BKU in sozialpolitischen Fragen beraten und informiert zu werden. Dies geschieht in persönlichen Zusammenkünften mit Mitgliedern des BKU in Bonn und durch Versand besonderer Informationsschriften seitens der Geschäftsstelle.«[36] Zusammenkünfte und Aktivitäten dieses als »Bonner Kreis« bezeichneten Gremiums von Bundestagsabgeordneten lassen sich in den BKU-Rundbriefen der nächsten Jahre verfolgen.

---

33 Greiß an Höffner, 20. 9. 1949 (Original): HAEK – NH 1400.
34 Höffner an Greiß, 25. 9. 1949 (Original): RWWA – BKU – 2; Durchschlag: HAEK – NH 1400.
35 Schreiber an Höffner, 14. 10. 1949 (Original): Ebd.
36 Geschäftsbericht über das Geschäftsjahr 1949 (Dr. Schreiber im Februar 1950), S. 5: HAEK – NH 1399.

Inzwischen hatte aber auch die »a. o. Mitgliederversammlung des BKU am 29. und 30. Oktober [1949] im Kurhaus zu Bad Neuenahr« konkrete Gestalt angenommen. Am 8. Oktober hatte der Geschäftsführer Dr. Schreiber an Höffner geschrieben: »Mit Ihrer Teilnahme dürfen wir doch sicherlich rechnen? Bei der Erörterung der Bochumer Entschließungen sind wir auf Ihre wertvolle Mitwirkung mehr denn je angewiesen. Ich spreche sicherlich im Namen aller unserer Mitglieder, wenn ich Sie überdies frage, ob Sie wieder einen grundlegenden Vortrag auf dieser Tagung halten können.«[37]

Höffner kam dieser Bitte nach, nicht nur im Rahmen der bereits erwähnten Berichterstattung über die Arbeitsgemeinschaften des Katholikentages. Vor einer längeren Diskussion über die Themen von Bochum gab Höffner eine Darstellung der Mitbestimmungsfrage vom Standpunkt der christlichen Soziallehre und der Aussagen des kirchlichen Lehramtes in Gestalt von 10 Thesen. Nach den aufgeregten Diskussionen der zurückliegenden Wochen brachte Höffner einen differenzierenden und systematisierenden Durchblick:

»1. These: Die jedem Bereich wesensgemäße Einteilung in leitende und ausführende Arbeit, also die betriebsnotwendige Über- und Unterordnung, widerspricht in keiner Weise der Personenwürde des Menschen – Gehorchen können gehört zum christlichen Menschenbild.

2. These: Die Übertragung von Mitverantwortung, Mitwirkung und Mitbestimmung an die Arbeiterschaft ist zwar keine Forderung des natürlichen Sittengesetzes, muss jedoch ›für den heutigen Stand der gesellschaftlichen Wirtschaft‹ (QA 65) als angemessen und nahezu notwendig bezeichnet werden ...

3. These: Mitbestimmungsrecht setzt Mitverantwortungspflicht voraus ...

4. These ...

5. These: Je nach den zur Entscheidung stehenden Fragen muss zwischen Mitwirkung (Informieren, Anhören, Beraten) und Mitbestimmung (Einspruchsrecht, Beschwerderecht, Kontrollbefugnis) unterschieden werden.

6. These: Bei Mitwirkung und Mitbestimmung sind Art und Größe des Betriebes sowie die Fähigkeiten und Kenntnisse der Arbeiter zu berücksichtigen.

7. These: Das Mitbestimmungsrecht steht den Arbeitern vor allem in den Fragen des Lohnes, der Arbeitszeit, der sozialen Einrichtungen und in sonstigen Eigenbelangen zu.

8. These: Die Mitbestimmung in wirtschaftlichen Fragen des Betriebes setzt voraus, dass die Arbeiterschaft in der ihr gemäße Form wirtschaftliche Mitverantwortung übernimmt ...

9. These: Die Erledigung der laufenden Geschäfte und die endgültige Entscheidung der wirtschaftlichen Fragen müssen in der Hand des Unternehmers bleiben, wobei jedoch anzustreben ist, ›dass der Arbeitnehmer in den Leitungsgremien

37 Schreiber an Höffner, 8. 10. 1949 (Original): HAEK – NH 1400.

vertreten ist‹ (Kardinal Frings, Verantwortung und Mitverantwortung ..., S. 136, Anm. 108). Pius XII. erklärte am 7. Mai 1949: ›Der Eigentümer der Produktionsmittel, wer immer er sei – Privateigentümer, Produktivgenossenschaft oder Stiftung –, muss innerhalb der Grenzen des öffentlichen Wirtschaftsrechtes Herr seiner wirtschaftlichen Entscheidungen bleiben.‹

10. These: Im überbetrieblichen Raum sollen Unternehmer und Arbeiter in den Fragen der wirtschaftlichen und sozialen Gesetzgebung, der Wirtschaftsplanung und dgl. gleichberechtigt zusammenarbeiten. Ziel ist die leistungsgemeinschaftliche Ordnung der Berufsstände.

Zum Schluss wies Prof. Höffner noch darauf hin, dass die in der Gesamtresolution des Bochumer Katholikentages erhobene Forderung nach baldiger gesetzlicher Regelung des Mitbestimmungsrechts in den Resolutionen der einzelnen Arbeitsgemeinschaften nicht enthalten war.«[38]

Die ausführliche Diskussion der 124 anwesenden Unternehmer kam zu dem Ergebnis: »Grundlage unserer Lebensordnung muss das Eigentum bleiben. Grundlage der Eigentumsbildung ist die Leistung. Grenze aller Sozialpolitik ist die Rentabilität und Kreditwürdigkeit. Unsere Zukunft hängt davon ab, ob und wie weit es uns gelingt, uns in die Weltwirtschaft einzuordnen. Eine nivellierende gesetzliche Regelung des Mitbestimmungsrechtes ist wegen der großen Artverschiedenheit der Betriebe nicht möglich. Es besteht die Gefahr, dass die angemessenen Anliegen der Arbeiter unversehens zum Vorspann für die auf Macht gerichteten Bestrebungen von Arbeiter-Funktionären gemacht werden. Wir müssen beides sorgsam auseinander halten. – Mitbestimmung ist notwendig an Mitverantwortung gebunden. Nicht alle Menschen erstreben schöpferische, verantwortliche Arbeit. Viele ziehen dienende, ausführende Arbeit vor. Bestimmen aber muss und kann nur der, der Verantwortung trägt.«[39]

Schon vor der Mitgliederversammlung am 29./30. Oktober hatte der erweiterte Vorstand für den weiteren Verlauf der Mitbestimmungsdiskussion vorgesorgt: »Für die auf dem Bochumer Katholikentag beschlossene ›Mainzer Kommission‹ (ständiges Gremium für die Fortsetzung des Gesprächs zwischen Arbeitern und Unternehmern), Initiative: Dr. Fritz Burgbacher, BKU, hat der BKU unternehmerseitig die Federführung übernommen. Von den 10 ständigen [Unternehmer-] Vertreterplätzen besetzte der BKU 5 ... und benannte außerdem eine Reihe stellvertretender Mitglieder. Die erste Tagung der Mainzer Kommission am 28./29. November 1949 in Mainz, in der Franz Greiß ... den stellvertretenden Vorsitz übernahm, wurde vom BKU gemeinsam mit der Katholischen Arbeitnehmer-Bewegung vorbereitet ...«[40]

---

[38] »2. Prof. Dr. Höffner: Darstellung des Problems vom Standpunkt der kirchlichen Soziallehre«: Bericht Bad Neuenahr, 29. u. 30. 10. 1949, S. 10 f.: HAEK – NH 1399.

[39] Bericht Bad Neuenahr, 29. u. 30. 10. 1949, S. 11.

[40] Geschäftsbericht über das Geschäftsjahr 1949 (vgl. oben Anm. 36), S. 3.

Die Auseinandersetzung über die Mitbestimmungsthesen des Bochumer Katholikentages dauerten noch bis in die Mitte des Jahres 1950 an. Franz Greiß notierte sich nach einem Telefongespräch mit Kardinal Frings am 6. Mai 1950, Frings habe geäußert, »dass er über die Entwicklung in den Fragen des Mitbestimmungsrechts sehr beunruhigt sei und dass er es für richtig und notwendig hielte, dass die Mainzer Kommission zu den Problemen Stellung nehme, und wollte von mir [Greiß] wissen, ob und welche Schritte bisher unternommen sind.«[41]

Frings hatte möglicherweise Informationen aus Rom bekommen, dass der Papst selbst in näherer Zukunft sich äußern werde. Das geschah tatsächlich am 3. Juni 1950 anlässlich einer Audienz für den Internationalen Sozialkongress. Schon am 10. Juni konnte Greiß an Höffner eine Kopie der Papstansprache aus dem *Osservatore Romano* übersenden. »Soweit ich die Dinge überblicken kann, bin ich der Ansicht, dass die Stellung des BKU, insbesondere die Rückführung der Bochumer Beschlüsse auf die Kardinals-Schrift, durch diese Stellungnahme des Papstes eher gefestigt als geschwächt ist.«[42] Über die Autorschaft der Papstansprache erfuhr Greiß näheres bei den Jesuiten in Frankfurt: »Soweit mir gesagt wurde ..., hat P. Gundlach den Originaltext entworfen.«[43] Greiß schloss, die Verlautbarung des Papstes werde die Bochumer Beschlüsse zurechtrücken. »Sie wird ferner dazu beitragen, die überspitzten Machtforderungen der Gewerkschaften in das richtige Verhältnis zurückzuführen. Insofern scheint mir ein Gewinn vorzuliegen.«

Am Ende des ersten Bestandsjahres des BKU hatte Joseph Höffner noch keine Gelegenheit gehabt, seine eigentliche Funktion als »Geistlicher Berater« auszuüben. Vielmehr war er zum Richtung gebenden Vordenker des jungen Verbandes geworden. Das hatte auch der Vorsitzende Franz Greiß erkannt. In einem Weihnachtsbrief an Höffner schrieb er am 16. Dezember 1949: »Da Sie durch Ihre wegweisenden Gedanken und Ihre unermüdliche Arbeit als unser Berater und Lehrer entscheidenden Einfluss auf die geistige Entwicklung des Bundes genommen haben, wissen wir uns tief in Ihrer Schuld. Wir könnten uns die weitere Entwicklung unserer Arbeit ohne Ihre Mitwirkung nicht mehr denken.«[44]

Doch ab dem zweiten Bestandsjahr des BKU sollte Höffner seine Aufgabe als »Geistlicher Berater« im engeren Sinne sehr ernst nehmen. Schon für die Karwoche 1950 versuchte Schreiber, einen Exerzitienkurs unter Leitung Höffners für BKU-Mitglieder zu organisieren. Das Projekt scheiterte an der Quartier- und

41 Diktafon, 6. 5. 1950. Telefonanruf von S. E. Kardinal Frings: RWWA – BKU – 3.
42 Greiß an Höffner, 10. 6. 1950 (Original): HAEK – NH 1400.
43 Im BKU-Archiv-Diversa findet sich eine Abschrift »Stellungnahme von Prof. Dr. Gundlach SJ, Rom, zur Frage des betrieblichen Mitbestimmungsrechtes« (2 Seiten).
44 Greiß an Höffner, 16. 12. 1949: HAEK – NH 1400.

1 | Die Eltern: Paul Höffner und Helene Höffner geb. Schug.

2 | Joseph Höffner als Primaner mit Klassenkameraden in Trier.

3 | Joseph Höffner mit anderen Germanikern, wohl auf einem Ausflug (in der Mitte der hinteren Reihe).

4 | Joseph Höffner als Primiziant mit Vater, Stiefmutter und zwei Geschwistern 1933.

5 | Das zur Primiz geschmückte Elternhaus in Horhausen 1933.

6 | Pfarrkirche St. Johann in Saarbrücken um 1930.

7 | Der Trierer Generalvikar Heinrich von Meurers in den 1930er Jahren.

8 | Die Freiburger Universität in den 1930er Jahren.

14 | Das Priesterseminar in Trier vor den Kriegszerstörungen.

12 | Das von Höffner in Kail unter dem Pseudonym Christa Koch 1943-1945 versteckte jüdische Mädchen Alice Esther Meyerowitz 1944.

13 | Frau Lisa Lehner geb. Meyerowitz 2007 in Köln mit Kardinal Joachim Meisner.

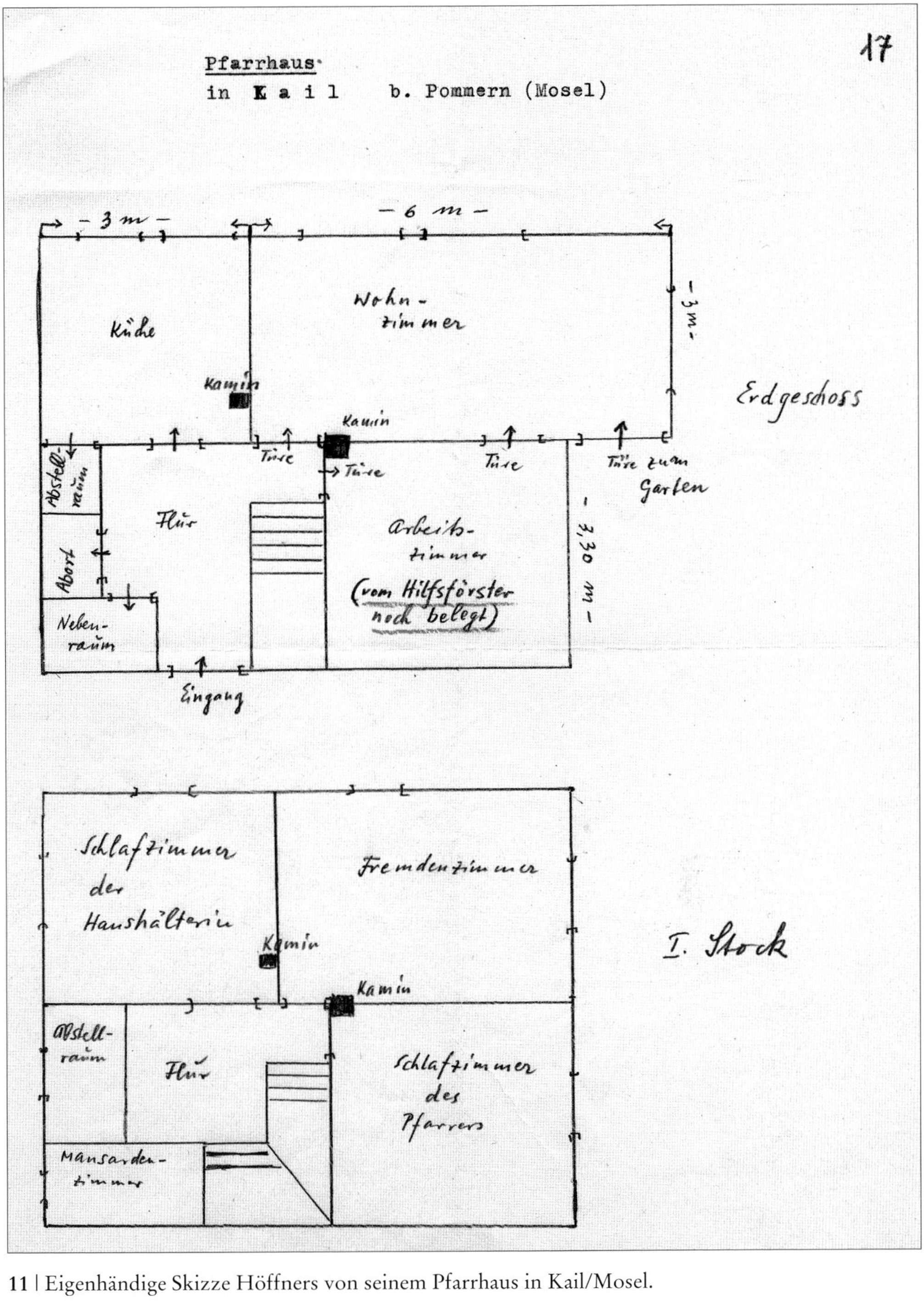

11 | Eigenhändige Skizze Höffners von seinem Pfarrhaus in Kail/Mosel.

9 | Prof. Dr. Theodor Müncker, Freiburg, der Höffners theologischer Doktorvater war und seine Habilitation betreute.

10 | Prof. Dr. Walter Eucken, der Höffners Promotion zum Dr. rer. pol. 1941 begleitete.

15 | Generalvikar Heinrich von Meurers, Erzbischof Franz Rudolf Bornewasser und Geheimsekretär Albert Heintz, Trier (nach 1945).

16 | Das Professorenkollegium des Trierer Priesterseminars anlässlich der Erhebung zur Theologischen Fakultät 1950. Vordere Reihe: 2. v. l. Adolf Knauber, rechts Joseph Höffner; hintere Reihe Mitte, v. l. n. r. Karl Baus, Eduard Hegel, Hubert Junker, Balthasar Fischer.

17 | Gebäude der Universität Münster an der Johannisstraße, in dem das Institut für Christliche Sozialwissenschaften bis 1961 untergebracht war.

18 | Exkursion des Instituts nach Trier 1957. Links außen Wilhelm Weber, dritter von rechts (neben Höffner) Wilhelm Dreier, rechts außen Franz Klüber.

19 | Exkursion des Instituts nach Trier 1957. Das Foto entstand auf dem Gelände der Schuhfabrik Romika in Gusterath bei Trier. Links von Höffner der Inhaber der Fabrik Hellmuth Lemm, rechts Höffners Schüler, der spätere Trierer Ordinariatsdirektor Alfons Weyand; im Hintergrund etwas links Friedrich Kronenberg.

20 | Institutsfahrt zu den Bayer-Werken in Leverkusen im Dezember 1959. Links neben Höffner Stephen Kim, später Erzbischof und Kardinal in Seoul, Marie Theres Starke, Marita Estor; rechts von Höffner P. Joachim Fernandes de Encinas OFMCap, obere Reihe in der Mitte Friedrich Kronenberg, rechts von ihm Hildegard Wiegmann; zweiter von rechts Wilhelm Weber.

21 | Exkursion des Instituts nach Rom im April 1961. Bei der Festakademie zu Ehren von P. Gundlach SJ aus Anlass seines 70. Geburtstages hielt Höffner den Festvortrag; anschließend erhielt P. Gundlach in der Deutschen Botschaft beim Hl. Stuhl das Große Bundesverdienstkreuz überreicht. Das Foto zeigt im Garten der Botschaft v. l. n. r. Prof. Höffner, P. Gustav Gundlach SJ, P. Anton Rauscher SJ, P. Wilhelm Bertrams SJ (Gregoriana) und P. Robert Leiber SJ, den langjährigen persönlichen Sekretär Pius' XII.

22 | Höffner bei seiner Abschiedsvorlesung an der Universität Münster im Juli 1962.

23 | Generaldirektor Franz Greiß, Präsident der Industrie- und Handelskammer Köln, 1949 Gründer und dann erster Vorsitzender des Bundes Katholischer Unternehmer.

24 | Dr. Wilfrid Schreiber, 1949-1961 Geschäftsführer des Bundes Katholischer Unternehmer, später Professor an den Universitäten Bonn und Köln.

25 | Kardinal Höffner gratuliert am 22. April 1970 Franz Greiß zum 65. Geburtstag.

Terminfrage.[45] Im Rundbrief 9/1950 fand sich dann die Ankündigung: »Von Donnerstag, dem 7. abends, bis Sonntag, dem 10. Dezember [1950] morgens, finden unter der Leitung unseres geistlichen Beraters ... in der Abtei Himmerod (Eifel) Exerzitien des BKU statt.« Dem Abt von Himmerod schrieb Höffner am 1. Dezember: »Es ist der erste Versuch, innerhalb des 1949 gegründeten ›Bundes Katholischer Unternehmer‹ Exerzitien zu halten. Man bat mich, die ersten Exerzitien selbst zu leiten ... Wie ich höre, werden etwa 14 Herren kommen.«[46] Im Rundbrief 10/1951 hieß es in einem Bericht über die Mitgliederversammlung in Bad Neuenahr am 23. und 24. Juni 1951, ein Mitglied habe den Antrag gestellt: »Die Versammlung möge beschließen, jährlich einmal Exerzitien als ordentlichen Punkt des Jahresprogramms festzulegen. Die Exerzitien sollen Vollexerzitien sein und sich über volle drei Tage erstrecken.« Dieser Antrag, »aus dem deutlich die nachhaltige Wertschätzung der bisherigen (nur als zu kurz empfundenen) Exerzitien des BKU und dankbare Verehrung für den Leiter ... Höffner herausklingt«, wurde einstimmig angenommen.

Im Advent 1951 fanden die Exerzitien in Schönstatt über volle drei Tage statt. Im Rundbrief 10/1951 ist vermerkt, dass 23 Herren daran teilnahmen, »fast doppelt so viele wie im vorigen Jahr. ... Aus dem Kreise der Teilnehmer ging(en) uns eine Reihe von Anregungen zu, die erkennen lassen, dass die Abhaltung von Exerzitienkursen im BKU-Kreis und unter Leitung von Prof. Höffner einem tief empfundenen Bedürfnis entspricht und vielen unserer Mitglieder zur Herzenssache geworden ist.«

Offensichtlich ging Höffner bei seinen Exerzitienangeboten wie bei seinen Vorträgen rationell mit seiner Zeit um: Was einmal sorgfältig erarbeitet war und Anklang gefunden hatte, wurde wiederholt. So schrieb er an den Geschäftsführer des BKU am 24. November 1951: »Freundlichen Dank für Ihre Nachricht, dass inzwischen 10 feste Meldungen für die Exerzitien vorliegen! Ich wäre Ihnen dankbar wenn Sie mir, sobald die Anmeldungen abgeschlossen sind, die Namen der Teilnehmer mitteilen könnten. Vor allem aus folgendem Grund: Ich möchte, wenn keine Herren teilnehmen, die voriges Jahr auch in Himmerod waren, im wesentlichen dieselben Themen behandeln, die ich in Himmerod zur Grundlage der Exerzitien gemacht hatte. Darauf aufbauend könnte dann ein späterer Kursus die Sittenlehre zum Thema nehmen. Falls jedoch ›Himmeroder‹ teilnehmen, würde ich dieses Thema schon diesmal wählen.«[47] Bei dieser »Rationalität« ist zu bedenken, dass Höffner nach einem Sommersemester mit Doppelprogramm in Trier und Münster gerade seinen Umzug nach Münster überstanden hatte und dabei war, sein Institut für Christliche Sozialwissenschaften einzurichten.

In die Planung für die Exerzitien der Karwoche 1953 brachte Höffner selbst den schon 1951 in Schönstatt von ihm zur Erwägung gestellten Vorschlag ein, die

---

45 Rundbriefe 1 und 3/1950.
46 Höffner an Abt Vitus Recke OCist., Himmerod, 1. 12. 1950 (Durchschlag): HAEK – NH 1400.
47 Höffner an Schreiber, 24. 11. 1951 (Original): BKU – Archiv – Diversa.

Exerzitienkurse auch für Ehepaare zu öffnen. »Dieser von Prof. Höffner selbst stammende Gedanke hat bei allen Mitgliedern, die jetzt schon davon gehört haben, herzliche Zustimmung gefunden.«[48] Im Laufe der Jahre ergab sich, dass in der Karwoche gut besuchte Kurse für Ehepaare im Antoniusheim in Honnef, im Advent ein weiterer Kurs in Himmerod oder an anderen Orten angeboten wurde. Höffner hat mehrfach beide Kurse gestaltet, in den späteren 1950er Jahren jedoch auch die Hilfe von Jesuiten in Anspruch genommen. Das Echo auf diese Angebote in den BKU-Rundbriefen war stets dankbare Anerkennung.

Das seelsorgliche Anliegen Höffners, die Mitglieder des BKU nicht zu sehr aus ihren Familien herauszulösen, kam nicht nur bei den Exerzitienangeboten zum Ausdruck. Schon im Protokoll der Mitgliederversammlung Anfang Juli 1950 ist festgehalten, »dass unser geistlicher Berater ... oft mit Nachdruck seine seelsorgerischen (!) Bedenken gegen eine allzu starke Inanspruchnahme unserer Mitglieder durch reine Männer-Zusammenkünfte, die über die notwendige berufliche Arbeit hinaus die Mitglieder ihren Familien entziehen, angemeldet hat. Der Vorstand hatte sich daher entschlossen, die Sommertagung dieses Jahres zu einer Art Familientag des BKU zu gestalten, an dem auch die Frauen und herangewachsenen Söhne und Töchter unserer Mitglieder und Freunde teilnehmen sollten. Dieser Gedanke hat offenbar auch bei den Mitgliedern Anklang gefunden.«[49]

Einem seelsorglichen Vorschlag aus Mitgliederkreisen stand Höffner allerdings skeptisch gegenüber: Dr. Theophil Herder-Dorneich aus Freiburg hatte Anfang 1950 ins Gespräch gebracht, in den Betrieben abendliche Messfeiern anzubieten. Höffner kam darüber, wie er Franz Greiß am 22. April 1950 schrieb, mit Dr. Herder-Dorneich ins Gespräch.[50] Höffner hielt mit seinen Bedenken nicht zurück: Die Eucharistiefeier in nichtsakralen Räumen. »Besteht nicht die Gefahr, dass die Seelsorge von der Pfarrei aus durch den Gottesdienst in den Betrieben zersplittert wird?«; würde es genug geeignete Priester geben? »Wäre es nicht passender, die Angehörigen eines Betriebes in der nächtsgelegenen Kirche zu einer Abendmesse zusammenzufassen, und zwar hin und wieder, um die Pfarreien nicht zu zersplittern?« Immerhin trug Höffner dieses Anliegen am 12. Mai 1950 Kardinal Frings vor, allerdings unter Nennung seiner Bedenken.[51]

Höffners umfassendster Einsatz für den BKU (und viele andere Kreise) waren seine sehr zahlreichen Vortragsangebote. Bei den meisten Mitgliederversamm-

---

48 Rundbrief 2/1953.

49 Niederschrift der ordentlichen Mitglieder-Versammlung und Tagung des BKU zu Bad Neuenahr am 1. und 2. Juli 1950 (hekt.): HAEK – NH 1399.

50 Höffner an Greiß, 22. 4. 1950 (Durchschlag): HAEK – NH 1400; ebd. Auszug einer Eingabe von Herder-Dorneich an den BKU vom 11. 4. 1950: »Der Vorstand des BKU ersucht seinen geistlichen Beirat, Herrn Prof. Dr. Höffner, die Bedeutung der Abendmesse für Werktätige *in den Betrieben selbst* als vorzügliches Mittel für die Herbeiführung der haltungsmäßigen Voraussetzungen der Sozialreform zu prüfen, und bittet um Vorlage des Ergebnisses in Form eines Berichtes.«

51 Höffner an Frings, 12. 5. 1950 (Durchschlag): Ebd. – Eine Antwort des Kardinals ist nicht erhalten.

lungen der frühen Jahre war er einer der Hauptreferenten, ließ sich aber auch auf Vermittlung Schreibers oder auf regionale Anfragen hin dafür gewinnen, bei der Gründung oder zur geistig-geistlichen Motivierung von regionalen BKU-Zirkeln wirtschafts- und sozialethische Themen zu behandeln,[52] die nicht selten anschließend vom BKU für weitere Kreise publiziert wurden – und dann neue Vortragsanfragen bei Höffner auslösten. In den BKU-Rundbriefen lassen sich Höffners Einsätze zur regionalen Aktivierung des Bundes leicht verfolgen.

In welchem Umfang Joseph Höffner sich für solche über die ganze Bundesrepublik sich erstreckenden Einsätze – auch von anderen Kreisen – einfordern ließ, kann man beispielhaft dem »Tätigkeitsbericht des Sozialreferates« beim ZdK für das Jahre 1953 entnehmen, den Höffner selbst am 28. Oktober 1953 erstellte:[53]

»a)1. – 4. April 1953: Prof. Höffner hielt in Honnef einen Exerzitienkursus über das Thema ›Ehe und Familie‹ für Ehepaare des BKU (46 Teilnehmer).

b) 18. April 1953: Prof. Höffner hielt auf der Tagung der ›Arbeitsgemeinschaft christlicher Historiker‹ zu Bonn einen Vortrag über ›Die Stellung des Deutschen Katholizismus in den sozialen Entscheidungen des 19. Jahrhunderts‹, der als Sonderdruck erschienen ist.

c) 8. Mai 1953: Prof. Höffner sprach im ›Kettelerkreis‹ der Universität Köln über ›Soziale Utopien und christlicher Realismus‹.

d) 7. – 10. Mai 1953 Teilnahme Professor Höffners (als geistl. Beirat des BKU) am Internationalen Kongress der UNIAPAC in Köln. Thema: ›Die Führungskräfte im Betrieb‹.

e) 25. – 27. Mai 1953: Dechantenkonferenz des Bistums Münster. Das Referat von Prof. Höffner ›Soziologie und Seelsorge‹ ist als Sonderdruck erschienen.

f) 20. Juni 1953: Prof. Höffner sprach auf Burg Gemen vor Studenten der Universität Münster über die ›Probleme der Sozialisierung‹.

g) 24. Juni 1953: Tagung des BKU anlässlich der Eröffnung der Rationalisierungsausstellung in Düsseldorf. Der Vortrag von Prof. Höffner ist in erweiterter Fassung unter dem Titel ›Der technische Fortschritt und das Heil der Menschen‹ ... erschienen.

h) ...

i) ...

k) 24. August 1953: Prof. Höffner gab für die Teilnehmer an einem vierwöchigen Kursus in der Böckler-Schule des DGB zu Hattingen (Ruhr) eine Einführung in die christliche Gesellschaftslehre.

---

[52] Eine Übersicht über Höffners Vorträge bei den Jahrestagungen des BKU bietet F. Greiß/M. Lohmann, Gründung des BKU, S. 14-22; die Vorträge bei den Jahrestagungen wie bei regionalen und örtlichen BKU-Veranstaltungen in ganz Westdeutschland wurden anerkennend jeweils in den BKU-Rundbriefen erwähnt (Vollständige Sammlung dieser Rundbriefe im Archiv des BKU).

[53] Sozialreferat im ZdK, Tätigkeitsbericht des Sozialreferates April – Dezember 1953, Münster, 28. 10. 1953 (7 Seiten): AZdK – 4240/459, S. 3-6: »Der Leiter und der Sekretär des Sozialreferates [Dr. Bruno Molitor] haben u. a. an folgenden Kursen und Arbeitstagungen teilgenommen ...«. Die nachfolgende Aufzählung nennt nur Höffners Einsätze.

l) 31. August – 4. September 1953: Sozialwissenschaftlicher Kursus für Priester des Bistums Trier in St. Thomas (Eifel) unter Leitung von Prof. Höffner.

m)...

n) 16. – 17. September 1953: Prof. Höffner hielt vor dem Ausschuss des Caritasverbandes für Familienfürsorge in Bad Homburg ein Referat über ›Familiensoziologie‹.

o) ...

p) 2. Oktober 1953: Prof. Höffner sprach auf Einladung der Buderus-Werke in Wetzlar über die ›Soziale Wiedergesundung‹.

q) 4. – 6. Oktober 1953: Generalversammlung der Görresgesellschaft in Münster. Das Referat von Prof. Höffner ›Der personale Faktor in der Sozialpolitik‹ ist ... erschienen.

r) ...

s) 23. Oktober 1953: Prof. Höffner sprach vor der Führungsschicht (300 Personen) der fünf saarländischen Werke der Firma ›Villeroy und Boch‹ in Mettlach/Saar über ›Mensch und Arbeit im technischen Zeitalter‹.

t) ...

u) ...

v) ...

x) 10. November 1953: Prof. Höffner sprach vor Unternehmern der westfälischen Textilindustrie im Franz-Hitze-Haus in Münster über den Familienlastenausgleich.

y) ...

z¹) 27. November 1953: Tagung der Bundesvereinigung der Deutschen Arbeitgeberverbände in Bremen. Der Vortrag von Prof. Höffner über ›Der Mensch als Mittelpunkt der sozialen Ordnung‹ erscheint in einem Sonderdruck.

z²) 9. Dezember 1953: Prof. Höffner sprach im Volksbildungswerk der Stadt Oer-Erkenschwick über ›Dämonie und Ethos der Technik‹.«

Diese Liste von Höffners außeruniversitären Einsätzen für 1953 zeigt den Radius und die inhaltliche Ausrichtung seiner Arbeit in einer breiten Öffentlichkeit. Für 1954 gab er dem Sozialreferat des ZdK eine ähnliche Liste ab, die allerdings nur Termine und Einsatzorte (keine Themen) benannte: Zwischen dem 13. Januar und dem 15. Dezember 1954 ließ sich Höffner zwanzig Mal zwischen Wiedenbrück, Eichstätt, Friedrichshafen und Rapperswil in der Schweiz verpflichten.[54]

Durch die Mitgliedschaft des BKU in der UNIAPAC (= Union International des Associations Patronales Chrétiennes in Brüssel) wurde Höffners Einsatz auch auf eine internationale Ebene ausgeweitet. Schmidt berichtet, man sei in den Gründerkreisen des BKU der Überzeugung gewesen, »die sozialen und ökonomischen Fragen nicht auf ein Land allein begrenzen zu können. Franz Greiß betonte, dass der bisherige Kontakt bereits ›einiges zum besseren Verständnis deutscher Pro-

[54] Hand- und maschinenschriftliche Liste der Termine 1954: Ebd.

bleme im Ausland‹ beigetragen habe. Dieser Erfahrung folgend schrieben die Gründungsväter die Aufnahme und Pflege von ›Verbindungen mit ähnlichen Unternehmer-Vereinigungen des Auslandes und anderer christlicher Bekenntnisse‹ in der Satzung fest. Daher ist der BKU seit seiner Gründung Mitglied der UNIAPAC, der Internationalen Christlichen Unternehmervereinigung.« Erklärend merkt Schmidt an: »Die UNIAPAC wurde 1941 gegründet als Vereinigung katholischer Arbeitgeberverbände. Seit 1962 ist sie eine ökumenische Unternehmervereinigung.«[55]

Höffner wurde von Geiß und seinem Stellvertreter Dr. Peter H. Werhahn, der später zeitweilig Vorsitzender der UNIAPAC werden sollte, von Anfang an in diese internationalen Kontakte des BKU einbezogen und bei Zusammenkünften im Ausland häufiger als Referent angeboten. So scheint Höffner schon im Frühjahr 1950 mit Dr. Herder-Dorneich bei einer UNIAPAC-Zusammenkunft in den Niederlanden gewesen zu sein.[56] Am 12. Mai 1951 wandte sich Dr. Schreiber an die Mitglieder des erweiterten Vorstandes, um auf Anfrage der UNIAPAC-Zentrale in Brüssel hin Referenten für deren Kongress im Februar 1952 in Brüssel zu finden. »Darf ich insbesondere erneut Herrn Prof. Höffner fragen, ob er diesmal einen Vortrag übernehmen will?«[57]

Als Reaktion auf diese Anfrage schrieb am 15. Mai 1951 Dr. Fritz Burgbacher an Schreiber:

»1. Ich halte es für notwendig, dass Herr Professor Höffner spricht.
2. Die Beschränkung des Zentralrates [der UNIAPAC], dass der Vortragende einen akademischen Grad besitzen muss, ist für einen Unternehmerverband fast grotesk. In einem Unternehmerverband sollte nicht die in der Jugend erhaltene Ausbildung, sondern die im Amt bewährte Erfahrung entscheidend sein. Ich möchte deshalb vorschlagen, dass der deutsche Verband gegen diese Einschränkung protestiert.
3. Ich halte es auch für zweckmäßig, dass neben dem geistlichen Berater des deutschen BKU dessen Vorsitzender und dessen Hauptgeschäftsführer in Erscheinung treten mit je einem Referat ...«[58]

In der Praxis blieb die qualifizierte öffentliche Repräsentation des BKU in der UNIAPAC häufiger an Höffner hängen. So lesen wir im Rundbrief 1/1952: »UNIAPAC-Kongress in Brüssel 21. – 24. 2. 52. Als Redner von deutscher Seite spricht in Brüssel unser geistlicher Berater Prof. Dr. Joseph Höffner über den ›technischen Fortschritt und das Heil des Menschen‹.«

---

[55] K.-D. Schmidt, BKU, S. 35 mit Anm. 35. – In Schreibers »Geschäftsbericht« für 1949 (HAEK – NH 1399) heißt es: »Auf der Internationalen Tagung der Katholischen Unternehmerverbände (UNIAPAC) in Rom vom 7. – 10. 5. 1949 wurde der Bund in den oben genannten Verband ... als vollberechtigtes Mitglied aufgenommen.«

[56] Das ergibt sich aus dem Brief Höffners an Greiß vom 22. 4. 1950 in Sachen Abendmessen in den Betrieben (vgl. oben Anm. 50).

[57] Schreiber an die Mitglieder des erweiterten Vorstandes, 12. 5. 1951: RWWA – BKU – 4.

[58] Burgbacher an Schreiber, 15. 5. 1951: Ebd.

Im Protokoll der Sitzung des erweiterten Vorstandes vom 10. März 1952 heißt es: »H. H. Prof. Dr. Höffner und Dr. Schreiber berichteten über den Brüsseler Kongress der UNIAPAC ... Der nächste Weltkongress der UNIAPAC findet im Mai 1953 in Köln statt. Generalthema soll sein ›*La formation du point de vue économique et social du chef d'entreprise et du cadre*‹« Höffner beteiligte sich an den Planungen und der Durchführung des Kölner Kongresses durch eine Eucharistiefeier mit Predigt in St. Andreas sowie einen Vortrag mit dem Thema »Die Führungskräfte im Betrieb«. Der Rundbrief 5/1955 vermerkt Höffners Teilnahme (mit anderen BKU-Vertretern) am Internationalen Kongress der katholischen Unternehmer 1955 in Paris.

Schon für den Herbst 1953 hatte Höffner offensichtlich die Anregung an die Ehepaare Greiß und Schreiber gegeben, einmal eine gemeinsame Romreise zu planen, zu der Höffner auch seine Schwester Maria mitzunehmen gedachte. Die Beziehungen zwischen Höffner, Greiß und Schreiber hatten inzwischen freundschaftliche Züge angenommen. Am 12. März 1953 schrieb Schreiber an Höffner: »Mit großer Vorfreude denke ich an den Herbst und hoffe, dass es Ihnen mit dem Plan unserer Rom-Reise so ernst ist wie mir. Ich habe schon Karten studiert und Reiseführer gewälzt und werde Ihnen in Kürze konkrete Vorschläge machen, wobei ich wohl annehmen darf, dass das eigentliche Programm von Ihnen fixiert wird, zumindest für Rom und Umgebung.«[59] Die Reise musste um ein halbes Jahr verschoben werden. Im Rundbrief 5/1954 liest man: »In Begleitung des geistlichen Beraters des BKU Prof. Dr. Joseph Höffner weilten der Vorsitzende Franz Greiß und der Geschäftsführer Dr. Wilfrid Schreiber Anfang April d. J. einige Tage in Rom. Die erhoffte Audienz beim Hl. Vater kam leider wegen des damals noch sehr geschwächten Gesundheitszustandes des Papstes nicht zustande. Um so mehr wurde die Gelegenheit zu einer eingehenden Aussprache mit H. H. Pater Dr. Gustav Gundlach ... genutzt. Auf der Hin- und Rückfahrt wurden die dem BKU nahestehenden Persönlichkeiten unserer italienischen Schwesterorganisation UCID besucht. Die Gruppe Rom der UCID empfing die BKU-Gruppe auf einem Freundschaftsmahl auf das herzlichste. Besonders eindrucksvoll war der Besuch bei der Piemonteser Gruppe der UCID in Turin, bei dem die deutschen Besucher aus dem Munde des UCID-Präsidenten L. V. Bona und des Generalsekretärs Dr. Vittorio Vaccari wertvolle Aufschlüsse über die Aktivität und weitgespannte Konzeption unserer italienischen Freunde gewannen.«

Dieser Bericht liest sich wie eine Vorbereitung zu der bereits erwähnten zehntägigen Exkursion Höffners mit den Angehörigen seines Münsteraner Instituts nach Italien 1960, die Besichtigungen der FIAT-Werke in Turin, der OLIVETTI-Schreibmaschinenwerke in Ivrea und der NECCHI-Nähmaschinenfabrik in Pavia ebenso einschloss wie einen Empfang beim italienischen Arbeitgeberverband in Rom.[60]

---

59 Schreiber an Höffner, 12. 3. 1953. [illegible]

60 Vgl. oben S. 148 mit Anm. 33 bzw. M. Hermanns, Sozialethik, S. 271.

Von den weiteren »Auslandseinsätzen« Höffners für den BKU bzw. die UNIAPAC soll nur noch die Reise nach Santiago de Chile 1961 Erwähnung finden. Peter H. Werhahn, der es inzwischen zum Präsidenten der UNIAPAC gebracht hatte, hatte für die Tage vom 26. September bis 1. Oktober 1961 einen Kongress der UNIAPAC zum Thema »Der christliche Unternehmer und die wirtschaftliche Entwicklung« nach Santiago de Chile einberufen.[61] Werhahn hatte von einem seiner chilenischen Gesprächspartner erfahren, »dass die Verbindung der neuen Universität in Santiago de Chile und [der Universität] Münster sehr eng werden soll. Pater Veekemans sprach davon, dass Ihr Besuch in Chile dort außerordentlich willkommen sei, ja, dringend gewünscht werde. Dies veranlasst mich, Sie zu fragen, ob Sie es nicht einrichten können, an dem Kongress der UNIAPAC in Chile teilzunehmen.«[62]

Höffner nahm auf Einladung des BKU an der Reise mit einer größeren Gruppe europäischer Unternehmer teil, nutzte die Reise allerdings nicht nur für den Kongress, der den europäischen Teilnehmern die Probleme Südamerikas vor Augen führte, sondern ließ sich durch Frau Dr. Alberta Lücker vom ZdK und dem Planungsstab für die erste Adveniat-Kollekte auch für konkrete Hilfsprojekte einspannen. Schon am 10. September brach man von Frankfurt aus auf. Die Route führte über New York nach Mexiko, Bogota, Quito, Lima nach Santiago.[63]

Einblicke in das Reiseprogramm gewähren die erhaltene Korrespondenz Höffners sowie der bereits erwähnte gedruckte Bericht Werhahns über die Lateinamerika-Reise vor der Mitgliederversammlung des BKU am 13. Oktober 1961. Dieser Bericht Werhahns schloss: »Zum Schluss darf ich Ihnen noch zwei kleine Projekte ans Herz legen ...: Eins in Mexiko und eins in Ecuador. Ich wage es deswegen, weil es nicht Millionenprojekte sind, sondern bescheidene, realisierbare.« In Mexiko handelte es sich um zwei von katholischen Unternehmern gegründete Schulen, die Höffner und Werhahn besucht hatten. Es ging um Werkzeugmaschinen, Werkzeuge und Freiplätze. »Das zweite Projekt ist in Ecuador. Dort sprach mich die Oberin eines Nonnenklosters an; sie will ein kleines Heim für Arbeitertöchter einrichten und braucht zum Anlauf vier Nähmaschinen und vier Schreibmaschinen ...«

Die Darstellung des Einsatzes von Joseph Höffner für den BKU müsste nun auf die inhaltlichen Themen eingehen, die der Verband in den 1950er Jahren verfolgte: Betriebliche Mitbestimmung, Rentenreform, Vermögensbildung in Arbeitnehmerhand, sozial gerechte Familienpolitik, Sonntagsarbeit und »gleitende Ar-

[61] Nachfolgend geschilderte Korrespondenz und Peter H. Werhahn, Bericht über Lateinamerika. Die wirtschaftliche und soziale Lage der Länder Lateinamerikas. Aufgabe der christlichen Unternehmer und Politiker. Der Kongress der UNIAPAC in Santiago de Chile. Schlussfolgerungen, 8 Druckseiten, BKU Köln 1961: HAEK – NH 2557. – Eine Fußnote auf der 1. Seite von Werhahns Bericht besagt: »Der Text wurde vom Verfasser redigiert nach der Bandaufnahme seines frei gesprochenen Berichtes vor der ordentlichen Mitgliederversammlung des BKU zu Bad Neuenahr am 13. Oktober 1961.«

[62] Werhahn an Höffner, 7. 4. 1961 (Original): Ebd.

[63] Impf- und Terminplan mit hs. Randbemerkungen Höffners: Ebd.

beitswoche«.[64] Was der BKU auf diesen Feldern, zum Teil über den »Bonner Kreis« von Bundestagsabgeordneten aus eigenen Reihen, erreichte, kam nicht ohne den »Geistlichen Berater« Höffner zustande. Doch hat Höffner diese Komplexe nicht nur indirekt über den BKU beeinflusst, sondern war unmittelbarer in die Politik eingeschaltet. Das soll an gegebenem Ort dargestellt werden.

Doch ist Höffner mit keinem nebenamtlichen Einsatzfeld so persönlich verbunden gewesen wie mit dem BKU. Durch seine Exerzitienangebote, zahlreichen Vorträge, Vorstandssitzungen und Zuarbeiten war er vielen BKU-Mitgliedern persönlich, zum Teil freundschaftlich verbunden. Höffner hatte deshalb auch keine Hemmungen, die Hilfe von BKU-Mitgliedern in Anspruch zu nehmen, sei es für seine Tätigkeit an der Universität, sei es vor allem für den Aufbau seines Instituts in Münster. Es wurde bereits dargestellt, wie die Mitglieder von Greiß und Schreiber angehalten wurden, den Aufbau der Institutsbibliothek durch Spenden zu fördern. BKU-Mitglieder gründeten einen »Födererverein«. Zusammen mit Spenden der Kohlenbergbau-Leitung in Essen und des Industrieinstituts in Köln standen Höffner in der ganzen Zeit seiner Tätigkeit in Münster jährlich hohe Summen für den Aufbau seines Instituts und der Bibliothek zur Verfügung.[65] Höffner bedankte sich zunächst persönlich beim Vorsitzenden Greiß. Am 22. Dezember 1953 schrieb er in einem Weihnachtsbrief: »Besonderen Dank schulde ich Ihnen auch für die liebenswürdige und erfolgreiche Förderung meines Instituts. Wir sind gerade daran, die Pläne für einen Neubau der Katholisch-Theologischen Fakultät zu besprechen. In diesem Neubau wird auch mein Institut den unbedingt notwendigen Raum finden. So fällt es mir nicht schwer, den Ruf an die Universität München, der kürzlich an mich ergangen ist, nicht anzunehmen.«[66] Ab 1954 schickte Höffner zu Ende des Jahres einen Tätigkeitsbericht an die Förderer des Instituts. Bei der Übersendung schrieb er am 12. Dezember 1956 an Greiß: »Gegen Ende des Jahres ist es mir eine liebe Pflicht, den Mitgliedern des Fördererkreises meines Instituts den Rechenschaftsbericht über das Jahr 1956 vorzulegen. Das Institut feiert in diesen Tagen seinen fünften Geburtstag. Wenn der Aufbau und die Entwicklung des Instituts in diesen wenigen Jahren recht erfreulich gewesen ist, so verdanke ich das nicht zuletzt Ihrer großzügigen Unterstützung.«[67]

So war die Förderung eine gegenseitige: Der BKU wäre ohne die wissenschaftliche und seelsorgerliche Starthilfe Höffners nicht geworden, was er wurde. Höffner erhielt als Dank des Bundes aber auch eine vielfältige Förderung, ohne die seine Arbeit für die Universität und in den vielfältigen außeruniversitären Betätigungsfeldern nicht den Radius erreicht hätte, den sie fand.

---

64 Vgl. dazu K.-D.Schmidt, BKU, S. 73-188.

65 Vgl. oben S. 128-130.

66 Höffner an Greiß, 22. 12. 1953: RWWA – BKU – 5.

67 Höffner an Greiß, 12. 12. 1956: RWWA – BKU – 233.

2. Diözesane Sozialinstitute und Sozialreferat des Zentralkomitees der Deutschen Katholiken

Die hohe Arbeitslosigkeit vor 1933 war eine der entscheidenden Ursachen für die Krise der Weimarer Republik gewesen. Die Arbeit des »Volksvereins für das katholische Deutschland« hatte zuvor für einige Jahrzehnte Wesentliches zur sozialen und politischen Schulung der deutschen Katholiken geleistet.[68] Als er am 1. Juli 1933 durch das NS-Regime aufgelöst wurde, befand er sich seit einigen Jahren in einer wirtschaftlichen und inneren Krise, vor allem aber in einem Spannungsverhältnis zu zahlreichen Bischöfen, die sich nicht für alle Verlautbarungen und Schulden des »Volksvereins« in Verantwortung nehmen lassen wollten.

Allen politisch, gesellschaftlich und kirchlich nach 1945 tätig werdenden Kreisen war bewusst, dass dem Neuaufbau von Sozialstrukturen innerhalb eines wirtschaftlichen Wiederaufbaus erhebliche Bedeutung zukommen würde. Aus dieser Einsicht hatte Kardinal Frings schon 1946 in Zusammenarbeit mit dem Arbeiterpräses Hermann-Joseph Schmitt den bereits erwähnten, monatlich in seinem Hause sich versammelnden »Kardinalskreis« aus Unternehmern, Arbeitervertretern und Sozialwissenschaftlern geschaffen.[69] Aus der Arbeit dieses Kreises entstand die von Frings 1947 publizierte Schrift »Grundsätze katholischer Sozialarbeit und zeitnahe Folgerungen«.[70]

Von Anfang an erschien den Verantwortlichen für den wirtschaftlichen Aufbau wie für den sozialen Frieden gleichermaßen bedeutsam, das Miteinander von Arbeitern und Unternehmern neu zu gestalten, den Arbeitern ein Recht auf Mitgestaltung oder gar Mitbestimmung in ihren Betrieben einzuräumen. Frings durchschaute (oder ließ sich von seinen Beratern im »Kardinalskreis« darauf aufmerksam machen), dass es bei der Einräumung solcher Mitwirkungsrechte für die Arbeitnehmer nicht nur politischer Entscheidungen, sondern auch hinreichender politischer, rechtlicher und wirtschaftlicher Kenntnisse auf Seiten der zu beteiligenden Arbeiter bedürfe. Diese Kenntnisse sollten zudem in der christlichen Soziallehre fundiert sein.

Frings pflegte während seiner langen Bischofsjahre regelmäßig am Vorabend des 1. Mai die Arbeiterschaft in einer besonderen Predigt anzusprechen. So stellte der Kardinal schon am 30. April 1947 in St. Engelbert in Köln-Humboldt fest: »Es fehlt ohne Zweifel unter den Arbeitern an Männern, die die nötige Vorbildung haben, um wirklich sachkundig an der Leitung der Werke mitzuwirken. Wer nicht selbständig eine Bilanz lesen kann, wer die Zusammenhänge der Wirtschaft nicht kennt, wer nicht die Grundsätze der christlichen Gesellschaftslehre sich zu eigen

---

68 Zur Geschichte des »Volksvereins«: G. Klein, Volksverein.

69 Dazu: N. Trippen, Frings I, S. 397-405; vgl. oben S. 165 mit Anm. 2; O. Schütz, Akademien, S. 30-34.

70 J. Kardinal Frings, Grundsätze katholischer Sozialarbeit und zeitnahe Folgerungen (= Bausteine der Gegenwart, Heft 6), Köln 1947.

gemacht hat, wird als christlicher Arbeitervertreter, etwa in einem Aufsichtsrat, keine gute Rolle spielen. Darum lautet die Forderung an euch: *Schult euch* in Unterrichtskursen, in angestrengtem, monatelangem, besser: jahrlangem Studium, dass viele von euch wirklich sachkundig werden und euch in den Betriebsräten, in den Gesellschaften und in den Kammern vertreten können!«[71]

Für das Erzbistum Köln hatte Frings selbst mit Hermann-Joseph Schmitt die Gründung eines »Katholisch-Sozialen Instituts« seit Ende 1945 in die Wege geleitet. Doch die 1947 erfolgte Gründung scheiterte zunächst an dem fehlenden Domizil, vor allem aber an dem zu stark *sozialwissenschaftlich* ausgerichteten, in praktischen Fragen ungeschickt agierenden Leiter DDDr. Adolph Geck. Erst der seit Kriegszeiten mit Frings befreundete, vorübergehend als Präsident des Caritasverbandes in Freiburg tätige Domkapitular Dr. Franz Müller konnte es in den Jahren 1951 bis 1968 als neuer Leiter zur Blüte führen. Das »Markenzeichen« der Einrichtung wurden ab 1954 die »Jahreskurse«, in denen (bis 2002) rund 700 Arbeitnehmer für eine Tätigkeit in Parteien und Gewerkschaften, in Kolpingwerk und KAB sowie in zahlreichen kirchlichen Sozialeinrichtungen ausgebildet und mit tragfähigen Kenntnissen der katholischen Gesellschaftslehre ausgerüstet wurden.[72]

Wie wir aus Höffners Darstellungen anlässlich seiner Berufung nach Münster wissen, waren »im stillen Trierer Land« die sozialen Zukunftssorgen und -planungen nicht so bedrängend wie im rheinisch-westfälischen Industrierevier. So wundert es nicht, dass Erzbischof Jaeger von Paderborn und Bischof Keller von Münster in ihren sozialpädagogischen Überlegungen und deren Umsetzungsversuchen Kardinal Frings und dem Honnefer Institut sehr nahe standen. Dem Kölner Kardinal gegenüber hatten sie jedoch den Vorteil, dass sie ab 1948 den in Trier und Münster lehrenden Fachmann Professor Joseph Höffner als Anreger, Planer und Mitarbeiter zur Hand hatten.

Erzbischof Lorenz Jaeger hatte unmittelbar nach dem Bochumer Katholikentag am 9. Oktober 1949 die in Dortmund-Brackel erhaltene, wenn auch in schlechtem Bauzustand befindliche ehemalige Deutschordens-Kommende zu einem Zentrum für soziale Kurse in seinem Erzbistum bestimmt.[73] Schon 1946 war diese Kommende als Schenkung an das Erzbistum Paderborn gekommen und dann sehr bald für seelsorgliche Schulungszwecke benutzt worden. Ab 1947 hatte Erzbischof Jaeger mit dem Provinzial der Jesuiten in Köln verhandelt, um mit Hilfe des Ordens in Brackel ein Zentrum für soziale Bildung zu schaffen. Doch der Orden

---

[71] Predigt Kardinal Frings' in Köln-Humboldt am 30. 4. 1947, hekt. Exemplar: HAEK – CR 2.3, 4; vgl. N. TRIPPEN, Frings I, S. 403.

[72] Zur Vorgeschichte und Gründung des »Katholisch-Sozialen Instituts des Erzbistums Köln«: N. TRIPPEN, Frings I, S. 405-411; O. SCHÜTZ, Akademien, S. 21-62.

[73] So im Bericht: St. Clemens-Kommende. Institut für katholische Sozialarbeit im Erzbistum Paderborn »An unsere Förderer und Freunde«, 17. 12. 1952: HAEK – NH 2608 – Zur Frühgeschichte der »Kommende« in Dortmund-Brackel: O. SCHÜTZ, Akademien, S. 63-101.

hatte schließlich abgesagt. Der Bochumer Katholikentag 1949 war Veranlassung, diesen Plan erneut aufzugreifen.[74]

Der Standort war durch das ihn umgebende Ruhrgebiet für den Zweck geeigneter als ein Haus in der ländlichen Paderborner Region. In einem Rechenschaftsbericht »An unsere Freunde und Förderer« schrieben deren Vorsitzender, Oberbürgermeister a. D. Dr. Geyer, und der Kuratoriumsvorsitzende der Kommende, Prälat Dr. Franz Hengsbach, am 17. Dezember 1952: Durch die Einrichtung »sind inzwischen etliche tausend junger und älterer Christen aller Berufs- und Lebensstände zu sozialer Bildungsarbeit zusammengekommen.«[75]

Handelte es sich in den ersten Bestandsjahren der »Kommende« noch um ein- oder mehrtägige Einzelveranstaltungen, so schritt man Anfang 1951 zu einer Strukturierung und Systematisierung der Arbeit. Professor Höffner wurde zum 11. Februar 1951 in die Kommende eingeladen, wo »um 17 Uhr die Errichtung und Einrichtung eines Sozialen Seminars überlegt werden« sollte.[76] Der geistliche Rektor des Hauses, Wilhelm Hameyer, schrieb Höffner am 21. April 1951: »Die Vorbereitungen für das soziale Seminar sind so weit gediehen, dass wir es am 2. Mai eröffnen können. Wir haben eine ganz erstaunliche Anzahl Anmeldungen erhalten und hoffen auf einen guten Erfolg.«[77]

Ein Prospekt des Kurses besagt unter der Überschrift »Was wir wollen«:

»... Seit seiner Gründung im Jahre des sozialen Katholikentages ist es [das ›Institut für Katholische Sozialarbeit‹] bemüht, das Gedankengut der kath. Soziallehre in den Menschen aller Schichten lebendig zu machen. Der Vertiefung dieser Arbeit soll das Soziale Seminar in der Kommende dienen. In systematischer Arbeit, die sich über 2 Jahre erstreckt, sollen Männer und Frauen – Geistliche und Laien – gebildet werden, die fähig und willens sind, am Neuaufbau der Gesellschaft aus christlichem Geiste mitzuarbeiten.«[78]

Vor dem Dozentenkollegium und dem vorläufigen Programm des Kurses steht als »Leitung des Seminars: Universitätsprofessor Dr. Joseph Höffner, Münster«. Das war ihm Frühjahr 1951 den Realitäten noch vorgegriffen: Höffner war noch Professor in Trier, wo er wohnte, und konnte erst zum WS 1951/52 den Ruf an die Universität Münster annehmen!

Da die angezielte Interessentengruppe schon in Beruf (und Familie) stand, ist die Nachbemerkung zu dem von Höffner stark beeinflussten Kursprogramm von Bedeutung: »Arbeitsplan: Alle 14 Tage nachmittags 4 Stunden von 17 Uhr an, 4 Halbjahre. Der Wochentag wird im Einvernehmen mit den Teilnehmern bestimmt.«

---

74 H. J. PATT (Hrsg.), Kommende, S. 6-8; O. SCHÜTZ, Akademien, S. 63-75; vgl. zu dem ganzen Abschnitt B auch: M. HERMANNS, Sozialethik, S. 256-264.

75 Vgl. oben Anm. 73.

76 Kommende an Höffner, 2. 2. 1951: HAEK – NH 2608.

77 Kommende an Höffner, 21. 4. 1951: Ebd; vgl. auch: O. SCHÜTZ, Akademien, S. 91 f.

78 Prospekt: Soziales Seminar – Kommende – Institut für Katholische Sozialarbeit, Dortmund-Brackel: HAEK – NH 2608.

Über den Erfolg des Starts kann man in dem bereits erwähnten Bericht Geyer/Hengsbach an die Förderer und Freunde der Kommende im Dezember 1952 lesen: »Das am 2. Mai 1951 eröffnete *Soziale Seminar* hat am 1. Dezember 1951 in P. Dr. Gilbert Corman aus dem Dominikanerorden einen hauptamtlichen Studienleiter bekommen.« Die Mitarbeit Höffners musste sich notwendigerweise auf konzeptionelle Beratung und punktuelle Einsätze beschränken.[79] »Unter seiner [P. Cormans] Initiative sind inzwischen vom Zentralseminar der Kommende aus zehn Außenstellen errichtet worden, deren örtliche Träger im allgemeinen die jeweiligen Dekanats-Katholikenausschüsse sind. Diese Außenstellen bestehen zur Zeit [1952] in: Siegen, (Weidenau, Kreuztal,) Werdohl, Gevelsberg, Hagen, Iserlohn, Gelsenkirchen, Bochum, Lünen und Bielefeld. An 3 – 4 weiteren Orten sollen im kommenden Jahr ebenfalls Außenstellen errichtet werden. ... Augenblicklich beträgt die Gesamthörerzahl 815, während 22 ehrenamtliche Dozenten zusammen mit P. Corman die Vorlesungen und Arbeitsgemeinschaften durchführen. In diesem Jahr fanden *20 Kurse für Angehörige des Bergbaus* statt ... mit zusammen 604 Teilnehmern.«

Hier wird deutlich, dass eine nebenberufliche und »nebenfamiliäre« Schulung in sozialen Fragen über zwei Jahre hin in einem großflächigen Bistum bei den Verkehrsverhältnissen der frühen Nachkriegsjahre nicht zentral durchzuführen war. Auch die zu behandelnden Themenbereiche waren in der Bergbauregion des Ruhrgebiets andere als im Paderborner Land oder im Sauerland.

Ganz ähnlich stellten sich in der gleichen Zeit die Probleme im Bistum Münster dar. Der Unterschied war lediglich, dass man dort nicht mit der Gründung des zentralen Instituts begann, sondern mit dezentralen Kursangeboten, die erst im zweiten Schritt zur Gründung des Franz-Hitze-Hauses als eines gemeinsamen Dachs der Sozialen Kurse führten.[80] In der Darstellung Albrecht Beckels über die frühen Jahre der »Akademie Franz Hitze Haus« taucht Joseph Höffners Name nicht auf.[81] Die Durchsicht des Nachlasses von Joseph Höffner erweitert jedoch unsere Kenntnisse nicht unerheblich.

Beckel berichtet, dass Bischof Michael Keller seinen Fastenhirtenbrief 1950 dem Thema »Die Kirche und die soziale Frage« widmete. »1951 wurden an zehn Orten des Bistums« – das sich von Kevelaer am Niederrhein bis nach Wilhelmshaven

---

79 Durch Schreiben Hengsbachs vom 4. 8. 1951 wurde Höffner zur Auswertung des 1. Semesters des Sozialen Seminars und zur weiteren Programmgestaltung für den 8./9. 9. 1951 nach Dortmund eingeladen. Er nahm teil, ergänzte handschriftlich die Teilnehmerliste und notierte darauf Gegenstände für das weitere Programm: EBD.

80 Zur Gründung und Frühgeschichte des »Franz-Hitze-Hauses«: O. SCHÜTZ, Akademien, S. 121-153.

81 A. BECKEL, Die Akademie Franz Hitze Haus, S. 8-11. – Albrecht Beckel (1925 – 1993), 1953 Leiter der Sozialen Seminare im Bistum Münster, 1954 Leiter des Franz-Hitze-Hauses (bis 1988), 1964-1972 Oberbürgermeister von Münster, 1968-1972 Präsident des ZdK; M. HERMANN, Sozialethik, S. 259 Anm. 1012.

an der Nordsee erstreckte! – »neuartige ›Soziale Seminare‹ eingerichtet, das erste mit dem damaligen Dechanten Heinrich Maria Janssen[82] von Kevelaer. Neuartige Elemente waren:
Eine auf drei Jahre angelegte wöchentliche Bildungsarbeit nach einem einheitlichen, systematischen Lehrplan mit folgenden Lehrabschnitten, die später mehrfach überarbeitet wurden:
o Soziale Frage, Begriff und Geschichte
o Grundlagen der christlichen Gesellschaftslehre
o Ehe und Familie
o Gemeinde und Staat
o Die Wirtschaft
o Der Betrieb
o Sozialpolitik
o Das Arbeitsrecht
o Die Kirche
o Sozialreform nach päpstlichen Enzykliken«[83]

Die Teilnehmer an diesen örtlich zu organisierenden Seminaren wie die Dozenten sollten am Ort gewonnen werden. Neben der Organisation war jeweils ein »geistlicher Beirat« vorgesehen. Am Schluss sollte eine Prüfung stehen, die sich zusammensetzte aus »Hausarbeit, Aufsichtsarbeit und mündlicher Prüfung«. Danach sollte es eine bischöfliche Urkunde, eine *missio socialis,* geben. Beckel stellt fest: »Bei beidem, dem Hirtenbrief zur sozialen Frage und bei der Errichtung der Sozialen Seminare, hat an entscheidender Stelle Dr. Franz Wothe mitgewirkt.« Wothe stammte aus dem Bistum Münster, wurde aber 1940 in Danzig zum Priester geweiht und 1949 von Bischof Keller zum Sozialreferenten für das Bistum Münster berufen.[84]

Verrät schon der von Beckel referierte Lehrplan für die Sozialen Seminare die Handschrift Höffners, so findet sich zusätzlich in dessen Papieren ein »Stoffplan zum sozialen Seminar« mit dem handschriftlichen Randvermerk »Münster (Westf.) Dr. Wothe«. Der Briefkopf Höffners macht deutlich, von wem dieser Stoffplan stammte.[85] Die »Vorbemerkung« lässt erkennen, dass Höffner nicht nur seine »hauptberuflichen« Studenten einforderte, sondern auch von den in Beruf und Familie gebundenen Teilnehmern der »Sozialen Seminare« im Hinblick auf ihren späteren Einsatz viel erwartete:

---

[82] Heinrich Maria Janssen (1907 – 1988), 1934 Priesterweihe in Münster, 1949-1957 Pfarrer und Dechant in Kevelaer, 1957-1982 Bischof von Hildesheim: H. G. ASCHOFF, in: E. GATZ (Hrsg.), Bischofslexikon 1945-2001, 265-267.

[83] A. BECKEL, Die Akademie Franz Hitze Haus, S. 8; O. SCHÜTZ, Akademien, S. 127: »Die Sozialen Seminare begannen 1951 in Münster, Recklinghausen, Rheine, Kevelaer, Oberhausen-Osterfeld, Moers, Duisburg und Duiburg-Hamborn mit insgesamt 446 Teilnehmern.«

[84] Zu Wothes Lebensweg ausführlicher: O. SCHÜTZ, Akademien, S. 123.

[85] »Stoffplan zum Sozialen Seminar«: HAEK – NH 2606.

»Die Durchführung eines Lehrgangs erstreckt sich über 3 Jahre = 6 Semester. Ein Semester zählt 48 Stunden. Diese können in der Grundform des Seminars gegeben werden:

1. Entweder als Sonntagsschule = 6 Sonntage, d. h. einmal im Monat ein Sonntag à 8 Stunden,
2. oder als wöchentliche Abendschule = 24 Abende. d. h. jede Woche an einem Abend zwei Stunden.

In beiden Fällen ergibt sich eine Gesamtzahl von 48 Stunden. Bei 6 Semestern steht also im Verlaufe von 3 Jahren eine Stundenzahl von 288 Stunden zur Verfügung. Hinzu kommen: Besichtigungen, zweimal im Jahr Bezirkswochenendschulung, einmal im Jahr auf Diözesangrundlage ein Wochenkurs als Grund-, Aufbau- und Abschlusskurs.«

Dass Höffner sich nicht nur um die konzeptionelle Erarbeitung der Sozialen Seminare im Bistum Münster bemühte, sondern auch auf hinreichend qualifizierte Referenten für die sehr zahlreichen Veranstaltungen an mehreren Orten des Bistums bedacht war, zeigt der Entwurf eines Vorstandsrundbriefes des BKU an seine Mitglieder im Bistum Münster. Nach kurzer Beschreibung der Konzeption der Sozialen Seminare heißt es darin: »Es soll auf diese Art eine hinreichende Zahl von sozialpolitisch gut unterrichteten Persönlichkeiten herangebildet werden, die imstande sind, in der Arbeit der katholischen Organisationen *und auch außerhalb* die Anliegen der katholischen Soziallehre zu vertreten.

Es bedarf keiner Begründung, dass dieses Vorhaben im höchsten Grade die Unterstützung durch den BKU und seine Mitglieder verdient. Die Position des bewusst katholischen Volksteils in der Öffentlichkeit im Betrieb, in den Gewerkschaften, den Ortsvertretungen usw. wäre wesentlich günstiger, wenn seine Anliegen durch hinreichend vorgebildete Persönlichkeiten vertreten werden könnten. Die ›Sozialen Akademien‹ können überdies sehr nützliche ›Stätten der Begegnung‹ werden, in denen sich die Katholiken aller Stände, z. B. katholische Arbeiter und Unternehmer, aussprechen und zu einer Gemeinsamkeit der Auffassungen und Ziele zusammenfinden. Von kirchlicher Seite würde es ferner sehr begrüßt, wenn geeignete *Mitglieder unseres Bundes* sich *als Redner an den Kursen* der Sozialen Akademien beteiligen würden ...«[86]

Albrecht Beckel und Oliver Schütz haben beschrieben, wie eine Schulungsstätte für die Weiterbildung der »ehemaligen Seminaristen« der Sozialen Seminare sich als notwendig erwies und ab 1952 im allmählichen Aufbau des »Franz-Hitze-Hauses« seine Realisierung fand.[87] Unter den Mitarbeitern der Akademie fanden sich bald Höffner-Schüler wie Dr. Jürgen Wichmann und Dr. Werner Remmers.

---

[86] BKU – Vorstand an »Sehr geehrter Herr ...«, o. D. Der Entwurf stammt seinem Stil nach von Höffner. Ob der Brief tatsächlich versandt worden ist, ist nicht erkennbar: EBD.

[87] O. SCHÜTZ, Akademien, S. 132-136.

Die Sozialen Seminare im Bistum Münster und im Erzbistum Paderborn sowie die Anfänge der Kommende in Dortmund-Brackel und des Franz-Hitze-Hauses in Münster wurden etwas ausführlicher dargestellt, weil an ihrer Konzeption und Planung Joseph Höffner wesentlich beteiligt war. Doch gab es ähnliche Bestrebungen und Versuche in zahlreichen anderen westdeutschen Diözesen.[88] War es schon in den westdeutschen Großdiözesen nicht leicht, für dezentrale Kurse ausreichendes Lehrpersonal zu gewinnen und ein Lehrprogramm mit vergleichbaren Inhalten und Ergebnissen zu garantieren, so war das in kleineren und zumal in Diasporadiözesen noch weit schwieriger. Auch zeichnete sich bei der Fülle der Bemühungen die Gefahr einer Verzettelung und eine Unterschiedlichkeit in der Qualität ab. Jedes soziale Institut gab seine eigene Schriftenreihe oder Lehrbriefe heraus. Um in der Konkurrenz zu vergleichbaren Angeboten etwa des DGB standhalten zu können,[89] erschien eine Koordinierung der sozialen und politischen Bildungsarbeit im katholischen Bereich angebracht.

Bereits am 15. Februar 1952 lud deshalb Ministerpräsident Karl Arnold Bischof Keller, Arbeiterpräses Dr. Schmitt, Landtagspräsident Gockeln, die Minister Kaiser (Bonn) und Lübke (Düsseldorf), Professor Höffner sowie die Bundestagsabgeordneten Albers, Even, Winkelheide und Heix zu einer Besprechung in das Ludgerusheim in Duisburg ein: »Von verschiedenen Seiten wurde an mich die Anregung herangebracht, einmal im kleinen Kreise eine Besprechung herbeizuführen, um zu überlegen, wie eine einheitliche soziale Grundlinie für das Wirken der christlichen Arbeiterschaft erarbeitet werden könne. Es wurde meines Erachtens mit Recht darauf verwiesen, dass eine einheitliche soziale Grundlinie, die auch nach außen hin sichtbar wird, erforderlich ist, um der christlichen Arbeiterschaft in ihrer Gesamtheit eine sichere innere Haltung und eine klare Vorstellung über unsere Arbeitsziele zu geben. Ich würde es sehr begrüßen, wenn diese Anregung von den verantwortlichen Persönlichkeiten bejaht werden würde.«[90]

Fast zur gleichen Zeit entwickelte Bischof Keller mit seinem Sozialreferenten Dr. Wothe bereits konkrete Vorstellungen der Verwirklichung. Am 16. April 1952 schrieb Wothe an Höffner: »Die Entwicklung der Sozialen Seminare im nordwestdeutschen Raum macht dringend eine erweiterte repräsentative und

[88] O. Schütz schildert noch ausführlich: Das Walberberger Institut der Dominikaner (S. 102-120) sowie das »August-Pieper-Haus« in Aachen (S. 153-173).

[89] Mit Schreiben vom 4. 8. 1951 bat Dr. Wothe Höffner, anlässlich der Eröffnung des 2. Semesters des Sozialen Seminars in Münster ein Referat über »Der Christ und die Technik« zu übernehmen. »Da wenige Tage später das Gewerkschaftsseminar in Verbindung mit der Volkshochschule ... seine Arbeit aufnimmt – in Münster-Stadt hat man die ganze Sache so aufgezogen, dass es wie ein starker Konkurrenzkampf aussieht – möchten wir mit einem kleinen Festakt beginnen ...«: HAEK – NH 2608.

[90] Ministerpräsident Arnold an Höffner und die übrigen Genannten, 15. 2. 1952: HAEK – NH 2515.

organisatorische Spitze für diese und andere noch in der Entwicklung begriffenen Aufgaben der kirchlich-sozialen Bildungsarbeit notwendig. Zu diesem Zweck beabsichtigen wir hier in Münster die Gründung der ›Gesellschaft zur Förderung der staatspolitischen und sozialen Bildungsarbeit‹. Weitere Einzelheiten wollen Sie bitte aus dem anliegenden Satzungsentwurf zunächst entnehmen. Im Auftrag unseres Hochwürdigsten Herrn Bischofs Dr. Michael Keller möchte ich Sie recht herzlich einladen, bei der Gründung dieser Gesellschaft mitzuwirken.«[91]

Wothe sandte Höffner eine Liste der gleichfalls angeschriebenen Persönlichkeiten, die sämtlich aus dem Umfeld des Bistums Münster stammten. Das legt die Vermutung nahe, dass Bischof Keller ähnliche Bestrebungen des von ihm nicht geliebten »Zentralkomitees der Deutschen Katholiken« unterlaufen wollte, das am 30. April 1952 in Bad Honnef zu seiner konstituierenden Sitzung zusammentrat.

Wie bereits anderenorts dargelegt wurde, hatte Prälat Wilhelm Böhler mit Kardinal Frings seit 1946 für die Organisierung des Laientums in Deutschland gekämpft.[92] Den von einzelnen Bischöfen sehr zögerlich eingerichteten Diözesankomitees der Katholiken sollte als Abschluss das »Zentralkomitee der Deutschen Katholiken« folgen, das an die Stelle des bisherigen »Zentralkomitees der Deutschen Katholikentage« treten und sich aus Vertretern der Diözesankomitees und der katholischen Verbände zusammensetzen sollte. Es bedurfte 1951 einer erheblichen Überzeugungsarbeit Böhlers und des Konferenzvorsitzenden Kardinal Frings, der Fuldaer Bischofskonferenz eine Zustimmung zur Konstituierung des ZdK abzuringen.

Schon im Vorfeld der konstituierenden Sitzung am 30. April 1952 war überlegt worden, die Arbeit des ZdK durch die Einrichtung einiger »Referate« auf bestimmte Aufgaben zu verweisen. So war schon 1951 der Errichtung eines »Sozialreferates« unter Leitung von Professor Joseph Höffner eine wichtige Rolle zugedacht. Höffner wurde deshalb auch in die Planungen im Winter 1951/52 einbezogen.

Am 5. und 6. Januar 1952 fand im Adam-Stegerwald-Haus in Königswinter eine »Vorbereitende Aussprache« zur »Bildung eines Sozialreferates« statt.[93] Im Vorfeld schrieb Höffner an den Generalsekretär des Zentralkomitees der Deutschen Katholikentage, Prälat Dr. Franz Hengsbach in Paderborn, wegen der Teilnehmer an dieser – zunächst für den 2. und 3. Januar in Frankfurt-St. Georgen vorgesehenen – Konferenz, er habe folgende Herren eingeladen: P. von Nell-Breuning,

[91] Wothe an Höffner, 16. 4. 1952 (mit Satzungsentwurf und Liste der Eingeladenen): EBD.

[92] N. TRIPPEN, Frings I, S. 504-517.

[93] Protokoll: Bildung eines Sozialreferates. Vorbereitende Aussprache im Adam-Stegerwald-Haus zu Königswinter am 5. u. 6. Januar 1952, unterzeichnet: Münster, 8. 1. 1952 Dr. Höffner: AZDK – 4240/457.

P. Welty,[94] Paul Jostock,[95] Dr. Deus (Leiter der »Hans-Böckler- Schule« des DGB in Hattingen), Domvikar Stein (Limburg), Dr. Wothe, P. Corman, Prälat Dr. Schmitt. »Anlässlich unserer Besprechung mit Exzellenz Keller war noch vorgesehen, folgende Verbände um einen Vertreter zu bitten: Kolping, KKV, Frauen-Verbände.«[96]

Im Hinblick darauf, dass Hengsbach und Höffner auf dem II. Vatikanischen Konzil am Laiendekret mitarbeiten sollten, kann es als providentiell erscheinen, dass Höffner am 14. Dezember 1951 schrieb: »Ich halte es unbedingt [für] nötig, aus diesen Verbänden Laien, darunter auch Frauen, einzuladen. Sonst wird das Sozialreferat ein Generalstab ohne Mannschaften. Auch gibt es zu bedenken, dass unter den acht oben Genannten, wozu dann noch Sie und ich kommen, nur zwei Laien sind. Soziale Bewegung ist jedoch notwendig Laienbewegung. Zu überlegen wäre auch, ob nicht ein Laie aus dem Bund Katholischer Unternehmer (mit fast 300 Mitgliedern) hinzu gezogen werden sollte, ich meine später zum eigentlichen ›Sozialreferat‹.«

Das Protokoll der Besprechung in Königswinter am 5. und 6. Januar 1952 hat Höffner selbst verfasst und am 16. Februar durch Hengsbach »den Teilnehmern der Besprechung und auch sonstigen an der katholischen Sozialarbeit interessierten Stellen zur gefl. Orientierung« zusenden lassen.[97] Es sei hier ausführlicher zitiert, weil es Strukturen und Aufgabenstellung des späteren Sozialreferates in Höffnerscher Diktion enthält:

»Die Ebenen wurden unterschieden:

1. Die Lage der katholischen Sozialwissenschaft.« Höffner beklagte die Nachwuchslücken der Jahre 1933-1945. »Als Folge lässt sich das Unbehagen der katholischen öffentlichen Meinung gegenüber der christlichen Sozialwissenschaft feststellen.« Den Politikern fehle sachkundige Zuarbeit.
2. »Die Lage der sozialen Bildungsarbeit.« Sie vollziehe sich derzeit auf Pfarrei- und Vereinsebene, über Kurse der Verbände, »z. B. KAB, CAJ, Katholischer Deutscher Frauenbund, Haus Altenberg, ›Soziale Seminare‹ der Bistümer Münster, Paderborn, Osnabrück usw., Soziale Woche, München.«

   »In Vorbereitung sind ›Sozialinstitute‹, in denen fähige und charakterlich hochstehende Teilnehmer ... für längere Zeit (ein oder mehrere Jahre) in geschlossener Ausbildung geschult werden sollen: Sozialinstitute in Honnef, Walberberg, Münster, Aachen, Kochel-Seehof ...

[94] Eberhard Welty OP (1902 – 1965), 1922 Eintritt in den Dominikanerorden, 1926 Priesterweihe, 1934 Dr. rer. pol. an der Universität Köln, Dozent für Ethik und Moraltheologie an der Ordenshochschule Walberberg, 1946 Gründer der Zeitschrift »Die neue Ordnung«: M. Hermanns, Sozialethik, S. 257 Anm. 999.

[95] Paul Jostock (1895 – 1965), 1927 Promotion in Wirtschaftswissenschaften bei Goetz Briefs in Freiburg, nach 1946 Leiter des Statistischen Landesamtes in Karlsruhe bzw. des Statistischen Landesamtes von Baden-Württemberg: M. Hermanns, Sozialethik, S. 257 Anm. 1000.

[96] Höffner an Hengsbach, 14. 12. 1951 (Original): Ebd.

[97] Begleitschreiben Hengsbach an die Empfänger, 16. 2. 1952: Ebd.

Soll die soziale Bildungsarbeit in den verschiedenen Bereichen Erfolg haben, so ist ein geeignetes katholisch-soziales Schrifttum nötig. Zur Zeit herrscht hier Uneinheitlichkeit und Nebeneinander; auch ist das vorhandene Schrifttum nur zum Teil brauchbar, zum anderen Teil jedoch theoretisch und methodisch schwach.

3. Die katholischen Mitglieder des Bundestages und der Länderparlamente sowie einflussreiche Persönlichkeiten der öffentlichen Verwaltung mühen sich in dankenswerter Weise um die Durchsetzung der Grundsätze der katholischen Soziallehre. Sie können sich dabei fast nur auf die ihnen nahestehenden politischen Parteien stützen. Es fehlt eine einheitliche katholische Sozialbewegung. Außerdem macht sich die ... Unklarheit in gewissen Fragen des sozialen Bereichs hemmend in der Sozialpolitik bemerkbar.«

In einem zweiten Schritt versuchte man in Königswinter Anfang Januar 1952 Konsequenzen für die Zukunft aus diesem Befund zu ziehen: »Es gelte, *alle* sozialen Energien – unter Männern, Frauen, Jugend – zu koordinieren. Dieser Aufgabe soll das im Zentralkomitee der Deutschen Katholiken zu bildende ›*Sozialreferat*‹ dienen. Das Sozialreferat soll keine Befehlsstelle sein, sondern dem Sich-kennenlernen, der Aussprache und dem Austausch der Erfahrungen und – folgerichtig – der Zusammenarbeit und Koordinierung dienen.«

Die Konsequenzen für den *sozialwissenschaftlichen* Bereich klingen aus der Rückschau etwas utopisch. Realistischer waren die Folgerungen *Im Bereich der sozialen Bildungsarbeit*:

»Zwei Vorschläge wurden gemacht:

Bildung einer Arbeitsgemeinschaft, der folgende Mitglieder angehören sollen: die Leiter der diözesanen sozialen Bildungsarbeit, der sozialen Seminarien und Institute, die Verantwortlichen für die Soziale Bildungsarbeit in den Personalverbänden: KAB, Kolping, KKV, CAJ, Sozialamt des Bundes der deutschen katholischen Jugend, Frauenbund usw.

Aufgaben dieser Arbeitsgemeinschaft: Sich kennenlernen, Austausch der Erfahrungen, Aufeinanderabstimmen der Programme, Aussprache über Schulungsmaterial und Methoden, über Dauer der Lehrgänge, über Erfahrungen mit Dozenten und Hörern, Hinweis auf besonders begabte Dozenten, Wege der Finanzierung der Kurse usw. Also wiederum keine gleichschaltende Befehlsstelle, sondern freie Koordinierung.

Aus dieser Arbeitsgemeinschaft werden wiederum einige Persönlichkeiten in das ›Sozialreferat‹ im Zentralkomitee der Deutschen Katholiken berufen.«

Höffners (und seiner Gesprächspartner in Königswinter) Gespür für Einflussnahmen auf die Politik zeigt sich in den Folgerungen für den sozialpolitischen Raum: »Das ›Sozialreferat‹ wird mit den katholischen Mitgliedern des Bundestages und der Länderparlamente sowie anderen einflussreichen Persönlichkeiten des öffentlichen Lebens Fühlung halten und sie zu Konferenzen einladen. Einige dieser Persönlichkeiten sollen in das ›Sozialreferat‹ berufen werden.« Wir begegnen hier 1952 der frühesten Spur der Vorstellung Höffners von der Notwendigkeit regelmäßiger Kontakte zwischen Kirche und Politikern bzw. Behördenleitern. Als Bischof von Münster und als Erzbischof von Köln hat Höffner später regelmäßig zu Gesprächen mit katholischen Abgeordneten und Behördenchefs eingeladen, die von den Teilnehmern sehr geschätzt wurden.

Das Protokoll von Königswinter schließt: »Zusammenfassend wurde in der weiteren Aussprache festgestellt, dass das ›Sozialreferat‹ höchstens 24 Mitglieder zählen soll, um einen fruchtbaren Gedankenaustausch zu ermöglichen. Ziel ist die Koordinierung der katholischen sozialen Energien sowohl in der horizontalen Linie (Männer, Frauen, Jugend, Diözesen, Verbände) wie auch in der vertikalen Linie (Sozialwissenschaft, Sozialbildung, Sozialpolitik). Auf diese Weise wird eine an den Grundsätzen der katholischen Soziallehre orientierte öffentliche Meinung unter den deutschen Katholiken und unter allen Gutgesinnten entstehen und die soziale Tat folgen.«

Als am 5. und 6. März 1952 der »Geschäftsführende Ausschuss« des ZdK in Mainz zusammenkam, trug Hengsbach die Ergebnisse der Königswinterer Gespräche im Januar vor. »Durch die deutschen Bischöfe hat Prof. Dr. Höffner in Münster den Auftrag erhalten, die verschiedenen Bemühungen auf dem Gebiet der sozialen Bildung in Deutschland zusammen zu führen.«[98] Es scheint, dass Höffner auf dieser oder einer späteren Sitzung dieses Gremiums die von ihm erarbeiteten »Vorschläge über Aufgabenstellung, Struktur und Arbeitsweise des Zentralkomitees der Deutschen Katholiken« vorgetragen hat.[99] Höffner führte zum Sozialreferat aus: »Die lebendige Eigenständigkeit der Verbände und Arbeitsstellen, zumal die sinnvolle, nur in geringem Maße korrekturbedürftige Arbeitsteilung in ihrer Schulungsarbeit in Berufsständen und Gemeinden, lässt es nicht ratsam erscheinen, etwa der Struktur des Volksvereins entsprechend als Unterbau des Zentralkomitees eine bis in die einzelnen Pfarrgemeinden ausgebaute Organisation zu schaffen.«

Das war die Absage an den Volksverein von vor 1933 und das nach 1945 von mehreren Bischöfen erwogene Modell der »Katholischen Aktion« in einem. Für den in Rom ausgebildeten und in diesem Punkte früher anders denkenden Höffner ist da eine Korrektur seiner Vorstellungen aus römischen Studienzeiten zu beobachten.

Zum Sozialreferat führte Höffner weiter aus: »Zur Koordinierung der katholisch-sozialen Bildungsarbeit sind seitens des Sozialreferates Kurse für die

---

98 Protokoll der Sitzung am 5. und 6. März 1952 in Mainz: AZdK – Geschäftsführender Ausschuss des ZdK, Sitzungen 1948-1965: AZdK – 2202/1A, S. 111-113.

99 Vorschläge über Aufgabenstellung, Struktur und Arbeitsweise des Zentralkomitees der Deutschen Katholiken, unterzeichnet: Sozialreferat des ZdK, Münster (Westf.), Johannisstraße 12-16: AZdK – 4240/457.

Führungskräfte der Bildungswerke und die Herausgabe einer gemeinsamen Zeitschrift (als Schulungsblatt mit Sonderheften für Stellungnahmen zu einzelnen aktuellen Fragen) vorgesehen, die einem dringenden Bedürfnis entspricht.

Für den Bereich der Sozialwissenschaften sind im Hinblick auf die Zusammenarbeit der katholischen Wirtschafts- und Sozialwissenschaftler, Soziographen und Moraltheologen und ihrer Kreise regelmäßige Arbeitstagungen erforderlich, die unter vordringlichen Sachthemen im Sinne der Koordinierungsaufgabe stehen. Die Herausgabe der für diese Ebene geplanten Quartalschrift und sonstiger Druckschriften könnte gemeinsam mit den anderen Sachreferenten, insbesondere mit den staatsbürgerlichen, geschehen.

Für den Bereich der eigentlich sozialpolitischen Aktion endlich sind Konferenzen zur Fühlungnahme mit den katholischen Persönlichkeiten, die an sozialpolitisch einflussreicher Stelle stehen, besonders wichtig. Die vorgesehene ›Sozialpolitische Korrespondenz‹ sollte in den einschlägigen Fragen gemeinsam mit den beiden anderen Sachreferaten bearbeitet werden.

Das Sozialreferat steht in Fühlungnahme mit den entsprechenden Arbeitsgemeinschaften der evangelischen Brüder. Der Gedanken- und Erfahrungsaustausch mit katholisch-sozialen Institutionen des Auslandes wird aufgenommen.«

Am 8. April 1952 lud Höffner unter dem Briefkopf »Zentralkomitee der Deutschen Katholiken – Sozialreferat« zu einer konstituierenden Sitzung der »Arbeitsgemeinschaft aller katholisch-sozialen Bildungswerke und Bildungskräfte« für den 23. April nach Bad Honnef ein.[100] Das Protokoll über die »Bildung der Arbeitsgemeinschaft katholisch-sozialer Bildungswerke« an diesem Tage verfasste bereits der Limburger Domvikar Alexander Stein, den Höffner als seinen Stellvertreter im Sozialreferat und als Geschäftsführer dieser Arbeitsgemeinschaft ausersehen hatte.[101] Neben 22 Teilnehmern hatten sich weitere acht Eingeladene entschuldigt. Das Interesse an dieser Sitzung dürfte auch von »Vereinnahmungsängsten« durch das Sozialreferat bzw. die Arbeitsgemeinschaft bedingt gewesen sein. Nach Höffners Darlegung der Überlegungen vom Januar in Königswinter sagte Hengsbach als erstes: »Die Arbeitsgemeinschaft katholisch-sozialer Bildungswerke soll subsidiär tätig werden, in keiner Weise aber eine Befehlsstelle sein.« Deshalb ließ man dann auch zunächst die Anwesenden über die bisherige Tätigkeit ihrer Einrichtungen berichten. Erst danach erfolgte eine Aufgabenbeschreibung der Arbeitsgemeinschaft und ihre formelle Gründung:

»Aufgaben der Arbeitsgemeinschaft:

---

100 Allgemeine Einladung Höffners unter seiner Münsteraner Privatadresse, 8. 4. 1952: AZdK – 4240/457.

101 Protokoll der Arbeitsgemeinschaft katholisch-sozialer Bildungswerke, Konferenz im Antoniusheim zu Honnef am 23. April 1952: AZdK – 4240/457.

a) Koordinierung der Arbeit und gegenseitiges Sich-kennenlernen,
b) Möglichkeiten der Finanzierung,
c) Kartei und Förderung fähiger Lehrkräfte,
d) Erarbeitung von Stoffplänen,
e) Anknüpfung an die Sozialtradition,
f) das Verhältnis von Landvolk und Industrie.
g) Als Herzstück der Arbeit wurde die Schaffung geeigneter Literatur bezeichnet. Die Arbeitsgemeinschaft beauftragte den Leiter, eventuell Pater David[102] zu bitten, sich für diese Arbeit in Deutschland freistellen zu lassen. Es wäre notwendig, ein Literaturverzeichnis aufzustellen, Broschüren und Flugblätter als Sonderhefte zu aktuellen Fragen und eine geeignete Zeitschrift zu schaffen.

Schließlich wurde die Bildung einer Arbeitsgemeinschaft katholisch-sozialer Bildungswerke beschlossen. Es wurde über den Rahmen dieses Protokolls hinaus keine Satzung festgelegt, um einer späteren Entwicklung Raum zu lassen. Auch sollte die Mitgliedschaft für alle offen bleiben, die im eigentlichen Sinn soziale Bildungsarbeit zum Ziel haben.

Es waren vertreten und erklärten ihren Beitritt:

a) die [Erz-]Diözesen: Köln, Münster, Osnabrück, Paderborn, Limburg, Trier; ferner Domvikar Stein für die Frankfurter Sozialschule für den Raum der Diözesen: Fulda, Limburg, Mainz und Speyer;
b) die Verbände: KAB, Sozialamt Altenberg (vertritt Bund der katholischen Jugend, CAJ, Jung-Kolping, Lydia), Arbeitsgemeinschaft der Katholischen Frauen (Frau Dr. Ehrle);
c) die Institute: Walberberg, Verband der Landvolkhochschulen, Volkshochschule Haltern (Winkelheide). Das Sozialinstitut Kochel-See war durch Krankheit des Leiters nicht vertreten, erklärte aber sofort seinen Beitritt zu der Arbeitsgemeinschaft. Die Arbeitsgemeinschaft bestellte zum vorläufigen Geschäftsführer Domvikar Stein, Limburg ...«

Das »Sozialreferat« und die »Arbeitsgemeinschaft der katholisch-sozialen Bildungswerke« wurden jedoch erst mit der Konstituierung des ZdK am 30. April 1952 Wirklichkeit. Der dem ZdK angehörende Leiter der DGB-Schule in Hattingen, Dr. Franz Deus, legte 1953 auf 11 Schreibmaschinenseiten eine »Übersicht über die katholischen Sozialverbände und -institutionen« nieder, in der die bereits erwähnten Einrichtungen, Personen, Zielvorstellungen zusammengefasst waren.[103]

Über die erste »Arbeitssitzung« des ZdK am 2. Dezember 1952 in Frankfurt liest man im BKU-Rundbrief 11/1952: »Das vor einem halben Jahr konstituierte

[102] P. Dr. Jakob David SJ, Zürich, ab 1959 Direktor des gemeinsamen Sozialinstituts des Erzbistums Paderborn und des Bistums Essen in Essen.

[103] Übersicht über die katholischen Sozialverbände und -institutionen, 11 Seiten, Zusammenstellung: Dr. Franz Deus: AZdK – 4240/459.

›Zentralkomitee der Deutschen Katholiken‹ ... hielt am 2. Dezember in Frankfurt seine erste Vollversammlung ab. Unser geistlicher Berater, Prof. Dr. Höffner, ist zugleich Leiter des Sozialreferates im Zentralkomitee. Die Aufgabe dieses Referates, so führte er in Frankfurt aus, liege vor allem in der Koordinierung der bislang stark zersplitterten katholischen Sozialarbeit, sowohl auf wissenschaftlicher wie auf pädagogischer und politischer Ebene. Es liege dem Sozialreferat völlig fern, ›Befehlsstelle‹ werden zu wollen. Auch solle die Selbständigkeit der bisher örtlich und isoliert gewachsenen Einrichtungen nicht angetastet werden. Eine Zusammenordnung sei jedoch unerlässlich und werde die Fruchtbarkeit der geleisteten Arbeit stark erhöhen. Als Beispiel für eine planvolle Zusammenarbeit erwähnte er die gemeinsame Vorbereitung und Sichtung des katholisch-sozialen Schrifttums ...«[104]

Ein weiterer Bericht Höffners vor dem ZdK am 21. April 1953 in Bonn liegt im Wortlaut vor.[105] Für den 28. April 1953 kündigte er eine Arbeitstagung der »Arbeitsgemeinschaft der Bildungswerke« an. Oswald von Nell-Breuning sollte über »Eigentumsbildung in Arbeiterhand durch Miteigentum an der Wirtschaft« sprechen. »Zur Koordinierung der Schulungsarbeit«, so führte Höffner weiter aus, »wird das Sozialreferat fortlaufend *Bildungshefte* (mit Mitteilungen des Sozialreferates) herausbringen, die als Beilagen zu den Veröffentlichungen der Verbände und Arbeitsstellen gedacht sind. Sie werden sich jeweils um ein zentrales Anliegen der katholischen Soziallehre gruppieren und dabei grundsätzliche Überlegungen mit aktuellen Stellungnahmen verbinden. Sie sollen sich auch als Tagungs- und Vortragsunterlagen eignen ...«

Höffner wollte offensichtlich seine Anschubarbeit für das Sozialreferat, die ihm im ersten Jahr seiner Aufbauarbeit in Münster viel abverlangt hatte, bald auf ein erträgliches Maß zurückführen. Deshalb sagte er in Bonn am 21. April 1953 zur Organisation: »Die Geschäftsstelle des Sozialreferates steht in enger Zusammenarbeit mit meinem Institut für Christliche Sozialwissenschaften an der Universität Münster, das meinem dortigen Lehrstuhl angegliedert ist (Geschäftsführer-Assistent [Dr. Bruno Molitor]). Es ist aber dringend erforderlich, sehr bald die Geschäftsstellen der Sachreferate [des ZdK] mit der Hauptgeschäftsstelle des Zentralkomitees räumlich zusammenzulegen.«

Am 28. Oktober 1953 legte Höffner einen Tätigkeitsbericht des Sozialreferates für die Monate April bis Dezember 1953 vor. Er berichtete, wie die Gründungsansätze von 1952 im Bereich Sozialwissenschaften und katholisch-soziale Bildungsarbeit sich weiterentwickelt hatten. Nach der Arbeitstagung im April über Eigentumsbildung in Arbeiterhand sollte am 5. und 6. November eine weitere zum Thema »Wende in der Sozialpolitik« folgen, bei der Höffner selbst über »Eigenverantwortung und soziale Sicherheit« referieren wollte. Wie bereits er-

104 BKU – Rundbrief 11/1952, S. 8 (BKU – Archiv, Rundbriefe).

105 Bericht über das Sozialreferat (Sitzung des Zentralkomitees der Deutschen Katholiken in Bonn am 21. 4. 1953): AZdK – 4240/459.

wähnt, waren in dem Bericht 1953 16 Vorträge Höffners aufgezählt, die er 1953 an den verschiedensten Orten in Deutschland gehalten hatte.[106]

Bei allem Respekt vor der Eigenständigkeit jeder der in der Arbeitsgemeinschaft der Bildungswerke zusammengeschlossenen Einrichtungen blieb es Höffner nicht erspart, gelegentlichem Wildwuchs Einhalt zu gebieten. Höffner hatte sich in den an der Universität Münster entstandenen »Carl-Sonnenschein-Kreis« zur Verbreitung der christlichen Soziallehre im akademischen Bereich hineinziehen lassen.[107] Als er 1954 aus dem Beirat des Kreises ausschied, meldete sich der Jesuitenpater Mariaux aus München bei ihm. Höffner antwortete, indem er seinen Unmut über die Publikationsaktivitäten des Kreises äußerte: »Diese Arbeitsgemeinschaft [der katholisch-sozialen Bildungswerke] hat beschlossen, eine eigene Schriftenreihe (60 Hefte) herauszugeben, um zu verhüten, dass jeder Verband über dasselbe Thema eine eigene Schrift herausbringt, was unnötige Kosten und Leerlauf verursachen würde. Die Schriften des Sozialreferates sind für die Hand der Schulungsleiter bestimmt, so dass sie meines Erachtens – und nach den bisherigen Erfahrungen durchaus für die katholische Studentenschaft in Frage kommen. In der Schriftenreihe des Sozialreferats erscheinen demnächst Hefte ›Das Naturrecht‹, ›Das Eigentum‹ usw., also Hefte mit denselben Themen, die der Sonnenschein-Kreis herausgibt. Ich halte diese Doppelarbeit für sinnlos. Wenn alle 24 Mitglieder der Arbeitsgemeinschaft dem Beispiel des Sonnenschein-Kreises folgen würden, hätten wir Ende des Jahres 24 verschiedene Hefte über ›Naturrecht‹, ›Eigentum‹, ›Sozialprinzipien‹ usw. – Die ›Einstellung‹ der Herausgabe habe ich nie gefordert; es läge auch nicht in meiner Macht. Ich habe lediglich erklärt, dass ich eine weitere Mitarbeit im Beirat des Sonnenschein-Kreises ablehne, da ich es nicht verantworten kann, eine – nach meiner Meinung völlig überflüssige und sinnlose – Arbeit mit meinem Namen zu decken und damit dem Auftrag der Koordinierung entgegenzutreten.«[108]

Die Biographie Höffners kann nicht der Ort für eine detaillierte Geschichte des Sozialreferates beim ZdK sein. Höffner hat nach der dargestellten Starthilfe die Arbeit der Arbeitsgemeinschaft der Bildungswerke weitgehend ihrem Geschäftsführer, dem Limburger Domvikar Alexander Stein, überlassen. Die Initiativen des Sozialreferates stieß Höffner bisweilen an, musste die Durchführung aber notgedrungen dem Geschäftsführer (später »Sozialreferenten«) überlassen. Geschäftsführer bzw. »Sozialreferent« war bis Ende 1953 Höffners Assistent Dr. Bruno Molitor, 1954 – 1956 Höffners Trierer Freund Dr. Josef Paulus, 1957 – 1959 P. Dr. Josef Engel SCJ, ab September 1959 Dr. Paul Becher. Über die späten 1950er Jahre berichtete Dr. Becher dem Verfasser: Höffner hat in dieser Zeit nur noch

[106] Tätigkeitsbericht des Sozialreferates April-Dezember 1953, Münster, 28. 10. 53, gez. Prof. Dr. J. Höffner, 7 Seiten: Ebd.; vgl. oben S. 179 f. mit Anm. 53.

[107] Korrespondenz mit dem Carl-Sonnenschein-Kreis: HAEK – NH 3155.

[108] Höffner an P. Mariaux SJ, KDSE, München, 5. 2. 1954: Ebd.

selten an Vollversammlungen des ZdK[109] oder auch an den Sitzungen des Geschäftsführenden Ausschusses[110] teilgenommen. Dr. Becher sagt, er sei in Abständen zu Höffner nach Münster gefahren, um die Arbeit des Sozialreferates mit ihm zu besprechen. »Höffner hat sich um die Arbeit im ZdK-Sozialreferat nicht mehr konkret gekümmert.«

Zu seiner Unterstützung sollte das Sozialreferat nach Höffners Vorstellungen einen »Beirat« erhalten, für dessen geplante Zusammensetzung 1959 in Höffners Materialien eine Liste vorliegt:

1. Professor Dr. Joseph Höffner, Münster
2. Domkapitular Dr. Josef Paulus, Trier
3. Frau Elisabeth Zillken, Dortmund
4. Verbandspräses Dr. Hermann-Joseph Schmitt, Köln
5. Professor Dr. Hermann-Josef Wallraff SJ, Frankfurt/Main
6. Domvikar Msgr. Alexander Stein, Limburg
7. Generalsekretär Dr. Georg Hüssler, Freiburg/Brsg.
8. Peter Horn MdB, Frankfurt/Main
9. Josef Stingl MdB, Berlin
10. Professor Dr. Eberhard Welty OP, Walberberg
11. Dr. Wilfrid Schreiber, Köln
12. Senatspräsident Gerhard Müller, Kassel
13. Professor Dr. Heinz Müller, Freiburg/Brsg.[111]

Dr. Paul Becher, der seit 1. September 1959 Sozialreferent beim ZdK war, kann sich nicht erinnern, dass dieser »Beirat« je konstituiert wurde. »Auf jeden Fall haben die genannten Persönlichkeiten zwar teilweise bei Konferenzen über sozialethische und gesellschaftspolitische Fragen (Arbeitstagungen, Katholikentage) mitgewirkt, nie aber gemeinsam als Mitglieder eines Beirats des Sozialreferates.«

Das Sozialreferat des ZdK hatte – vor allem nach Bezug seines endgültigen Domizils in Bonn-Bad Godesberg 1954 – den Standortvorteil der Nähe zu Parlament und Regierung, wo die sozialpolitischen Entscheidungen der 1950er Jahre fielen und eine Einflussnahme auf Beteiligte unkompliziert möglich war. Höffner hatte es mit dem BKU, seinem Institut an der Universität Münster und anderen ihm zugänglichen Kreisen personell verzahnt. Höffner selbst sollte bald den wis-

---

109 Dr. Becher ermittelte zu Höffners Teilnahme an ZdK-Sitzungen in den Protokollen: Sitzungen fanden statt am 14./15. 9. 1959 in Altenberg, 22./23. 11. 1960 in Hildesheim, 4./5. 5. 1961 in Würzburg, 16./17. 11. 1961 in Köln, 9. 4. 1962 in Mainz. »Er [Höffner] hat an keiner der Sitzungen teilgenommen. Nur einmal wird erwähnt, dass er sich entschuldigt habe.« (Schreiben Dr. Becher an den Verfasser vom 28. 6. 2007).

110 Ermittlungen von Dr. Becher: »Vom 13. 3. 1957 bis zum 7. 2. 1963 fanden 32 Sitzungen statt. Höffner nahm teil am 17. 10. 1957, am 31. 3. 1958, am 21. 10. 1960 und am 6. 12. 1961. Also sehr selten!«

111 Beiräte der Referate. Sitzung des Geschäftsführenden Ausschusses am 6. 7. 1959: Geschäftsführender Ausschuss des ZdK. Sitzungen 1948-1965: AZDK – 2202/1B, S. 477.

senschaftlichen Beiräten dreier Bundesministerien angehören und war an vielen Entscheidungsprozessen, auf die das Sozialreferat Einfluss zu nehmen versuchte, selbst beteiligt. Dieser Anteil soll deshalb nicht an dieser Stelle, sondern im entsprechenden Zusammenhang später dargestellt werden.

3. Katholische Sozialwissenschaftliche Zentralstelle in Mönchengladbach

Nach 1945 hatte es Bestrebungen gegeben, den »Volksverein für das katholische Deutschland« wieder aufleben zu lassen. Interesse daran bekundete mehrfach Konrad Adenauer, der sich davon eine hilfreiche Schulungsarbeit für Funktionäre der CDU erhoffte. Auch Bischof Johannes Joseph van der Velden von Aachen, der von 1929 bis 1933 das Amt des »Generaldirektors« des Volksvereins bekleidet hatte, förderte zunächst den Gedanken der Wiederbegründung, ließ sich dann aber von der Mehrheit seiner bischöflichen Mitbrüder von dem Gedanken abbringen.[112]

Prälat Wilhelm Böhler hatte schon vor 1933 dem Volksverein skeptisch bis ablehnend gegenüber gestanden. Nach 1945 entwickelte er mit Kardinal Frings das »Kölner Modell« der Katholikenausschüsse, die von der Stadt- und Bistumsebene bis zum 1952 konstituierten ZdK einerseits eine mächtige Laienvertretung in anstehenden kirchenpolitischen Fragen bilden, andererseits Träger von Bildungsmaßnahmen für breite Bevölkerungsschichten in politischen und vor allem sozialen Fragen sein sollten.[113] Wie bereits dargelegt wurde, bündelte das Sozialreferat beim ZdK unter Höffners Leitung die nach 1945 vielerorts in Deutschland entstandenen Sozialen Seminare und Bildungsinstitutionen.

Andererseits erkannte auch Wilhelm Böhler den Wert einer zentralen Bildungsstätte für die soziale Thematik, die ohne Wiederbegründung des Volksvereins dessen beste Traditionen in der sozialen Bildungsarbeit aufgreifen und neu beleben würde. Als es in den Jahren 1953/54 gelang, für das ZdK in Bad Godesberg-Friesdorf ein größeres Grundstück zu erwerben, hatte Böhler die Absicht, in den zu errichtenden Baukomplex neben einem Archiv und einer Bibliothek auch eine zentrale Bildungsstätte des ZdK nach dem Vorbild der früheren Einrichtungen des Volksvereins einzubeziehen. Es gelang ihm sogar, Ministerpräsident Arnold zur Zusage eines Landeszuschusses des Landes NRW in Höhe von 400.000 DM zu bewegen. Doch der Plan scheiterte – bei Absage des Kölner Generalvikars – an einem fehlenden finanzkräftigen Träger für die Folgekosten. Hinzu kam die Hanglage des Grundstücks in Bad Godesberg, die sich für die Zwecke einer größer zu planenden Bildungsstätte als ungeeignet erwies.[114]

112 Dazu: G. Klein, Volksverein, S. 387-410; N. Trippen, Frings I, S. 516-532.

113 N. Trippen, Frings I, S. 504-516.

114 Ebd. S. 528-530.

Es sollte nur drei Jahre dauern, bis aus einer ganz anderen Richtung die Diskussion über die Errichtung einer sozialwissenschaftlichen wie volksbildenden Einrichtung wieder aufgegriffen wurde, wobei wiederum Joseph Höffner einbezogen war: Am 21. Juni 1957 schrieb der Aachener Bischof Johannes Pohlschneider in gleichlautenden Schreiben an Höffner als den Leiter des Sozialreferates des ZdK sowie an dessen bisherigen Geschäftsführer, Domkapitular Dr. Josef Paulus in Trier, und an dessen Nachfolger als Geschäftsführer, P. Dr. Josef Engel SCJ in Bad Godesberg: »Das letzte Konveniat der westdeutschen Bischöfe befasste sich mit der Frage, ob es möglich wäre, die Bibliothek des ehemaligen Volksvereins, die jetzt im Eigentum der Stadt Mönchengladbach steht, mehr als bisher in den Dienst der katholischen Sozialwissenschaft zu stellen.[115] Unter Umständen müsste irgendein kirchlicher Rechtsträger versuchen, die Bibliothek von der Stadt Mönchengladbach zu erwerben. Man hat beispielsweise von der Errichtung eines katholischen Sozialarchivs gesprochen oder auch von einem Erwerb der Bibliothek durch das Zentralkomitee der deutschen Katholiken.«[116]

Bischof Pohlschneider stellte dann Raumberechnungen für eine eigene Bibliothek sowie Berechnungen für die Folgekosten ihrer Wartung und Nutzung an. »Ob die Stadt Mönchengladbach bereit wäre, die Bibliothek zu veräußern, ist bis jetzt noch nicht festgestellt worden. Unter Umständen könnte man auch an besondere Vereinbarungen über eine Zusammenarbeit mit der Stadt Mönchengladbach denken.

Im Auftrage des Konveniats der westdeutschen Bischöfe möchte ich Sie nun freundlichst bitten, mir Ihre Auffassung bzw. Ihre Vorschläge über etwaige Verwendungsmöglichkeiten mitteilen zu wollen.«

Als erster antwortete bereits am 27. Juni 1957 Josef Paulus: »In den letzten Jahren war öfters die Rede von der Bibliothek des ehemaligen Volksvereins, und zwar im Zusammenhang mit Wiedergutmachungsansprüchen. Man glaubte, diese Frage nicht angehen zu sollen, da damit auch alle Fragen, die mit dem Konkurs des ehemaligen Volksvereinsverlags zusammenhängen, aufgerollt würden, und die Stadt Mönchengladbach die Bibliothek praktisch als Ausgleich für nicht befriedigte Forderungen aus dem Konkurs erhalten habe. So wenigstens hat vor allen Dingen Herr Prälat Böhler, soweit ich mich erinnere, immer über diese Frage gesprochen ...

Die Frage der Mönchengladbacher Bibliothek kam auch zur Sprache im Zusammenhang mit der seit einigen Jahren geplanten Sozialakademie, die ein christ-

115 Protokoll der Beratungen auf dem Konveniat der westdeutschen Bischöfe in Braunshardt vom 17. bis 19. Juni 1957: »Er [Bischof Pohlschneider] wird gebeten, durch geeignete Fachleute (z. B. Prof. Dr. Höffner-Münster, Domkapitular Paulus-Trier, P. Dr. Engel-ZdK) zu klären, ob und wie diese Bibliothek ... in den Dienst der Katholischen Sozialwissenschaft gestellt werden kann.«

116 Pohlschneider an Höffner, 21. 6. 1957 (Original): HAEK – NH 1402; Pohlschneider an P. Engel 21. 6. 1957 (Original): AZDK – 4240/458.

liches Gegenstück zu der mehr sozialistisch gefärbten Sozialakademie in Dortmund darstellen sollte ... Ob diese Pläne einer Sozialakademie gegenwärtig ... noch verfolgt werden, weiß ich nicht ...

Nun zu der Sache selber. Wenn man auch bei der Übernahme einer solchen Bibliothek sehr viel Ballast übernimmt, so stellt doch gerade diese Bibliothek das Kernstück der katholischen sozialen Tradition dar, das meines Erachtens für uns von unersetzlichem Wert ist. Der Umstand, dass von 1933 ab die Bibliothek nicht mehr ergänzt worden ist, scheint mir nicht so bedeutsam, denn 1. ist zumindest bis 1947 kaum etwas Neues auf dem Gebiete erschienen, und 2. ließe sich dieser Mangel leicht durch Zukäufe für einige Tausend Mark beheben.«[117]

Paulus hatte hier wohl etwas zu simple und kostengünstige (Zweck-) Vorstellungen. Zur Trägerschaft schrieb er: »Wenn man ernstlich daran denken würde, die Mönchengladbacher Bibliothek zu übernehmen, so käme meines Erachtens nur das Sozialreferat im Zentralkomitee der deutschen Katholiken in Frage. Welche Form man dafür finden würde, ob das Sozialreferat in der jetzigen Form Träger sein soll, oder ob man einen anderen Weg findet, bliebe zu überlegen. Sicher aber sollte die Rückführung des Mönchengladbacher Schatzes nicht ohne das Sozialreferat geschehen.« Paulus stellte dann noch Überlegungen zur Standortfrage (Mönchengladbach oder Bad Godesberg) an.

Der Antwort P. Engels an Bischof Pohlschneider vom 4. Juli 1957 ist anzumerken, dass sie mit Paulus abgesprochen war.[118] P. Engel ging von der Überzeugung aus, dass die Stadt Mönchengladbach wegen der laufenden Kosten, die für die Volksvereinsbibliothek anfielen, an ihrer Veräußerung interessiert sein müsse. Man müsse wohl vorsichtig hinsichtlich der Äußerung eines Kaufinteresses sein, weil das weitere Interessenten anlocken und kostentreibend sein könne. Auch wäre beim Verbleib der Bibliothek in Mönchengladbach die Standortfrage für das Sozialreferat zu bedenken, d. h. bleibe es im Verbund mit dem ZdK oder ziehe es nach Mönchengladbach um?

Waren diese beiden Rückmeldungen auf Pohlschneiders Anfrage von wehmütigen Erinnerungen an die Vergangenheit und sehr oberflächlichen Kostenschätzungen getragen, so bestach Höffners Antwortbrief vom 12. Juli 1957 durch Nüchternheit der Einschätzung von Wert und Bedeutung der Bibliothek und an sie zu bindender weiterer Einrichtungen in Mönchengladbach. Höffner konnte sich nur unter einschränkenden Bedingungen für eine Übernahme der Bibliothek erwärmen. Er schrieb:

»1. Wenn *nur* an eine Benutzung der Bibliothek durch katholische Interessenten gedacht wird, dürfte ein Erwerb der Bücherei kaum notwendig sein. Die Bibliothek ist wieder aufgestellt und sowohl für Benutzer wie auch für den

[117] Paulus an Pohlschneider, 27. 6. 1957 (Abschrift): AZdK – 4240/458.
[118] P. Engel an Pohlschneider, 4. 7. 1957 (Sign. Durchschlag): Ebd.

Leihverkehr erschlossen. Viele meiner Schüler haben die Bibliothek in den letzten Jahren benutzt. Bei den hohen Kosten, die ein Ankauf und die Verwaltung der Bücherei kosten [besser: verursachen] würde, möchte ich – für den Fall der bloßen Benutzung – den Erwerb nicht empfehlen.

2. Sinnvoll wäre der Erwerb der Bibliothek, wenn die Bibliothek mit einer katholischen Forschungsstelle verbunden würde. Man wird hier vor allem an das Zentralkomitee der deutschen Katholiken denken. Mir schwebt eine Forschungsstelle, ein wissenschaftliches Institut (kein bloßes – lediglich ›konservierendes‹ – Sozialarchiv) vor. Allerdings ist dabei folgendes zu bedenken:
   a) Es wird schwer fallen, junge katholische Wissenschaftler, die ihre akademischen Studien noch nicht abgeschlossen haben, an ein solches Institut zu ziehen, da dieses Institut kein Promotionsrecht hätte.
   b) Auch Professoren werden sich die Übersiedlung in ein solches Institut überlegen, da sie dort keine Möglichkeit haben, ihren Schülern die akademischen Grade zu verleihen.
   c) Es käme wohl darauf hinaus, dass an dieser Forschungsstelle Wissenschaftler mit abgeschlossener Hochschulausbildung tätig werden, z. B. Habilitierte, die dort in ihrem Fachgebiet weiter arbeiten könnten, oder auch junge Doktoren. Das alles würde allerdings erhebliche Kosten verursachen.
3. Das in Punkt 2 Dargelegte führt zu dem Gedanken, ob man nicht die Errichtung einer katholischen Universität, deren Bibliothek sich auf der Volksvereinsbücherei aufbauen könnte, ernstlich erwägen sollte ...
4. Vielleicht wäre – in der Frage der Volksvereinsbücherei – eine gewisse Koordinierung mit anderen Plänen zu empfehlen.« Höffner wies auf die Absicht des Bundeskurats Wissing, »ein wissenschaftliches Institut zur Erforschung der Probleme des Landes zu errichten«, sowie auf sein ICS an der Universität Münster. Anders als Paulus schätzte Höffner die Kosten der Ergänzung der Mönchengladbacher Bibliothek (realistisch) hoch ein: »Ein Erwerb der Voksvereinsbücherei würde eine Auffüllung der Lücken seit 1933 nötig machen, wozu nach meinen Schätzungen mindestens 200.000 DM erforderlich wären.

Zusammenfassend möchte ich sagen, dass die Frage des Erwerbs der Volksvereinsbücherei von der Entscheidung der Vorfrage abhängt, was man mit dieser Bücherei bezweckt. Und hier ist wohl noch einiges zu überlegen.«[119]

Die von Höffner für notwendig gehaltenen weiteren Überlegungen dauerten fast drei Jahre und hinterließen keine Spuren in den Akten Höffners oder auch des ZdK. Es war wohl der Entschluss der Stadt Mönchengladbach, die Volksvereins-Bibliothek zu behalten, sie auszubauen und in ein großes Neubauprojekt für die Bibliothek einzubeziehen, der neue und dieses Mal zum Ziel führende Überlegungen auf kirchlicher Seite auslöste.

---

119 Höffner an Pohlschneider (Durchschlag): HAEK – NH 1402; Abschrift: AZdK – 4240/458.

In Höffners Akten findet sich ein »Protokoll der Konferenz vom 9. Mai 1960 in der Bischöflichen Akademie ›Brunnenhof‹ zu Mönchengladbach[120] unter Vorsitz des Hochw. Herrn Bischofs von Münster (als des Vorsitzenden der Bischofskommission für soziale Fragen) zum Thema: Errichtung eines katholischen Sozialinstituts in Mönchengladbach«.[121] Teilnehmer waren außer den Bischöfen Keller und Pohlschneider für das ZdK Direktor Hanssler[122] und Dr. Becher, die Leiter der Sozialinstitute der nordwestdeutschen Diözesen sowie Joseph Höffner und Josef Paulus.

Man sprach zunächst über einen ersten »Aufriss der Aufgabenstellung eines Sozialinstituts«. Höffner schrieb auf den Rand des Protokolls sowohl bei »Koordinierung der sozialen Bildungsträger« wie auch bei »Begegnungstagungen der hauptamtlichen Kräfte«: »Aufgabe des Sozialreferates«.

In einem weiteren Protokollabschnitt »Örtliche Voraussetzungen« waren die Absichten der Stadt Mönchengladbach konkretisiert:

»Einem katholischen Sozialinstitut würde die sozialwissenschaftliche Zentralbibliothek der Stadt Mönchengladbach zur freien Benutzung zur Verfügung stehen. Die Bibliothek basiert auf der ehemaligen Volksvereinsbibliothek (mit 80.000 Bänden), welche jetzt Eigentum der Stadt Mönchengladbach ist. Dazu kommen 15.000 Bände der von der Stadt erworbenen Privatbibliothek Dr. Hohn sowie 5.000 Bände ergänzende, neuere sozialwissenschaftliche Literatur. Die Stadt bereitet einen umfangreichen Ausbau des Bibliotheksbestandes vor, wobei die katholisch-soziale Literatur gebührende Beachtung finden soll. Wenn die Ergänzung auf den neuesten Stand vollzogen sein wird, dürfte diese Fachbibliothek von einzigartigem Rang in Europa sein. Ein großzügig geplanter Bibliotheksneubau ist in Angriff genommen worden (7-geschossiger Bücherturm, Vortragssaal, wissenschaftliche Studios, Ausstellungsraum, Katalogsaal, wissenschaftlicher Leseraum, Fotalabor. Maximale Fassungskraft: 500.000 Bände ...).«

Als Domizil des kirchlichen Sozialinstituts wurde der »Brunnenhof« in Erwägung gezogen. Ein benachbartes Baugelände wollte die Stadt für ein »Sozialarchiv« der kirchlichen Seite zum Kauf anbieten. Zu den Kosten für das Institut wie für das Archiv sei mit »großen finanziellen Zuwendungen seitens des Landes Nordrhein-Westfalen« zu rechnen.

Bei dem Protokollabschnitt über die Diskussion werden die unterschiedlichen Positionen der Teilnehmer, zumal die kritischen Einwände Joseph Höffners deut-

---

120 Die »Bischöfliche Akademie Brunnenhof« in Mönchengladbach war eine der nach 1945 gegründeten Einrichtungen, die es in beinahe allen Diözesen gab: O. M. SCHÜTZ, Akademien, S. 172.

121 Protokoll der Konferenz vom 9. Mai 1960 ...: HAEK – NH 3157 (beiliegend ein Blatt mit handschriftlichen Notizen Höffners zu den Beratungsgegenständen).

122 Bernhard Hanssler, *1907, 1932 Priester des Bistums Rottenburg, 1936-1945 Studentenseelsorger in Tübingen, 1956 Leiter des Cusanuswerks in Bad Godesberg, 1957-1968 Geistlicher Direktor beim ZdK, 1968-1970 Bischöflicher Assistent beim ZdK, 1970-1974 Rektor des Priesterkollegs am Campo Santo Teutonico: O. SCHÜTZ, Akademien, S. 176 Anm. 10.

lich: »Im Mittelpunkt der Diskussion stand die Frage nach der eigentlichen Aufgabenstellung des geplanten Instituts, näherhin die Frage nach seiner *Bildungs-* bzw. *Forschungsarbeit.* Einmal wurde die aktive Bildungs- und Lehrtätigkeit infrage gestellt, insofern sie genügend an den vorhandenen Institutionen geleistet werde, zum anderen wurde die eigentliche Forschungsarbeit als Aufgabe der Universitäten angesehen. Außerdem dürfte der Zusammenhang beider Aufgabenbereiche zu Schwierigkeiten hinsichtlich personeller Qualifikation und der Konzentration der Arbeitsweise führen ...«

Zur Trägerschaft des Instituts vermerkt das Protokoll: »Bei der Frage nach dem *Träger* eines Sozialinstituts war man sich einig, dass das Sozialreferat des Zentralkomitees dabei eine entscheidende Rolle spielen müsste, um eine Parallelität mit Godesberg zu vermeiden. Eine Verlegung des Sozialreferates nach Mönchengladbach erscheint jedoch nicht wünschenswert, denn die Integration des ZdK müsste aufrecht erhalten bleiben. Es wäre wohl an eine ›Außenstelle‹ des Sozialreferats in Mönchengladbach zu denken.«

Schließlich bildete man eine Kommission, »die in nächster Zeit die einzelnen Fragen nachprüfen und dem Plenum dann einen Vorschlag vorlegen soll. Dabei ist folgendes zu klären: Konzeption des Instituts, seine Aufgabenstellung, Verhältnis zum ZdK, Trägerschaft, juristische Struktur, Finanzierungsfragen«. Auch bat man um konkretisierende Vorschläge an den Vorsitzenden der Kommission, Direktor Bernhard Hanssler vom ZdK.

Auf der Konferenz der westdeutschen Bischöfe in Bensberg im Juni 1960 berichtete Bischof Pohlschneider über die Mönchengladbacher Besprechung am 9. Mai. Das Protokoll vermerkt: »Die Konferenz ist damit einverstanden, dass die dort gebildete Kommission die Fragen studiert und der Konferenz über die Ergebnisse berichtet.«[123]

Die erste Sitzung der Kommission fand am 6. Juli 1960 in Bad Godesberg statt. Zu dieser Sitzung sandte Sozialreferent Dr. Becher am 28. Juni 1960 eine erweiterte Überarbeitung des Protokolls vom 9. Mai zu.[124] Becher hatte auf 12 Schreibmaschinenseiten den Versuch gemacht, die zum Teil widersprüchlichen Vorschläge vom 9. Mai und die bei ihm eingegangenen Vorschläge späteren Datums zu bündeln, zu harmonisieren und zu einem Gesamtkonzept zu verarbeiten.[125] Sein Ziel war »Das zentrale sozialwissenschaftliche Institut«: »Zweck und Aufgaben des Sozialinstituts können wie folgt umschrieben werden:

[123] Protokoll der Konferenz der westdeutschen Bischöfe in Bensberg vom 13. bis 15. Juni 1960 (Original): HAEK – CR III 12.

[124] Das Protokoll der Konferenz in Mönchengladbach am 9. Mai 1960 hatte Becher zusammen mit der Einladung zum 6. Juli bereits am 20. 6. 1960 verschickt. Begleitbrief Bechers vom 20. 6. 1960: HAEK – NH 3157.

[125] »Bemerkungen und Vorschläge zu dem Projekt eines Sozialinstituts in Mönchengladbach. Beratungsunterlage für die Sitzung der Kommission am 6. Juli 1960«. Exemplare finden sich im HAEK – NH 3157 und AZdK 4240/474.

a) Die wissenschaftliche Erarbeitung von Stellungnahmen und Gutachten durch Anwendung katholischer Sozialprinzipien. Die Vorlage von Arbeitsunterlagen und die Zusammenstellung von Übersichten, Analysen und Informationen ...
b) Die Dokumentation der christlich-sozialen Bewegung und allgemeiner Zeitphänomene in einem Sozialarchiv ...
c) Die Unterstützung der Koordination der Bildungsarbeit im katholischen Raum ...«

Das Institut sollte eigene Referate für Grundsatzfragen, für Wirtschaftspolitik, für Arbeitsfragen, für Sozialpolitik und für die christlich-soziale Bewegung umfassen. »Wegen der Vordringlichkeit politischer Gesichtspunkte in der Öffentlichkeitsarbeit ... ist die Leitung des Sozialinstituts dem Sozialreferat zu unterstellen. Das Sozialinstitut darf daher nicht ohne Absprache mit dem Sozialreferat aktiv werden.« Die Kostenplanung war wieder so bescheiden angesetzt, dass man sie nicht zum Vorwand einer Verwerfung des Projekts verwenden konnte.

Die Kommissionssitzung am 6. Juli 1960 schnürte das Gesamtpaket, das Dr. Becher vorgelegt hatte, wieder auf.[126] Das Bibliotheksangebot der Stadt Mönchengladbach mache die Idee des Instituts noch nicht attraktiv. Eine zentrale Bildungsstätte sei angesichts des vorhandenen breiten Angebots auf regionaler Ebene nicht notwendig. Am ehesten hielt man ein »soziales Priesterbildungsinstitut« für wünschenswert. »Zum zentralen sozialwissenschaftlichen Institut« hieß es im Protokoll: »Es wurde nochmals herausgestellt, dass die entscheidende Aufgabe die Errichtung eines Sozialinstituts ist, wo von einem Team von Wissenschaftlern gediegene wissenschaftliche Arbeit geleistet werden soll. Die Arbeitsräume für die Wissenschaftler sollten in den Räumen der Bischöflichen Akademie ›Brunnenhof‹ eingerichtet werden.«

Das »Sozialarchiv« wurde zwar befürwortet, jedoch auf ein »Zeitungsarchiv« beschränkt, da die Sozialverbände ihr Dokumentenmaterial nicht herausgeben würden. Der folgende Abschnitt geht ganz sicher auf Joseph Höffner zurück: »Um Verwechslungen der Aufgaben des Sozialinstituts mit denen der Universität zu vermeiden, wurde darauf hingewiesen, dass die Grundsatzforschung, die Herausarbeitung und Weiterentwicklung der Doktrin Sache der Universitäten bzw. theologischen Hochschulen bleiben muss. Demgegenüber hat das Sozialinstitut Auftragsangelegenheiten zu erledigen, indem zu bestimmten Fragen Zustandsbilder und Übersichten oder eine Zusammenstellung katholischer Auffassungen zu konkreten Anlässen geliefert werden, auf Grund derer die katholische Sozialarbeit ihre Aktionen planen und ausrichten kann. Zur Vereinheitlichung und besseren Ausrichtung der Arbeit des Sozialinstituts er-

[126] Protokoll der Kommissionssitzung »Sozialinstitut Mönchengladbach« vom 6. Juli 1960 (Dr. Becher, 6 Seiten): HAEK – NH 3157.

scheint es angebracht, alle Auftragsbitten über das Sozialreferat des Zentralkomitees zu leiten ...«

Schon am 29. Juli 1960 fragte Bischof Keller in Kenntnis dieses Protokolls bei Höffner an: »Ich wäre Ihnen sehr verbunden, wenn Sie mich wissen ließen, ob Sie den Plan in der hier vorgelegten Form für realisierbar und seine Realisierung für wünschenswert halten. Vor allem wäre es wichtig zu klären, ob Aussicht besteht, einen tüchtigen Leiter und entsprechend qualifizierte Mitarbeiter zu finden.«[127]

Urlaubsbedingt konnte Höffner dem Bischof erst am 3. September 1960 antworten. Er nahm die Gelegenheit wahr, die ihm immer noch zu weit gehenden Projektierungen des 6. Juli 1960 auf ein ihm sinnvoll erscheinendes Maß zurückzuführen:

»1. Die Bedeutung der alten Volksvereinsbibliothek darf nicht überschätzt werden. Ich vermute, dass höchstens 20% der Bände katholisch-soziales Schrifttum im eigentlichen Sinne sind; die übrigen Bände werden wahrscheinlich allgemein volkswirtschaftlicher und sozialwissenschaftlicher Natur sein. Dennoch ist das Angebot der Stadt, die Bibliothek ohne Kosten für die Kirche auszubauen, bibliothekarisch zu verwalten und Studienräume zur Verfügung zu stellen, verlockend, wozu noch der ideelle Wert kommt, der in der Fortsetzung der Mönchengladbacher katholisch-sozialen Tradition liegt.

2. Das Kommissionsprotokoll lehnt jene Vorschläge ab, die zu Überschneidungen mit den Aufgaben des Zentralkomitees führen könnten: kein zentrales Bildungsinstitut, keine Ausbildungsstätte für den sozialbildnerischen Nachwuchs, kein Institut mit Ausrichtung auf Entwicklungshilfe oder europäische Integration. Nur der Plan, Kurse zur sozialen Weiterbildung der Priester im Institut durchzuführen, wird bejaht. Mir scheint demgegenüber, dass die soziale Bildungsarbeit, wenn ein mit geeigneten Kräften besetztes Institut bestünde, sich kraft innerer Gesetzmäßigkeit entfalten und einen überdiözesanen Charakter annehmen würde, worin ich keine besondere Gefahr für die gesamtdeutsche katholisch-soziale Bewegung sehen möchte.

3. Ich stimme dem Kommissionsprotokoll zu, dass die entscheidende Bedeutung des geplanten Instituts auf sozialwissenschaftlichem Gebiet liegen müsste, und zwar weniger im Bereich der Grundlagenforschung als vielmehr der wissenschaftlichen Gutachtertätigkeit. Der Entwurf des ZdK sieht vor, das Institut mit einem Leiter (Hochschulprofessor) und fünf Wissenschaftlern sowie zwei Sekretärinnen zu besetzen, was natürlich Jahr für Jahr erhebliche Kosten verursachen würde. Abgesehen davon, dass es nicht leicht sein wird, geeignete Kräfte zu finden, bleibt zu überlegen, ob man nicht mit einem Bruchteil der Kosten auskäme, wenn man von Fall zu Fall ein ad hoc zusam-

127 Keller an Höffner, 29. 7. 1960: Ebd.

men zu stellendes Team von katholischen Wissenschaftlern beauftragen würde, das erwünschte Gutachten gegen ein entsprechendes Honorar zu erstellen, ein Brauch, wie er bekanntlich von den Bundes- und Länderministerien mit Erfolg geübt wird. Ich schlage deshalb vor, das Institut zwar zu errichten, wobei jedoch die Möglichkeit, einschlägige Gutachten jeweils von einem Team von Fachgelehrten anfertigen zu lassen, im Auge behalten werden sollte. Auf diese Weise würde es genügen, zunächst nur einen Wissenschaftler nach Mönchengladbach zu berufen.« Dafür schlug Höffner Dr. Leonhard Lowinski vor, Bruder eines Priesters aus dem Bistum Münster, der bei Alfred Müller-Armack über »Die Prinzipien der katholischen Soziallehre« eine Dissertation geschrieben hatte.[128]

4. »Der weitere Vorschlag der Kommission, dem Institut religionssoziologische, religionsstatistische und pastoralsoziologische Aufgaben zu übertragen, steht an sich mit Punkt 3 nicht in innerem Zusammenhang ... Die Verwirklichung dieses Planes scheint mir noch nicht spruchreif zu sein.
5. Da das im Kommissionsprotokoll vorgeschlagene Archiv keine Originaldokumente sammeln, sondern nur als Zeitungsarchiv aufgebaut werden soll, halte ich es nicht für verantwortbar, für diesen Zweck ein städtisches Grundstück zu erwerben und darauf ein eigenes Bauwerk zu errichten, ganz abgesehen davon, dass Zeitungsarchive rasch veralten.

Grundsätzlich möchte ich die baldige Gründung des geplanten Instituts im oben von mir skizzierten Sinne befürworten, jedoch raten, zunächst klein zu beginnen ...«[129]

An der Jahreswende 1960/61 bestand bei den beteiligten Kreisen, aber auch in der Bischofskonferenz durchaus die Bereitschaft, ein sozialwissenschaftliches, überdiözesanes Institut in Mönchengladbach zu gründen. Doch trat man hinsichtlich der Aufgabenstellung, der Dimensionen und Kosten immer noch auf der Stelle. In dieser Situation erhielt Höffner am 21. Januar 1961 ein Schreiben Bundeskanzler Adenauers, in dem es heißt: »Ich wäre Ihnen sehr dankbar, wenn Sie in Ihrer Eigenschaft als Direktor des Sozialreferates im Zentralkomitee der Deutschen Katholiken, dem die neue Einrichtung angegliedert werden soll, dazu mithelfen könnten, dass diese Gelegenheit so genutzt wird, wie es das große Erbe des Volksvereins nahe legt. Die Errichtung einer derartigen Stelle würde eine wesentliche Förderung unserer gesamten politischen Arbeit darstellen.«[130]

In seiner Antwort vom 15. Februar 1961 schilderte Höffner den bisherigen Planungsstand und schloss: »Für Ihr Interesse an der Weiterführung der segens-

---

[128] Nach Höffners eigener Promovendenliste wurde Leonhard Lowinski 1950 bei ihm selbst mit einem sehr ähnlichen Thema zum Dr. rer. pol. promoviert. War Müller-Armack der erste Referent, Höffner der zweite?: Vgl. oben S. 150 mit Anm. 42.

[129] Höffner an Keller, 8. 9. 1960 (Durchschlag): HAEK – NH 3157.

[130] Adenauer an Höffner, 21. 1. 1961 (Original): Ebd.

reichen Mönchengladbacher Tradition bin ich Ihnen ... sehr dankbar, – und ich habe mich herzlich gefreut, dass Sie bei all Ihren Sorgen und Arbeiten auch dieses Anliegens gedacht haben. Die Sache darf nicht mehr lange hinausgezögert werden, und ich hoffe, Ihnen bald Endgültiges mitteilen zu können.«[131]

Höffner informierte Bischof Keller über seinen Briefwechsel mit dem Bundeskanzler. Wohl im Wissen, dass es letztlich eine Frage nach der geeigneten Persönlichkeit für die Leitung des Instituts war, die den Ausschlag geben würde, machte er dem Bischof neue Vorschläge: »Ob für die vorgesehene Aufgabe Herr Dr. Gustav E. Kafka (Zentralkomitee) geeignet wäre? In meinem Schreiben vom 8. 9. 1960 hatte ich schon auf Herrn Dr. Lowinski hingewiesen. Ohne Zweifel käme die Sache in Schwung, wenn man die Aufgabe an Herrn Dr. Paul Adenauer übertragen würde, was allerdings in verschiedener Hinsicht noch überlegt werden müsste. Wenn aus der Sache etwas werden soll, darf wohl nicht mehr allzu lange gezögert werden.«[132]

Der Plan für das Sozialinstitut in Mönchengladbach wurde – weitgehend in der von Höffner umschriebenen Dimension – bei der Plenarkonferenz der deutschen Bischöfe Ende Mai 1961 in Bühl/Baden vorgetragen. Im Protokoll heißt es: »... Unter der Voraussetzung, dass die oben beschriebenen Angebote der Stadt Mönchengladbach von dieser eingehalten werden, wird die Errichtung eines überdiözesanen katholischen Sozialinstituts grundsätzlich beschlossen.

Dieses Sozialinstitut soll folgende Aufgaben erfüllen:

a) Wissenschaftliche Ausarbeitungen von sozialpolitischen Analysen und Übersichten.
b) Unterstützung der sozialen Bildungsarbeit in den Diözesen und katholischen Verbänden durch Erarbeitung wissenschaftlicher Materialien und durch wissenschaftliche Information der leitenden Persönlichkeiten der Bildungsarbeit.
c) Wissenschaftliche Erarbeitung von Gutachten und Stellungnahmen zu sozialpolitischen Fragen auf der Grundlage der katholischen Soziallehre.
d) Einrichtung eines umfassenden Sozialarchivs einschließlich der Dokumentation der christlich-sozialen Bewegung.

Das überdiözesane katholische Sozialinstitut soll im Auftrag der deutschen Bischöfe arbeiten. Es wird dem Zentralkomitee der deutschen Katholiken, insbesondere dessen Sozialreferat, angegliedert ... Für die Planung der wissenschaftlichen Arbeit, die Auswahl der hauptamtlichen Mitarbeiter und deren Beratung wird ein Kuratorium bestellt, dessen Vorsitzender der Leiter des Sozialreferates im Zentralkomitee der Deutschen Katholiken [= Joseph Höffner] ist. Die Mitglieder des Kuratoriums werden von den deutschen Bischöfen auf Vorschlag des Zentralkomitees der Deutschen Katholiken berufen ... Die Sozialkommission

[131] Höffner an Adenauer, 15. 2. 1961 (Durchschlag): Ebd.
[132] Höffner an Keller, 16. 2. 1961 (Durchschlag): Ebd.

[der Bischofskonferenz] wird mit der Durchführung des Beschlusses beauftragt.«[133]

Für die Sozialkommission der Bischofskonferenz übernahm Bischof Hengsbach die Ausführung des Beschlusses. Zum 26. Juni 1961 lud er Höffner zu einer Besprechung des weiteren Vorgehens ein.[134] Wichtiger als die Details eines Vertrages zwischen dem ZdK e. V. und der Stadt Mönchengladbach war für Hengsbach wie für Höffner die Personalfrage. Am 7. Juli 1961 teilte Höffner dem Essener Bischof mit: »Mein Gespräch mit Herrn Dipl. Volkswirt Dr. theol. Rudolf Henning bezüglich des Mönchengladbacher Instituts hat nicht zu einem Ergebnis geführt ... Ich werde mich bemühen, einen anderen geeigneten Kandidaten zu finden ...«[135]

Nicht gezielte Nachfragen, sondern eher eine zufällige Konstellation von Umständen führte ab Herbst 1961 zu einer Lösung des Personalproblems. Am 15. Mai 1961 hatte Papst Johannes XXIII. seine Sozialenzyklika »Mater et Magistra« veröffentlichen lassen. Anton Rauscher berichtet dazu in aller Kürze: »Zwar wurde [Gustav] Gundlach zunächst noch beauftragt, zusammen mit einer international zusammengesetzten Gruppe einen Entwurf für die geplante Sozialenzyklika ›Mater et Magistra‹ zu erstellen, der aber keine Billigung fand. Der Papst verließ sich jetzt auf italienische Mitarbeiter ... Nicht so sehr die Enttäuschung darüber, dass er nicht mehr gebraucht wurde, sondern die Sorge um den neuen Kurs weg von der grundsätzlichen Klärung der Fragen hin zu einer ›praktisch-pastoralen Wendigkeit‹ bewegte Gundlach ...«[136]

Hinzu kam für Gustav Gundlach die Notwendigkeit, seine nähere Zukunft zu planen: Mit der Vollendung des 70. Lebensjahres am 3. April 1962 stand seine Emeritierung als Professor der Gregoriana an. »Joseph Höffner kam mit einer Gruppe von Freunden und Schülern nach Rom und überreichte ihm die Festschrift ›Freiheit und Verantwortung in der Gesellschaft‹. Der Bundespräsident verlieh ihm das Große Bundesverdienstkreuz.«[137]

Die Überlegungen für die Zeit danach wurden im Herbst 1961 konkret. Am 9. September 1961 schrieb Bischof Hengsbach an den in Bad Honnef weilenden P. Gundlach: »Herr Pater Professor Hirschmann war so freundlich, mit Ihnen zu sprechen, ob Sie möglicherweise bereit seien, die Leitung des von den deutschen Bischöfen geplanten Sozialinstituts in Mönchengladbach zu übernehmen. Zu meiner großen Freude hat Pater Hirschmann mir Ihr grundsätzliches Einverständnis mitgeteilt. Inzwischen habe ich darüber Se. Eminenz Kardinal Frings von Köln als den Vorsitzenden unserer Plenarkonferenz sowie auch den Bischof von Aachen

133 Protokoll der außerordentlichen Plenarkonferenz der Bischöfe der Diözesen Deutschlands in Bühl/ Baden vom 29. bis 31. Mai 1961, S. 3 f.: HAEK – CR III 13.

134 Hengsbach an Höffner, 21. 6. 1961: HAEK – NH 3157.

135 Höffner an Hengsbach, 7. 7. 1961 (Durchlag): Ebd. – Wie Höffner berichtete, war Henning dabei, sich zu habilitieren. Mönchengladbach war für ihn wohl keine Perspektive.

136 A. Rauscher, Gundlach, S. 175.

137 Ebd. S. 176.

als den Ortsordinarius informieren können. Beide Herren sind mit unseren Planungen sehr einverstanden.

Ich selbst habe namens der vom Episkopat beauftragten Sozialen Kommission die Verantwortung für die Durchführung des Gründungsbeschlusses übernommen. Daher darf ich Ihnen zunächst sehr herzlich danken, dass Sie bereit sind, die Leitung des Mönchengladbacher Sozialinstituts zu übernehmen. Ich wäre dankbar, wenn wir gelegentlich einmal über die Einzelheiten sprechen könnten.

Zunächst wird jedoch Herr Professor Höffner aus Münster mit Ihnen Kontakt nehmen, da das neue Sozialinstitut dem Sozialreferat des Zentralkomitees angegliedert werden soll, dessen Leiter Herr Professor Höffner ist. In dieser Eigenschaft hat er den Auftrag, die zur Gründung des Mönchengladbacher Sozialinstituts notwendigen Schritte zu tun. Er wird sich also in Kürze – das habe ich gestern mit ihm vereinbart – mit Ihnen in Verbindung setzen, um das Nähere über die Art und den Umfang Ihrer neuen Aufgabe, über den Zeitpunkt Ihres Beginns, über Ihre möglichen Mitarbeiter und über die notwendigen Räume in Mönchengladbach mit Ihnen zu besprechen ...«[138]

Am 13. Oktober 1961 fand die Besprechung P. Gundlachs mit Höffner in Münster statt. Wie Gundlach Höffner bei der Übersendung eines von Bischof Hengsbach angeforderten »Memorandums« am 8. Dezember 1961 mitteilte, hatte er im November 1961 auch Kontakt zu Direktor Hanssler vom ZdK und zu Kardinal Frings aufgenommen. Gundlach äußerte sich zu Einzelheiten des Beschlusses der Bischöfe in Bühl/Baden und zur Organisations- und Besetzungsfragen des Instituts. Er bemerkte Höffner gegenüber: »Was die Personen angeht, so wäre ich mit Herrn Dr. Becher als wissenschaftlichem Mitarbeiter einverstanden. Mönchengladbach läge mehr in der Richtung seiner Neigungen als die bisherige Tätigkeit. Sollte aber noch ein zweiter schon jetzt bestellt werden, weiß ich von hier aus niemand.«[139]

Das am 6. Dezember 1961 in Rom von Gundlach unterzeichnete »Memorandum« zeigte seine Kompetenz.[140] Er schlug als Namen des Instituts vor »Sozialwissenschaftliche Zentralstelle Mönchengladbach«. Damit sollte eine Abgrenzung von den schon bestehenden »Instituten« markiert werden.[141] Gundlach präzisierte dann die Aufgabenstellung dieser »Zentralstelle« gegenüber den bisherigen Überlegungen und dem Beschluss der Bischöfe in Bühl:

---

138 Hengsbach an Gundlach, 9. 9. 1961 (unterzeichneter Durchlag für Höffner): HAEK – NH 3157.

139 Gundlach an Höffner, 8. 12. 1961 (handschriftlich): Ebd.

140 Memorandum, von Gundlach, unterzeichnet am 6. 12. 1961 in Rom, Durchschlag für Höffner: Ebd. – Abdruck des Memorandums: A. Rauscher, Zentralstelle, S. 20-22.

141 Dr. Paul Becher teilte dem Verfasser am 28. 6. 2007 mit: »Bedenken P. Gundlachs zur zu starken Position des ZdK beim vorgesehenen Sozialinstitut in Mönchengladbach hielt Höffner für ausräumbar.«

»a) Die im Lichte der katholischen Soziallehre vorzunehmende wissenschaftliche Arbeit zur grundsätzlichen Klärung bei allen auftauchenden Fragen der Wirtschafts- und Sozialpolitik, die von gesellschaftspolitischer Wichtigkeit sind.

b) Rechtzeitige Information über die Tragweite solcher Fragen und laufende Unterrichtung über Gang und Ergebnis der angestellten Klärungsarbeit für die leitenden Persönlichkeiten der Bildungsbestrebungen in Diözesen und Verbänden, ebenso für andere Personen, deren Interessierung als wichtig und nützlich zu werten ist.«

Wie Gundlach erläuterte, wollte er damit »eine straffere Formulierung der im Bühler Protokoll bezeichneten Aufgaben« vornehmen. Unter den »Nächsten Schritten« war ihm offenbar wichtig:

»Tunlichst bald müsste der hauptamtliche Mitarbeiter für die organisatorische Seite der Neugründung bestellt werden und seine Tätigkeit in Mönchengladbach beginnen. Die Arbeiten sollten so gefördert werden, dass etwa am 15. Mai – dem Tag der sozialen Enzykliken[142] – die Sozialwissenschaftliche Zentralstelle ihre Tätigkeit aufnehmen kann.

Das Kuratorium, besonders sein Vorsitzender, sollte sich inzwischen bemühen, vorerst wenigstens einen, vielleicht zwei wissenschaftliche Mitarbeiter ausfindig zu machen und ... zu bestellen.«

Auch seine eigenen terminlichen Vorstellungen hielt Gundlach am 6. Dezember 1961 fest: »Der vorgesehene wissenschaftliche Leiter [= Gundlach], dessen Professur nach dem Abschied von Rom an der Philosophisch-Theologischen Hochschule St. Georgen in Frankfurt/M. rechtlich wieder auflebt, wird ohne Lehrverpflichtung in Frankfurt einstweilen bis zum Anlauf der Arbeit in Mönchengladbach seine bisherige Tätigkeit als wissenschaftlicher Berater am Katholischen Sozialen-In-stitut der Erzdiözese Köln in Bad Honnef fortsetzen. Das überdiözesane Interesse dieses Institutes an Grundsatzfragen der kirchlichen ›Entwicklungshilfe‹ sollte es ermöglichen, diese Arbeit ... dauernd mit der Sozialwissenschaftlichen Zentralstelle Mönchengladbach in Verbindung zu halten.«

Eine Korrespondenz zwischen Generalsekretär Heinrich Köppler vom ZdK und Bischof Hengsbach sowie zwischen diesem und Höffner im Dezember 1961 machte noch einigen Klärungsbedarf für P. Gundlach deutlich.[143] In einem Brief an ihn vom 5. Januar 1962 bestätigte Hengsbach Gundlachs Vorschläge im »Memorandum«. Auch Höffner schrieb am gleichen Tage an Gundlach nach Rom, es gelte nun, »bald einige Fragen zu regeln«:

---

[142] Leo XIII. hatte die Enzyklika »Rerum novarum« am 15. Mai 1891 publiziert, Pius XI. die Enzyklika »Quadragesimo anno« am 15. Mai 1931, Johannes XXIII. die Enzyklika »Mater et Magistra« am 15. Mai 1961.

[143] Verschiedene Briefe, Durchschläge, Abschriften: HAEK – NH 3157.

»1. Ernennung eines (oder zweier) wissenschaftlicher Mitarbeiter zum 1. 5. 1962. Mir scheint, dass Herr Dr. Becher durchaus geeignet ist, schon deswegen, weil es ihn mehr zur Wissenschaft als zur Organisation zieht.
2. Ernennung eines Geschäftsführers.
3. Bildung eines wissenschaftlichen Kuratoriums. Vielleicht überlegen Sie sich, wer Mitglied dieses Kuratoriums sein sollte. Das Kuratorium wird erst nach Ihrem Amtsantritt zusammentreten.«[144]

Zu den einzustellenden wissenschaftlichen Mitarbeitern notierte sich Höffner am 5. April 1962 (bei einer Besprechung mit Bischof Hengsbach?): »Beckel und Becher«.[145] Am 30. April 1962 wandte sich Höffner an den Kapitularvikar des Bistums Münster, Laurenz Böggering: »Herr Professor Gundlach ist am 18. April in Deutschland eingetroffen, um baldmöglichst seine Arbeit in der ›Sozialwissenschaftlichen Zentralstelle Mönchengladbach‹ zu beginnen. Als ich vor einigen Wochen über diese Angelegenheit mit Ihnen sprach, meinten Sie nebenbei, dass vielleicht Herr Dr. Beckel sich für diese Arbeit interessiere. Als ich Herrn P. Gundlach eine diesbezügliche Andeutung machte, war er sehr angetan und erklärte, dass er sich sehr freuen werde, wenn es gelänge, Herrn Dr. Beckel als Mitarbeiter zu gewinnen.«[146]

Als Ergebnis weiterer Bemühungen konnte Höffner am 15. Mai 1962 P. Gundlach mitteilen: »Herr Kapitularvikar Böggering hat nochmals ausführlich mit Herrn Dr. Beckel gesprochen und teilte mir daraufhin mit, dass Herr Dr. Beckel sich aufrichtig auf die Zusammenarbeit mit Ihnen in Mönchengladbach freuen würde. Auch vom Bistum Münster aus steht der Übernahme der neuen Aufgabe nichts im Wege.«[147]

Die Gründung der »Zentralstelle« schritt nun rasch voran. Wie P. Gundlach Höffner am 25. Juni 1962 mitteilte, hatte am 22. Juni eine Besprechung mit Bischof Hengsbach zur Klärung von Einzelfragen stattgefunden. Neben Albrecht Beckel, der im Hinblick auf seine bisherige Stellung im Bistum Münster nicht »wissenschaftlicher Mitarbeiter« sondern »Mitglied« der »Zentralstelle« werden wollte, hatte P. Gundlach Dipl. Volkswirt Josef Oelinger als »Mitglied« ins Auge gefasst.[148]

Am 28. Juni 1962 – wenige Tage vor seiner Ernennung zum Bischof von Münster – antwortete Höffner an Gundlach: »Sobald Sie die Arbeit in Mönchengladbach begonnen haben, möchte ich Sie zu einer wissenschaftlichen Tagung, die in Verbindung mit einem Treffen meiner ehemaligen Schüler stehen soll, nach Münster einladen. Bei dieser Gelegenheit könnten wir nebenbei die Feier Ihres 70. Geburts-

---

144 Höffner an Gundlach, 5. 1. 1962 (Durchschlag): Ebd.
145 Hs. Randnotiz Höffners mit Datum auf Grundlachs Brief an ihn vom 8. 12.1961: Ebd.
146 Höffner an Böggering, 30. 4. 1962 (Durchschlag): Ebd.
147 Höffner an Gundlach, 15. 5. 1962 (Durchschlag): Ebd.
148 Gundlach an Höffner, 25. 6. 1962 (Original): Ebd.

tages auch in der Heimat nachholen. Zugleich möchte ich Sie bitten, auf der Tagung zu uns zu sprechen.«[149]

Doch Gundlach sollte im Herbst 1962 aus einem ganz anderen Grunde nach Münster kommen. Anton Rauscher berichtet: »Im Wintersemester 1962/63 [und ebenso im Sommersemester 1963] übte er noch einmal eine Lehrtätigkeit als Gastprofessor an der Universität Münster aus, da infolge der Erhebung Professor Höffners zum Bischof von Münster dessen Lehrstuhl für Christliche Sozialwissenschaften vakant geworden war. Dort las er über den Sozialismus. Am ungewöhnlichen Interesse der Studenten merkte er, dass seine prinzipielle Denkweise nicht überholt war.«[150]

Die letzten Gründungsschritte der schließlich so genannten »Katholischen Sozialwissenschaftlichen Zentralstelle Mönchengladbach« hat Anton Rauscher beschrieben, der nach dem plötzlichen Tod Gundlachs am 23. Juni 1963 – zunächst »vorläufig« – die Leitung übernahm.[151] Im Sommer und Herbst 1962 kam es zu Verhandlungen zwischen Generalsekretär Köppler vom ZdK, dem Bistum Aachen und P. Gundlach über eine stärkere Unabhängigkeit der Zentralstelle durch Errichtung eines eigenen eingetragenen Vereins. Am 29. Oktober 1962 konnte Köppler dem Aachener Generalvikar schreiben: »Den dafür im Einvernehmen mit dem Bischof von Essen und P. Prof. Gundlach SJ erarbeiteten Satzungsentwurf, den ich den beteiligten ... Bischöfen mit der Bitte um Zustimmung [wegen des dort versammelten Konzils] nach Rom gesandt habe, erlaube ich mir, Ihnen anbei mit der Bitte um freundliche Kenntnisnahme und Prüfung zu übersenden ...«

Zum Inhalt des Satzungsentwurfs schreibt Anton Rauscher: »›Geborene Mitglieder‹ des Vereins sollten sein das Bistum Aachen, die persönlichen Beauftragten des Erzbischofs von München und Freising und der Bischöfe von Essen, Eichstätt, Limburg und Münster – es waren die damaligen Mitglieder der Sozialkommission – sowie das Zentralkomitee der Deutschen Katholiken. Darüber hinaus war in dem Entwurf auch nicht mehr die Rede von einem ›Kuratorium‹.

Der ›2. Entwurf‹ der Satzung berücksichtigte die Verbesserungsvorschläge, die der neue Bischof von Münster, Joseph Höffner, gemacht hatte.«

---

149 Höffner an Gundlach, 28. 6. 1962 (Durchschlag): Ebd.

150 A. Rauscher, Gundlach, S. 176; vgl. Ders., Zentralstelle, S. 24 f.

151 A. Rauscher, Zentralstelle, S. 22-25. – Protokoll der Plenarkonferenz der Bischöfe der Diözesen Deutschlands in Fulda vom 28. bis 29. August 1963, S. 9: »Auf Vorschlag des Bischofs von Münster [=Joseph Höffner] ist die Konferenz damit einverstanden, dass P. Dr. Rauscher SJ mit der vorläufigen Leitung der ›Katholischen Sozialwissenschaftlichen Zentralstelle‹ beauftragt wird« (HAEK – CR III 14). Der Grund für das »vorläufig« ergibt sich aus einem weiteren Beschluss der Bischöfe im Februar 1964: »Der Bischof von Münster wird beauftragt, den Jesuitengeneral nochmals zu bitten, Herrn P. Rauscher SJ zur Übernahme der Vertretung der Direktorenstelle der katholischen sozialwissenschaftlichen Zentralstelle in Mönchengladbach freizustellen« (Protokoll der Plenarkonferenz der Bischöfe der Diözesen Deutschlands, 17. bis 19. Februar 1964 in Hofheim/Taunus, S. 4: HAEK – CR III 15).

Schon am 4. Oktober 1962 hatte P. Gundlach Bischof Pohlschneider mitgeteilt, »dass er am 15. Oktober seinen Wohnsitz nach Mönchengladbach verlege, um durch seine persönliche Anwesenheit die Verhandlungen mit der Stadt zu einem erfolgreichen Abschluss zu bringen. Außerdem habe er zwei wissenschaftliche Mitarbeiter für den staats- und gesellschaftspolitischen und für den sozial- und wirtschaftspolitischen Bereich gewinnen können.« Nachdem die länger umworbenen Dr. Beckel und Dr. Becher schließlich doch abgesagt hatten, handelte es sich um Dr. jur. Albrecht Langner und Dipl. Volkswirt Josef Oelinger.[152] »Am 12. Februar 1963 wurde der eingetragene Verein mit dem Namen ›Katholische Sozialwissenschaftliche Zentralstelle e. V.‹ gegründet. ... Zum Vorsitzenden des Vereins wurde der Vertreter des Bistums Aachen, Msgr. Philipp Boonen, gewählt ...«

Über die Startschwierigkeiten der »Zentralstelle« berichtet Anton Rauscher: »Die Arbeitsbedingungen in der KSZ waren am Anfang schwierig. Die KSZ verfügte nicht über eine Präsenzbibliothek. Nicht einmal eine Grundausstattung an Büchern und Zeitschriften war vorhanden. Es ist das Verdienst von Prälat Boonen, dass er über Kontakte zu öffentlichen Stellen der KSZ beträchtliche Mittel zum Aufbau einer eigenen Bibliothek vermitteln konnte.«

Für den Aufbau der KSZ war es alles andere als förderlich, dass Bischof Höffner P. Gundlach bat, während der Gründungsphase in Mönchengladbach die Vertretung seines Lehrstuhls an der Universität Münster zu übernehmen. Möglicherweise war das die Überforderung seiner Kräfte, die zu seinem plötzlichen Tod am 23. Juni 1963 führte. »Die Eucharistiefeier in der Münsterbasilika in Mönchengladbach hielt der Bischof von Münster, Joseph Höffner, die Gedächtnispredigt sein Nachfolger in der Leitung der KSZ [Anton Rauscher].« Wie Rauscher dem Verfasser berichtete, hat Höffner ihn nach den Exequien auf seine Bereitschaft angesprochen, die Leitung der KSZ als Nachfolger Gundlachs zu übernehmen.[153]

Rauscher schildert die beinahe zu befürchtenden Folgen des plötzlichen Ausfalls von P. Gundlach: »Der Tod Gundlachs war für manche Kreise Anlass, die Frage aufzuwerfen, ob die Gründung der KSZ wirklich zeitgemäß war und nicht wieder rückgängig gemacht werden sollte.[154] Man verwies auf die veränderte Lage in Gesellschaft und Staat, in Kirche und Katholizismus, auch auf die Schwierigkeiten, die der Aufbau jetzt mit sich bringen würde. Manche wollten

[152] Freundlicher Hinweis von Prof. Dr. Anton Rauscher, Mönchengladbach.

[153] Über Aufbau, Mitarbeiter, wissenschaftliche Arbeit und Publikationen der KSZ 1963-1988 informieren außer A. RAUSCHER, Zentralstelle, die in PRO IUSTITIA IN MUNDO veröffentlichten Zusammenstellungen: S. 53-81. Die weiteste Verbreitung und Resonanz unter den Publikationen erreichte die Reihe »Kirche und Gesellschaft« zu aktuellen sozialethischen und -politischen Fragen, die es bis 2006 auf 335 Hefte brachte.

[154] Wie Anton Rauscher dem Verfasser sagte, wurde damals von einigen behauptet, die KSZ sei doch nur für P. Gundlach gestiftet worden. Deshalb gebe sein plötzlicher Tod die Gelegenheit, das Unternehmen wieder aufzuheben.

auch die Richtung, die Gundlach in besonderer Weise verkörpert hatte, nicht mehr. Nur das entschiedene Festhalten vor allem der Bischöfe von Aachen, Essen und Münster an der bisherigen Konzeption ließ die KSZ diese schwierige Phase überstehen.«

Die KSZ sollte in den kommenden Jahrzehnten durch die Fülle ihrer Publikationen – wissenschaftlicher und informierender Art – und durch regelmäßige Tagungen von Fachwissenschaftlern zu gezielten Themen sowie deren publizierte Dokumentation ihre Daseinsberechtigung erweisen und ist aus der Geschichte des Katholizismus in der zweiten Hälfte des 20. Jahrhunderts nicht wegzudenken.

4. Im Dienste der Bischöfe

a) Diözesansynode des Bistums Münster 1958

Bei Joseph Höffner war der Priesterberuf Konstitutivum seiner Persönlichkeit. Die tägliche Messfeier und die Aushilfe in der Seelsorge waren ihm so selbstverständlich, dass sie einer Erwähnung in den Quellen höchstens zufällig würdig waren. Wie für die Trierer Zeit bereits dargestellt, ließ Höffner sich auch für besondere Aufträge des Bischofs und seines Generalvikars in Dienst nehmen.

In Münster war seit 1949 ein vertrauensvolles Verhältnis zu Bischof Michael Keller die Voraussetzung für mancherlei Anfragen des Bischofs um Rat in Fragen der Sozialpolitik. Mehrfach scheint Höffner sich an der Gestaltung von Priesterkursen des Bistums beteiligt zu haben.[155] Seine am deutlichsten fassbare Mitwirkung galt der Diözesansynode des Bistums Münster 1958.[156]

Am 26. November 1957 hatte Bischof Keller die Synode für 1958 allgemein angekündigt.[157] Am 2. Dezember bat er die Dechanten um ihre Mitarbeit bei der Vorbereitung. »Es geht dabei um Vorschläge für die Besetzung der Arbeitskommissionen, zumal auch um Ihren Rat für eine gute Auswahl der zu behandelnden Themen.« Keller hatte eine Liste von »Arbeitskommissionen« erstellt und für sie die Leitung und erste Themenstellungen bestimmt.[158] Von den sechs Arbeitskom-

---

155 Beispielhaft sei erwähnt: Dechantenkonferenz des Bistums Münster, 25. – 27. 5. 1953 – Referat: »Soziologie und Seelsorge« (vgl. oben S. 179 mit Anm. 53); Höffner an Domkapitular Sühling, Münster, 1. 7. 1961: »Leider ergeben sich für den für den 18. bis 28. September 1961 vorgesehenen Priesterkurs Terminschwierigkeiten ... Vielleicht lässt es sich aber auch ermöglichen, dass der Kursus auf das nächste Jahr verlegt wird«: HAEK – NH 2649.

156 Umfangreiche Mappe mit persönlichen (bearbeiteten) Unterlagen: HAEK – NH 2563; Bischöfliches Generalvikariat Münster (Hrsg.), Diözesansynode Münster 1958, Münster 1959.

157 Ankündigung einer Diözesansynode im Jahre 1958: Kirchl. Amtsblatt f. d. Diözese Münster 91, 1957, Art. 216, S. 149.

158 Rundbrief Kellers an die Dechanten des Bistums, 2. 12. 1957: HAEK – NH 2563.

missionen war der sechsten als Thema »Das Laienapostolat« zugewiesen. Vorsitzender sollte Domkapitular Tenhumberg[159] sein, dessen Stellvertreter »Prof. Dr. Höffner«. Am 17. Dezember wandte sich der Bischof an die Katholisch-Theologische Fakultät in Münster: »Es hat sich bei den letzten Synoden des Bistums als großer Vorteil erwiesen, dass die Katholisch-Theologische Fakultät bei den Vorbereitungen maßgeblich beteiligt war.« Keller bat um personelle und inhaltliche Vorschläge für die vorbereitenden Kommissionen und legte den Rundbrief an die Dechanten zur Orientierung bei.[160]

Für den 9. Januar 1958 lud Generalvikar Böggering zu einer ersten »Vorbesprechung zur Diözesansynode mit Bildung der Arbeitsausschüsse« ein.[161] Inzwischen war die »Kommission Laienapostolat« vom 6. auf den 5. Platz gerückt. Bei ihrer konstituierenden Sitzung wurde die Mitgliederliste erweitert und beschlossen: »Die Kommissionssitzungen sollen jeweils montags 15.30 Uhr im Kolpinghaus Münster im Abstand von 14 Tagen stattfinden« – ein Rhythmus, den einzuhalten für Joseph Höffner unmöglich war. »Die vom Hochwürdigsten Herrn Bischof vorgeschlagene Themenstellung der Kommission 5 wird allgemein bejaht.«[162] Der erste Punkt lautete: »Die kirchliche Lehre vom Laienapostolat (allgemeine Apostolatsverpflichtung der Christen, das Apostolat des christlichen Lebens, das Apostolat im eigentlichen Sinne).«

Bei der 2. Kommissionssitzung am 20. Januar 1958 trug Domkapitular Tenhumberg »Thesen über die kirchliche Lehre vom Laienapostolat« vor.[163] Das Protokoll vermerkt: »Herr Prof. Höffner übernimmt es, für das nächste Mal eine Ergänzung des in sehr verschiedener Weise gebrauchten Begriffs ›Apostolat‹ bzw. ›Laienapostolat‹ zu bieten.« Es scheint, dass hier vier Jahre vor den langwierigen und kontroversen Debatten des II. Vatikanischen Konzils über »Apostolat« und »Laienapostolat«[164] ein Präludium auf der Diözesansynode des Bistums Münster stattfand.

Höffner, der nicht alle 14 Tage zu einer Kommissionssitzung erscheinen konnte, hat die von ihm erbetene Ausarbeitung mit der ihm eigenen Sorgfalt erstellt. Sie

---

[159] Heinrich Tenhumberg (1915 – 1979), 1947 Domvikar in Münster und Referent für die Landseelsorge, 1952 Geistlicher Beirat des Diözesankomitees der Katholiken, 1954 Domkapitular, 1958 – während der Synodenvorbereitung – Weihbischof in Münster, 1966-1969 Leiter des Katholischen Büros in Bonn, 1969-1979 als Nachfolger Höffners Bischof von Münster: W. DAMBERG, in: E. GATZ (Hrsg.), Bischofslexikon 1945-2001, S. 411-414.

[160] Keller an Katholisch-Theologische Fakultät Münster, 17. 12. 1957 (Abschrift): HAEK – NH 2563.

[161] Generalvikar Böggering an Höffner, 30. 12. 1957: EBD.

[162] Protokoll: Kommission 5 – Laienapostolat, 1. Sitzung am 9. Januar 1958: EBD. – Höffner hat nach Ausweis der Protokolle nur selten an den Sitzungen teilgenommen, hat jedoch die Protokolle und sonstigen Synodenunterlagen (auch von anderen Kommissionen) bearbeitet und mit handschriftlichen Anmerkungen versehen: EBD.

[163] Hekt. Exemplar »Laienapostolat« mit 5 Thesen. Handschriftlicher Randvermerk Höffners »Entwurf Tenhumbergs«: EBD.

[164] Dazu: F. KLOSTERMANN, Zur Textgeschichte [des Dekrets über das Apostolat der Laien], in: LThK Das Zweite Vatikanische Konzil, Bd. 2, Freiburg u. a. 1967, S. 587-601.

existiert in verschiedenen Entwürfen mit handschriftlichen Bearbeitungsvermerken und in einer »Endfassung« für die Kommissionsmitglieder.[165] Inhaltlich lassen Höffners Ausführungen den theologischen Argumentationsstand wenige Monate vor dem Tode Pius'XII. erkennen. Höffner beruft sich in seinem Exposé in 14 Anmerkungen ausschließlich auf Ansprachen dieses Papstes. In dieser Zeit stand auch jede Gelegenheitsansprache Pius'XII. unter dem Anspruch einer beinahe unfehlbaren Verbindlichkeit. Als vier Jahre später bei den in Rom erstellten Schemata für das II. Vatikanische Konzil diese ständige Berufung auf Ansprachen des Papstes selbstverständlich war, schrieb Hubert Jedin am 23. April 1962 an den Geheimsekretär von Kardinal Frings: »Es scheint mir ... methodisch bedenklich, dass in den Anmerkungen häufig Ansprachen Pius'XII. auf gleicher Ebene und mit gleicher Autorität wie Enzykliken zitiert werden. Ansprachen sind zwar auch Ausübung des ordentlichen Lehramtes, sind aber doch auf bestimmte Gelegenheiten und bestimmte Personenkreise zugeschnitten und nicht in dem Grade vorbereitet wie Enzykliken. Ich halte es nicht für richtig, dass sich das Ökumenische Konzil expressis verbis ihrer als lehramtlicher Quellen bedient.«[166] Ähnlich äußerte sich Jedins Bonner Kollege Joseph Ratzinger in einer Vorlage für Kardinal Frings wenige Monate später .[167]

Im Hinblick auf das »Laiendekret« des Konzils ist Höffners Argumentation von 1958 nicht uninteressant:

»I. Das Ur-Apostolat Christi
Jedes Apostolat in der Kirche Christi, das Apostolat des Papstes, der Bischöfe, der Priester, der Ordensleute und der Christgläubigen wurzelt im Ur-Apostolat des ›Apostolus Jesus‹ (Hebr. 3,1) ...

II. Das hierarchische Apostolat
Christus hat den Aposteln und Apostelnachfolgern als seinen Gesandten (2 Kor 5,20) das hierarchische Apostolat übertragen, das in Weihe und Jurisdiktionsgewalt gründet ...

III. Das Apostolat der Priester
Quelle des priesterlichen Apostolats ist die Priesterweihe und die durch bischöfliches Mandat verliehene Vollmacht, am Lehren und Regieren teilzunehmen ...

IV. Das Apostolat der Ordensleute
In hervorragender Weise trägt der Stand der Ordensleute, den die Kirche mit mütterlicher Sorge geschützt und kirchenrechtlich geordnet hat ..., zur Heiligung der Welt bei ...

V. Das Laienapostolat
Alle Christgläubigen sind als Glieder des Leibes Christi durch Taufe und Firmung, die Verheirateten auch durch das Sakrament der Ehe, zum Aposto-

---

165 Alle Bearbeitungsstufen in HAEK – NH 2563.

166 Vgl. N. Trippen, Frings II, S. 232.

167 Vgl. N. Trippen, Frings II, S. 311: Ratzinger an Frings, 14. 9. 1962: »... Es erscheint gefährlich, wenn in den Anmerkungen [zu Konzils-Schemata] Gelegenheitsansprachen der Päpste in gleicher Weise angeführt werden wie Enzykliken oder gar Dekrete früherer Konzilien.«

lat befähigt und berufen und durch das Gebot der Liebe dazu verpflichtet ...
Das Laien-apostolat ist doppelter Art:
1. Als *allgemeines* Apostolat ist das Laienapostolat die Zeugenschaft des christlichen Lebens ...
2. Das *eigentliche* Laienapostolat beruht auf einem besonderen Mandat der Hierarchie und ist deshalb – als Mitarbeit am hierarchischen Apostolat der Kirche – ›der kirchlichen Hierarchie untergeordnet‹ [Pius XII.], die ›jedem einzelnen sich anbietenden Freiwilligen‹ seine Aufgaben zuweist ...

VI. Föderative Einheit des eigentlichen Laienapostolats
Der Erfolg des eigentliche Laienapostolats in Pfarrei, Dekanat, Bistum und überdiözesanem Raum hängt zu einem großen Teil von der sinnvollen Koordinierung und von der verständnisvollen Zusammenarbeit ab ...

VII. Ziel des Laienapostolats
[ist es,] seinen Beitrag [zu] leisten ›zur Erreichung des Zieles der Kirche selbst‹ ...«

Inhaltlich gibt also Höffners »Grundlegung« zum Laienapostolat den Diskussionsstand vor dem II. Vatikanischen Konzil wieder. Sie wurde anlässlich einer Sitzung der Kommission am 24. Februar 1958 diskutiert und akzeptiert.[168]

Am 10. März 1958 kündigte Bischof Keller die Diözesansynode für die Tage 14. bis 16. Oktober 1958 in Münster an, gab die Zusammensetzung der Kommissionen und ihre »Arbeitspläne« bekannt.[169] Die »Fünfte Kommission Laienapostolat« zählte inzwischen 27 Mitglieder. Der »Arbeitsplan« nannte als ersten Punkt: »Die katholische Lehre vom Laienapostolat. Allgemeine Apostolatsverpflichtungen der Christen – das Apostolat des christlichen Lebens – das Apostolat im eigentlichen Sinne.« Keller hatte offenbar Höffners Exposé gelesen und gebilligt. Am 1. September 1958 wurde Höffner »zum stimmberechtigten Mitglied der Diözesansynode 1958« berufen.[170]

Während der Synode kam das Laienapostolat am Vormittag des dritten (und letzten) Synodentages zur Verhandlung.[171] Bischof Keller erteilte Höffner das Wort zu einem Referat. Hatte Höffners Exposé vom Februar den Eindruck einer gewissen Enge und kanonistischen Korrektheit hinterlassen, so leuchtete in seinem Referat vor der Synodenversammlung am 16. Oktober die Vertrautheit des Sozialwissenschaftlers mit den Realitäten der Welt durch: »Nun ist das Laienapostolat keineswegs eine abstrakte zeit- und umweltlose Sendung, sondern – als Zeugenschaft – wesentlich auf das Hier und Heute hingeordnet. Das Heute aber

168 Protokoll der Sitzung der Kommission 5 – Laienapostolat am 24. 2. 1958: HAEK – NH 2563.

169 Diözesansynode 1958: KIRCHL. AMTSBLATT F. D. DIÖZESE MÜNSTER 92, 1958, Art. 60, S. 53-56; DIÖZESANSYNODE MÜNSTER 1958, S. 14-24.- Zur Diözesansynode Münster 1958 s. auch: W. DAMBERG, Abschied vom Milieu?, S. 188-200.

170 Berufungsdekret Kellers, 1. 9.1958: HAEK – NH 2563.

171 DIÖZESANSYNODE MÜNSTER 1958, Der Verlauf, S. 31-104, hier: S. 86-96 (mit Text des Referates Höffners).

ist Kairós, Zeit Gottes, dessen Vorsehung die jeweilige geschichtliche Stunde bestimmt und den Christen als apostolische Aufgabe überträgt.«

Höffner stellte sich dann zwei Fragen:

»Erste Frage: Welche für die moderne Gesellschaft charakteristischen Erscheinungen muss ein zeitnahes Laienapostolat besonders beachten?

Zweite Frage: Welche konkreten Forderungen ergeben sich daraus?«

Höffners Ausführungen waren dann fern von jeder »heilen Welt«:

»Erstens: *Die weltanschauliche Zerrissenheit.* Noch vor hundert Jahren wurde in einem katholischen westfälischen Dorf die Lebensauffassung vom einheitlichen katholischen Glauben geprägt ... Die moderne Gesellschaft jedoch steht nicht unter dem Gesetz des geschlossenen, sondern des gespaltenen, des weltanschaulich pluralistischen Milieus ...

Der weltanschauliche Pluralismus stellt für den Christen die Versuchung dar, die gottgesetzten, unabänderlichen Grundsätze unseres Glaubens nur noch zaghaft ... zu vertreten und – bald hier, bald dort – zu Kompromissen und Anpassungen bereit zu sein ...

Zweitens ist für die industrielle Gesellschaft das *Vordringen der sogenannten sekundären Systeme* charakteristisch.« Nicht mehr die »primären Ordnungen ... der Familie, der Nachbarschaft, der Zunft, des Dorfes« seien bestimmend für das Leben der Menschen. »In der modernen Gesellschaft sind zu diesen primären Ordnungen in stets wachsender Zahl sekundäre Systeme getreten, d. h. anonyme Organisationen, die sich nicht mehr an den ganzen Menschen wenden, sondern ihn nur noch in einer jeweils verschiedenen, isolierten Hinsicht erfassen: etwa als Arbeitnehmer, als Sozialversicherten, als Freizeitkonsumenten ...«

Doch Höffner diagnostizierte nicht nur, er zog auch praktische Konsequenzen:

»*Erste Folgerung:* Gerade in der modernen, weltanschaulich zerrissenen Welt müssen die Laienapostel religiös ergriffene, von der Siegeszuversicht des christlichen Glaubens erfüllte Menschen sein ...

Zweite Folgerung: Grundsatztreue«: Die Neigung zum Nachgeben und sich Anpassen gehe oft auf fehlende Kenntnisse zurück. Es bedürfe der »Schulung in der katholischen Glaubens- und Sittenlehre ...

Dritte Folgerung: Es bedarf keines Beweises, dass dem *Laienapostolat in den sogenannten primären Ordnungen,* also in Ehe, Familie, Nachbarschaft, Freundeskreis usw. nach wie vor eine überaus wichtige Bedeutung zukommt ...

Vierte Folgerung: In der industriellen Gesellschaft ist dem Laienapostolat die besondere Aufgabe gestellt, auch *den sogenannten sekundären Systemen eine christliche Prägung zu geben.*

Die sekundären Systeme, zu denen etwa die Wirtschaft, die Politik, die Betriebswelt, das Freizeitmilieu, das System der sozialen Sicherheit und dergl. gehören, beeinflussen den Menschen weniger in bewusster Absicht, also weniger intentional, als vielmehr funktional ... So sind z. B. die Arbeitsstätten des modernen

Menschen, die Betriebe, Büros, Verwaltungen, Geschäfte, für das religiöse und sittliche Leben vieler Menschen entscheidender als das Gotteshaus ... Ähnliches gilt vom modernen Freizeitmilieu ...«

In einer fünften Folgerung beschrieb Höffner schließlich die »Notwendigkeit der Koordinierung des Laienapostolats«. Im »Verlauf der Synode« heißt es dann: »Die Synode dankte mit lebhaftem Beifall. Der Bischof empfahl, das 5. Kapitel eingehend zu studieren, da gerade in Fragen des Laienapostolats eine große Verwirrung im Denken zu beobachten sei.«[172]

Das 5. Kapitel der Synodenbeschlüsse enthält die in den Sitzungen eines halben Jahres von der Kommission überarbeitete Fassung des Exposés Höffners vom Februar 1958.[173] Vom Interesse, das Höffners Referat am 16. Oktober vor der Synode fand, zeugt der Abdruck des Textes in »Priester und Arbeiter – Wegweiser für Seelsorger und Mitarbeiter der KAB« Anfang 1959.[174] Bischof Keller hatte Höffner schon am Tag nach der Synode geschrieben: »Nachdem nun die Synode glücklich zu Ende gegangen ist, drängt es mich, Ihnen von Herzen zu danken für Ihre Mitarbeit in der Vorbereitung und vor allem auch für Ihr ausgezeichnetes Referat am letzten Morgen. Der starke Beifall hat Ihnen gezeigt, wie dankbar die Seelsorger für Ihre klaren und richtungweisenden Ausführungen waren.«[175]

b) Das Projekt »Schwerpunktprogramm Arbeiterseelsorge« 1958-1961

Am frühesten, schon vor dem II. Weltkrieg, hatte man sich in Frankreich Gedanken darüber gemacht, dass die wachsende Schicht der Industriearbeiter der Kirche weitgehend entglitten war. Ab 1941 kam es zunächst vereinzelt, dann ab 1946 durch die »Mission de France« häufiger zu Versuchen, einen neuen Zugang der Kirche zur Arbeiterschaft dadurch zu erreichen, dass Priester Arbeiter unter Arbeitern wurden, deren Leben und damit deren Lebenswelt teilten. Das führte dazu, dass einzelne dieser »Arbeiterpriester« sich der normalen Seelsorge entfremdeten und als Gewerkschaftsfunktionäre, zumal bei der kommunistischen Gewerkschaft CGT, ins Zwielicht gerieten. Während einflussreiche französische Bischöfe zu den Arbeiterpriestern hielten, erreichten konservative Kreise der französischen Kirche in Rom, dass ab 1953 – definitiv 1959 – der Versuch der Arbeiterpriester abgebrochen werden musste.[176]

---

172 Ebd. S. 93.

173 Diözesansynode Münster 1958, Nr. 385-484, S. 187-209.

174 Priester und Arbeiter 9, 1959, Nr. 1, S. 28-34: »Das Laienapostolat in der modernen Welt.«

175 Keller an Höffner, 17. 10. 1958 (Original): HAEK – NH 2563.

176 Dazu: G. Siefer, Arbeiterpriester, in: LThK 1, ^{3}1993, Sp. 927-929; vgl. auch: R. Ludmann, Arbeiterpriester, in: LThK 1, ^{2}1957, Sp. 811-813 (dort jeweils Hinweise auf die umfangreiche, z. T. kontroverse französische Literatur). Joseph Höffner hat sich am 5. 4. 1958 ausführliche, z. T. nicht entzifferbare stenographische Notizen zu den Artikeln »Arbeiterpriester« und »Arbeiterseelsorge« dieses 1957 erschienenen Bandes des LThK gemacht: HAEK – NH 1163.

In Deutschland war die Entfremdung der Arbeiterschaft von der Kirche durch ein Netz traditionsreicher, vor 1933 mitgliederstarker Arbeitervereine aufgehalten worden, die sich nach 1945 wieder zurückmeldeten und in ihren führenden Persönlichkeiten, z. B. Karl Arnold, Josef Gockeln, Johannes Even, Bernhard Winkelheide, beachtlichen Einfluss auf die Neugestaltung des politischen Lebens nahmen. Dennoch war auch in Deutschland die Entfremdung der Arbeiterschaft von den Kirchen nicht zu übersehen, zumal die Bevölkerungsverschiebungen nach 1945 die konfessionell geschlossenen Milieus zerstörten. Wie sollte die Kirche unter deutschen Verhältnissen auf diese Veränderungen angemessen reagieren?

Im Protokoll der Fuldaer Bischofskonferenz im August 1958 ist zu lesen: »Die Kommission VII [Soziale Dienste] wird beauftragt, ein ausführliches Schwerpunktprogramm für die Arbeiterseelsorge der nächsten Jahre und einen diesbezüglichen Entwurf für ein gemeinsames Lehrschreiben der deutschen Bischöfe an den Klerus zu erarbeiten und in den nächsten Monaten vorzulegen.«[177] Vorsitzender der Kommission VII war Bischof Keller von Münster, der sich des Anliegens auch bald annahm. Am 17. November 1958 schrieb er an Professor Höffner: »Herzlich danke ich Ihnen für den Gliederungsentwurf eines Lehrschreibens über die Arbeiterseelsorge. Ich habe Ihren Entwurf vervielfältigen lassen und werde ihn zu dem in diesen Tagen stattfindenden Konveniat der westdeutschen Bischöfe mitnehmen.«[178]

Höffner hatte in einem ersten, analytischen Teil »Die Lage« dargestellt:

»I. *Die Stellung der Arbeiterschaft in der industriellen Gesellschaft*
  1) *Zahlenmäßig* ...
  2) *Starke Differenziertheit der Arbeiterschaft*: bezüglich der beruflichen Ausbildung, der Verantwortung, des Einkommens ...
  3) Typisch für den modernen Arbeiter ist der mehr und mehr fortschreitende *Integrationsprozess.* Der moderne Arbeiter ist kein ›Proletarier‹ mehr ...

II. *Die Einstellung zu Religion und Kirche*
  1) Die aggressive *Feindschaft* gegenüber Religion und Kirche ... ist ... weithin abgeklungen.
  2) Das in vielen *Betrieben* ... herrschende gefährliche und versucherische ›man‹ denkt, ›man‹ meint, ›man‹ tut ist weithin unreligiös.
  3) Auch die *Arbeiterfamilie* ist vielfach kein Hort des Glaubens und der christlichen Sitte ...«

Im zweiten Teil »Aufgaben der Seelsorge« versuchte Höffner, eine Therapie zu seiner Analyse zu beschreiben:

---

[177] Protokoll der Plenarkonferenz der Bischöfe der Diözesen Deutschlands in Fulda vom 19. bis 21. August 1958, S. 11: HAEK – CR II 2,19, 20.

[178] Keller an Höffner, 17. 11. 1958: HAEK – NH 1065; dort auch das Manuskript Höffners »Gliederungsentwurf eines Lehrschreibens an die Priester der deutschen Bistümer über die Arbeiterfrage« (maschinenschriftlich, mit handschriftlichen Überarbeitungen Höffners, 5 S.).

»I. *Bewusstsein der Verantwortung für die Arbeiter*

1) Es wäre verhängnisvoll, die Arbeiterseelsorge ... zu vernachlässigen ...
2) Voraussetzung der Arbeiterseelsorge ist *das Studium der christlichen Soziallehre* ...

II. *Zehn Einzelaufgaben*

1) Den Arbeiter und sein Milieu *kennen lernen*: Hausbesuche, Besuche in den Betrieben, Gespräche mit Arbeitern, Verstehen seiner Sprache.
2) Das ›*Selbstverständnis*‹ *des Arbeiters* wecken und pflegen ... Es gilt, ein gesundes Standesbewusstsein zu pflegen.
3) Die *Religion* in das Arbeiterdasein hineinstellen ... Häufig nimmt die Glaubensverkündigung auf die besondere Situation des Arbeiters zu wenig Rücksicht, da sie weithin ein ›bürgerliches Lebensmilieu‹ voraussetzt. Standespredigten für Arbeiter.
4) Verkündigung der *christlichen Soziallehre* an die Arbeiterschaft ...
5) Verkündigung des christlichen *Arbeits- und Berufsethos'* ...
6) Christliche Einstellung zum *Lebensstandard,* zur ›wachsenden Güterfülle‹. Auseinandersetzung mit dem ›praktischen Materialismus‹.
7) Christliche Sinndeutung der *Freizeit.*
8) Bildung *christlicher Zellen* in den Betrieben ...
9) Eingliederung der Arbeiter in die Pfarrei, und zwar als Pfarrkinder, nicht als Objekte der ›Missionierung‹.
10) Förderung der *Verbände*: CAJ, KAB, besonders auch der Gemeinschaften für werktätige Frauen und Mädchen.«

Höffners Gliederung für ein Lehrschreiben an den Klerus hat allerdings keinen Niederschlag im Protokoll des Konveniats der westdeutschen Bischöfe in Salzgitter gefunden.[179] War sie nicht Gegenstand der Verhandlung gewesen?

Am 23. Dezember 1958 reiste der Direktor des ZdK Bernhard Hanssler – wohl auf Einladung Bischof Kellers – zu einer Besprechung mit diesem und dem KAB-Diözesanpräses Wilhelm Wöste nach Münster.[180] Nach Darlegung seiner Vorstellungen über Arbeiterseelsorge äußerte sich Bischof Keller über die Zuständigkeitsfrage für die anstehende Arbeit an dem »Schwerpunktprogramm«: »Der Bischof ist der Auffassung, dass eine solche Arbeit in die Zuständigkeit des Zentralkomitees gehört. Ich [Hanssler] äußerte Bedenken, weil ausgesprochen seelsorgerliche Aufgaben nicht vom Zentralkomitee [den Vertretern der Laienschaft], sondern von den Seelsorgeämtern zu lösen seien. Der Bischof betont, dass er die Aufgabe des Zentralkomitees anders sehe. Er will aber in die Kommission gerne einen Vertreter der Arbeitsgemeinschaft der Seelsorgeämter

[179] Nach Kellers Brief an Höffner vom 17. 11. 1958 muss es sich um das Konveniat der westdeutschen Bischöfe in Salzgitter vom 17. bis 19. November 1957 handeln: HAEK – CR II 2,19, 21.

[180] Von Hanssler in der Kopie nicht signierte »Aktennotiz: Besprechung mit Bischof Michael Keller zur Verwirklichung über Lösungen in Fragen der Arbeiterseelsorge, Münster, 23. 12. 58«: AZdK – 3412 – Die nachfolgende Darstellung folgt dieser Aktennotiz.

einbeziehen.« Wir stehen hier vor der eigenartigen Beobachtung, dass in Ermangelung eines ausgebauten Sekretariats der Bischofskonferenz ausgerechnet Bischof Keller, ein Skeptiker gegenüber dem ZdK, diesem pastorale Planungsaufgaben zuweist.

Es kam dann am 23. Dezember 1958 in Münster zur konkreteren Planung für die Arbeit an einem »Schwerpunktprogramm Arbeiterseelsorge«: »Am 8. und 9. Januar [1959] tagt in Limburg die zuständige Bischofskommission. Sie soll dann die entsprechenden Ausschüsse berufen. Am 3. Februar soll ... hier im Hause [des ZdK] die erste Konferenz gehalten werden. Die Leitung soll bei mir [Hanssler] liegen, Dr. Paulus soll ein Einleitungsreferat halten. Dann sollen drei Kommissionen berufen und ihre Aufgaben umrissen werden. Bischof Keller denkt an einen wissenschaftlichen Ausschuss (Leitung Prof. Höffner), einen Koordinierungs-Auschuss unter meiner Leitung und einen Aktionsausschuss unter Leitung von Diözesanpräses Wöste ...[181]

Die drei Ausschüsse haben sich personell später selbständig zu konstituieren. Es sollen auch die zuständigen bischöflichen Hauptarbeitsstellen (Jugend, Männer, Frauen) eingebaut werden, die sozialen Bildungswerke und die Verbände. Mein Vorschlag, auch einen Pastoraltheologen einzubeziehen in der Person von P. Dr. Viktor Schurr (Gars) fand Beifall ...«[182]

Die Bischöfliche Kommission VII konnte witterungsbedingt am 8. und 9. Januar 1959 nicht nach Limburg kommen. Es kam nur zu einem Gespräch zwischen den Bischöfen Keller und Hengsbach, bei dem die Vorschläge vom 23. Dezember 1958 bestätigt und mit weiteren Namensvorschlägen unterlegt wurden.[183] Hanssler sollte nun für den 4. Februar 1959 nach Bad Godesberg einladen, was am 14. Januar geschah.[184] Die Tagesordnung lautete:

»1. Grußwort Sr. Exzellenz, des Bischofs von Münster.

2. Einleitendes Referat von Domkapitular Dr. Paulus, Trier.

3. Aussprache und Beschlussfassung.«

Die Teilnehmerliste der Zusammenkunft am 4. Februar 1959 weist neben den Bischöfen Keller und Angerhausen immerhin 35 Namen aus der ganzen Bundesrepublik aus. Bei seiner Begrüßung wies Bischof Keller darauf hin, »dass schon seit zwei Jahren das Thema der Tagung von den Bischöfen beraten wurde«.[185] Die

---

181 Wilhelm Wöste (1911 – 1993), 1936 Priester des Bistums Münster, ab 1950 Diözesanpräses der KAB Münster, 1969-1977 Leiter des Katholischen Büros in Bonn, 1976-1986 Weihbischof in Münster: W. DAMBERG U. H. B. LENDERMANN, in: E. GATZ (Hrsg.), Bischofslexikon 1945-2001, S. 416 f.

182 Protokoll der Besprechung bei Bischof Keller am 23. 12. 1958: AZDK 3412 (vgl oben Anm. 180). – Zu Viktor Schurr CSsR (1898 – 1971), seit 1930 Professor für Dogmatik an der Ordenshochschule der Redemptoristen in Gars, 1955 Professor für Pastoraltheologie an der Academia Alfonsiana in Rom: A. SCHMIED, in: LThK 9, ^{3}2000, Sp. 304 f.

183 Das ergibt ein Schreiben Kellers an Hanssler, 9. 1. 1959: AZDK – 3412.

184 Exemplar des Einladungsschreibens Hansslers vom 14. 1. 1959: EBD.

185 Maschinenschr. Teilnehmerliste, Original mit Unterschriften, »Sitzungsbericht vom 4. 2. 1959 im Zentralkomitee der Deutschen Katholiken in Bad Godesberg« (P. Dr. J. Engel): EBD.

Aussprache nach dem umfangreichen Referat von Dr. Paulus[186] wurde von Höffner eröffnet, der neueste statistische Zahlen zur Situation der Arbeiterschaft vorlegte. Danach wurde in der Aussprache deutlich, vor welchen Schwierigkeiten man bei der Erarbeitung des »Schwerpunktprogramms« stehen würde: »Im weiteren Verlauf der Diskussion wurde die Frage gestellt, ob eine eigene Arbeiterseelsorge notwendig sei oder ob man mit der allgemeinen Seelsorge auskomme. Die Meinungen gehen hierüber auseinander. Im Grunde sind die Arbeiter in die Gemeinde integriert. Die Arbeiter könnten es als eine Deklassierung ansehen, wenn sie als eigene Klasse seelsorgerisch betreut werden. Diese Fragen müssen ehrlich gestellt und beantwortet werden.

Ferner müsse die Stellung der Verbände in einer Arbeiterseelsorge erörtert werden. Sie haben in der Vergangenheit vieles geleistet, sie werden aber auch viel kritisiert. Hier und da spricht man ihnen sogar die Existenzberechtigung in der jetzigen Form ab. Es ist präzise zu fragen, welche Aufgabe die Verbände im Rahmen einer Gesamtseelsorge haben. Welche Aufgaben haben sie zu erfüllen, wo sind sie unersetzlich, wo liegen ihre Grenzen? Als weiteres Problem muss die Elitebildung untersucht werden. Ist sie möglich, wird sie genügend gefördert, welche neuen Wege müssen beschritten werden?«

Zur Bewältigung der Arbeit wurde die Bildung einiger Ausschüsse vorgeschlagen. Es sollten sein.

1. Eine wissenschaftliche Kommission unter Vorsitz Höffners.
2. Eine Koordinierungskommission unter Vorsitz Hansslers.
3. Eine Seelsorgekommission unter Vorsitz von Wöste.[187]

Für die Kommissionen wurden erste inhaltliche Aufgabenstellungen umschrieben.

Schon wenige Wochen später meldete sich Bischof Keller bei Höffner: »Das letzte Bischofskonveniat hat die Vorsitzenden der Ausschüsse, so wie sie in Godesberg vorgeschlagen waren, bestätigt.« Keller bat nun um Höffners Vorschläge für die Zusammensetzung des »wissenschaftlich-seelsorglichen Ausschusses«. »Wie wir damals schon besprachen, glaube ich auch, dass es zweckmäßig ist, den Ausschuss nicht zu groß zu machen und die Auswahl so zu treffen, dass möglichst bald (d. h. bis zur Fuldaer Konferenz Ende September d. J.) einige Ergebnisse vorgelegt werden können.«[188]

Höffners »Wissenschaftliche Kommission« sollte in der Tat die kleinste sein und zwischen dem 4. September 1959 und dem 20. April 1960 nur fünfmal tagen. Wie sich zeigen sollte, war selbst in dieser kleinen Gruppe bald genug an Differenzen sichtbar. Zu ihr gehörten außer Höffner: Dipl. Volkswirt Heinz Budde

186 Text auf Briefbogen des ZdK »Gedanken zu einem Schwerpunktprogramm für Arbeiterseelsorge. Von Domkapitular Dr. Josef Paulus, Trier«, 14 S.: Ebd.

187 Tatsächlich hat nach vorhandenen Protokollen und Unterlagen Präses Dr. Schmitt, Köln, gelegentlich zusammen mit Wöste, die Seelsorgekommission geleitet.

188 Keller an Höffner, 20. 3. 1959: HAEK – NH 1065.

(KAB Köln), P. Dr. Jakob David SJ (Kommende Dortmund), Dr. Norbert Greinacher (Essen), Prof. Dr. Bernhard Häring CSsR (Ordenshochschule Gars am Inn), Domkapitular Dr. Josef Paulus (Trier), Dr. Dietrich Rüschemeyer (Köln), Prof. Dr. Hermann-Josef Wallraff SJ (St. Georgen, Frankfurt) und Prof. Dr. Eberhard Welty OP (Walberberg).[189]

Die »Koordinierungskommission« unter Direktor Hanssler zählte 40 Mitglieder und tagte zwischen dem 15. Juni 1959 und dem 11. Mai 1960 siebenmal.[190] Die »Pastoralkommission« setzte sich überwiegend aus Arbeiter-(Diözesan-)Präsides zusammen, zählte 22 Mitglieder und tagte zwischen Oktober 1959 und März 1960 viermal.[191]

Die Protokolle der Wissenschaftlichen Kommission unter Höffner lassen erkennen, dass man der vom Vorsitzenden vorgegebenen Thematik folgte.[192] Zur 1. Sitzung am 4. September 1959 hatte Höffner selbst »Materialien« mit Fußnoten-Apparat im Umfang von 7 Seiten erstellt: Die Stellung der Arbeiterschaft in der Industriegesellschaft, die Einstellung der Arbeiterschaft zu Religion und Kirche, Bewusstsein der seelsorglichen Verantwortung für die Arbeiter.[193] Das von Höffner verfasste Protokoll der Sitzung vom 4. September 1959 fällt aus dem Rahmen sonstiger Konferenzprotokolle heraus: Es besteht zum geringeren Teil aus einer Wiedergabe des Sitzungsverlaufs. Den größeren Teil bilden Fußnoten und eine anderthalbseitige Literaturliste.[194] Das Programm dieser 1. Sitzung wurde am 7. November weiterverhandelt. Wieder erstellte Höffner das Protokoll in der für dieses *genus literarum* ungewöhnlichen Gestalt.[195]

Inzwischen hatte die Fuldaer Bischofskonferenz im September 1959 ihr Interesse an der Sache bekundet und drängte auf Erfolg: »Die Konferenz nimmt von den bisher für die Durchführung eines Schwerpunktprogramms für die Arbeiterseelsorge geleisteten Vorarbeiten Kenntnis und bestätigt die getroffenen Maßnahmen. Sie beauftragt die Kommission VII, der Gesamtkonferenz im nächsten Jahr praktische Vorschläge zur Verwirklichung zu unterbreiten ...«[196] Am 27. November 1959 teilte Hanssler diesen Abschnitt aus dem Fuldaer Protokoll den Kommissions-Vorsitzenden mit.[197]

---

[189] Wissenschaftliche Kommission für ein Schwerpunktprogramm »Arbeiterseelsorge«, 1. Liste der Mitglieder ..., 2. Daten der Kommissionssitzungen ...: Ebd; vgl. auch Höffner an Hanssler, 12. 7. 1960: AZdK – 3412 und HAEK – 1065.

[190] Koordinierungskommission im Rahmen des Schwerpunktprogramms »Arbeiterseelsorge«, 1. Liste der Mitglieder ..., 2. Daten der Kommissionssitzungen ...: HAEK – NH 1065.

[191] Pastoralkommission ...: Ebd.

[192] Sämtliche Protokolle in HAEK – NH 1065 und (teilweise) 1163.

[193] »Materialien zum Arbeitsprogramm« (von Höffner handschriftlich korrigiert: »zur Sitzung am 4. Sept. 1959«): HAEK – NH 1065 und 1163.

[194] Protokoll der Sitzung vom 4. 9. 1959 in Bad Godesberg (7 S.): HAEK – NH 1163.

[195] Protokoll der Sitzung vom 7. Nov. 1959 im Kettelerhaus, Köln (4 S.): HAEK – NH 1065 (mit handschriftl., z. T. stenographischen Randbemerkungen Höffners).

[196] Protokoll der Plenarkonferenz der Bischöfe der Diözesen Deutschlands in Fulda vom 20. September bis 2. Oktober 1959, S. 8: HAEK – CR II 2,19, 22.

[197] Hanssler an Kommissionsvorsitzende, 27. 11. 1959: HAEK – NH 1065.

An der Jahreswende 1959/60 muss Höffner bewusst geworden sein, dass er sich mit seinem Einsatz für das »Schwerpunktprogramm Arbeiterseelsorge« übernommen hatte. Vielleicht war ihm inzwischen auch deutlich geworden, dass er sich bei der Zusammensetzung seiner Kommission nicht ganz mit seinen Anliegen würde durchsetzen können. So heißt es denn im von Norbert Greinacher (ohne Fußnoten auf zwei Seiten) verfassten Protokoll der 4. Sitzung am 24. März 1960: »Der Ausschuss beschloss, Herrn Dr. Greinacher mit dem Entwurf des Gutachtens zu beauftragen. Dieser Entwurf soll bis zum 7. April an die einzelnen Ausschussmitglieder verschickt werden. Bis zum 14. April sollen die Änderungsvorschläge jedes Mitgliedes jedem Mitglied mitgeteilt werden. Am Mittwoch, dem 20. April 1960 ... findet die fünfte Sitzung des Ausschusses in Köln, Ketteler-Haus, ... statt, auf der die endgültige Form des Gutachtens beraten werden soll.«[198]

Der »1. Entwurf« von Greinachers »Gutachten des Wissenschaftlichen Ausschusses zur Erarbeitung eines Schwerpunktprogrammes für die Arbeiterseelsorge«[199] scheint die Mitglieder fristgerecht erreicht zu haben. Da in der kurz bemessenen Bearbeitungsfrist ohne Austauschmöglichkeit zwischen den Kommissionsmitgliedern keine grundlegenden Veräderungen mehr möglich waren, folgt der bei der letzten Sitzung am 20. April »einstimmig« beschlossene Text des Gutachtens der von Höffner vorgegebenen Gliederung mit den Ergänzungen aus der Kommission.[200] Zwei mit der Berücksichtigung ihrer Anliegen unzufriedene Mitglieder gaben »Sondervoten« ab. Beide waren bei der Schlusssitzung am 20. April 1960 nicht anwesend. Bernhard Häring stellte den »Anhang: Arbeiterseelsorge und Liturgie« für den Text des Gutachtens zur Verfügung.[201] Der ebenfalls abwesende Dr. Paulus war mit dem Text des Gutachtens in wesentlichen Punkten unzufrieden und teilte das Höffner offenbar vor dem 20. April mit, doch hatte sein Brief den vielreisenden Höffner nicht mehr rechtzeitig erreicht. Am 31. Mai 1960 schrieb Paulus seinem Freund Höffner: »Ich habe nun von Herrn Budde das Gutachten des Wissenschaftlichen Ausschusses für ein Schwerpunktprogramm für Arbeiterseelsorge erhalten. Ich muss gestehen, dass ich über einige Abschnitte erschrocken bin. Ich fühle mich daher verpflichtet, umgehend dazu Stellung zu nehmen. ... M. E. hätte nach den ersten Einwendungen vor der Schlussredaktion noch einmal eine Sitzung stattfinden müssen.«[202]

198 Protokoll der vierten Sitzung vom 24. März 1960: EBD. – Norbert Greinacher (*1931), damals (neben P. Dr. Jakob David SJ) Leiter des pastoralsoziologischen Instituts der Diözesen Paderborn und Essen in Essen, ab 1969 Professor für Pastoraltheologie in Tübingen: KÜRSCHNER [15]1987, S. 1397 f.; O. FUCHS (Hrsg.), Pastoraltheologische Interventionen im Quintett ... Norbert Greinacher zum 70. Geburtstag, Münster u. a. 2001.

199 Exemplar dieses 1. Entwurfs: HAEK – NH 1065.

200 Gutachten des wissenschaftlichen Ausschusses für ein Schwerpunktprogramm »Arbeiterseelsorge«, 18. S.: HAEK – NH 1065; EBD. auch: Zusammenfassung der Ergebnisse der Koordinierungskommission im Rahmen des Schwerpunktprogramms »Arbeiterseelsorge«, 12. S.

201 Gutachten (s. o.), S. 14-15.

202 Paulus an Höffner, 31. 5. 1960: HAEK – NH 1065.

Höffner antwortete postwendend am 2. Juni 1960: »Für Deinen ausführlichen Brief danke ich Dir herzlich. Wie ich Dir in Mönchengladbach sagte, habe auch ich Bedenken gegen einige Formulierungen. ... Auf S. 11 wurde auf meinen Wunsch ausdrücklich eingefügt, dass es notwendig sein kann, Parteien gegenüber im Namen der Glaubens- und Sittenlehre öffentlich grundsätzliche Forderungen zu erheben. Zunächst ist das Gutachten nur in unserem Kreise verbreitet, und ich habe Herrn Budde ausdrücklich gebeten, es nicht an andere Personen weiterzugeben.«[203]

Im Gutachten selbst fand Paulus' Protest durch den Schlussabschnitt Berücksichtigung: »Domkapitular Dr. J. Paulus sandte nach der abschließenden Sitzung des Ausschusses eine Stellungnahme zum ersten Entwurf des Gutachtens an den Ausschussvorsitzenden, die zahlreiche abweichende Gesichtspunkte enthielt. Eine Reihe dieser Gesichtspunkte stimmt mit der vorliegenden Fassung überein. Da das Gutachten jedoch bereits abschließend behandelt und einstimmig angenommen worden war, konnten die übrigen leider nicht mehr berücksichtigt werden.«[204] Außerdem wurden Paulus' Einwände als »Beilage« zu dem Gutachten versandt. Für den 9. Juli 1960 lud Direktor Hanssler die Vorsitzenden der drei Kommis-sionen zu einer »Abschlussbesprechung« ein, der er die unlösbare Aufgabe zuwies, »einen Begleitbrief zu den drei Abschlussprotokollen für den Episkopat zu entwerfen, den Bischöfen Vorschläge für die weitere Behandlung zu machen, ggf. die drei Abschlussprotokolle so aneinander anzugleichen, dass ein Ganzes daraus wird.«[205] Höffner machte von der von Hanssler eingeräumten Möglichkeit Gebrauch, einzelne Mitglieder der drei Kommissionen zu der Abschlussbesprechung am 9. Juli mitzubringen: Er lud den tief verärgerten Freund Paulus ein, dazu zu kommen.[206]

Wie diese Schlusskonferenz am 9. Juli 1960 versuchte, aus den drei Kommissionspapieren und den Sonderwünschen eine den Bischöfen präsentable Vorlage zu machen, ist dem von Dr. Paul Becher erstellten Protokoll[207] zu entnehmen:

»Am 9. Juli 1960 trafen sich die Vorsitzenden der drei Kommissionen für das Schwerpunktprogramm ›Arbeiterseelsorge‹ zu ihrer Abschlussbesprechung. Es waren anwesend: Direktor Bernhard Hanssler, Prof. Dr. Joseph Höffner, Prälat Franz Müller in Vertretung von Prälat Schmitt, Köln, Prälat Wilhelm Wöste und Dr. Paul Becher ...

Die Teilnehmer sahen ihre Aufgabe darin, abschließend zu der in den Kommissionen geleisteten Arbeit Stellung zu nehmen und die in den drei vorliegenden

---

203 Höffner an Paulus, 2. 6. 1960 (Durchschlag): EBD.
204 Gutachten (s. o.), S. 18.
205 Hanssler an Höffner, Schmitt und Wöste, 1. 7. 1960: HAEK – NH 1065.
206 Höffner an Paulus, 5. 7. 1960 (Durchschlag): EBD.
207 Protokoll der Schlusskonferenz der Kommissionsleiter zum Schwerpunktprogramm »Arbeiterseelsorge«, 6 S., gez. Dr. Paul Becher: EBD.

Berichten niedergelegten Überlegungen in einzelnen Punkten zu kommentieren. Sie möchten damit die Aufmerksamkeit der Hochwürdigsten Bischöfe auf einige Fragen und auf bestimmte Entwicklungen lenken:

1. Die Kommissionsvorsitzenden sind der Meinung, dass es gut wäre, die erarbeiteten Ergebnisse in irgend einer Form publik zu machen. Auf Grund der Erfahrungen in den Kommissionen wird vorgeschlagen, dass ein Lehrschreiben in zwei verschiedenen Fassungen herausgegeben wird. Die Fassung für den Klerus könnte den Auftrag klar und bestimmt formulieren. Ein abgemilderter Text an die Laien könnte die Öffentlichkeitswirkung im katholischen Raum berücksichtigen und zugleich bei den Verbänden die Neigung abfangen, den Klerus auf Grund des Lehrschreibens zu rügen ...

2. Die Entwicklung der katholischen Arbeiterbewegung ist unter europäischem Aspekt sehr uneinheitlich und teilweise widersprüchlich. Es ist zu fragen, ob die katholische Kirche im Zeichen der fortschreitenden europäischen Integration nicht gezwungen ist, entsprechend auf eine Koordinierung der katholischen Kräfte im internationalen Rahmen hinzuarbeiten ...

3. Mit besonderer Sorge vermerken die Kommissionsvorsitzenden, dass sich starke Strömungen bemerkbar machen, welche die Arbeiterseelsorge von den Sozialverbänden loslösen wollen. Diese Auffassungen übersehen, dass die Verbände die Kirchlichkeit in den Laienraum hineintragen. Sie sind ein wichtiges Element der Einheit in einer Zeit, in welcher das kirchliche Bewusstsein immer mehr schwindet.

In diesem Zusammenhang wird ebenfalls auf eine Haltung hingewiesen, welche die Äußerungen kirchlicher Stellen zu politischen Fragen angreift. Jene Kreise behaupten, dass es für die kirchliche Verkündigung besser sei, wenn sich die Kirche jeglicher Sympathieäußerungen für irgendeine Partei enthalte. Die Stimmung in der Arbeiterschaft wird von solchen Thesen bereits beeinflusst; allerdings ist auch eine Opposition gegen diese Meinung zu konstatieren.

Da einige Formulierungen im Bericht der wissenschaftlichen Kommission Anklänge an solche Thesen bringen, hat Domkapitular Dr. Paulus einige Korrekturen vorgelegt, die sich die Kommissionsvorsitzenden zu eigen machen. Sie sind in ihrem sachlichen Gehalt als Beilage zum Abschlussbericht der wissenschaftlichen Kommission zusammengefasst.

4. In der Koordinierungskommission wurde vereinzelt die Auffassung vertreten, dass das Territorialprinzip der Pfarrei als zur Agrargesellschaft gehörend durch das Betriebsprinzip zu modifizieren sei. Die Vorsitzenden der Kommissionen können sich dieser Auffassung nicht anschließen ...

Es wird nicht übersehen, dass im Seelsorgsklerus sich ein gewisser Widerstand gegen eine zusätzliche Belastung und das Schwerpunktprogramm bilden wird. Nach Ansicht der Kommissionsvorsitzenden kann die Arbeit der Verbände jedoch eine vernünftige Arbeitsökonomie der Pfarrgeistlichkeit ermöglichen. Eine einheitliche Ausrichtung der Arbeiterseelsorge würde die pfarrliche Seelsorge unterstützen. In diesem Zusammenhang möchten die Kommissionsleiter noch darauf hinweisen, dass sich eine nicht zu unterschätzende Wirkung für die Arbeiterseelsorge in der Pfarrei aus der Einstellung der Seelsorgsarbeit und der Predigt auf die gegebenen sozialen Wirklichkeiten ergibt. Die Pfarrgeistlichen sollten auch darauf aufmerksam gemacht werden, dass sie eine oft festzustellende, meist unbewusste Schlechterbehandlung von Arbeiterkindern vermeiden müssen.

Zu den Ergebnissen der Koordinierungskommission wird ... noch eine Anregung nachgereicht, die die Zielsetzung der Kolpingsfamilie betrifft. Es wird betont, dass die bis jetzt erzielte Übereinstimmung der Auffassungen einen Erfolg der Koordinierungsbemühungen darstellt. Jedoch würde die Gesamtkoordinierung leichter, wenn gerade Kolping sich entschließen könnte, stärker der Verbreitung der katholischen Soziallehre zu dienen. Der Familienbegriff als Versuch, alle Spannungen zu überbrücken, genügt ebenso wenig wie ein unscharfer Mittelstandsbegriff ...

5. ...

6. Gemäß dem Bericht der Pastoralkommission wird vorgeschlagen. dass Möglichkeiten gefunden werden, den Arbeiter durch die Gestaltung des Gottesdienstes stärker anzusprechen ... Es wäre eine echte Hilfe für die Seelsorgsarbeit, wenn Predigtanleitungen erarbeitet würden, die einen engen Bezug zur sozialen Wirklichkeit und zur kirchlichen Soziallehre haben ... In liturgischer Hinsicht sollten symbolstarke Formen entwickelt und Prinzipien formuliert werden, die den Arbeiter besonders ansprechen ...

7. Zur Unterstützung der Arbeit der Verbände und zur Aufarbeitung wissenschaftlich fundierter Unterlagen für die katholische Sozialarbeit ist im ZdK ein detaillierter Plan zum Aufbau eines zentralen sozialwissenschaftlichen Instituts in Mönchengladbach erarbeitet worden. Die Kommissionsvorsitzenden glauben, dieses Projekt auch im Hinblick auf die Verstärkung der Arbeiterseelsorge empfehlen zu können.

8. Es soll angemerkt werden, dass bis heute der Anteil der Arbeiterkinder unter den Hochschulstudenten noch sehr klein ist ... Nicht ohne Auswirkung ist die Tatsache, dass nicht allein die Begabung, sondern auch der Einfluss des Elternhauses in starkem Maße Berufswahl und Berufsfähigkeit mitbestimmt ...

9. ...

10. ...«

Es ist nicht zu verkennen, dass es der Schlusskonferenz gelang, die Fülle der in den Kommissionen und Einzelvoten zur Sprache gekommenen Desiderate hinsichtlich der Arbeiterseelsorge zu bündeln und überschaubar zu machen. Doch wie sollten die Bischöfe mit diesem Gemisch aus spannungsbeladenen und zum Teil idealistisch-utopischen Vorschlägen umgehen? Im Protokoll der Fuldaer Bischofskonferenz im September 1960 heißt es: »Die Konferenz dankt den drei Kommissionen, die zur Erarbeitung eines ›Schwerpunktprogramms Arbeiterseelsorge‹ eingesetzt sind, für ihre wertvolle Arbeit.«[208]

[208] Plenarkonferenz der Bischöfe der Diözesen Deutschlands in Fulda vom 27. bis 29. September 1960, S. 9: HAEK – CR III 12.

Etwas ausführlicher umschrieb diesen Dank der Bischofskonferenz ihr Vorsitzender in Briefen an die Kommissionsleiter vom 9. November 1960: »Die Bischöfe sind dankbar für die große Aufgeschlossenheit, die von allen beteiligten Persönlichkeiten und Gruppen den Problemen der Arbeiterschaft und der Arbeiterseelsorge entgegengebracht wurde. Sie sind ebenso erfreut darüber, dass in den einzelnen Kommissionen bedeutsame Ergebnisse erzielt wurden, wobei eine weitgehende Übereinstimmung der Kommissionen untereinander zu verzeichnen ist. Selbstverständlich war nicht zu erwarten, dass in einer so schwierigen Materie in so kurzer Zeit ein fertiges Programm erarbeitet werden konnte. Die Beratungen und Ergebnisse der Kommission bilden aber die besten Voraussetzungen und Ansatzpunkte dafür ... Gewiss werden Sie und Ihre Mitarbeiter den Bischöfen auch in Zukunft gern für alle Fragen und Aufgaben der Arbeiterseelsorge zur Verfügung stehen.«[209] Höffner sandte diesen Brief des Kölner Kardinals den Mitgliedern seiner Kommission in Abschrift zu.

Doch es blieb die Frage: Was sollte mit dem arbeitsaufwendig erstellten Vorschlagskonvolut zur Arbeiterseelsorge weiter geschehen? Offenbar nach Rücksprache mit Bischof Keller lud Dr. Becher vom ZdK für den 26. Januar 1961 nach Frankfurt zu einer »ersten Sitzung des Arbeitskreises der Verbandszentralen im Rahmen des Schwerpunktprogramms Arbeiterseelsorge« ein. Das Protokoll lässt erkennen, dass es in nicht geringem Maße um die Überwindung von Rivalitäten unter den beteiligten Verbänden und dann um eine gemeinsame Linie für die Zukunft ging. Man vereinbarte gleich für den 25. Mai 1961 eine weitere Sitzung in Frankfurt.[210]

Doch bereits am 19. April 1961 konnte Dr. Becher den Mitgliedern des Kreises mitteilen: »Auf Grund einer Bitte Seiner Eminenz, des ... Herrn Kardinals von Köln an Herrn Direktor Hanssler sollen die Ergebnisse der Kommissionssitzungen zum Schwerpunktprogramm Arbeiterseelsorge ... nun in einer neuen Kommission der Verbandszentralen weiter behandelt werden. Über die Auswahl der Teilnehmer wird sich Herr Direktor Hanssler mit den Vorsitzenden der Verbände besprechen.«[211] Dr. Becher kam zu dem berechtigten Schluss, dass damit der am 26. Januar gegründete Kreis sich erübrigt habe.

Damit war das von 1958 bis 1960 von den Bischöfen so sehr mit hohen Erwartungen bedachte »Schwerpunktprogramm Arbeiterseelsorge« aus der Verantwortung der Bischofskonferenz in eine Kommission von Verbandspräsides verlagert. Hatte man das Projekt im Kreise der Bischöfe damit aufgegeben?

---

209 Frings an Höffner, 9. 11. 1960 (gleichlautend wohl an Hanssler und Schmitt): HAEK – NH 1065. Weiterleitendes Schreiben Höffners an die Mitglieder der wissenschaftlichen Kommission, 15. 11. 1960: Ebd.

210 Protokoll der ersten Sitzung des Arbeitskreises der Verbandszentralen im Rahmen des Schwerpunktprogramms Arbeiterseelsorge am 26. Januar 1961 in Frankfurt, 31. 1. 1961, gez. Dr. Paul Becher: AZdK – 3412.

211 Becher an die Mitglieder des Arbeitskreises der Verbandszentralen, 19. 4. 1961 (Durchschlag): Ebd.

Besondere Anlässe ließen die Arbeiterseelsorge zusätzlich in Vergessenheit geraten: Am 7. November 1961 verstarb unerwartet Bischof Keller, der die Arbeiterfrage und auch das Schwerpunktprogramm innerhalb der Bischofskonferenz mit unnachgiebigem Engagement vertreten hatte. Auch waren die Vorbereitungen für das II. Vatikanische Konzil in ein entscheidendes Stadium getreten. Einzelne Bischöfe und zumal Kardinal Frings waren davon stark in Anspruch genommen.

Eine letzte Erinnerung an das Projekt – oder besser: eine Mahnung – erhielt Joseph Höffner, der inzwischen Bischof von Münster und Vorsitzender der Bischofskommission VII geworden war, am 7. Januar 1963 vom Nationalkaplan der CAJ in Essen: »Im Namen der Diözesankapläne erlaube ich mir, Sie zu bitten, in der entsprechenden Bischofskommission die Wiederaufnahme der Beratungen über das Schwerpunktprogramm ›Arbeiterseelsorge‹ anzuregen, das von den deutschen Bischöfen am 25. 11. 1960 angekündigt wurde.«[212]

Im Protokoll der Fuldaer Bischofskonferenz Ende August 1963 heißt es dann: »Der Bischof von Münster berichtet über den Stand der Vorarbeiten für ein Lehrschreiben der deutschen Bischöfe über soziale Fragen.«[213] Eine Durchsicht der Amtsblätter verschiedener Großdiözesen (Köln, Münster, Paderborn, Freiburg) für die Jahre 1963 bis 1965 hat ergeben, dass lediglich in Köln zum 1. Mai 1965 ein Lehrschreiben des Erzbischofs (nicht der deutschen Bischöfe!) zum Thema »Der Christ und die Arbeit« veröffentlicht wurde.[214] Gliederung und Text enthalten Anklänge an die 1959/60 erstellten Kommissionspapiere. Es scheint, dass die Konzils- und Nachkonzilszeit die Aufmerksamkeit von Bischöfen und Seelsorgern für andere Themen absorbierte.

212 Nationalkaplan CAJ Johann Ascherl, Essen, an Bischof Höffner, 7. 1. 1963: HAEK – NH 1065.

213 Protokoll der Plenarkonferenz der Bischöfe der Diözesen Deutschlands in Fulda vom 28. bis 29. August 1963, S. 9: HAEK – CR III 14.

214 Lehrschreiben: »Der Christ und die Arbeit«: KA 105, 1965, Nr. 162, S. 347-356.

X. KAPITEL

EINSATZ IM BEREICH VON WISSENSCHAFT UND UNIVERSITÄTEN

1. Görres-Gesellschaft

Da die Zahl qualifizierter Vertreter der christlichen Sozialwissenschaften nach dem II. Weltkrieg zunächst sehr gering war, konnte es nicht lange dauern, bis die »Görres-Gesellschaft zur Pflege der Wissenschaft« auf Höffner zukam. Der Leiter der »Sektion für Wirtschafts- und Sozialwissenschaft«, Höffners Freiburger Lehrer Bernhard Pfister,[1] gewann ihn bereits im Oktober 1951, also kurz nach Höffners Dienstantritt an der Universität Münster, für einen Vortrag vor der Sektion bei der Generalversammlung der Görres-Gesellschaft in München. Höffner musste in der Turbulenz dieser Wochen auf Vorhandenes zurückgreifen. Sein Thema lautete: »Die Lehre der Hochscholastik zum Monopol- und Wettbewerbsproblem«.[2]

Als Anfang Oktober 1953 die Generalversammlung in Münster stattfand, konnte Höffner sich der Sektion für Wirtschafts- und Sozialwissenschaft nicht versagen. Sein Thema »Der personale Faktor in der Sozialpolitik und in der Sozialversicherung« lässt erkennen, dass Höffner sich inzwischen zu den aktuellen Problemen der Gegenwart vorgearbeitet hatte.[3] Von 1951 bis 1962 gibt es eine häufigere Korrespondenz zwischen Höffner und Pfister über die bei den Generalversammlungen der Görres-Gesellschaft je nach Veranstaltungsort und Aktualitäten anzusprechenden Themen und Referenten.[4]

Doch es sollte bei dieser Zuarbeit für die Sektion für Wirtschafts- und Sozialwissenschaft nicht bleiben. Der Präsident der Görres-Gesellschaft, der Kölner Staatsrechtslehrer Hans Peters,[5] der Höffner seit einem Jahr aus der »Arbeitsgemeinschaft für Forschung des Landes Nordrhein-Westfalen« kannte, schrieb Höffner am 16. Juni 1955: »Die Görres-Gesellschaft hält vom 2. bis 5. Oktober in Freiburg i. Br. ihre diesjährige Generalversammlung ab. Der Vorstand hat beschlossen, Sie um einen etwa einstündigen Festvortrag zu bitten. Das Thema wäre von Ihnen selbst zu bestimmen.«[6] Der Vortrag werde nicht in dem Festakt nach

---

[1] Bernhard Pfister (1900 – 1987), 1930 Habilitation für Volkswirtschaft und Politik in Freiburg, 1937 ao. Prof. ebd., 1945 bzw. 1948 Professor in Marburg, 1949 in München, Leiter der Sektion für Wirtschafts- und Sozialwissenschaft der Görres-Gesellschaft: Kürschner [11]1970, S. 2250 f.; ebd. [16]1992, S. 4266.

[2] H. E. Onnau (Bearb.), Vorträge Görres-Gesellschaft, S. 225.

[3] Ebd. S. 226; Zusammenfassung: JTB 1953 (1954), S. 47-48.

[4] HAEK – NH 2671.

[5] Zu Hans Peters (1896 – 1966) s. oben S. 132 mit Anm. 106.

[6] Peters an Höffner, 16. 6. 1955: HAEK – NH 2671.

dem sonntäglichen Pontifikalamt untergehen. Für ihn sei die Nachmittagsstunde um 17 Uhr vorgesehen. Höffner sagte umgehend zu und schlug – je nach Gesamtthematik der Generalversammlung – drei Themen zur Auswahl vor.[7] Sein Thema lautete schließlich »Soziale Sicherheit«[8] und lag im Umfeld der gerade erstellten »Rothenfelser Denkschrift« und der damals diskutierten Sozial- bzw. Rentenreform.

Doch Präsident Peters wollte Höffner nicht nur für einen einmaligen Vortrag gewinnen. Am 23. Dezember 1955 schrieb er Höffner (was dieser bereits wusste und akzeptiert hatte): »Auf Grund der Wahl des Beirats vom 3. Oktober 1955 treten Sie mit dem 1. Januar 1956 in den Vorstand der Görres-Gesellschaft ein. Ich darf meiner besonderen Freude darüber Ausdruck geben und hoffen, dass Sie sich in diesem Kreise wohl fühlen werden und dass die gemeinsame Arbeit im Interesse der Wissenschaft und der Kirche reiche Früchte tragen wird.«[9]

Ein umfangreiches Konvolut mit Einladungen zu Vorstandsitzungen, persönlichen Notizen Höffners, Protokollen und Korrespondenzen zwischen Peters, Höffner und anderen lässt erkennen, in welchem Umfang sich Höffner für die Görres-Gesellschaft mitgestaltend engagiert hat.[10] Er hat zwar nur am geringeren Teil der Vorstandssitzungen teilgenommen, doch häufig schriftliche Stellungnahmen für Peters erarbeitet, Beurteilungen zu Stipendiaten und inhaltlichen Vorhaben der Görres-Gesellschaft abgegeben. Beinahe regelmäßig nahm er – wenn eben möglich – an den Generalversammlungen (und dann auch an den damit verbundenen Vorstandssitzungen) teil.[11]

Das führte 1961 zu einer letzten, allerdings vergeblichen Bitte von Präsident Peters an Höffner. Am 14. Juni 1961 schrieb Peters, Bundespräsident Heinrich Lübke habe für die Generalversammlung im Oktober in Trier seine Teilnahme an den Sonntagsveranstaltungen zugesagt. »Für den öffentlichen Vortrag am Sonntagnachmittag 16 Uhr, von dem ich hoffe, dass er noch in Anwesenheit des Bundespräsidenten stattfinden wird, brauchen wir nun einen prominenten Redner. Herr Spörl,[12] Herr Conrad[13] und ich sind sich darüber einig, dass Sie der geeignete

---

[7] Höffner an Peters, 25. 6. 1955 (Durchschlag): EBD.

[8] H. E. ONNAU (Bearb.), Vorträge Görres-Gesellschaft, S. 39; Zusammenfassung: JTB 1955 (1956), S. 43.

[9] Peters an Höffner, 23. 12. 1955: HAEK – NH 2671.

[10] Sämtliche Schriftstücke: EBD.

[11] Höffners Teilnahme an Vorstandssitzungen ergibt sich aus den Protokollen, seine Teilnahme an den Generalversammlungen aus den gedruckten Teilnehmerverzeichnissen.

[12] Johannes Spörl (1904 – 1977), 1934 Habilitation für Geschichte in Freiburg, ab 1947 Professor in München, ab 1949 Leiter der historischen Sektion der Görres-Gesellschaft, ab 1952 deren Vizepräsident: L. BOEHM, Johannes Spörl: JTB 1977 (1978), S. 83-95; DIES., Johannes Spörl † (1904-1977). In mutabilitate temporum initium conversationis. Zum Gedenken an den Herausgeber des Historischen Jahrbuchs, in: HJB 97/98, 1978, S. 1*-54*.

[13] Hermann Conrad (1904 – 1972), 1936 Habilitation für Recht und Rechtsgeschichte in Köln, 1940 apl. Professor in Köln, 1941 ao. Prof. in Marburg, 1948 Professor in Bonn, Mitglied der Arbeitsgemeinschaft für Forschung des Landes NRW, Leiter der Sektion für Rechts- und Staatswissenschaft der Görres-Gesellschaft: KÜRSCHNER [11]1970, S. 427; EBD.[13]1980, S. 4453.

Mann dafür wären. Ich halte es persönlich auch für ganz richtig, dass bei dieser Gelegenheit eines unserer Vorstandsmitglieder den Vortrag übernimmt. Deshalb richte ich an Sie die Bitte, am 1. Oktober um 16 Uhr in Trier den ersten öffentlichen Vortrag über ein von Ihnen zu bestimmendes, allgemein interessierendes Thema zu halten.«[14]

Doch Höffner konnte dieses »Heimspiel« in Trier nicht wahrnehmen. Er hatte seit längerem dem BKU zugesagt, am »XIe Congrès Mondial de l'UNIAPAC« vom 28. September bis 1. Oktober 1961 in Santiago de Chile teilzunehmen.[15] »Auf seiner Reise besuchte er Mexiko, Guatemala, Columbien, Ecuador, Peru, Chile, Argentinien und Brasilien. Führende Männer von Staat, Wissenschaft und Kirche dieser Länder hat er gesprochen. Ein wichtiges Ziel der Reise war es, einen Patenschaftsvertrag zwischen der Universität Santiago und dem von ihm [Höffner] geleiteten Institut für christliche Sozialwissenschaften der Universität Münster zu schließen. Dreißig Professoren der Soziologie aus Latein-Amerika sind bereits [17. Oktober 1961] auf dem Weg nach Münster, wo sie auf Einladung der Universität an einem dreiwöchigen Colloquium über Probleme der Entwicklungsländer teilnehmen werden.«[16] Die Reise nach Lateinamerika begann am 10. September; der Rückflug sollte am 1. Oktober 1961 erfolgen.[17] Eine Teilnahme Höffners an der Generalversammlung der Görres-Gesellschaft in Trier war also nicht möglich.

Höffners Mitarbeit im Vorstand der Görres-Gesellschaft hörte zwangsläufig mit der Übernahme des Bischofsamtes in Münster 1962 auf. Als Erzbischof von Köln ab 1969 war Höffner wie seine Vorgänger »Protektor« der Görres-Gesellschaft und hat – wenn es sein Terminkalender erlaubte – an Generalversammlungen der Gesellschaft (zumindest am festlichen Rahmenprogramm) teilgenommen.

2. Arbeitsgemeinschaft für Forschung des Landes Nordrhein-Westfalen

Ähnlich wie die Görres-Gesellschaft bot die »Arbeitsgemeinschaft für Forschung des Landes Nordrhein-Westfalen« Höffner die Gelegenheit, hochqualifizierten Kollegen aus allen Sachgebieten im Bereich des Landes Nordrhein-Westfalen, aber über Vortragsveranstaltungen auch Gelehrten aus der ganzen Welt zu begegnen, dazu mit Wissenschaftspolitikern des Landes zwanglos Kontakt aufzunehmen.

14 Peters an Höffner, 14. 6. 1961: HAEK – NH 2671.
15 Korrespondenz und Schriftstücke dazu: HAEK – NH 2555 u. 2556.
16 Zitat aus einem Rundschreiben von Dr. Bernhard Lucas an die Freunde und Mitglieder des BKU, Gruppe Münster – Münsterland, vom 17. 10. 1961: HAEK – NH 2556.
17 Handschriftlicher Reiseverlaufsplan Höffners: Ebd.

Die Arbeitsgemeinschaft für Forschung hatte Ministerpräsident Arnold bereits 1950 in einer naturwissenschaftlichen Sektion, 1952 dazu in einer Klasse für Geisteswissenschaften ins Leben gerufen.[18] Am 15. Januar 1954 schrieb er Höffner: »In diese Gemeinschaft habe ich namhafte Wissenschaftler des Landes Nordrhein-Westfalen aus den verschiedensten Fachgebieten berufen. Diese haben sich zu einem regelmäßigen Gedankenaustausch, der seinen Ausdruck insbesondere in den regelmäßig stattfindenden monatlichen Sitzungen findet, zusammengefunden und haben der Landesregierung bereits mehrfach wertvolle Anregungen auf den verschiedensten Gebieten der Wissenschaft vermittelt. Da in der Arbeitsgemeinschaft bisher einige wichtige Fachgebiete der Geisteswissenschaften nicht ausreichend vertreten sind, erlaube ich mir, Sie hiermit um Ihre Mitarbeit und Teilnahme an den Beratungen ... zu bitten ... Dabei hoffe ich auf eine gute Zusammenarbeit und ein erfolgbringendes Wirken im Dienste der Wissenschaft und zum Nutzen der Allgemeinheit.«[19]

Schon tags darauf dankte Höffner »für Ihre mich sehr ehrende Einladung zur Mitarbeit ... Ich bin gern bereit, in der Arbeitsgemeinschaft – soweit es in meinen Kräften steht – mitzuarbeiten.« Doch gleich für die erste Sitzung am 20. Januar musste Höffner sich wegen einer Fakultätssitzung – er war damals Dekan – entschuldigen.[20] Nachdem er auch an der Februarsitzung nicht teilgenommen hatte, nahm ihn der geschäftsführende Staatssekretär Leo Brandt am 4. März 1954 höflich, aber deutlich in die Pflicht: »Die monatlichen Sitzungen finden regelmäßig an jedem dritten Mittwoch statt, wenn nicht aus zwingenden Gründen eine Verlegung notwendig wird. Ich wäre Ihnen dankbar, wenn Sie sich nach Möglichkeit diesen Tag für die Teilnahme an diesen Sitzungen freihalten würden.«[21]

Höffners Schwäche war es, trotz aller bereits eingegangenen Bindungen und Mitgliedschaften auf keine neue Aufgabe hin nein sagen zu können. An allen Veranstaltungen und Sitzungen dieser zahlreichen Institutionen teilzunehmen, wäre unmöglich gewesen. So hatte er sich daran gewöhnt, sich mit glaubwürdigen Entschuldigungen zu dispensieren und den Gremien und Vereinigungen auf besondere Anforderung hin zu punktuellen Beiträgen zur Verfügung zu stehen.

Dass die Arbeitsgemeinschaft für Forschung die regelmäßige Anwesenheit ihrer Mitglieder erwartete, war deshalb für Höffner »gewöhnungsbedürftig«. Am 16. März 1954 kündigte er Staatssekretär Brandt an: »Am 17. März werde ich an der Sitzung teilnehmen. Ich freue mich auf die Mitarbeit.«[22]

---

[18] L. BRANDT, Zur Geschichte der Arbeitsgemeinschaft für Forschung des Landes Nordrhein-Westfalen, in: Wissenschaft – Ethos – Politik ... Festschrift zum 60. Geburtstag von Professor ... Joseph Höffner ... (= JAHRBUCH DES INSTITUTS FÜR CHRISTLICHE SOZIALWISSENSCHAFTEN 7/8, 1966-1967), Münster 1966, S. 457-461.

[19] Arnold an Höffner, 15. 1. 1954: HAEK – NH 2572.

[20] Höffner an Arnold, 16. 1. 1954 (Durchschlag): EBD.

[21] Staatssekretär Prof. Leo Brandt an Höffner, 4. 3. 1954: EBD.

[22] Höffner an Brandt, 16. 3. 1954 (Durchschlag): EBD.

Im Dekanatsjahr 1954/55 hat Höffner sich in Düsseldorf noch häufiger entschuldigt. Doch danach nahm er immer regelmäßiger an den monatlichen Sitzungen teil. Davon zeugen nicht nur die Zusagevermerke auf den Einladungen, sondern auch handschriftliche Notizen von den Vorträgen in seinem Nachlass.[23] Die Vorträge wurden samt den anschließenden Diskussionsbeiträgen jeweils gedruckt. Die Diskussionsbeiträge wurden nach einem Tonbandmitschnitt vom Verlag geschrieben und dann den Autoren zur Korrektur bzw. zur Überarbeitung vorgelegt. Ein Großteil von Höffners Aktenkonvolut »Arbeitsgemeinschaft für Forschung« bildet die Korrespondenz wegen seiner Diskussionsbeiträge, die er zu einem breiten Spektrum von Themen zu liefern vermochte und die ihm hohen Respekt der versammelten Kollegen eintrugen.

Als Höffner für den 15. Dezember 1954 erstmals selbst um einen Vortrag gebeten wurde,[24] machte er es wie drei Jahre vorher bei der Görres-Gesellschaft: Er griff auf Vorliegendes und Abgesichertes zurück. Sein Thema lautete: »Statik und Dynamik in der scholastischen Wirtschaftsethik«.[25] Angesichts dieses Themas ist es aufschlussreich, dass Höffner im Sommer 1954 bei Einsendung seiner biographischen Daten an die Arbeitsgemeinschaft für Forschung als »Hauptarbeitsgebiete: Sozialgeschichte, Christliche Sozialwissenschaften« nannte.[26] Nell-Breunings kritische Anfragen hinsichtlich seines historischen Schwerpunkts hatten ihn nicht davon abgebracht.

Um die gleiche Zeit regte Staatssekretär Brandt an, das 1952 von ihm erstmals herausgegebene Werk »Aufgaben deutscher Forschung auf dem Gebiet der Natur-, Ingenieur- und Gesellschaftswissenschaften« bei einer Neuauflage durch ein paralleles Werk über die Geisteswissenschaften zu ergänzen.[27] Man habe das Projekt bereits in der Arbeitsgemeinschaft erörtert. »Hierbei wurde das grundsätzliche Schema erörtert sowie der vorläufige Mitarbeiterkreis festgelegt. Ich darf Ihnen dieses Schema ... beilegen.« Nach weiterer Korrespondenz über das Projekt schrieb Höffner Brandt am 25. Oktober 1954: »In der Anlage reiche ich Ihnen für das geplante Buch ›Aufgaben deutscher Forschung‹ mein Manuskript ›Katholische Soziallehre‹ ein. Der Beitrag ist für die Abteilung ›Systematische und praktische Theologie‹ gedacht ...«[28] Der Beitrag liegt in mehreren Bearbei-

[23] Sämtliche Papiere zur »Arbeitsgemeinschaft für Forschung« finden sich in: HAEK – NH 2572 (bis 1960) bzw. 2641 (ab 1960).

[24] Anfrage Brandts bei Höffner, 1. 6. 1954: HAEK – NH 2572.

[25] Einladung an die Mitglieder vom 27. 11. 1954: Ebd. Dort auch die Korrespondenz mit dem Westdeutschen Verlag, Opladen, zur Veröffentlichung: J. Höffner, Statik und Dynamik in der scholastischen Wirtschaftsethik (= Veröffentlichungen der Arbeitsgemeinschaft für Forschung des Landes Nordrhein-Westfalen, Geisteswissenschaften, Heft 38), Opladen 1955 (W. Weyand, Schriftenverzeichnis Nr. 194).

[26] Zusammenstellung seiner biographischen und akademischen Daten vom 28. 7. 1954 (Durchschlag): HAEK – NH 2572.

[27] Brandt an Höffner, 12. 7. 1954: Ebd.

[28] Höffner an Brandt, 25. 10. 1954 (Durchschlag): Ebd.

tungsstadien bis hin zu den Druckfahnen in Höffners Nachlass vor. Der Sammelband sollte erst 1956 erscheinen.[29]

Staatssekretär Brandt sollte Höffner bald um das nächste Engagement für die Arbeitsgemeinschaft bitten. Am 4. Januar 1955 schrieb er, mit dem Kultusminister sei er sich einig, dass man aus Anlass der im Mai anstehenden »5. Jahresfeier« der Arbeitsgemeinschaft dem Gründer, Ministerpräsident Arnold, »eine Festgabe in Form eines gut ausgestatteten Druckwerkes« schuldig sei. »Das Ziel soll sein, in einer dem Ministerpräsidenten gewidmeten Festschrift einen Querschnitt durch das geistige Schaffen und die Arbeitsgebiete aller Mitglieder zu geben.«[30] Brandt erbat bis zum 1. März 1955 einen Beitrag von 10-15 Seiten. Höffner sandte pünktlich am 23. Februar seinen Beitrag »Die soziale Gerechtigkeit und die überlieferte abendländische Gerechtigkeitslehre«.[31] Wieder fällt auf, dass Höffner nicht eine der von ihm in Vorlesungen und Seminaren dieser Jahre mutig angegangenen Fragen aktueller Sozialpolitik aufgriff, sondern auf diesem Areopag weitgespannter Gelehrsamkeit sich an prinzipielle Durchdringung und historische Hintergründe der sozialen Gerechtigkeit hielt. Ministerpräsident Arnold bedankte sich in einem – wohl von Brandt entworfenen – Brief bei den Autoren.[32]

In den späten 50er Jahren, vor allem bei der Planung des »Hauses der Wissenschaften« als festem Domizil der Arbeitsgemeinschaft für Forschung, wurde auch eine respektable Präsenzbibliothek für die Arbeitsgemeinschaft vorgesehen. Höffner hat – wie wahrscheinlich viele seiner Kollegen – überlegt, mit welchen eigenen Werken er sich daran beteiligen sollte. Seine umfangreichste, wiederum historische Veröffentlichung war die spanische Kolonialethik des 16. Jahrhunderts, die 1957 zudem in spanischer Übersetzung erschienen war.[33] Am 25. Juli 1957 schrieb Brandt an Höffner: »Für die Übersendung Ihres Buches, das die spanische Kolonialethik behandelt und inzwischen in spanischer Sprache erschienen ist, spreche ich Ihnen meinen aufrichtigen Dank aus. Ich hoffe, dass Sie damit einverstanden sind, wenn ich diesen wertvollen Band in die Bibliothek der Arbeitsgemeinschaft für Forschung einreihen lasse.«[34] 1959 wagte Höffner, auch

[29] L. BRANDT (Bearb.), Aufgaben deutscher Forschung. Geisteswissenschaften, Opladen 1956.

[30] Brandt an Höffner, 4. 1. 1955: HAEK – NH 2572.

[31] Höffner an Brandt, 23. 2. 1955 (Durchschlag): EBD. – Titel der Veröffentlichung: J. HÖFFNER, Die soziale Gerechtigkeit und die überlieferte abendländische Gerechtigkeitslehre, in: Festschrift der Arbeitsgemeinschaft für Forschung des Landes Nordrhein-Westfalen zu Ehren des Ministerpräsidenten Karl Arnold, Opladen 1955, S. 35-48 (W. WEYAND, Schriftenverzeichnis Nr. 198).

[32] Arnold an Höffner, o. D.: HAEK – NH 2572. Dem Schreiben war ein Exemplar der Festschrift beigelegt.

[33] J. HÖFFNER, Christentum und Menschenwürde. Das Anliegen der spanischen Kolonialethik im Goldenen Zeitalter, Trier 1947 (333 S.); zweite Auflage unter dem Titel J. HÖFFNER, Kolonialismus und Evangelium. Spanische Kolonialethik im Goldenen Zeitalter, Trier ^{2}1969, ^{3}1972. – Die erwähnte spanische Übersetzung trug den Titel: J. HÖFFNER, La etica colonial española del Siglo de oro. Cristianismo y dignidad humana. Version española de Francisco de Asís Caballero, Madrid 1957 (W. WEYAND, Schriftenverzeichnis Nr. 27).

[34] Brandt an Höffner, 25. 7. 1957: HAEK – NH 2572.

kleinere Arbeiten zu aktuellen Themen der Sozialethik und Sozialpolitik nach Düsseldorf zu schicken. Am 21. Oktober 1959 bedankte sich Brandt »für die Übersendung der Hefte a) Die Handwerkerversorgung, b) Vorschläge zur Ordnung des Baulandmarktes.«[35]

Im Januar 1960 konnte Brandt den Mitgliedern der Arbeitsgemeinschaft durch Rundbrief mitteilen. »In dem neuen ›Haus der Wissenschaften‹, dessen Bauarbeiten im Frühjahr 1960 abgeschlossen werden, ist im 1. Stock ein Raum von etwa 350 qm zur Aufstellung einer *Konsultationsbibliothek* und zur Errichtung eines *Lesesaals* vorgesehen. Diese Bibliothek ist als Präsenzbibliothek für die Mitglieder der Arbeitsgemeinschaft für Forschung gedacht.

Da bei ihrem Aufbau begreiflicher Weise viele Fragen auftauchen, die nur ein erfahrener Bibliotheksfachmann beantworten kann, ist der langjährige Leiter der Kölner Universitäts- und Stadtbibliothek, Herr Professor Dr. H[ermann] Corsten, gebeten worden, die Arbeitsgemeinschaft für Forschung in dieser Frage zu beraten und konkrete Vorschläge für den Aufbau der neuen Bibliothek zu machen ...

Darf ich Sie um Ihre Mitarbeit bei dem Aufbau dieser Bibliothek bitten, indem Sie zu diesen Vorschlägen [Corstens] Stellung nehmen und Anregungen und Hinweise geben, welche Veröffentlichungen aus Ihrer Sicht und nach Ihrer Meinung angeschafft werden sollten? ...«[36]

1961 sagte Höffner noch einmal einen Vortrag für den 19. April zu, dieses Mal mit dem aktuellen Thema »Industrielle Revolution und religiöse Krise«.[37] Höffner war durch die Betreuung seines Doktoranden Alfons Weyand zu näherer Beschäftigung mit Pastoralsoziologie gekommen. Am 16. Februar 1961 hatte er Weyand mit dessen pastoralsoziologischer Untersuchung über die Veränderung des religiösen Milieus unter dem Einfluss der Industrialisierung im Bereich Marl-Hüls promoviert.[38]

Doch auch bei der Arbeitsgemeinschaft für Forschung sollte Höffners Mitarbeit mit der Weihe zum Bischof von Münster zu Ende gehen. Staatssekretär Brandt

---

35 Brandt an Höffner, 21. 10. 1959: Ebd. – Die genannten »Hefte« sind: J. Höffner, Die Handwerkerversorgung im Hinblick auf die berufständische Eigenart des Handwerks, in: W. Abel, Soziale Sicherheit in den Grenzbereichen des selbständigen Mittelstandes, Stuttgart 1959, S. 53-95 (Zur Entstehung als Gutachten für das Bundesarbeitsministerium s. o. S. 124 mit Anm. 81 bzw. S. 144 f. mit Anm. 22-25); J. Höffner zusammen mit W. Ernst, A. Klett, E. W. Meyer u. L. Neundörfer, Vorschläge zur Ordnung des Baulandmarktes (= Schriften des Bundesministeriums für Wohnungsbau, Bd. 12), Bonn 1958 (W. Weyand, Schriftenverzeichnis Nr. 231 bzw. Nr. 217).

36 Brandt an die Mitglieder der Arbeitsgemeinschaft für Forschung, 8. 1. 1960: HAEK – NH 2572.

37 Einladung vom 24. 3. 1961: HAEK – NH 2641; Veröffentlichung des Vortrags: J. Höffner, Industrielle Revolution und religiöse Krise. Schwund und Wandel des religiösen Verhaltens in der modernen Gesellschaft (= Veröffentlichungen der Arbeitsgemeinschaft für Forschung des Landes Nordrhein-Westfalen, Geisteswissenschaften, Heft 97), Opladen 1961 (W. Weyand, Schriftenverzeichnis Nr. 248)

38 Vgl. dazu oben S. 149 mit Anm. 41. Der Titel der Dissertation lautet: A. Weyand, Formen religiöser Praxis in einem werdenden Industriezentrum (= Schriften des Instituts für Christliche Sozialwissenschaften, Bd. 14), Münster 1963.

bedankte sich am 2. Oktober 1962 überschwänglich für die Möglichkeit der Teilnahme an Höffners Bischofsweihe am 14. September. »Ich bedanke mich aber auch auf das Herzlichste dafür, dass Sie ausgedrückt haben, dass Sie die Verbindung mit der Arbeitsgemeinschaft für Forschung erhalten wollen.« Man rechne nicht mehr mit Höffners Teilnahme an den monatlichen Sitzungen, doch »vielleicht dürfte ich Ihnen auch den Gedanken einmal nahe bringen, ob Sie zu einem späteren Zeitpunkt einmal die Festrede anlässlich einer unserer Jahresversammlungen halten würden.«[39]

Brandt war klug genug, die Realisierung dieses Planes dem Vorsitzenden der Arbeitsgemeinschaft für Forschung, inzwischen Ministerpräsident Dr. Franz Meyers,[40] zu überlassen. Am 1. Juni 1964 teilte Meyers Höffner mit, dass die Landesregierung der Arbeitsgemeinschaft für Forschung die Rechtsform einer »körperschaftlichen Einrichtung des Landes« und eine Satzung zu geben gedenke. »Unter Hinweis auf § 8 Absatz 3 der Satzung darf ich Ihnen bestätigen, dass Sie in die nunmehrige Körperschaft ›Arbeitsgemeinschaft für Forschung‹ als ordentliches Mitglied berufen sind. Ich bin mir dabei bewusst, dass es Ihnen künftig nicht möglich sein wird, wie in früheren Jahren in derselben Weise an dem aktiven Leben dieser Körperschaft teilzunehmen. Es wäre aber für die Arbeitsgemeinschaft eine große Freude und Ehre zugleich, wenn Sie gelegentlich nach Abschluss des Konzils über ein das Konzil betreffendes Thema, etwa ›Konzilssoziologie‹, sprechen würden.«[41]

Höffner bedankte sich und hat mit einem Vortragsangebot nicht bis zum Konzilsende gewartet. Wohl von Brandt vermittelt hat er bei der Feierstunde aus Anlass des 15. Jahrestages der Gründung der Arbeitsgemeinschaft für Forschung am 12. Mai 1965 die Festrede gehalten. Sein Thema lässt die Verschiebung des Interessenschwerpunkts vom Sozialwissenschaftler zum Bischof und Konzilsvater erkennen: »Selbstverständnis und Perspektiven des II. Vatikanischen Konzils.«[42]

Die auch in späteren Jahren noch zugesandten Einladungen und Drucksachen der Arbeitsgemeinschaft für Forschung, ab 1970 »Nordrhein-Westfälische Akademie der Wissenschaften«, konnte der Bischof von Münster und zumal ab 1969 der Kardinal-Erzbischof von Köln nur noch mit Interesse zur Kenntnis nehmen.

---

39 Brandt an Höffner, 2. 10. 1962: HAEK – NH 2572 (!).

40 Franz Meyers (1908 -2002), 1950-1970 MdL Nordrhein-Westfalen, 1952 Oberbürgermeister von Mönchengladbach, 1952-1956 Innenminister des Landes NRW, 1958-1966 Ministerpräsident: K. DÜWELL, in: LEXIKON DER CHRISTLICHEN DEMOKRATIE IN DEUTSCHLAND, S. 330 f.

41 Meyers an Höffner, 1. 6. 1964: HAEK – NH 2641.

42 Veröffentlicht unter dem Titel: J. HÖFFNER, Selbstverständnis und Perspektiven des Zweiten Vatikanischen Konzils. Vortrag (= VERÖFFENTLICHUNGEN DER ARBEITSGEMEINSCHAFT FÜR FORSCHUNG DES LANDES NORDRHEIN-WESTFALEN, GEISTESWISSENSCHAFTEN, Heft 125), Köln/Opladen 1965 (mit englischer und französischer Zusammenfassung) (W. WEYAND, Schriftenverzeichnis Nr. 567).

3. Gründung der Ruhr-Universität Bochum

Welches Ansehen Joseph Höffner als Wissenschaftler bei der nordrhein-westfälischen Landesregierung genoss, mag man daraus ersehen, dass er im September 1961 – nicht als Theologe, sondern als Sozialwissenschaftler – in den Gründungsausschuss für die Ruhr-Universität Bochum berufen wurde. Die Arbeit dieses Ausschusses ist neuerdings auf Quellenbasis von Hans Stallmann erforscht worden.[43] Bereits 1990 hatte Ludwig Hödl das Ringen um die Einbeziehung theologischer Fakultäten in diese stark durch Technik und Naturwissenschaften geprägte Universität dargestellt.[44] Welche Rolle hat Höffner in ihrem »Gründungsausschuss« gespielt?[45]

Als sich der nordrhein-westfälische Landtag am 18. April 1961 erstmals ausführlicher mit der in Bochum zu gründenden Universität befasste, vermerkte Kultusminister Werner Schütz: »Nach Auffassung sowohl der verfassten evangelischen Landeskirchen als auch der einschlägig interessierten katholischen Diözesen genügen an sich die vorhandenen theologischen Fakultäten beider Konfessionen in Bonn und Münster zur Heranbildung des Nachwuchses an Pfarrern und Priestern. Gerade die besonderen Aufgaben der Großstadtseelsorge, die heute nahezu 70 % der gesamten Seelsorge ... ausmacht, lassen es begrüßenswert erscheinen, den jungen Theologen beider Fakultäten [in Bonn und in Münster] anrechenbare Studienmöglichkeiten an der philosophischen Fakultät und an der wirtschafts- und sozialwissenschaftlichen Fakultät der neuen Industrie-Universität zu eröffnen.«[46]

Bei Kenntnis dieser Einstellung des Kultusministers verwundert es nicht, dass in dem von Schütz zusammengestellten »Gründungsausschuss« Theologen fehlten und Höffner unter »Christliche Sozialwissenschaft« eingeordnet war.[47] Der Gründungsausschuss trat am 15. September 1961 zu seiner ersten Sitzung zusammen. Höffner, der selbst nicht teilnahm, bekundete sein Interesse an der Sache durch sorgfältige Bearbeitung des Protokolls samt kommentierender Randbemer-

---

[43] H. Stallmann, Gründung und Aufbau der Ruhr-Universität, vor allem: III./3. Der Gründungsausschuss, III./4. Die Beratungen des Gründungsausschusses, III./7. Die Empfehlungen des Gründungsausschusses, S. 104-122.

[44] L. Hödl, Die Chancen der »Ruhr-Theologie«.

[45] Höffners Anteil ist am umfassendsten dokumentiert durch das Aktenkonvolut in seinem Nachlass HAEK – NH 2763.

[46] Protokoll der Landtagssitzung vom 18. 4. 1961, hier zitiert nach der umfassenden Darstellung »Die Gründung von theologischen Fakultäten an der Universität Bochum« (11. S.): HAEK – NH 2763. – Werner Schütz (1900 – 1975), 1925 Rechtsanwalt in Düsseldorf, nach 1934 Mitglied und Rechtsberater der »Bekennenden Kirche«, nach 1945 Mitbegründer und stellv. Vorsitzender der CDU in Düsseldorf, 1958-1966 MdL NRW, 1954-1956 und 1958-1962 Kultusminister in Nordrhein-Westfalen: DBE 9, S. 179.

[47] Die Zusammensetzung des Gründungsausschusses findet sich in H. Stallmann, Gründung und Aufbau der Ruhr-Universität, S. 106.

kungen.[48] Von den Ausführungen des Kultusministers in dieser Sitzung heißt es im Protokoll: »So sei die Einbeziehung theologischer Fakultäten zunächst ausgeschaltet worden, dabei sei ihm persönlich nicht ganz wohl zumute, da die theologischen Fakultäten grundsätzlich zum Bestand einer Universität gehörten.« Schütz führte weiter noch aus, »dass bei den bisherigen Überlegungen des Kultusministeriums an theologisch-philosophische Lehrstühle gedacht sei ... Damit solle auch die Möglichkeit gegeben werden, an der neuen Universität den Religionsphilologen ausbilden zu können. Dies sei schon wegen des erheblichen Mangels an Kräften dieser Art für den Bereich der Berufs- und Realschulen notwendig.«

Höffner sollte sich in der 2. Sitzung des Gründungsausschusses am 6. November 1961 erstmals zu Wort melden. In dem zusammenfassenden Bericht über die Gründung der theologischen Fakultäten in Bochum korrigierte Höffner seine Einlassung auf folgende Formulierung: »Gerade an der Universität neuen Typs sei der Dialog zwischen der Theologie und den anderen Disziplinen, insbesondere der Technik und den Naturwissenschaften, nötig und möglich. Auch bei einer Beschränkung auf spezifische Forschungsgebiete und Ausbildung von Kandidaten des höheren Lehramtes seien die theologischen Grundlehrstühle zu errichten (systematische Theologie, exegetische Theologie, Kirchengeschichte, Altes und Neues Testament), so dass damit vollwertige theologische Fakultäten gegeben seien.« Man kam überein, zu diesen Fragen bei einer der nächsten Sitzungen je einen Vertreter einer evangelisch-theologischen und einer katholisch-theologischen Fakultät anzuhören.

Im Vorfeld einer solchen Anhörung verfasste Höffner im Dezember 1961 ein Papier,[49] das nach der in Rom bei den Jesuiten für Gewissensentscheidungen eingeübten Methode Argumente für und gegen die Errichtung theologischer Fakultäten in Bochum einander gegenüberstellte:

»I. Für die Errichtung theologischer Fakultäten sprechen folgende Gründe:

1. Zur Volluniversität – als der Stätte umfassender Wissenschaft – gehört die theologische Fakultät. Angesichts der heute unvermeidlichen Spezialisierung der Universitätsdisziplinen ist es u. a. Aufgabe der Theologie, den Blick auf das Ganze und Letzte hinzulenken.
2. Geschichtlich stand bei der Gründung der abendländischen Universitäten die Theologie am Anfang und im Mittelpunkt. Es hätte ›zeichenhaften‹ Charakter, wenn heute bei der Gründung einer neuen Universität die Theologie ausgeschaltet würde.
3. Gerade an der Ruhr-Universität sollte die Begegnung zwischen Theologie und Naturwissenschaft ermöglicht und gepflegt werden. Diese Begegnung entspricht einem Bedürfnis ...

---

[48] Niederschrift über die erste Sitzung des Gründungsausschusses für die Ruhr-Universität Bochum am 15. September 1961 ... in Düsseldorf, Haus der Wissenschaften: HAEK – NH 2763.

[49] J. Höffner, Erwägungen zur Frage der Errichtung theologischer Fakultäten an der Ruhruniversität (3 S., handschr. Zusatz Höffners zur Überschrift: »Dezember 1961«).

4. An der Ruhr-Universität muss den Studierenden, die sich auf das Lehramt an Höheren Schulen vorbereiten, die Möglichkeit geboten werden, die Fakultas für den Religionsunterricht zu erwerben. Das setzt für die katholischen Studierenden Vorlesungen in Fundamentaltheologie, Dogmatik, Altem Testament, Neuem Testament, Moraltheologie, Kirchengeschichte und Liturgiewissenschaft voraus. Es empfiehlt sich nicht, sieben Lehrstühle für katholische Theologie, wozu noch sieben weitere für evangelische Theologie kommen müssten, in der philosophischen Fakultät zu errichten, da vierzehn theologische Lehrstühle von der philosophischen Fakultät als ›Überfremdung‹ empfunden würden.

II. Gegen die Errichtung theologischer Fakultäten lassen sich folgende Gründe vorbringen:

1. Die im Lande NRW bestehenden theologischen Fakultäten und Hochschulen reichen für die Ausbildung des theologischen Nachwuchses aus. Vermutlich würde die katholisch-theologische Fakultät in Bochum außer den Theologen des Bistums Essen nur wenige Studierende zählen.
2. Man könnte darauf hinweisen, dass es angesichts des erheblichen Priestermangels nicht vertretbar erscheint, eine neue katholisch-theologische Fakultät, für die mehrere Priester zur Verfügung gestellt werden müssten, zu errichten.[50]
3. Es dürfte schwer sein, geeignete Theologieprofessoren für die neue Universität zu gewinnen.
4. Was den Erwerb der facultas docendi in katholischer Religion betrifft, bieten sich andere Möglichkeiten an:
   a) Man könnte die Theologieprofessoren der katholisch-theologischen Fakultäten zu Münster oder Bonn oder der Erzbischöflichen Theologischen Hochschule zu Paderborn beauftragen, an der Ruhr-Universität die erforderlichen theologischen Vorlesungen zu halten. Eine ähnliche Abmachung ist zwischen der Universität Saarbrücken und der Theologischen Fakultät Trier sowie zwischen der Universität Frankfurt und der Theologischen Hochschule Frankfurt St. Georgen getroffen worden.
   b) Man könnte in Erwägung ziehen, die Erzbischöfliche Theologische Hochschule zu Paderborn als katholisch-theologische Fakultät der Ruhr-Universität anzugliedern, wobei die Paderborner Professoren sich verpflichten würden, die erforderlichen Vorlesungen in Bochum zu halten.«

Es gehörte ebenfalls zur Methode der Jesuiten in Gewissensfragen, nach der Gegenüberstellung des *pro et contra* zu einer abschließenden Entscheidung zu kommen. Höffner schloss deshalb sein Papier mit dem Abschnitt

»III. Abschließende Bemerkungen

Ein Abwägen der Gründe, die für und gegen die Errichtung theologischer Fakultäten in Bochum sprechen, lässt erkennen, dass die Gegengründe nicht grundsätzlicher, sondern praktischer Natur sind.

[50] Lehrstühle an katholisch-theologischen Fakultäten waren damals Priestern vorbehalten.

Bei Würdigung der Gegengründe ist folgendes zu beachten:

1. Eine Fakultät steht nicht nur im Dienste der Lehre, sondern auch der Forschung. Es kommt also nicht entscheidend auf die Zahl der Hörer an. Im übrigen darf vermutet werden, dass die Eigenart der Ruhr-Universität auch Theologiestudierende anderer Bistümer nach Bochum locken wird.
2. Der Priestermangel darf kein Grund sein, die theologische Wissenschaft weniger zu fördern.
3. Erhebungen des Instituts für Christliche Sozialwissenschaften der Universität Münster haben gezeigt, dass zwar zur Zeit ein Mangel an geeigneten Nachwuchskräften herrscht, dass dieser Mangel jedoch durch eine zielstrebige Nachwuchsförderung überwindbar ist ...
4. Lehraufträge an Professoren fremder Universitäten können kaum als Dauerlösung gelten; auch entsteht auf diese Weise keine innere Verbundenheit mit der Ruhr-Universität.«

Höffner wollte in dieser Situation, in der er unter dem Titel »Christlicher Sozialwissenschaftler« in einer die Interessen der Kirche berührenden Frage tätig wurde, nicht ohne Wissen der kirchlichen Behörde handeln. Deshalb schrieb er am 22. Dezember 1961 an Kapitularvikar Laurenz Böggering in Münster: »Herr Kultusminister Schütz hat mich in den Gründungsausschuss der Bochumer Ruhr-Universität berufen. Der Ausschuss wird sich auch über eine etwaige Errichtung theologischer Fakultäten unterhalten. Ich habe einige Diskussionspunkte zusammengestellt, die ich beifüge. Selbstverständlich liegt die Entscheidung beim Episkopat.«[51]

In der 4. Sitzung des Gründungsausschusses am 8. Januar 1962 räumte Kultusminister Schütz ein, dass es zwar keinen Bedarf für den geistlichen Dienst der Kirchen, aber wohl für die Ausbildung von Lehramtskandidaten gebe. Die zugezogenen Vertreter der theologischen Fakultäten, die Münsteraner Professoren Carl-Heinz Ratschow für die evangelische Theologie und Hermann Volk für die katholische Theologie, votierten unterschiedlich. Im Hinblick auf die Religionslehrerausbildung wollte sich Ratschow mit drei Lehrstühlen (Exegese, Kirchengeschichte, Systematische Theologie) begnügen und berief sich auf den evangelischen Fakultätentag. Volk konnte sich nur auf seine Fakultät in Münster berufen und forderte eine umfassende, über Ratschows drei Lehrstühle hinausgehende Ausstattung in Bochum, letztlich eine Fakultät.[52]

In dieser Sitzung legte Höffner seine Ausarbeitung vom Dezember 1961 vor. »Professor Höffner ist der Meinung, dass Theologie nur präsent sein könne, wenn sie nicht von einem Einzelnen vertreten würde, sondern ein Kollegium vorhanden sei. Wenn dieses Kollegium keine selbständige Fakultät sei, könne es

[51] Höffner an Kapitularvikar Böggering, Münster, 22. 12. 1961: HAEK – NH 2763.

[52] Niederschrift über die vierte Sitzung des beratenden Gründungsausschusses für die Ruhr-Universität Bochum am 8. Januar 1962 ... in Düsseldorf, Innenministerium: Ebd. – Vgl. L. Hödl, Die Chancen der »Ruhr-Theologie«, S. 355 f.

nicht das Promotionsrecht in Theologie haben, und es stehe damit in der Gefahr der Disqualifizierung. Für die Ausbildung der Laien-Theologen seien 5-7 Lehrstühle erforderlich, denen jedenfalls ein eigenes Seminar angeschlossen werden müsse, so dass die Ausgestaltung zu einer Fakultät keine erheblichen zusätzlichen Kosten verursachen werde ...« Am Ende der Diskussion stellte Minister Schütz fest, »dass eine weitere Erörterung des Fragenbereichs im Ausschuss notwendig erscheint«.[53]

Diese erneute Erörterung fand bei der 6. Sitzung des Gründungsausschusses vom 6.-8. März statt. Zwischenzeitlich hatte der hannoversche Landesbischof Dr. Hans Lilje am 19. Februar 1962 bei einem Vortrag in Bochum ausgeführt, die Kirche könne zwar selbst für ihren Pfarrernachwuchs durch Predigerseminare sorgen. »Aber die Universität sollte nicht darauf verzichten, eine reguläre Fakultät der Theologie in ihrer Mitte zu haben ...«[54] Bei der Sitzung des Gründungsausschusses im März 1962 rekapitulierte Minister Schütz den bisherigen Diskussionsstand und kam zu dem Schluss, »dass er nach eingehenden Überlegungen nunmehr, ohne dem Votum des Gründungsausschusses vorgreifen zu wollen, die Errichtung zweier vollständiger theologischer Fakultäten für erforderlich halte. Von Seiten der Kirchen sei ihm im übrigen versichert worden, dass die Besetzung der in Betracht kommenden Lehrstühle voraussichtlich keine Schwierigkeiten bereiten würde, da zum Zeitpunkt der Realisierung entsprechender Nachwuchs vorhanden sein dürfte. Selbst wenn zur Zeit ein Ausbildungsbedürfnis für Volltheologen nicht uneingeschränkt bejaht werden könne, so sei doch die Vertretung der Theologie im Rahmen einer vollständigen Universität, insbesondere auch unter dem Gesichtspunkt der Universalität nicht zu entbehren ...«[55]

Hier sollen nicht die weiteren Beratungen über die theologischen Fakultäten in Bochum wiedergegeben werden. Man bildete z. B. je einen Berufungsausschuss. Joseph Höffner wurde zum Vorsitzenden des Ausschusses für eine katholisch-theologische Fakultät gewählt. Doch inzwischen rückte der Zeitpunkt näher, zu dem Minister Schütz nach der Landtagswahl vom 8. Juli 1962 sein Amt verlor und Professor Joseph Höffner am 9. Juli 1962 zum Bischof von Münster ernannt wurde. Noch vor seiner Bischofsweihe schrieb ihm am 14. August 1962 Nuntius Bafile:

»Im Hinblick auf den Plan, eine Fakultät für Katholische Theologie bei der in Bochum zu errichtenden staatlichen Universität einzuführen, hat mich das Staatssekretariat Seiner Heiligkeit gebeten, eine umfassende, grundsätzliche Stellungnahme zu diesem Fragenkreis von den Hochwürdigsten Ordinarien, die durch dieses Projekt interessiert und berührt werden, einzuholen.

[53] Zusammenfassender Bericht »Die Gründung der theologischen Fakultäten an der Universität Bochum«, S. 6 (HAEK – NH 2763).

[54] Ebd. S. 7. – Zu Liljes Vortrag »Von der Freiheit des Geistes« am 19. 2. 1962 vor der Evangelischen Akademie Westfalen in Bochum vgl. auch L. Hödl, Die Chance der »Ruhr-Theologie«, S. 336 f.

[55] Zusammenfassender Bericht »Die Gründung der theologischen Fakultäten an der Universität Bochum«, S. 10 (HAEK – NH 2763).

Daraufhin hatte ich an die Hochwürdigsten Herren Erzbischöfe und Bischöfe von Köln, Paderborn, Aachen, Essen und Osnabrück, sowie an den Kapitularvikar von Münster geschrieben. Alle haben sich einstimmig für die Zweckmäßigkeit dieser Einrichtung ausgesprochen.

Da aber Eure Exzellenz Gelegenheit gehabt haben, sich mit diesen Fragen in ganz besonderer Weise zu befassen, würde die Apostolische Nuntiatur größten Wert darauf legen, auch Ihre Stellungnahme zu erhalten.«[56]

Der »ern[annte] Bischof von Münster« antwortete dem Nuntius bereits am 17. August: »Vor einiger Zeit hatten mich der Hochwürdigste Herr Bischof von Osnabrück und der Hochw. Herr Kapitularvikar von Münster um eine Stellungnahme in dieser Angelegenheit gebeten. Ich füge meine Überlegungen in der Anlage bei: ›Gründe, die für die Errichtung einer Katholisch-Theologischen Fakultät an der Ruhr-Universität Bochum sprechen‹.[57] Der von mir geleitete Berufungsausschuss für die katholisch-theologische Abteilung hat einen Strukturplan ausgearbeitet, den ich ebenfalls beilege ...« Höffner legte Wert darauf, »dass die genannten Lehrstuhlinhaber auch das Promotionsrecht in anderen Fakultäten der Universität Bochum haben sollen. Auf diese Weise wird die Ausstrahlungskraft erhöht.« Höffner ging dabei offensichtlich von seinen eignen Erfahrungen an der Universität Münster aus.

Hans Stallmann hat eingehend beschrieben, wie der ab Ende Juli 1962 amtierende neue Kultusminister Paul Mikat[58] die Arbeit des Gründungsausschusses in Bochum und damit die Gründung der Ruhr-Universität forcierte. Hinsichtlich der theologischen Fakultäten berichtet Stallmann nach einem Gespräch mit Paul Mikat im Jahre 2001: »War zunächst nur von drei, dann von sieben, später von jeweils zehn theologischen Lehrstühlen die Rede gewesen, sahen die Empfehlungen schließlich zwei in sich ausdifferenzierte Abteilungen mit jeweils fünfzehn Lehrstühlen vor, womit ihre Größe den theologischen Fakultäten in Bonn und Münster entsprach, an denen man sich ganz bewusst orientierte ...«[59]

Stallmann geht dann auf den Einfluss der beiden Kirchen auf die Errichtung der theologischen Abteilungen in Bochum ein: »Hier war es vor allem der Bischof von Essen, der auf einer katholischen Fakultät bestand, zunächst gegenüber Kultusminister Schütz, seit Sommer 1962 gegenüber dessen Nachfolger Paul Mikat, der ein alter ›Freund und Skatgenosse‹ von Franz Hengsbach war. Mikat war eigentlich gegen die Einbeziehung der Theologie in das Bochumer Fächerspektrum

[56] Nuntius Bafile an Höffner, 14. 8. 1962: HAEK – NH 2763.

[57] Dieses Papier ist in Höffners Nachlass-Akte nicht zu finden. Wenn es sich nicht um die Vorlage vom Dezember 1961 handelt, dürfte es sich um eine Weiterentwicklung dieser ersten Überlegungen Höffners handeln.

[58] Paul Mikat (*1924), 1954 Dr. jur., 1956 juristische Habilitation in Bonn, 1957 Professor in Würzburg, ab 1965 in Bochum, 1962-1966 Kultusminister des Landes Nordrhein-Westfalen, 1967-1987 MdB, 1967-2007 Präsident der Görres-Gesellschaft: K. Repgen, in: LCDD, S. 331 f.

[59] H. Stallmann, Gründung und Aufbau der Ruhr-Universität, S. 119 f.

gewesen, gab aber schließlich den Wünschen Hengsbachs wie auch denen der evangelischen Kirche nach ...«

Von denen, die auf den lange offenen Prozess um die Errichtung der theologischen Abteilungen in Bochum Einfluss nahmen, war Joseph Höffner nicht die einzige, auch nicht die einflussreichste, aber eine wegen ihrer sachlich-fachlichen Kompetenz beachtete Stimme, die für theologische Fakultäten in Bochum eingebracht wurde.

4. Kontakte zu internationalen wissenschaftlichen Institutionen und auswärtigen Universitäten

Es wäre eine eigene Untersuchung wert, in welchem Umfang Höffner in den fünfziger Jahren – als das noch nicht allgemein üblich war – Kontakte zu ausländischen Universitäten und wissenschaftlichen Institutionen pflegte. Wenn dabei Kontakte nach Spanien überwogen, ging das darauf zurück, dass Höffners frühe Arbeiten zur spanischen Spätscholastik dort bekannt waren und 1957 seine Habilitationsschrift über die spanische Kolonialethik in spanischer Sprache erschienen war.[60]

Von 1954 bis zur dessen finanziell bedingter Schließung war Höffner als Vertreter von Nell-Breuning Mitglied des Kuratoriums des Unesco-Instituts für Sozialwissenschaften in Köln.[61] Hier sollen nur zwei Auslandskontakte eine knappe Darstellung finden, weil sie auf Höffners Arbeits- und Vorgehensweise ein bezeichnendes Licht werfen.

Am 18. November 1957 fragte der *Vice President* der *University of Notre Dame Indiana* (USA) bei Höffner an, ob er eine Einladung zu einem Gastsemester an dieser Universität annehmen werde.[62] Höffner, für den die Ablehnung spontan sinnvoll erscheinender Angebote dieser Qualität stets auszuschließen war, antwortete am 21. Dezember 1957: »Zuallererst danke ich Ihnen und Ihrer Universität für die mich sehr ehrende Einladung, in den nächsten zwei oder drei Jahren für ein Semester als Gastprofessor zu Ihnen zu kommen, auf das herzlichste. Ich bin grundsätzlich gern bereit, der Einladung zu folgen, und schlage als Termin vor: entweder das Semester vom 1. Februar 1959 bis 25. Mai 1959 oder das Semester vom 1. Februar 1960 bis 25. Mai 1960, – oder auch das Semester vom 20. September 1959 bis 25. Januar 1960.«[63]

---

60 Als Beispiele seien herausgegriffen: *Ateneo de Madrid*: HAEK – NH 2558; Universität *Menéndez de Pelayo de Santander*: Ebd. 2559.

61 Schriftverkehr dazu: HAEK – NH 3134 u. 3135.

62 University of Notre Dame, Indiana, Rev. Philip S. Moore CSC, an Höffner, 18. 11. 1957 (englisch): HAEK – NH 2633

63 Höffner an Moore, 21. 12. 1957 (deutsch, Durchschlag): Ebd.

Höffner nannte auch gleich zwei Themenkomplexe für die vorgesehene Lehrtätigkeit an *Notre Dame*: Soziologie der Religion und Entwicklungen und Wandlungen des Sozialismus. In Indiana war man hocherfreut. In Briefen des *Vice-President* vom 29. Januar und 10. Juli 1958 ging man auf Höffners Vorschläge ein und erbat lediglich eine Festlegung des Termins.[64]

Doch Höffner hatte bis dahin noch kaum konkret an die praktischen Voraussetzungen eines solchen Auslandsaufenthalts an seinem Lehrstuhl in Münster gedacht. Am 5. August 1958 schrieb er nach Indiana: »Um für ein Semester zu Ihnen kommen zu dürfen, bedarf ich erstens einer Genehmigung des zuständigen Ministers für Unterricht und zweitens muss ich für die Zeit meiner Abwesenheit einen Vertreter stellen. Ich stehe noch in Verhandlungen und hoffe, Ihnen bald Nachricht geben zu können ... Wenn es mir gelingt, einen Vertreter für die Zeit vom September 1959 bis Ende Januar 1960 zu gewinnen, würde ich diese Zeit wählen. Wäre es wohl möglich, noch ein weiteres Jahr zu warten: also erst von September 1960 bis Ende Januar 1961 zu Ihnen zu kommen?«

In Indiana stand man vor der Schwierigkeit, einen solchen Einsatz eines deutschen Gastprofessors rechtzeitig und konkret in die Planungen einzubeziehen. Zwischen 1958 und 1960 ging man auf alle Terminschwierigkeiten Höffners ein. Schließlich wurde das Wintersemester 1960/61 für seinen Einsatz festgelegt und ihm eine Besoldung von 4 000 $ monatlich in Aussicht gestellt, was angesichts deutscher Besoldungsverhältnisse und des Kurswertes einen großzügigen Spielraum gewährte.

Doch dann platzte das Projekt: Am 20. Februar 1960 musste Höffner dem Dekan des soziologischen Departements in Indiana schreiben: »Ich war entschlossen, die Zeit von September 1960 bis Januar 1961 an der *Notre Dame University* zu verbringen. Doch ich bin zu meinem Bedauern nicht in der Lage, im ersten Semester [des Studienjahres] 1960/61 bei Ihnen zu sein. Das neue Gebäude meines ›Instituts für Christliche Sozialwissenschaften‹ der Universität Münster ist im Bau, und ich nahm bis jetzt an, dass der Bau im Juli 1960 spätestens vollendet sei. Doch nun wird deutlich, dass die Einweihung des neuen Gebäudes nicht vor Januar 1961 stattfinden kann. Für die Monate September 1960 bis Januar 1961 ist die Innenausstattung der Räume des Instituts und der Bibliothek vorgesehen. Deshalb bin ich nicht in der Lage, Münster zu verlassen.«[65]

Höffner wusste, dass er die Geduld der Einladenden in Indiana schon weit ausgeschöpft hatte. Nur vorsichtig fügte er die Frage an, ob er seinen Einsatz an der amerikanischen Universität noch einmal um ein Jahr (auf die Zeit von September 1961 bis Januar 1962) verschieben dürfe. »Den neuen Termin werde ich nicht noch einmal verlegen.« In Indiana war man offensichtlich enttäuscht. Am

[64] Die gesamte Korrespondenz zwischen Höffner und der Universität Indiana: Ebd.

[65] Seit dem Brief vom 5. 8. 1958 schrieb Höffner englisch nach Indiana. Er ließ sich diese Briefe wohl ins Englische übersetzen. Englische Sprachkenntnisse waren nicht seine Stärke.

29. Februar 1960 schrieb der neue *Vice President* in höflichen Formulierungen, dass man noch nicht überblicken könne, ob ein Einsatz 1961/62 in Betracht komme.

Wenige Monate, nachdem die Bemühungen der *Notre Dame University Indiana* um den Gastprofessor Höffner gescheitert waren, begannen erfolgreichere Bemühungen der Katholischen Universität Santiago de Chile, Höffner für die Unterstützung bei Gründung einer Soziologischen Fakultät zu gewinnen,[66] wenn auch Höffners Einsatz durch seine Ernennung zum Bischof von Münster im Juli 1962 ein Ende fand.

Hatte ab Mitte der 1950er Jahre die Organisation von Hilfe gegen Hunger und Krankheit in der Welt sich angebahnt und 1958 zur Gründung von »Misereor« durch die deutschen Bischöfe geführt,[67] so wandte sich zwei Jahre später vielseitiges Interesse in Europa der Situation in Lateinamerika zu.[68] Am 1. Juli 1960 schrieb der Vorsitzende der Päpstlichen Kommission für Lateinamerika, Marcello Kardinal Mimmi, an Kardinal Frings als Vorsitzenden der Fuldaer Bischofskonferenz, um ihn für eine Misereor vergleichbare Unterstützung der deutschen Katholiken für die Kirche in Lateinamerika zu gewinnen. Nur wenig später schrieb am 1. September 1960 der damalige Präsident der westdeutschen Rektorenkonferenz, Prof. Dr. Hans Leussink, an den Rektor der Universität Münster, den Höffner wohlbekannten Kollegen aus der juristischen Fakultät Professor Predöhl:

»Unter dem 23. 8. 1960 übersendet mir das Auswärtige Amt einen Bericht der Deutschen Botschaft in Santiago [de Chile] vom 27. 7. 1960, in dem es heißt: Die Katholische Universität in Santiago ist bei der Botschaft vorstellig geworden und hat erneut um Hilfe und Unterstützung der Bundesrepublik bei ihren Bemühungen um die Errichtung einer Fakultät für Sozialwissenschaften gebeten.

Während fürs erste einige amerikanische Soziologen verpflichtet wurden ..., legt die Katholische Universität besonderen Wert auf die Verpflichtung deutscher Soziologen, da sie die geisteswissenschaftliche Grundlage der deutschen Soziologie der mehr am Praktischen und Statistischen hängenden US-amerikanischen Soziologie vorzieht.

Die Bemühungen des zweimal (1958 und 1959) nach Deutschland entsandten Paters Prof. Dr. Roger Veekemans SJ, deutsche Dozenten für die sozialwissenschaftliche Fakultät für die Katholische Universität, Santiago, zu gewinnen, blieben bisher erfolglos ...

Um den Aufbau der sozialwissenschaftlichen Fakultät sicherzustellen, strebt die Universität ein Patenschaftsabkommen mit einer deutschen Univesität an. Die *Universidad Católica de Chile* würde großen Wert darauf legen, mit der Univer-

---

[66] Nachfolgend zitierte Korrespondenz: HAEK – NH 2555, 2556 u. 2557.

[67] Vgl. N. Trippen, Frings II, S. 104–161 (»Kardinal Frings und die Anfänge von ›Misereor‹«).

[68] Ebd. S. 162–209 (»Die Kölner Wurzeln der ›Bischöflichen Aktion Adveniat‹«).

sität Münster ein derartiges Patenschaftsabkommen zu schließen. Innerhalb dieses Abkommens sollen u. a. folgende Vereinbarungen zwischen der deutschen Patenuniversität und der Katholischen Universität, Santiago, getroffen werden:
1. Die Patenschaft soll für die Dauer des Bestehens der sozialwissenschaftlichen Fakultät an der Katholischen Universität Santiago, Gültigkeit haben.
2. Die deutsche Patenuniversität entsendet die für den Aufbau und die Weiterführung der Fakultät für Sozialwissenschaften notwendigen Forscher, Spezialisten und Professoren, wobei vorausgesetzt wird, dass jede der entsandten Kräfte mindestens für ein Jahr, der Leiter der Mission jedoch mindestens für zwei Jahre, sich verpflichtet.
3. Die deutsche Patenuniversität stellt begabten und förderungswürdigen chilenischen Studenten Stipendien zur Verfügung und gibt ihnen die Möglichkeit, sich an der Patenuniversität weiterzubilden.

Angesichts der grundlegenden Bedeutung der Errichtung einer Fakultät für Sozialwissenschaften auf der Grundlage der deutschen Soziologie für Chile als Entwicklungsland befürwortet die Botschaft erneut die Bitte der Katholischen Universität Chiles um Hilfe und Unterstützung durch die Bundesrepublik. Die Förderung dieses Anliegens durch die Bundesrepublik erscheint besonders geeignet, den deutschen Einfluss in Chile über das sozialwissenschaftliche Gebiet hinaus zu stärken. Die Botschaft würde eine baldige positive Entscheidung sehr begrüßen.«[69]

Diese Forderungen aus Chile waren sehr umfassend und kostenträchtig. Leussink schloss an diesen Brief des Botschafters Strack deshalb seine eigenen Überlegungen an: »Ich habe das Auswärtige Amt sogleich nach der Übersendung dieses Berichtes darauf aufmerksam machen lassen, dass eine solche Unternehmung außerordentlich teuer sein würde. Man wird etwa folgende Kostengruppen unterscheiden müssen: Personalausgaben für die nach Santiago Beurlaubten, Personalausgaben für die Vertreter, Reisekosten, Sachkosten verschiedener Art.

Das Auswärtige Amt ist sich über diese Problematik sehr wohl im klaren und hat mir nahe legen lassen,
1. zunächst einmal die grundsätzliche Bereitschaft oder Ablehnung Ihrer Universität zu dem hier vorgetragenen Plan herbeizuführen;
2. festzustellen, wie hoch sich die Kosten für die Übernahme einer solchen Aufgabe nach Ansicht Ihrer Universität etwa belaufen würden.

Im allgemeinen bin ich der Ansicht, dass wir Partnerschaften und Patenschaften nur näher treten sollten, wenn wir unserer Kräfte, sie auch durchzuführen, ganz

[69] Abschrift: Westdeutsche Rektorenkonferenz, Prof. Dr. Leussink, an Rektor der Universität Münster, Prof. Dr. Predöhl, 1. 9. 1960: HAEK – NH 2555. – Hans Leussink (*1912), 1954 Professor für Grund- und Tunnelbau in Karlsruhe, 1958-1961 Rektor der TH Karlsruhe, 1960-1962 Präsident der Westdeutschen Rektorenkonferenz, 1969-1972 (parteiloser) Bundesminister für Bildung und Wissenschaft: KÜRSCHNER [15]1987, S. 2717.

sicher sein können. Immerhin: es handelt sich bei dem vorliegenden Angebot um nicht mehr und nicht weniger als den Aufbau einer gesamten Fakultät nach deutschem Muster.«

Die Jesuiten in der Katholischen Universität in Santiago hatten nicht nur ihnen gewogene Kräfte an der Deutschen Botschaft in Santiago eingespannt. Sie hatten sich auch um Kontakte zum deutschen Katholizismus bemüht. Am 8. November 1960 schrieb die Leiterin des Außenamts beim ZdK, Dr. Maria Alberta Lücker, an Höffner:

»... Es handelt sich um die Verstärkung der *Escuela Sociologica* von Santiago de Chile. Diese Schule, ein Teil der Katholischen Universität, ist auf vier Jahre geplant. Bisher sind zwei Jahre des ersten Lehrgangs abgelaufen ... Es waren nur vier eigentliche Sozialwissenschaftler, die die Vorlesungen hielten, die anderen Professoren waren aus anderen Fakultäten. Von diesen vier lernte ich nur zwei kennen, nämlich Herrn Prof. Veekemans SJ und Prof. E. Kinnen aus Luxemburg sowie den Assistenten Charles van Voorde.

Es ist sehr wichtig, dass diese Schule weiter ausgebaut wird, um endlich vernünftige soziale Gedanken in die noch sehr unsozialen Verhältnisse in Chile zu bringen ... Amerikanische Dozenten wären leicht zu haben, doch lehnt man eigentlich deren soziographische Methode ab und würde deutsche Dozenten vorziehen ...«[70]

Frau Lücker zeigte sich informiert über die Initiative der Deutschen Botschaft in Santiago und fuhr fort: »Es muss wohl hier der Ehrlichkeit halber erwähnt werden, dass ... keine gute Bibliothek dem Institut zur Verfügung steht ... Wegen der starken Gefährdung fast aller katholischen Universitäten Lateinamerikas durch den Kommunismus wäre es sehr gut, wenn katholische Kräfte diese Dozentenstellen einnehmen würden. Daher möchte ich Sie bitten, Ihren ganzen Einfluss geltend zu machen, um die Universität Münster zu veranlassen, gute katholische Kräfte dorthin zu entsenden. Vielleicht wäre es sogar eine gute Idee, wenn Sie selbst zunächst einmal als Gastprofessor für einige Monate dorthin gehen, um aus eigener Erfahrung die Lage beurteilen zu können. Wenn Sie dieses gern tun würden, so glaube ich, dass dies sehr leicht zu veranlassen wäre.«

Höffner hatte gerade die Erfahrungen mit den Schwierigkeiten einer Gastprofessur an der *Notre Dame University Indiana* gesammelt und reduzierte die sehr weitreichenden Pläne auf ein ihm realisierbar erscheinendes Maß. In seiner Antwort an Frau Dr. Lücker vom 17. November 1960 schrieb er: »Mir scheint folgendes Vorgehen das richtige zu sein: Zunächst sollten zwei begabte, des Deutschen kundige Studenten aus Santiago für zwei Jahre an mein Institut kommen. In zwei Jahren könnten dann diese beiden Studenten zusammen mit zwei Assistenten meines Instituts nach Santiago fahren, um dort Vorlesungen

[70] ZdK, Außenamt, Dr. Maria Alberta Lücker an Höffner, 8. 11. 1960: HAEK – NH 2555.

zu übernehmen. Ich wäre Ihnen dankbar, wenn Sie sich in Santiago erkundigen könnten, ob zwei Studenten nach Deutschland kommen können. Es wird Ihnen wohl möglich sein, die Finanzierung über das Auswärtige Amt zu erreichen.«[71]

Dass Frau Dr. Lücker das Anliegen weiterverfolgte, zeigt ein Brief, den Karl Osner, Mitarbeiter von Misereor und Leiter eine Kölner Geschäftsstelle zur Gewinnung und Ausbildung von »Entwicklungshelfern«, am 8. Januar 1961 an den Rektor der Universität in Santiago, Prof. Dr. Roger Veekemans SJ, schrieb:

»Unsere Organisation beschäftigt sich mit der Vorbereitung deutscher Fachkräfte für die Entwicklungsländer. Ich lege Ihnen zu Ihrer Information einen Bericht über die Entwicklung, die Zielsetzung und die Ausbildungsmethoden bei.

Frau Dr. Lücker teilte mir mit, dass Sie für die soziologische Abteilung der katholischen Universität in Santiago de Chile Professoren suchen würden. Ich möchte mit meinem heutigen Schreiben bei Ihnen anfragen, ob, für welche Fächer und unter welchen Bedingungen Professoren gebraucht werden und welche berufliche allgemeine Qualifikation diese haben müssen. Um die Dinge möglichst zu präzisieren, lege ich Ihnen in der Anlage einen Fragebogen bei, aufgrund dessen die wichtigsten Dinge geklärt werden können ... Was die Finanzierung angeht ..., so könnte u. U. von uns aus der Versuch gemacht werden, aus Mitteln der Bundesregierung Zuschüsse zu Gehalts- und Reisekosten zu erhalten. Ob dies gelingt, ist natürlich offen.«[72]

Die finanzielle Ausstattung einer Katholischen Universität in Lateinamerika war sehr bescheiden. Das hatte unvermeidlich zur Folge, dass die Qualifikation der Lehrenden europäischen bzw. deutschen Anforderungen kaum genügen konnte. Höffners St. Georgener Jesuiten-Kollege Hermann-Josef Wallraff schrieb am 6. Februar 1961: »Gerade erhalte ich ein neuerliches Schreiben von P. Veekemans: Das deutsche Auswärtige Amt wird die gesamte Besoldung übernehmen. Aber: Der Soziologe muss Ordinarius oder Extraordinarius an einer deutschen Universität sein. Das erschwert natürlich die Geschichte erheblich. Sehen Sie eine Lösung?«[73]

Höffner hatte in seiner Korrespondenz mit Frau Dr. Lücker vom ZdK in Erwägung gezogen, seinen Schüler, P. Joachim Fernandes de Encinas OFMCap., nach Santiago zu empfehlen, der 1956 bei ihm mit einer Arbeit über die Staats- und Gesellschaftslehre der spanischen Traditionalisten im 19. Jahrhundert – zwar nicht den Dr. rer. pol., aber immerhin den Dr. theol. erworben hatte.[74]

Als drittes Beispiel für die latenten Interessen während der Jahre um 1960 für Lateinamerika sei der mit Höffner verbundene BKU angeführt. Dessen stellver-

[71] Höffner an Frau Dr. Lücker, 17. 11. 1960 (Durchschlag): Ebd.
[72] Osner an Prof. Veekemans, Santiago, 5. 1. 1961 (Kopie für Höffner): HAEK – NH 2557.
[73] Wallraff an Höffner, 6. 2. 1961: HAEK – NH 2555.
[74] Zu P. Joachim Fernandes de Encinas s. o. S. 149 mit Anm. 36.

tretender Vorsitzender Dr. Peter H. Werhahn hatte für 1961 den Internationalen Kongress der UNIAPAC nach Santiago de Chile anberaumt. Am 7. April 1961 schrieb er Höffner:

»Ich hatte dieser Tage ein langes Gespräch mit Pater Veekemans und erfuhr dabei, dass die Verbindung zwischen der neuen Universität in Santiago de Chile und Münster sehr eng werden soll. Pater Veekemans sprach davon, dass Ihr Besuch in Chile dort außerordentlich willkommen sei, ja, dringend gewünscht werde. Dies veranlasst mich, Sie zu fragen, ob Sie es nicht einrichten können, an dem Kongress der UNIAPAC in Chile teilzunehmen.

Sie wissen, wir versuchen mit aller Kraft, durch die bisherige Vorarbeit ... das Terrain vorzubereiten, um durch den Kongress schließlich einen wirkungsvollen Appell an die südamerikanischen katholischen Unternehmer richten zu können. Die Glaubwürdigkeit und Wirksamkeit unserer Aktion wird um so größer, je mehr angesehene katholische Männer des wirtschaftlichen und öffentlichen Lebens aus Europa und Nordamerika bei dem Kongress anwesend sein werden und Zeugnis dafür geben, dass die Anwendung christlicher Grundsätze in der Wirtschafts- und Sozialpolitik durchaus möglich ist.

Ich würde es deshalb sehr dankbar begrüßen, wenn Sie an dem Kongress teilnehmen könnten. Teilen Sie mir doch bitte mit, ob Sie hierfür eine Möglichkeit sehen. Wenn das eigentliche Hindernis die Fahrtkosten sein sollten, müssten wir einen Weg finden, diese zu decken, was ich wohl doch für möglich halte.«[75]

Ergänzend konnte Werhahn nach Rücksprache mit dem Vorsitzenden des BKU, Franz Greiß, mitteilen, »dass der BKU die Kosten der Flugkarte und die Kongressgebühren übernehmen würde, falls Sie sich zu der Reise entschließen«.[76] Höffner erfuhr weiter, dass die BKU-Gruppe zu dem für den 27. bis 30. September 1961 geplanten UNIAPAC-Kongress bereits am 10. September aufbrechen werde, um verschiedene Länder Südamerikas zu besuchen: Mexiko, Kolumbien, Ecuador, Peru und Chile. Bei der Durchführung kamen noch weitere Länder dazu.[77] Dr. Werhahn wollte die europäischen Gäste des UNIAPAC-Kongresses anlässlich der weiten und damals noch umständlichen Reise umfassender über die wirtschaftlichen und politischen Verhältnisse des damals noch weitgehend von Militärdiktaturen beherrschten Subkontinents informieren. Hinzu kam, dass damals die Sowjetunion und überhaupt die kommunistische Welt verstärktes Interesse an Lateinamerika zeigten. In allen genannten Hauptstädten kam es zu Begegnungen mit führenden Vertretern von Wirtschaft, Politik und Kirche. Werhahn hat nach der Reise einen sieben eng be-

[75] Werhahn an Höffner, 7. 4. 1961: HAEK – NH 2557.

[76] Werhahn an Höffner, 24. 4. 1961: Ebd.

[77] Zu dem UNIAPAC-Kongress in Santiago vgl. oben S. 183 u. 236. Maschinenschr. Zusammenstellung der anstehenden Impftermine sowie des Termin- und Zielplans der Reise mit handschr. Bearbeitungsvermerken Höffners: HAEK – NH 2557.

druckte Seiten umfassenden »Bericht über Lateinamerika« für die Mitglieder des BKU verfasst.[78]

Höffner suchte in kirchlichen Einrichtungen Unterkunft, in Santiago de Chile im *Liceo Alemán* der Steyler Missionare. Solche Besuche kirchlicher Einrichtungen verringerten zunächst die Reisekosten, zogen aber nachträglich die Verpflichtung zu finanzieller Unterstützung nach sich, die Werhahn in seinem »Bericht über Lateinamerika« an die katholischen Unternehmer in Deutschland weitergab. Durchschläge von Briefen Höffners ab November 1961 lassen erkennen, dass er für das *Liceo Alemán* im Katholischen Büro in Bonn, bei Bischof Hengsbach von Essen als dem Verantwortlichen für die bevorstehende erste Adveniat-Kollekte, aber auch bei dem für die Werbung dieses Unternehmens in Bonn wirkenden Prof. Dr. Hermann M. Görgen vorstellig wurde.[79]

Als P. Dr. Bernhard Starischka SVD am 2. Januar 1962 Höffner konkrete Bitten für das *Liceo Alemán* in Santiago vortrug, schrieb Höffner am 9. Januar gleichlautende Brief an Bischof Hengsbach und Professor Görgen: »Eben erhalte ich einen Brief aus Santiago/Chile, den ich in Abschrift beifüge. Ich habe diese Elementarschule persönlich besucht und den besten Eindruck gewonnen. Sollte es möglich sein, aus Mitteln der Lateinamerika-Kollekte einen Beitrag zur Erweiterung dieser Schule zu geben, so wäre das Geld nach meiner festen Überzeugung gut angelegt.« Höffner konnte zu diesem Zeitpunkt nicht ahnen, das er ab 1969 als Erzbischof von Köln und ab 1977 als Vorsitzender der Deutschen Bischofskonferenz mehrfach solche Südamerikareisen unternehmen würde, die der geistig-geistlichen und der materiellen Unterstützung der Kirche in Lateinamerika dienten.

Eine Auswirkung des Briefes des Präsidenten der Rektorenkonferenz an den Rektor der Universität Münster vom 1. September 1960 dürfte das Soziologen-Kolloquium in Münster im November 1961 gewesen sein, zu dem 20 Soziologen aus Lateinamerika nach Münster kamen. Wir erfuhren bereits durch den Rundbrief der BKU-Gruppe Münster/Münsterland vom 17. Oktober 1961 davon.[80] Am 10. November schrieb Höffner an die offenbar für die Herausgabe der Essener Kirchenzeitung »Ruhrwort« damals zuständigen »Vereinigten Verlagsanstalten« in Düsseldorf: »Zur Zeit sind 20 Soziologen aus Latein-Amerika zu einem wissenschaftlichen Kolloquium an unserer Universität, so dass ich die nächsten Wochen voll beansprucht bin. So werde ich vorerst nicht dazu kommen, an das ›Ruhrwort‹ zu denken.«[81]

---

[78] Peter H. Werhahn, Bericht über Lateinamerika. Die wirtschaftliche und soziale Lage der Länder Lateinamerikas. Aufgaben der christlichen Unternehmer und Politiker. Der Kongress der UNIAPAC in Santiago de Chile. Schlussfolgerungen: HAEK – NH 2556. – Es handelt sich um den überarbeiteten Bericht, den Werhahn wenige Tage nach der Rückkehr von der Reise vor der Ordentlichen Mitgliederversammlung des BKU am 13. 10. 1961 in Bad Neuenahr erstattete.

[79] Briefdurchschläge Höffners an die Adressaten ab November 1961: Ebd.

[80] Vgl. oben S. 236 mit Anm. 17.

[81] Höffner an Vereinigte Verlagsanstalten (Herrn Pötz), Düsseldorf, 10. 11. 1961 (Durchschlag): HAEK – NH 2556.

Höffners Einsatz für Kirche und Wissenschaft in Lateinamerika sollte durch die Ernennung zum Bischof von Münster 1962 – vorerst – ein abruptes Ende nehmen. Andererseits wurde das Erlebnis des II. Vatikanischen Konzils für ihn zu einer Motivation, sich nach 1969 bzw. 1977 erneut und mit neuen Möglichkeiten ausgestattet für die Kirche in Lateinamerika einzusetzen, der nahezu die Hälfte aller katholischen Christen dieser Erde angehört.

XI. KAPITEL

MITGESTALTUNG DER SOZIALPOLITIK UND DER SOZIALGESETZGEBUNG IN DER BUNDESREPUBLIK DEUTSCHLAND 1953-1962

Zu den wichtigen Aufgaben der jungen Bundesrepublik nach 1949 gehörten eine grundlegende Neugestaltung der Sozialgesetzgebung und eine angemessene Reaktion auf technisch bedingte Entwicklungen in der Arbeitswelt. Die Mitwirkung gesellschaftlicher Großgruppen, neben den Parteien und Gewerkschaften durchaus auch der Kirchen, war in der Regierungszeit Bundeskanzler Adenauers durchaus erwünscht. Doch gab es in der geistlichen Führungsschicht beider Kirchen relativ wenige Persönlichkeiten, die neben ihrer theologischen auch eine wirtschaftliche und sozialpolitische Kompetenz einbringen konnten. Insofern war Joseph Höffner ein glücklicher Ausnahmefall. Man zog ihn von Seiten der Politiker gern zu. So war Höffner in den 50er Jahren Mitglied in den Beiräten dreier Bundesministerien (Arbeit, Familie, Wohnungsbau). Auch als die Forderung aus Industriekreisen aufkam, aus wirtschaftlichen Gründen den Schutz des Sonntags zu lockern oder gar die »Gleitende Arbeitswoche« einzuführen, war Höffners Rat gefragt: von der nordrhein-westfälischen Landesregierung ebenso wie von den deutschen Bischöfen und dem ZdK. Die nachfolgende Darstellung kann nicht beanspruchen, eine umfassende Darstellung der Sozialpolitik und Sozialgesetzgebung jener Jahre zu bieten. Sie muss sich darauf beschränken, den Beitrag des Theologen und Sozialwissenschaftlers Joseph Höffner nachzuzeichnen.

1. Mitarbeit im Beirat des Bundesministeriums für Arbeit und an der Rentenreform 1957

Die sozialpolitischen Entscheidungen jener Jahre und die Rentenreform von 1957 haben ihre bisher umfassendste Darstellung durch Hans Günter Hockerts gefunden.[1] Inzwischen veröffentlicht das Bundesministerium für Arbeit und Sozialordnung zusammen mit dem Bundesarchiv in umfangreichen Bänden eine »Geschichte der Sozialpolitik in Deutschland seit 1945«. Der einschlägige Abschnitt von Winfried Schmähl im 2005 erschienenen dritten Band bietet zu den hier darzustellenden Bemühungen um die Sozialreform bis 1957 nichts über Hockerts Hinausgehendes.[2]

---

[1] H. G. Hockerts, Sozialpolitische Entscheidungen; vgl. auch Ders., Konrad Adenauer und die Rentenreform von 1957.

[2] W. Schmähl, Sicherung bei Alter, Invalidität und für Hinterbliebene, vgl. vgl. auch W. Schmähl, Die Einführung der Dynamischen Rente im Jahr 1957: Gründe, Ziele und Maßnahmen – zugleich

Hockerts hat dargestellt, wie in der ersten Legislaturperiode des Deutschen Bundestages die Sozialpolitik sich auf die Kriegsfolgen-Gesetzgebung und insbesondere den Lastenausgleich beschränkte und sich in der Sozialversicherungspolitik mit kleineren Reparaturen am Bestehenden begnügte. Andererseits machten die SPD-Opposition im Parlament und der DGB schon in diesen frühen Jahren Druck, einer umfassenden Reform der Sozialgesetzgebung und der sozialen Sicherung der Bürger durch eine Neuordnung des Versicherungswesens nicht länger auszuweichen. Die SPD ging mit Grundlagen eines Sozialplans in den Bundestagswahlkampf 1953. »Im Gegenzug hatten auch die Unionsparteien im Wahlkampf ›Gründliche Neuordnung statt Flickwerk‹ – so lautete die Parole – versprochen.«[3] In seiner Regierungserklärung nach der Wahl kündigte Bundeskanzler Adenauer eine »umfassende Sozialreform« an, ohne nähere inhaltliche Angaben machen zu können. Die erforderlichen Vorarbeiten hatten erst wenige Monate vor der Wahl begonnen.

In dieser frühen Phase begann die Zuziehung Höffners durch das Arbeitsministerium. Am 21. Januar 1953 schrieb Arbeitsminister Anton Storch an »Prof. Dr. Höppner« [!], der Bundestag habe »zur Vorbereitung gesetzgeberischer Maßnahmen über die finanzielle Sicherung, Neuordnung und fortschrittliche Entwicklung der sozialen Leistungen« die Berufung eines »Beirats« beim Bundesarbeitsministerium beschlossen. »Der Beirat soll aus 15 Personen bestehen, die auf den genannten Gebieten besondere Erfahrungen besitzen. Nach Bedarf können Unterausschüsse gebildet und andere Sachverständige herangezogen werden ... Im Vollzug dieses Beschlusses berufe ich Sie auf Vorschlag der CDU/CSU-Fraktion des Bundestages als Mitglied des Beirates.«[4] Minister Storch nannte Höffner die Namen der 14 übrigen Beiratsmitglieder, die nicht nur Fachleute, sondern vor allem Vertreter von Parteien und Gewerkschaften waren, wie Höffner sich handschriftlich vermerkte. Die Zahl der Mitglieder des Beirats hat sich bis 1955 bereits auf 32 mehr als verdoppelt.[5] Der Beirat erwies sich eher als Lobby der hinter den Mitgliedern stehenden Gruppen denn als arbeitsfähiges Gremium. Höffner wurde dem »Arbeitsausschuss für Grundsatzfragen« zugeteilt.

Versuch einer Bilanz nach 50 Jahren, in: Die Gesetzliche Rente in Deutschland – 50 Jahre Sicherheit durch Anpassungen: Jahrestagung 2007 des Forschungsnetzwerks Alterssicherung ... (= DRV-Schriften, Band 73), S. 9-28.

3 H. G. Hockerts, Konrad Adenauer und die Rentenreform von 1957, S. 13.

4 Der Bundesminister für Arbeit, Anton Storch, an »Prof. Dr. Höppner«, 21. 1. 1953: HAEK – NH 3037. – Anton Storch (1892 – 1975), Tischlerlehre und Wanderjahre als Geselle, Formung im katholischen Verbandswesen, ab 1920 gewerkschaftliche Arbeit im Zentralverband der katholischen Holzarbeiter, 1931-1933 Vorsitzender des Dachverbandes der christlichen Gewerkschaften in der Provinz Hannover, nach 1945 Mitbegründer der CDU in Hannover, 1947 Leiter der sozialpolitischen Abteilung des DGB in der britischen Zone, 1948 in der Bi-Zonen-Verwaltung zuständig für Arbeitsverwaltung, 1949-1957 Bundesarbeitsminister: H. G. Hockerts, in: Staatslexikon 5, ^{7}1989, Sp. 324 f.; Ders., Anton Storch (1892-1975), in: Zeitgeschichte in Lebensbildern 4, 1980, S. 250-266 u. 280 (Literatur).

5 Mitgliederlisten (samt Aufteilung auf die Ausschüsse) 1953 und 1955: HAEK – NH 3037.

Höffner sagte dem Minister postwendend am 24. Januar 1953 seine Mitarbeit zu.[6] Bei der konstituierenden Sitzung des Beirats am 3. März 1953[7] erhielten die Mitglieder eine vom Minister unterzeichnete kalligraphische Ernennungsurkunde. Bei der Überreichung sagte Storch, »dass der Bundestag mit der Bildung eines solchen Beirates eine Arbeitsgemeinschaft habe schaffen wollen, die sich mit den Fragen einer Neuordnung der sozialen Leistungen unter rein sachlichen Gesichtspunkten, herausgelöst aus den Kampfparolen politischen Lebens, befassen soll. Die Mitglieder des Beirates sind auf Vorschlag von Fraktionen des Bundestages sowie der Sozialpartner und der Institutionen, die sich wissenschaftlich mit den in Frage stehenden Problemen beschäftigen, ausgewählt worden; sie sollen nicht als Parteivertreter tätig werden, sondern als sachverständige Persönlichkeiten, die nur ihrem Gewissen unterworfen sind, sich zu einer Arbeitseinheit zusammenfinden.«

Das neugegründete Gremium setzte sich als erstes zum Ziel, »a) einen Überblick über die Bevölkerungsstrukturen der Bundesrepublik« zu erhalten, wozu Professor Dr. Ludwig Neundörfer zur nächsten Sitzung ein Referat erarbeiten sollte, »b) eine Übersicht über die einzelnen sozialen Leistungen in der Bundesrepublik« zu bekommen. »Ferner bestand bei den Beiratsmitgliedern der Wunsch nach

- einer versicherungsmathematischen Bilanz,
- einer Auswertung des beim statistischen Bundesamt auf Grund der Volkszählung vorhandenen einschlägigen Materials,
- einer Auswertung der internationalen Abkommen und der ausländischen Gesetzgebung.«

Höffners umfangreiche Akten zu diesem Beirat beim Arbeitsministerium[8] zeigen, dass er für seine Verhältnisse sehr regelmäßig an den Sitzungen teilnahm und schon sehr bald mit einzelnen Mitgliedern korrespondierte sowie sich in konkreten Fragen absprach. Beispielhaft seien genannt der Staatssekretär im niedersächsischen Sozialministerium Walter Auerbach (SPD) und der Kölner Sozialwissenschaftler Professor Dr. Ludwig Heyde.

Hockerts hat beschrieben, wie dieses Gremium in seiner Arbeit auf der Stelle trat, sich in Einzelthemen verzettelte und nicht zu wesentlichen Ergebnissen kam. Staatssekretär Auerbach übersandte Höffner im April 1954 seine Leserzuschrift an das »Handelsblatt« mit dem Titel: »Vorbereitung der Sozialreform ist gescheitert«, in der er die äußeren Hindernisse, aber auch die Selbstbehinderung des selten alle betroffenen Ministerien und Sachverständigen zusammenbringenden Beirats karikierte.[9] Zwischenzeitlich tauchte auch der Gedanke

---

[6] Höffner an Storch, 24. 1. 1953 (Durchschlag): Ebd.

[7] Niederschrift über die Sitzung des beratenden Beirates für die Neuordnung der sozialen Leistungen am 3. März 1953: Ebd. (Dort auch die erwähnte »Ernennungsurkunde«).

[8] HAEK – NH 3036 und 3037.

[9] Abschrift aus »Handelsblatt. Deutsche Wirtschaftszeitung«, Jahrgang 9, Nr. 39, 2. 4. 1954: HAEK – NH 3037.

auf, ein Beirat innerhalb des Bundesarbeitsministeriums sei eine Fehlkonstruktion; eine von Bindungen und Rücksichten gegenüber beteiligten Ressorts unabhängige »Regierungskommission« von Fachleuten werde schneller zu Ergebnissen kommen. Der Bundesregierung und speziell dem Bundeskanzler wurde unterstellt, die anstehende Reform der sozialen Leistungen nicht ernsthaft angehen zu wollen.

Dass das tatsächlich nicht zutraf, hat Hockerts in den Einzelheiten beschrieben.[10] In den Scharmützeln zwischen den beteiligten Ressorts – außer dem Arbeitministerium vor allem das Finanzministerium, das Wirtschafts- und das Innenministerium – hatte Minister Storch zwar die Federführung seines Arbeitsministeriums und den Fortbestand seines »Beirats« (statt einer neuen Regierungskommission) erfolgreich verteidigt, ohne aber in der Sache trotz aller Mahnungen Adenauers und aller Kabinettsbeschlüsse weiterzukommen. Als Storch endlich am 27. November 1954 eine Kabinettsvorlage vorstellte, konnte keiner zufrieden sein. »Wer, wie anscheinend der nachträglich ins Bild gesetzte Kanzler«, so Hockerts, »erwartet hatte, dass der Bericht ›die Grundzüge einer Sozialreform‹ zur Diskussion stellen werde, musste enttäuscht sein. Denn der Grundsatzausschuss [des Beirats] hatte sich – gegen den Wunsch einer Minderheit seiner Mitglieder, aber im Einklang mit dem Arbeitsressort – nicht das Ziel gesetzt, einen theoretisch geschlossenen Reformplan zu entwickeln. Er hatte vielmehr konkrete Einzelprobleme untersucht, insbesondere den Problemkreis Frühinvalidität und Rehabilitation. Nur auf diesen Teilbereich erstreckten sich daher auch die bisher erarbeiteten Empfehlungen. Im Kanzleramt reagierte man ausgesprochen negativ ...«[11]

In dieser Zeit setzte Adenauer einen »Ministerausschuss« und ein »Generalsekretariat für die soziale Reform« im Arbeitsministerium ein, um den Prozess zu beschleunigen. Er wollte bis Ende 1955 zu konkreten Ergebnisse kommen. Wie sehr Bundeskanzler Adenauer daran lag, die Reform der Sozialleistungen voranzutreiben, zeigt auch die Aussage seines Sohnes Paul, der als Priester des Erzbistums Köln seit 1953 beurlaubt war, um durch Joseph Höffner in Münster zum Dr. rer. pol. promoviert zu werden. Paul Adenauer berichtete am 28. April 1977 anlässlich eines »Rhöndorfer Gesprächs«:

»Ich erinnere mich noch sehr deutlich daran, dass eine Versammlung stattfand, das muss im September 1954 [richtig: am 11. Dezember 1954] im Sternhotel in Bonn gewesen sein. ... Beim Verlassen dieses Saales wusste er [der Vater], dass ich von dort nach Münster zurückfahren würde, um mein Studium bei Höffner fortzusetzen ... Und da sagte er mir: ›Frag' doch mal den Professor Höffner, ob er nicht bereit ist vorzuschlagen, wer ein Gutachten machen kann. Wir müssten an ein Gutachten kommen, das übergeordnete Gesichtspunkte beiträgt, damit es

10 H. G. Hockerts, Sozialpolitische Entscheidungen, S. 246-279.
11 Ebd. S. 271.

möglich wird, hier weiterzukommen.‹ Das habe ich dann auch getan, und Höffner hat dann noch drei andere Herren vorgeschlagen.«[12]

Inwieweit die übrigen drei Verfasser der später so genannten »Rothenfelser Denkschrift« auf den Vorschlag Höffners zurückgehen, sei dahingestellt. Hockerts berichtet: »Im Laufe der Sondierungsgespräche – in die Adenauer außer seinem Staatsekretär Globke[13] nur noch den Leiter des sozialpolitischen Kanzleramtsreferates[14] einschaltete – wurden zwei weitere Beiratsmitglieder einbezogen: die Frankfurter Professoren Hans Aichinger (Sozialpolitik)[15] und Hans Muthesius (Fürsorgerecht, Jugendwohlfahrtsrecht und Recht der Sozialversicherung)[16].« Auch der vierte »Gutachter«, Professor Ludwig Neundörfer, war Mitglied des Beirats im Arbeitsministerium.[17]

Mag Ludwig Neundörfer tatsächlich auf einen Vorschlag Höffners zurückgehen – beide kannten sich aus vielfältiger Zusammenarbeit im katholischen Raum –, so dürfte über Aichinger und Muthesius im Bundeskanzleramt bekannt gewesen sein, dass sie schon in den Jahren 1950 und 1951 mit einem Kreis von Sozialfachleuten in Frankfurt eine Vorlage »Zur Neuordnung der sozialen Hilfe in Deutschland« erarbeitet hatten.[18] Da sie zudem evangelische Christen wa-

---

12 Gesprächsbeitrag Paul Adenauer, in: K. Repgen (Hrsg.), Die dynamische Rente in der Ära Adenauer und heute, S. 78 f.

13 Hans Globke (1889 – 1973), ab 1925 Beamter im preußischen Innenministerium, später im Reichsinnenministerium, 1935 Kommentierung der »Nürnberger Gesetze«, 1946 Kämmerer in Aachen, ab 1950 Ministerialdirektor, 1953 Staatssekretär im Bundeskanzleramt: U. von Hehl, in: Zeitgeschichte in Lebensbildern 3, Mainz 1979, S. 247-259 u. 294 f. (Literatur); K. Gotto (Hrsg.), Der Staatssekretär Adenauers. Persönlichkeit und politisches Wirken Hans Globkes, Stuttgart 1980.

14 Karl-Heinz Pühl (*1912), 1947-1950 im Finanzministerium in Schleswig-Holstein, 1950-1952 Hilfsreferent im Bundeskanzleramt, 1952-1956 Leiter des Referates 7 (Grundsatzfragen, u. a. Kabinettssachen aus dem Geschäftsbereich des Arbeitsministeriums) im Bundeskanzleramt: W. Schmähl, Sicherung bei Alter ..., S. 404 Anm. 271.

15 Hans Aichinger (1889 – 1981), seit 1951 im Vorstand des Deutschen Vereins für öffentliche und private Fürsorge, 1952 Professor für Sozialpolitik in Frankfurt: W. Schmähl, ebd. S. 398 Anm. 225.

16 Hans Muthesius (1885 – 1977), ab 1925 Mitglied des Hauptausschusses des Deutschen Vereins für öffentliche und private Fürsorge, 1948-1953 Leiter des Sozialreferates des Deutschen Städtetages, 1950-1964 Vorsitzender des Deutschen Vereins für öffentliche und private Fürsorge, 1956 Honorarprofessor für Fürsorge-, Jungendwohlfahrtsrecht und Recht der Sozialversicherung in Frankfurt: W. Schmähl, ebd.; F. Lerner, in: NDB 18, 1997, S. 653 f.; zu Muthesius' Belastung aus der NS-Zeit: W. Ayass, »Zu den Akten«. Der Deutsche Verein für öffentliche und private Fürsorge drückt sich immer noch um die Auseinandersetzung mit seiner NS-Vergangenheit, in: Sozialmagazin 17, 1992, Heft 9, S. 54-57 (Freundl. Hinweis von Dr. Erik Gieseking, Kommission für Zeitgeschichte) – Zitat: H. G. Hockerts, Sozialpolitische Entscheidungen, S. 280.

17 Ludwig Neundörfer (1901 – 1975), seit 1943 Direktor des Soziographischen Instituts der Universität Frankfurt, Professor für Soziologie der Erziehung: W. Schmähl, Sicherung bei Alter ..., S. 398 Anm. 225; D. Kaesler, in: NDB 19, 1999, S. 176 f.

18 Korrespondenz zwischen Aichinger und Muthesius 1950/51, die Vorlage »Zur Neuordnung der sozialen Hilfe in Deutschland« in verschiedenen Entwicklungsstadien, z. T. hs. von Aichinger, Sitzungsdaten und Teilnehmer dieses »Frankfurter Kreises« finden sich im Nachlass Hans Aichinger: AIfZM – ED 397/2. – Herrn Dr. Bernhard Gotto, München, dankt der Verfasser für die sorgfältige Durchsicht von Aichingers Nachlass und die hier und nachfolgend erwähnten Hinweise.

ren, wurde durch sie der damals wichtige konfessionelle Proporz innerhalb der Arbeitsgruppe gewahrt.

Am 25. Februar 1955 teilte Adenauer Höffner und gleichlautend den drei anderen Professoren seine zeitlichen Planungen für die Sozialreform sowie die Schaffung der organisatorischen Voraussetzungen (Gründung des »Ministerausschusses«, des »Generalsekretariates« im Arbeitsministerium und dessen Personalverstärkung) mit. Erst dann kam Adenauer zu seinem eigentlichen Anliegen an die vier Professoren:

»Zur Unterstützung der Bemühungen des Ministerausschusses um die Erarbeitung eines Gesamtbildes würde ich es sehr begrüßen, wenn ein Gremium maßgebender Sozialwissenschaftler in enger Zusammenarbeit seine Auffassung zu den Grundsatzfragen einer Sozialreform in einer *gemeinsamen Denkschrift* darlegen würde. Meine Bitte an Sie, sehr geehrter Herr Professor, geht dahin, dass Sie sich bereit erklären, in Zusammenarbeit mit den Herren Professoren Aichinger, Muthesius und Neundörfer eine solche Aufgabe zu übernehmen. Ich bitte im Hinblick auf die Zeitnot, in der sich die Bundesregierung befindet, Verständnis dafür zu haben, wenn ich Sie bitte, diese Aufgabe sofort in Angriff zu nehmen und möglichst kurzfristig abzuschließen. Ich wäre daher dankbar, wenn Sie mir baldmöglichst mitteilen würden, ob Sie zur Übernahme dieser Aufgabe bereit sind und wann ich gegebenenfalls mit dem Eingang einer solchen Denkschrift rechnen kann.

Um streng vertrauliche Behandlung dieses Auftrages darf ich Sie bitten. Selbstverständlich stehe ich persönlich für grundsätzliche Aussprachen und der Staatssekretär des Bundeskanzleramtes, Herr Dr. Globke, für die Erörterung aller übrigen sich aus der Übernahme dieses Auftrages ergebenden Fragen zur Verfügung.«[19]

Höffner hat – wie die übrigen Herren – zugesagt und sich umgehend an die Arbeit gemacht. Es ist davon auszugehen, dass nach ersten Absprachen die vier Herren sich nach ihrem jeweiligen Fachgebiet an die Ausarbeitung bestimmter Abschnitte der Denkschrift machten. Die Zusammenfügung und Abgleichung auf einen gemeinsamen Duktus der Denkschrift geschah in einigen Klausurtagen auf Burg Rothenfels am Main, weswegen das Ergebnis später »Rothenfelser Denkschrift« genannt wurde.

Man kann beim Studium dieser Denkschrift zwar erahnen, für welche Abschnitte Höffner und die anderen Autoren verantwortlich zeichneten. Doch wäre

---

[19] Adenauer an Höffner, 25. 2. 1955 (Original): HAEK – NH 1017. Diese Akte enthält im übrigen die Korrespondenz Höffners mit Bundespräsident Theodor Heuss über Höffners Beitrag zu Adolf Kolping für die Neuauflage von »Die großen Deutschen«; vgl. oben S. 144 mit Anm. 18 f. – Adenauers Angebot für »grundsätzliche Aussprachen« zur Verfügung zu stehen, wurde nur einmal genutzt. H. G. Hockerts (Sozialpolitische Entscheidungen, S. 281 Anm. 229) ermittelte: »Adenauer selbst traf mit den vier Beauftragten nur einmal – gegen Ende ihrer Arbeit – persönlich zusammen.« Dabei soll er wenig gesagt und am Schluss zu der Denkschrift nur festgestellt haben: ›Das müssen wir schnell drucken lassen.«

es gerade bei dieser bedeutsamen Denkschrift wünschenswert gewesen, in den greifbaren Nachlässen Höffners, Aichingers und Muthesius'[20] die Arbeitsmaterialien und Entwürfe nachprüfen bzw. mit dem Endergebnis vergleichen zu können. Da Höffners Korrespondenz mit Adenauer an unerwarteter anderer Stelle beinahe versteckt[21] ist und die Aktensammlung zum Beirat im Bundesarbeitsministerium nichts über die Rothenfelser Arbeiten enthält, liegt die Vermutung nahe, dass das Verbergen oder gar eine Vernichtung aller Arbeitsunterlagen – unter den Autoren oder auch zwischen diesen und dem Bundeskanzleramt – abgesprochen war.

Trotz der von Adenauer erbetenen und von den Autoren wohl gewahrten Vertraulichkeit wurde die Tatsache des Auftrages Adenauers an die vier Professoren bald bekannt, zumal das Gerücht durch das Fernbleiben der vier Herren von den zwischenzeitlich stattfindenden Beiratssitzungen und durch die Verweigerung von Auskünften bei Nachfragen Nahrung fand. Vor allem im Beirat war man verärgert, dass vier Mitglieder durch den Bundeskanzler mit einem sie aus den übrigen Mitgliedern heraushebenden Auftrag bedacht wurden. Am 22. April 1955 gab Höffner gegenüber dem im Arbeitsministerium entscheidenden Ministerialdirektor Dr. Jantz und gleichlautend gegenüber dem Kölner Kollegen Heyde zu: »Wie Ihnen bekannt ist, erhielt ich vor einigen Wochen – streng vertraulich – einen Sonderauftrag des Bundeskanzlers, den ich nach reiflicher Überlegung nicht glaubte, ablehnen zu dürfen. Nach meiner Meinung wird dadurch die Aufgabe und Arbeitsweise des Beirats und der Ausschüsse nicht berührt. Ich hoffe, in wenigen Wochen wieder regelmäßig mitarbeiten zu können. Im Augenblick nimmt mich – wie auch die drei anderen Herren – der Sonderauftrag voll in Beschlag. Zu meinem Bedauern werde ich deshalb auch an der Sitzung am 25. und 26. April nicht teilnehmen können.«[22]

Am 28. April antwortete Dr. Jantz Höffner. Er habe gerade über den »Vierer-Auftrag« Anfang April mit Höffner reden wollen: »Es hat auf manchen der Teilnehmer lähmend gewirkt, dass Herren aus unseren Arbeitskreisen sich zu einer anderen Arbeit zurückgezogen haben und wir erst auf Umwegen hiervon erfuhren. Ich bin Ihnen aber sehr dankbar, dass Sie uns den Grund Ihrer Verhinderung von sich aus mitgeteilt haben. Wir hoffen, dass aus Ihren Arbeiten gute Anregungen für die Gesamtreform nutzbar gemacht werden können und dass damit dieses schmerzliche Zwischenspiel wieder in die Hauptaktion einmündet.«[23]

---

20 Nachlass Hans Muthesius: BAK – Kl. Erw. 765 f. 1.

21 Nämlich in der Korrespondenz Theodor Heuss' mit Höffner über ein Lebensbild Adolf Kolping für »Die Großen Deutschen«: HAEK NH 1017.- Die oben und nachfolgend zitierten Briefe Adenauers an Höffner gingen gleichlautend an die drei übrigen Professoren, z. B. an Muthesius: BAK – Kl. Erw. 765 f. 1.

22 Durchschläge: Höffner an Dr. Jantz bzw. Professor Heyde, 22. 4. 1955: HAEK – NH 3037.

23 Ministerialdirektor Dr. Jantz an Höffner, 28. 4. 1955: Ebd.

Nur ein Schriftstück aus dem Arbeitsprozess der vier Professoren ist erhalten geblieben bzw. zugänglich, das allerdings aufschlussreiche Einblicke in die Atmosphäre der Arbeit und ihres Umfeldes gibt: Am 10. Mai 1955 schrieb Muthesius von Rothenfels aus an Ministerialrat Pühl im Bundeskanzleramt:

»Im Auftrag des Teams möchte ich Sie bitten, für den in Aussicht genommenen Besuch in Rothenfels im Laufe der nächsten Woche noch folgende zwei Angelegenheiten vorzubereiten:

Unsere Denkschrift ist in Form und Inhalt von dem Auftrag bestimmt, wie ihn der Herr Bundeskanzler in seinem Schreiben vom 25. Februar 1955 formuliert hat ... Diesem Auftrag entsprechend haben wir uns bemüht – und sind auch inzwischen mit der Reinschrift bis über die Hälfte des Entwurfs gelangt – eine Form zu wählen, die dem vom Herrn Bundeskanzler genannten Personenkreis, oder im weiteren Sinne den politisch verantwortlichen Kreisen Gedanken an die Hand gibt, wie eine auf dem Gesellschaftspolitischen aufgebaute Reform in Gang gebracht werden könnte. Was wir abliefern, ist also nicht einer populären, für die breite Öffentlichkeit bestimmten Broschüre gleichzusetzen. Daraus ergibt sich unsere Bitte, dass die Frage der Verwendung und eventuellen Publikation noch einmal überlegt wird. Zunächst bitten wir um einen Bescheid darüber, wie wir die Arbeit selbst zur festgesetzten Frist dem Herrn Bundeskanzler oder der von ihm beauftragten Stelle übermitteln sollen. Wir haben so disponiert, dass diese Übermittlung noch vor Pfingsten geschehen kann. Ergibt dann die Prüfung unserer Arbeit, dass sich eine Veröffentlichung empfiehlt – von der uns im übrigen auch der Herr Bundeskanzler in unserer Unterredung am 21. April gesprochen hat –, so wäre die dafür geeignete Form möglichst auch jetzt schon zu projektieren. Der Herr Bundeskanzler hat dafür insoweit eine gewisse Richtlinie gegeben, als er in der Besprechung zum Ausdruck brachte, dass wir schon jetzt bei Auskünften von seinem Auftrag ebenso Kenntnis geben könnten wie auch vor allem davon, dass er auf den Inhalt der Denkschrift in keiner Weise eingewirkt habe, sondern dass es sich um unsere unbeeinflusste gemeinsame Arbeit handle.[24] Es scheint uns richtig, dass eine solche Feststellung bei einer Veröffentlichung zur Erklärung des Zustandekommens dieser Arbeit getroffen werden sollte. Wir haben andererseits keinen Anlass, eine Schrift, die den üblichen Publikationen auf diesem Gebiet nicht entspricht, jetzt herauszugeben, wenn die Bezugnahme auf den Auftrag des Herrn Bundeskanzlers fehlen soll.

Der andere Punkt betrifft eine Erklärung, die Herr Ministerialdirektor Jantz auf der letzten Sitzung des Grundsatzausschusses vom 25. April abgegeben haben soll. Nach dem uns vorliegenden Entwurf der Niederschrift hat Herr Jantz auf entsprechende Fragen entgegnet, dass bei den vier vom Bundeskanzleramt mit der Erstattung eines Gutachtens beauftragten Herren sich kein Sachverständiger der

[24] Diese Freigabe der »Auskunftssperre« durch Adenauer am 21. April 1955 erklärt Höffners offene Auskünfte in dem Brief an Ministerialdirektor Jantz vom Arbeitsministerium am 22. April 1955; vgl. oben S. 263 mit Anm. 22.

Rentenversicherung der Arbeiter, der Rentenversicherung der Angestellten, der knappschaftlichen Rentenversicherung, der Krankenversicherung, der Unfallversicherung, der Arbeitslosenversicherung, der Arbeitslosenfürsorge, der Kriegsopferversorgung, des Lastenausgleichs oder der Heimkehrerhilfe befinde. Man dürfe daher wohl die Erwartung aussprechen, dass von dieser Seite aus ein völlig freier Entwurf für eine Neuordnung der sozialen Sicherung ausgearbeitet werde, und dass die freie Gestaltung dieses Entwurfes nicht durch die Erfahrungen der vorhandenen Einrichtungen behindert sei, so wörtlich in dem uns vorliegenden Protokollentwurf.

Wir wären Ihnen sehr verbunden, wenn Sie feststellen könnten, ob Herr ... Jantz die Äußerung in dieser Form abgegeben, und wie der Vorsitzende, Herr Professor Dr. Heyde zu dieser Erklärung Stellung genommen hat. Abgesehen von den Konsequenzen, die diese Erklärung für uns haben könnte, erscheint es uns auch von Bedeutung für das Kanzleramt, wie Herr ... Jantz den vom Herrn Bundeskanzler erteilten Auftrag vor einem so großen Kreis beurteilt hat ... Es hängt jetzt von der Klarstellung, die die Jantzsche Äußerung erfordert, ab, wie wir uns verhalten können.«[25]

Demnach ging die Verstimmung zwischen dem Arbeitsministerium und der von Adenauer beauftragten Professorengruppe tiefer, als der Briefwechsel zwischen Jantz und Höffner erahnen lassen.

Die Denkschrift wurde am 26. Mai 1955 fertiggestellt und dem Bundeskanzleramt übergeben.[26] Sie umfasste drei Teile:

1. Grundlagen und Grundsätze (Wandel und Stand der Lebensverhältnisse, Prinzipien, Wirtschaft und Finanzen).
2. Vorschläge für eine Reform der sozialen Sicherung (Jugend, Sondertatbestände wie Krankheit, Arbeitslosigkeit, Witwen und Waisen, sodann: Alter, schließlich die Ordnung der Zuständigkeiten).
3. Der Weg zu einem »Code social« (Voraussetzungen und Möglichkeiten der Neuordnung, Elemente für ein einheitliches soziales Gesetzeswerk).

Während in diesem dritten Teil Höffner wohl weniger beteiligt war, ahnt man, dass er am ersten und zweiten Teil kräftig mitgestaltet hat. Der 2. Abschnitt des ersten Teils verrät schon in den Überschriften Höffners Anliegen: »Prinzipien: I. Solidarität, II. Subsidiarität, III. Die konkrete Rangordnung: A. Stufen der Verantwortung, B. Die Rolle des Staates.« Auch die Abschnitte des zweiten Teils über Altersstufen und soziale Sondertatbestände spiegeln Höffners Vorlesungen und Seminarreihen in Münster wider. Die Stufung der Zuständigkeiten für soziale

---

[25] Muthesius an Pöhl, »z. Zt. Rothenfels«, 10. 5. 19558 (nicht signierter Durchlag, vermutlich persönliche von Muthesius an Aichinger in Rothenfels übergeben): AIfZM – ED 397/2.

[26] Sie erschien bereits im Juni 1955 im Druck: Neuordnung der sozialen Leistungen. Denkschrift auf Anregung des Herrn Bundeskanzlers, erstattet von den Professoren Hans AICHINGER, Joseph HÖFFNER, Hans MUTHESIUS, Ludwig NEUNDÖRFER, Köln 1955.

Hilfestellung vom Familienverband über primäre Lebensordnungen bis zum Staat war ein Dauerthema Höffnerscher Lehr- und Vortragstätigkeit.

»Die stark auf Grundsatzfragen ausgerichtete Ausarbeitung ist hinsichtlich der konkreten Reformvorschläge nicht allzu detailliert«, wie Winfried Schmähl feststellt. »Betont werden generell, dass ›Selbsthilfe‹ Vorrang vor ›Fremdhilfe‹ haben sollte und ›dass der Plan, alle Menschen ohne Ausnahme, auch jene, die sich selbst helfen können, zwangsweise in eine staatlich angeordnete soziale Sicherung (ärztliche Betreuung, Invaliden- und Altersrenten, Familienhilfe usw.) einzubeziehen, mit dem Subsidiaritätsprinzip unvereinbar ist‹ – eine Frage, die insbesondere im Zusammenhang mit der Einbeziehung von Selbständigen in der Diskussion eine große Rolle spielte.«[27]

Am 6. Juni 1955 bedankte sich Bundeskanzler Adenauer bei Höffner für die »Rothenfelser Denkschrift«: »Ich darf Ihnen für die pünktliche Übersendung der gemeinsam mit den Herren Professoren Dr. Aichinger, Dr. Muthesius und Dr. Neundörfer verfassten Denkschrift meinen verbindlichen Dank sagen. Es war gut, dass ich die Denkschrift noch vor Pfingsten erhielt. Damit hatte ich die Möglichkeit, mich mit dem Inhalt Ihrer Arbeit auch während der Feiertage zu beschäftigen.

Aufgrund meines ersten Eindrucks möchte ich mein Urteil dahingehend zusammenfassen, dass die von Ihnen verfasste Denkschrift im hohen Maße geeignet sein dürfte, die von mir seit langem gesehene Lücke in der Diskussion um die Sozialreform auszufüllen. Es ist meines Wissens erstmalig von Ihnen der Versuch unternommen worden, das vielfältige und spröde Gebiet des Systems der sozialen Leistungen nicht nur zu ordnen, sondern auch in den größeren Zusammenhang der Wirtschafts-, Finanz- und nicht zuletzt der Gesellschaftspolitik zu stellen. Ich halte diesen Versuch für durchaus geglückt.

Es ist sicher, dass nach der Veröffentlichung Ihrer Denkschrift an einzelnen von Ihnen vorgeschlagenen Maßnahmen Kritik geübt werden wird. Ebenso ist es denkbar, dass man diese oder jene Frage anders, als von Ihnen vorgeschlagen, lösen könnte. Dadurch wird jedoch der Wert Ihrer Denkschrift in keiner Weise herabgemindert. Reformvorschläge zu einzelnen Bereichen des Sozialleistungssystems liegen bekanntlich in nicht geringer Zahl vor. Das, was jedoch ihre Beurteilung gerade auch bei den politisch maßgeblichen Stellen bisher so sehr erschwerte, war das Fehlen eines Gesamtbildes, ohne das nun einmal eine umfassende Sozialreform nicht in Angriff genommen werden kann.«[28]

Adenauer deutete schließlich an, dass er auch in Zukunft mit Höffners (und der Mitverfasser) Unterstützung rechnete: »Ich darf der Hoffnung Ausdruck geben, dass durch Ihre Denkschrift die ins Stocken geratene Diskussion um die Sozialreform entscheidend belebt wird und dass damit das Ziel der Bundesregierung, in

[27] W. Schmähl, Sicherung bei Alter ..., S. 398.
[28] Adenauer an Höffner, 6. 6. 1955 (Original): HAEK – NH 1017.

dieser Legislaturperiode durch die Entwicklung von Grundsätzen eine weitangelegte Sozialreform einzuleiten, erreicht wird. Dabei würde ich es begrüßen, wenn ich auch in Zukunft mit Ihrer Mitarbeit rechnen dürfte.«

Am 6. Juni 1955 wandte sich außerdem Ministerialrat Dr. Elsholz aus dem Finanzministerium an die vier Autoren: Es sei davon auszugehen, dass weder der Bundeskanzler noch die sonstigen am anstehenden Entscheidungsprozess zu Beteiligenden sich die Zeit nähmen, die umfangreiche Denkschrift zu lesen. Er – Elsholz – habe deshalb eine »Kurzfassung« zusammengestellt, die die vier Autoren überprüfen möchten.[29]

Wenige Tage später lag die Denkschrift in gedruckter Form vor und beeinflusste die weitere Arbeit an der Sozialreform, die hier nicht im einzelnen darzustellen ist. Ministerialrat Pühl schrieb Muthesius am 13. Juni 1955: »Inzwischen ist die Denkschrift in 6000 Exemplaren an alle vereinbarten Empfänger versandt worden. Es gilt nun, die Reaktion abzuwarten.«[30] Am 22. Juni werde es voraussichtlich eine Kabinettssitzung geben, bei der »als Unterlagen die Denkschrift des Bundesministers für Arbeit und Ihre Denkschrift« den Beratungen zugrunde gelegt werden sollen. »Es würde unter diesen Umständen erforderlich sein, dass im Falle Ihrer Denkschrift die Verfasser derselben an der Beratung teilnehmen, um ihre Gedanken selber vertreten zu können.« Es käme aber auch in Betracht, Muthesius als Vertreter des Teams allein einzuladen. Auch er – Pühl – sei der Meinung, dass bis zu dieser Kabinettssitzung nicht alle Minister die Zeit fänden, den Text ganz zu lesen. Deshalb habe Elsholz die »Kurzfassung« erstellt. »Ich bin nicht sicher, ob ich dieses Angebot annehmen soll. Meines Erachtens ist es Sache der Autoren, eine Arbeit so zusammen zu fassen, ohne dass das Verständnis des Ganzen dadurch leidet.« Er habe Zweifel, ob der Versuch Elsholz' gelungen sei. Die Autoren sollten dazu ihre Meinung mitteilen.[31]

Nicht am 22. Juni, aber am 13. Juli 1955 fand die von Pühl angekündigte Kabinettssitzung mit Besprechung der »Rothenfelser Denkschrift« statt. Staatssekretär Globke lud Muthesius (wohl als Vertreter des Teams) ein: »Der Herr Bundeskanzler wäre sehr dankbar, wenn Sie es ermöglichen könnten, bei der Beratung dieses Punktes der Tagesordnung anwesend zu sein.«[32]

---

[29] Elsholz an Muthesius (Aichinger, Höffner, Neundörfer) 6. 6. 1955 (Durchschlag): AIfZM – ED 397/2.

[30] In einem weiteren Schreiben an Muthesius am 16. 6. 1955 gab Pühl einen genaueren Verteiler für 5767 versandte Exemplare: Bundestag, Landtage, Landesregierungen, Bundesregierung, Verbände, Einzelpersonen, Presse, Autoren: BAK – Kl. Erw. 765 f. 1.

[31] Pühl an Muthesius, 13. 6. 1955: Ebd.

[32] Globke an Muthesius, 8. 7. 1955: Ebd. – Im Nachlass Aichingers findet sich als weiteres Stück aus dem Arbeitsprozess an der »Rothenfelser Denkschrift« noch ein Brief Höffners an Muthesius vom 29. 7. 1955 wegen der graphischen Gestaltung eines bildlichen Schemas der dem Bundeskanzler unterbreiteten Vorschläge (einschließlich des Schemas): AIfZM – ED 397/2. Wie das Originalschreiben Höffners an Muthesius in den Nachlass Aichingers gelangte, bleibt unklar. Vielleicht lag bei Aichinger die Redaktion des bildlichen Schemas.

Parallel – und zum Teil schon vor der »Rothenfelser Denkschrift« – hatte der Geschäftsführer des BKU und Bonner Privatdozent Dr. Wilfrid Schreiber[33] an einem Plan gearbeitet, der statt der umfassenden Sozialreform zunächst nur eine Rentenreform anzielte, die noch in der laufenden Legislaturperiode des Bundestages zu erreichen war. Dieser sogenannte »Schreiber-Plan« erschien einen Monat nach der »Rothenfelser Denkschrift« im Juli 1955 als Veröffentlichung des BKU.[34]

Schreibers Vorschlag für die Finanzierung der Altersrenten war nahezu revolutionär. Der Kürze wegen sei hier die Darstellung von Hockerts zitiert: »Nicht Sparvertrag nach dem Muster der Lebensversicherung, sondern ›Solidarvertrag zwischen jeweils zwei Generationen‹ hieß Schreibers Losung: Jeder Erwerbstätige, also die aktive Generation, zahlt laufend eine Quote von x Prozent eines Bruttoeinkommens in eine ›Rentenkasse des deutschen Volkes‹, und diese gibt das jährliche Beitragsaufkommen jeweils vollständig an die vorhandenen Rentner, also die nicht mehr aktive Generation, weiter (reines Umlageverfahren). In der radikalen Abkehr vom Kapitaldeckungsprinzip lag somit die erste Grundforderung Schreibers. Die zweite lag in einer neuen Rentenbemessungsformel: Der Beitragszahler erhält seine Beiträge nicht in Form eines nominalen Geldäquivalentes, sondern in Form von ›Rentenanspruchspunkten‹ gutgeschrieben; der jährlich neu zu errechnende Quotient aus allgemeinem Beitragsaufkommen und Summe aller Anspruchspunkte ergibt dann den jährlich neuen Rentenwert jedes Anspruchspunktes.«[35]

Damit sollte die Rente der Entwicklung des Lebensstandards der Erwerbstätigen parallelisiert werden, wofür der Freiburger Volkswirtschaftler J. Heinz Müller den Begriff der »dynamischen Rente« entwickelte. Folgen wir wieder Hockerts: »Schreiber sah keine Staatszuschüsse, sondern eine reine Beitragsfinanzierung [für die Rente] vor.« Weitere Einzelheiten des »Schreiber-Plans« müssen hier übergangen werden. Allerdings muss erwähnt werden, dass auch die ebenfalls nicht »produktive« Generation der Kinder mit einbezogen war. Auch für sie sollte die »Rentenkasse des deutschen Volkes« aufkommen. In ihr waren zwei

---

33 Wilfrid Schreiber (1904 – 1975). »In den 1930er Jahren zunächst freischaffend journalistisch tätig. Schreiber, seit 1933 Mitglied der NSDAP und der SA, wurde 1933 Angestellter des Reichssenders Köln ... und war auch Pressechef des Senders. Ab 1939 bei der Reichsrundfunkgesellschaft in Berlin, nach eigenem Bekunden zuletzt als Sendeleiter in der Zentralleitung im Intendantenrang, 1942 abgeordnet zum Reichsministerium für Volksaufklärung und Propaganda.« 1948 Dr. rer. pol. in Bonn, 1949-1959 Geschäftsführer des BKU, 1955 Habilitation in Bonn, 1960 apl. Professor in Bonn, ab Dezember 1960 Professor in Köln, 1964-1966 Mitglied der Sozialenquêtekommission der Bundesregierung: W. SCHMÄHL, Sicherung bei Alter ..., S. 400 Anm. 246; vgl. auch: H. LAMPERT, in: LEXIKON SOZIALE MARKTWIRTSCHAFT, S. 68 f. (ohne detaillierte Angaben über die Jahre 1933-1945!); neuestens: H. G. HOCKERTS, in: NDB 23, S. 533 f.

34 W. SCHREIBER, Existenzsicherheit in der industriellen Gesellschaft. Vorschläge zur »Sozialreform« (= Schriftenreihe des Bundes katholischer Unternehmer, Neue Folge 3), Köln 1955; Nachdruck in: J. ALTHAMMER, A. HABISCH, L. ROOS, Grundwahrheiten des »Schreiber-Plans«, S. 28-72.

35 H. G. HOCKERTS, Sozialpolitische Entscheidungen, S. 310 f.

Abteilungen vorgesehen: die Abteilung »Altersrente« und die Abteilung »Kindheits- und Jugendrente«. Diese letztere sollte als Darlehen gewährt werden, das später zurückzuzahlen war.

Schreiber hatte an dieser Neukonzeption der Renten bereits im Sommer 1954 gearbeitet und ihren ersten Entwurf bei einer Vorstandssitzung des BKU am 30. September 1954 zur Diskussion gestellt. Am 17. Februar 1955 schrieb Schreiber an den erweiterten Vorstand des BKU: »Im Sinne des Vorstandsbeschlusses vom 30. 9. 54 lege ich Ihnen hiermit die Denkschrift ›Ein neues System der sozialen Sicherheit‹ samt erster Stellungnahme unseres geistlichen Beraters H. H. Prof. Dr. J. Höffner vor.«[36]

Höffner hatte – nach Lektüre eines Vorab-Exemplars? – Schreiber am 29. Dezember 1954 geschrieben:

»Mit größtem Interesse habe ich Ihr ›Neues System der sozialen Sicherheit‹ gelesen. Ihrer Grundkonzeption stimme ich bei. Einige offene Fragen:

1. Hat die Technik ihren Höhepunkt überschritten (8)? Oder stehen wir erst am Beginn des maschinellen Zeitalters? Gilt nicht auch hier die Dynamik? Das ist auch S. 42 zu bedenken: Wäre es nicht möglich, dass eine *geringe* Arbeiterzahl – mit Hilfe neuer technischer Errungenschaften – ein *höheres* Sozialprodukt erzeugen könnte, so dass von hier aus der Geburtenschwund nicht beängstigend wäre? Dieser Einwand wird ja häufig vorgebracht. Vgl. meine Broschüre ›Ausgleich der Familienlasten‹, S. 11/12 – Hier ist meines Erachtens zu antworten, dass a) jeder technische Fortschritt dennoch lenkende Menschen braucht, dass b) die Schaffenden die unmittelbaren Einkommensbezieher wären, was um so schwieriger sein dürfte, je größer die Spanne zwischen Schaffenden und Alten ist.
2. Wie lässt sich der Solidarvertrag motivieren? Er ist keine Forderung der ausgleichenden Gerechtigkeit. Eher eine solche der sozialen Gerechtigkeit im industriellen Zeitalter. Vor allem gilt das bei der *Einführung* dieses Systems, da ja die heute Schaffenden in ihrer Kindheit keine ›Kinderrente‹ bekommen haben, so dass sie den heutigen Alten gegenüber ›generös‹ handeln.
3. Sollen (S. 41) *alle* Kosten der Aufzucht und Ausbildung von Kindern erstattet werden? Droht dadurch das Eltern-Kindes-Verhältnis nicht allzu sehr wirtschaftlich-sachlich zu werden? Wäre es nicht vorzuziehen, einen *gewissen* Lastenausgleich (nicht den totalen) zu erstreben?
4. S. 37: Die Frist ›5 Jahre nach der Heirat‹ [für den Beginn der Rückzahlungen auf die Kinderrente] ist – vom Standpunkt der Ehemoral – nicht unproblematisch, da die jungen Eheleute in diesen 5 ersten Ehejahren – weil die Frau arbeitet – kein Kind haben wollen.

---

36 Schreiber an Höffner und die Mitglieder des erweiterten Vorstandes des BKU, 17. 2. 1955 (hektographiertes Rundschreiben): RWWA – BKU – 53.

5. Wie steht es mit den übrigen ›basic needs‹: Krankheit, Unfall, Arbeitslosigkeit? Sollen auch diese Risiken durch Zuschläge in die *eine* große Versicherung (in den Solidarvertrag) einbezogen werden? Wirkt ein Einheitsbeitrag für alle Risiken nicht kollektivistisch? Entsteht nicht eine Mammut-Organisation? Sollte man nicht überlegen, ob die Solidarverträge nicht – subsidiär – nach Wirtschaftszweigen aufgegliedert werden müssten, wie es bei unserer Unfall-Versicherung der Fall ist?
6. Wäre es nicht angebracht, bei der Invaliden-Versicherung – je nach dem Grad der Invalidität – mehrere Stufen zu unterscheiden (leicht, schwer, schwerst Invalide)? In diesem Falle könnte der Leicht-Invalide noch halbtags beschäftigt werden, wozu eine halbe Rente käme. Die Gegenüberstellung: entweder Invalide (total untauglich) oder *voll* arbeitsfähig ist zu grob.«[37]

Diese Stellungnahme Höffners zum »Schreiber-Plan« kann beispielhaft verdeutlichen, weshalb Höffner von Wirtschafts- und Gewerkschaftskreisen ebenso wie von Politikern so sehr geschätzt wurde. Er mischte sich nicht als abgehobener Theologe mit Ratschlägen in Bereiche ein, von denen er nichts verstand. Er war hochqualifizierter Sozialwissenschaftler, der als Theologe allerdings stets den Menschen in der Ordnung Gottes im Blick hatte. Als Höffner wenige Wochen später – am 25. Februar 1955 – Adenauers Anfrage wegen seiner Mitarbeit an der »Rothenfelser Denkschrift« erhielt, lag ihm der »Schreiber-Plan« bereits vor. So verwundert es nicht, dass die Denkschrift an einer Stelle ausdrücklich auf den »Schreiber-Plan« verweist.

Die Rothenfelser Denkschrift und der Schreiber-Plan sollten im Sommer und Herbst 1955 Bewegung in die festgefahrenen Fronten um eine Sozialreform bringen. Noch während der Arbeit der vier Professoren hatte das Bundesarbeitsministerium am 7. April 1955 unter dem Titel »Grundgedanken zur Gesamtreform der sozialen Leistungen« die schon länger vom Kabinett angemahnte Zusammenstellung vorgelegt. Adenauer bildete Mitte 1955 einen ständigen Kabinettsausschuss aller beteiligten Minister, der bald »Sozialkabinett« genannt wurde und – theoretisch – unter seinem Vorsitz tagen sollte. Dem Bundesarbeitsministerium gewährte man endlich die zusätzlichen jüngeren Fachkräfte, die dem »Generalsekretariat für die Sozialreform« mehr Effektivität für die bevorstehenden Arbeiten verlieh.[38]

Hans Günter Hockerts hat die nun einsetzende Entwicklung am prägnantesten beschrieben:

»Als die neuen Reformgremien im Sommer 1955 an die Arbeit gingen, lagen die beiden konkurrierenden Ausarbeitungen – Rothenfelser Denkschrift und Ar-

[37] Höffner an Schreiber, 29. 12. 1954 (Original): BKU – Archiv – Diversa. – Abschrift in dem Rundschreiben Schreibers vom 17. 2. 1955 vgl. Anm. 36.

[38] Zu dieser Entwicklung im Sommer 1955: H. G. HOCKERTS, Sozialpolitische Entscheidungen, S. 279-299.

beitminister-Denkschrift – vor. Wie sich bald zeigte, widersprachen und blockierten sie sich in wesentlichen Punkten. Nach wie vor hieß aber der Auftrag: Entwicklung einer Gesamtkonzeption zur Sozialleistungsreform.

Ziemlich abrupt wurden die Grundsatzerörterungen dann jedoch im August/September 1955 abgebrochen, und der entscheidende Umschwung hin zur Konzentration auf die Rentenversicherungsreform trat ein. Es begann mit einem Signal aus dem schweizerischen Kurort Mürren, wo Adenauer seinen Jahresurlaub verbrachte. Durch Vermittlung seines Sohnes Paul hatte er dort eine druckfrische Broschüre kennen gelernt, betitelt ›Existenzsicherheit in der industriellen Gesellschaft‹. Autor war ... Wilfrid Schreiber. Adenauer ließ dem Bundeskanzleramt mitteilen, er sei von dem in dieser Broschüre entwickelten Rentenreformplan sehr angetan und daran interessiert, den Autor persönlich kennen zu lernen.«[39]

Doch zunächst musste Adenauer seine Reise nach Moskau bewältigen, die zur Freilassung der letzten deutschen Kriegsgefangenen durch die UdSSR führte. Eine schwere Erkrankung machte ihm anschließend bis Ende November 1955 zu schaffen.

»Aber Mitte Dezember fand dann die geplante Sozialkabinettssitzung statt, in deren Mittelpunkt der Vortrag Schreibers stand. Ein sozialwissenschaftliches Symposion in Köln, zu dem wiederum Paul Adenauer die Verbindung herstellte, hatte den Reformplan zwischenzeitlich diskutiert und modifiziert. Der später in die Gesetze übernommene Gedanke des gleitenden Durchschnitts zur Berechnung des aktuellen Lohnniveaus ist hier geboren worden und stammt von dem Freiburger Volkswirtschaftler J. Heinz Müller.

Der geradezu sensationell ins Zentrum der Regierungsarbeit katapultierte Schreiber-Plan löste komplizierte Probleme mit einfachen Grundgedanken und hat wahrscheinlich schon deshalb Adenauers Sympathie gewonnen.«

Nicht ohne Stolz berichtete der BKU – näherhin wohl Schreiber selbst – im ersten »Rundbrief« des Jahres 1956 an seine Mitglieder: »Auf Einladung des Bundeskanzlers Dr. Adenauer hat der Sekretär des BKU, Dr. W. Schreiber, am 13. Dezember 1955 in Bonn vor dem Ministerausschuss der Bundesregierung für die Sozialreform über die Grundgedanken der von ihm vorgelegten Vorschläge zur ›Sozialreform‹ ... Vortrag gehalten und an der darauf folgenden Erörterung teilgenommen. Der Vortrag fand wohlwollende Beachtung. Zum Schluss gab Bundeskanzler Dr. Adenauer Herrn Dr. Schreiber den Auftrag, seine Darlegungen unter Einbeziehung der Diskussionsergebnisse in einem Memorandum zusammenzufassen. Dieses Memorandum ist dem Herrn Bundeskanzler und dem ›Sozialkabinett‹ am 31. 12. 55 vorgelegt worden.

In seiner darauffolgenden Sitzung vom 13. Januar 1956 hat sich das ›Sozialkabinett‹ grundsätzlich zum Gedanken der ›dynamischen Rente‹ bekannt (selbstverständlich ohne damit den ›Schreiber-Plan‹ in allen Einzelheiten zu akzeptieren).

---

[39] Ders., Konrad Adenauer und die Rentenreform von 1957, S. 18 f.

Auf Anregung von Bundesminister Prof. Erhard hat der Wirtschaftsausschuss des Bundesrats (die Versammlung der Wirtschaftsminister aller bundesdeutschen Länder) Herrn Dr. Schreiber gebeten, am 8. Februar in seinem Kreis über die volkswirtschaftlichen Auswirkungen seiner dynamischen Rente zu referieren.«[40]

Wie Lothar Roos 1999 von dem damals noch lebenden CDU-Abgeordneten Alfons Horten erfuhr, hatte neben Schreiber auch Joseph Höffner an der Sitzung des Sozialkabinetts am 13. Dezember 1955 (oder einer späteren?) teilgenommen. Roos fertigte sich am 17. Oktober 2003 über das Gespräch mit Horten eine Notiz: »Schreiber und Höffner brachten ... ihre Bedenken gegen die nachher beschlossene Rentenhöhe von fast 70 % vor. Höffner sagte bei dieser Gelegenheit: ›Man kann doch keine Rentenreform gegen die Mathematik machen.‹ Adenauer hat dann, so berichtet Horten, gesagt: ›Müssen Sie die nächsten Wahlen gewinnen oder ich?‹ Dabei muss man als Hintergrund wissen, dass die SPD damals aus der Opposition heraus eine Rentenhöhe von 75 % verheißen hatte.«[41]

Parallel war es Ende Dezember 1955 zu einer Korrespondenz zwischen Schreiber und Höffner gekommen. Schreiber schrieb Höffner am 22. Dezember 1955: »Gestern fand im Hause [des BKU-Vorsitzenden] Greiß eine sehr interessante Aussprache mit Herrn Dr. Erdmann (Bundesvereinigung der deutschen Arbeitgeber-Verbände), zwei[en] seiner Mitarbeiter, Herrn Greiß und mir statt. Sie hat sozusagen die 2. Phase unserer Aktion zur ›Sozialreform‹ eingeleitet, in der es darum geht, unsere gedankliche ›Konzeption‹ den praktischen Bedingungen zu ihrer Realisierung anzupassen.« Schreiber berichtete dann detailliert über Inhalt und Verlauf des Gesprächs. Es ging im Wesentlichen um die Frage: Trennung oder Verknüpfung von Altersrente und Risiko-Renten? Zu der Position des Dr. Erdmann, »in die bestehende und angeblich ›bewährte‹ Organisation nicht einzugreifen«, bemerkte Schreiber: »Damit wäre ein wesentlicher Grundgedanke des 4-Professoren-Gutachtens gefährdet ... Ich wäre Ihnen sehr dankbar, wenn Sie mich wissen ließen, wie Sie über diese Dinge denken.«[42]

Höffner antwortete am 28. Dezember 1955: »Was Sie mir von der Aussprache mit H. Dr. Erdmann berichten, ist überaus erfreulich. Mir scheint, dass im Jahre 1956 etwas Entscheidendes geschehen sollte und könnte. Es ist schon viel erreicht, wenn wir zunächst in der Alterssicherung weiter kommen.« Höffner ging dann auf die einzelnen Fragen Schreibers zu den verschiedenen Lebensrisiken ein.[43]

Der weitere Verlauf der Arbeiten des Jahres 1956 für eine Reform der Altersrenten ist von Hockerts und Schmähl bereits ausführlicher dargestellt worden. »In der Nacht zum 22. Januar 1957, nach fünfzehnstündiger Schlussdebatte, verabschiedete der Bundestag die Neuregelungsgesetze. Alle Abgeordneten der

40 BKU – Archiv – Rundbriefe: I/1956.

41 Herrn Prof. Lothar Roos, Bonn, ist für die Überlassung seiner Notiz vom 17. 10. 2003 sowie seine entsprechende Leserzuschrift an die FAZ Nr.244/21. 10. 2003 zu danken.

42 Schreiber an Höffner, 22. 12. 1955 (Original): HAEK – NH 1400.

43 Höffner an Schreiber, 28. 12. 1955 (Durchschlag): Ebd.

CDU/CSU, der SPD und auch der FVP stimmten zu. Die Freien Demokraten lehnten geschlossen ab. Die Abgeordneten der DP enthielten sich mehrheitlich der Stimme, die übrigen votierten kontrovers. Nachdem der Bundesrat am 8. Februar 1957 einstimmig zugestimmt hatte, traten die Gesetze rückwirkend zum 1. Januar 1957 in Kraft.«[44]

Noch am 8. Februar 1957 schrieb der Bundeskanzler an Professor Höffner: »Heute hat der Bundesrat den vom Bundestag beschlossenen Gesetzen über die Reform der Rentenversicherung der Arbeiter und Angestellten zugestimmt. Ich möchte Ihnen aus diesem Anlass nochmals herzlich danken für die grundlegende und richtungweisende Arbeit, die Sie zusammen mit den Herren Professoren Aichinger, Muthesius und Neundörfer vor nunmehr fast zwei Jahren geleistet haben. Ihr Gutachten war von großem Wert für die Überlegungen innerhalb der Bundesregierung und im Parlament. Es hat wesentlich zum guten Gelingen des Werkes beigetragen.«[45]

Auch Bundesarbeitsminister Anton Storch hatte inzwischen seinen Frieden mit den »Rothenfelsern« gemacht. Am 26. Februar 1957, dem Tag der Veröffentlichung der Gesetze im Bundesgesetzblatt,[46] bedankte er sich seinerseits bei Höffner: »Es ist mir bei dieser Gelegenheit ein Bedürfnis, Ihnen, die Sie bei der Vorbereitung der Sozialreform und somit auch bei der Erarbeitung der jetzt verkündeten Gesetze persönlich beteiligt waren, meinen besonderen Dank zu sagen. Auch Sie werden sich gewiss darüber freuen, dass die jahrelange Arbeit, für die Sie uneigennützig Zeit und Mühe aufgewendet haben, nicht umsonst gewesen ist.

Die Gesetze, die heute durch die Veröffentlichung im Bundesgesetzblatt Rechtskraft erlangt haben, folgen weithin den Vorschlägen, die vom Beirat für die Neuordnung der sozialen Leistungen und seinen Arbeitsausschüssen in den letzten Jahren erarbeitet und dann der Öffentlichkeit vorgelegt worden sind. Der Ablauf der Dinge hat klar gezeigt, dass es gut ist, wenn bei einer grundsätzlichen Neuordnung Praktiker und Theoretiker sich zusammensetzen, um die besten Lösungen zur Verwirklichung des sozialen Fortschritts zu finden.«[47]

Man muss Minister Storch nachsehen, dass er trotz des persönlichen Dankes an Höffner seinen »Beirat« samt Ausschüssen mehr in den Vordergrund rückte und die vier Rothenfelser »Theoretiker« nur indirekt erwähnte.

Nach der Neuordnung der Rentenversicherungen für Arbeiter und Angestellte im Jahre 1957 blieb noch eine »Regelungslücke«: die Altersversorgung der Handwerker. In der noch zu besprechenden Denkschrift Höffners vom 20. März 1958 hat dieser die besondere Situation des Handwerkerstandes in ihrer histo-

---

44 H. G. Hockerts, Sozialpolitische Entscheidungen, S. 421.

45 Adenauer an Höffner, 8. 2. 1957 (Original): HAEK – NH 1017.

46 Gesetz zur Neuregelung des Rechts der Rentenversicherung der Arbeiter (Arbeiterrentenversicherungs-Neuregelungsgesetz – ArVNG) vom 23. Februar 1957: Bundesgesetzblatt I, S. 45-87; Gesetz zur Neuregelung des Rechts der Rentenversicherung der Angestellten (Angestelltenrentenversicherungs-Neuregelungsgesetz – AnVNG) vom 23. Februar 1957: Ebd. S. 88-131.

47 Storch an Höffner, 23. 2. 1957: HAEK – NH 3037.

rischen Entwicklung dargestellt:[48] Handwerker verstanden sich als Selbständige des (unteren) Mittelstandes. Die Meister waren nicht nur handwerklich tätig, sie waren auch kleine Unternehmer mit kaufmännischem Risiko. Ihre unselbständigen Mitarbeiter (Lehrlinge, Gesellen) standen zu ihnen in einem Abhängigkeitsverhältnis, das aber – angefangen vom Erlernen des Berufs – Züge einer persönlichen Bindung trug und sich vom anonymen Lohnarbeitsverhältnis in den Fabriken unterschied. Das alles schloss die Notwendigkeit einer Alterssicherung für Handwerker nicht aus, die 1938 erstmals gesetzlich geregelt wurde.[49]

Winfried Schmähl hat jüngst die Neuregelung der Handwerkerversorgung in den Jahren 1958-1962 zusammenfassend beschrieben.[50] Der Ausgangspunkt war:

»Handwerker blieben auch nach der 1957er Reform in die Angestelltenversicherung einbezogen. Allerdings war für sie – im Unterschied zu den Arbeitern und Angestellten – als Übergangslösung eine zeitlich begrenzte Versicherungspflicht eingeführt worden (180 Monate, also 15 Jahre, was auch der Wartezeit für eine Altersrente entsprach). Mit dieser Mindestversicherung wurde eine Mindestsicherung angestrebt. In dieser Sonderregelung kam die Vorstellung eines gruppenspezifischen Sicherungsbedürfnisses zum Ausdruck. Es bestanden allerdings Befreiungsmöglichkeiten, die zu einer großen Zahl von Befreiungsanträgen und damit ceteris paribus zu Beitragsmindereinnahmen der Angestelltenversicherung führten.

Nach der Rentenreform des Jahres 1957 wurden vom Zentralverband des Deutschen Handwerks verschiedene Möglichkeiten einer abschließenden Regelung geprüft. Sie mündeten insbesondere in die Vorstellung einer – bereits realisierten – begrenzten Versicherungspflicht von 15 Jahren, um die Wartezeit für eine Altersrente zu erfüllen, und in die Durchführung der Handwerkerversicherung im Rahmen der Arbeiterrentenversicherung, was dem beruflichen Werdegang von Handwerkern eher entsprach. Wichtig für den Handwerksverband war, dass hierfür kein ›Sondervermögen‹ vorgesehen werde, also keine separate Rechnungslegung. Dies wurde sogar zu einem zentralen Anliegen. Demgegenüber strebte das Bundesministerium für Arbeit ein ›Sondervermögen‹ im Rahmen der Angestelltenversicherung an ...«

In dieser Phase der Vorüberlegungen entsann man sich im Arbeitsministerium der Möglichkeit, auch in diesem Falle den Rat Joseph Höffners einzuholen. Offenbar wollte man nicht noch einmal darauf warten, dass Bundeskanzler Adenauer selbst die Initiative ergriff. Am 10. Januar 1958 schrieb Ministerialdirektor Dr. Jantz an Höffner:

---

48 Hier wird die veröffentlichte Fassung von 1959 zugrunde gelegt: J. HÖFFNER, Die Handwerkerversorgung.

49 RGBl I 1938, S. 1900: Gesetz vom 21. 12. 1938.

50 W. SCHMÄHL, Sicherung bei Alter, Invalidität und für Hinterbliebene – Handwerker in der GRV – Nachfolgendes Zitat: EBD. S. 355-358.

»Im Beirat für die Neuordnung der sozialen Leistungen und auch in Ihrer für den Herrn Bundeskanzler erarbeiteten [Rothenfelser] Denkschrift ist seinerzeit auf die Lage der sogenannten kleinen Selbständigen, insbesondere der Handwerker, hingewiesen worden. Die Altersversorgung für das Deutsche Handwerk besteht seit 1939 und ist in der Mitte des vergangenen Jahres sowie anlässlich der Rentenversicherungs-Neuregelungsgesetze modifiziert, aber noch nicht endgültig geregelt worden ... Abgesehen von den wichtigen finanziellen Fragen geht es auch darum, ob die Angliederung der Altersversorgung für das Deutsche Handwerk an die Angestelltenversicherung oder – wie es ein neuer Entwurf des Zentralverbandes des Deutschen Handwerks vorsieht – an die Rentenversicherung der Arbeiter sinnvoll ist. Das Bundesministerium für Arbeit und Sozialordnung möchte gerade diese Frage der berufsständischen Eigenart der Handwerkerversorgung untersucht wissen, wozu die christliche Soziallehre sicherlich Entscheidendes zu sagen hätte. Ich darf mir daher die Frage erlauben, ob Sie bereit wären, ein solches Gutachten über die Gestaltung der Handwerkerversorgung ... zu erstatten.«[51]

Höffner erklärte sich schon am 25. Januar 1958 bereit, der Bitte aus dem Arbeitsministerium zu entsprechen:

»Die Frage, welche Folgerungen sich aus der berufsständischen Eigenart des deutschen Handwerks für Zielsetzung und Organisationsform der Alterssicherung des Handwerks ergeben, halte ich – vor allem im Hinblick auf die Weiterführung der Reform des Systems der sozialen Sicherheit – für bedeutsam. Im Grunde setzt schon das Angestelltenversicherungs-Neuordnungsgesetz voraus, dass die Handwerkerversicherung – trotz der organisatorischen Anlehnung an die Angestelltenversicherung – ein eigener Zweig der deutschen Sozialversicherung ist. Allerdings müssten die Zusammenhänge, gerade auch aus soziologischer Sicht, gründlicher durchleuchtet werden.

Ich bin gern bereit, aus der Sicht der christlichen Soziallehre ein Gutachten über die Gestaltung der deutschen Handwerkerversicherung ... zu erstellen, und ich werde mir Mühe geben, die Untersuchung möglichst bald abzuschließen.«[52]

Offenbar drängte man im Beirat des Arbeitsministeriums auf rasche Vorlage des Gutachtens. Am 11. Februar 1958 musste Höffner beim Rektor der Theologischen Fakultät in Trier die am Ende jeden Wintersemesters fällige Blockveranstaltung in Christlicher Soziallehre für die Trierer Theologen absagen: »Eben bin ich aus Bonn [von der Beiratssitzung im Arbeitsministerium] zurückgekehrt, wo man mich dringend bat, bis zum 20. März ein größeres Gutachten über die Alterssicherung der Selbständigen fertig zu stellen ...«[53] Es gelang Höffner, pünktlich am 20. März 1958 ein Gutachten im Umfang von 61 Seiten im Ministerium vor-

[51] Jantz an Höffner, 10. 1. 1958: HAEK – NH 2737.

[52] Höffner an Jantz, 25. 1. 1958 (Durchschlag): Ebd.

[53] Höffner an Rektor Junker, Trier, 11. 2. 1958 (Durchschlag): HAEK – NH 2605; vgl. oben S. 124 mit Anm. 81 sowie oben S. 145 mit Anm. 23.

zulegen mit dem Titel »Die Handwerkerversorgung im Hinblick auf die berufsständische Eigenart des Handwerks«,[54] das 1959 in einer Schriftenreihe des Arbeitsministeriums veröffentlicht wurde.[55]

Wie so oft setzte Höffner auch für die Altersversorgung der Handwerker historisch an: Er begann mit der »Entwicklung des Handwerks im industriellen Zeitalter« und mit dem »Wandel der handwerklichen Versorgung«. Ein weiterer Abschnitt zeigte den Sozialethiker Höffner: »Solidarität und Subsidiarität als Normen für die Handwerkerversorgung«, ehe er sich dann – wieder historisch – mit der »Gesetzlichen Regelung der Altersversorgung für das deutsche Handwerk seit dem Jahre 1938« befasste. »Zur Neuordnung der Handwerkerversorgung« ging Höffner auf die in den 50er Jahren diskutierten Alternativen ein: Beibehaltung der bisherigen Regelung, Ablehnung jeder Pflichtversicherung der Handwerker, Eingliederung der Handwerker in die Arbeiterrentenversicherung.

Es ist kaum zu übersehen und überrascht nicht, dass Höffner eine weitere Alternative empfahl: eine »Eigenständige Rentenanstalt des Handwerks«, in der die Besonderheiten des Handwerks gegenüber dem Arbeiterstand berücksichtigt werden könnten. Doch Höffner sollte sich mit diesem Vorschlag nicht durchsetzen.

Bei den weiteren Überlegungen des Arbeitsministeriums blieb Höffner eingeschaltet. Am 24. September 1958 übersandte Regierungsrat Schrewe Höffner ein 52 Seiten starkes Manuskript »Zahlen und Finanzlage der Handwerkerversorgung« in den Jahren 1950 bis 1959. Schrewe schrieb dazu: »Bei der großen Unsicherheit, die die Schätzungen mit sich bringen, wäre ich für kritische Hinweise besonders dankbar, bevor ich die Ausarbeitung weiteren Kreisen bekannt gebe.«[56]

Höffner kam erst am 21. November 1959 dazu, Schrewe zu antworten: »Ich habe Ihre Untersuchung mit steigendem Interesse gelesen. Ihre Feststellungen sind geeignet, manche bisher fast allgemein angenommenen Vorstellungen gründlich zu ändern. Es ist schwer, kritisch zu Ihren Darlegungen Stellung zu nehmen, da mir die Unterlagen fehlen. Mich persönlich haben Ihre Ausführungen überzeugt.«[57]

Winfried Schmähl hat in aller Kürze den weiteren Diskussions- und Entscheidungsprozess der Jahre 1958-1960 festgehalten, ebenso das Ergebnis:

---

[54] Begleitschreiben Höffners, 20. 3. 1958 (Durchschlag): HAEK – NH 2737, dort auch ein eigenes Faszikel mit einem Durchlag des Gutachtens.

[55] W. Abel, Soziale Sicherheit in den Grenzbereichen des selbständigen Mittelstandes – J. Höffner, Die Handwerkerversorgung im Hinblick auf die berufsständische Eigenart des Handwerks (= Schriftenreihe des Bundesministeriums für Arbeit und Sozialordnung, Heft 6), Stuttgart 1959.

[56] Schrewe an Höffner, 24. 9. 1958 mit Anlage »Zahlen und Finanzlage der Handwerkerversorgung«: HAEK – NH 2737.

[57] Höffner an Schrewe, 21. 11. 1958 (Durchschlag): Ebd.

»Das in dritter Lesung am 1. Juli 1960 angenommene Handwerkerversicherungsgesetz[58] wurde dann jedoch ohne die Möglichkeit zu getrennter Rechnungslegung für die Handwerker beschlossen und trat zum Jahresanfang 1962 in Kraft. Zu diesem Zeitpunkt wurden die Versicherungsverhältnisse der Handwerker von den Trägern der Arbeiterrentenversicherung übernommen, während die bis dahin festgestellten oder beantragten Renten weiter von der Angestelltenrentenversicherung gezahlt wurden und im Rahmen des Wanderversicherungsausgleichs von der Arbeiterrentenversicherung zu erstatten waren.

Im Unterschied zu den bisherigen Regelungen des Gesetzes über die Altersversicherung für das Deutsche Handwerk gab es danach kein Wahlrecht mehr zwischen Privat- und Sozialversicherung. Die Pflichtversicherung wurde auf 216 Kalendermonate (18 Jahre) beschränkt und endete dann automatisch. Eine freiwillige Weiterversicherung war aber möglich ... Durch diese Bestimmungen wurde den Handwerkern – innerhalb der Gesetzlichen Rentenversicherung – eine Sonderstellung eingeräumt, da für sie nur eine Mindestabsicherung und keine einkommensbezogene Absicherung wie für die Arbeitnehmer vorgesehen war.«[59]

Wenn Höffner auch seine Vorstellung von einer eigenen Rentenanstalt für die Handwerker nicht verwirklicht sah, so hatte er doch das Ergebnis des Entscheidungsprozesses über die Regelung der Handwerkerversorgung intensiv begleitet und beeinflusst. Überhaupt war seine Mitarbeit im Arbeitsministerium in den 1950er Jahren die intensivste und effektivste unter seinen Beratertätigkeiten für Bundesministerien.

2. Mitarbeit im Beirat des Bundesministeriums für Familienfragen

Lukas Rölli-Alkemper hat untersucht, wie innerhalb des Katholizismus nach 1945 das kirchliche und bürgerliche Familienideal fortlebte und durch Joseph Höffner mit neuen Überlegungen und zumal mit Vorschlägen zu sozialen Maßnahmen unterlegt wurde.[60] Über die Familienpolitik der Bundesregierung von 1949 bis 1975 sind wir neuerdings durch eine Arbeit von Christiane Kuller umfassend orientiert.[61] Sie schildert zunächst die Rahmenbedingungen und die inhaltliche Orientierungssuche der ersten Jahre. »Nach dem Untergang des NS-Regimes hatte die Familienpolitik in Westdeutschland zunächst einen schwierigen Start, denn sie musste sich gegenüber der rassistischen Familienpolitik des Nationalsozialismus abgrenzen ... Die westdeutsche Familienpolitiker vertraten ... nach 1945 strikt den Grundsatz der Subsidiarität, der aus der katholischen Soziallehre

58 BGBl 1960 I, S. 737-742: Gesetz über eine Rentenversicherung der Handwerker (Handwerkerversicherungsgesetz – HwVG) vom 8. September 1960.

59 W. Schmähl, Handwerker in der GRV, S. 357.

60 L. Rölli-Alkemper, Familie, S. 707 (Reg.).

61 Ch. Kuller, Familienpolitik.

stammte. In Deutschland wurde nach dem Zweiten Weltkrieg ein umlagefinanzierter Familienlastenausgleich eingeführt ...«[62]

Auch von den Nachbarländern grenzte sich die deutsche Familienpolitik ab. Stand in Frankreich die Geburtenförderung und die Entlastung berufstätiger Mütter durch Kindergärten im Mittelpunkt staatlicher Maßnahmen, so stellt Christiane Kuller für Westdeutschland fest: »Im westdeutschen Ansatz nahm die Ehe stets einen deutlich höheren Rang ein als die Geburt von Kindern. Eine Heirat war und ist bis heute mit lukrativeren sozialstaatlichen und steuerrechtlichen Regelungen verbunden als die Geburt von Kindern.« Nicht deckungsgleich mit den französischen, aber vergleichbar waren die Verhältnisse in der DDR.

»Charakteristisch für die Familienpolitik der Bundesrepublik ist ferner die traditionelle *duale Struktur* mit staatlich geregelten finanziellen Hilfen einerseits und dem Dienstleistungsangebot der Wohlfahrtsverbände andererseits.«[63] Zum Familienleitbild für die Familienpolitik der 50er Jahre stellt Kuller fest: »In den fünfziger und frühen sechziger Jahren dominierte ein christlich-transzendentales Familienbild, das sich an der katholischen Soziallehre orientierte. Diese sah in der Familie eine vorstaatliche Institution mit gottgebener innerer Ordnung. Das betraf zum einen die Unauflöslichkeit der Ehe und zum anderen die Unterordnung der Frau unter den Mann in Familienfragen. Außerdem sollte die Familie zumindest bis zum Schuleintritt vorrangig für die Erziehung der Kinder zuständig sein.«[64]

Die Zeit, in der Joseph Höffner im Beirat des Familienministeriums mitarbeitete, nennt Christiane Kuller nach dem ersten »Bundesminister für Familienfragen« die »Ära Wuermeling (1953-1962)«: »Durch seine besondere Art, das Bundesfamilienministerium zu führen, prägte der erste Familienminister ... einen spezifischen Begriff von Familienpolitik. Ein Kennzeichen dieser Phase war die begrenzte Handlungskompetenz des Bundesfamilienministeriums. Das Ressort war personell, nach seinen Mitteln und seinen Kompetenzen ein sehr kleines Ministerium. Familienpolitik wurde de facto von anderen Ministerien gemacht, in denen die Familienfragen nur einen von vielen Bezugspunkten darstellten. Ein weiteres Charakteristikum dieser Periode war die Begrenzung der politischen Mittel. Neben seinem Hauptaktionsgebiet – der rhetorischen Propagierung des christlichen Familienideals – konzentrierte sich Wuermeling vor allem auf zwei Instrumente der Familienpolitik: die Reform der rechtlichen Situation (Familienrechtsreform 1957, Scheidungsreform 1961) und die Verbesserung der Einkommensverhältnisse (erstes Kindergeldgesetz 1954, Einführung des Kindergeldes für das zweite Kind 1961) ...«[65]

---

[62] Ebd. S. 13 f. – Vgl. L. Rölli-Alkemper, Familie, S. 489-498.

[63] Ebd. S. 15.

[64] Ebd. S. 16 f. – Die von Kuller hier nur knapp umschriebene Familiensicht der frühen Nachkriegsjahre findet eine breite Darstellung bei L. Rölli-Alkemper.

[65] Ebd. S. 18, vgl. auch L. Rölli-Alkemper, Familie, S. 473 f. – Franz-Josef Wuermeling (1900 – 1986), 1931-1933 Landrat der Provinzialregierung in Kassel, 1947 Staatssekretär im Innenministerium von Rheinland-Pfalz, ab 1947 MdL, 1949-1969 MdB, 1953-1962 Bundesminister für Familien- (ab

Aus diesen Rahmenbedingungen für Familienpolitik und der Situation des Bundesfamilienministeriums bis 1962 ergab sich für Höffners Mitarbeit im Beirat des Ministeriums eine ganz andere Voraussetzung als für die parallele Tätigkeit im Beirat des Arbeitsministeriums: Nicht die konkrete Zuarbeit für Gesetzesvorhaben wurde erwartet, sondern die Einflussnahme auf politische Darstellung und Vertretung von Familieninteressen im Wandel des Familienbildes. Andererseits war Höffner hier weniger als Volkswirtschaftler denn als Vertreter der christlichen Sozialethik gefragt. Seine an der Universität Münster immer wieder in Vorlesungen und Seminarreihen dargelegten, aus der Soziallehre der Kirche geschöpften Einsichten zur Bedeutung der Familie für die Gesellschaft, zur Stellung der Frau in Familie und Gesellschaft bis hin zum familiengerechten Einkommen und der Förderung einer familienfreundlichen Wohnungswirtschaft konnte er hier geltend machen und zu größerer Wirksamkeit bringen.

Am 8. Oktober 1954 bat Minister Wuermeling um Höffners Mitarbeit: »Nach Abschluss des inneren Aufbaus meines Ministeriums habe ich die Absicht, mit der Bildung eines ständigen Beirats eine Maßnahme zu verwirklichen, die sich bereits bei anderen Bundesministerien bewährt hat.

Ich gehe von der Erwägung aus, dass die von der Bundesregierung beschlossene aktive Familienpolitik nur dann vollen Erfolg haben kann, wenn die Arbeit des Bundesministers für Familienfragen ständig Kontakt hat sowohl mit den neuen Erkenntnissen der Wissenschaft wie mit den praktischen Erfahrungen derjenigen Kreise der Öffentlichkeit, die sich mit dem Wohl unserer Familien befassen ...«[66]

Wuermeling lud zu einer konstituierenden Sitzung für den 29. Oktober 1954 in das Bundeshaus nach Bonn ein. Wie stets war Höffner »gern zur Mitarbeit bereit«.[67] Neben Vertretern der Wissenschaft wurden die Präsidenten der Familienverbände einbezogen, jedoch »nicht als Vertreter ihrer Organisation, sondern als Einzelpersönlichkeiten«. Für die nächste Sitzung, die am 14. und 15. Dezember 1954 anberaumt wurde, wurden folgende zwei Themen zur Behandlung festgelegt:

»1. Fragen des familiengerechten Wohnungsbaus,
2. Förderung des Familiengedankens in der Öffentlichkeit.

Zu 1) sollen Herr MdB Lücke und ein Referent des Wohnungsbauministeriums um ein einleitendes Referat gebeten werden.

Zu 2) stellte auf Anregung aus der Mitte des Beirates Herr Prof. Dr. Schelsky ein einleitendes Referat in Aussicht, während das Korreferat von einem Vertreter des Familienministeriums gehalten werden soll.«[68]

1957: und Jugend-) Fragen: J. ARETZ, Franz-Josef Wuermeling (1900-1986), in: ZEITGESCHICHTE IN LEBENSBILDERN 10, 2001, S. 245-259 und 325 (Literatur).

[66] Der Bundesminister für Familienfragen an Höffner, 8. 10. 1954: HAEK – NH 2979. - Zum Beirat des Familienministeriums s. auch: L. RÖLLI-ALKEMPER, Familie, S. 474.

[67] Höffner an Wuermeling, 15. 10.1954 (Durchschlag): HAEK – NH 2980.

[68] Ergebnisprotokoll der 1. Sitzung des Beirats beim Bundesministerium für Familienfragen am 29. 10. 1954: HAEK – NH 2979.

Zu der beiliegenden Anwesenheits- bzw. Mitgliederliste des Beirats[69] bemerkt Christiane Kuller: »Den Vorsitz übernahm Wuermeling selbst, sein Stellvertreter wurde Klaus von Bismarck, der [damalige] Leiter des Sozialamtes der evangelischen Kirche Westfalens, und damit ein Vertreter der praktischen Sozialarbeit ... Der Beirat war in der ersten Phase bis 1959 zu etwa gleichen Teilen aus Vertretern der Wissenschaft, der sozialen Praxis und der Familienverbände zusammengesetzt. Gründungsmitglieder des Beirats waren neben Klaus von Bismarck die Schriftstellerin Cilly Aubel, Josepha Fischer-Erling und Antonie Nopitsch als Expertinnen für Eheberatung und Müttererholung, Joseph Hall (Familienbund der Katholiken), Franz Umstätter (Deutscher Familienverband) und Friedrich Münchmeyer (Evangelische Aktionsgemeinschaft für Familienfragen) als Vertreter der Familienverbände ... Unter den Wissenschaftlern im Beirat fanden sich nicht nur bekannte Vertreter der katholischen Soziallehre«, Höffner und Neundörfer, »sondern auch der Bevölkerungswissenschaftler Hans Harmsen, der vor 1945 an der Durchsetzung der Sterilisierungspolitik in den Anstalten der Inneren Mission beteiligt gewesen war. 1952, zwei Jahre vor seiner Berufung in den Beirat des Ministeriums, war Harmsen Mitgründer der ›Deutschen Gesellschaft für Familie‹ (später Pro Familia), der deutschen Sektion der ›International Planned Parenthood Federation‹, gewesen, deren Vorsitzender und später Ehrenvorsitzender er bis 1985 war. Außerdem war auch der bekannte Familiensoziologe Helmut Schelsky Beiratsmitglied.«[70]

Kuller weist auf die »unerwartet geringe Repräsentanz des katholischen Familienverbandes« hin. Für Höffner mag das Veranlassung gewesen sein, häufiger an den Beratungen des Beirats teilzunehmen. Im Sommer 1955 beteiligte er sich an einer Sondernummer des »Parlaments« über Familienfragen mit einem Beitrag »Die Familie in der katholischen Gedankenwelt«.[71] Für Höffners Beiträge im Beirat sei beispielhaft angeführt, was er in der 5. Sitzung am 10./11. Februar 1956 zum Thema »Ehegattenbesteuerung« sagte: »Hauptgründe für die [damals noch für problematisch gehaltene] Berufsarbeit der Frau [sind]:

1. Ergänzung der Aussteuer
2. Zu geringes Einkommen des Ehemannes
3. Zu geringe Rente des schon pensionierten Ehemannes [vor der Rentenreform von 1957!]
4. Höherer Lebensstandard
5. Gemeinsame Ferien
6. Erhalt der Altersrente

---

69 »Mitglieder des Beirates beim Bundesministerium für Familienfragen«, Durchschlag mit hs. Notizen Höffners: EBD.

70 CH. KULLER, Familienpolitik, S. 98 f.

71 Disposition der Sondernummer mit allen Beitragstiteln vom 29. 6. 1955 sowie Begleitschreiben Höffners zu seinem Beitrag an Ministerialdirektor Osterloh, 11. 7. 1955: HAEK – NH 2979.

Diese Angaben beruhen auf einer Erhebung bei den katholischen berufstätigen Ehefrauen der Stadt Münster.«[72] Es ist bedenkenswert, dass die Selbstentfaltung der Frau im Beruf und alle heute maßgeblichen Argumente für die Berufstätigkeit der Frauen 1956 noch nicht genannt wurden.

In einer Presseerklärung vertrat der Beirat am 11. Februar 1956 mit anderen Worte Höffners Position:

»Der Beirat beobachtet mit Sorge, dass sich immer mehr Mütter aus wirtschaftlichen Gründen zur außerhäuslichen Lohnarbeit gedrängt sehen. Der Schaden, der unserem Volk entsteht, wenn auch die Mütter in weitem Umfang ihrer Aufgabe in der Familie entzogen werden, ist unverhältnismäßig größer als der Nutzen, den eine verstärkte Mitarbeit gerade dieser Frauen in der Wirtschaft herbeiführen kann.

Neben den Schwierigkeiten bei der Gründung eines neuen Hausstandes und dem Streben nach höherem Lebensstandard ist es leider sehr oft die Not der Familien mit Kindern, die gerade die Mütter mehrerer Kinder zur Berufsarbeit außerhalb des Hauses zwingt ... Darüber hinaus muss die Steuergesetzgebung so gestaltet werden, dass nicht noch ein besonderer Anreiz zu familienfremder Tätigkeit der Hausfrauen und Mütter geschaffen wird.«[73]

Wie sehr Höffner an der Meinungsbildung im Beirat interessiert blieb, mag ein Brief an Minister Wuermeling vom 18. Februar 1957 belegen. Höffner entschuldigte sich zunächst für seine Nichtteilnahme an der nächsten Sitzung des Beirats am 4./5. März 1957: Er habe seinen Vorlesungsverpflichtungen in Trier nachzukommen. Er fuhr dann fort: »Zur Tagesordnung: Ich würde es begrüßen, wenn zunächst die Diskussion über die Berufstätigkeit der Mütter fortgesetzt werden könnte. Sodann ließe sich überlegen, ob wir nicht angesichts der Arbeitszeitverkürzung das Thema: Die Familie im ›Zeitalter der Freizeit‹ behandeln sollten. Für sehr wichtig halte ich auch das von Ihnen vorgeschlagene Thema: ›Die Ursachen des Geburtenrückgangs‹. Dabei müsste wohl auch untersucht werden, wie es kommt, dass in einigen hochindustrialisierten Ländern, z. B. in Kanada und USA, die Geburtenzahl seit 1938 bedeutend gestiegen ist.«[74]

Es scheint, dass in den Jahren 1956 und 1957 Rentenreform und Bundestagswahl im Mittelpunkt der Interessen der Bundesregierung gestanden haben. Jedenfalls wurde es etwas still um den Beirat des Familienministeriums. Erst am 26. September 1958 wandte sich Minister Wuermeling »Persönlich-Vertraulich« an Höffner: »Vielleicht werden Sie sich schon gefragt haben, was eigentlich aus dem bisherigen Beirat des Familienministeriums geworden sei. Wir haben uns in den letzten Monaten mehrfach Gedanken darüber gemacht und sind zu dem Ergebnis

---

72 Kurzprotokoll der 5. Sitzung des Beirats beim Bundesministerium für Familienfragen, 10./11. Februar 1956: HAEK – NH 2981.

73 Der Bundesminister für Familienfragen, Bonn, den 11. Februar 1956, Erklärung an die Presse: Ebd.

74 Höffner an Wuermeling, 18. 2. 1957: HAEK – NH 2980.

gekommen, dass mein Ministerium nach wie vor einen wissenschaftlichen Beirat für Familienfragen dringend braucht, nachdem die bisherige Arbeit doch recht fruchtbar und sehr wertvoll gewesen ist.

Wir haben aber das Gefühl, wir sollten den wissenschaftlichen Charakter des Beirats in seiner Zusammensetzung noch mehr unterstreichen. Ich würde über die Neubildung des Beirats sehr gern einmal persönlich mit Ihnen sprechen, wenn Sie, wie ich annehme, gelegentlich einmal in Bonn sind.«[75]

Bedauerlicherweise habe sich Klaus von Bismarck aus dem Beirat zurückgezogen. Wuermeling unterbreitete dann Höffner seine Vorstellungen über die personelle Zusammensetzung des neu zu berufenden Beirats und war an Höffners Einschätzung der Persönlichkeiten interessiert. Höffner antwortete am 13. Oktober 1958: »Ihren Entschluss, den Beirat des Familienministeriums beizubehalten, begrüße ich sehr. Insbesondere stimme ich Ihrem Urteil bei, dass der wissenschaftliche Charakter des Beirats noch mehr unterstrichen werden sollte. Aus der Mitarbeit in anderen Beiräten musste ich leider feststellen, dass die Arbeit sehr geschwächt wird, wenn Vertreter mächtiger Interessentengruppen im Beirat sind. Aber das war ja in Ihrem Beirat kaum der Fall, da die vier Präsidenten der Familienverbände keine Interessenvertreter im eigentlichen Sinne sind. Ihre Vorschlagsliste habe ich mit großem Interesse durchgesehen. Es freut mich, dass auch die jüngere Generation unter den Wissenschaftlern vertreten ist.«[76]

Die von Wuermelung gewünschte persönliche Aussprache musste Höffner absagen, »da in Münster zum ersten Mal seit 1936 wiederum eine Diözesansynode stattfindet.[77] Sobald ein Termin in Bonn festliegt, gebe ich Ihnen Nachricht.«

Am 11. November 1958 lud Wuermeling die vorgesehenen Mitglieder des neuen Beirats zur Mitarbeit ein.[78] Doch erst am 3. Februar 1959 konnte er die konstituierende Sitzung für den 20. März 1959 ankündigen.[79] Über die amtliche Zusammenarbeit im Beirat hinaus hatte Höffner offensichtlich einen persönlichen Kontakt zu Wuermeling gefunden. Am 12. Februar 1959 schrieb er dem Minister: »An unser Gespräch auf dem Landesparteitag in Bad Neuenahr denke ich gerne zurück. Das Gespräch machte deutlich, dass es nicht genügt, sich nur um die wirtschaftliche Situation der deutschen Familien zu kümmern. Ihr energisches Eintreten gegen Schmutz und Schund und gegen die unverschämten Methoden der an Schmutz und Schund wirtschaftlich interessierten Kreise begrüße ich sehr.

---

75 Auf privatem Briefbogen: Wuermeling an Höffner, 26. 9. 1958: Ebd.

76 Höffner an Wuermeling (Privatadresse), 13. 10. 1958 (Durchschlag): Ebd.

77 Zu Höffners Beteiligung an der Diözesansynode 1958 in Münster vgl. oben S. 217-222.

78 Der Bundesminister für Familien- und Jugendfragen an Höffner (gleichlautend an die übrigen Adressaten), 11. 11. 1958: HAEK – NH 2980.

79 Wuermeling an die Mitglieder (mit persönlichem Berufungsschreiben und Mitgliederliste), 3. 2. 1959: Ebd.

Auf den Entwurf Ihrer Denkschrift über die wirtschaftliche Situation der deutschen Familie freue ich mich. Es wäre ein guter Start für den Beirat, wenn diese Denkschrift der Gegenstand der Beratungen auf der ersten Sitzung am 20. März sein könnte.«[80]

Christiane Kuller schildert die Veränderungen im Beirat des Familienministeriums 1959: »Eine wichtige Zäsur bedeutete die Umgestaltung des Beirats im Frühjahr 1959. Obwohl das Wort ›wissenschaftlich‹ aus dem Namen verschwand – das neue Gremium hieß nun ›Beirat für Familienfragen‹ – war es das Ziel der Reform, den Wissenschaftlern ein größeres Gewicht zu verleihen. Dem zahlenmäßig auf 20 Personen erweiterten neuen Gremium gehörten außer den vier Familienverbandsvertretern fast nur noch Wissenschaftler an. Auch das Berufungsverfahren wurde 1959 geändert. Während 1954 der Bundesminister in eigener, freier Entscheidung die Beiratsmitglieder eingesetzt hatte, sollte nun der Beirat neue Mitglieder selbst auswählen und dem Minister zur Berufung vorschlagen können. Sehr bald kam es dann auch zwischen den Beiratsmitgliedern zum Konflikt über das Stimmrecht der Vertreter der Familienverbände im Gremium ...

Mit dem personellen Um- und Ausbau des Beirats trat eine Gruppe bevölkerungspolitisch orientierter Wissenschaftler verstärkt in die Beratungsarbeit ein. Bemerkenswert ist dabei vor allem der zunehmende Einfluss von Mitgliedern, die in der 1952 gegründeten ›Deutschen Akademie für Bevölkerungswissenschaft‹ bzw. in der ein Jahr später ins Leben gerufenen ›Deutschen Gesellschaft für Bevölkerungswissenschaft‹ organisiert waren. Die ›Deutsche Akademie‹ bildete gemeinsam mit der ›Deutschen Gesellschaft‹ eine Art Sammelbecken der Statistiker, Soziologen und Rassehygieniker des NS-Regimes und ihrer Schüler.«[81]

Höffner konnte mit dieser Entwicklung kaum einverstanden sein. Erst am 15./16. Oktober 1959 – also nach einem halben Jahr – fand die zweite Beiratssitzung statt und befasste sich mit dem Familienlastenausgleich.[82] Anfang 1961 diskutierte man Ausbildungsbeihilfen.[83] Im April 1961 standen »Probleme der unvollständigen Familie« zur Debatte, die durch ein Referat von Professor Harmsen eingeleitet wurde. Der Beirat bildete Unterkommissionen: eine für »Unvollständige Familie« unter Vorsitz von Harmsen; eine zweite für »Grundsatzfragen des Familienlastenausgleichs« unter Vorsitz von Professor Neundörfer.[84]

---

80 Höffner an Wuermeling, 12. 2. 1959 (Durchschlag): Ebd.

81 Ch. Kuller, Familienpolitik, S. 100 f.

82 Wuermeling an Höffner, 6. 8. 1959, Anlage: Entwurf einer Presseverlautbarung des Beirats: HAEK – NH 2981.

83 Einladung an die Mitglieder des Beirats zum 13. 1. 1961 mit Themenangabe: Ebd.

84 Ergebnisprotokoll über die Sitzung des Wissenschaftlichen Beirats für Familienfragen am 27./28. 4. 1961 in Bonn: HAEK – NH 2982.

Zur konstituierenden Sitzung der Beiratskommission »Grundsatzfragen des Familienlastenausgleichs« sollte es dagegen erst am 6. April 1962 kommen, als Joseph Höffner kurz vor seiner Ernennung zum Bischof von Münster stand.[85] Inzwischen hatte 1961 die 4. Bundestagswahl stattgefunden. Bundesminister für Familien- und Jugendfragen blieb zunächst Franz Josef Wuermeling.

Höffner war noch auf der letzten von ihm besuchten Sitzung des Beirats am 2./3. Mai 1962 bereit, sich zu engagieren und Aufgaben zu übernehmen. Im Ergebnisprotokoll lesen wir: »Nachdem der Beirat in seiner Vor- und Nachmittagssitzung des 2. Mai vorzüglich die von Prof. Albers vorgetragenen Vorschläge für eine Reform der Maßnahmen zur Förderung einer verbesserten Ausbildung in der Bundesrepublik auf Grund der Vorlage ›Standort, Zuweisung und Ausgestaltung von Ausbildungsbeihilfen‹ erörterte und einen Bericht des Herrn Bundesministers Wuermeling über den Stand seiner Familienpolitik im Anschluss an die Regierungserklärung vom 29. 11. 1961 entgegen genommen hatte, galten die Verhandlungen des 3. Mai 1962 den Ergebnissen der Sitzungen des Arbeitsausschusses ›Kinder aus unvollständigen Familien‹.«[86]

Bei der Diskussion über eine Vorlage Professor Harmsens über unvollständige Familien scheint Höffner noch einmal energisch eingegriffen zu haben: »[Es] bestand Übereinstimmung darin, dass ein gelegentlich gefordertes Arbeitsverbot für Mütter kleiner Kinder nicht ausgesprochen werden könne und dürfe. Ein solches Arbeitsverbot ist nicht nur verfassungswidrig, es lässt sich auch aus wirtschaftlichen Gesichtspunkten nicht durchsetzen und würde gegen den Grundsatz der freien Entfaltung der Persönlichkeit der Frau verstoßen. In z. T. eingehenden Ausführungen (Dr. Fischer-Erling, Dr. Oeter, Prof. Höffner, Prof. Wurzbacher, Prof. Neundörfer) wurde die Notwendigkeit der Aufklärung über die Bedeutung der Mutterschaft und der ersten Lebensphase des Kindes einhellig hervorgehoben. Hierfür bietet sich besonders das 9. Schuljahr, die Berufsschule und die sog. Gemeinschaftskunde auf den Höheren Schulen an ...«

Entsprechend heißt es in den Beschlüssen des Beirats: »Der Arbeitsausschuss ›Kinder aus unvollständiger Familie‹ des Beirates möge in einer Sondersitzung unter Beteiligung von Frau Dr. Pfeil sowie der Professoren Höffner, Neundörfer und Wurzbacher die Möglichkeiten der Unterstichprobe nach Inhalt, Methode und Durchführung und die Höhe der dafür erforderlichen Mittel abklären.« In der Diskussion scheint es also Differenzen zwischen der Gruppe Harmsen und den ihr nun zugeordneten Persönlichkeiten gegeben zu haben.

»Als Zeitpunkt für die nächste Sitzung des Arbeitsausschusses ›Kinder aus unvollständiger Familie‹ zur Beratung der Möglichkeiten der Unterstichprobe

85 Einladung zum 6. 4. 1962 (Dr. Wingen): HAEK – NH 2982.

86 Niederschrift über die Ergebnisse der Verhandlungen der Sitzung des Wissenschaftlichen Beirates des Bundesministeriums für Familien- und Jugendfragen am 3. Mai 1962 (Unterzeichner Prof. Harmsen): HAEK – NH 2984.

betr. ›Erwerbstätige Mütter mit Kleinkindern unter 3 Jahren‹ ... wird, nach zeitlicher Abstimmung mit Dr. Schubnell, Prof. Neundörfer und Prof. Höffner Mittwoch, der 27. Juni 1962 ... vorgesehen.«

Doch Höffners Mitwirkung im Beirat des Familienministeriums ging zu Ende. Am 4. September 1962, wenige Tage vor seiner Bischofsweihe in Münster, schrieb Höffner an Minister Wuermeling: »Durch meine Ernennung zum Bischof von Münster sehe ich mich gezwungen, meine Mitarbeit im wissenschaftlichen Beirat Ihres Ministeriums zu beenden. Sie wissen, dass ich mit großer Freude in Ihrem Beirat mitgearbeitet habe und viele wertvolle Anregungen dort empfangen habe ...«[87]

3. Mitarbeit in Beiräten des Bundeswohnungsbauministeriums

Nicht nur die Zerstörungen des Bombenkrieges hatten bis 1945 eine Wohnungsnot geschaffen. Nach 1945 kamen in Westdeutschland einige Millionen von Heimatvertriebenen hinzu, für die eine Unterbringung zu schaffen war. So wurden die Instandsetzung bzw. Wiederherstellung des vorhandenen Wohnungsbestandes und – nach 1949 – der Neubau von Wohnungen eine zentrale Aufgabe der Politik. Der Minister für Wohnungsbau hatte deshalb in der Bundesregierung wie in jeder Landesregierung eine einflussreiche Stellung, die zu besetzen für die Parteien erstrebenswert war.

Über die Wohnungsbaupolitik der Jahre 1945-1957 sind wir durch die Untersuchung von Günther Schulz umfassend unterrichtet.[88] Wenn Joseph Höffner in die Überlegungen und Planungen des Bundeswohnungsbauministeriums erst ab 1958 einbezogen wurde, so lag das vor allem daran, dass dieses Ministerium von 1949 bis 1957 von FDP-Ministern verwaltet wurde. Erst als im 3. Kabinett Adenauer der seit 1949 amtierende Vorsitzende des Bundestagsausschusses für Wiederaufbau und Wohnungswesen Paul Lücke (CDU)[89] das Ministerium übernahm, wurde Höffner auch im Wohnungsbauministerium zugezogen. Eine umfangreiche Mappe unter dem Titel »Familienheim« in seinem Nachlass macht jedoch sichtbar, dass Höffner sich schon in den frühen 50er Jahren für Wohnungsbaugesetzgebung und vor allem für familiengerechten Wohnungsbau interessiert hatte.[90] Am 17. Dezember 1952 hatte der »Wohnungswirtschaftliche Beirat beim

---

[87] Höffner an Wuermeling, 4. 9. 1962 (Durchschlag): HAEK – NH 2982.

[88] G. Schulz, Wiederaufbau in Deutschland.

[89] Paul Lücke (1914 – 1976), nach 1945 Mitbegründer der CDU im Oberbergischen Kreis, 1947 Amtsdirektor in Engelskirchen, ab 1949 MdB und Vorsitzender des Bundestagsausschusses für Wiederaufbau und Wohnungswesen, 1957-1965 Bundesminister für Wohnungsbau bzw. für Wohnungswesen, Städtebau und Raumordnung, 1965-1968 Bundesinnenminister: G. Schulz, in: LCDD, S. 318 f.; J. Aretz, Paul Lücke (1914-1976), in: Zeitgeschichte in Lebensbildern 11, Münster 2004, S. 195-212 u. 342 f. (Literatur).

[90] HAEK – NH 1034.

Bundesministerium für Wohnungsbau« ein »Gutachten zur Frage der familiengerechten Wohnung« erstellt, das Höffner studiert und zu dem er sich Notizen gemacht hatte.[91]

Demnach hatte der erste Bundesminister für Wohnungsbau, Eberhard Wildermuth, bei seinem Ministerium einen entsprechenden Beirat begründet.[92] Doch Minister Lücke ging ab 1957 zu Beiräten über, denen konkrete und befristete Aufgabenstellungen zugewiesen wurden. So schrieb Lücke am 4. März 1958 an Höffner, er berufe ihn – nach vorheriger Rücksprache – »als ständiges Mitglied in den von mir gebildeten ›Wissenschaftlichen Beirat für Fragen der Bodenbewertung beim Bundesministerium für Wohnungsbau‹«.[93] Die erste Sitzung dieses Gremiums hatte gerade am 14. Februar 1958 stattgefunden. »Ich darf Ihnen für Ihre Bereitwilligkeit, an der für die Neugestaltung des Bau- und Bodenrechts überaus bedeutsamen Lösung des Bodenbewertungsproblems mitzuwirken, aufrichtig danken ...«

Höffner hatte sich gleich – nach dem Muster »Rothefels« – von Minister Lücke in die Pflicht nehmen lassen. Lücke schrieb ihm am 7. Mai 1958: »In der gemeinsamen Besprechung, die am 14. Februar in meinem Hause stattfand, haben Sie sich freundlicherweise dazu bereiterklärt, mit den Herren Bundesrichter Dr. [Werner] Ernst, Oberbürgermeister Dr. Arnulf Klett, Professor Dr. Fritz Meyer und Professor Dr. Ludwig Neundörfer im Rahmen eines Forschungsauftrages Vorschläge zur Lösung der Bodenbewertungsfrage im Zusammenhang mit der Neuregelung des Bodenrechtes zu machen ...«[94]

Das Protokoll der Beiratssitzung am 20./21. Juni 1958[95] weist aus, dass Höffner sich zu Absprachen mit seinem Münsteraner Kollegen Jecht verpflichtete: »Für die ethischen Gesichtspunkte, die für die Beeinflussung des Bodenpreises sprechen, insbesondere auch die sozialpolitischen Argumente, die hier im Zusammenhang mit der Forderung nach Eigentumsbildung in breiteren Schichten der Bevölkerung vorgebracht werden, wird Herr Professor Höffner eine Ausarbeitung vorlegen.«

Die weiteren Protokolle des Beirats, aber auch ein Schreiben des Katholischen Büros Bonn an Höffner vom 15. Juli 1958[96] machen deutlich, dass an der Vorlage für Minister Lücke im Sommer 1958 intensiv gearbeitet wurde. Höffner erstellte einen vierseitigen Beitrag über »Bodenpreisregelung mit Hilfe der Grundsteuer«,

---

91 Gedrucktes Exemplar des Gutachtens und eine umfangreichere handschriftliche Notiz Höffners: Ebd.

92 Das ergeben Briefe der Beiratsvorsitzenden Arnold Knoblauch und Joseph Paul Franken an Minister Lücke vom 12. 7. 1961 und Lückes an Höffner vom 8. 3. 1962: HAEK – NH 3071 bzw. 3070. Dieser erste Beirat wurde am 13. 12. 1950 konstituiert.

93 Lücke an Höffner, 4. 3. 1958: HAEK – NH 3032.

94 Lücke an Höffner, 7. 5. 1956: Ebd.

95 Niederschrift über die 4. Sitzung des »Wissenschaftlichen Beirats für Fragen der Bodenbewertung beim Bundesministerium für Wohnungsbau« am 20./21. Juni 1958 in Essen: HAEK – NH 3070.

96 Katholisches Büro Bonn an Höffner, 15. 7. 1958: HAEK – NH 3032.

der offenbar mit Nell-Breuning in der Sitzung des Beirats am 11. Juli 1958 verhandelt worden war.[97] Noch im Herbst 1958 veröffentlichten die fünf von Lücke beauftragten Herren ihre »Vorschläge zur Ordnung des Baulandmarktes«.[98] Am 20. November übersandte Höffner je ein Exemplar an die Kollegen Jecht und Seraphim in Münster, aber auch an das Liegenschaftsamt der Stadt Münster mit Dank für erteilte Auskünfte.[99] Professor Seraphim antwortete Höffner: »Es ist sicherlich kein leichtes Unterfangen gewesen, sich zu dieser schwierigen Materie gutachtlich zu äußern, und es wäre zu hoffen, wenn die aufgezeigten Wege Ihres Gutachtens dazu beitragen könnten, die verfahrene Situation auf diesem Sektor etwas aufzuhellen.«[100]

Wie die sonstige Korrespondenz in Höffners Nachlass zu dem Gutachten erkennen lässt, hat es nicht nur Zustimmung gefunden. Vor allem das Deutsche Volksheimstättenwerk hat erhebliche, zum Teil unsachliche Kritik geübt. Auch zwischen Nell-Breuning und Minister Lücke kam es im Februar 1959 zu einer kritischen Korrespondenz.[101]

Neben dieser Beteiligung Höffners an dem von Minister Lücke erbetenen Fünfer-Gutachten stand die Einlösung von Höffners Ankündigung im Beirat am 20./21. Juni 1958, eine Ausarbeitung zu ethischen und sozialpolitischen Argumenten hinsichtlich der Bodenpreise zu erstellen. In seinem Nachlass findet sich ein neunseitiges Manuskript mit dem Titel »Sozialethische Erwägungen zur Gestaltung der Baulandpreise«. Höffner hat es nach Fertigstellung noch weiter ergänzt und überarbeitet. Ob und wie er es in den Arbeitsgang des Bauministeriums einbrachte, ist nicht erkennbar.[102]

Es sollte bis zum Sommer 1960 dauern, bis im »Bundesbaugesetz« vom 23. Juni 1960 auch die Bemühungen um eine Regelung der Baulandmarktverhältnisse zum Zuge kamen. Staatssekretär Ernst schrieb Höffner am 21. Juli 1960: »Die zur Lösung der Baulandfrage vorgesehenen gesetzlichen Maßnahmen sind entscheidend von dem Gutachten des Wissenschaftlichen Beirats beeinflusst worden. Wenn das Bundesbaugesetz die Vorschläge auch nicht in vollem Umfange verwirklicht, so ist doch sicherlich eine brauchbare Grundlage für die Verbesserung der Bodenmarktverhältnisse geschaffen worden.«[103]

[97] Durchschlag mit Bearbeitungsspuren Höffners: Ebd.

[98] W. Ernst, J. Höffner, A. Klett, E. W. Meyer, L. Neundörfer, Vorschläge zur Ordnung des Baulandmarktes (= Schriftenreihe des Bundesministeriums für Wohnungsbau, Band 12), Bonn 1958.

[99] Durchschläge der Begleitschreiben: HAEK – NH 3032.

[100] Seraphim an Höffner, 25. 11. 1958: Ebd.

[101] Ernst an Höffner, 19. 12. 1958 und 31. 1. 1959; Nell-Breuning an Lücke, 18. 2. 1959, Lücke an Nell-Breuning 24. 2. 1959 (Abschriften): Ebd.

[102] J. Höffner, Sozialethische Erwägungen zur Gestaltung der Baulandpreise, 9 Seiten Manuskript mit Bearbeitungsspuren und Ergänzungen Höffners, Randvermerk auf der ersten Seite »6 x« (für die Mitgutachter und Minister Lücke?): HAEK – NH 3067.

[103] Staatssekretär Ernst an Höffner, 21. 7. 1960, Anlage: Bundesbaugesetz vom 23. Juni 1960 (BGBl 1960 I, S. 341 ff.): HAEK – NH 3071.

Inzwischen hatte sich Höffner bereits am 23. Februar 1959 telefonisch bereiterklärt, »im Wohnungswirtschaftlichen Beirat beim Bundesminister für Wohnungsbau mitzuwirken«.[104] Die Berufung erfolgte unter dem 12. März 1959. Es handelte sich bei diesem Beirat um die Fortführung des von Minister Wildermuth 1950 gegründeten allgemeinen Beirats. Zwischen 1951 und 1958 hatte er zu jeweils anstehenden Themen der Wohnungsbaupolitik 13 Gutachten für das Ministerium erarbeitet.[105]

Auch in diesem Beirat beteiligte sich Höffner sehr bald an der inhaltlichen Arbeit. Dem inzwischen zum Staatssekretär bestellten Mitgutachter von 1958, Bundesrichter Dr. Werner Ernst, schrieb Höffner am 2. Juni 1959: »In den letzten Tagen habe ich den ›Entwurf eines Gesetzes über den Abbau der Wohnungszwangswirtschaft und über ein soziales Mietrecht‹ sowie das von Heuer-Kühne erstellte Gutachten (Institut Prof. Seraphim) durchgesehen. Ich bin zu dem Schluss gekommen, dass sich zu den anstehenden Fragen aus sozialethischer Sicht ein Wort sagen lässt. Dabei müssten wohl die Belange sowohl des Mieters wie auch des Vermieters berücksichtigt werden.«[106]

Schon am 24. Juni 1959 konnte Höffner dem Staatssekretär schreiben: »In der Anlage überreiche ich Ihnen 15 Exemplare [für den Beirat] der besprochenen Ausarbeitung. Ich habe ihr den Titel gegeben: ›Selbstverantwortung und Gemeinschaftshilfe im deutschen Wohnungswesen‹. Mir scheint nämlich, dass sich die wichtigsten sozialethischen und sozialpolitischen Anliegen unter die beiden Begriffe Selbstverantwortung und Gemeinschaftshilfe fassen lassen.«[107] Der zehn Seiten umfassende Text wurde alsbald in »Die Kirche in der Welt« veröffentlicht.[108]

Im Sommer 1959 beteiligte sich Höffner an der Erarbeitung einer Denkschrift mit dem Titel »Warum Abbau der Wohnungszwangswirtschaft? Warum soziales Mietrecht?« für Minister Lücke bzw. zur Information der Bundestagsabgeordneten anlässlich der Einbringung des entsprechenden Gesetzentwurfs im Bundestag.[109] In diesem Zusammenhang dürfte auch eine Ausarbeitung Höffners mit dem Titel »Miet- und Lastenbeihilfen nach Beseitigung der Wohnungszwangswirtschaft« entstanden sein.[110]

---

[104] So Lücke an Höffner, 12. 3. 1959 (»fernmündliche Besprechung am 23. Februar 1959«): HAEK – NH 3069; Höffners schriftliche Zusage der Mitarbeit, 24. 3. 1959: HAEK – NH 3068.

[105] Aufstellung aus dem Wohnungsbauministerium, datiert 22. 7. 1958: »Verzeichnis der vom Wohnungswirtschaftlichen Beirat beim Bundesministerium für Wohnungsbau erstellten bzw. beratenen Gutachten«: HAEK – NH 3069.

[106] Höffner an Ernst, 2. 6. 1959 (Durchschlag): HAEK – NH 3072.

[107] Höffner an Ernst, 24. 6. 1959 (Durchschlag): EBD. – Der Text der Ausarbeitung (10 Seiten): EBD. sowie HAEK – NH 3067.

[108] J. HÖFFNER, Selbstverantwortung und Gemeinschaftshilfe im deutschen Wohnungswesen der Gegenwart, in: DIE KIRCHE IN DER WELT, Jahrgang 11, 1960, S. 77-82 (vgl. W. WEYAND, Schriftenverzeichnis Nr. 240, S. 27).

[109] Gedruckte Exemplare: HAEK – NH 3072. – Dort auch ein Schriftwechsel zwischen Höffner und Ministerialdirektor Schornstein zur Qualität der Denkschrift vom September 1959.

[110] J. HÖFFNER, Miet- und Lastenbeihilfen nach Beseitigung der Wohnungszwangswirtschaft, 3 Seiten: HAEK – NH 3067 und 3068.

Nachdem 1961 der Gesetzentwurf die parlamentarischen Hürden genommen hatte, schlugen beide Vorsitzende des Beirats, Adolf Knoblauch und Joseph Paul Franken, Minister Lücke vor, nach zehnjähriger erfolgreicher Tätigkeit den Beirat aufzulösen. »Aus Ihrem Ministerium für Wohnungsbau wurde das Ministerium für Wiederaufbau und Neuanlage ganzer Städte, d. h. für Raumplanung und Städtebau allgemein.«[111] Doch Minister Lücke wartete die Bundestagswahl und die Neubildung der Bundesregierung im Herbst 1961 ab. Am 8. März 1962 schrieb er Höffner, dass die Aufgabe des Wohnungswirtschaftlichen Beirats seines Ministeriums erfüllt sei: »Nach der Regierungserklärung vom 29. November 1961 sind meinem Ministerium neue Aufgaben übertragen worden, die das Schwergewicht seiner Arbeit vom Wohnungsbau zum Städtebau und zur Raumordnung verlagern werden.

Sie haben dem Wohnungswirtschaftlichen Beirat seit dem Jahr 1959 angehört und durch Ihre reichen Kenntnisse und Erfahrungen auf dem Gebiete des Wohnungs- und Siedlungswesens seine Arbeit wesentlich gefördert. Zahlreiche Vorschläge und Anregungen von Ihnen haben in den Gutachten ihren Niederschlag gefunden.« Nach Dankesworten folgte die Erwartung, »dass Sie auch künftighin meinem Ministerium verbunden bleiben und Ihren wertvollen Rat zur Verfügung stellen werden.«[112]

Schon einen Monat später konkretisierte Lücke seine Erwartungen an Höffner: »Im Zusammenhang mit der Erweiterung der Aufgaben meines Ressorts beabsichtige ich, zur Beratung grundsätzlicher Probleme des Städtebaues, der Dorferneuerung und der Raumordnung einen Beirat zu bilden. Ich habe daher mit den in der Anlage verzeichneten Herren Fühlung genommen, um sie zur Mitarbeit in diesem Beirat zu gewinnen. Ich freue mich, dass auch Sie dieser meiner Bitte entsprochen haben. Ich darf Sie daher hiermit für die Dauer der Legislaturperiode offiziell in den Beirat für Städtebau und Raumordnung berufen.«[113]

Aus der beiliegenden Liste der Mitglieder des neuen Beirats konnte Höffner ersehen, dass auch sein Schüler Paul Adenauer berufen worden war. Die Konstituierung des neuen Gremiums fand am 1. Juni 1962 statt.[114] Minister Lücke erstrebte eine intensive Arbeit in Arbeitskreisen, die ihre Ergebnisse im Plenum des Beirats zur Diskussion stellen sollten. Höffner wurde dem »Arbeitskreis 3: Stadt-

[111] Der Wohnungswirtschaftliche Beirat beim Bundesministerium für Wohnungsbau an Lücke, 12. 7. 1961 (auch Informationsschreiben an die Mitglieder des Beirats gleichen Inhalts): HAEK – NH 3071.

[112] Lücke mit Briefkopf »Der Bundesminister für Wohnungswesen, Städtebau und Raumordnung« an Höffner, 8. 3. 1962: HAEK – NH 3070.

[113] Lücke an Höffner, 5. 4. 1962, Anlage: Mitgliederliste »Beirat für Städtebau und Raumordnung«: HAEK – NH 3043.

[114] Niederschrift über die konstituierende Sitzung des Beirates für Städtebau und Raumordnung am 1. Juni 1962: Ebd. – Dort auch »Liste der Mitglieder der Arbeitskreise des Beirates für Städtebau und Raumordnung«.

erneuerung« zugeteilt. Doch es sollte zu keiner Mitarbeit Höffners in diesem Arbeitskreis mehr kommen: Am 9. Juli 1962 wurde er zum Bischof von Münster ernannt und kündigte am 24. Juli 1962 seine Mitarbeit auf.[115]

4. »Gleitende Arbeitswoche« – Höffners Einsatz für den Schutz des Sonntags

Neben der längerfristigen Mitarbeit Höffners in den Beiräten von drei Bundesministerien standen Anfragen um punktuelle Stellungnahmen, Gutachten und Mitarbeit in Gremien, die hier nicht im einzelnen dargestellt werden können. Beispielhaft sei nur sein Einsatz für den Schutz des Sonntags ausführlicher beschrieben.[116]

Der Sonntag war bereits durch § 105 der Gewerbeordnung von 1891 bzw.1895 geschützt. Darüber hinaus stand der arbeitsfreie Sonntag unter dem Schutz des Grundgesetzes (Art. 140). Dabei waren Ausnahmen von der Arbeitsruhe für Polizei, Verkehr und Gesundheitswesen sowie für verschiedene Zweige der Dienstleistungsgewerbe eingeräumt worden. Ausgangspunkt einer Diskussion über die generelle Einführung der »gleitenden Arbeitswoche« in den 1950er Jahren waren technische Notwendigkeiten, aber auch höhere Profitabilität der Siemens-Martin-Öfen der Hüttenwerke Oberhausen AG (HOAG), bald auch entsprechende Forderungen der Papierindustrie. Man lockte Arbeiterschaft und Aufsichtsbehörden mit der Möglichkeit, die Arbeitszeit in diesen Bereichen harter Arbeit durch die »gleitende Arbeitswoche« bei vollem Lohnausgleich von 53 auf 42 Stunden reduzieren zu können.

Höffner hat mit Recht darauf hingewiesen: »Eigentlich ist der Ausdruck [»gleitende Arbeitswoche«] ungenau, da nicht die Woche, sondern die kontinuierliche Arbeit über Sonn- und Werktage dahingleitet, ohne auf den Sonntag Rücksicht zu nehmen.«[117] In der Diskussion der kommenden Jahre sollte es nicht nur um die religiöse Bedeutung des Sonntags gehen, sondern auch um dessen Bedeutung für die Familie: Ein Mehr an Freizeit könne nicht den gemeinsamen Sonntag aufwiegen, an dem die ganze Familie sich entfaltet und erlebt.

Die Gesetzgebungskompetenz hinsichtlich der Sonntagsarbeit lag beim Bund. Doch für Ausnahmegenehmigungen im Einzelfall waren die Länder, im Fall der

[115] Antwortschreiben des persönlichen Referenten Lückes Dr. Peter Walter an Höffner, 3. 8. 1962: HAEK – NH 3043.

[116] Zeitnahe Literatur zum Thema Sonntagsarbeit und »gleitende Arbeitswoche«: O. Neuloh – R. Braun – E. Werner, Die durchlaufende Arbeitsweise. Sonntagsarbeit im Urteil der Stahlarbeiter, Tübingen 1961; J. Höffner, Tag des Herrn und gleitende Arbeitswoche, in: TThZ 65, 1965, S. 257-265; H. J. Wallraff, Der Sonntag und die gleitende Arbeitswoche, Stuttgart 1957.- Neuestens: Am siebten Tag. Geschichte des Sonntags. Begleitbuch zur Ausstellung im Haus der Geschichte der Bundesrepublik Deutschland, Sankt Augustin 2002.

[117] J. Höffner, Tag des Herrn, S. 257.

HOAG das Land Nordrhein-Westfalen, zuständig. Höffner wies darauf hin: »Eine sachgerechte Stellungnahme zur ›gleitenden Arbeitswoche‹ muss davon ausgehen, dass in den Hüttenwerken stets in beträchtlichem Umfang sonntags gearbeitet worden ist.«[118] Die gesetzlich vorgeschriebene Sonntagsruhe (6-22 Uhr) durfte für Reparaturarbeiten, aber auch ab 18 Uhr zum Anheizen der Siemens-Martin-Öfen genutzt werden. Doch 1954 strebten die HOAG eine weitergehende, generelle Aufhebung des Sonntagsschutzes für bestimmte Produktionszweige an.

Den Beginn der politischen Auseinandersetzung um dieses Thema hat Rudolf Braun in aller Kürze beschrieben:

»Am 30. Juni 1954 fand eine vom Arbeitsminister des Landes Nordrhein-Westfalen einberufene Besprechung mit Vertretern der katholischen und evangelischen Kirche, des Deutschen Gewerkschaftsbundes, der IG Metall, der Werksleitung und des Betriebsrates der HOAG statt. Den Anlass bildete eine weitere Fristverlängerung der Arbeitszeitregelung im durchlaufenden Betrieb. Nach eingehender Erörterung stellt der Arbeitsminister fest, dass das Problem nach den Erfahrungen einer zweijährigen Versuchszeit nunmehr über den Rahmen der Hüttenwerke Oberhausen AG hinaus Bedeutung erhalten habe. Man müsse die Arbeitszeitfragen von der grundsätzlichen Seite aus betrachten und untersuchen. Er schlug vor, dass ein aus fünf Fachleuten zusammengesetzter Ausschuss dem Arbeitsministerium ein Gutachten zu den Problemen der durchlaufenden Arbeitsweise ausarbeite. Zur Wahrung absoluter Neutralität sollten folgende Verbände und Institutionen je 3 Besetzungsvorschläge für die Gutachtenkommission dem Arbeitsministerium einreichen: Katholische Kirche, Evangelische Kirche, DGB, Arbeitgeberverband der Eisen- und Stahlindustrie und der Verein Deutscher Eisenhüttenleute. Es sollten Persönlichkeiten sein, bei denen die Freiheit des Urteils gewährleistet sei.«[119]

Es ist davon auszugehen, dass Joseph Höffner von katholischer Seite, näher- hin von Prälat Böhler, vorgeschlagen wurde. Die von Arbeitsminister Johann Platte (CDU)[120] zusammengestellte Expertengruppe setzte sich zusammen aus:

1. Prof. Dr. med. Otto Graf (Max-Planck-Intitut für Arbeitsphysiologie), Dortmund
2. Prof. Dr. Joseph Höffner, Münster
3. Prof. Dr. phil. Heinrich Kraut (Max-Planck-Institut), Dortmund
4. Dipl.-Volkswirt Kurt Doese (Ausschuss für Sozialwirtschaft bei der Wirtschaftsvereinigung der Eisen- und Stahlindustrie), Düsseldorf

[118] Ebd.

[119] R. Braun, in: O. Neuloh – R. Braun – E. Werner, Die durchlaufende Arbeitsweise, S. 46.

[120] Johann Platte (1894 – 1960), 1925-1933 Angestellter des Gewerksvereins Christlicher Bergarbeiter, vor 1933 Mitglied der Zentrumspartei, ab 1947 Mitarbeiter der IG Bergbau und Energie, 1950-1954 Vorstandsmitglied der Gewerkschaft, ab 1945 Mitglied der CDU, 1954-1956 Arbeits- und Sozialminister in NRW: B. Haunfelder, Nordrhein-Westfalen, S. 366 (dort auch Literaturhinweise).

5. Dipl.-Ing. Ernst Blume, Düsseldorf
6. Ministerialrat Dr. jur. Hans Fischer (Arbeits- und Sozialministerium), Düsseldorf[121]

Als sechstes Mitglied war als Vertreter des Ministeriums Dr. Fischer hinzugekommen. Den Namen von Minister Platte versah Höffner mit dem handschriftlichen Zusatz »IG Bergbau«. Über die Zusammensetzung dieser Gutachtergruppe schrieb Höffner am 11. Mai 1955 an Prälat Böhler: »Von evangelischer Seite hat Herr Professor Kraut, Dortmund, mitgearbeitet; unter den 6 Beauftragten waren außer mir noch 3 Katholiken: Prof. Graf (Dortmund), Ministerialrat Dr. Fischer (Düsseldorf) und Direktor Blume (Düsseldorf).«[122]

Am 6. November 1954 übersandte Platte den genannten Mitgliedern ein Schreiben mit ihrer Berufung und einer Umschreibung ihres Auftrages. Er lud zu einer ersten Besprechung am 22. November 1954 in das Ministerium ein.[123] Die HOAG unterrichtete der Minister am 30. November über den Vorgang.[124] Den Mitgliedern des Arbeitskreises schrieb Platte am gleichen Tage: »Zu den Problemen hat das Institut für Christliche Sozialwissenschaften ... in Münster ... eine gutachtliche Stellungnahme ausgearbeitet. Da Herr Prof. Dr. Höffner in dem Arbeitskreis mitarbeitet, dürfte sie Ihnen zur Verfügung stehen.[125] Das Hüttenwerk Oberhausen hat seinerzeit [1952] Herrn Prof. Dr. Guido Fischer von der Universität München mit der Ausarbeitung eines Gutachtens ... beauftragt.[126] ... Auf Anweisung meines Fachreferates hat der Staatliche Gewerbearzt in Düsseldorf über die Beeinflussung des Gesundheitszustandes der in den Martinswerken Beschäftigten ... Untersuchungen angestellt ...« Minister Platte äußerte die Erwartung, »über Ihre Arbeiten Mitte Februar nächsten Jahres eine Mittelung zu erhalten«.[127]

Höffner übersandte seine Stellungnahme zum Teilkomplex »Die 42-Stunden-Woche und die christliche Sonntagsheiligung« seinen Arbeitkreiskollegen am 22. Dezember 1954.[128] Außerdem hatte Höffner seine Stellungnahme dem Geschäftsführer des BKU, Dr. Wilfrid Schreiber, zur Kenntnis gegeben. Dieser erwiderte ihm am 12. Januar 1955: »Angeregt durch Ihr höchst interessantes Gutachten über

---

121 Zur Namensliste vgl. R. Braun, in: O. Neuloh – R. Braun – E. Werner, Die durchlaufende Arbeitsweise, S. 46.

122 Höffner an Böhler, 12. 5. 1955 (Durchschlag): HAEK – NH 1180.

123 Der Arbeits- und Sozialminister des Landes NRW an die Mitglieder des Arbeitskreises zum Studium der Arbeitszeitregelung (Sonntagsarbeit) in den Martinwerken, 6. 11. 1954: HAEK – NH 1182. – Höffner versah die Namen der Mitglieder mit handschriftlichen Notizen und gab seine Zusage zur Mitarbeit am 18. 11. 1954: Ebd.

124 Platte an HOAG, 30. 11. 1954 (Abschrift): Ebd.

125 »VII. Die 42-Stunden-Woche und die christliche Sonntagsheiligung«, 7 Seiten Text mit handschriftlichen Überarbeitungsspuren Höffners: Ebd.

126 Prof. Dr. Guido Fischer, München, Gutachten über den kontinuierlichen Betrieb in den SM-Stahlwerken des Hüttenwerkes Oberhausen, 10 Seiten, datiert: 8. 5. 1952 (Kopie): Ebd.

127 Platte an Mitglieder des Arbeitskreises, 30. 11. 1954: Ebd.

128 Begleitschreiben Höffners an die Mitglieder des Arbeitskreises, 22. 12. 1954 (Durchschlag): Ebd.

die Einführung des kontinuierlichen Betriebs im Stahlwerk Oberhausen erlaube ich mir, Ihnen hiermit eine Denkschrift der ›Feldmühle Papier- und Zellstoffwerke AG‹ vorzulegen, die nun ebenfalls den kontinuierlichen Prozess anstrebt.«[129] Der BKU werde die ablehnende Tendenz wahrscheinlich übernehmen, obwohl ihm – Schreiber – nicht ganz wohl dabei sei.

Neben dem »Urtext« Höffners liegen in dessen Akten auch entsprechende Stellungnahmen der übrigen Mitglieder des Arbeitskreises,[130] dazu das erwähnte Gutachten Professor Guido Fischers für die HOAG aus dem Jahre 1952. Es haben dann wohl noch einige Redaktionssitzungen stattgefunden, wobei man berücksichtigen muss, dass Höffner seit dem 25. Februar 1955 durch den Auftrag Bundeskanzler Adenauers für die Sozialreform blockiert war. Es gelang den Düsseldorfer Gutachtern dennoch, am 25. Mai 1955 in Düsseldorf ihr Gutachten zu unterzeichnen und dem Minister vorzulegen.[131] Auf Höffner und den evangelischen Vertreter, Professor Dr. Heinrich Kraut, geht der Abschnitt »V. Religiöse und ethische Gesichtspunkte«[132] zurück. Der erste Teil »Der christliche Sinn des Sonntags« kommt zu den Folgerungen:

»a) Im Rhythmus der Woche muss ein bestimmter Tag als arbeitsfreier Tag, als Tag des Herrn, für das ganze Volk festgelegt werden, eben der Sonntag. Ausdruck eines allzu individualistischen Denkens wäre es, wollte man es dem einzelnen Menschen anheim stellen, sich irgend einen Tag der Woche als einen Mußetag auszuwählen ...

b) Auch für ein inniges und gesundes Familienleben, für die Pflege der Beziehungen zu Verwandten und Freunden (Besuche), sowie für die Teilnahme am kulturellen Leben des Volkes ist der Sonntag unentbehrlich.

c) Mit vollem Recht ist deshalb die Sonntagsruhe gesetzlich geschützt, so dass die Arbeit an Sonn- und Feiertagen als Ausnahme gilt, die an besondere Bedingungen geknüpft ist ...

d) Die bedauerliche Tatsache, dass viele Menschen den Sonntag nicht mehr als Tag des Herrn, sondern als Zeitvertreib am Wochenende im Sinne der bloßen Polarität ›Arbeitszeit-Freizeit‹ erleben, darf nicht dazu verleiten, den Sonntag abschaffen zu wollen ...«

In einem zweiten Teil werden denkbare »Ausnahmen vom Gebot der Arbeitsruhe an Sonn- und Feiertagen« dargestellt:

---

[129] Schreiber an Höffner, 12. 1. 1955: EBD.(Original) bzw. RWWA – BKU – 233 (Durchschlag).

[130] Z. B. die Ausarbeitung von Heinrich Kraut zu Abschnitt VII aus evangelischer Sicht (Randbemerkungen Höffners), ferner: »Die arbeitsmedizinische Seite des Problems der kontinuierlichen Arbeit ...« (11 Seiten, o. D. u. Unterschrift), ein Papier von Dipl.-Ing. Blume, ferner »Entwurf einer rechtlichen Stellungnahme ...« von Ministerialrat Dr. Hans Fischer: HAEK – NH 1182.

[131] »Düsseldorf, den 25. Mai 1955«, handschr. Randvermerk Höffners »Vertraulich«: EBD.

[132] Kraut an Landeskirchenrat Dr. Glaser, Düsseldorf, 14. 5. 1955 (Durchschlag »Herrn Prof. Höffner zur gefl. Kenntnisnahme): HAEK – NH 1181. Darin heißt es: »Die von den beiden Kirchen vorgeschlagenen Gutachter, Prof. Höffner und ich, haben gemeinsam den Teil V des Gutachtens ›Religiöse und ethische Gesichtspunkte‹ bearbeitet und auch bei der Abfassung der neuen Vorschläge (Teil VII und VIII) die kirchlichen Gesichtspunkte gemeinsam vertreten.«

»Die Kirche hat zu allen Zeiten Ausnahmen vom Gebot der Sonntagsruhe anerkannt. Es versteht sich, dass diese Ausnahmen heute andere sind als im Mittelalter. Die moderne Wirtschaft ist ein komplizierter technischer und organisatorischer Apparat, den man am Sonntag nicht völlig stillstehen lassen kann. Hier gelten folgende vier Grundsätze:

a) Eine Ausnahme vom Gebot der Sonntagsruhe ist gegeben, wenn ein bestehender Notstand behoben werden muss: Öffentliche Notstandsarbeiten, Feldarbeit bei dauernd ungünstiger Witterung und dgl.

b) Die Sonntagsarbeit kann zur Verhütung eines sonst eintretenden Notstandes berechtigt sein: In lebenswichtigen Versorgungsbetrieben kann der Verzicht auf die Sonntagsruhe von der Rücksicht auf den Nebenmenschen geboten sein, den der Ausfall von Wasser, Gas, Elektrizität und dgl. in Not bringen würde. Aus ähnlichen Gründen werden keine Einwendungen gegen die Sonntagsarbeit im Verkehrswesen, im Nachrichtenwesen, im Hotelgewerbe, in den Gaststätten, in den Krankenhäusern und Apotheken erhoben.

c) Die Sonntagsarbeit kann durch technische Notwendigkeiten des Produktionsprozesses bedingt sein, z. B. wenn durch die Unterbrechung der Arbeit an den Sonntagen die im Herstellungsprozess befindlichen Stoffe verderben würden.

d) Kein ausreichender Grund zur Aufhebung der Sonntagsruhe ist gegeben, wenn die Sonntagsarbeit lediglich zu dem Zweck erfolgt, die Rentabilität des Unternehmens oder den Lebensstandard der Arbeitnehmer zu steigern. Der Mensch ist weder um der größtmöglichen ökonomischen Produktivität, noch um des größtmöglichen Lebensstandards willen da. Die Wirtschaft ist nicht der einzige und höchste Wert, dem sich alles unterordnen müsste. Sie muss sich vielmehr in die Gesamtordnung der menschlichen Werte an der ihr zukommenden Stelle einfügen.

Daraus folgt, dass die Sonntagsruhe weder dem betrieblichen Rentabilitätsstreben noch dem Lebensstandard geopfert werden darf ...« In einem dritten Teil werden »Die Auswirkungen der jetzigen Oberhausener kontinuierlichen Arbeitsweise auf den Sonntag« mit einer tabellarischen Übersicht beschrieben und die Bedenken der Theologen noch einmal aufgezählt.

In dem bereits erwähnten Brief an Prälat Böhler vom 12. Mai 1955[133] schrieb Höffner von Burg Rothenfels (also aus der parallelen Arbeit an der »Rothenfelser Denkschrift«) zum Stand der Arbeiten am Gutachten zur Sonntagsarbeit: »Das Gutachten über die Sonntagsarbeit in den S[iemens] M[artin]-Stahlwerken haben wir vor einigen Tagen fertiggestellt. ... Die ersten 29 Seiten des Gutachtens bringen einen Überblick über den Tatbestand, der Ihnen bekannt ist. Ich lege Ihnen die wesentlichen Teile bei:

- Religiöse und ethische Gesichtspunkte,
- Rechtslage,

[133] Vgl. oben S. 292 mit Anm. 122.

- Vorschlag einer Neuregelung,
- Begründung der vorgeschlagenen Neuregelung.

Nach meiner Überzeugung kann man dem Vorschlag zustimmen. Der rhythmusgebende Charakter des Sonntags bleibt bewahrt, da alle 4 Wochen der Samstag, Sonntag und Montag völlig arbeitsfrei sind und an einem weiteren Sonntag nur bis 6 Uhr morgens gearbeitet wird ...

Selbstverständlich kann das Gutachten nur von den 6 Verfassern vertreten werden; es bedeutet in keiner Weise eine Bindung für kirchliche oder Regierungsstellen. Da jedoch in absehbarer Zeit mit der Einführung der 40-Stunden-Woche gerechnet werden muss, wird die kontinuierliche Arbeit in den SM-Stahlwerken in der Form der 42-Stunden-Woche nicht zu umgehen sein ... Eine Ausdehnung auf andere Industriezweige ist nicht zu befürchten, da die im Gutachten erwähnte Bekanntmachung der Regierung die scharfe Begrenzung auf die SM-Stahlwerke vorsehen müsste.«

Böhler antwortete am 17. Mai 1955: »Ich habe sofort alles durchgesehen, halte mich aber für verpflichtet, selbst keine Entscheidung zu treffen, sondern habe Se. Eminenz [Kardinal Frings] gebeten, diese Entscheidung zu treffen. Ich hoffe, dass er Ihnen noch zeitig [vor Abgabe des Gutachtens] antworten wird.

Ich sehe ein, dass der Vorschlag viel Gutes enthält. Trotzdem habe ich noch eine ganze Reihe von Bedenken ... Das Problem ist außerordentlich schwer, vor allen Dingen aber die Konsequenzen, die mit der Lösung verbunden sind, denn nach dem Grundgesetz ist dem einen billig, was dem einen [= anderen] Recht ist.«[134]

Schon am 19. Mai 1955 gab Kardinal Frings Höffner eigenhändig die Ermächtigung: »Handeln Sie in der Kommissionssitzung nach Ihrer Einsicht. Die Kirche wird sich aber dem Herrn Minister gegenüber noch endgültig äußern.«[135]

Man hat bei dem Abschnitt »Religiöse und ethische Gesichtspunkte« des Gesamtgutachtens den Eindruck, dass die beiden Texte von Höffner und Kraut nicht ohne Bruchstellen in einen Text zusammengefügt wurden. Gelegentlich ist von der »christlichen Gemeinde«, an anderer Stelle von »der Kirche« die Rede. Berufungen auf evangelische Landessynoden wechseln mit solchen auf die Bischofskonferenz oder Papst Pius XII. Hat Höffner nach dem 25. Februar 1955 durch seinen Auftrag von Bundeskanzler Adenauer nicht mehr die Zeit zu intensiver Mitarbeit in Düsseldorf gefunden? Andererseits bekannte Höffner am 22. Februar 1961 in einem Schreiben an den Berliner Konsistorialpräsidenten Ranke: »In guter Zusammenarbeit haben Herr Prof. Kraut und ich den V. Abschnitt des Gutachtens ›Religiöse und ethische Gesichtspunkte‹ ausgearbeitet.«[136]

Das 55 Seiten umfassende Düsseldorfer Gesamtgutachten wich in manchen Abschnitten von der Sicht der Theologen ab. Sein Ergebnis hat Rudolf Braun so zusammengefasst: »Es enthielt die Anregung, die Arbeitszeitregelung der

---

134 Böhler an Höffner, 17. 5. 1955: HAEK – NH 1180.

135 Frings an Höffner, 19. 5. 1955 (handschriftlich): Ebd.

136 Höffner an Konsistorialpräsident Ranke, Berlin, 22. 2. 1961 (Durchschlag): HAEK – NH 1182.

durchlaufenden Arbeitsweise wie folgt zu determinieren: Das Schichtschema soll [jährlich] 13 voll arbeitsfreie Sonntage (Kalendersonntage) im Rahmen einer mindestens 72stündigen Freizeit aufweisen; keine Schicht soll länger als 8 Stunden dauern und zwischen zwei Schichten muss wenigstens eine 16stündige Freizeit liegen. Diese Anregungen wurden später vom Arbeitsministerium als Auflagen für die Schichtschemata der durchlaufenden Arbeitsweise erteilt.«[137]

War damit nicht eine sehr weitgehende Freigabe des Sonntags zugestanden? Was hat die Kirchenvertreter Höffner und Kraut veranlasst, diesem Gutachten zuzustimmen? Höffner gab darauf in dem erwähnten Brief an Prälat Böhler vom 12. Mai 1955 und noch einmal 1961 selbst folgende Antwort: »Herr Professor Graf arbeitete einen Plan aus, der die 42-Stundenwoche vorsah und den Sonntag alle 4 Wochen in eine 72-stündige Freizeit einbettete. Wir (Prof. Kraut und ich) glaubten, diesem Plan zustimmen zu können, was in folgendem Text des Gutachtens ausgesprochen wird: ›Die vorgeschlagene Neuregelung, die einen Sonntag im Monat in eine 72-stündige Freizeit einfügt, bedeutet eine wesentliche Milderung der religiösen und ethischen Bedenken gegen die kontinuierliche 42-stündige Arbeitswoche. Wird doch auf diese Weise die den Rhythmus der Woche bestimmende Funktion des Sonntags, soweit es unter den gegebenen Verhältnissen möglich ist, gewahrt‹.«[138]

Die Frage nach der Zulässigkeit von Sonntagsarbeit bzw. einer »gleitenden Arbeitswoche« beschäftigte aber keineswegs nur den nordrhein-westfälischen Arbeitsminister und die von ihm befragten Experten. Prälat Böhler lud im Oktober 1955 Höffner zu einer Besprechung mit Kardinal Frings am 7. November 1955 in Köln ein,[139] an der Höffner jedoch nicht teilnehmen konnte.[140] In den unmittelbar vorausgehenden Tagen 3.-5. November war das westdeutsche Bischofskonveniat in Pützchen bei Bonn vorgesehen, bei dem eine Stellungnahme der westdeutschen Bischöfe zur gleitenden Arbeitswoche auf der Tagesordnung stand. Kardinal Frings übersandte Höffner am 22. November einige Exemplare mit der Bitte, »einen kurzen Auszug für die Presse herzustellen und für die Verbreitung der Verlautbarung Sorge zu tragen.«[141] Frings berichtete darüber hinaus von dem in Pützchen gefassten Beschluss, den Text »von Anfang Dezember dieses Jahres an in allen kirchlichen Arbeitsstätten bekannt« zu machen. »Das ZdK soll beauftragt werden, dafür Sorge zu tragen, dass diese Stellungnahme allen katholischen Organisationen zugänglich gemacht und in der Bildungsarbeit behandelt wird.«

[137] R. Braun, in: O. Neuloh – R. Braun – E. Werner, Die durchlaufende Arbeitsweise, S. 46 f.
[138] Höffner an Ranke, 22. 2. 1961: s. o.
[139] Böhler an Höffner, 13. 10. 1955: HAEK – NH 1182.
[140] Entschuldigung Höffners bei Böhler, 19. 10. 1955 (Durchschlag): Ebd.
[141] Frings an Höffner, 22. 11. 1955: AZdK – AS 4. Höffner wurde hier als Leiter des Sozialreferates beim ZdK angesprochen.

Höffner war hier also nicht als Fachmann angesprochen, sondern als Leiter des Sozialreferates beim ZdK, dessen Geschäftsführer Josef Paulus zu der Zeit im Krankenhaus lag. Am 20. Dezember 1955 schrieb Höffner an Paulus und übersandte den Brief des Kölner Kardinals. »Exz. Bischof Keller sagte mir gestern, dass er der Ansicht sei, der bloße Text der Verlautbarung der Bischöfe genüge nicht; eine Ausgabe mit Kommentar sei nötig und solle vom Sozialreferat herausgegeben werden.«[142] Am folgenden Tag antwortete Paulus: »Eine kommentierte Ausgabe des Hirtenwortes wäre sicherlich gut gewesen. Freilich ist dadurch, dass Eminenz Frings von sich aus den Auftrag an Bachem gegeben hat, das Hirtenwort in größeren Mengen zu drucken, der Bedarf wahrscheinlich schon ziemlich gedeckt. ... Auch in diesen Fragen sind [die] ›Zuständigkeiten‹ wohl in keiner Weise geklärt.«[143] War das ZdK der richtige »Träger« für die Kommentierung und Publizierung einer Stellungnahme der deutschen Bischöfe zur »gleitenden Arbeitswoche«?

Die Diskussion über deren Zulässigkeit kam schon deshalb nicht zur Ruhe, weil 1956 die immer nur befristet gewährte Ausnahmegenehmigung für die Hüttenwerke Oberhausen AG zu erneuern war. Rudolf Braun berichtet: »Auf Grund der positiven Erfahrungen mit der durchlaufenden Arbeitsweise, welche in verschiedenen Gutachten ... ihre Würdigung fanden, wurde in einem Arbeitszeit- und Lohnabkommen vom 21. Dezember 1956 zwischen den Tarifpartnern der Eisen- und Stahlindustrie vereinbart, die S[iemens]-M[artin]- und Elektrostahlwerke sowie die im Verbund arbeitenden Walzenstraßen erster Hitze ab 1. 4. 1957 auf kontinuierliche Betriebsweise mit 42 Wochenstunden umzustellen. Mit Genehmigung des Arbeits- und Sozialministers Nordrhein-Westfalen« – inzwischen des SPD-Politikers Hemsath[144] – »führten zu diesem Termin 14 weitere Hüttenwerke in den genannten Betrieben die durchlaufende Arbeitsweise ein ...«[145]

Auch die deutschen Bischöfe waren in dieser Zeit nicht untätig geblieben. Angesichts der sich abzeichnenden Ausweitung der »gleitenden Arbeitswoche« hatte die Fuldaer Bischofskonferenz vom 27. bis 29. September 1956 erneut eine Erklärung dazu abgegeben.[146] Aus dieser Zeit liegen ein Vortragsmanuskript Höffners sowie ein Brief des stellv. BKU-Vorsitzenden Peter H. Werhahn an Höffner

---

[142] Höffner an Paulus, 20. 12. 1955: Ebd.

[143] Paulus an Höffner, 21. 12. 1955 (Durchschlag): Ebd.

[144] Heinrich Hemsath (1902 – 1978), 1928-1933 SPD-Mitglied (zum Schluss Fraktionsvorsitzender) der Stadtverordnetenversammlung in Münster, 1931-1933 Bezirksvorsitzender des Allgemeinen Deutschen Metallarbeiterverbandes in Münster, 1946-1956 Erster Beigeordneter in Münster, 1950-1959 MdL NRW, 1956-1958 Arbeits- und Sozialminister in NRW, 1959-1969 Minister für Arbeit, Volkswohlfahrt und Gesundheitswesen in Hessen, 1962-1970 MdL in Hessen, 1963-1967 SPD-Vorsitzender des Bezirks Hessen-Süd: B. Haunfelder, Nordrhein-Westfalen, S. 201 (mit Literaturhinweisen).

[145] R. Braun, in: O. Neuloh – R. Braun – E. Werner, Die durchlaufende Arbeitsweise, S. 47.

[146] Erklärung der in Fulda versammelten deutschen Bischöfe zur gleitenden Arbeitswoche: KA 96, 1956, Nr. 364, S. 277 f.

vor.[147] Werhahn bedankte sich für die Einsichtnahme in das – nicht veröffentlichte – Gutachten vom Mai 1955. »Das Gutachten hat mir gute Dienste geleistet, um den Bestrebungen, im Braunkohlenrevier die gleitende Arbeitswoche einzuführen, entgegenzutreten. Diese Bestrebungen sind erfreulicherweise zur Zeit abgebremst.«

Der Schwachpunkt in der kirchlichen Position gegenüber der »gleitenden Arbeitswoche« war jedoch darin zu suchen, dass man das Gutachten der »Sechs Weisen« vom Mai 1955 in seinem Gesamtduktus als Billigung des Oberhausener Modells interpretieren konnte. Minister Hemsath schrieb am 15. Oktober 1956 an Prälat Böhler: »Die positive Stellung der katholischen Kirche zum Modellfall Oberhausen habe ich u. a. aus der Tatsache abgeleitet, dass das Gutachten seinerzeit unter Mitwirkung des von Ihnen benannten Herrn Professors Dr. Höfner [sic!] aus Münster zustande gekommen ist. Der Vorschlag, die durch die versuchsweise Einführung der kontinuierlichen Arbeitsweise in Oberhausen entstandenen Probleme durch ein solches Gutachten abklären zu lassen, hat in einer Besprechung am 30. 6. 1954, an der die Herren Prälat Schmitt und Professor Dr. Nell-Breuning für die katholische Kirche teilnahmen, einhellige Billigung gefunden. Gegen das Ergebnis des Gutachtens sind mir Einwendungen seither nicht bekannt geworden.«[148] Nicht ungeschickt wies Minister Hemsath darauf hin, »dass beide Kirchen [»im Raum Oberhausen«] zwar zu Beginn des Experiments erhebliche Bedenken geäußert, nunmehr aber keine mehr geltend gemacht haben«.

Als sich die bereits erwähnte Vereinbarung zwischen den Tarifparteien der Eisen- und Stahlindustrie vom 21. Dezember 1956 abzeichnete, machte Dr. Paulus für das Sozialreferat des ZdK noch einmal den Versuch, eine unerwünschte Ausweitung und Fixierung der gleitenden Arbeitswoche abzuwenden: Er lud Höffner mit Vertretern der Tarifparteien zu einer Besprechung am 2. November 1956 im ZdK ein.[149] Am 3. November schrieben Weihbischof Hengsbach und Paulus den Teilnehmern des Gesprächs vom Vortage: »Es liegt uns daran, Ihnen gegenüber noch einmal unsere Befriedigung über das gestrige informatorische Gespräch zum Ausdruck zu bringen. Wir waren besonders froh, feststellen zu können, dass auch Sie von ernster Sorge um die Heilighaltung des Sonntags und die Sicherung der Sonntagsruhe erfüllt sind und es daher klar ablehnen, nur aus Gründen der Produktionssteigerung und der besseren Rentabilität der sogenannten gleitenden Arbeitswoche zuzustimmen.

Wie wir bereits erklärt haben, sind wir zur Fortführung des Gesprächs gern bereit, zumal wir die Fragen der ›technischen Notwendigkeit‹ einer Sonntagsar-

---

[147] Vortragsmanuskript Höffners (Din-A 5, mit handschr. Korrekturen) und Schreiben Werhahns an Höffner, 23. 10. 1956: HAEK – NH 1181.

[148] Hemsath an Böhler, 15. 10. 1956 (von Böhler gefertigte und am 18. 10. 1956 an Höffner übersandte Abschrift): Ebd.

[149] Paulus an Höffner, 29. 10. 1956: Ebd.

beit im Bereich der SM- und Elektrostahlwerke sowie der damit im Verbund arbeitenden Blockstraßen nicht zu Ende diskutieren konnten. Gerade dieser Punkt müsste aber besonders genau erörtert werden, weil wir einerseits auch in der Stahlindustrie die technischen Entwicklungsmöglichkeiten in der Zukunft nicht absehen können und darum auch nicht in eine dem Sonntag ungünstige Bahn lenken möchten, und weil andererseits sich auch in anderen Industriezweigen Tendenzen zur Einführung der gleitenden Arbeitswoche zeigen. Hier aber liegt eine unserer Hauptsorgen, dass nämlich die Einführung der gleitenden Arbeitswoche in den genannten Betrieben sich zu dem gestern mehrfach angesprochenen Dammbruch ausweiten könnte.«[150]

Zu dem angedeuteten weiteren Gespräch über offengebliebene Fragen ist es dann allerdings nicht gekommen. Als es dann am 21. Dezember 1956 zu der Vereinbarung zwischen den Tarifparteien gekommen war, verständigten sich die (Erz-)Bischöfe Nordrhein-Westfalens sehr rasch auf eine Entschließung zur gleitenden Arbeitswoche, die Anfang Januar 1957 von den Kanzeln verlesen wurde:

»Die Erzbischöfe von Köln und Paderborn sowie die Bischöfe von Münster und Aachen sind zutiefst betroffen über die Vereinbarung der Tarifpartner, in den SM-Stahlwerken, den Elektro-Stahlwerken und den mit diesen im Verbund arbeitenden Blockstraßen die kontinuierliche Arbeitsweise einzuführen. Sie sind darüber umso mehr enttäuscht, als die Besprechung der Tarifpartner mit einer kirchlichen Kommission über die Frage der Arbeitszeitregelung in diesen Betriebsabteilungen noch nicht abgeschlossen waren. Damit haben die Tarifpartner die Kirche vor vollendete Tatsachen gestellt.

Die Bischöfe erklären, dass sie nicht die Überzeugung gewonnen haben, die Einführung der kontinuierlichen Arbeitsweise in der stahlerzeugenden Industrie sei so zwingend notwendig, dass die grundsätzliche Preisgabe des Sonntags in diesen Betrieben gerechtfertigt wäre. Überdies war seitens der Tarifpartner verlautbart worden, eine Arbeitszeitverkürzung ohne Einführung der gleitenden Arbeitswoche sei durchaus möglich und von ihnen bereits abgesprochen.«[151]

Höffner wies Ministerialrat Dr. Fischer am 11. Februar 1957 noch einmal auf seinen Aufsatz in der Trierer Theologischen Zeitschrift 1956 hin: »Mein Aufsatz ... ist im wesentlichen ein Abdruck des Gutachtens, das ich vor einigen Jahren über die gleitende Arbeitswoche verfasst habe und das uns vorlag, als wir unser

---

[150] Weihbischof Hengsbach u. Dr. Paulus (ZdK, Sozialreferat) an Gesprächsteilnehmer am 3. 11. 1956, Ergebnisprotokoll der Besprechung zwischen Vertretern der Kirche, Vertretern des Arbeitgeberverbandes Eisen und Stahl und der Industriegewerkschaft Metall vom 2. November 1956, ausgefertigt am 5. November 1956: Ebd.

[151] Entschließung der Bischöfe des Landes Nordrhein-Westfalen zur sog. gleitenden Arbeitswoche, hekt. Rundschreiben des Generalvikars in Münster »An alle Pfarrämter und Pfarrektorate im Bistum Münster« mit Anordnung zur Verlesung in allen Kirchen und Kapellen am 13. 1. 1957: Ebd.

gemeinsames Gutachten zusammenstellten.«[152] Höffner gab dann eine Einschätzung der Verlautbarung der nordrhein-westfälischen Bischöfe: »Soviel ich weiß, haben die katholischen Bischöfe die Befürchtung, dass die gleitende Arbeitswoche, wenn einmal der Anfang gemacht ist, mit deutscher Gründlichkeit auf immer mehr Wirtschaftszweige ausgedehnt wird. Solche Tendenzen sind ja auch in der Papierindustrie, in der chemischen Industrie, im Braunkohlenbergbau feststellbar, um nur einige Bestrebungen zu nennen, von denen ich persönlich Kenntnis habe. Eine strenge Eingrenzung ist ohne Zweifel notwendig; sie liegt im übrigen ja auch im Sinne unseres Gutachtens.«

Doch waren nicht nur die Kirchen hinsichtlich der kommenden Entwicklung besorgt. Am 20. Februar 1957 wandte sich der DGB-Vorsitzende Willi Richter an Bundskanzler Adenauer: »Die Gewerkschaften im Deutschen Gewerkschaftsbund müssen mit großem Bedauern feststellen, dass die Sonntagsarbeit noch relativ stark verbreitet ist. Auch entbehrt ein großer Teil der in Betracht kommenden Arbeitnehmer des entsprechenden Schutzes ...

Der Bundesvorstand des Deutschen Gewerkschaftsbundes ist der Auffassung, dass die Bundesregierung endlich eine Novelle zu den angeführten gesetzlichen Regelungen veranlassen sollte. Darin müssten die Voraussetzungen geschaffen werden, dass weitmöglichst der freie Sonntag gewährleistet ist.

Die Gewerkschaften fordern die 5-Tage-Woche mit 40-stündiger Arbeitszeit, damit der Samstag und der Sonntag frei sind. Erst dadurch wird das verlängerte Wochenende für die Arbeiter, Angestellten und Beamte sowie deren Familien gesichert.«[153]

Im Laufe des Jahres 1957 arbeitete ein Vorstandsauschuss des BKU[154] nach Befragung der Mitglieder in mehreren Durchgängen an einer Stellungnahme, die – von Wilfrid Schreiber redigiert – Anfang Februar 1958 unter dem Titel »Unsere Meinung zur Frage der Sonntagsarbeit« erschien. Joseph Höffner beteiligte sich daran durch eine Einleitung mit dem Titel »Theologische Sinndeutung des christlichen Sonntags«.[155] Domkapitular Paulus, inzwischen Leiter des Seelsorgeamts in Trier, schrieb Höffner am 28. Mai 1958 allerdings: »Daraus, dass Dein Artikel

[152] Höffner an Fischer, 11. 2. 1957 (Durchschlag), Manuskript (mit handschr. Korrekturen Höffners, 9 Seiten) »Tag des Herrn und ›gleitende Arbeitswoche‹«: HAEK – NH 1181; Druck: TTZ 65, 1956, S. 257-265.

[153] DGB, Der Bundesvorstand, Willi Richter, an Bundeskanzler Adenauer, 20. 2. 1957 (hekt. Exemplar): HAEK – NH 1181.

[154] Nach den erhaltenen Unterlagen in HAEK – NH 1181: Prof. Dr. Höffner, Vorsitzender Franz Greiß, Dr. Peter H. Werhahn, Prof. Dr. Fritz Burgbacher.

[155] Manuskripte der verschiedenen Erarbeitungsstadien samt zugehöriger Korrespondenz zwischen Schreiber und Höffner aus den Monaten Februar bis September 1957: HAEK – NH 1181. – Titel der Veröffentlichung: W. SCHREIBER (Hrsg.), Unsere Meinung zur Frage der Sonntagsarbeit. Mit einer Einleitung »Theologische Sinndeutung des christlichen Sonntags« von J. HÖFFNER (= SCHRIFTENREIHE DES BKU, N. F. 7), Köln 1958. – Manuskript der Einleitung Höffners: HAEK – NH 1181. – Über die kritische Einschätzung der BKU-Schrift durch Dr. Paulus berichtete Höffner an Schreiber am 6. 6. 1958 (RWWA – BKU – 6).

vorgedruckt ist, entnehme ich, dass Du selber die Verantwortung für den eigentlichen Teil nicht übernommen hast. Ich selber kann es nur bedauern, dass diese Schrift erschienen ist.«[156] Paulus setzte sich dann ausführlich und sehr scharf mit der Schrift des BKU auseinander, mit der man den Bischöfen und einer seit zwei Jahren arbeitenden Kommission zur Eindämmung der Sonntagsarbeit in den Rücken gefallen sei.

Die Sorge um die Aushöhlung des Sonntags veranlasste den Kölner Erzbischof Kardinal Frings, seinen Fastenhirtenbrief 1957 der Sicherung und Heiligung des Sonntags zu widmen.[157]

Im Herbst 1957 legte das Sozialreferat des ZdK eine umfassende Stellungnahme »Zur Diskussion Sonntagsarbeit« vor. Im Geleitwort schrieb Dr. Paulus' Nachfolger, P. Dr. Josef Engel SCJ: »Seit einigen Monaten ist das Bundesministerium für Arbeit mit Vorarbeiten zur gesetzlichen Neuregelung der Sonntagsarbeit beschäftigt. An den Beratungen nehmen Vertreter der Sozialpartner, der Landesarbeitsministerien und beider Kirchen teil. Zur Geltendmachung der katholischen Anschauung wurde das Sozialreferat im Zentralkomitee der Deutschen Katholiken beauftragt.«[158]

Inzwischen hatte sich der Deutsche Bundestag am 10. April 1957 erstmals in einer scharfen Debatte dem Thema Sonntagsarbeit zugewandt. Otto Neuloh berichtet: »Sie wurde ausgelöst durch eine große Anfrage der CDU/CSU im Bundestag, aus deren Behandlung wir folgende Aussprüche zitieren: Der Abgeordnete Sabel nannte als Sprecher der CDU die Einführung des ›Non-stop-Betriebes‹ eine ›ernste Gefahr für den Rechtsstaat‹ und eine ›Aufhebung des Sonntags zugunsten des Profitstrebens‹. Der Abgeordnete Even, ebenfalls CDU, bezeichnete die durchlaufende Produktionsweise als den dritten Versuch, den Sonntag aufzuheben, ›nachdem die französische Revolution von 1791 und die russische Revolution von 1917 zweimal in der Geschichte diesen Versuch unternommen hatten, aber ihre Maßnahmen revidieren und rückgängig machen mussten.‹ ... Die Bundestagsdebatte erreichte ihren Höhepunkt, als im Anschluss an eine öffentliche Rede des Bundesfamilienministers Wuermeling die neue Produktionsweise als eine ›rein östliche Erfindung und Produkt bolschewistischer Arbeitsordnung‹ genannt wurde ...« Ähnlich scharfe Gegenäußerungen gab es von Abgeordneten anderer Parteien und vom nordrhein-westfälischen Arbeitsminister Hemsath.[159]

Die Debatte zwischen Befürwortern und Gegnern einer weitergehenden Freigabe der Sonntagsarbeit sollte nicht zur Ruhe kommen. Im Sommer 1958 organisierte das Sozialreferat des ZdK unter Leitung von P. Dr. Josef Engel erneut eine

---

156 Paulus an Höffner, 28. 5. 1958: HAEK – NH 1179.

157 Erlasse des Hochwürdigsten Herrn Erzbischofs. Fastenhirtenbrief vom 15. 2. 1957: KA 97, 1957, Nr. 85, S. 63-71.

158 ZdK, Sozialreferat, Zur Diskussion Sonntagsarbeit (Stand: November 1957): HAEK – NH 1182.

159 O. Neuloh, in: O. Neuloh – R. Braun – E. Werner, Die durchlaufende Arbeitsweise, S. VI.

Diskussion über die Sonntagsarbeit, an der Höffner jedoch nicht teilnehmen konnte (oder wollte).[160] Eine parallele Korrespondenz zwischen Paulus und Höffner[161] machte deutlich, wie Paulus nach wie vor eine scharf restriktive Linie bei der Zulassung von Sonntagsarbeit vertrat, während Höffner bei genauerer Kenntnis der wirtschaftlichen Probleme und der politischen Möglichkeiten nach wie vor zu einer vertretbaren Kompromisslösung neigte, die immerhin grundsätzlich den Schutz des Sonntags sicherte.

In einer Notiz für Bischof Hengsbach von Essen, der vor der Fuldaer Bischofskonferenz im Herbst 1958 Relator zum Thema Sonntagsarbeit gewesen war, hielt P. Engel am 16. November 1958 den Diskussionsstand zu diesem Zeitpunkt fest: Am 28. August 1958 hatte das Bundesministerium für Arbeit einen Entwurf zur zukünftigen Regelung der Sonntagsarbeit in der Stahlindustrie vorgelegt. Der Ministerpräsident des Landes NRW hatte entsprechende Forderungen der Papierindustrie vorgelegt. »Zum näheren Studium der Sonntagsarbeit will das Land Nordrhein-Westfalen eine eigene Studienkommission einsetzen. Verbandspräses Schmitt hat für den 17. November zu einer Besprechung der Frage ›Sonntagsruhe in der Industrie‹ eingeladen. Es soll diese Besprechung zum gemeinsamen Vorgehen in dieser Frage beitragen ...«[162]

Als Dr. Paul Becher, seit 1959 der Nachfolger P. Engels' als Sozialreferent des ZdK, am 1. Dezember 1960 den ersten Jahresbericht des Sozialreferates vorlegte, konnte er berichten: »Nachdem bekannt wurde, dass der Bundesarbeitsminister eine Rechtsverordnung für die Eisen- und Stahlindustrie vorbereitete, hat die Presse darüber reichlich, wenn auch unter Interessentengesichtspunkten, informiert. Es geht dabei um die Zuträglichkeit der vorgesehenen Produktions- und Reparatureinschränkungen bei den Stahlwerken und den damit in Verbund stehenden Walzenstraßen ...

Die entschiedene Stellungnahme der Bischöfe, der Verbände und der von den Bischöfen eingesetzten Gesamtkommission hat in den letzten Wochen immerhin den Erfolg gebracht, dass die Regelung der Sonntagsarbeit nicht auf die lange Bank geschoben wurde. Die seit einigen Jahren immer wieder diskutierte, aber nie entschiedene Frage, ob Länder oder Bund für diese Regelung zuständig sind, ist damit ebenfalls beantwortet worden. Grundsätzlich hat sich auch der Bundeskanzler in seiner Stellungnahme vor den katholischen Verbänden hinter das Anliegen gestellt, den Sonntag möglichst von Arbeit frei zu halten und den technischen Fortschritt zugunsten einer für alle ungestörten Sonntagsruhe und Sonntagsheiligung verstärkt einzusetzen. In einem kürzlich stattgefundenen Ge-

---

[160] Niederschrift zur Sitzung vom 19. 6. 1958 in Bonn, Königstraße 28 – Katholisches Büro – in der Frage der Sonntagsruhe: HAEK – NH 1179.

[161] Ebd.

[162] P. Engel an Bischof Hengsbach, 16. 11. 1958 mit Anlage: I. Zur Gewerkschaftsfrage; II. Zum Stand der Kommissionsarbeit »Sonntagsruhe« (sowie weitere Briefwechsel zischen Hengsbach und P. Engel aus dem Herbst 1958): AZdK – 4240/58.

spräch zwischen Eminenz Frings und dem Bundeskanzler, an dem einige Mitglieder der katholischen Kommission teilnahmen, wurden die gegenseitigen Vorstellungen noch einmal offen diskutiert. Ab Mitte Januar [1961] ist nun mit der neuen Verordnung zu rechnen.«[163]

Bei der inzwischen schon ein Jahrzehnt andauernden Debatte über gleitende Arbeitswoche und Schutz des Sonntags kamen immer seltener neue Argumente ins Gespräch. Die Wirtschaft berief sich bei ihren Bemühungen, eine Rücknahme der strengen Bestimmungen hinsichtlich des Sonntags zu erreichen, dem Staat gegenüber zwar immer wieder auf technische Notwendigkeiten und die Vermeidung immenser Kosten, doch war eine Gewinnsteigerung um den Preis der Aushöhlung des Sonntags je länger je weniger als tieferes Ziel zu bestreiten. Weniger der Widerstand der christlichen Kirchen als der Kampf der Gewerkschaften für das »arbeitsfreie Wochenende« (einschließlich des Samstags) hat den Sonntag vor der gänzlichen Einebnung als Arbeitstag bewahrt.

[163] Bericht des Sozialreferats, 1. 12. 1960, Dr. Becher (13 Seiten): AZDK – 4240/474.

XII. KAPITEL

JOSEPH HÖFFNERS BEITRAG ZUR CHRISTLICHEN SOZIALWISSENSCHAFT UND ZUR SOZIALPOLITIK 1934-1962

Wie bereits dargestellt wurde, waren sozialethische Fragen schon während seiner römischen Studienjahre der Interessenschwerpunkt Joseph Höffners. So kreisen seine drei Dissertationen (1934, 1937, 1939) und seine Habilitationsschrift (1942) um sozialethische Fragen. Für die nähere thematische Eingrenzung war es von ausschlaggebender Bedeutung, dass Höffners moraltheologischer Lehrer an der Gregoriana in Rom, Arthur Vermeersch SJ, ihm schon für Seminarübungen der Studienjahre die Beschäftigung mit den spanischen Spätscholastikern des 16. und 17. Jahrhunderts aufgetragen hatte.[1] So gehen alle Dissertationen und die Habilitationsschrift von einem – für Sozialwissenschaftler eher seltenen – historischen Ansatz aus. Höffner hat dabei seine sozialethischen und volkswirtschaftlichen Beobachtungen und Ergebnisse in überaus sorgfältigen, Quellen und Literatur ausschöpfenden historischen Forschungen erhoben.

Diese Orientierung an Quellen und Fakten in Geschichte und Gegenwart hat er lebenslang beibehalten. Er las mit dem Rotstift und dem Notizblock. Einmal für wichtig erkannte Themen verfolgte er in Zeitungen und Zeitschriften und in der Literatur weiter. Sein Nachlass enthält umfangreiche Sammlungen von bearbeiteten Zeitungsausschnitten, Zeitschriftenartikeln, handschriftlichen Lexikon- und Bücherexzerpten sowohl zu seinen wissenschaftlichen Publikationen wie zu seinen Beiträgen zu Sozialpolitik und Sozialgesetzgebung, zu denen er nach 1945 immer häufiger herangezogen wurde.

Man wird beachten müssen, dass Höffners Forschungstätigkeit im engeren Sinne mit seinem »Meisterstück«, der 1942 vollendeten Habilitationsschrift über die spanische Kolonialethik im Goldenen Zeitalter, zu Ende ging. In den ersten Jahren nach 1945 als Professor für *Pastoraltheologie* in Trier musste der äußerst gewissenhafte und um seine Studenten bemühte akademische Lehrer Vorlesungsstoffe auf einem ihm fremden Gebiet erarbeiten.[2] Als er 1951 den Ruf nach Münster annehmen konnte, war die Rückkehr zur ihm näher liegenden Sozialwissenschaft zwar eine Erleichterung. Doch der Aufbau seines Instituts und der wachsende Vorlesungs- und Seminarbetrieb, den er weiterhin an die Spitze seiner Prioritätenliste stellte, ließen ihm keine Zeit für eigene neue Forschungsprojekte.

Daran hinderten ihn vor allem die Einforderungen zur Beteiligung am Aufbau des Sozialkatholizismus nach 1945 und an der Gestaltung von Sozialpolitik und Sozialgesetzgebung der jungen Bundesrepublik Deutschland, die bereits ausführ-

---

[1] S. o. S. 28, besonders S. 34 f.

[2] S. o. S. 92-94.

licher dargestellt wurden. So liegt aus den Jahren 1951-1962 nur eine größere Zahl von richtungweisenden Vorträgen, Stellungnahmen und (nur zum Teil veröffentlichten) Gutachten vor, die mit der Akribie des Wissenschaftlers erstellt sind, aber keine Forschungsprojekte darstellen.[3] Doch hat Höffner damit mehr zur Gestaltung von sozialer Wirklichkeit im Nachkriegsdeutschland beigetragen, als ihm das durch weitere Forschungsarbeiten möglich gewesen wäre.

So entspricht es dem Lebenswerk des Sozialwissenschaftlers und Sozialpolitikers Joseph Höffner, dass er eine weltweite Wirkung nicht durch seine Forschungsarbeiten bis 1942 – abgesehen vielleicht von seiner spanischen Kolonialethik in Lateinamerika – erreichte, sondern durch seine am Tage der Bischofsweihe 1962 abgeschlossene »Christliche Gesellschaftslehre«, die die Inhalte seiner Vorlesungstätigkeit in Münster zusammenfassend darlegt. Höffner hat sie noch als Erzbischof von Köln während seiner Urlaubswochen immer wieder überarbeitet und ergänzt. Lothar Roos schreibt im Vorwort zur Neuausgabe 1997: »Es gibt wohl kein erfolgreicheres Lehrbuch der Soziallehre der Kirche ... Erstmals 1962 veröffentlicht, erlebte es in gut zwanzig Jahren bis 1983 acht z. T. erweiterte Auflagen und [bis 1997] sechs fremdsprachige Übersetzungen.«[4] Wenn darunter auch eine japanische und eine koreanische Übersetzung zu finden sind, macht das deutlich, dass Höffners »Christliche Gesellschaftslehre« seine sozialethischen Ansätze auch in Räume getragen hat, die der katholischen Soziallehre nicht ohne weiteres zugänglich sind.

Nachfolgend sollen nun Höffners Forschungsarbeiten bis 1942, seine richtungweisenden Stellungnahmen und Gutachten bis 1962 und seine »Christliche Gesellschaftslehre« zusammenfassend dargestellt werden.

1. Höffners Forschungsarbeiten

Höffners erste theologische Dissertation am Ende der römischen Studienjahre 1934 wurde bereits vorgestellt.[5] Ausgangspunkt war wohl die Frage: Welche Wurzeln haben »Soziale Gerechtigkeit« (eine zentrale Forderung aller Sozialbewegungen seit dem 19. Jahrhundert und der in Höffners römischen Jahren publizierten Enzyklika Pius'XI. *Quadragesimo anno*) und »Soziale Liebe« in der Theologie früherer Jahrhunderte, längst ehe die Begriffe im Gebrauch waren?

Höffner – von der Neuscholastik der Gregoriana geprägt – setzte bei Albert d. Gr. und Thomas von Aquin an und befasste sich sehr ausführlich mit den Spät-

[3] Eine Auswahl zentraler Beiträge Höffners aus den Jahren 1949-1962 bieten: K. Gabriel/H.-J. Grosse Kracht (Hrsg.), Joseph Höffner (1906-1987). Soziallehre und Sozialpolitik, S 107-254.

[4] L. Roos, in: Vorwort zur Neuausgabe von J. Kardinal Höffner, Christliche Gesellschaftslehre, Kevelaer 1997, S. 15.

[5] S. o. S. 34 f.; vgl. A. N. Desczyk, Höffner, S. 18-20. – Titel: J. Höffner, Soziale Gerechtigkeit und soziale Liebe. Versuch einer Bestimmung ihres Wesens, Saarbrücken 1935.

scholastikern aus der Dominikaner- und Jesuitenschule Spaniens, Italiens und Mitteleuropas, führte seine Nachforschungen in der Geschichte aber über das 18. und 19. Jahrhundert hinaus bis in die Gegenwart fort.

Höffner hatte in Rom systematisches Arbeiten gelernt: Er beschreibt zunächst sein Ziel, legt seine Funde vor und wertet sie dann aus. Benutzte Quellen und Literatur werden exakt benannt. In seiner Auswertung des historischen Befundes ist die an der Gregoriana erlernte Systematik philosophischer und theologischer Argumentation ablesbar, aber ebenso die Bereitschaft des Autors, eigene Schlüsse zu ziehen und Bewertungen zu versuchen.

Man wird Höffners Dissertation von 1934 als eine gelungene Erstlingsarbeit bewerten dürfen, die seine Befähigung zu sorgfältiger wissenschaftlicher Forschung und Auswertung erbringt. Andererseits ist die bereits dargestellte Kritik Oswald von Nell-Breunings von 1936[6] nicht ganz unberechtigt, der Höffner, vor allem aber seinen römischen Lehrern, hinreichendes Verständnis für die Problemlage absprach. Woher sollte der junge Mann vom Lande, der sich bisher nur in der abgeschlossenen Welt von Konvikten und Seminaren bewegt hatte, diesen Horizont auch haben? Die erste Dissertation zeigt vor allem, dass Höffner sich in Rom das Rüst- und Handwerkszeug sowie die wissenschaftliche Sorgfalt für größere Projekte erworben hatte. Vor allem hatte er aber sein Lebensthema gefunden: »Soziale Gerechtigkeit und soziale Liebe.«

Höffners zweite theologische Dissertation »Bauer und Kirche im deutschen Mittelalter«, die er 1937 bei dem Moraltheologen Theodor Müncker in Freiburg erstellte,[7] lässt erkennen, wie er, seinem historischen Ansatz und seiner sorgfältigen wissenschaftlichen Methode treu bleibend, seinen Horizont erweitert und zu einer nie mehr aufgegebenen Verbindung sozialethischer und wirtschaftlicher Fragestellungen gefunden hatte.

Höffner widmete diese Arbeit seinem Vater, bei dem er von Kindheit an Einblicke in Stellung und Problematik des Bauernberufs hatte nehmen können. Zunächst stellte Höffner die Abhängigkeit des mittelalterlichen Bauerntums und die kirchliche Gesellschafts- und Wirtschaftspolitik in Deutschland in dieser Zeit dar.[8] Die mittelalterliche Gesellschaftsordnung war bestimmt durch das System der Grundherrschaften. Den freien Bauern gab es nur selten. Im allgemeinen waren die Bauern »Leibeigene« oder zumindest »Hörige« der Grundherren. Das waren außer Königen und Adeligen in erheblichem Umfang auch Bischöfe und kirchliche Institutionen, so dass die Kirche selbst in diese aus heutiger Sicht nicht unproblematische Gesellschaftsordnung verstrickt war und die Abhängigkeit des Bauerntums nicht in Frage stellte. »Das Mittelalter, das alle Lebensverhältnisse in sein geschlossenes christliches Weltbild einzufügen

---

6 Schreiben Nell-Breunings an Generalvikar von Meurers 26. 6. 1936: BAT – 88/402, Nr. 1; vgl. oben S. 46 mit Anm. 24.

7 J. Höffner, Bauer und Kirche im deutschen Mittelalter, Paderborn 1939.

8 Ebd. S. 21-62.

suchte, begnügte sich nicht damit, die bäuerliche Abhängigkeit als rechtmäßig anzuerkennen oder sie bloß negativ als Folge der Sünde zu erklären, – wie es die Kirchenväter mit der Sklaverei getan haben, man schuf vielmehr einen religiös sittlichen Unterbau.«[9]

Andererseits wies Höffner auch »die religiös sittliche Begrenzung und Milderung der bäuerlichen Abhängigkeit« durch die Kirche nach.[10] »Dasselbe Christentum hatte aber noch einen anderen, auf den ersten Blick entgegengesetzten Gedanken in die abendländische Gemeinschaft hineingerufen, einen Gedanken von dynamischer Wirkung und revolutionärer Kraft. Es war die neue Botschaft von Wert und Würde jeder Menschenseele, auch der des ›gemeinen Mannes‹. Wir begreifen es leicht, dass dieser Ruf vor allem im Herzen des ›gemeinen Mannes‹ selber Widerhall finden musste ... So wurde der Bauer, als der Funke gezündet hatte, zum Revolutionär des Mittelalters.«[11]

Da Höffner sich am Schluss seiner Schriften stets selbst Rechenschaft über seine Forschungsergebnisse gibt, lohnt es sich, jeweils das »Schlusswort«[12] besonders sorgfältig zu erwägen: »Fassen wir unser Ergebnis zusammen: Die Stellungnahme der Kirche zur Unfreiheit der mittelalterlichen Bauern wurde von zwei Gesetzen beherrscht: von einem statischen und einem dynamischen. Auf Grund des statischen Prinzips bejahte die Kirche die vorgefundene Gesellschaftsordnung, die unabhängig von christlichen Anschauungen aus germanisch-römischer Wurzel gewachsen war.

Machtvoll griff aber das dynamische Gesetz von der Freiheit und Würde jeder Menschenseele in die abendländische Gesellschaftsordnung ein, setzte der bäuerlichen Abhängigkeit feste Schranken und milderte sie auf vielfache Weise.

Diese beiden Gesetze dürfen wir nicht auf das Verhältnis der Kirche zu den mittelalterlichen Herrschaftsständen beschränken. Denn es sind allgemein gültige Grundnormen.«

Wie auch in seinen späteren Arbeiten geht Höffner einen Dreischritt:

- Er schildert die gesellschaftlichen Realitäten, hier: von der Antike bis zum Mittelalter.
- Er stellt die Stellung bzw. zeitabhängige Einbindung der Kirche in die gegebenen Verhältnisse dar.
- Er spürt Bemühungen von Kirche oder kirchlichen Kreisen (Theologen) auf, sozialethisch bedenkliche Gegebenheiten aus naturrechtlicher Sicht oder auch aus der Theologie der Offenbarung aufzubrechen.

Dabei hält Höffner gleichermaßen Abstand von einer Beschönigung von heute missbilligten Tatbeständen wie von einer Verunglimpfung von Kirche für damals noch nicht durchschaute und tolerierte Missstände. Er zeigt den Beitrag einzelner

---

[9] Ebd. S. 77 f.
[10] Ebd. S. 95-118.
[11] Ebd. S. 95.
[12] Ebd. S. 119-124.

Theologen und Kirchenvertreter zum Durchbruch menschenrechtlicher Prinzipien, ohne ihren – begrenzten – Erfolg überzubewerten.

Die volkswirtschaftliche Dissertation »Wirtschaftsethik und Monopole im 15. und 16. Jahrhundert«, die Höffner am Ende seiner Freiburger Jahre bei Walter Eucken vorlegte, lässt erkennen, welche Kompetenzerweiterung Höffner durch sein überwiegend volks- und staatswissenschaftliches Studium in Freiburg sich erworben hatte.[13] Sein theologisch-ethischer Ansatz war nicht verdrängt, aber wirtschaftswissenschaftlich geerdet. Höffner konnte damals noch nicht ahnen, welche Möglichkeiten der Einflussnahme auf Sozialpolitik und Sozialgesetzgebung nach 1949 ihm diese breite sozialethische wie volkswirtschaftliche Kompetenz eröffnen würde.

Schon in seiner Einführung räumt Höffner mit der jüngeren Diskussion über die Wirtschaft des Mittelalters auf. Nach Nennung einiger in den dreißiger Jahren hoch geachteter Autoren zur Wirtschaft des Mittelalters äußert Höffner kurz und eindeutig: »Diese Auffassungen sind ungeschichtlich. Das reiche und vielfältige Wirtschaftsleben jener Jahrhunderte lässt sich nicht in so einfache ›Musterfächer‹ pressen ... Ist man heute so fast allgemein zu einem ganz anderen Bilde von der wirklichen Gestalt der Wirtschaft jener Jahrhunderte gekommen, so hielt und hält man doch fast einseitig an dem geläufigen Urteil über die Wirtschaftsethik fest.«[14] Auch mit einer unbelegten (oder unzureichend belegten) Theorie räumte Höffner schon in der Einführung zu seiner Dissertation gründlich auf: Es sei in der mittelalterlichen Wirtschaft nicht nur um die Sicherung von auskömmlicher Nahrung und standesgemäßer Lebensführung gegangen (Jakob Strieder). Handel sei nicht als hässlich bewertet worden (Johann Baptist Kraus). Die Berufung für solche Theorien auf »die Scholastik« sei oberflächlich und unzutreffend gewesen. »Dazu kommt noch, dass gerade die zweite Hälfte des 15. und die erste Hälfte des 16. Jahrhunderts einen Wirtschaftsaufschwung erlebten, der uns noch heute in Staunen versetzt ... Wir wissen, dass sich die Menschen in jenen Jahrhunderten immer stärker ihrer Persönlichkeit bewusst wurden. Mit scharfen und kritischen Augen betrachtete man alles: die Kirche, die weltlichen Herren, die sozialen Zustände – und nicht zuletzt die Wirtschaft.«[15]

Mit äußerst kritischen Blicken habe das Volk die großen Kaufleute und Handelsgesellschaften betrachtet und daraus Groll und Abneigung entwickelt. »Das Schlagwort hieß ›Monopol‹ ...« Höffner kommt zu der These: »Das Monopolproblem ist nun außerordentlich gut geeignet, eine Lösung der Frage zu finden, die wir vorher stellten: Wurde die Wirtschaftspolitik des 15. und 16. Jahrhunderts vom Grundsatz der ›Idee der Nahrung‹ beherrscht? Ist vor allem Scholastik und ›Idee der Nahrung‹ dasselbe? Nirgendwo deutlicher als hier musste man ja Farbe

---

[13] J. Höffner, Wirtschaftsethik und Monopole im 15. und 16. Jahrhundert, Jena 1941, Stuttgart ^{2}1969 (Diese 2. Auflage wird nachfolgend zitiert).

[14] Ebd. S. 3 f.

[15] Ebd. S. 5.

bekennen: Wer über Monopolbildungen urteilen will, muss seine Auffassung vom Handel, von der Preisbildung, von Freiheit und Bindung darlegen.

Um diesen geistigen Kampf um die Monopole in seiner geschichtlichen Lebendigkeit verstehen und beurteilen zu können, werden wir ihn in die wirtschaftlichen Gegebenheiten jener Jahrhunderte hineinstellen.

Damit ist auch schon der Weg, den unsere Untersuchung gehen wird, abgesteckt: Im ersten – wirtschaftsgeschichtlichen – Teile werden wir die Wurzeln des damaligen Monopolstrebens freizulegen versuchen und zugleich einen Überblick über Bedeutung und Umfang der tatsächlich durchgeführten Monopole geben. Vor diesem geschichtlichen Hintergrunde lassen wir dann den geistigen Kampf um die Monopole sich abspielen ...

Der Länder und Meere umspannende Fernhandel des 15. und 16. Jahrhunderts zwingt uns, im großen Überblick das ganze Gebiet der abendländischen Wirtschaft zu betrachten. Das gilt entsprechend von der geistigen Stellungnahme. Eine Beschränkung etwa auf Deutschland wäre irreführend.«[16]

Die von Nell-Breuning kritisch betrachtete historisch exakte Vorgehensweise verschaffte Höffner einerseits seine Überlegenheit über die von ihm kritisierten Wirtschaftstheoretiker der jüngeren Vergangenheit und gab ihm andererseits für seinen zweiten Teil »Die geistige Auseinandersetzung mit dem Monopolproblem im 15. und 16. Jahrhundert«[17] die Basis. Dass er in diesem zweiten Teil wieder deutlich und ausführlich die spanische Spätscholastik ausschöpfte, zeigt, wie sehr er sich im Laufe der Jahre in dieses wenig beachtete Gebiet eingearbeitet hatte.

Als »Ergebnis«[18] seine Forschungen stellt Höffner am Ende fest: »Die gesamte Literatur des 15. und 16. Jahrhunderts zum Monopolproblem trägt wirtschaftsethische, nicht nationalökonomische Züge. Das entsprach jenen sozial und religiös aufgewühlten Zeiten ... Auch die Scholastiker treten in der Monopolfrage nur als Wirtschaftsethiker, nicht als Nationalökonomen gegenüber. Man stellt aber bei ihnen das starke Bestreben fest, die wirtschaftsethischen Urteile durch volkswirtschaftliche Einsichten zu unterbauen. Daher sind ihre Aussagen zum Monopolproblem die ausführlichsten und gründlichsten.«

Höffner bleibt bei aller Hinneigung zu den spanischen Spätscholastikern des 16. Jahrhunderts in manchen Positionen auch bei einer realistischen Distanz: »Man erkennt leicht, dass die Wirtschaftsordnung, die den Anschauungen der spanischen Scholastiker des 16. Jahrhunderts zugrunde lag, den damaligen wirtschaftlichen Verhältnissen entsprach. Während sich die Nominalisten des 14. Jahrhunderts vor allem an der städtischen Wirtschaftspolitik orientiert hatten, sahen die spanischen Theologen auf der einen Seite einen fast freien Fernhandel vor sich, auf der anderen Seite die Monopole und behördlichen Preisregelungen der Staaten, die allmählich zum Merkantilismus übergingen.

---

16 Ebd. S. 7 f.

17 Ebd. S. 50-156.

18 Ebd. S. 157-164.

Die scholastische Wirtschaftsethik hat auf die weitere Entwicklung der volkswirtschaftlichen Anschauungen nur geringen Einfluss ausgeübt. Der Zerfall des spanischen Weltreiches und die Säkularisierung des abendländischen Geisteslebens ließen die Scholastik der Vergessenheit und der Verachtung anheimfallen.«

Diesen Gedanken weiter ausführend kommt Höffner zu einem Schluss, der den Aussagen des II. Vatikanischen Konzils von der Eigenständigkeit des weltlichen Bereichs[19] vorausgreift: »Einen führenden und die wirtschaftliche Entwicklung vorantreibenden Einfluss hat die scholastische Wirtschaftsethik damals nicht gehabt. Wer das verlangt, verkennt das Wesen der christlichen Wirtschaftsethik. Die Gestaltung der Wirtschaft ist an erster Stelle eine weltliche, keine kirchliche Aufgabe. Die Wirtschaft ist in sich eigengesetzlich. Eigengesetzlichkeit heißt freilich nicht Ungebundenheit; denn auch der wirtschaftlich tätige Mensch unterliegt dem Sittengesetz.«

Höffners volkswirtschaftliche Dissertation, die 1941 erscheinen konnte, fand sehr rasch die Anerkennung der Fachwelt und zahlreiche qualifizierte Rezensionen in den Fachzeitschriften.[20] Für Oswald von Nell-Breuning wurde sie zur Veranlassung, seine nach der ersten (römischen) Dissertation Höffners erhobenen Einwände gegen dessen wissenschaftliche Qualifikation zu revidieren. Als er Höffner das 1946 mitteilte, fügte er hinzu: »Es würde mich sehr interessieren, nunmehr auch Ihre große Arbeit über Recht und Ethik der Kolonialpolitik kennen zu lernen, deren Thema zwar wieder lehrgeschichtlich ist, die aber nach dem, was ich von P. Noppel sel. hörte, doch wohl weit über bloße Darstellung der Lehrmeinungen Vitorias und anderer hinausgeht ...«[21]

Höffners Habilitationsschrift »Christentum und Menschenwürde. Das Anliegen der spanischen Kolonialethik im Goldenen Zeitalter« sollte 1947 erstmals in Trier erscheinen und war Höffners bedeutendste Forschungsleistung, die umfassendste Darstellung, die die spanische Conquista Lateinamerikas und ihre ethische Problematik bis dahin gefunden hatte.[22] Schon in der Einleitung stellt Höffner fest: »Schöpferische Initiativen, kämpferischer Nationalstolz und leidenschaftlicher Eifer für den Glauben der Väter sind mächtige Grundkräfte des Siglo de Oro gewesen. Aber auch grenzenlose Goldgier und brutale Grausamkeit kennzeichnen jene Epoche, wie man ja ideale Hochherzigkeit und die dicht neben ihr

---

[19] »Die richtige Autonomie der irdischen Wirklichkeiten«: Pastoralkonstitution über die Kirche in der Welt von heute, Art. 36: LThK, Das Zweite Vatikanische Konzil, Bd. III, Freiburg u.a. 1968, S. 385-389.

[20] S. o. S. 67 mit Anm. 64.

[21] Nell-Breuning an Höffner 7. 7. 1946: HAEK – NH 1402; vgl. oben S. 68 mit Anm. 66.

[22] J. Höffner, Christentum und Menschenwürde, Trier 1947; unter dem Titel: Kolonialismus und Evangelium, Trier ^{2}1969, ^{3}1972 (nachfolgende Zitate aus der 2. Auflage). – Versuch einer Gliederung und Auswertung: W. Weber, Der Beitrag Joseph Höffners zur Erschließung der spanischen Scholastik des »Goldenen Zeitalters«: Jahrbuch des Instituts für Christliche Sozialwissenschaften 7/8, 1966/67, S. 11-19.

stehende realistische Niedrigkeit die ›zwei Gesichter der spanischen Seele‹ genannt hat.«[23]

Nach Erwähnung einiger verurteilender Stimmen über die Conquista und differenzierteren Auffassungen aus jüngerer Zeit kommt Höffner zu dem Schluss: »Diese wohlwollenden Urteile dürfen uns freilich nicht darüber hinwegtäuschen, dass die Conquista entsetzliches Leid und furchtbaren Schrecken über die indianischen Völker gebracht und die europäische Kolonisation eingeleitet hat, gegen die sich die ehemaligen Kolonialvölker heute mit Abscheu wenden.«[24]

Um für die Darstellung der spanischen Conquista und ihre ethisch-theologische Problematik den erklärenden Hintergrund zu schaffen, schildert Höffner im ersten Teil seiner sehr umfangreichen Untersuchung[25] die Mentalität des mittelalterlichen Orbis christianus: Begründung, Aufstieg und Zerfall der Auffassung von der Weltherrschaft des Papstes als des Stellvertreters Christi auf Erden und des (römisch-deutschen) Kaisers in seinem Auftrag. Daraus leiteten Papst und Kaiser ihre Rechte ab, mit Ketzern und Juden umzugehen. Mit der Entdeckung der neuen Welt stellte sich der alten die Frage: Wer und was sind diese bisher unbekannten Heidenvölker und wie darf (oder muss) der Papst bzw. der spanische König im Auftrag des Papstes mit ihnen umgehen? Auf Grund der Oberhoheit des Papstes über die Welt als Vicarius Jesu Christi und des durch ihn beauftragten spanischen Königs hielt man sich für berechtigt, die heidnischen Völker der neuen Welt in Kriegen zu unterwerfen, die Menschen zu versklaven und ihr Land auszubeuten.

Bei der Darstellung des Zusammenpralls zwischen alter und neuer Welt nach 1492 gibt Höffner die um 1940 aktuellste Beschreibung der Auffassung, die sich über Kanibalismus, Menschenopfer und Sodomie bei den »Barbaren« der neuen Welt in Spanien nach 1492 festgesetzt hatte. Höffner schildert auf dem neuesten Kenntnisstand die vorkolonisatorischen Verhältnisse des Aztekenreichs in Mexiko und des Inkareichs in Peru.[26] Die Darstellung der Eroberung und Vernichtung dieser Reiche erspart keine der im Namen des Glaubens und der Behebung des Unglaubens von den Spaniern verübten Greueltaten.

Der dritte, den Aufbruch des christlichen Gewissens gegen die Conquista und ihre Methoden darstellende Teil des Buches ist der entscheidende in Höffners Untersuchung, was sich schon im Umfang von mehr als der Hälfte des umfangreichen Gesamtwerkes ausdrückt.[27] Nach Beschreibung der ersten Proteste von christlichen Missionaren gegen das brutale Vorgehen der Kolonisatoren und zumal des lauten Protestes des Dominikaners Bartholomé de Las Casas[28] setzt Höff-

[23] Ebd. S. 3.
[24] Ebd. S. 4.
[25] Ebd. S. 9-82.
[26] Ebd. S. 116-142.
[27] Aufbruch des christlichen Gewissens: Ebd. S. 189-408.
[28] Bartholomé des Las Casas OP (1484 – 1566), als Siedler 1502 in Westindien, 1507 Priester, seit 1511 an der Conquista der Insel Cuba beteiligt, sagte sich 1514 vom Encomienda-System los, seit 1522

ner sich mit den theoretischen Grundlagen des Vorgehens der Spanier in Mittel- und Südamerika auseinander.

Das waren vor allem die westindischen Edikte Papst Alexanders VI.: Dieser hatte 1493 den spanischen König mit den neuen Ländern »belehnt«, was bald als »Schenkung« umgedeutet wurde. Mit dieser »Belehnung« war die Verpflichtung zur Missionierung der Heidenvölker verbunden.

Ein weiterer Abschnitt der Untersuchung Höffners befasst sich mit der Einstufung der eingeborenen Indios als »heidnischer Barbaren« oder »Waldmenschen«: Auf Grund ihres Kanibalismus: ihrer Menschenopfer und ihrer »Laster« hielt man sich für berechtigt, ihre Reiche zu bekriegen und auszulöschen, ihre Menschen in Goldbergwerken und auf Kommenden als »Encomenderos« für die Spanier arbeiten zu lassen oder sie sogar einschließlich ihrer Familien zu versklaven.

Höffners Anliegen ist nun die Darstellung, wie die spanischen Spätscholastiker dieses die Missionierung der Indios verhindernde Unrechtssystem aufzubrechen und die Prinzipien des Naturrechts, der Menschenrechte und des Jus gentium (= Völkerrechts) zur Geltung zu bringen. Wie stets erleichtert Höffner die Übersicht über Vorgehensweise und Ergebnisse seiner Forschung in einer Zusammenfassung[29]:

»Auf dem Naturrecht baute sich die Lehre vom Staat auf. Der Staat, auch der heidnische, ist naturgegeben und deshalb gottgewollt. Unglaube und Sünde zerstören nicht die staatliche Gewalt. Es ist ebenso abwegig, die heidnischen Staaten unter dem Vorwand des Götzendienstes oder der Lasterhaftigkeit der Herrschaft der Kirche zu unterstellen. Die Theokratie ist damit als Fehlentwicklung abgelehnt.

Des weiteren wird allen Staaten, auch den heidnischen, die Souveränität zuerkannt, aber keine isolierte Absperrung von den anderen Völkern. Denn das Jus gentium schlingt um die starre Souveränität der Staaten das breite Band vielfältiger internationaler Beziehungen. Aus dem uralten, aber immer noch nicht eindeutig geklärten Begriff des Jus gentium schält sich im 16. Jahrhundert das moderne zwischenstaatliche Völkerrecht heraus. Was Francisco de Vitoria andeutet, führt Franz Suárez zur Vollendung. Ihm, und nicht Hugo Grotius,[30] kommt das Verdienst zu, den Begriff des modernen Völkerrechts erstmalig umschrieben zu haben. Es darf wohl als gewiss gelten, dass Hugo Grotius diesen Begriff von Suárez übernommen hat, auch wenn er seine Quelle nicht angibt ...

Dominikaner, am spanischen Hof Anwalt der Indios, 1544-1547 Bischof von Chiapa, Rückkehr nach Spanien: J. Meier, in: LThK 6, ³1997, Sp. 653 f.

[29] J. Höffner, Kolonialismus und Evangelium, S. 409-422 (»Schlusswort«).

[30] Hugo Grotius (de Groot) (1583 – 1645), Inhaber bedeutender juristischer und politischer Ämter in den niederländischen Vereinigten Provinzen, 1621 Flucht nach Paris, 1634-1645 schwedischer Gesandter in Paris. »In der Weiterführung der Rechtstheorien der spanischen Spätscholastik lehrte Grotius die Begründung des Staats- und Völkerrechts im Naturrecht, das auch gälte, wenn es Gott nicht gäbe; hierdurch prägte er entscheidend das Rechtsdenken der Neuzeit«: F. J. Niemann, in: LThK 4, ³1995, Sp. 1066; M. Diesselhorst, in: Staatslexikon 2, ⁷1986, Sp. 1092 f.

Dass Hugo Grotius das Werk des Suárez gekannt hat, zeigen einige – freilich sehr nebensächliche – Zitate. An den Hauptstellen verschweigt Grotius den Namen des spanischen Theologen, wahrscheinlich, weil er bei seinen Gönnern in Paris und London, wo Suárez als Verfasser der ›Defensio fidei‹ einer der bestgehassten Jesuiten war, keinen Anstoß erregen wollte. Übrigens wird es mit der tieferen Erforschung der spanischen Scholastiker immer deutlicher, dass sie die wichtigste Quelle für Hugo Grotius gewesen sind, ja, dass Grotius nicht wenige seiner systembildenden Gedanken aus ihnen geschöpft hat. Der Ruhm des Grotius beruht zum großen Teil auf der Verschollenheit der spanischen Scholastiker. Johann Jakob Schmauß meinte 1754, was Grotius vortrage, sei ›nichts anderes als die alte scholastische Völkerrechtslehre‹, wobei freilich anerkannt werden muss, dass Grotius die Völkerrechtslehre zu einem System ausgebaut hat.«[31]

Es dürften solche Thesen zu den Anfängen der Völkerrechtslehre gewesen sein, die dem Theologen Höffner den Respekt der Staatsrechtslehrer eingebracht haben. Sein Schüler und Nachfolger auf dem Lehrstuhl in Münster, Wilhelm Weber, stellte bereits 1966 Höffners Verdienste für die Wiederentdeckung der spanischen Spätscholastiker heraus und machte die Abhängigkeit des Hugo Grotius von ihnen deutlich.[32] Neuerdings hat Konrad Hilpert neben dieser Wiederentdeckung der spanischen Scholastik und dem Abhängigkeitsverhältnis des Hugo Grotius von seinen verschwiegenen Quellen Höffners zeitgeschichtlichen Mut zur Wahl seines völker- und menschenrechtlichen Themas in den 40er Jahren des vorigen Jahrhunderts gewürdigt:

»Wenn man den Versuch unternimmt, den Beitrag zu würdigen, den Joseph Höffner zur sozialethischen Erhellung, Aneignung und Stärkung der Idee der Menschenrechte geleistet hat, dann bezieht sich dieser Beitrag vor allem und bleibend auf diese umfangreiche und aus den Quellen gearbeitete Studie über die spanische Kolonialethik des *Goldenen Zeitalters.*

Bereits *die Wahl dieses Forschungsgegenstandes* war nicht nur ein kluger Schachzug, um in einer Zeit totalitärer Gesinnungsschnüffelei und der Missachtung der Menschenwürde ideologisch völlig unverfänglich ein Thema zu bearbeiten, dessen sachliche Nähe zu aktuellen politischen Vorgängen sich jedem Hellsichtigen aufdrängen musste; vielmehr bedeutete sie auch die Wiederentdeckung und Wiedergewinnung eines lohnenden und zu Stolz berechtigenden Stücks Tradition, das in der moraltheologischen Handbuchtradition des 19. und 20.Jahrhunderts vollständig verloren gegangen war ... Dieses Verdienst wird auch von Seiten namhafter Historiker, die in den letzten Jahrzehnten die Geschichte des Kolonialismus erforscht haben ... anerkannt, indem sie seine Schrift über die Kolonialethik mehrfach als Referenzwerk nennen ...

---

31 J. Höffner, Kolonialismus und Evangelium, S. 409-412.

32 W. Weber, Erschließung der spanischen Scholastik, S. 15-19.

Über den Ursprung der Menschenrechte gab es in der Wissenschaft bekanntlich eine lange und heftige Kontroverse, die sich vom Ende des 19. Jahrhunderts bis in die 1950er Jahre hingezogen hat. Ausgelöst wurde sie durch den Heidelberger Juristen Georg Jellinek (1851-1912), der gegen die zu seiner Zeit herrschende Ansicht, die Menschenrechtsdeklaration von 1789 fuße inhaltlich auf Rousseaus *contrat social* und formal auf der Unabhängigkeitserklärung der USA von 1776, zu beweisen versuchte, dass Vorbild und Anregung hauptsächlich in den *bills of rights* zu suchen seien, die die Verfassungen der neuenglischen Einzelstaaten feierlich einleiteten ...

Höffner selbst sah einen wichtigen Ertrag seiner Untersuchung darin, nachgewiesen zu haben, dass der Protestant Hugo Grotius, der gemeinhin als Vater des Völkerrechts gilt, bis in den Wortlaut seiner Texte hinein auf den katholischen Theologen des *Goldenen Zeitalters* aufbaut und sein Ansehen, das auch noch in neuerer juristischer Literatur gepflegt wird, nicht unwesentlich dem Umstand verdankt, dass der kolonialethische Diskurs in Spanien aus dem kollektiven Gedächtnis verdrängt worden sei.«[33]

Zur Vertretung der Menschenrechte durch die spanischen Scholastiker des 16. und 17. Jahrhunderts schreibt Höffner, durchaus nicht unkritisch: »Eine völlige Gleichheit aller Völker und Menschen haben die spanischen Kolonialethiker nicht vertreten. Dass die Menschen an natürlicher Begabung, an sittlichem Wert und an Gnade verschieden sind, ist katholische Lehre. Aber in einem sind alle Menschen gleich: Alle, die Menschenantlitz tragen, sind Kinder [Gottes] und Erlöste Jesu Christi. Diese Gewissheit ist Grundlage der gesamten spanischen Kolonialethik.

Die kolonialethischen Normen, die von den Scholastikern aus dem Naturrecht und aus dem Jus gentium abgeleitet worden sind, können der Kritik einigermaßen standhalten. Man wird dasselbe nicht in allen Stücken von den Grundsätzen behaupten können, die von der christlichen Offenbarung aus aufgestellt worden sind. Das ist bedauerlich; denn der Missbrauch der göttlichen Offenbarung wirkt sich im gesellschaftlichen Bereich verhängnisvoller aus als der Missbrauch des Naturrechts. Dieser Zusammenhang ist in der Literatur bisher zu wenig beachtet worden.

Gewiss, die spanischen Theologen erkannten an, dass die Zwangstaufe ein Sakrileg wider die Freiheit des Glaubens sei. Und doch wähnte man, das übernatürliche Mysterium des Glaubens mit gewissen Zwangsmaßnahmen umgeben zu dürfen. Man sprach zunächst von dem Recht, die Zulassung der Missionare von den Heiden mit Waffengewalt erzwingen zu können. Hier hat wohl unter allen Spaniern der edle Bartholomé de Las Casas den Geist des Evangeliums am tiefsten erfasst. Er wies mit Recht darauf hin, dass der Missionsauftrag Christi ohne jede Waffengewalt ausgeführt werden muss ...

33 K HILPERT, Joseph Höffner und die Idee der Menschenrechte, S. 65 f.

Auch die Gewaltanwendung gegen die Abgefallenen, gegen die sogenannten Häretiker, war ein verhängnisvoller Irrweg, auf dem leider der heilige Augustinus vorangegangen war. Die Kirche hat als sichtbare Gemeinschaft das Recht, in ihren eigenen Reihen für Ordnung zu sorgen. Dass aber Todesstrafe und Einkerkerung nicht die geeigneten Mittel dazu sind, fühlte man selbst in jenen Jahrhunderten, in denen man zu solchen Maßnahmen griff ...«[34]

Zusammenfassend kommt Höffner zu der Bewertung: »Es ist ein Verdienst der spanischen Kolonialethik des Goldenen Zeitalters, aus der Einsicht in diese Probleme kolonialpolitische Forderungen erhoben zu haben, die ihrer Zeit um Jahrhunderte vorauseilten. Nur von hier aus lassen sich auch die berühmten, seit dem Beginn des 17. Jahrhunderts gegründeten ›Reducciónes‹ verstehen. Sie bestanden nicht nur in Paraguay, wie vielfach angenommen wird; man traf sie in fast allen Gebieten des spanischen Kolonialreiches, so zum Beispiel in Ecuador, in Bolivien, in Brasilien, in Venezuela, wo sie von Kapuzinern, in Kalifornien, wo sie von Franziskanern geleitet wurden ...«[35]

Dieses ertragreiche und umfangreichste Werk Höffners konnte nach der 1944 abgeschlossenen Habilitation kriegsbedingt nicht sofort gedruckt werden. Es spricht für die Zähigkeit und Findigkeit Joseph Höffners, der schon seine erste Dissertation trotz »Reichsschrifttumskammer« 1935 in Saarbrücken privat drucken ließ,[36] dass er in dem Notjahr 1947 eine Papierzuteilung für den Druck seiner Habilitationsschrift in Trier erreichen konnte. Die kleine Auflage war schon 1948 vergriffen. Als Höffner 1969 eine Neuauflage veranlasste, hatte er kleine Ergänzungen und Überarbeitungen vorgenommen und einige neuere Literatur-Titel eingearbeitet. Im Vorwort schrieb er: »Dieses Buch ist in den Jahren 1940 bis 1944, da die Menschenwürde mit Füßen getreten wurde, geschrieben worden. Wie Weltkrieg und Konzentrationslager enthüllten auch die grausamen Gewalttaten der Conquista, wessen der Mensch fähig ist. Aber das eigentliche Anliegen dieses Buches ist nicht die Schilderung jener unheimlichen Geschehnisse. Von etwas Tröstlichem soll vielmehr berichtet werden: Vom Aufschrei des Gewissens gegen Unrecht und Knechtschaft. Dieses Thema ist heute so aktuell wie damals.«[37]

Schon 1972 sollte die dritte Auflage des Buches erforderlich werden.[38] 1957 hatte Höffner in Madrid eine spanische Übersetzung veranlasst und veröffentlichen lassen unter dem Titel »La Etica colonial española del Siglo de Oro«,[39] mit deren 2. Auflage er 1969 rechnete.[40] Eine portugisische Übersetzung unter dem Titel »Colonialismo e evangelho. Etica do colonialismo espanhol no Século de

---

34 J. Höffner, Kolonialismus und Evangelium, S. 415 f.
35 Ebd. S. 419.
36 Als Verleger wird genannt: »Druck: Saarbrücker Druckerei und Verlag A. G.«.
37 J. Höffner, Kolonialismus und Evangelium, S. VII.
38 Angaben: W. Weyand, Schriftenverzeichnis, Nr. 27, S. 3 f.
39 Ebd. S. 4.
40 So in seinem Vorwort zur 2. Auflage, Trier 1969, S. VII (vgl. Anm. 37).

Ouro« erschien 1973 in Rio de Janeiro.[41] Zweifellos hat Höffner durch sein Werk im spanischen und lateinamerikanischen Raum Bekanntheit und Ansehen erreicht, die ihm bei seinen späteren Reisen und Unternehmungen für Lateinamerika manche Türen öffneten.

2. Richtungweisende Äusserungen und Stellungnahmen zu Sozialethik und Sozialpolitik 1949-1962

Wenn Joseph Höffner auch als Professor in Trier und in Münster keine Zeit zu Forschungen mehr fand, so waren seine Einsätze für den Ausbau des deutschen Sozialkatholizismus und seine Mitwirkung bei der Sozialgesetzgebung jener Jahre kein Aktionismus ohne wissenschaftliches Fundament. Wie die entsprechenden Faszikel seines Nachlasses belegen, hat Höffner seine öffentlichen Stellungnahmen und seine für die Sozialgesetzgebung höchst bedeutsamen Gutachten immer sorgfältig erarbeitet unter Benutzung aller ihm zugänglichen Quellen. Für nicht wenige seiner wichtigen Äußerungen zwischen 1949 und 1962 ist die Entstehungsgeschichte bereits weiter oben dargestellt.

Wilfrid Schreiber und Wilhelm Dreier haben 1966 zu Höffners 60. Geburtstag in einem Sonderband des »Jahrbuchs des Instituts für Christliche Sozialwissenschaften« eine größere Zahl wichtiger Äußerungen Höffners aus dieser Zeit veröffentlicht.[42] Um möglichst viele unterzubringen, wurden die Beiträge nicht immer im vollen Wortlaut abgedruckt. Deshalb hat das Institut für Christliche Sozialwissenschaften zusammen mit dem Franz-Hitze-Haus im Dezember 2003 eine Fachtagung zu Leben und Werk Joseph Höffners veranstaltet, bei der man sich entschloss, zu Höffners 100. Geburtstag 2006 »einen Band herauszugeben, der sich nicht nur mit zentralen Inhalten des Höffnerschen Werkes beschäftigt, sondern auch ... Höffners zentrale sozialpolitische Texte noch einmal in einer repräsentativ zusammengestellten Auswahl zugänglich macht«.[43] Diese Auswahl soll dem nachfolgenden Überblick über Höffners Beiträge aus den Jahren 1949 bis 1962 zugrunde gelegt werden.

Wie bereits dargestellt wurde, war es für Höffners weitere Entwicklung und sein sozialpolitisches Engagement nach 1949 von kaum zu überschätzender Bedeutung, dass *er* statt Nell-Breuning von Kardinal Frings dem Bund katholischer Unternehmer bei dessen Gründungsversammlung am 27. März 1949 als »Geist-

---

[41] W. Weyand, Schriftenverzeichnis, Nr. 27, S. 4.

[42] W. Schreiber/W. Dreier (Hrsg.), Gesellschaftspolitik aus christlicher Weltverantwortung. Joseph Höffner – Reden und Aufsätze (Sonderband 1966 des Jahrbuchs für Christliche Sozialwissenschaften), Münster 1966.

[43] So Gabriel und Große Kracht im Vorwort zu: K. Gabriel/H.-J. Grosse Kracht (Hrsg.), Joseph Höffner (1906-1987). Soziallehre und Sozialpolitik. »Der personale Faktor ...«, Paderborn u. a. 2006, S. 8 f.; dazu: A. Liedhegener, Joseph Höffner und die Katholische Soziallehre als Gegenstand der Zeitgeschichtsschreibung, in: Rheinische Vierteljahrsblätter 71, 2007, S. 278-282.

licher Beirat« beigegeben wurde.[44] Um sich diesen nicht als Arbeitgeberverband sich verstehenden, Orientierung an der christlichen Soziallehre suchenden Unternehmern vorzustellen, hielt Höffner bei der Gründungsversammlung den Vortrag: »Der katholische Unternehmer in der kommenden Wirtschaftsordnung«.[45] Wie bereits dargelegt, wies Höffner in diesem Vortrag dem Unternehmer in Abgrenzung vom Bolschewismus seinen Ort und seine Verantwortung aus der Perspektive des Glaubens und der katholischen Soziallehre zu.[46] Die Unternehmer spürten die theologisch-seelsorgerliche wie die wirtschaftliche Kompetenz des Redners. Aus dieser Gründungsversammlung sollte eine bis 1962 und darüber hinaus währende gegenseitige Anregung und Hilfestellung zwischen Höffner und dem BKU erwachsen. Der BKU wäre ohne Joseph Höffner nicht geworden, was er wurde. Höffner seinerseits erfuhr für sein Institut in Münster, für seine Studenten und für seinen Einblick in wirtschaftliche Zusammenhänge aus Begegnungen auf der Ebene des BKU eine von ihm stets anerkannte Unterstützung.

Parallel zum BKU hatte Höffner seit 1949 dichte Kontakte zur Deutschen Kohlenbergbau-Leitung in Essen.[47] In den frühen Jahren der Bundesrepublik gab es noch heftige Auseinandersetzungen über die Frage der Sozialisierung der Grundstoffindustrien, die vor allem von SPD, KPD und Zentrum gefordert wurde. In dieses Umfeld gehört Höffners 1951 publizierte Schrift: »Die Sozialisierung der Grundstoffindustrien in der Bundesrepublik Deutschland, beurteilt nach den Grundsätzen der katholischen Soziallehre«.[48] Höffner stellte Privateigentumsordnung und Sozialisierung, d. h. Überführung in Gemeinbesitz, einander gegenüber. Nach der Methode der Jesuiten parallelisierte er jeweils Vorzüge und Nachteile beider Ordnungen, um dann eine Anwendung auf die Grundstoffindustrien der Bundesrepublik vorzunehmen. Höffners Fazit lautete: »Es wäre unklug, bloß negativ die Argumente gegen Sozialisierung der Grundstoffindustrien zusammen zu tragen. Wichtiger sind – auf Dauer gesehen – die Maßnahmen, die das Übel an der Wurzel angreifen: ausreichende Reallöhne, Schaffung von Eigenheimen, Beteiligung der Arbeiter an der volkswirtschaftlichen

[44] Zur Gründung und Frühgeschichte des BKU s. o. S. 165-184.

[45] J. Höffner, Der katholische Unternehmer in der kommenden Wirtschaftsordnung (= Schriftenreihe des BKU 1), Köln 1949; unter dem Titel Der *christliche* Unternehmer in der kommenden Wirtschaftsordnung, in: W. Schreiber/W. Dreier (Hrsg.), Gesellschaftspolitik, S. 391-400; K. Gabriel/H.-J. Grosse Kracht (Hrsg.), Höffner, S. 107-116.

[46] Zu Höffners Vortrag bei der Gründungsversammlung des BKU s. o. S. 166 f.

[47] Zu Höffners Kontakten zur Kohlenbergbau-Leitung in Essen s. o. S. 95 f. mit Anm. 16 ff., S. 99 mit Anm. 29, S. 116 f. mit Anm. 42 ff., S. 127 mit Anm. 89 f.

[48] J. Höffner, Die Sozialisierung der Grundstoff-Industrien in der Bundesrepublik Deutschland, beurteilt nach den Grundsätzen der katholischen Soziallehre (= Schriftenreihe des BKU 26), Köln 1951; unter dem Titel: Privateigentum – Gemeineigentum. Probleme der Sozialisierung von Eigentum an den Produktionsmitteln, in: W. Schreiber/W. Dreier (Hrsg.), Gesellschaftspolitik, S. 230-241; K. Gabriel/H.-J. Grosse Kracht (Hrsg.), Höffner, S. 117-128 (Hieraus nachfolgende Zitate).

Kapitalbildung, ausreichende Invaliden- und Altersversorgung, Bekenntnis zur Partnerschaft zwischen den Unternehmern und ihren Mitarbeitern ...«[49] Das war im Jahr seines Beginns in Münster eine Programmübersicht sowohl für seine Vorlesungen und Seminarübungen wie für sein sozialpolitisches Engagement außerhalb der Universität.

Höffner nutzte Einladungen vor größere Foren gelegentlich auch bewusst, um die Interessen der Einladenden übersteigende, umfassendere Anliegen zu vertreten. So etwa eine Tagung des »Vereins für Agrarwirtschaft e.V.« in Bonn am 29. Februar 1952. Sein Thema lautete: »Eigenverantwortung und Wohlfahrtsstaat«.[50] Von den Utopien der Geschichte über den Marxismus und die Vorstellungen von einem Wohlfahrtsstaat ging Höffner zu einem seiner Lieblingsthemen über: »Der Weg zur Eigenverantwortung«. »Erster Grundsatz: Es muss alles getan werden, um unserem Volk *gesunde Familien* zu erhalten und wieder zu geben ...« Die nächste Forderung Höffners lautet: »Ermöglichen wir möglichst vielen Familien den Erwerb eines Eigenheims.«[51] Höffner wollte die subsidiäre Hilfe der Gemeinschaft dabei durchaus nicht ausschließen. Deshalb lautet seine Forderung: »Wir müssen dafür eintreten, dass der kinderreichen Familie Kinderzulagen gezahlt werden ... Es muss jedem Menschen ermöglicht werden, Privateigentum zu erwerben.«[52] Höffners Eintreten für das Subsidiaritätsprinzip leuchtet in der Forderung auf, »dass *für wirtschaftliche Aufgaben, die in Klein- und Mittelbetrieben geleistet werden können, keine Großbetriebe geschaffen werden sollten.«* Das Zeitalter der Globalisierung lag noch in weiter Ferne!

Wie bereits dargestellt wurde, galt ein großer Einsatzbereich Höffners dem Aufbau des deutschen Sozialkatholizismus. Instrument war das »Sozialreferat des Zentralkomitees der Deutschen Katholiken«, das Höffner seit seiner Gründung 1952 leitete. Eine wichtige Aufgabe dieses Sozialreferates war es, die allzu zahlreichen Arbeitsmaterialien und Broschüren, die auf dezentraler Ebene nicht immer in ausreichender Qualität publiziert wurden, durch qualifiziertere Veröffentlichungen zu ersetzen. So publizierte Höffner selbst in der »Schriftenreihe der Arbeitsgemeinschaft katholisch-sozialer Bildungswerke in der Bundesrepublik Deutschland – VI. Versicherung/Versorgung/Fürsorge« als 1. Heft 1953: »Soziale Sicherheit und Eigenverantwortung. Der personale Faktor in der Sozialpolitik«.[53]

---

[49] Ebd. S. 127 f.

[50] J. Höffner, Eigenverantwortung und Wohlfahrtsstaat, Bad Godesberg 1952; K. Gabriel/H.-J. Grosse Kracht (Hrsg.), Höffner, S. 129-138 (Hieraus nachfolgende Zitate).

[51] Ebd. S. 134 f.

[52] Ebd. S. 135 f.

[53] J. Höffner, Soziale Sicherheit und Eigenverantwortung. Der personale Faktor in der Sozialpolitik, Paderborn 1953, [2]1956; auszugsweise in: W. Schreiber/W. Dreier (Hrsg.), Gesellschaftspolitik, S. 307-313; K. Gabriel/H.-J. Grosse Kracht (Hrsg.), Höffner, S. 139-155 (Hieraus nachfolgende Zitate).

Es war die Zeit, als eine Reform der sozialen Leistungen anstand und Bundesarbeitsminister Storch Höffner in den Wissenschaftlichen Beirat seines Ministeriums berief. Wie schon öfter beginnt Höffner seine Darlegung mit einem historischen Rückblick auf die Geschichte der sozialen Leistungen und der Darstellung neuer Aufgaben, um dann in 10 Leitsätzen seine sozialethische Position zu beziehen:

»1. Leitsatz: *Der Mensch selber ist der Erstverantwortliche für seinen und seiner Familie Unterhalt …*

2. Leitsatz: *In der modernen Gesellschaft mit ihrer spezialisierten Arbeitsteilung findet die wirtschaftliche Eigenverantwortung vor allem in der gediegenen Berufsausbildung und in der treuen Berufsausübung ihr Verwirklichung …*

3. Leitsatz: *Um der wirtschaftlichen Eigenverantwortung und um der Freiheit des Menschen willen bekennt sich die christliche Soziallehre zum Privateigentum …*

4. Leitsatz: *Die nächsten und unmittelbarsten Gemeinschaften, die dem Menschen soziale Geborgenheit schenken sollen, sind nicht anonyme staatliche Großversicherungsinstitutionen, sondern die kleineren Lebenskreise der Familie, der Nachbarschaft, der Gemeinde, des Betriebes usw. …*

5. Leitsatz: *Zum Ausgleich von Risiken, denen weder der einzelne noch die kleineren Lebenskreise gewachsen sind, ist die genossenschaftliche Selbsthilfe der nächste und, falls er zum Ziele führt, der vorzuziehende Weg …*

6. Leitsatz: *Der Staat dient der sozialen Sicherheit dadurch am meisten, dass er die persönliche Verantwortung seiner Bürger, das Sorgen und Versorgen der Familie und der anderen kleineren Lebenskreise sowie die genossenschaftliche Selbsthilfe anerkennt und sich entfalten lässt …*

7. Leitsatz: *Sofern gewisse Notstände durch die verschiedenen Formen der Selbsthilfe nicht behoben werden können, wird die staatliche Sozialpolitik ihre vordringliche Aufgabe in der ›Hilfe zur Selbsthilfe‹ sehen müssen …*

8. Leitsatz: *Die Tatsache, dass in der modernen Gesellschaft der größte Teil der Berufstätigen im abhängigen Lohn- und Angestelltenverhältnis steht, rechtfertigt es, dass der Staat diese Gruppen gegen die Risiken der ›basic needs‹ zur Mitgliedschaft in entsprechenden sozialen Versicherungen gesetzlich verpflichtet …*

9. Leitsatz: *Sofern gegen die verschiedenen Risiken gesetzlich errichtete Einheitssozialversicherungen bestehen, ist mit besonderer Sorgfalt darauf zu achten, dass die personalen Werte nicht gefährdet werden …*

10. Leitsatz: *Unvereinbar mit dem christlichen Menschenbild ist die totale Staatsversorgung, da sie als krasse Verneinung jeder Subsidiarität die Selbstverantwortung zerstört und die Freiheit des Menschen bedroht …*[54]

[54] Ebd. S. 154.

Bei Kenntnis dieser »Leitsätze« aus dem Jahre 1953 kann man relativ leicht herausfinden, welche Abschnitte des »Vier-Professoren-Gutachtens« von 1955 (»Rothenfelser Denkschrift«) auf Höffner zurückgehen.

Als Höffner am 21. Oktober 1955 auf der Jahreshauptversammlung des BKU in Bad Neuenahr das Thema »Der Start zu einer neuen Sozialpolitik« behandelte,[55] lagen die Arbeiten der vier Professoren Aichinger, Höffner, Muthesius und Neundörfer an der »Rothenfelser Denkschrift« und die ersten Diskussionen über den von Höffner mit beeinflussten »Schreiber-Plan« für eine anstehende Rentenreform schon hinter ihm.[56] Ohne besondere Mühe konnte Höffner den versammelten Unternehmern und – durch die spätere Veröffentlichung – einem größeren Publikum die Grundzüge der aktuellen Überlegungen zu einer Sozial- und Rentenreform darlegen. Nach dem für Höffner typischen historischen Rückblick folgte eine Übersicht über fünf Tatbestände: die Bevölkerungsstruktur mit ihrer absehbaren Entwicklung; die Überzahl der unselbständig Erwerbstätigen, die (3. Tatbestand) jedoch nicht als die »Schwachen« zu gelten haben; die Unmöglichkeit für einen größeren Teil der Menschen, selbst für einen ausreichenden Lebensunterhalt zu sorgen; schließlich der Tatbestand, dass die Sozialversicherungen nicht mehr für eine notleidende Minderheit bestimmt sind: »Etwa 80 % der Bevölkerung sind direkt oder indirekt Mitglieder der sozialen Krankenversicherung sowie der Invaliden- oder Angestellten- oder Knappschaftsversicherung.«[57]

Sodann zählt Höffner die *Ordnungsprinzipien sozialer Sicherheit* auf: Das Subsidiaritätsprinzip, das Solidaritätsprinzip, die Rangordnung der Zuständigkeiten. Schließlich geht er auf die *Normalrisiken der sozialen Sicherheit* ein: Kindheit und Jugend, das Vollleistungsalter, das Alter, um zuletzt *Die Wege zur Alterssicherung* vorzustellen: Selbstvorsorge, betriebliche Altershilfe und gesetzliche Altersversicherung.

Wenige Wochen nach diesem BKU-Vortrag in Bad Neuenahr konnte Höffner im Dezember 1955 an einer Sitzung des »Sozialkabinetts« unter Vorsitz Bundeskanzler Adenauers teilnehmen und sich an der Weichenstellung für die Rentenreform von 1957 beteiligen.[58]

Eines der Grundanliegen Höffners, das seine gesamte Lehrtätigkeit begleitete und noch in die spätere Zeit seiner bischöflichen Wirksamkeit hineinragte, war die breitere Streuung des Eigentums zur Stabilisierung der sozialen Verhältnisse. Vom 19. bis 21. November 1959 veranstaltete die »Walter-Raymond-Stiftung« des Arbeitgeberverbandes, deren Mitglied Höffner war, in Maria Laach ein Kolloquium über »Die katholische Soziallehre und das Eigentumsproblem«. Höff-

---

55 J. Höffner, Der Start zu einer neuen Sozialpolitik (= Schriftenreihe des BKU, Neue Folge 5), Köln 1956; K. Gabriel/H.-J. Grosse Kracht (Hrsg.), Höffner, S. 157-172 (Hieraus nachfolgende Zitate).

56 Vgl. oben S. 266-271.

57 J. Höffner, Der Start zu einer neuen Sozialpolitik, S. 160 f.

58 Dazu s. o. S. 272 mit Anm. 41.

ner beteiligte sich mit einem Vortrag »Eigentumsstreuung als Ziel der Sozialpolitik.«[59]

Dieser Vortrag zeigt besonders eindrucksvoll Höffners Stärke, durch klare Gliederung auch komplexe Gegenstände für Nichtfachleute übersichtlich zu machen. Er beginnt mit drei *Funktionen des Privateigentums*:

- Das Privateigentum weckt die Eigeninitiative und stärkt die Selbstverantwortung und gewährt sowohl dem einzelnen wie auch seiner Familie wirtschaftliche Sicherheit.
- Das Privateigentum dient der klaren Aufgliederung und Abgrenzung der Zuständigkeiten und Verantwortungsbereiche in der Wirtschaft.
- Das Privateigentum ist Garant der Freiheit und Würde des Menschen.

Höffner geht dann über zur *sechsfachen Gestalt* des Privateigentums in der modernen industriellen Gesellschaft:

- Lohn und Gehalt
- Privatbesitz an Möbeln und Hausrat
- Rücklagen und Ersparnisse
- Rechtsansprüche an die Sozialversicherung
- Eigenheim

An sechster Stelle kommt Höffner dann zu seinem eigentlichen Anliegen, der

- Beteiligung an der volkswirtschaftlichen Kapitalbildung,

deren Möglichkeiten und Wege, deren Begründung aus der katholischen Soziallehre Höffner dann ausführlicher darlegt.

In einer *Zusammenfassung* wiederholt er noch einmal seine wesentlichen Thesen und Erwartungen:

»Die Eigentumsverhältnisse in einer Gesellschaft sind gesund, wenn die breiten Schichten des Volkes so viel besitzen, dass sie nicht in Abhängigkeit von anderen Schichten oder vom Staat geraten ...

Dass der Staat durch Rahmengesetze die investive Ergebnisbeteiligung oder den Investivlohn zur Abgeltung besonderer Leistungen der Belegschaft ermöglicht, begegnet keinen Bedenken ... Entscheidend bleibt aber das personale Moment der Eigentumsbildung: Die gesellschafts- und wirtschaftlichen Auswirkungen einer breiten Streuung des Kapitalvermögens würden vereitelt, wenn das Kapital sich nicht bei den einzelnen Menschen, sondern – wenn auch angeblich für sie – bei anonymen Institutionen bilden würde.«

Joseph Höffner hatte von seinen volkswirtschaftlichen Studien bei den Freiburger »Ordo-Liberalen« eine Nähe zu marktwirtschaftlichem Denken mitge-

[59] J. Höffner, Eigentumsstreuung als Ziel der Sozialpolitik, in: Eigentum und Eigentümer in unserer Gesellschaftsordnung (= Veröffentlichungen der Walter-Raymond-Stiftung, Bd. 1), Köln-Opladen 1960, S. 34-50; K. Gabriel/H.-J. Grosse Kracht (Hrsg.), Höffner, S. 173-185 (Hieraus die nachfolgenden Zitate).

bracht. Nicht alle aus dem deutschen Sozialkatholizismus billigten seine Nähe zu Unternehmern und Arbeitgeberverbänden sowie seine Zuarbeit zu der von CDU und FDP gebildeten Bundesregierung. Deshalb war die Frage nicht uninteressant: Wie steht Höffner zu Liberalismus und Neoliberalismus? Er gab dazu selbst Auskunft in einem Vortrag vor der Regionalgruppe Industriegebiet des BKU in Essen am 24. November 1959. Sein Thema lautete: »Neoliberalismus und christliche Soziallehre«.[60]

Ausgehend von der Beobachtung des Erfolges der Marktwirtschaft in Deutschland in den 1950er Jahren und des parallelen Scheiterns des »sozialistischen Wohlfahrtsstaates« in Schweden und Großbritannien weist Höffner auf »die Gegner des Neoliberalismus im katholischen Lager« hin: »Das neoliberale System [sei] mit der katholischen Soziallehre unvereinbar. Eher könne man sagen, so heißt es in einer 1954 erschienenen Schrift, zu der Professor von Nell-Breuning das Vorwort geschrieben hat, dass ›eine weitgehende Übereinstimmung zwischen christlichen Reformbestrebungen und einem Großteil der sozialistischen‹ gegeben sei.«[61]

Höffner stellt dann dem »alten« Liberalismus in seinen kritischen Positionen den Neoliberalismus mit seinen Korrekturen gegenüber. Alexander Rüstow zitierend führt er aus:

»1. Nur der Leistungswettbewerb darf geduldet werden ... Der Neoliberalismus lehnt jede Vermachtung des Marktes ab, mag es sich nun um Monopole, Teilmonopole, Oligopole, Kartelle, Syndikate, Konzerne oder dgl. handeln ...

2. Der vollständige Leistungswettbewerb ergibt sich nicht von selbst (hier habe der entscheidende Irrtum des alten Liberalismus gelegen) – er müsse vielmehr vom Staate ›veranstaltet‹ werden. Er sei keine Natur-, sondern Kulturpflanze. Nach neoliberalem Verständnis ist der Staat nicht bloßer Nachtwächter; er muss vielmehr der Wirtschaft eine solche Verfassung geben, dass das Spiel der freien Konkurrenz sich entfalten kann ...

Nach der Überzeugung des Neoliberalismus ist der durch konstituierende und regulierende staatliche Wirtschaftspolitik zu sichernde freie Leistungswettbewerb das regulative Prinzip der Wirtschaft, der ›dritte Weg‹ zwischen Kapitalismus und Kollektivismus. Wilhelm Röpke fügt hinzu, dass auch das Christentum, ›selbst das so gut organisierte katholische‹, was die Fragen der Wirtschaftsordnung betreffe, keine bessere Lösung wisse.«[62]

Doch Höffner setzt sich gerade mit dieser These auseinander und kommt zu der Auffassung: »Eine an der christlichen Wirtschaftsethik orientierte Wirtschafts-

---

60 J. Höffner, Neoliberalismus und christliche Gesellschaftslehre, in: Ökonomischer Humanismus. Neoliberale Theorie, soziale Marktwirtschaft und christliche Soziallehre ... (= Schriftenreihe des BKU), Köln 1960, S. 18-26; K. Gabriel/H.-J. Grosse Kracht (Hrsg.), Höffner, S. 197-212 (Hieraus die nachfolgenden Zitate).

61 Ebd. S. 187.

62 Ebd. S. 191.

ordnung muss einerseits auf Privateigentum und Selbstverantwortung beruhen, andererseits sozial ausgerichtet sein. Das ergibt sich aus dem Sachziel der Wirtschaft. Nach christlichem Denken besteht das Sachziel weder – rein formalistisch – im bloßen Handeln nach dem ökonomischen Rationalprinzip noch in der Technokratie, noch in der bloßen Rentabilität, noch im größtmöglichen materiellen Glück einer größtmöglichen Menschenzahl, sondern in der Schaffung jener materiellen Voraussetzungen, die sowohl dem einzelnen wie der Gemeinschaft die gottgewollte Sinnerfüllung ermöglichen.«[63]

Für das Jahr 1961 bringt die Zusammenstellung von Karl Gabriel/Hermann-Josef Große Kracht drei sozialpolitische Beiträge Höffners, zunächst »Lohngerechtigkeit in der modernen Gesellschaft«[64] und »Kapitulation vor dem Versorgungsstaat?«[65]

In dem Beitrag zur Lohngerechtigkeit greift Höffner neben vertrauten Themen wie familiengerechter Lohn und innerbetriebliche Lohngerechtigkeit auf der Basis ihn reizender statistischer Erhebungen auch neuere Fragestellungen auf, z. B. »Die Aufteilung des Sozialprodukts an Selbständige und unselbständig Erwerbstätige«. In einer Tabelle stellt Höffner etwa dar, dass die selbständigen deutschen Unternehmer zwischen 1955 und 1959 jährlich zwischen 39,4 % und 31,7 % »der gesamten Ersparnisbildung der Bundesrepublik« an nicht entnommenen Gewinnen erzielten.

Schon die Fragestellung des anderen Beitrages »Kapitulation vor dem Versorgungsstaat?« lässt Höffners Skepsis gegenüber einer zu weitreichenden staatlichen Reglementierung und Umverteilung erkennen. Höffners Ziel ist die Stärkung der Selbstverantwortung: »Wenn auch auf die Institution der Sozialversicherung in der industriellen Gesellschaft nicht mehr verzichtet werden kann, wird doch eine zur Gesellschaftspolitik fortschreitende Sozialpolitik die Selbstverantwortung zielbewusst stärken müssen. Selbstverantwortung und Versorgungsstaat schließen sich aus. Gerade aus dieser Sicht sind erhebliche Bedenken gegen den ›auf Anregung des Vorstandes der Sozialdemokratischen Partei Deutschlands‹ vorgelegten ›Sozialplan für Deutschland‹ (1957) zu erheben.«[66]

Höffners Bedenken gegen neuere Entwicklungen und sozialpolitische Desiderate formulierte er dann noch in dem dritten Beitrag aus dem Jahr 1961: »Zur Gesellschaftspolitik. Das Ringen um eine sozialpolitische Gesamtkonzeption der Bundesrepublik Deutschland«.[67]

---

[63] EBD. S. 193.

[64] J. HÖFFNER, Lohngerechtigkeit in der modernen Gesellschaft, in: TTHZ 70, 1961, S. 94-110; W. SCHREIBER/W. DREIER (Hrsg.), Gesellschaftspolitik, S. 254-269; K. GABRIEL/H.-J. GROSSE KRACHT (Hrsg.), Höffner, S. 197-212 (Hieraus die nachfolgenden Zitate).

[65] J. HÖFFNER, Kapitulation vor dem Versorgungsstaat?, in: DIE POLITISCHE MEINUNG 6, 1961, S. 28-36; W. SCHREIBER/W. DREIER (Hrsg.), Gesellschaftspolitik, S. 314-321; K. GABRIEL/H.-J. GROSSE KRACHT (Hrsg.), Höffner, S. 213-222 (Hieraus die nachfolgenden Zitate).

[66] EBD. S. 219.

[67] J. HÖFFNER, Zur Gesellschaftspolitik. Das Ringen um eine sozialpolitische Gesamtkonzeption der Bundesrepublik Deutschland, in: Wirtschaftspolitische Blätter (Wien) 8, 1961, S. 134-137; K. GABRIEL/H.-J. GROSSE KRACHT (Hrsg.), Höffner, S. 223-229.

In seinem letzten »akademischen Jahr« 1962 erhielt Höffner durch zwei umfangreichere Artikel für das »Staatslexikon« die Gelegenheit, seine Forschungen, Anliegen und Erfahrungen im Bereich der Sozialpolitik zusammenfassend darzustellen. Im Artikel »Sozialpolitik«[68] ging Höffner geschichtlich von der *Arbeiterfrage* und der *Überwindung der Klassengegensätze* über zur These von der Sozialpolitik als *Ergänzung der Marktwirtschaft:*

»Die bis heute immer wieder unternommenen Versuche, die Sozialpolitik von der ›sozialen Frage‹ her zu deuten, mögen im 19. Jahrhundert verständlich gewesen sein, entsprechen jedoch nicht mehr den Verhältnissen der fortgeschrittenen industriellen Gesellschaft ... Die Deutung der Sozialpolitik *als Gesellschaftspolitik* (H. Aichinger) breitet sich heute allmählich aus ... Im einzelnen sind der ›Sozialpolitik als Gesellschaftspolitik‹ 4 Arten von Aufgaben gestellt:
1. Aufgaben des sozialen Schutzes ...;
2. Aufgaben der sozialen Sicherung ...;
3. Aufgaben der sozialen Förderung ...;
4. *strukturpolitische Aufgaben* im eigentlichen Sinn: breite Vermögensstreuung, Siedlungsgestaltung usw.

Träger der Sozialpolitik sind nach dem Grundsatz der Subsidiarität nicht nur der Staat, sondern freie Selbstverwaltungskörperschaften ..., Gemeinden, Betriebe und dgl., wobei zu beachten ist, dass in vielen Aufgabenbereichen die gesellschaftlichen Kräfte als erstzuständig anzusehen sind ...«[69]

In einem zweiten Abschnitt schildert Höffner *Entwicklung und Wandel der deutschen Sozialpolitik* von der sozialen Schutzgesetzgebung über die Sozialversicherungsgesetzgebung bis zur sozialen Förderung der Strukturpolitik. Im dritten Abschnitt schließt Höffner einen *Internationalen Vergleich* an: Die auf dem *Versicherungsprinzip* beruhenden Systeme, *das skandinavisch-englische System*, schließlich *das System der Ostblockstaaten*, um dann noch kurz *Ansätze internationaler Sozialpolitik* zu erwähnen.

In einem vierten Abschnitt beschäftigt sich Höffner mit den sozialpolitischen Problemen in der entwickelten Industriegesellschaft der Gegenwart: Soziale Sicherheit und Selbstverantwortung, Gefahr des Einbruchs organisierter Sonderinteressen in die Sozialpolitik.

Wie sorgfältig Höffner seine Positionen erarbeitet hat, zeigt seine (für einen Lexikon-Artikel) höchst umfangreiche Literaturliste, die von 1870 bis 1956 reicht.[70]

Kürzer, aber von vergleichbarer Qualität ist der zweite »Staatslexikon«-Artikel »Sozialreform«.[71] Höffner klärt zunächst den Begriff: »Der Begriff Sozialreform

---

[68] J. Höffner, Sozialpolitik, in: Staatslexikon 7, ⁶1962, Sp. 347-360; K. Gabriel/H.-J. Grosse Kracht (Hrsg.), Höffner, S. 231-246 (Hieraus die nachfolgenden Zitate).

[69] Ebd. S. 232 f.

[70] Ebd. S. 244-246 (67 Titel!).

[71] J. Höffner, Sozialreform, in: Staatslexikon 7, ⁶1962, Sp. 387-393; K. Gabriel/H.-J. Grosse Kracht (Hrsg.), S. 247-254 (Hieraus die nachfolgenden Zitate).

wird heute weithin unscharf und uneinheitlich gebraucht. Während die einen die Sozialreform mit der Sozialpolitik schlechthin gleichsetzen, verstehen andere unter Sozialreform die Ausdehnung des Systems der sozialen Sicherheit, das ursprünglich nur dem Härteausgleich zugunsten der sozial Schwächeren habe dienen sollen, auf immer breitere Schichten der Bevölkerung – bis hin zur allgemeinen Wohlstandssteigerung und Staatsbürgerversorgung.«[72]

Höffner gibt dann einen ideengeschichtlichen Überblick über das 19. und 20. Jahrhundert, um dabei ausführlicher auf den Beitrag der katholischen Sozialreformer einzugehen. Seine eigene Position drückt er so aus: »Wenn auch einflussreiche Kreise unter den katholischen Sozialreformern (insbesondere im 19. Jahrhundert) romantischen Vorstellungen anhingen und von der Wiedererrichtung der patriarchalisch-feudalen (von Missständen gereinigten) Ständeordnung des Mittelalters träumten, bleibt doch anzuerkennen, dass die beiden wichtigsten Grundanliegen einer Sozialreform seit Beginn des industriellen Zeitalters leidenschaftlich erörtert und mit erstaunlicher Zähigkeit immer wieder aufgegriffen worden sind: der strukturelle Umbau der Gesellschafts- und Wirtschaftsordnung sowie die Wiedervereinigung von Kapital und Arbeit in den erwerbswirtschaftlichen Unternehmungen durch die Beteiligung der Arbeitnehmer an der volkswirtschaftlichen Kapitalbildung. Im Lauf der Auseinandersetzungen wurde – besonders seit dem Erscheinen der Enzyklika *Quadragesimo anno* – immer deutlicher herausgestellt, dass die Sozialreform keine Restauration geschichtlicher Institutionen bedeutet, sondern aus den Grundprinzipien der katholischen Soziallehre abgeleitet werden muss und dass mithin die Berufsständische Ordnung nicht eine romantisch-restaurative historische Kategorie darstellt, sondern ein im Naturrecht grundgelegtes gesellschaftliches Ordnungsprinzip ist ... Insbesondere in der fortgeschrittenen industriellen Gesellschaft ... kommt der Idee der *ordines* neue Aktualität zu. Dabei wird die christliche Soziallehre zwar die gesellschaftlichen Grundprinzipien darbieten, ein bestimmtes, bis in die Einzelheiten ausgebautes Gesellschafts- und Wirtschaftssystem jedoch ebenso wenig vertreten wie eine bestimmte Staats- oder Kulturform. Stets werden sich allgemeingültige Prinzipien mit den geschichtlichen Möglichkeiten verbinden müssen.«[73]

Als nach dem 9. Juli 1962 die Nachricht die Runde machte, dass Joseph Höffner zum Bischof von Münster ernannt worden war, schrieb ihm Clemens Bauer aus Freiburg: »Für Sie und Ihre Freunde, zu denen ich mich rechnen darf, bedeutet es natürlich den Abschied von der Wissenschaft, und das ist für uns außerordentlich schmerzlich. Dieser Schmerz wird um so deutlicher, wenn ich mit meinen Glückwünschen an Sie den Dank verbinde für Ihre Mitarbeit an der Neuauflage

[72] Ebd. S. 247.
[73] Ebd. S. 252 f.

des Staatslexikons. Für den Professor Höffner wird das sicher ein bleibendes monumentum sein ...«[74]

3. Christliche Gesellschaftslehre 1962

Joseph Höffner hat 1962 nicht ahnen können, dass seine »Christliche Gesellschaftslehre«[75] das in die wichtigsten Weltsprachen übersetzte, am weitesten verbreitete seiner Werke werden würde. Seine Absicht dabei war lediglich, für seine Studenten und in der Weiterbildung Tätige eine hilfreiche Übersicht über die christliche Soziallehre zu schaffen.

In dem »Vorwort«, das Höffner am Tag seiner Bischofsweihe unterschrieb, sagt er: »Den kurzen Grundriss der Christlichen Gesellschaftslehre habe ich vor meiner Ernennung zum Bischof von Münster verfasst. Ich bitte, ihn als das Werk des Professors, nicht des Bischofs zu verstehen.« Höffner legt dann seine Absichten mit diesem Handbuch dar: Es soll »dem Anliegen dienen, das Papst Johannes XXIII. in der Enzyklika ›Mater et Magistra‹ ausgesprochen hat: ›Wir wünschen dringend, dass man sich immer mehr in sie (die Christliche Gesellschaftslehre) vertieft. Vor allem wünschen wir, dass sie in den katholischen Schulen aller Stufen, ganz besonders in den [Priester-] Seminarien als Pflichtfach vorgetragen werde ... Außerdem soll die Soziallehre in die religiöse Bildungsarbeit der Pfarreien und der apostolischen Laienbewegungen aufgenommen werden.‹

Die Männer und Frauen im Laienapostolat ermahnt der Papst, die Christliche Soziallehre nicht nur zu studieren und vorzutragen, sondern sie in der modernen Gesellschaft und Wirtschaft zu verwirklichen ... Ich widme dieses Buch meinen ehemaligen Hörern in Münster und Trier.«[76]

Höffner wird sich dabei daran erinnert haben, welche Klarheit der Sprache und welche Übersichtlichkeit der Strukturierung seines Lehrstoffs er sich für seine sehr heterogen zusammengesetzte Hörerschaft hatte erarbeiten müssen: Nur ein Drittel seiner Hörerinnen und Hörer in Münster waren Theologen gewesen, zwei Drittel waren Volkswirte und Philologen.[77] Er selbst war in der Begriffssprache sowohl der Theologen als auch der Volkswirte zu Hause. Für die Hörerschaft musste er jedoch eine Darstellungsweise finden, die beiden Bereichen gerecht wurde. Wie ihm auf der Nikolausfeier des Instituts für Christliche Sozialwissenschaften 1957 scherzhaft vorgehalten wurde, ist ihm das nicht immer gelungen.[78]

---

[74] Prof. Dr. Clemens Bauer an Höffner, 11. 7. 1962 (Durchschrift); im Besitz des Bauer-Schülers Prof. Dr. Hugo Ott, Freiburg, der diese Durchschrift dem Verfasser freundlicherweise zur Verfügung stellte.

[75] Nachfolgend zitiert: J. Höffner, Christliche Gesellschaftslehre, Kevelaer ^{4}1965.

[76] Ebd. S. 3.

[77] Vgl. oben S. 136.

[78] Das galt vor allem für Seminarübungen: »Immer wieder beobachtete der hl. Albertus Magnus vom Himmel aus zahlreiche wissenschaftliche ›Nichtschwimmer‹, die, dem Ertrinken nahe, aus dem

Bei der Lektüre der »Christlichen Gesellschaftslehre« findet man sowohl sein 1960 veröffentlichtes Lehrprogramm[79] wie den von Manfred Hermanns rekonstruierten viersemestrigen Vorlesungszyklus[80] wieder. Ein Vergleich mit den erwähnten handschriftlich ausgearbeiteten Vorlesungsmanuskripten und manchen der erwähnten Gutachten und Vorträge der 1950er Jahr mit entsprechenden Abschnitten seines Handbuchs lässt leicht erkennen, dass Höffner in diesem Buch in überarbeiteter Form das zusammengestellt hat, was Inhalt seiner Lehr- und Vortragstätigkeit in den Jahren von 1949 bis 1962 gewesen war. Es lag nur in der Konsequenz seiner Arbeitsmethode, dass er auch nach seiner Bischofsweihe die Diskussion seiner zentralen Themen und neuere Veröffentlichungen dazu weiter verfolgte und in regelmäßigen Abständen zur Grundlage von Neuauflagen seines Handbuchs machte.

Nach der uns inzwischen vertrauten Systematik beginnt Höffner in der Einleitung damit, »Anliegen und Begriff« sowie die »Methode der Christlichen Gesellschaftslehre« darzulegen: »Die Christliche Gesellschaftslehre (Soziallehre) ist weder ein Bündel praktischer Weisungen zur Lösung der ›Sozialen Frage‹ noch eine geschickte Auswahl gewisser für die christlich-soziale Schulung brauchbarer Erkenntnisse der modernen Soziologie, sondern ›ein integrierender Bestandteil der christlichen Lehre vom Menschen‹ (Enzyklika ›Mater et Magistra‹) ...[81]

Die Christliche Gesellschaftslehre umfasst sowohl seinswissenschaftliche als auch normative Disziplinen, wobei sie sich sozialphilosophischer und sozialtheologischer Methoden bedient ...[82]

In diesem Grundriss soll die Darstellung der gottgesetzten unwandelbaren Werte und Ordnungen mit der Analyse der Verhältnisse des gegenwärtigen Zeitalters verbunden werden. Soweit es in einem knappen Grundriss möglich ist, werden alle einschlägigen Fragen der allgemeinen und besonderen Christlichen Gesellschaftslehre erörtert werden. Der erste Teil bietet die sozialphilosophische und sozialtheologische Grundlegung; der zweite Teil handelt vom Aufbau und vom Leben der Gesellschaft.«[83]

Höffner beginnt dann im ersten Teil mit der sozialen Wesensanlage des Menschen: »Gemeinschaft, Gesellschaft, Vermassung.« Unter den »Ordnungsprinzipien der Gesellschaft« kommen ausführlicher das Solidaritätsprinzip und das Subsidiaritätsprinzip zur Sprache.

Der zweite Teil »Das Ordnungsgefüge der Gesellschaft« behandelt: Ehe, Familie, Arbeit und Beruf, Arbeits- und Berufsverhältnisse in der industriellen Gesell-

Wust des Materials kläglich um Hilfe schreien«: Vgl. oben 160.

[79] J. Höffner, Versuch einer »Ortsbestimmung«, S. 11; vgl. oben S. 136 f. mit Anm. 2.

[80] M. Hermanns, Sozialethik, S. 267 f.; vgl. oben S. 137 f. mit Anm. 3.

[81] J. Höffner, Christliche Gesellschaftslehre, S. 19.

[82] Ebd. S. 21.

[83] Ebd. S. 24.

schaft und die christliche Ethik sowie die Wirtschaft: ihr Sachziel, ihre Ordnung (einschließlich der Sicht des Privateigentums), die Verteilung des Sozialprodukts. Es folgt ein Abschnitt über den Staat: Ursprung und Sinn des Staates nach der Christlichen Gesellschaftslehre, Rechte und Pflichten der Staatsgewalt, »Die Grenzen der Staatsgewalt und das Widerstandsrecht des Volkes«, »Staat und Kirche«.

In einem weiteren Abschnitt über »Die Einheit des Menschengeschlechtes als Fundament der Völkergemeinschaft« kann Höffner auf sein Werk »Christentum und Menschenwürde« zurückgreifen. Bei fast allen Stichworten des Inhaltsverzeichnisses kann man oben erwähnte oder näher dargestellte Themen Höffners wiedererkennen. Es war und blieb seine Stärke, eigene (und fremde) Forschungsergebnisse bei sich bietenden Gelegenheiten zur Verfügung zu haben und in aktuelle Themen einzubeziehen. So verwundert es nicht, dass in dem Kapitel »Die Tugend der Gerechtigkeit« seine römische Dissertation von 1934 herangezogen wird und abschließt mit »§ 3. Soziale Gerechtigkeit und soziale Liebe«.[84] Das letzte Kapitel des Buches »Aufgaben der Völkergemeinschaft in der Gegenwart«[85] geht vom »Erbe des Kolonialismus« aus und kommt beim Thema »Entwicklungshilfe« zu dem (1962 höchst aktuellen) Schluss, die *wirtschaftliche Entwicklungshilfe* »muss durch die *Bildungshilfe* ergänzt werden, wobei die Errichtung von Elementar- und Berufsschulen sowie die Gründung von Lehrwerkstätten zu den vordringlichen Aufgaben gehören.«[86]

Die »Christliche Gesellschaftslehre«, die als Handbuch für Studenten und für Fortbildungsreferenten gedacht war, ist durch die Übersetzung in viele Sprachen und die damit gegebene weltweite Verbreitung auch in Regionen abseits des christlichen Kulturkreises zum Übermittler christlich-sozialen Gedankengutes wie auch der christlichen Sicht von Mensch und Gesellschaft geworden.

---

[84] Ebd. S. 68 f.

[85] Ebd. S. 250-256.

[86] Ebd. S. 256.

QUELLEN- UND LITERATURVERZEICHNIS

I. Ungedruckte Quellen

1. Historisches Archiv des Erzbistums Köln (HAEK)

NH	Nachlass Joseph Kardinal Höffner (umfangreicher Aktenbestand ab1926, hier ausgewertet bis 1962) Verschiedene Einzelakten

2. Bistumsarchiv Trier (BAT)

59/82b	Staat und Kirche. Verfassung von Rheinland-Pfalz 1946
61,2/389	Bischöfliches Konvikt
70/2470	Pfarrakten Kail
88/402, 1 u. 2	Personalakten; Höffner, Dr. Joseph
105/2626.	Nachlass von Meurers; Korrespondenz
105/2657-2661	Nachlass von Meurers; Chronik des Bistums Trier

3. Rheinisch-Westfälisches Wirtschaftsarchiv, Köln (RWWA)

BKU	Bestand Bund Katholischer Unternehmer (264 Ordner)

4. Archiv des Bundes Katholischer Unternehmer (Archiv BKU)

- Diversa (ungeordnetes Aktenmaterial der Gründungszeit, das zur Zeit der Benutzung noch nicht an das RWWA abgegeben war)
- BKU-Rundbriefe

5. Archiv des Zentralkomitees der Deutschen Katholiken, Bonn (AZdK)

4	Allgemeiner Schriftverkehr
2202	Geschäftsführender Ausschuss (Sitzungsprotokolle)
3412	Episkopat
4240	Sozialreferat

6. Bundesarchiv Koblenz (BAK)

- Kleine Erwerbungen 765 fol. 1: Nachlass Hans Muthesius 1955-1971

7. Archiv des Instituts für Zeitgeschichte, München (AIfZM)

- ED 397 Nachlass Hans Aichinger

II. Gedruckte Quellen und Literatur

(Titel, die lediglich einmal zitiert werden bzw. auf die nur einmal hingewiesen wird, finden sich am konkreten Ort belegt.)

Aichinger, Hans/Höffner, Joseph/Muthesius, Hans/Neundörfer, Ludwig, Die Neuordnung der sozialen Leistungen. Denkschrift auf Anregung des Herrn Bundeskanzlers erstattet von ..., Köln 1955 (»Rothenfelser Denkschrift«).

Alberigo, Giuseppe, Johannes XXIII. Leben und Wirken des Konzilspapstes, Mainz 2000.

Althammer, Jörg/Habisch, André/Roos, Lothar, Grundwahrheiten des Schreiber-Plans. Bedingungen für eine ehrliche Sozialpolitik, Köln 2004.

Beckel, Albrecht, Die Akademie Franz-Hitze-Haus. Vorgeschichte und erste Generation (1950-1988), hrsg. v. Thomas Sternberg, Münster 1991.

Biographisch-Bibliographisches Kirchenlexikon, 14 Bände, Hamm-Herzberg 1975-1998.

Blank, Theodor, Die wissenschaftliche Beratung des Gesetzgebers, in: Wissenschaft – Ethos – Politik im Dienste gesellschaftlicher Ordnung. Festschrift zum 60. Geburtstag von Professor Dr. theol., Dr. phil., Dr. sc. pol. Joseph Höffner, Bischof von Münster, am 24. Dezember 1966 (= Jahrbuch für Christliche Sozialwissenschaften 7 u. 8, 1966/67), Münster 1966, S. 39-42.

Blumenthal, Ralph, Aus Kindheit und Jugend, in: Hans Nitsche/Joachim Sikora (Hrsg), Joseph Kardinal Höffner, Bad Honnef 1997, S. 35-39.

Brandt, Leo (Hrsg.), Aufgaben deutscher Forschung. Geisteswissenschaften, Opladen 1956.

Brandt, Leo, Zur Geschichte der Arbeitsgemeinschaft für Forschung des Landes Nordrhein-Westfalen, in: Wissenschaft – Ethos – Politik im Dienste gesellschaftlicher Ordnung. Festschrift zum 60. Geburtstag von Prof. Dr. theol., Dr. phil., Dr. sc. pol. Joseph Höffner, Bischof von Münster, am 24. Dezember 1966 (= Jahrbuch für Christliche Sozialwissenschaften 7 u. 8, 1966/67), Münster 1966, S. 457-461.

Brommer, Peter, Kirche und Verfassung. Zum rheinland-pfälzischen Verfassungsentwurf Süsterhenns aus dem Jahr 1946, in: Jahrbuch für westdeutsche Landesgeschichte 16, 1990, S. 429-519.

Damberg, Wilhelm, Abschied vom Milieu? Katholizismus im Bistum Münster und in den Niederlanden 1945-1980 (= Veröffentlichungen der Kommission für Zeitgeschichte, Reihe B: Forschungen, Band 79), Paderborn u. a. 1997.

Dassmann, Ernst, Nachruf auf Joseph Kardinal Höffner, in: Jahrbuch 1988 der Rheinisch-Westfälischen Akademie der Wissenschaften, Opladen 1989, S. 41-46.

Desczyk, Andrej Nicolai, Joseph Kardinal Höffner. Sozialverkündigung im Bischofsamt, Berlin 2004.

Deutsche Biographische Enzyklopädie, hrsg. v. Walter Killy u. Rudolf Vierhaus, 13 Bände, München u. a. 1995-2003.

[Essen] Bistum Essen (Hrsg.), »Gerechtigkeit schafft Frieden«. Der soziale Katholizismus am Scheideweg: Der Bochumer Katholikentag 1949. Rückblick – Erbe – Auftrag. Historische Fachtagung 1999 und Beiträge zum Jubiläum. Eine Dokumentation (= Berichte und Beiträge 37), Essen 1999.

Estor, Marita, Joseph Höffner und das Institut für Christliche Sozialwissenschaften – ein persönlicher Rückblick, in: Karl Gabriel (Hrsg.), Kirche – Staat – Wirtschaft auf dem

Weg ins 21. Jahrhundert. 50 Jahre Institut für Christliche Sozialwissenschaften, Hamburg u. a. 2002, S. 85-101.

FRINGS, Josef Kardinal, Grundsätze katholischer Sozialarbeit und zeitnahe Folgerungen (= BAUSTEINE DER GEGENWART, Heft 6), Köln 1947.

FRINGS, Josef Kardinal (Hrsg.), Verantwortung und Mitverantwortung in der Wirtschaft. Was sagt die katholische Soziallehre über Mitwirkung und Mitbestimmung?, Köln 1949.

FURGER, Franz, Die Geschichte des ersten Lehrstuhls für »Soziallehre der Kirche«, in: DERS. (Hrsg.), Akzente christlicher Sozialethik. Schwerpunkte und Wandel in 100 Jahren »Christliche Sozialwissenschaften« an der Universität Münster, Münster 1995, S. 1-15.

GABRIEL, Karl – GROSSE KRACHT, Hermann-Josef (Hrsg.), Joseph Höffner (1906-1987). Soziallehre und Sozialpolitik. »Der personale Faktor ...«, Paderborn u. a. 2006.

GATZ, Erwin (Hrsg.), Die Bischöfe der deutschsprachigen Länder 1785/1803 bis 1945. Ein biographisches Lexikon, Berlin 1983.

GATZ, Erwin (Hrsg.), Die Bischöfe der deutschsprachigen Länder 1945 2001. Ein biographisches Lexikon, Berlin 2002.

GREISS, Franz/LOHMANN, Martin, Die Gründung des Bundes Katholischer Unternehmer 1949, Bonn 1985.

HANDBUCH DES ERZBISTUMS KÖLN, 2 Bände, Köln ^{26}1966,
Personaler Teil, Köln ^{27}1985,
Personaler Teil, Köln ^{28}1998.

HANDBUCH DES BISTUMS TRIER, hrsg. v. Bischöflichen Generalvikariat Trier, ^{20}1952, ^{21}1960, ^{22}1991.

HAUNFELDER, Bernd, Nordrhein-Westfalen. Land und Leute 1946-2006, Düsseldorf 2006.

HEGEL, Eduard, Die Theologische Fakultät Trier. Ihre Vorgeschichte, ihre Verfassung, ihre Organe, in: VORLESUNGSVERZEICHNIS DER THEOLOGISCHEN FAKULTÄT TRIER FÜR DAS SOMMERSEMESTER 1951, S. 14-15.

HEGEL, Eduard, Errichtung und feierliche Eröffnung der Theologischen Fakultät Trier, in: TRIERER THEOLOGISCHE ZEITSCHRIFT 60, 1951, S. 140-145.

HEGEL, Eduard, Geschichte der Katholisch-Theologischen Fakultät Münster 1773-1964 (= MÜNSTERISCHE BEITRÄGE ZUR THEOLOGIE 30), 2 Bände, Münster 1966 bzw. 1971.

HEHL, Ulrich VON/KÖSTERS, Christoph u. a. (Bearb.), Priester unter Hitlers Terror. Eine biographische und statistische Erhebung (= VERÖFFENTLICHUNGEN DER KOMMISSION FÜR ZEITGESCHICHTE, Reihe A: Quellen, Band 37), Paderborn u. a. ^{4}1998.

HELBACH, Ulrich/OEPEN, Joachim/SCHMITZ, Wolfgang (Redaktion), Iustitia et Caritas. Gedenkausstellung des Historischen Archivs des Erzbistums Köln zum 100. Geburtstag von Joseph Kardinal Höffner ... Katalog, Köln 2007.

HENNING, Rudolf, In memoriam Joseph Kardinal Höffner, in: JAHRBUCH FÜR CHRISTLICHE SOZIALWISSENSCHAFTEN 29, 1988, S. 11-15.

HENNING, Rudolf, Die Bedeutung des Münsteraner Instituts für die Entwicklung der Christlichen Sozialwissenschaften in Deutschland, in: Franz FURGER/Joachim WIEMEYER (Hrsg.), Christliche Sozialethik im weltweiten Horizont, Münster 1992, S. 1-5.

HERDER-DORNEICH, Philipp, Rentenreform als Ordnungsprinzip, in: Konrad REPGEN (Hrsg.), Die dynamische Rente in der Ära Adenauer und heute (= RHÖNDORFER GESPRÄCHE 1), Stuttgart 1978, S. 30-39.

HERMANNS, Manfred, Joseph Höffner als akademischer Lehrer, in: Enrique COLOM (Hrsg.), Dottrina sociale e testimonianza cristiana, Città del Vaticano 1999, S. 303-326.

HERMANNS, Manfred, Berufung Joseph Höffners und Gründung des Instituts für Christliche Sozialwissenschaften, in: Karl GABRIEL (Hrsg.), Kirche – Staat – Wirtschaft auf dem Weg in 21. Jahrhundert. 50 Jahre Institut für Christliche Sozialwissenschaften (= SCHRIFTEN DES INSTITUTS FÜR CHRISTLICHE SOZIALWISSENSCHAFTEN 45), Münster u. a. 2002, S. 49-84.

HERMANNS, Manfred, Sozialethik im Wandel der Zeit. Geschichte des Lehrstuhls für Christliche Gesellschaftslehre in Münster 1893- 1997, Paderborn u. a. 2006.

HILPERT, Konrad, Joseph Höffner und die Idee der Menschenrechte, in: Karl GABRIEL/Hermann-Josef GROSSE KRACHT (Hrsg.), Joseph Höffner (1906-1987). Soziallehre und Sozialpolitik, Paderborn u. a. 2006, S. 51-67.

HOCKERTS, Hans Günter, Konrad Adenauer und die Rentenreform von 1957, in: Konrad REPGEN (Hrsg.), Die dynamische Rente in der Ära Adenauer und heute (= RHÖNDORFER GESPRÄCHE 1), Stuttgart 1978, S. 11-29.

HOCKERTS, Hans Günter, Sozialpolitische Entscheidungen im Nachkriegsdeutschland. Alliierte und deutsche Sozialversicherungspolitik 1945 bis 1957 (= FORSCHUNGEN UND QUELLEN ZUR ZEITGESCHICHTE, Band 1), Stuttgart 1980.

HÖDL, Ludwig, Chancen für die Ruhr-Theologie, in: Baldur HERMANS (Hrsg.), Zeugnis des Glaubens, Dienst an der Welt. Festschrift für Franz Kardinal Hengsbach zur Vollendung des 80. Lebensjahres, Mülheim 1990, S. 327-352.

HÖFFNER, Joseph, Soziale Gerechtigkeit und soziale Liebe. Versuch einer Bestimmung ihres Wesens, Saarbrücken 1935.

HÖFFNER, Joseph, Bauer und Kirche im deutschen Mittelalter (= VERÖFFENTLICHUNGEN DER SEKTION RECHTS- UND STAATSWISSENSCHAFT DER GÖRRES-GESELLSCHAFT, Band 78), Paderborn 1939.

HÖFFNER, Joseph, Wirtschaftsethik und Monopole im fünfzehnten und sechzehnten Jahrhundert (= FREIBURGER STAATSWISSENSCHAFTLICHE STUDIEN, Band 2), Jena 1941, Stuttgart ^{2}1969.

HÖFFNER, Joseph, Christentum und Menschenwürde. Das Anliegen der spanischen Kolonialethik im Goldenen Zeitalter, Trier 1947; unter dem Titel »Kolonialismus und Evangelium. Spanische Kolonialethik im Goldenen Zeitalter« Trier ^{2}1969, ^{3}1972.

HÖFFNER, Joseph, Das Ethos des Unternehmers (= SCHRIFTENREIHE DES BKU, Neue Folge 6), Köln 1956.

HÖFFNER, Joseph, Die Handwerkerversorgung im Hinblick auf die berufsständische Eigenart des Handwerks (und: ABEL, Wilhelm, Soziale Sicherheit in den Grenzbereichen des selbständigen Mittelstandes) (= SCHRIFTENREIHE DES BUNDESMINISTERIUMS FÜR ARBEIT UND SOZIALORDNUNG, Heft 6), Stuttgart 1959, S. 53-95.

HÖFFNER, Joseph, Versuch einer »Ortsbestimmung« der Christlichen Gesellschaftslehre, in: JAHRBUCH DES INSTITUTS FÜR CHRISTLICHE SOZIALWISSENSCHAFTEN 1, 1960, S. 9-18.

HÖFFNER, Joseph, Christliche Gesellschaftslehre, Kevelaer ^{1}1962, 9. Auflage hrsg. v. Lothar ROOS, Kevelaer 1997.

HÖFFNER, Joseph, Reden und Aufsätze, 2 Bände, Münster 1966 bzw. 1969 (s. u. unter Wilfried SCHREIBER und Wilhelm DREIER).

HÖFFNER, Joseph, Neuer Aufbruch des Glaubens, in: Claus Hinrich CASDORFF (Hrsg.), Weihnachten 1945. Ein Buch der Erinnerungen, Königstein 1981, S. 104-108.

HÖFFNER, Joseph, Mein erstes Gebet galt meiner Mutter, in: Rudolf PÖRTNER, Mein Elternhaus. Ein deutsches Familienalbum, Düsseldorf und Wien 1984, ^{2}1985, S.61-67. (Taschenbuchausgabe: ^{1}1993, ^{4}1994, S. 67-75).

[HORHAUSEN] Katholische Kirchengemeinde St. Maria Magdalena Horhausen (Hrsg.), Das Kirchspiel Horhausen. Geschichtliches und Bemerkenswertes aus der Pfarrei St. Maria Magdalena, Horhausen 2004.

HUMMEL, Karl-Joseph, Mitbestimmung und hierarchische Führung. Der »Irrtum« des 73. Deutschen Katholikentags von Bochum 1949 und seine Folgen, in: Wolfgang ALTGELD, Michael KISSENER, Joachim SCHOLTYSECK (Hrsg.), Menschen, Ideen, Ereignisse in der Mitte Europas. Festschrift für Rudolf Lill zum 65. Geburtstag, Konstanz 1999, S. 247-273.

[ISRAEL] Um den Preis des eigenen Lebens. Israel ehrt Joseph Kardinal Höffner (posthum) und seine Schwester Helene Hesseler-Höffner (= DREI-KRONEN-REIHE, Heft 21), Köln 2004.

[KATHOLIKENTAGE] Gerechtigkeit schafft Frieden. 73. Deutsche Katholikentag Bochum 1949, hrsg. v. Generalsekretariat des Zentralkomitees der Deutschen Katholikentage, Paderborn 1949.

KATHOLISCHE SOZIALWISSENSCHAFTLICHE ZENTRALSTELLE MÖNCHENGLADBACH (Hrsg.), Pro iustitia in mundo. Katholische Sozialwissenschaftliche Zentralstelle Mönchengladbach 1963-1988, Köln 1988.

KERKLOH, Werner/SAUERLAND, Angela/THALMANN, Franz/WEBER, Wilhelm, Porträt einer Lehr- und Forschungsstätte. 25 Jahre Institut für Christliche Sozialwissenschaften der Westfälischen Wilhelms-Universität Münster (1951-1976), in: JAHRBUCH FÜR CHRISTLICHE SOZIALWISSENSCHAFTEN 18, 1977, S. 360 ff.

KLAAS, Helmut (Bearb.), Die Entstehung der Verfassung für Rheinland-Pfalz. Eine Dokumentation (= VERÖFFENTLICHUNGEN DER KOMMISSION DES LANDTAGES FÜR DIE GESCHICHTE DES LANDES RHEINLAND-PFALZ, Band 1), Boppard 1978.

KLEIN, Gotthard, Der Volksverein für das Katholische Deutschland 1890-1933. Geschichte, Bedeutung, Untergang (= VERÖFFENTLICHUNGEN DER KOMMISSION FÜR ZEITGESCHICHTE, Reihe B: Forschungen, Band 75), Paderborn u. a. 1996.

KRAP, Hermann-Joseph, Das Gymnasium in Trier, in: PRESSEAMT DES ERZBISTUMS KÖLN (Hrsg.), 80. Geburtstag von Kardinal Joseph Höffner, S. 19-22.

KULLER, Christiane, Familienpolitik im föderativen Sozialstaat. Die Formierung eines Politikfeldes in der Bundesrepublik 1949-1975 (= STUDIEN ZUR ZEITGESCHICHTE, Band 67), München 2004.

KÜRSCHNERS DEUTSCHER GELEHRTEN-KALENDER, München ^{1}1925, Berlin u.a. ^{17}1996.

LEXIKON DER CHRISTLICHEN DEMOKRATIE IN DEUTSCHLAND, hrsg. v. Winfried BECKER, Günter BUCHSTAB, Anselm DOERING-MANTEUFFEL, Rudolf MORSEY, Paderborn u. a. 2002.

LEXIKON SOZIALE MARKTWIRTSCHAFT. Wirtschaftspolitik von A – Z, hrsg. v. Rolf H. HASE, Hermann SCHNEIDER, Klaus WEIGELT, Paderborn u. a. 2002.

LEXIKON FÜR THEOLOGIE UND KIRCHE,
1. Auflage hrsg. v. Michael BUCHBERGER, 10 Bände, Freiburg 1930- 1938.
2. Auflage hrsg. v. Josef HÖFER und Karl RAHNER, 10 Bände u. Registerband, Freiburg 1957-1967.
3. Auflage hrsg. v. Walter KASPER u. a., 11 Bände, Freiburg u. a. 1993- 2001.

MOGGE, Wilhelm/ZELLEKENS, Gertrud (Hrsg.), Begegnung und Erfahrung. Beiträge zum achtzigsten Geburtstag des Erzbischofs von Köln, Kardinal Joseph Höffner, am 24. Dezember 1986, Kevelaer 1986.

Moll, Helmut (Hrsg.), Zeugen für Christus. Das deutsche Martyrologium des 20. Jahrhunderts, Band 1, Paderborn u. a. 1999.

Monz, Heinz (Hrsg.), Trierer Biographisches Lexikon, Trier 2002.

[Münster] Diözesansynode Münster 1958, Münster 1959.

Mussinghoff, Heinrich, Joseph Kardinal Höffner – ein Lebensretter, in: Freiburger Rundbrief. Zeitschrift für christlich-jüdische Begegnung, Neue Folge 10, 2003, S. 162-165.

Neue Deutsche Biographie, bisher 23 Bände, Berlin 1953-2007.

Neuloh, Otto/Braun, Rudolf/Werner, Erich, Die durchlaufende Arbeitsweise: Sonntagsarbeit im Urteil der Stahlarbeiter (= Soziale Forschungen und Praxis 22), Tübingen 1961.

Niehues, Hartmut, Christliche Sozialwissenschaften in Münster 1951-1987. Ein Beitrag zur historischen Selbstvergewisserung aus 36 Jahren Seminarveranstaltungen am Institut für Christliche Sozialwissenschaften der Westfälischen Wilhelms-Universität Münster, in: Jahrbuch für Christliche Sozialwissenschaften 38, 1997, S. 240-246.

Nitsche, Hans/Sikora, Joachim (Hrsg.), Joseph Kardinal Höffner, Bad Honnef 1998.

Onnau, Elmar (Bearb.), Das Schrifttum der Görres-Gesellschaft zur Pflege der Wissenschaft: Eine Bibliographie, Paderborn u. a. 1980.

Onnau, Elmar (Bearb.) – MORSEY; Rudolf (Hrsg.). Die Görres- Gesellschaft zur Pflege der Wissenschaft. Die Vorträge auf den Generalversammlungen 1876-1985. Ein Verzeichnis, Paderborn u. a. 1990.

Patt, Helmut J. (Hrsg.), Kommende. Sozialinstitut des Erzbistums Paderborn in Dortmund-Brackel 1946-1966. Lorenz Kardinal Jaeger 25 Jahre Erzbischof von Paderborn. Grundlagen und Perspektiven der sozialen Arbeit, Dortmund 1966.

Persch, Martin, Spurensuche – Spurensicherung. Vom Einsatz Trierer Bistumsgeistlicher für jüdische Mitbürger 1933-1945, in: Kurtrierisches Jahrbuch 36, 1996, S. 303-317.

Pontificia Università della Santa Croce (a cura di Enrique Colom), Dottrina sociale e testimonianza cristiana. Atti del Simposio in onore del Cardinale Joseph Höffner (Roma 30 ottobre 1997), Città del Vaticano 1999.

Presseamt des Erzbistums Köln (Hrsg.), Unerschrockener Mahner und Bekenner. Der 75. Geburtstag des Erzbischofs von Köln Kardinal Joseph Höffner (= Drei-Kronen-Reihe, Heft 14), Neuss 1982.

Presseamt des Erzbistums Köln (Hrsg.), 80. Geburtstag von Kardinal Joseph Höffner – Zeugnis des Glaubens, der Hoffnung und der Liebe (= Drei-Kronen-Reihe, Heft 15), Köln 1987.

Presseamt des Erzbistums Köln (Hrsg.), 100. Geburtstag von Joseph Kardinal Höffner (1906-1987). Eine Dokumentation der Jubiläumsfeierlichkeiten am 20. und 21. Januar 2007 (= Drei-Kronen-Reihe, Heft 22), Köln 2007.

Rauscher, Anton, Gustav Gundlach (1892-1963), in: Zeitgeschichte in Lebensbildern 2, 1975, S. 159-276.

Rauscher, Anton, Die Katholische Sozialwissenschaftliche Zentralstelle in Mönchengladbach, in: Katholische Sozialwissenschaftliche Zentralstelle ... (Hrsg.), Pro iustitia in mundo ..., Köln 1988, S. 15-51.

Rölli-Alkemper, Lukas, Familie im Wiederaufbau. Katholizismus und bürgerliches Familienideal in der Bundesrepublik Deutschland 1945-1965 (=Veröffentlichungen der Kommission für Zeitgeschichte, Reihe B: Forschungen, Band 89), Paderborn u. a. 2000.

Roos, Lothar, Joseph Höffner (1906-1987), in: Zeitgeschichte in Lebensbildern 8, 1997, S. 173-195 u. 319 f. (Literaturhinweise).

Roos, Lothar, Joseph Kardinal Höffner: Wissenschaftler, Bischof und Zeuge des Glaubens, in: Enrique Colom (Hrsg.), Dottrina sociale e testimonianza cirtiana ..., Città del Vaticano 1999, S. 252-276.

Roos, Lothar, Joseph Höffner: Bilder eines Lebens von nachhaltiger Wirkung, in: U. Helbach/J. Oepen/W. Schmitz (Redaktion), Iustitia et Caritas. Gedenkausstellung ... 2007, S. 17-32.

Schmähl, Winfried, Sicherung bei Alter, Invalidität und für Hinterbliebene, in: Günther Schulz (Hrsg.), Geschichte der Sozialpolitik in Deutschland seit 1945, Band 3: 1949-1957: Bundesrepublik Deutschland. Bewältigung der Kriegsfolgen, Rückkehr zur sozialpolitischen Normalität, Baden-Baden 2005, S. 357-437.

Schmähl, Winfried, Alterssicherung von Selbständigen – Handwerker in der Gesetzlichen Rentenversicherung, in: Michael Ruck/Marcel Boldorf (Hrsg.), Geschichte der Sozialpolitik in Deutschland seit 1945, Band 4: Sozialpolitik im Zeichen des erreichten Wohlstandes, Baden-Baden 2007, S. 355-358.

Schmidt, Klaus-Dieter, Soziale Gerechtigkeit durch unternehmerische Initiative. Der Bund Katholischer Unternehmer 1949-1990 (= Abhandlungen zur Sozialethik, Band 35), Paderborn u. a. 1994.

Schreiber, Wilfrid, Existenzsicherheit in der industriellen Gesellschaft. Vorschläge zur Sozialreform (= Schriftenreihe des Bundes Katholischer Unternehmer, Neue Folge, Heft 3), Köln 1955 (= »Schreiber-Plan«).

Schreiber, Wilfrid (Hrsg.), Unsere Meinung zur Frage der Sonntagsarbeit. Mit einer Einleitung: »Theologische Sinndeutung des christlichen Sonntags« von Prof. Dr. Joseph Höffner (= Schriftenreihe des Bundes Katholischer Unternehmer, Neue Folge, Heft 7), Köln 1958.

Schreiber, Wilfrid/Dreier, Wilhelm (Hrsg.), Gesellschaftspolitik aus christlicher Weltverantwortung. Joseph Höffner, Reden und Aufsätze, Band 1 (Sonderband 1966 des Jahrbuchs des Instituts für Christliche Sozialwissenschaften), Münster 1966, Band 2: Münster 1969.

Schulz, Günther, Wiederaufbau in Deutschland. Die Wohnungspolitik in den Westzonen und der Bundesrepublik 1949-1957 (= Forschungen und Quellen zur Zeitgeschichte, Band 20), Düsseldorf 1994.

Schütz, Oliver M., Begegnung von Kirche und Welt. Die Gründung Katholischer Akademien in der Bundesrepublik Deutschland 1945-1975 (= Veröffentlichungen der Kommission für Zeitgeschichte, Reihe B: Forschungen, Band 96), Paderborn u. a. 2004.

Schwertschlager, Rudolf, »Aufziehen« gerne – aber auch »gehen« lassen, in: Wilhelm Mogge/Gertrud Zellekens, Begegnung und Erfahrung ..., Köln 1986, S. 19-21.

[Sozialpolitik] Bundesministerium für Arbeit und Soziales und Bundesarchiv (Hrsg.), Geschichte der Sozialpolitik in Deutschland seit 1945, bisher 4 Bände, Baden-Baden 2001-2008.

Staatslexikon. Recht-Wirtschaft-Gesellschaft. Hrsg. v. der Görres-Gesellschaft:
6. Auflage, 11 Bände, Freiburg 1957-1970.
7. Auflage, 5 Bände, Freiburg u. a. 1985-1989.

Stallmann, Hans, Euphorische Jahre. Gründung und Aufbau der Ruhr- Universität Bochum (= Düsseldorfer Schriften zur Neueren Landesgeschichte und zur Geschichte Nordrhein-Westfalens, Band 68), Essen 2004.

STEINRUCK, Josef, Zur Geschichte der Theologischen Fakultät Trier 1950-2000, in: Christlicher Glaube und säkulares Denken. Festschrift zum 50. Jahrestag der Wiedererrichtung der Theologischen Fakultät Trier 1950-2000 (= TRIERER THEOLOGISCHE STUDIEN, Band 65), Trier 2000, S. 377-432.

[TRIER] Christlicher Glaube und säkularisiertes Denken. Festschrift zum 50. Jahrestag der Wiedererrichtung der Theologischen Fakultät Trier 1950-2000 (= TRIERER THEOLOGISCHE STUDIEN, Band 65), Trier 2000.

[TRIER] Der Weltklerus der Diözese Trier seit 1800, hrsg. v. Diözesanarchiv Trier 1941.

TRIPPEN, Norbert, Das Schicksal der westdeutschen Bischofsstädte im Winter 1944/45, in: ANNALEN DES HISTORISCHEN VEREINS FÜR DEN NIEDERRHEIN 194, 1991, S. 189-200.

TRIPPEN, Norbert, Josef Kardinal Frings 1887-1978, 2 Bände (= VERÖFFENTLICHUNGEN DER KOMMISSION FÜR ZEITGESCHICHTE, Reihe B: Forschungen, Bände 94 und 104), Paderborn u. a. 2003 bzw. 2005.

TRIPPEN, Norbert, Joseph Höffners erste römische Eindrücke 1926 und seine Priesterweihe 1932, in: S. SCHMIDT (Hrsg.), Rheinisch – Kölnisch – Katholisch – Festschrift für Heinz Finger zum 60. Geburtstag (LIBELLI RHENANI 25), Köln 2008, S. 333-339.

VINCKE, Johannes, Joseph Sauer 1872-1949, in: Freiburger Professoren des 19. und 20. Jahrhunderts, hrsg. v. Johannes VINCKE, Freiburg 1957, S. 109-140.

WEBER, Wilhelm, Der Beitrag Joseph Höffners zur Erschließung der spanischen Scholastik des »Goldenen Zeitalters«, in: JAHRBUCH FÜR CHRISTLICHE SOZIALWISSENSCHAFTEN 7/8, 1966/67, S. 11-19.

WEYAND, Winfried, Schriftenverzeichnis Joseph Höffner 1933-1983, hrsg. v. d. Erzbischöflichen Diözesan- und Dombibliothek Köln, Köln 1986.

ZEITGESCHICHTE IN LEBENSBILDERN, hrsg. v. Rudolf MORSEY (Bände 1 u. 2), Jürgen ARETZ, Rudolf MORSEY und Anton RAUCHER (Bände 3-12), Mainz (1-8) bzw. Münster (9-12) 1973-2007.

ZELLEKENS, Gertrud, Gespräch mit der Schwester des Kardinals, in: Wilhelm MOGGE/Gertrud ZELLEKENS, Begegnung und Erfahrung ..., Kevelaer 1986, S. 13-18.

SUMMARY

Norbert Trippen. *Joseph Cardinal Höffner, 1906-1987: His Life and Work as a Christian Social Scholar to 1962.*

Joseph Höffner grew up in a large family from Horhausen in the Westerwald. After graduating from the *Gymnasium*, he chose a career as a priest. The Diocese of Trier sent him to study in Rome, from where he returned to Germany in 1934, having earned two doctoral titles from the Pontifical Gregorian University. From 1934 to 1937, Höffner gained his first pastoral experience at a working-class parish in Saarbrücken.

Höffner's successful studies in Rome persuaded his superiors to select him for an eventual professorship at the theological seminary in Trier. From 1937 to 1939, he was able to study once more, this time in Freiburg. As a result, he earned another doctorate in theology, which won him highest academic honors and was (in contrast to his previous theological degree from Rome) recognized in Germany. Concurrently, Höffner pursued a course of study in economics under the »Ordoliberals« Walter Eucken and Constantin von Dietze, earning another degree and eventually the title of Dr. rer. pol. (*rerum politicarum*; doctor of economic and social sciences). While serving in a pastoral capacity in Kail on the Mosel from 1939-1943, Höffner produced a moral-theological habilitation on Spanish colonial ethics in the 16th and 17th centuries that counts as his most important scholarly achievement.

In 1945, the Bishop of Trier named him professor of pastoral theology at the theological seminary there. Soon, however, Höffner was receiving offers of teaching chairs in Christian Sociology at western German universities. In 1951, he was able to accept a call to the University of Münster, where he served on the law and political science faculty, offering courses and supervising dissertations, in addition to the Catholic theological faculty. From 1951-1962, Höffner oversaw 28 successful doctorates.

In addition to his conscientious performance of university duties, Höffner exercised decisive influence on the establishment of social Catholicism in Germany after 1945, as well as on the young Federal Republic's social policy and welfare legislation. As »spiritual advisor« (»Geistlicher Beirat«) to the League of Catholic Entrepreneurs (»Bund Katholischer Unternehmer«), founded in 1949, and as director of the »department for social questions« (»Sozialreferat«) within the Central Committee of German Catholics, Höffner introduced the concerns of Catholic social teaching, on the basis of papal social encyclicals, to a broader segment of Germany's Catholic population.

From 1953 to 1962, Joseph Höffner was a member of the academic advisory councils for three federal ministries in Bonn: Labor, Family, and Housing. In this way, he helped shape legislation for pension reform in 1957, as well as laws promoting employee property ownership and the construction of family-friendly apartments. Through his student Paul Adenauer, Höffner attracted the attention of Chancellor Konrad Adenauer (Paul's father), who included him in the insurance and pension reform efforts of 1955-1957.

Joseph Höffner would gain worldwide recognition for his *Christliche Gesellschaftslehre* (English title: *Fundamentals of Christian Sociology*), conceived for students and continuing education teachers and published in 1962, on the day of his ordination as a bishop. It was published in numerous editions and translated into the major world languages, including Japanese and Korean. It transported, and continues to transport, the ideas of Catholic social teaching to regions far beyond the European-Christian cultural sphere.

PERSONEN-, ORTS- UND SACHREGISTER

Der Name Joseph Höffner wurde nicht aufgenommen. Fett gedruckte Seitenzahlen verweisen auf ein Biogramm in den Anmerkungen

Aachen
- Bischof 299
- Päpstl. Werk der Glaubensverbreitung 119
- Päpstl. Werk des Hl. Petrus, Studienstiftung 152
- Sozialinstitut 194

Adam-Stegerwald-Haus s. Königswinter, Adam-Stegerwald-Haus 192

Adenauer
- Konrad, Bundeskanzler 143f., 153, 201, 209f., 257f., 260, 262f., 265-267, 270-273, 293, 295, 300, 303, 320
- Paul, Sohn des Bundeskanzlers, Höffner-Doktorand 150, **153**, 210, 260, 271, 289

Adveniat-Kollekte (1961) 183

Agrarwirtschaft, Verein für 318

Aichinger, Hans, Mitverfasser der Rothenfelser Denkschrift 143, 153, **261**-263, 266, 273, 320; s. auch Rentenreform

Albers, Johannes, Bundestagsabgeordneter 191

Albrecht, Barbara, Höffner-Doktorandin 151

Algermissen, Konrad, Theologieprofessor in Hildesheim **41**

Allgeier, Franz Arthur, Professor für Altes Testament in Freiburg **50**f., 65, 90

Altenberg
- Haus 193
- Sozialamt des BDKJ 197

Alterssicherung/-versorgung 269, 318; s. auch Rentenreform
- der Handwerker 144
- Höffner-Gutachten 124

Amerika 81

Angerhausen, Julius, Diözesankaplan der CAJ, später Weihbischof in Essen 96, 225

Antigottlosenausstellung Saarbrücken 41

Apostolat 218-222

Arbeiterseelsorge, Schwerpunktprogramm 222-233

Arbeitervereine, katholische 41

Arbeitgeberverbände 106, 291

Arbeitnehmerbewegung, Adam-Stegerwald-Haus 166

Arbeitsgemeinschaft kath. Frauen 197

Arbeitsgemeinschaft katholisch-sozialer Bildungswerke
- Aufgabenbeschreibung 196f.
- beteiligte Diözesen, Institute u. Verbände 197
- Gründung 196f.

Arbeitslosenversicherung 265, 270

Arbeitspsychologie, Max-Planck-Institut für 291

Arbeitsruhe, Ausnahmen 290; s. auch Arbeitswoche, gleitende; Sonntagsarbeit

Arbeitswoche, »gleitende« 183f., 257, 290-303; s. auch Sonntagsarbeit

Argentinien, Höffner-Reise (1961) 236

Arnold, Karl, Ministerpräsident NRW 123, 131, 191, 201, 223, 237
- Festschrift 239

Ascherl, Johann, Nationalkaplan der CAJ 233

Aubel, Cilly, Schriftstellerin 280

Auerbach, Walter, Staatssekretär im Sozialministerium Niedersachsen 259

Aufklärungsphilosophie, Toleranzbegriff 142

Azzione Cattolica s. Katholische Aktion, Italien

Backes, Ignaz, Subregens am Priesterseminar in Trier **93**

Bad Homburg 180

Bad Honnef 211
- Antoniusheim s. Katholisch-Soziales Institut
- Katholisch-Soziales Institut (KSI) 178, 186, 194, 196, 213
- - Jahreskurse 186
- ZdK-Sitzung (1952) 192

Bad Neuenahr
- BKU-Tagungen 170f., 174f., 177, 320
- Landesparteitag (der CDU) 282

Bafile, Corrado, Apostol. Nuntius 245

Bañez, Domingo, Spätscholastiker, Spanien 103

Bares, Nikolaus, Regens in Trier, Bischof von Berlin 21

Bargteheide 162

Baudrillart, Alfred Kardinal, Paris 27

Bauer, Clemens, Professor in Freiburg 78f., 325

Bauerntum (in der Gesellschaftsordnung) 53, 55, 60, 306f.

BDKJ s. Bund der deutschen katholischen Jugend

Bebel, August 143

Becher, Paul, Sozialreferent des ZdK 199f., 205-207, 212, 214, 216, 229, 232
Beckel, Albrecht, Akademiedirektor (Franz-Hitze-Haus), Münster 188f., 214, 216
Beckers, Otto, Höffner-Doktorand 151
Bengert, Michael, Pfarrer, Moselkern **70**, 72, 75
Bergmann, Ernst, Professor in Leipzig 29, 35
Berlin 46, 64f., 75f., 90, 146
– Freie Universität 146
– Preußische Staatsbibliothek 75f., 78
Berlin-Schlachtensee, Pfarrei, Seelsorgsaushilfe Höffners 63, 76, 78, 80, 82
Berning, Wilhelm, Bischof von Osnabrück 114
Bertram, Adolf Kardinal, Erzbischof von Breslau **51**
Bevölkerungswissenschaft s. Deutsche Akademie/Gesellschaft für
Bielefeld 188
Bildungsarbeit, Druckschriften 196, 198
Bischöfe
– deutsche 257, 297
– – Hirtenworte 100f., 297
Bischofskonferenz
– Bensberg 206
– Bühl 212f.
– Fuldaer 33, 192, 207, 223f., 226f., 230-233, 250, 297, 302
– Hardehausen 106
– Pützchen 296
– westdeutsche 206, 209, 212
Bismarck, Klaus v., Sozialamtsleiter der ev. Kirche Westfalens 280, 282
BKU s. Bund Kath. Unternehmer
Blume, Ernst, Dipl.-Ing., Düsseldorf 292
Bochum
– Katholikentag (1949) 101, 169-172, 175f., 187
– Ruhruniversität s. dort
Böckenförde, Werner, Domkapitular in Limburg, Professor in Frankfurt/Main, Höffner-Schüler 154
Böckler-Schule s. Hans-Böckler-Schule
Bodenrecht, Neuregelung 286f.; s. auch Wohnungs(bau)politik
Boehmer, Gustav, Professor für Bürgerliches Recht in Freiburg 85
Böggering, Laurenz, Kapitularvikar in Münster 214, 218, 245, 247
Bogota, Höffner-Reise 183
Böhler, Wilhelm, Domkapitular in Köln 100, 125, 128, 165, 192, 201f., 291f., 294-296
Bolivien 315
Bonn 75f., 198, 260, 318
– Katholisches Büro 128, 286
– Universität 107
Bonner Kreis (von BKU-Bundestagsabgeordneten) 173f., 184
Boonen, Philipp, Prälat, Aachen 216
Bopp, Linus, Pastoraltheologe in Freiburg 51, 53
Bornewasser, Franz Rudolf, Bischof von Trier 33, **40**, 44, 63, 72, 87, 89, 92, 95, 98, 102, 106f., 109f., 112-123
Bottrop, Zechen Prosper II u. III, Sozialpraktikum v. Theologiestudenten 157
Brandt, Leo, Staatssekretär 237-241
Brasilien
– Höffner-Reise 236
– Redduciónes (der Kapuziner) 315
Bremer Klausel (Art. 141 GG) 99
Brieden s. Kail-Brieden
Brüning, Heinrich, Reichskanzler 32, 43
Brüssel 179-182
Budde, Heinz, Diplomvolkswirt, Köln 226, 228f.
Bund der deutschen katholischen Jugend (BDKJ) 194, 197
Bund Katholischer Unternehmer (BKU) 101f., 125, 127-129, 145, 148, 165-184, 190, 193, 200, 236, 253f., 271, 293, 301, 316f., 320
– Exerzitien 176-179
– Förderung/Stiftung für ICS 155, 184
– Gründung 101, 165-169, 316f.
– Höffner-Vorträge 166f., 322
– Rundbriefe 197
– Satzung 168
– Tagungen 179
– Vorstand 269, 300
Bundesarbeitsministerium 257-277
Bundesbaugesetz (1960) 287
Bundesfamilienministerium 277-285
Bundestagswahlen (1953) 258; (1957) 100, 144; (1961) 284, 289
– Hirtenwort der dt. Bischöfe (1949) 100f.
Bundeswohnungsbauministerium 147, 285-290
Burgbacher, Fritz 169f., 175, 181
Burgsteinfurt 147
– Unternehmertreffen (1948) 165
Busch, Ministerialdirektor, Kultusministerium NRW 132

CAJ s. Christliche Arbeiterjugend
Caritasverband Freiburg 27, 32, 50, 54
Carl-Sonnenschein-Kreis (an der Universität Münster) 199
Caspers, Hermann, Rechtsanwalt 104
Chemische Industrie, Arbeitszeit 300
Chile 183, 236, 250-256
– Höffner-Reise (1961) 236, 254
– Steyler Missionare 255
Chou, Joseph, Höffner-Doktorand 151
Christentum und Menschenwürde (Habilitationsschrift Höffners) 75-79, 84f., 239, 304, 310-316, 328
Christi Reich (kath. Verband) 30

Christl. Arbeiterjugend (CAJ) 96, 193f., 224, 233
Cochem 87
Coesfeld 147
Conrad, Hermann, Professor in Marburg, später in Bonn **235**
Corman OP, Gilbert, Studienleiter, Kommende 188, 193
Corsten, Hermann, Leiter der Universitäts- und Stadtbibliothek Köln 240

Dasbach, Georg Friedrich, Priester u. Publizist 21
David SJ, Jakob **197**, 227
Deckers, Hans, Höffner-Doktorand 150
Deus, Franz, Leiter der Hans-Böckler-Schule, Hattingen 197
Deutsche Akademie für Bevölkerungswissenschaft 283
Deutsche Demokratische Republik (DDR)
– Familienpolitik 278
– Höffner-Exkursion 146
Deutsche Gesellschaft für Bevölkerungswissenschaft 283
Deutsche Gesellschaft für Familie (später Pro Familia) 280
Deutscher Gewerkschaftsbund (DGB) 258, 291, 300
– Böckler-Schule/DGB-Schule s. Hans-Böckler-Schule
Deutsches Industrieinstitut, Köln 145f.
– Förderung des ICS 184
Deutschordenskommende, ehemalige (in Dortmund-Brackel) s. Kommende
Dewora, Viktor Joseph, Pädagoge in Trier 103
Dietze, Constantin v., Professor für Volkswirtschaftslehre in Freiburg **51**, 79, 85, 90, 111
Doese, Kurt, Diplom-Volkswirt 291
Doms, Herbert, Professor für Moraltheologie, Münster 125f., 141f.
Doms, Julius, BKU-Referent 169
Dortmund, Sozialakademie (sozialist.) 203
Dortmund-Brackel, Kommende (Sozialinstitut Erzbistum Paderborn) s. Kommende
Dossing, Gottfried, Generalsekretär Päpstl. Werk des Hl. Petrus, Aachen **152**
Dreier, Wilhelm, Würzburg, Höffner-Doktorand 150, **154**, 316
Duisburg
– Ludgerusheim 191
– Niederrheinische Hütte, Sozialpraktikum v. Theologiestudenten 157
– Kupferhütte 145
Duisburg-Hamborn, August-Thyssen-Hütte (Sozialpraktikum v. Theologiestudenten) 157
Düsseldorf
– Katholisches Büro 128
– Oberpostdirektion, Fortbildungskurse 162, 179

Eberhard, Matthias, Bischof von Trier 21
Ebernach/Mosel, Exil des Trierer Generalvikariats (1944/45) 87
Ecuador
– Heim für Arbeiterkinder (Förderung) 183
– Höffner-Reise (1961) 236, 254
– Redduciónes (der Kapuziner) 315
Ege, Mary, Gönnerin Höffners 25, 30
Eherecht der katholischen Kirche, Höffner-Vortrag 102
Ehescheidung 100
Ehrang 20
Eichstätt, Bischof von, Mitgliedschaft sozialwissenschaftl. Zentralstelle 215
Eichstätt, ZdK-Tagung, Höffner-Vortrag 180
Eigentumsordnung 317
Eisen- und Stahlindustrie 297f., 302
– Arbeitgeberverband 291
– Sozialwirtschaftsausschuss 291
Eisenhüttenleute, Verein Deutscher 291
Elfers, Heinrich Bernhard, Professor für Liturgiewissenschaft u. Homiletik, Münster **116**, 117, 119f.
Eller/Mosel 32
– Pfarrer s. Michels, Josef
Elsholz, Ministerialrat, Bundesfinanzministerium 267
Elternrecht (bzgl. des Religionsunterrichts) 99f.
Engel SCJ, Josef, Sozialreferent des Zentralkomitees der deutschen Katholiken 199, 202f., 301
Engels, Friedrich 19
Entwicklungshilfe 328
Erhard, Ludwig, Bundeswirtschaftsminister, später Bundeskanzler 272
Ernst, Werner, Bundesrichter, später Staatssekretär, Bundesbauministerium 286f.
Erntehilfe, studentische (vor dem Zweiten Weltkrieg) 63
Essen
– Bistum, Sozialpraktikum von Theologiestudenten 156-158
– Kirchenzeitung (»Ruhrwort«) 255
– Ruhrgas u. RWE, Sozialpraktikum v. Theologiestudenten 157
– Verwaltungs- u. Wirtschaftsakademie 163
– Wohnbausiedlungen 147
– Zeche Viktor 147
– Zechen Rossenray u. Zollverein, Sozialpraktikum v. Theologiestudenten 157
Essen-Altenessen
– Gebrüder Ludewig (Autobus-Montage), Sozialpraktikum v. Theologiestudenten 157
– Glaswerke Ruhr, Sozialpraktikum v. Theologiestudenten 157

Essen-Bergeborbeck, Presswerke AG, Sozialpraktikum v. Theologiestudenten 157
Estor, Marita, Höffner-Schülerin 138f., 151, 158f.
Eucken, Walter, Professor in Freiburg 48, 51, 59, 63-66, 67, 78f., 85, 110, 116, 308
Evangelische Aktionsgemeinschaft für Familienfragen 280
Even, Johannes, Bundestagsabgeordneter 170, 191, 223

Familienbund der Katholiken 280
Familienlastenausgleich 278, 283f.
Familienpolitik 184, 277-290
Familienrechtsreform 1957 278
Familienverband, Deutscher 280
Faulhaber, Michael Kardinal v., Erzbischof von München 29, 45
Febronius, Justinus s. Hontheim, Nikolaus v.
Fernandes de Encinas OFMCap., Joachim, Höffner-Schüler 149, 253
Fischer, Guido, Professor in München 292f.
Fischer, Hans, Ministerialrat, Arbeits- u. Sozialministerium 292, 299
Fischer-Erling, Josepha 280, 284
Fitzgerald, Chicago, Gönnerin Höffners 25
Flecken, Adolf, Finanzminister NRW 132-134
Föcher, Matthias, Gewerkschaftler, Katholikentagsreferent 170
Franken, Joseph Paul, Vors. des Wohnungswirtschaftsbeirats 289
Frankfurt/Main 183, 197
– Hochschule St. Georgen 192, 227, 253
– Sozialschule 197
– Tagung des Zentralkomitees der deutschen Katholiken 198
Frankreich
– Arbeiterpriester 222
– Arbeiterseelsorge (Mission de France) 222
– Familienpolitik 278
Franz-Hitze-Haus, Münster 188, 190f., 316
Frauen, Berufstätigkeit 281, 284f.
Frauenverbände 193
Freiburg 47f., 76, 78, 93
– Caritasverband 54
– Caritaswissenschaft, Institut 51, 54, 56
– Caritaszentrale (Werthmannhaus) 32f., 50
– Collegium Sapientiae 50
– Freie Vereinigung für Seelsorgehilfe 62-64
– Habilitation Höffners 69-91
– Pfarrei St. Urban, Seelsorgsaushilfe Höffners 55
– Studienzeit Höffners 50-68
– Universität 89f.
– – Schließung 65
– Werthmannhaus (Caritaszentrale) 32f., 50
Freibüter, Ludwig, Höffner-Doktorand 151
Fricke, Elisabeth, Höffner-Doktorandin 151
Frings, Josef Kardinal, Erzbischof von Köln 87, 98, 110, 114, 115, 165f., 171f., 175f., 178, 185, 192, 201, 211, 232f., 247, 295, 297, 301, 303, 316
– Kardinalskreis 185
– Predigt zum 1. Mai 1947 185
– Protektor des BKU 168
– Schriften 185
Fuldaer Bischofskonferenz s. Bischofskonferenz

Gars am Inn, Ordenshochschule der Redemptoristen 227
Geburtenförderung 278
Geburtenrückgang 281
Geck, Adolf 113, 186
Gelsenkirchen 157, 188
Gemen, Burg, Höffner-Vortrag 179
Gemmeke, Elisabeth, Höffner-Doktorandin 151
Generationenvertrag s. Solidarvertrag
Geppert SJ, Theodor, Rektor der Kath. Universität Seoul 152
Gerechtigkeit schafft Frieden (Katholikentagsleitwort 1949) 169
Gevelsberg 188
Geyer, Franz, Oberbürgermeister a. D. 187f.
Gillenfeld, Seelsorgsaushilfe Höffners 61
Gladbeck 157
Globke, Hans, Staatssekretär im Bundeskanzleramt 260, **261**, 262, 267
Göbbels, Joseph, Reichspropagandaminister 54
Gockeln, Josef, Landtagspräsident NRW 191, 223
Görgen, Hermann M., Professor in Bonn 255
Görres-Gesellschaft 60, 180, 234-236, 238
Götzel, Gustav 86
Grabmann, Martin, Professor in Regensburg 28
Graf, Otto, Professor der Medizin in Dortmund 291f., 296
Graf Willy, Messdiener, Saarbrücken; Mitglied der »Weißen Rose« 89
Greinacher, Norbert, Essen, später Professor in Tübingen 227f.
Greiß, Franz, Präsident der IHK Köln, Vors. des Bundes kath. Unternehmer 128f., 165f., 168, 172f., 175f., 180-182, 184, 254, 272
Gröber, Konrad, Erzbischof von Freiburg 54
Großmann-Doerth, Hans, Professor für Handels-, Arbeits- u. Bürgerliches Recht in Freiburg **51**
Grotius, Hugo, »Vater des Völkerrechts« **312-314**
Grundgesetz Bundesrepublik Deutschland 99f., 290
Guardini, Romano, Religionsphilosoph 76
Guatemala, Höffner-Reise 236

Gundlach SJ, Gustav, Professor an der Gregoriana in Rom 45f., 48, 176, 182, 211-217

Hagen 188
Hall, Joseph 280
Haltern 197
Hamburg, Oberpostdirektion, Fortbildungskurse 162
Hameyer, Wilhelm, Rektor der Kommende Dortmund-Brackel 187
Handwerk
– deutsches, Zentralverband 274
– Rentenanstalt 276f.
Handwerker
– Altersversicherung 273-277
– Handwerkerversicherungsgesetz 277
– Handwerkerversorgung im Hinblick auf die berufsständische Eigenart des Handwerks, Höffner-Gutachten 145, 276
Hans-Böckler-Schule, Hattingen 179, 193, 197
Hansen, J., Direktor, Friedrich-Wilhelm-Gymnasium in Trier 75
Hanssler, Bernhard, Geistl. Direktor beim Zentralkomitee der deutschen Katholiken 205f., 212, 224-229
Häring CssR, Bernhard, Professor für Moraltheologie in Gars 227f.
Harmsen, Hans, Bevölkerungswissenschaftler 280, 283f.
Hasenack, Wilhelm, Professor für Betriebswirtschaftslehre in Freiburg **51**
Hattingen, Böckler-Schule/DGB-Schule (des DBG) s. Hans-Böckler-Schule
Haus der Wissenschaften, Düsseldorf 239
– Bibliothek 240
Hegel, Eduard, Professor für Kirchengeschichte in Trier, später in Münster bzw. Bonn 20
Heimkehrerhilfe 265
Heimpel, Hermann, Professor für Geschichte in Göttingen 144
Heintz, Albert, bischöfl. Geheimsekretär in Trier **88**
Heix, Martin, Bundestagsabgeordneter 191
Hemsath, Heinrich, Landesarbeitsminister NRW **297**, 298, 301
Hengsbach, Franz, Bischof von Essen 187f., 192f., 195f., 211-214, 217, 225, 247f., 255, 298, 302
Henning, Rudolf, Professor für Christl. Gesellschaftslehre in Freiburg 85, 149, **154**, 211
Herder-Dorneich, Theophil, BKU 178, 181
Herder-Verlag 59
Hermanns, Manfred **154**
Hesseler, Helene geb. Höffner, Schwester Höffners 69, 80, 82f.
Hesseler, Lorenz, Landwirt, Horhausen, Schwager Höffners 69, 80
Heucher, Wilhelm, Landwirt, Kail 80f.
Heuss, Theodor, Bundespräsident 144
Heyde, Ludwig, Professor für Sozialwissenschaften in Köln 259, 263, 265
Himmerod, Zisterzienserabtei 177f.
Hirschmann SJ, Johannes, Professor in Frankfurt/Main, Sankt Georgen 211f.
Hirtenbriefe 100f., 188, 297, 301
Hitze, Franz, Professor für Christl. Sozialwissenschaften, Münster 113f., 120
HOAG s. Oberhausen, Hüttenwerke
Höcker, Rechtsanwalt, Deutsche Kohlebergbau-Leitung 96, 127
Hoffmann, Walther, Professor für Wirtschaftswissenschaften in Münster 132
Höffner, Familie
– Elisabeth, Schwester 23, 53, 80, 82f.
– Franziska, Schwester 83
– Helene geb. Schug, Mutter 15f., 18
– Helene verh. Hesseler, Schwester s. Hesseler, Helene
– Maria, Schwester 15, 17, 20f., 23, 24, 69f., 159
– – Romreise 182
– Paul, Landwirt, Vater 15, 18f., 24, 30f., 69, 306
– – Tod 23, 69f., 72
– Simon 15
Hofmann, Linus, Professor für Kirchenrecht in Trier **122**
Hofsgrund, Pfarrei St. Laurentius, Seelsorgsaushilfe Höffners 55
Hollatz, Professor, Siedlungsverband Ruhrkohlenbezirk 147
Hontheim, Nikolaus v. (Pseudonym: Justinus Febronius), Weihbischof von Trier 21
Horhausen, Geburtsort Höffners 15, 17, 19, 21-24, 30, 32, 39, 53, 64, 69, 80, 83, 88f., 98
– Eisenerzgruben 15
– Geschichte 21
– Kirchspiel 15
– Pfarrhaus 18
– Pfarrkirche St. Maria Magdalena 15
– Volksschule 15, 17
– Zweiter Weltkrieg 88f.
Horten, Alfons 272
Husemann, Willy H., Unternehmer, Essen 165
Hüssler, Georg, Caritasverband Freiburg 200

ICS s. Institut für Christl. Sozialwissenschaften
IG Bergbau 292
IG Metall 291
Indiana, Universität Notre Dame 248-250, 252
Industrieinstitut Köln, Förderung des ICS 184
Ingendaay, Franz G., BKU-Referent 169
Institut für Christl. Sozialwissenschaften 108-135, 153-158, 163, 184, 198, 200, 204, 292, 317
– Assistentenstellen 154

– Ausstattung 126f., 130
– Bibliothek 155, 184
– Förderer 128f.
– Jahrbuch 136, 155, 316
– Nikolausfeier (1957) 159-161, 327
– Schriftenreihe 155
International Planned Parenthood Federation 280
Internationale Christl. Unternehmervereinigung (UNIAPAC) 179-181, 236
– Kongresse 181-183, 254
– Höffner-Vorträge 181f.
Invalidenversicherung 270, 318, 320
Iserlohn 188
Italien
– UCID (Unione Cristiana Imprenditori Dirigenti), kath. Unternehmerverband 148, 182
– Höffner-Exkursion 148, 182

Jaeger, Lorenz Kardinal, Erzbischof von Paderborn 114, 186
Jahn, Renate, Höffner-Doktorandin 151
Jahrbuch des Instituts für Christl. Sozialwissenschaften 136, 155
Janssen, Heinrich Maria, Dechant in Kevelaer, später Bischof von Hildesheim **189**
Jantz, Kurt, Ministerialdirektor (Bundesarbeitsministerium) 145, 263-265, 274f.
Jaspers, Karl, Philosoph 142
Jecht, Horst, Wirtschaftswissenschaftler, Universität Münster 132, 286
Jedin, Hubert, Professor für Kirchengeschichte in Bonn 219
Jellinek, Georg, Professor für Rechtswissenschaften in Heidelberg 314
Jerusalem, Gedenkstätte Yad Vashem 79
Jesuiten 186, 244, 252, 306, 317
Joerger, Kuno, Caritasverband Freiburg 48
Johannes XXIII., Papst 20, 148, 211, 326
Johns, Rudolf, Professor für Betriebswirtschaftslehre in Münster bzw. Tübingen 130f.
Jonas, Nikolaus, Pfarrer, Liebfrauen, Trier 87f.
Jong, Jan de, Kardinal, Erzbischof von Utrecht 165
Jostock, Paul, Leiter Statist. Landesamt Baden-Württemberg **193**
Jugendverbände, katholische 32f.
Junker, Hubert, Rektor der theologischen Fakultät in Trier 124, 145, 275
Jünkerath, Seelsorgsaushilfe Höffners 55

Kaas, Ludwig, Prälat, Zentrumspolitiker 21, 44, 119
KAB s. Katholische Arbeitnehmer-Bewegung
Kadras, Josef, Ordinariatsgeistl., Klagenfurt 72
Kail(-Brieden) 69-72, 75f., 78f., 81f., 159
– Expositus Höffner 64f., 69
– Gefallene (Zweiter Weltkrieg) 77
– Pfarrhaus 69
Kalifornien, Redduciónes (der Franziskaner) 315
Kapuziner (in Lateinamerika), Redduciónes 315
Katholikenausschüsse 188
Katholikentage
– 1948 in Mainz 169
– 1949 in Bochum 101, 169, 175f. 187
– – Leitwort 169
Katholische Aktion 27, 32-34, 38f., 41, 195
Katholische Arbeitnehmer-Bewegung (KAB) 193f., 197, 224, 226
Katholische Sozialwissenschaftl. Zentralstelle s. Mönchengladbach
Katholischer deutscher Frauenbund 193f.
Katholischer Kaufmännischer Verein (KKV) 193f.
Katholisches Büro
– Bonn 286
– Düsseldorf 128
Katholisch-Soziales Institut s. Bad Honnef
Keller, Michael, Bischof von Münster **100**, 101, 110, 113-117, 120, 122, 130f., 156, 165, 186, 188f., 191-193, 205, 208, 210, 217, 220, 222-226, 232f., 297
Kemper, Heinrich, Oberbürgermeister in Trier 106
Kempf, Theodor, Religionslehrer u. Lazarettpfarrer in Trier **88**
Kempf, Wilhelm, Bischof von Limburg 155
Ketteler, Wilhelm Emmanuel Frhr. v., Bischof von Mainz 143
Kettelerhaus, Köln, 228
Keyser, Curt, Bergrat, Zeche Viktor, Essen 147
Kilian, Augustinus, Bischof von Limburg 19
Kim Sou-hwan, Stephen, Höffner-Schüler, später Erzbischof von Seoul u. Kardinal 138, **152**
Kindergärten 278
Kindergeldgesetze (1954 u. 1961) 278
Kinderseelsorge (Zeitschrift) 61, 64
Kindheits- u. Jugendrente 269
Kinnen, E., Luxemburg 252
KKV s. Katholischer Kaufmännischer Verein
Klauser, Theodor, Professor für alte Kirchengeschichte in Bonn **111**
Klemp, Wolfgang, Höffner-Doktorand 149
Klemt, Georg, Pfarrer, Berlin-Oberschönhausen 78
Klett, Arnulf, Oberbürgermeister in Stuttgart 286
Klüber, Franz, Professor für Christl. Gesellschaftslehre in Regensburg **154**
Knappschaftsversicherung 265, 320
Knauber, Adolf, Professor für Katechetik in Trier, später in Freiburg **90f.**, 102-104
Knoblauch, Adolf, Wohnungswirtschaftsbeiratsvorsitzender 289
Knur, Alexander, Bonn 133
Koblenz 98, 103

Koch, Christa s. Meyerowitz, Alice Esther
Kochel-Seehof, Sozialinstitut 193, 197
Kohlenbergbau-Leitung, Essen 95, 98, 116f., 125, 127, 145, 155, 317
– Förderung des ICS 184
Köln 22
– Erzbischof 299
– Erzdiözese 197
– Glanzstoffwerke 165
– Historisches Archiv des Erzbistums 81
– Industrie- und Handelskammer (IHK) 166
– Kettelerhaus s. dort
– Sozialwissenschaftliches Symposion (1955) 271
– St. Andreas 182
– UNIAPAC-Kongress (1953) 182
»Kölner Modell« (der Katholikenausschüsse) 201
Köln-Humboldt, St. Engelbert, Frings-Predigt zum 1. Mai 1947 185
Kolumbien, Höffner-Reise (1961) 236, 254
Kommende (in Dortmund-Brackel = Sozialinstitut des Erzbistums Paderborn) 164, 186-188, 191, 227
– Außenstellen 188
– Rektor Wilhelm Hameyer 187
– Soziales Seminar 187f.
Konen, Heinrich, Kultusminister NRW 113
Königswinter 102, 194-196
– Adam-Stegerwald-Haus 166, 192f.
– Gründungsversammlung Bund katholischer Unternehmer 102
Konrad, Joachim, Ministerialrat im Kultusministerium NRW 125
Konzil s. Vatikanum II
Köppler, Heinrich, Generalsekretär des Zentralkomitees der Deutschen Katholiken 213, 215
Kost, Heinrich, Generaldirektor der Deutschen Kohlenbergbauleitung, Essen **95**, 96, 98, 117, 127
Kost, Peter, Pfarrer, Horhausen 18f., 22
Koster, Pfarrer in Trier-Pallien 87
Kramer, Franz Albert, Chefredakteur Rheinischer Merkur 97
Krankenversicherung 265, 270, 320
Krapp, Hermann-Joseph, Gymnasialdirektor in Trier 21
Krause-Wichmann, Geschäftsführer IHK Trier 104
Kraut, Heinrich, Professor in Dortmund 291-293, 295f.
Kremer, Philipp Anton, Pfarrer, Saarbrücken, St. Johann u. Kleinblittersdorf/Saar 41, **42**, 43f., 48
Kriegsfolgen-Gesetzgebung 258
Kriegsopferversorgung 265
Kronenberg, Friedrich, Generalsekretär des ZdK, Höffner-Schüler 150, 155
KSI s. Bad Honnef, Katholisch-Soziales Institut
KSZ s. Mönchengladbach, Katholische Sozialwissenschaftl. Zentralstelle
Kudera, Lucian, Höffner-Doktorand 151
Kür, Kloster 80
Kuß, Ernst, Generaldirektor der Duisburger Kupferhütte 145

Laienapostolat 218-222
Lampe, Adolf, Professor für Staatswissenschaften in Freiburg 66, 90
Landvolkhochschulen, Verband 197
Langenfeld/Rheinland, OPD-Fortbildungen 162
Langner, Albrecht, KSZ Mönchengladbach 216
Las Casas, Bartholomé de, Dominikaner 311, 314
Lastenausgleich 258, 265
Lateinamerika 250, 256, 310-316
– Päpstl. Kommission für Lateinamerika (1960) 250
Lehner, Lisa s. Meyerowitz, Alice Esther
Leiber SJ, Robert, Sekretär Papst Pius' XII. 28
Lenz, Johannes, Professor für Apologetik in Trier **119**
Lenz, Josef, Professor für Philosophie in Trier **92**f.
Lettmann, Reinhard, Bischof von Münster138
Leussink, Hans, Präsident der westdeutschen Rektorenkonferenz 250f.
Lilje, Hanns, Landesbischof in Hannover 246
Lima, Höffner-Reise 183
Limburg 19, 197, 215, 225
Lortz, Joseph, Professor für Kirchengeschichte in Luxemburg 98
Lowinski, Leonhard, Höffner-Doktorand 150, 209f.
Lübke, Heinrich, Bundesminister für Ernährung, Landwirtschaft u. Forsten, später Bundespräsident 127, 191, 211, 235
Lücke, Paul, Bundeswohnungsbauminister 279, **285**f., 287-289
Lücker, Maria Alberta, Außenamt des Zentralkomitees der Deutschen Katholiken 183, 252f.
Lünen 188
Luxemburg 26

Mainz
– Diözese 197
– Katholikentag (1948) 169
– Landesuniversität Rheinland-Pfalz 107, 110f.
Mainzer Kommission (aus Arbeitern u. Unternehmern) 170, 175
Männerwerk, Katholisches 171
Marchetti Selvaggiani, Francesco, Kurienkardinal, Rom 30
Maria Laach

– Benediktinerkloster 42
– Tagung der Walter-Raymond-Stiftung 320
Maritain, Jacques, Philosoph 142
Marx, Karl 19
Marx, Wilhelm, Reichskanzler 32
Marxismus 318
Mater et Magistra, Sozialenzyklika Johannes' XXIII. 211, 326f.
Maunz, Theodor, Professor für Staatsrecht in Freiburg 66, 85
Maurer, Friedrich, Professor für germanische Philologie in Freiburg 85
Max-Planck-Institut für Arbeitspsychologie, Dortmund 291
Mees, Günther, Höffner-Doktorand 151
Meid, Peter, Generalvikariat Trier 104
Menghin, Oswald 29
Messner, Johannes, Professor für Ethik u. Sozialwissenschaft, Wien 113, 115
Metzrodt, Familie 27
– Berta 17
– Heinrich, Weihbischof von Trier **16**, 86, 105
– Metzrodt, Margarethe, Lehrerin Höffners (u. Schwester v. Weihbischof Metzrodt) 16, 26
Meurers, Heinrich v., Generalvikar in Trier 23, **44**, 45, 47, 49-51, 53-67, 69f., 73-76, 78f. 82-85, 87, 89f., 93, 105-107, 109, 111, 113, 114, 122f.
Mexiko 311
– Höffner-Reise (1961) 183, 236, 254
– Schulen (Förderung) 183
Meyer, Fritz, Professor, Beirat des Bundeswohnungsbauministeriums 286
Meyerowitz, Alice Esther (Tarnname: Koch, Christa; verh. Lehner, Lisa), jüdischer Schützling Höffners in der NS-Zeit 79-81
Meyers, Franz, Ministerpräsident von NRW 241
Michels, Josef, Pfarrer in Horhausen u. später in Eller/Mosel **24**, 25, 32
Mikat, Paul, Kultusminister in NRW **247**
Mimmi, Marcello Kardinal, Päpstl. Kommission für Lateinamerika 250
Misereor 250
Mitbestimmungsrecht (der Arbeitnehmer) 171-176, 183
Mochor, Seminarist 72
Mohler, Ludwig Arnold, Professor für Kirchengeschichte in Freiburg 79, 84
Molina SJ, Luis de, Philosoph u. Moraltheologe 74
Molitor, Bruno, Assistent bei Höffner, Sozialreferent des Zentralkomitees der deutschen Katholiken, später Professor in Würzburg 154, 198f.
Mönch, Antonius, Weihbischof in Trier 53
Mönchengladbach
– [illegible] (Bischöfl. Akademie) 205
– Volksverein für das kath. Deutschland, Bibliothek 202-204
– Katholische Sozialwissenschaftl. Zentralstelle 201-217
Montabaur 26
– Bischöfl. Konvikt 19
– Gymnasium 19
Muckermann, Friedrich 33
Mueller
– Margarethe, Minneapolis 25
– Nicholas, Minneapolis 25f.
– Peter, Minneapolis, Gönner Höffners 24f.
Muench, Aloysius, Apostol. Nuntius 117
Müller
– Franz, Domkapitular u. Caritas-Präsident, Leiter des KSI 186, 229
– Gerhard, Senatspräsident beim Bundesssozialgericht in Kassel 200
– Heinz, Professor in Freiburg, Sozialreferats-Beirat 200, 268, 271
– Horst, Professor für Bürgerliches Recht in Freiburg **51**
– Wolfgang, BKU 169
Müller-Armack, Alfred, Professor für Nationalökonomie **67**, 209
München 47
– Katecheten-Verein 86
– Soziale Woche 193
– Universität 184
Müncker, Theodor, Professor für Moraltheologie in Freiburg **51**, 53, 55-58, 73-75, 77-79, 84f., 90, 110, 306
Münster 20, 23, 130
– Bischof 299
– Bistum 188
– – Dechantenkonferenz 179
– Diözesansynode (1958) 217-222, 282
– Franz-Hitze-Haus s. dort
– Gesellschaft zur Förderung der staatspolitischen u. sozialen Bildungsarbeit 192
– Institut für Christl. Sozialwissenschaften s. dort
– Soziale Akademien/Seminare 188-193
– Sozialinstitut 194
– Studentenwerk 162
– Universität 179, 183f.
– – Carl-Sonnenschein-Kreis s. dort
– – kath.-theol. Fakultät 110, 130, 134-164, 184; s. auch Institut für Christl. Sozialwissenschaften
– – rechts- u. staatswissenschaftl. Fakultät 126, 130-135, 142
– – Sozialpraktikum von Theologiestudenten 156-158
Müssener, Hermann, Generalvikar in Aachen 215
Mussinghoff, Heinrich, Bischof von Aachen 81f.

Muthesius, Hans, Mitverfasser der Rothenfelser Denkschrift 143, 153, 261-**264**, 266f., 273, 320; s. auch Rentenreform

Naegel, Wilhelm, BKU 173
Nell-Breuning SJ, Oswald v., Professor für Sozialwissenschaft, Frankfurt/Main **21**, 28, 35, 37, 44-48, 68, 93, 95, 97, 101, 111, 115, 140, 165f., 193, 198, 238, 248, 287, 298, 306, 309f., 316, 322
Nell-Breuning, Familie v., Trier 68
Neuloh, Otto, MdB 301
Neundörfer, Ludwig, Mitverfasser der Rothenfelser Denkschrift 143, 153, 259, **261**f., 266, 273, 280, 283-286, 320
Neuß, Wilhelm, Professor für Kirchengeschichte in Bonn **110**
Neuwied 15
New York 183
Niederfell, Pfarrei, Kloster Kür 80
Niederlande
– Unternehmerverbände, katholische 165
Niederrheinische Hütte, Duisburg, Sozialpraktikum v. Theologiestudenten 157
Nietzsche, Friedrich 32
Nopitsch, Antonie 280
Noppel SJ, Constantin, Rektor am Germanicum in Rom **27**, 31f., 35f., 38-42, 44, 48, 51, 55, 67, 310
Nordrhein-Westfalen
– Arbeitsgemeinschaft für Forschung (ab 1970 Nordrhein-Westfälische Akademie der Wissenschaften) 234-241
– Arbeitsministerium 291
– Landesverfassung 125
Nowak, Edith u. Ehemann 82f.

Oberhausen, Hüttenwerke 290-294, 297-299
Oberlahr 16
Oelinger, Josef, Diplom-Volkswirt, KSZ 214, 216
Oer-Erkenschwick 180
Oeter, Ferdinand, Arzt, Köln 284
Ohm, Thomas, Professor für Missionswissenschaften, Münster 114, **115**, 116
Osnabrück, Bistum 156-158, 193, 197
Osner, Karl, Misereor 253

Paderborn 192
– Erzbischof 299
– Erzbistum 197
– – Mitgliedschaft Arbeitsgemeinschaft katholisch-sozialer Bildungswerke 197
– – Soziale Seminare 191, 193
Paraguay, Redduciónes (der Kapuziner) 315
Paris, UNIAPAC-Kongress 182
Parlamentarischer Rat 99
Pastor bonus, Trier (ab 1947 Trierer Theologische Zeitschrift, s. dort) 33, 97
Patt, Helmut, Höffner-Doktorand 149
Paulus, Josef, Sozialreferent des ZdK; Leiter des Seelsorgeamtes u. Domkapitular in Trier 45, 199, 200, 202-204, 225-227, 229f., 297f., 300-302
Pavia 148, 182
Pees, Peter, Pfarrverwalter, Jünkerath 54
Peru 311
– Höffner-Reise (1961) 236, 254
Peters
– Hans, Professor für Staats- u. Verwaltungsrecht in Köln u. Präsident der Görres-Gesellschaft **132**, 234f.
– Karl, Professor für Strafrecht in Münster bzw. Tübingen 130-132, 134
Pfeil, Elisabeth, Hamburg 284
Pfister, Bernhard, Professor für Volkswirtschaftslehre in Freiburg bzw. München 47, 51, 94f. 115, **234**
Pfülf SJ, Otto, Spiritual am Germanicum in Rom 36f.
Philippi, Nikolaus, Pfarrer, Horhausen 32
Pickel, Heinrich, Unternehmer 106
Pius XI., Papst 29, 31, 35, 39, 305
Pius XII., Papst 110, 118, 169, 172, 175f., 182, 295
– Weihnachtsansprache (1949) 98
– Tod 219
Platte, Johann, Landesarbeitsminister NRW **291**, 292
Pohl, Gerhard, Berlin 81
Pohlschneider, Johannes, Generalvikar in Münster, später Bischof von Aachen 121, 202f., 205, 216f., 247
Pommern/Mosel 71, 74f.
– Expositur Kail-Brieden 64, 69
– Pfarrer s. Schaefer
– Pfarrstelle, Neubesetzung 76
Povel, Ben, MdB, BKU 173
Praßel, Heinrich 17
Predöhl, Andreas, Universitätsrektor in Münster 250
Pro Familia (vormals Deutsche Gesellschaft für Familie) 280
Pühl, Karl Heinz, Ministerialrat, Bundeskanzleramt **261**, 264, 267

Quadragesimo anno, Enzyklika 29, 35, 56, 305, 325
Quito, Höffner-Reise (1961) 183

Raesfeld 147
Racstrup, Bernhard, BKU u. MdB 173

Ranke, Konsistorialpräsident, Berlin 295
Rapperswil 180
Ratschow, Carl-Heinz, Professor für Systematische Theologie in Münster 245
Ratzinger, Joseph Kardinal, Erzbischof von München; seit 19.4.2005 Papst Benedikt XVI. 219
Rauscher SJ, Anton, Professor für Christl. Gesellschaftslehre in Augsburg; Leiter der KSZ in Mönchengladbach 154, 211, 215f.
Recke, Abt Vitus OCist, Himmerod 177
Reducciónes (der Franziskaner, Jesuiten u. Kapuziner in Lateinamerika) 315
Reichskonkordat (1933) 99f., 106
Reichsschrifttumskammer 315
Reichszentralen, katholische 40
Reifenberg, Benno, Publizist 144
Remmers, Werner, Höffner-Doktorand; stv. Akademie-Direktor Franz-Hitze-Haus, Münster; Umweltminister in Niedersachsen 150, 158f., 190
Rente, dynamische 268, 271f.
Rentenreform 144, 183, 257-277, 320
Rheinische Braunkohlenbergbauschule 146
Rheinischer Merkur 97f.
Rheinland-Pfalz 110
- Arbeitgeberverbände 106
- Bischöfe, Hirtenbrief 105
- Bistümer 105
- Landesuniversität 107
- Verfassung(skommission) 102, 104f., 108
Rhöndorfer Gespräch 260
Richter, Willi, DGB-Vorsitzender 300
Ridder, Bernhard, Generalpräses des Kolpingwerks 144
Rimmel SJ, Rochus, Rektor des Germanicums in Rom 29
Roegele, Otto B., Redakteur, Rheinischer Merkur, Koblenz 97f.
Rohracher, Andreas, Kapitularvikar u. Weihbischof in Gurk-Klagenfurt; später Erzbischof von Salzburg **71**
Rom 39, 195
- Collegium Germanicum et Hungaricum 15, 18, 24-26, 29f., 35f.
- Gregoriana, Päpstl. Universität 24, 29f., 35, 44, 140, 211, 304f.
- Höffner-Exkursion 182
- Studienjahre Höffners 24-37
Roncalli, Angelo Giuseppe s. Johannes XXIII.
Roos, Lothar, Professor für Christl. Gesellschaftslehre in Bonn 272, 305
Röpke, Wilhelm, Professor für Volkswirtschaftslehre 322
Roschanksi, Brunhild, Höffner-Schülerin 151
Rosenberg, Alfred 29, 35
Rosensträter, Heinrich, Aachen, Höffner-Dokto- [illegible]

Rothenfels/Main, Burg 262, 264, 294
Rothenfelser Denkschrift 143, 153, 235, 261f., 266-270, 275, 294, 320; s. auch Rentenreform
Ruhr-Universität Bochum
- Gründung 242-248
Ruhrwort s. Essen, Kirchenzeitung
Rüstow, Alexander 322

Saarbrücken 35f., 38-50, 93
- Dekanat 41
- Pfarrei St. Johann 38-50
- - Agnesverein 38, 40
- - Arbeiterverein 38, 41
- - Borromäusbibliothek
- - Kaplansjahre Höffners 38-49
- - Ministrant Graf, Willy (hingerichtet als Mitglied der »Weißen Rose«) 89
- - Pfarrer s. Kremer, Philipp Anton
Saarland, NS-Zeit 40-43, 89
Saffig, Exil des Trierer Bischofs (1944/45) 87
Salzgitter, Konveniat der westdeutschen Bischöfe 224
Santiago de Chile
- Höffner-Reise (1961) 183, 236, 252-254
- UNIAPAC-Kongress 183, 254
- Universität 183, 250-256
Sauer, Joseph, Kunst- u. Kirchenhistoriker in Freiburg 85
Schaefer, Adam, Pfarrer Pommern/Mosel 69, 71, 74
- Inhaftierung (in Koblenz) 70
- Tod 72
Scheidungsreform (1961) 278
Schelsky, Helmut, Professor für Soziologie, Münster **142**, 279
Schmitt, Hermann-Joseph, Arbeiter-Präses 115, 185f., 191, 193, 200, 229, 298, 302
Schnettler, Albert, Professor für Wirtschaftswissenschaften in Münster 132
Schnur, Kaplan, Christkönig, Trier 87
Schönstatt 177f.
Schönstattbewegung 38
Schreiber, Georg, Professor für Kirchengeschichte in Münster 27, **118**
Schreiber, Wilfried, Geschäftsführer des Bundes kath. Unternehmer, Professor in Köln **128**, 129, 168, 171, 173f. 176, 179, 182, 184, **268**f., 271f., 292f. 300, 316
- Romreise (mit Höffner) 182
- »Schreiber-Plan« 270f., 320
Schrewe, Regierungsrat, Bundesarbeitsministerium 276
Schröteler SJ, Christian Joseph 27
Schubnell, Hermann, Statistisches Bundesamt Wiesbaden 285
[illegible]

– Helene s. Höffner, Helene
– Vorfahren Höffners mütterlicherseits 16
Schulte, Karl Joseph Kardinal, Erzbischof von Köln **26**
Schurr CssR, Viktor, Pastoraltheologe 225
Schütz, Werner, Kultusminister NRW **242**f., 245f.
Schwer, Wilhelm, Professor für Christl. Gesellschaftslehre in Bonn **110**f.
Schwertschlager, Rudolf 29, 31f., 52f.
Senftle OFMCap., Alexander, Höffner-Doktorand 151, 155
Seoul 152
Seraphim, Hans-Jürgen, Professor für Wirtschaftswissenschaften in Münster 132, 287f.
Siebel, Wigand, Höffner-Doktorand, Professor in Saarbrücken 150, 154
Siegen 188
Siemens-Martin-Öfen/-Stahlwerke s. Oberhausen, Hüttenwerke
Sombart, Werner, Professor für Wirtschaftswissenschaften in Berlin 28
Sonntagsarbeit/Sonntagsruhe 183, 257, 290f., 293-295; s. auch Arbeitswoche, gleitende
Sozialethik 316-326
– Abgrenzung zur Moraltheologie (an der Universität Münster) 142
Sozialinstitute 193f.
– diözesane 185-201; s. auch Dortmund-Brackel, Kommende
Sozialpolitik 141, 316-326
Sozialpolitische Korrespondenz 196
Sozialreform 316-328, 293; s. auch Rothenfelser Denkschrift
Sozialversicherungen 232, 258, 265, 320
Sozialwissenschaften in Münster, Christl.
– Diplom 155
– Prüfungsordnung 155f.
Spätscholastik in Spanien 34, 103, 234, 238, 304-306, 308f., 314
Speyer 104f., 197
Spörl, Johannes, Professor für Geschichte in München, Vizepräsident der Görres-Gesellschaft **235**
St. Thomas (Eifel) 180
Staatslexikon, Beiträge Höffners 324-326
Starischka SVD, Bernhard 255
Starke, Marie-Theres, Höffner-Doktorandin 150
Steffes, Johann Peter, Dekan der theol. Fakultät in Münster **93**, 111f.
Stein, Alexander, Domvikar in Limburg 193, 196f., 199f.
Stein, Bernhard, Bischof von Trier **53**
Steinke, Eduard, Professor für Physik in Freiburg 84
Steyler Missionare, Chile 255
Stingl, Josef, CDU-Politiker, Präsident der Bundesanstalt für Arbeit 200
Storch, Anton, Bundesarbeitsminister **258**-260, 273, 302, 319
Suárez SJ, Franz 312f.
Süss, Wilhelm, Professor für Mathematik in Freiburg 85
Süsterhenn, Adolf, Justizminister u. Verfassungsgerichtspräsident, Rheinland-Pfalz **102**-105, 108
Szydzik, Stanislaus Edmund, Studentenpfarrer, Berlin **146**

Tenhumberg, Heinrich, Domvikar, später Bischof von Münster 218
Teusch, Christine, Kultusministerin in NRW 83, 115f., 118,f., 122f., 125, 127, 129f., 131, 134
Teusch, Joseph, Generalvikar in Köln 201
Theegarten, Ministerialrat 113f.
Thomas, Alois, Archivdirektor in Trier **88**
Tischleder, Peter, Professor für Moraltheologie in Münster u. Mainz 110f.
Trier 15, 20, 26, 31, 48, 50, 86, 89, 91, 163, 180, 236
– Bischöfl. Konvikt 19, 24f.
– Bistum 19, 39, 197
– – Chronik 103, 105f.
– Dom, Kriegsschäden 89
– Euchariushaus 88
– Friedrich-Wilhelm-Gymnasium 19, 74
– Generalvikariat 38, 70
– – Exil in Ebernach/Mosel 87
– Heilig-Rock-Wallfahrt (1933) 32
– Josephsschwestern 53
– Militärregierung 81
– Offizialat 107
– – Prosynodalrichter Höffner 102
– Pfarrei Hl. Kreuz 68, 79, 83, 85, 89, 91
– – Pfarrer Höffner 83-85, 87, 68, 90
– Priesterseminar 24f., 44, 65, 75, 79, 89-91; s. auch Münster, Universität, Höffner
– – Regens Bares 21
– – theol. Fakultät 107f.
– – – Inauguration der Fakultät 108, 110
– – – Lehrstühle 108
– – – Promotionsrecht 122
– – – Sozialpraktikum von Seminaristen im Kohlebergbau (1950) 96, 156-158
– – – Vorlesungsverzeichnis 124
– Studienjahre Höffners 24-37
– Volkshochschule, Dozentur Höffners 102
Trierer Theologische Zeitschrift (vor 1947 Pastor bonus) 96f., 299
Turin, Höffner-Exkursion 182
Turmes, Franz Xaver, Religionslehrer, Saarbrücken **43**

UCID (Unione Cristiana Imprenditori Dirigenti) s. Italien, UCID
Umstätter, Franz 280
Unesco-Institut für Sozialwissenschaften, Köln 248
UNIAPAC (=Union International des Associations Patronales Chrétiennes) s. Internationale Christl. Unternehmervereinigung
Unione Cristiana Imprenditori Dirigenti (UCID) 148, 182
Unkel 103
Unternehmerverbände s. Bund katholischer Unternehmer; Unione Cristiana Imprenditori Dirigenti

Valencia, Gregor v., Spätscholastiker, Spanien 103
Vatikanum II 20, 29, 193, 219, 233, 241, 256, 310
– Laienapostolat 218-222
Veekemans SJ, Roger, Rektor der kath. Universität Santiago de Chile 183, 250, 252f.
Veit, Ludwig Andreas, Professor für Kirchengeschichte in Freiburg 57f.
Velden, Johannes Josef van der, Bischof von Aachen 201
Venezuela, Redduciónes (der Kapuziner) 315
Vermeersch SJ, Arthur **28**, 35, 304
Vermögensbildung in Arbeitnehmerhand 183, 198, 317
Vierer-Gutachten/Vier-Professoren-Gutachten s. Rothenfelser Denkschrift
Vincke, Johannes, Professor für Theologie in Freiburg 85
Vitoria, Francisco, Spätscholastiker, Spanien 67, 103, 310, 312
Vogel, Bernhard, Ministerpräsident von Rheinland-Pfalz 105
Volk, Hermann, Professor für Dogmatik in Münster, Bischof von Mainz, Kardinal **120**, 121, 245
Völkerrecht 312, 314
Volksverein für das katholische Deutschland 41, 185, 195, 201f.
Voorde, Charles van 252

Wagner, Johannes, Professor für Liturgiewissenschaften u. Leiter des Liturgie-Instituts in Trier **88**
Walberberg, Ordenshochschule der Dominikaner; Sozialinstitut 193f., 197, 227
Walldürn 15
Wallraff SJ, Hermann-Josef, Professor in St. Georgen, Frankfurt/Main 200, 253
Walter-Raymond-Stiftung 320
Weber, Heinrich, Professor für Gesellschaftslehre, [illegible]
Weber, Wilhelm, Höffner-Doktorand u. -Habilitand, Professor für Christl. Gesellschaftslehre, Münster 149f., 154, 156
Wegener, Heinrich, Professor, Universität Münster 131
Wehmeyer, P. Alfons, Trier 88
Wehr, Matthias, Seminarregens, später Bischof von Trier **46**, 49, 52, 55, 90, 122, 124
Weibern, Seelsorgsaushilfe Höffners 55
Weißthanner, Josef, Bischofssekretär, München 45
Welty OP, Eberhard, Professor an der Ordenshochschule Walberberg; Sozialreferats-Beirat 171, **193**, 200, 227
Wendel, Joseph, Bischof von Speyer u. Erzbischof von München, Kardinal 103
Werdohl 188
Werhahn, Peter H., stellv. BKU-Vorsitzender; UNIAPAC-Präsident 169-171, 181-183, 254f., 297f.
Westermann, Harry, Professor für Öffentliches Recht in Münster 134, 162
Westerwald 15, 23, 26, 32, 38
– Frontlinie, Zweiter Weltkrieg 89
Weyand, Alfons, Höffner-Doktorand 149, 240
Wichmann, Jürgen 191
Wiegmann, Hildegard, Höffner-Doktorandin 150
Wiesen OSC, Wilhelm, Freie Vereinigung Seelsorgehilfe, Freiburg 62, 64, 87
Wikenhauser, Alfred, Professor für Neues Testament in Freiburg 84
Wildermuth, Eberhard, Bundeswohnungsbauminister 286, 288
Wilhelmshaven 188
Winkelheide, Bernhard, Bundestagsabgeordneter 191, 197, 223
Wissing, Wilhelm, Prälat, Bundeskurat der katholischen Landjugend, Leiter des Kath. Büros in Bonn u. von MISSIO in Aachen 204
Wittler, Helmut Hermann, Bischof von Osnabrück 247
Wochenarbeitszeit 292, 295-297; s. auch Arbeitswoche, gleitende
Wohlfahrtsstaat 318, 322
Wohnungs(bau)politik 285-290
Wohnungswirtschaftlicher Beirat s. Wohnungs(bau)politik
Wohnungszwangswirtschaft 288
Wolf, Erik, Professor für Strafrecht in Freiburg 85
Wolf, Karl-Wolfgang, Höffner-Doktorand 150
Wöste, Wilhelm, KAB-Diözesanpräses u. später Weihbischof in Münster 224, **225**, 226, 229
Wothe, Franz, Priester u. Sozialreferent, Münster [illegible]

Wuermeling, Franz-Josef, (erster) Bundesfamilienminister 278-282, 284, 301
Wurzbacher, Gerhard, Professor 284
Wust, Peter, Philosoph 21

ZdK s. Zentralkomitee der Deutschen Katholiken
Zeiger SJ, Ivo, Rektor des Germanicums in Rom 25
Zentralkomitee der Deutschen Katholiken (ZdK) 185-201, 257, 296f.
– Außenamt, Leiterin Maria Alberta Lücker 252
– Bibliothek 202-204; s. auch Mönchengladbach, Kath. Sozialwissenschaftl. Zentralstelle
– Generalsekretär Köppler, Heinrich 213
– geschäftsführender Ausschuss 195
– Konstituierung 192, 197f.
– Sozialreferat 179f., 192, 194-196, 198, 200, 297, 301f., 318; s. auch Mönchengladbach, Katholische Sozialwissenschaftl. Zentralstelle
– – Beirat 200
– – Tätigkeitsbericht 198
– Vollversammlung (erste) 198
– Zentralreferat 193
Zentralkomitee der Deutschen Katholikentage 192
Zentralverband des deutschen Handwerks 274f.
Zettelmeyer, Peter, Direktor des Raiffeisenverbands in Trier 104
Zillken Elisabeth 200
Zorn, Stadtjugendpfarrer, Essen 96
Zwiedeneck-Südenhorst, Otto v., Professor für Sozialpolitik (?) in Freiburg 67

VERZEICHNIS DER BILDQUELLEN

Historisches Archiv des Erzbistums Köln: Titelbild (Foto: Pan Walther © VG Bild-Kunst, Bonn 2009), Frontispiz, 1, 2, 3, 4, 5, 6, 11, 12, 13, 17 (S. Plettendorf). Die meisten Fotos stammen aus Privatbesitz der Familie Höffner/Hesseler, Horhausen.

Bistumsarchiv Trier: 7, 14, 15, 16.

Universitätsarchiv, Freiburg i. Br.: 8, 9.

Walter-Eucken-Institut, Freiburg i. Br.: 10.

Bund Katholischer Unternehmer, Köln: 23, 24.

Privatbesitz Dr. Alfons Titzrath, Köln: 25.

Privatbesitz Agnes Müller, Münster: 18, 20, 21, 22.

Privatbesitz Elisabeth Lammers, Münster/Prof. Dr. Hildegard Wiegmann, Vechta: 18, 19.

Der Verlag war bestrebt, zu den verwendeten Abbildungsvorlagen die Urheberrechtsfragen zu klären. Nicht berücksichtigte Rechteinhaber werden gebeten, sich an den Verlag F. Schöningh, Paderborn, zu wenden.